절대 강자
C 언어 코스웨어

절대 강자 C 언어 코스웨어

C18 기준으로 작성된 C 프로그래밍

인 쇄 : 2019년 2월 25일 초판 1쇄
발 행 : 2019년 2월 28일 초판 1쇄

지은이 : 김명호
발행인 : 송 준
발행처 : 홍릉과학출판사

주 소 : 서울시 강북구 인수봉로 50길 10
전 화 : 02-999-2274~5 팩스 : 02-905-6729
e-mail : hongpub@hongpub.co.kr
홈페이지 : www.hongpub.co.kr

ISBN : 979-11-5600-654-1 (93000)
정 가 : 39,000원

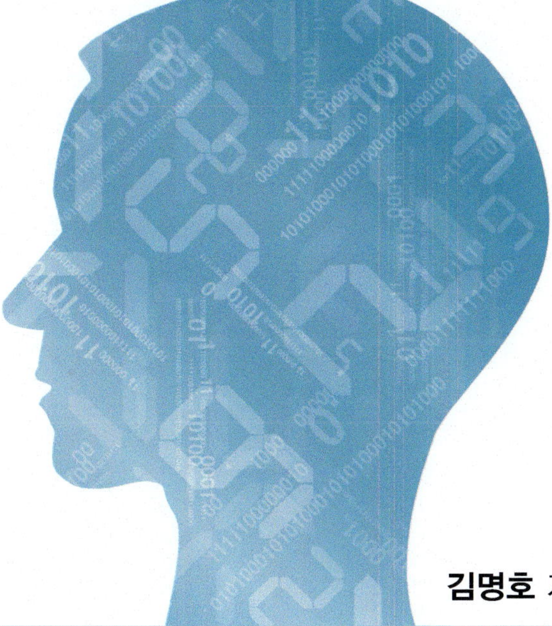

김명호 지음

절대 강자 C 언어 코스웨어

C18 기준으로 작성된
C 프로그래밍

홍릉과학출판사

머리말

4차 산업혁명이라는 용어가 우리나라를 휩쓸고 있다. 4차 산업혁명에 대한 긍정적인 논의도 많이 있지만, 이에 대한 막연한 두려움을 갖는 사람도 많이 있다. 특히 4차 산업혁명으로 전망되는 사회의 모습은 지금 존재하는 일자리의 대부분이 필요 없거나 대폭적인 인력 감소가 불가피하다는 전망 때문에 더욱 그러한 것 같다. 이에 4차 산업혁명 시대를 살아나가기 위해 어떤 기본 역량이 요구되는지에 대한 논의도 이루어지고 있다. 4차 산업혁명의 핵심은 소프트웨어이다. 결국 4차 산업혁명의 기본역량 중 가장 중요한 것은 소프트웨어 역량이라 할 수 있다. 즉, 소프트웨어 역량을 갖추게 되면 앞으로 밝은 미래가 보장되어 있다고 해도 과언이 아니다. 소프트웨어 역량은 프로그램 작성 역량에 국한되지 않고 소프트웨어 계획에서 유지보수에 이르는 소프트웨어 라이프사이클 전반에 걸친 전문 역량을 의미한다. 따라서 이미 정해져있는 프로그램을 잘 작성한다고 해서 소프트웨어 역량을 갖췄다고 할 수는 없다. 하지만 프로그램 작성 역량은 소프트웨어 역량의 기본 역량이라고는 할 수 있다. 즉, 소프트웨어 역량을 갖추기 위해서는 프로그래밍 역량을 먼저 키우는 것이 중요하다.

소프트웨어를 개발할 수 있는 다양한 프로그래밍 언어가 있다. 프로그래밍 언어 마다 고유의 특성을 가지고 있고 활용 분야도 다르다. 따라서 어떤 분야를 위한 프로그래밍을 할 것인가에 따라 배워야 하는 프로그래밍 언어가 결정된다. 하지만 프로그래밍의 기본을 배우고 싶다면 가장 먼저 선택할 수 있는 언어는 C 프로그래밍 언어이다. C 프로그래밍 언어는 1972년에 개발된 이후 꾸준히 가장 많이 사용되고 있는 언어이다. 특히 운영체제를 개발할 때 사용되며, C 이후에 개발된 프로그래밍 언어들에 많은 영향을 준 언어이다. 또한 C로 개발된 프로그램은 이식성이 높고 성능이 뛰어나다는 장점이 있다. 이러한 이유들로 인해 앞으로도 많이 사용될 것으로 전망된다. 즉, C 언어는 가장 기본적인 프로그래밍 언어라고 할 수 있다.

어떤 분야에서나 표준이 중요하다. 표준을 준수하게 되면 문제 발생가능성을 최소화할 수 있고, 다른 것과의 호환성도 높아진다. 프로그래밍 언어도 표준이 있다. C의 국제 표준은 1990년, 1999년, 2011년, 2018년에 발표되었다. 1990년에 발표된 표준 C를 C90이라고 하고, 1999년에 발표된 표준 C를 C99, 2011년에 발표된 것을 C11이라고 하며, 2018년에 발표된 것을 C18이라고 한다. C 언어를 배울 때도 표준을 배우고 이해하여 표준을 따르는 프로그램을 작성할 수 있어야 이식성이 좋은 프로그램을 작성할 수 있게 된다.

본 교재는 표준 C 프로그래밍 언어를 체계적으로 학습할 수 있도록 작성되었다. C18을 기준으로 작성되었으며, 필요에 따라서는 각 표준별 차이도 설명하였다. C 언어의 구문을 다양한 예제를 통해 배울 수 있도록 하였고, 다양한 연습문제를 통해 컴퓨터를 잘 이해할 수 있도록 구성하였다. 또한 표준 라이브러리로 제공되는 함수에 대한 설명도 부록으로 제공하고 있다. 이 교재를 잘 활용하면 C 프로그래밍 역량을 다질 수 있을 것이라 생각한다.

이 교재를 만들기 위해 많은 시간과 노력을 들였지만 저자의 무지로 인한 오류가 있다면 너그러운 용서를 바라고, 그 내용을 kmh@ssu.ac.kr로 알려주기 바란다. 아무쪼록 이 교재가 독자 여러분들에게 많은 도움이 되기를 바란다.

2019년 1월

목차 Contents

제10장 전처리기 429

제11장 입력과 출력 465

제12장 내용그래밍 517

제 1 장

프로그래밍 시작

PC를 분해하면 메인보드, CPU, 메모리, 하드 디스크, DVD-ROM, 키보드, 모니터 등 다양한 부품으로 구성되어 있는 것을 확인할 수 있다. 이러한 것을 컴퓨터 하드웨어(hardware)라고 한다. 컴퓨터 하드웨어를 가지고 있다고 컴퓨터를 사용할 수 있는 것은 아니다. 컴퓨터를 유용하게 사용할 수 있으려면 컴퓨터를 운영하는 소프트웨어(software) 또는 프로그램인 운영체제(operating system)가 있어야 한다. 운영체제는 컴퓨터를 켜는 순간부터 컴퓨터를 종료할 때까지 계속 동작하는 특별한 프로그램으로 일반적으로 사용되는 운영체제로는 Windows, Mac OS, Linux, UNIX 등이 있다. 운영체제는 컴퓨터 자원을 관리하고 사용자에게 컴퓨터를 사용할 수 있는 인터페이스를 제공하는 소프트웨어로 사용자와 하드웨어 간의 인터페이스 역할을 수행한다. 또한 운영체제는 다양한 응용 프로그램을 설치하여 실행할 수 있게 하는 것뿐만 아니라 사용자가 작성한 프로그램도 실행할 수 있게 한다.

프로그램을 작성하고 실행할 수 있게 하는 것을 프로그래밍 환경이라고 한다. 기본적인 프로그래밍 환경은 프로그램을 작성하기 위한 문서 편집기(text editor)와 작성된 프로그램을 컴퓨터 하드웨어가 인식할 수 있는 프로그램으로 변환하는 컴파일러(compiler)로 구성된다. 어떤 운영체제는 프로그래밍 환경을 기본으로 제공하기도 하고, 어떤 운영체제는 따로 설치해야하기도 한다. 예를 들어, UNIX는 기본적인 프로그래밍 환경을 제공하고, Linux는 설치할 때 프로그래밍 환경을 선택할 수 있으며, Windows 계열은 보통 프로그래밍 환경을 제공하지 않는다. 만일 Windows를 사용한다면 프로그래밍 환경을 따로 다운로드 받아 설치하거나 상용 프로그래밍 환경을 구매하여 설치해야 한다.

프로그램은 프로그래밍 언어로 작성된다. 프로그래밍 언어로는 BASIC, C, C++, Fortran, Java, JaveScript, Perl, Python 등 많은 종류가 있다. 각 프로그래밍 언어는 고유의 목적과 특색이 있다. 따라서 프로그래밍 언어의 선택은 어떤 종류의 프로그램을 작성하는가에 따라 결정된다. 이 책에서는 많은 프로그래밍 언어 중 최신 C 표준인 C18을 여러 장에 걸쳐서 설명할 것이다.

이 장에서는 C 프로그래밍 언어의 역사에 대해 간략히 설명하고, 프로그래밍 환경에 대해 설명한 후, 간단한 예제 프로그램을 통해 프로그램을 작성하고 실행하는 방법을 보여줄 것이다.

1.1 C

C는 Bell 연구소의 Dennis Ritchie에 의해 처음 설계되었고, 1972년에 PDP-11 시스템에 구현된 범용 프로그래밍 언어이다. C는 처음에 UNIX 운영체제를 위한 시스템 언어로 사용되었지만, C의 간결성과 뛰어난 성능으로 점차 가장 많이 사용되는 범용 언어가 되었다. 많은 사용자가 생김에 따라 초기의 원시 C 언어는 1980년대 초에 전통적인 C로 발전하였고, 표준 C의 필요성으로 1990년 초에 ANSI(American National Standards Institute) 위원회는 ANSI C를 발표하게 되었다. 이 ANSI C는 약간의 수정을 거쳐 1990년에 국제 표준인 ISO(International Organization for Standardization) 표준 C가 되었다. 보통 표준 C를 ANSI C라고 했던 이유는 ANSI C가 ISO 표준 C의 바탕이 되었기 때문이다.

C의 국제적 표준이 한 번 발표되었다고 변하지 않는 것은 아니다. ISO 위원회는 컴퓨팅 환경이 변하고 사용자의 요구가 있으면 C 표준을 개정할 수 있다. 표준 C가 발표된 이후 많은 환경의 변화가 있었기 때문에 ISO 위원회는 1999년, 2011년, 2018년에 개정된 표준 C를 발표하였다. 보통 1990년에 발표된 C를 C90이라고 하고, 1999년에 발표된 C를 C99, 2011년에 발표된 C를 C11, 2018년에 발표된 C를 C18이라고 한다. C99와 C11은 이전 버전에 비해 많은 변화가 있었지만, C18은 새로운 기능 추가와 같은 주요 변화는 없고 약간의 수정이 있을 뿐이다. 이 책은 C18을 기준으로 작성되었고, 필요에 따라 어느 버전에서 기능이 추가되었는지 명시할 것이다. 앞으로 이 책에서 C라고 함은 C18을 뜻하며 특별한 이유가 있는 경우에만 각 버전별 이름을 언급할 것이다.

지금까지 간략하게 살펴본 것과 같이 C 프로그래밍 언어가 개발된 지 50년 가까이 된다. 그 동안 많은 프로그래밍 언어가 생겨났고 그 중 많은 것들은 사라졌지만 C는 여전히 가장 많이 사용되고 있는 언어 중 하나이다. 또한 앞으로도 지속적으로 많이 사용될 것이다. 그 이유는 많지만 중요한 두 가지를 든다면 높은 이식성(portability)과 빠른 실행 속도를 들 수 있다.

이식성이란 한 시스템에서 개발한 프로그램을 다른 시스템으로 얼마나 쉽게 옮길 수 있는지를 나타내는 것이다. 이식성이 높다는 것은 기존에 개발한 프로그램을 다른 시스템에서 사용할 때 큰 수정 없이 사용할 수 있음을 의미한다. C는 원래 운영체제를 개발하기 위해 만들어진 프로그래밍 언어로 현재 많이 사용되고 있는 UNIX, Linux, Windows, MAC OS를 포함하여 대부분의 운영체제가 C로 개발되어 있다. 즉 C는 대부분의 운영체제의 모국어라고 생각할 수 있다. 그렇기 때문에 대부분의 운영체제를 위한 C 프로그래밍 환경이 개발되어 있고 디폴트로 설치되기도 한다. 또한 C가 제공하는 표준 라이브러리와 전처리기를 사용하면 시스템 독립적인 프로그램을 작성할 수 있다. 이러한 이유 때문에 C는 이식성이 좋다.

프로그램의 실행 속도가 빠른 이유는 C 프로그램은 컴파일을 통해 기계 언어로 변환되어 실행되기 때문에 Java나 Python과 같은 인터프리트 프로그래밍 언어로 작성된 프로그램보다 기본적으로 빠르다. 또한 C의 연산자 중 어떤 것은 하드웨어와 밀접하게 관련되어 매우 효율적으로 수행된다. 특히 컴파일러가 매우 발달되어 있어 코드 최적화를 통해 프로그램 실행 속도를 높여준다. 이에 빠른 응답시간이 필요한 서버 프로그램이나, 데이터베이스 프로그램, 그래픽스 라이브러리, 그리고 다른 큰 응용 프로그램 패키지들이 C로 작성되고 있다.

이러한 장점이 있지만 모든 곳에서 C가 가장 좋은 선택은 아니다. 보통 웹 기반의 프로그램을 작성할 때에는 C보다는 Java 계열 프로그래밍 언어를 사용할 것이고, 딥러닝 프로그래밍을 위해서는 Python을 사용할 것이다. 즉, 각 언어마다 특색이 있기 때문에 응용 분야에 가장 적합한 프로그래밍 언어를 사용해야 한다. 하지만 C는 활용도가 높고 다른 프로그래밍 언어에 많은 영향을 준 언어이므로 다른 프로그래밍 언어를 배우기 전에 먼저 C를 배우는 것도 나쁘지 않은 선택이다.

1.2 프로그래밍 준비

컴퓨터에는 많은 프로그램(program)이 설치되어 있을 것이다. 많은 프로그램을 설치한 이유는 컴퓨터로 다양한 작업을 하기 때문이다. 예를 들어 컴퓨터로 문서 작업을 한다면 훈글이나 MS Word와 같은 문서 편집기를 설치해야 하고, 사진을 전문적으로 교정해야 한다면 Photoshop 종류의 프로그램을 설치해야 한다. 즉 사용자가 컴퓨터로 특정한 작업을 하기 위해서는 그 목적으로 만들어진 프로그램을 설치해야 한다.

프로그래밍(Programming) 또는 코딩(coding)은 프로그램을 만드는 행위를 뜻한다. 코딩은 프로그램 코드를 작성하는 것을 의미하고, 프로그래밍은 코드 작성뿐만 아니라 프로그램을 작성하기 위해 필요한 전반적인 활동을 모두 아우르는 것을 의미한다. 하지만 이 책에서는 프로그래밍을 코딩과 같은 의미로 사용할 것이다. 보통 프로그램을 작성할 때에는 프로그래밍하기 전에 주어진 문제를 분석하여 문제 해결 절차를 만들게 된다. 이렇게 구체적으로 작성된 문제 해결 절차를 알고리즘(algorithm)이라고 한다. 프로그래밍은 알고리즘을 프로그래밍 언어(programming language)로 구현(implement)하는 것이다. 물론 주어진 문제가 단순하다면 알고리즘을 작성하지 않고 프로그래밍하기도 한다. 하여간 이렇게 프로그래밍 언어로 만들어진 프로그램을 소스 프로그램(source program)이라고 한다.

컴퓨터 부품 중 사람의 뇌에 해당하는 것은 CPU이다. 보통 컴퓨터가 프로그램을 실행한다고 하는데, 사실 CPU가 프로그램의 명령을 분석하고 필요한 작업을 직접 실행하거나 아니면 다른 컴퓨터 부품에 명령을 내려 실행하게 하는 것이다. 사람에게 일을 시킬 때 그 사람이 이해할 수 있는 말로 지시한다. 이와 마찬가지로 CPU에게 일을 시킬 때에는 CPU가 이해할 수 있는 명령으로 지시해야 한다. CPU는 자신이 처리할 수 있는 고유의 명령어 집합(instruction set)을 가지고 있다. 다양한 CPU가 있지만 모든 CPU 명령은 0과 1의 조합으로 이루어진 이진 숫자(binary number)이다. 예를 들어, 더하기는 0000 0100, 빼기는 0010 1011, 곱하기는 1111 0110 등과 같이 이진 숫자로 되어 있다. 이렇게 CPU가 이해할 수 있는 이진수를 기계어(machine language)라고 한다.

기계어로 프로그래밍해도 되지만, 기계어로 프로그래밍 하면 프로그래밍 자체도 힘들뿐 아니라 프로그램이 너무 길어지고 작성된 프로그램을 이해하기도 어려워진다. 이러한 문제를 해결하기 위해 개발된 것이 C나 Java와 같은 고급 프로그래밍 언어(high-level programming language)이다. 고급 프로그래밍 언어는 영어를 기반으로 만들어져 있기 때문에 기계어에 비해 사람이 이해하기 쉽다. 또한 프로그래밍을 효율적으로 할 수 있는 다양한 기능과 라이브러리 함수를 제공하여 프로그램을 쉽게 작성할 수 있게 한다. 앞으로 이 책에서 프로그래밍이란 고급 프로그래밍 언어를 사용하여 소스 프로그램을 작성하는 것을 의미한다. 고급 프로그래밍 언어를 사용하면 프로그램을 쉽게 작성할 수는 있지만 CPU가 이해할 수 있는 언어가 아니기 때문에 컴퓨터에서 바로 실행할 수 없다는 단점이 있다. 따라서 고급 프로그래밍 언어로 작성된 프로그램을 실행하기 위해서는 CPU가 이해할 수 있는 기계어 프로그램으로 변환하는 과정이 필요하다.

고급 프로그래밍 언어로 작성된 프로그램을 기계어 프로그램 또는 실행 프로그램으로 변환하는 프로그램을 컴파일러(compiler)라고 한다. 컴파일러는 프로그래밍 언어별로 따로 만들어져 있고, 어떤 프로그래밍 언어는 다양한 종류의 컴파일러가 존재하기도 한다. C 프로그래밍 언어를 위한 컴파일러를 C 컴파일러라고 하고 여러 가지 종류가 있다. 쉽게 구할 수 있는 C 컴파일러는 다음과 같은 것들이 있다.

컴파일러	제작자	사용가능 운영체제
GCC C	GNU	Windows, Linux, OS X
MS Visual Studio C	Microsoft	Windows
Tiny C	Fabrice Bellard	Windows, Linux
Borland C	Borland	Windows

어떤 컴파일러를 사용할지는 자신의 목적에 맞게 결정하면 된다. 앞으로 컴퓨터를 많이 다루고 소프트웨어 전문가가 되고자 한다면, 가장 표준을 잘 따르고 빠르게 업데이트되는 GNU C 컴파일러인 gcc를 사용하는 것이 좋다. gcc를 사용하는 다양한 방법이 있지만, Windows를 사용한다면 Cygwin을 설치한 후 gcc를 설치하여 사용하거나 C 컴파일러가 포함된 Eclipse를 사용하는 방법도 있다. 만일 Windows 환경에만 익숙해 있다면 Microsoft 사에서 만든 Visual Studio와 같은 통합 환경을 설치하여 사용하는 것도 좋은 방법이다.

프로그래밍 환경(Programming environment)이란 프로그램 개발을 위해 필요한 도구들의 집합을 의미한다. 기본적인 도구는 프로그램을 작성할 수 있는 문서 편집기, 소스 프로그램을 실행 프로그램 또는 실행 파일로 변환하는 컴파일러, 프로그램 수정을 위한 디버거 등이 있다. 이러한 프로그래밍 도구가 하나로 통합되어 지원되는 것을 통합 프로그래밍 환경(IDE, Integrated Development Environment)이라고 하고, 대표적인 것으로는 MS Visual Studio가 있다. 참고로 Visual Studio의 Community 버전은 무료로 설치할 수 있다. 통합 환경을 사용하는 대신 필요한 도구들을 따로 설치하여 사용할 수도 있다. 예를 들어, Windows에 Cygwin을 설치한 다음 컴파일러로는 gcc, 문서편집기로는 vim, 디버거로는 gdb 등을 따로 설치하여 프로그래밍 환경을 만들 수 있다. 이 책 부록에는 Windows에서 Cygwin을 설치하는 방법이 소개되어 있으니 참조하기 바란다. 어떠한 방법으로 프로그래밍 환경을 구축하든지간에 이 책에서 설명하는 프로그래밍 단계는 같고, 이 책에서 제시하는 예제 프로그램도 문제없이 잘 수행될 것이다.

1.3 첫 번째 프로그램

이 절에서는 C 프로그램을 작성하고 실행하는 방법에 대해 설명할 것이다. 먼저 프로그램 1.1을 보자. 첫 번째 열에 있는 수는 행 번호이고 프로그램의 일부는 아니다.

프로그램 1.1

```
#include <stdio.h>
int main(void)
{
    printf("Hello world");
    return 0;
}
```

무슨 일을 하는 프로그램인지 감이 오는가? 사람이 사용하는 언어도 독서를 통해 잘 익힐 수 있듯이, 다른 사람이 작성한 프로그램을 읽는 것도 프로그램을 배우는 한 가지 방법이다. 프로그램 1.1은 컴퓨터 화면에 `Hello world`를 출력하는 프로그램이다. 이 프로그램에 대해 설명할 것이 많이 있지만, 여기서는 프로그램 파일을 어떻게 만들고 어떻게 실행하는 지만을 설명할 것이다. 프로그램을 컴퓨터에서 실행하기 위해서는 다음과 같은 세 단계를 거쳐야 한다.

1) 프로그램 작성
2) 프로그램 컴파일
3) 프로그램 실행

첫 번째 단계는 프로그램 내용이 포함된 파일을 만드는 것이다. 한 가지 주의할 것은 프로그램을 입력한 후에 확장자가 `.c`인 텍스트 파일로 저장해야 한다는 것이다. 통합 프로그래밍 환경을 사용하고 있다면 별 문제가 없지만, 일반적인 문서편집기를 사용하여 프로그램을 작성한다면 저장할 때 서식 정보가 포함되지 않도록 파일 형식을 텍스트로 하여 저장해야 한다. 또한 파일 이름을 만들 때에는 프로그램을 잘 설명할 수 있는 것을 선택해야 한다. 예를 들어, 프로그램 1.1은 `Hello world`를 출력하는 프로그램이므로 `hello.c`라는 텍스트 파일로 만들면 된다.

두 번째 단계는 프로그램 파일을 실행 파일로 만드는 컴파일 단계이다. 컴파일이란 컴파일러를 사용하여 소스 프로그램을 실행 파일로 만드는 과정을 의미한다. 통합 환경을 사용한다면 컴파일 메뉴를 선택하면 되고, 아니면 직접 컴파일 명령을 입력하면 된다. 프로그램에 문제가 없다면, 오류 메시지가 출력되지 않고 실행 프로그램이 만들어질 것이다. 실행 프로그램 이름을 지정하지 않았다면 사용하고 있는 환경이나 운영체제에 의해 디폴트로 이름이 정해진다. 예를 들어, Visual studio는 hello.exe, Linux의 gcc는 a.out, Cygwin의 gcc는 a.exe 등으로 만든다. 만일 오류 메시지가 출력됐다면 프로그램을 정확하게 입력하지 않은 것이기 때문에 잘못된 부분을 수정한 후 다시 컴파일해야 한다.

마지막 단계는 만들어진 실행 프로그램을 실행하는 것이다. 통합 환경을 사용한다면 실행 메뉴를 선택하면 되고, 아니면 컴파일 단계에서 만들어진 파일을 프롬프트에 입력하면 된다.

이제 실제로 프로그램을 작성하고 실행하는 것을 자세히 살펴보자. 먼저 Visual Studio를 사용하는 것부터 보자. Visual Studio는 다양한 버전이 있고 같은 버전도 화면 구성을 달리 할 수도 있기 때문에, 여기서 제시하는 그림과 여러분이 사용하는 것과는 차이가 있을 수 있다. 하지만 각 단계별 메뉴 선택은 유사할 것이다. 이 책에서는 Visual Studio 2017 Community 버전을 기준으로 설명한다. 먼저 Visual Studio를 실행하면 다음과 같은 윈도우가 생길 것이다.

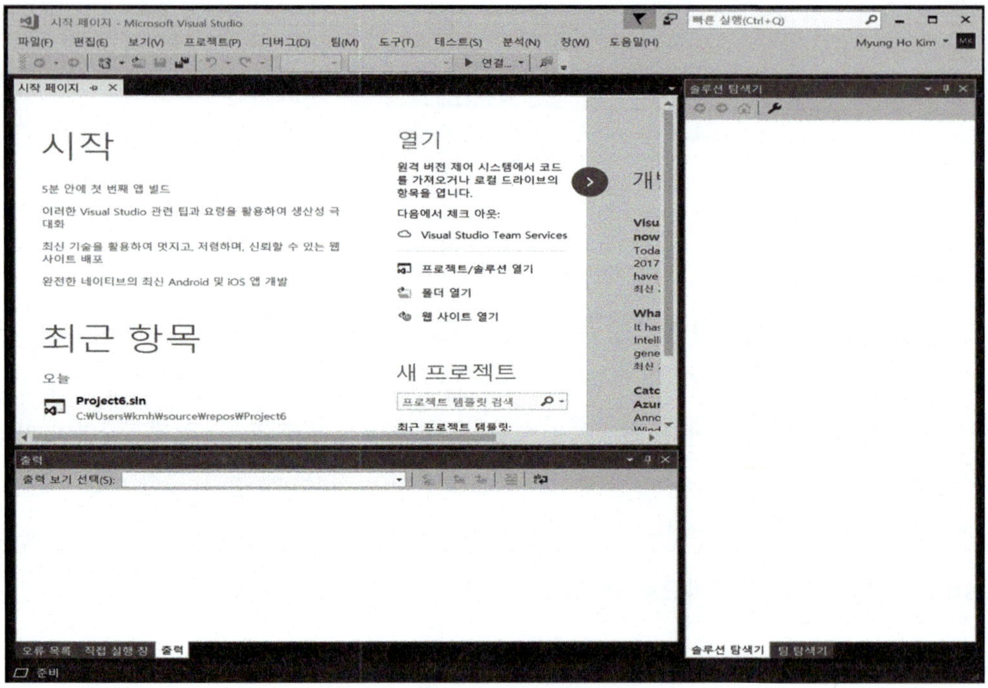

Visual Studio에서 프로그램을 작성할 때에는 먼저 프로젝트를 생성하고, 그 안에 프로그램 파일을 만들어야 한다. 상단의 메뉴에서 "파일 -> 새로 만들기 -> 프로젝트"를 선택하면 다음과 같은 새 프로젝트 생성관련 윈도우가 뜰 것이다.

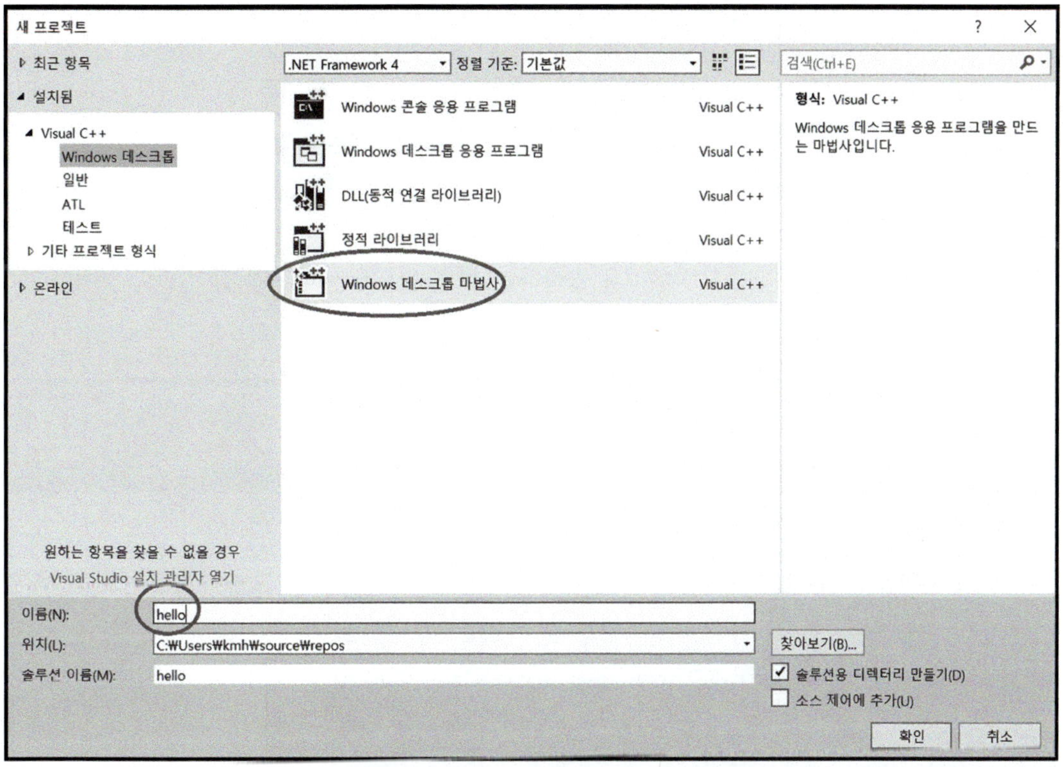

여기서 "Windows 데스크톱 마법사"를 선택하고, 프로젝트 이름을 입력한다. 이 예제에서는 프로젝트 이름으로 hello를 입력하였다. 그 다음 "확인"을 클릭하면, 다음과 같은 "Windows 데스크톱 프로젝트" 윈도우가 나올 것이다.

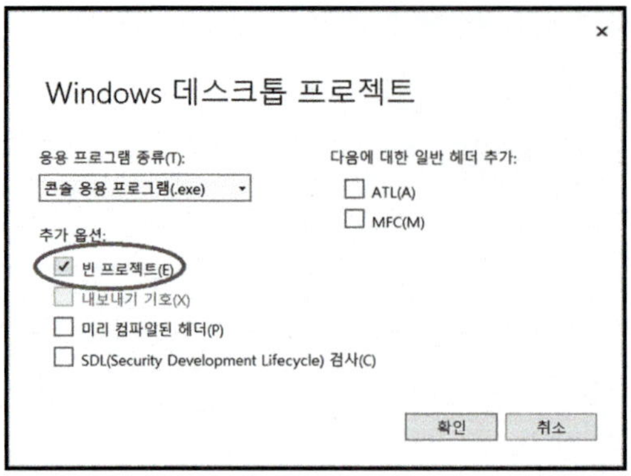

여기서 "빈 프로젝트"를 선택하고 "확인"을 클릭하면, 메인 윈도우는 다음과 같이 변할 것이다.

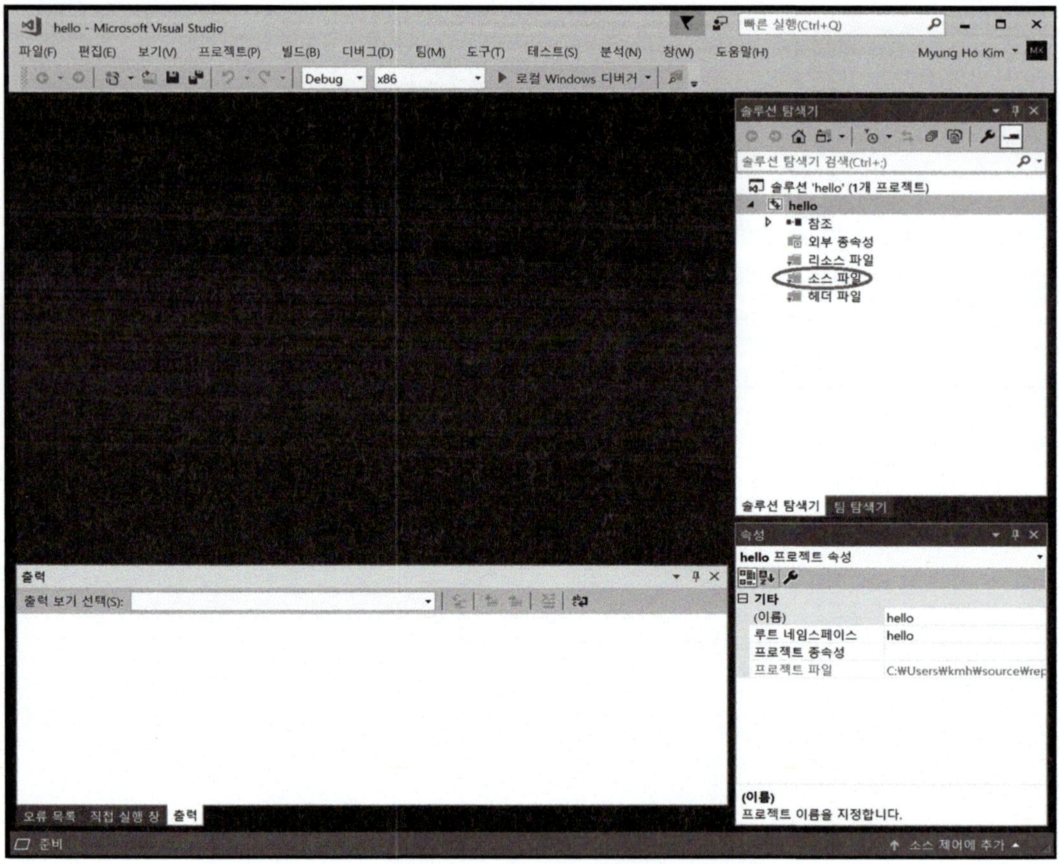

이제 프로그램 파일을 만들어서 프로그래밍 하면 된다. 윈도우 오른쪽을 보면 "솔루션 탐색기" 패널에 "소스 파일"이라는 항목이 있을 것이다. 그 항목을 포인트하고 오른쪽 버튼을 클릭하고 "추가 -> 새항목"을 선택하면 다음과 같은 윈도우가 나올 것이다.

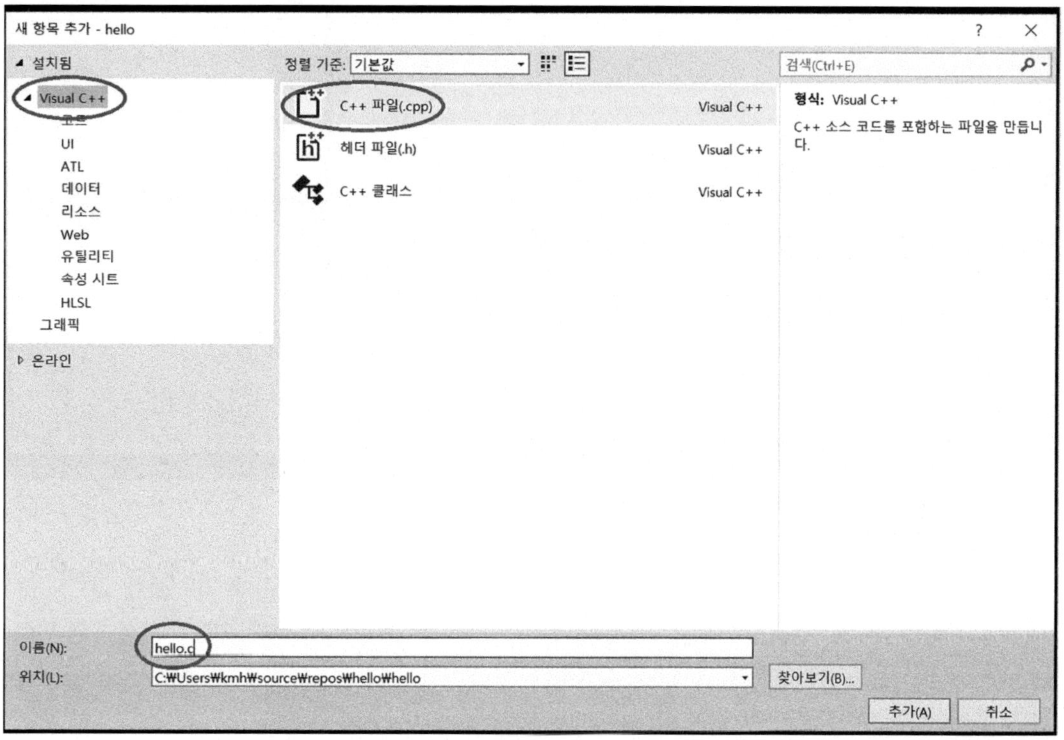

왼쪽 메뉴에서 "Visual C++"을 클릭하면 오른쪽에 여러 항목이 나오는데 그 중 "C++ 파일(.cpp)"를 선택한 다음 하단의 "이름"에 프로그램 파일 이름을 입력한다. 여기서는 파일 이름을 "hello.c"로 하기로 하자. 그 다음 "추가"를 클릭하면 화면은 프로그램을 편집할 수 있는 화면으로 바뀔 것이다.

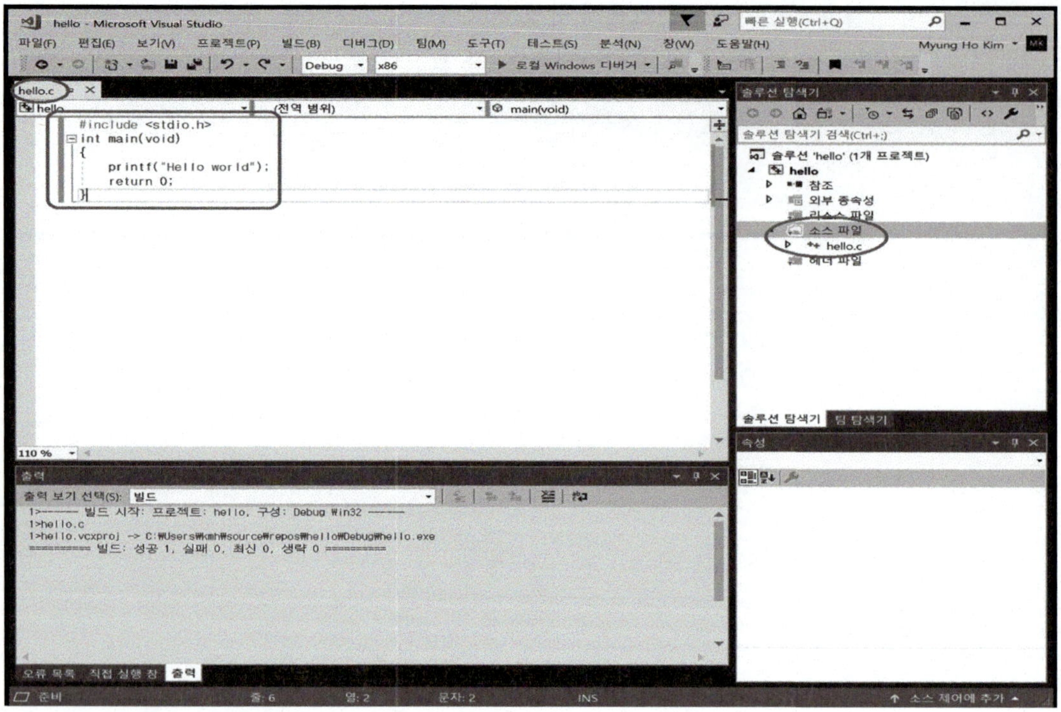

솔루션 탐색기의 소스 파일 아래에 "hello.c"라는 항목이 생긴 것을 알 수 있고, 왼쪽에는 hello.c라는 패널이 생성됐다는 것을 알 수 있다. 프로그램은 hello.c 패널에서 작성하면 된다. 작성이 완료되면, 프로그램 컴파일 및 실행은 메뉴에서 "디버그 -> 디버그 하지 않고 시작"을 선택하면 된다. 그러면 다음과 같이 실행 결과를 보여주는 윈도우가 뜰 것이다.

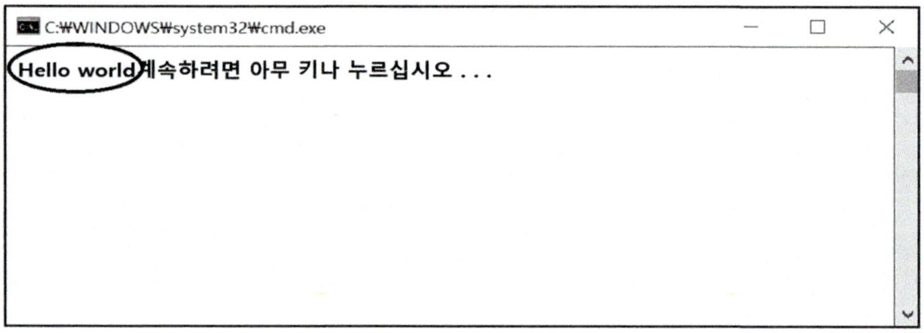

윈도우 상단에 출력된 "Hello world"가 이 프로그램의 실행 결과이다. 만일 이 윈도우가 안 나오고 메인 윈도우 하단의 "오류 목록" 부분에 오류 메시지가 출력되면 프로그램이 잘못된 경우이다. 이와 같이 통합 환경을 사용하면 필요한 내용을 메뉴 선택으로 실행이 가능하다.

다음으로 Windows에서 Cygwin에 gcc를 설치하여 프로그래밍하는 경우에 대해 살펴보자. 이 경우는 Cygwin을 먼저 설치하고, gcc 컴파일러와 vim 문서 편집기를 설치해야 한다. Cygwin 및 gcc, vim 패키지 설치에 관해서는 부록을 참조하기 바란다. Cygwin에서 gcc를 사용하는 것은 UNIX나 Linux에서 프로그래밍하는 것과 동일하다. 이 경우도 소스 프로그램을 먼저 만들어야 한다. 프로그램은 vim 문서 편집기를 사용하여 만들면 되는데, Cygwin 윈도우의 프롬프트 상에서 다음을 입력하면 vim 편집기가 실행될 것이다.

```
$ vim hello.c
```

이제 프로그램을 입력하면 된다. 만일 vim을 처음 사용한다면 사용에 어려움이 있을 것이다. vim은 Windows에서 사용하는 일반적인 문서 편집기와는 사용 방법이 다르기 때문에 사용 방법을 먼저 찾아보고 사용해야 할 것이다. 다음 그림은 vim에서 프로그램을 입력한 모양을 보여주고 있다.

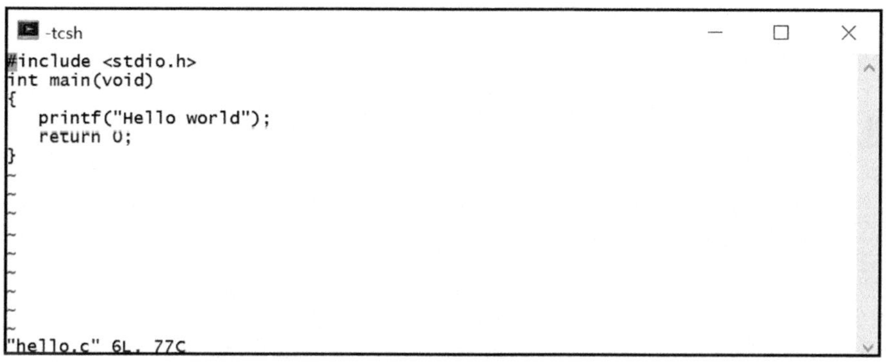

이렇게 프로그램 입력이 끝나면 vim을 닫고, gcc를 사용하여 컴파일하면 된다. 컴파일은 다음과 같이 gcc 다음에 소스 프로그램 파일을 명시하면 된다.

```
$ gcc hello.c
```

그러면 a.exe라는 실행 파일이 생성될 것이고, 이 파일을 입력하면 프로그램이 실행될 것이다. 실행 결과는 다음 그림의 제일 밑 부분에 있는 것과 같을 것이다.

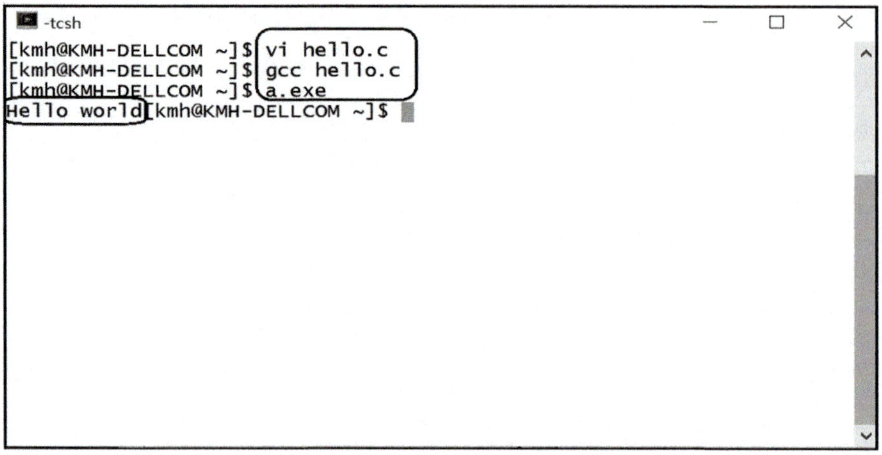

이와 같이 어떤 프로그래밍 환경을 사용하든지 소스 프로그램 작성, 컴파일, 실행 단계로 프로그램을 실험할 수 있다.

1.4 printf()

유용한 프로그램은 사용자와 상호작용을 할 수 있어야 한다. 즉 사용자의 요구사항을 입력 받을 수 있어야 하고, 계산 결과나 정보를 출력할 수 있어야 한다. C 언어는 이러한 대화 수단을 제공한다. 이 절에서는 printf()를 사용하여 화면에 출력하는 프로그램을 작성하는 방법에 대해 설명한다. printf()를 설명하기 전에 C 프로그램 구조에 대해서 간략한 설명이 필요하다. C 프로그램은 다음 코드의 네모 박스를 제외한 부분을 반드시 포함해야 한다.

```
#include <stdio.h>
int main(void)
{
        . . .
        . . .
```

```
    return 0;
}
```

물론 앞으로 C 프로그램을 배우게 되면 필요에 따라 더 추가되거나 변경되는 부분이 있겠지만, 그 때까지 C 프로그램은 반드시 이와 같은 모양을 가져야 한다. 즉 네모 부분을 제외한 코드가 없다면 그것은 프로그램이 아니다. 가운데에 있는 네모 박스에는 프로그램이 해야 하는 문장들을 명시한다. 프로그램 1.1의 1행부터 3행과 5행부터 6행도 이 형식을 따르고 있고, 네모 박스에 해당하는 것은 4행이다.

```
4    printf("Hello world");
```

이 문장에서 Hello world가 큰따옴표로 묶여있는데, C에서는 큰따옴표로 묶여있는 문자들을 문자열 상수라고 한다. printf()는 괄호 안에 주어진 문자열 상수를 화면(screen)에 연속적으로 출력하는 함수이다. 화면은 2-차원 출력장치로 왼쪽에서 오른쪽으로 위에서 아래로 출력이 진행된다. printf() 함수가 여러 번 호출되면, printf() 함수는 이전 printf() 함수가 출력한 마지막 지점부터 출력한다. 따라서 프로그램 1.1을 프로그램 1.2와 같이 고쳐도 출력 결과는 같다.

프로그램 1.2

```
#include <stdio.h>
int main(void)
{
    printf("Hello ");
    printf("world");
    return 0;
}
```

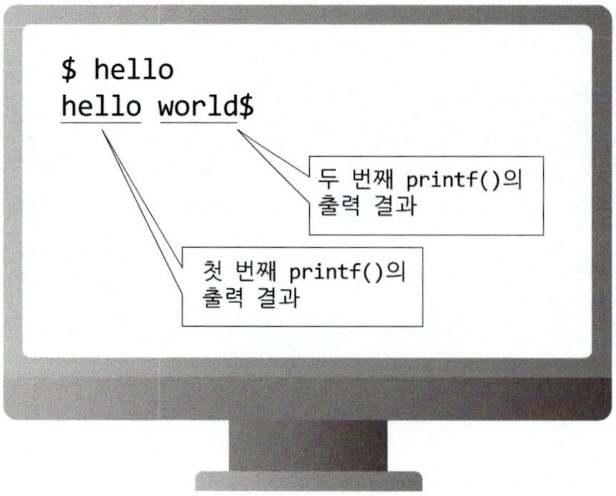

화면에 문장을 다음 줄에 출력하고 싶다면 개행(new-line) 문자('\n')를 사용하면 된다. 개행 문자는 키보드로 표현할 수 없기 때문에 '\' 'n'의 조합으로 표시한다. 이렇게 역슬래시(\)를 사용하여 변칙적인 일이 진행됨을 알리는 것을 이스케이프 시퀀스(escape sequence)라고 하는데 앞으로 다시 다룰 것이다. 개행 문자를 출력하면 키보드의 "Enter" 키와 유사하게 출력이 다음 줄로 옮겨간다. 예를 들어 프로그램 1.2의 출력 결과인 Hello world를 두 줄로 출력하고 프롬프트도 다음 줄에 출력하고 싶다면 다음과 같이 하면 된다.

프로그램 1.3

```c
#include <stdio.h>
int main(void)
{
    printf("Hello\n");
    printf("world\n");
    return 0;
}
```

프로그램 1.3의 실행 결과는 다음과 같다.

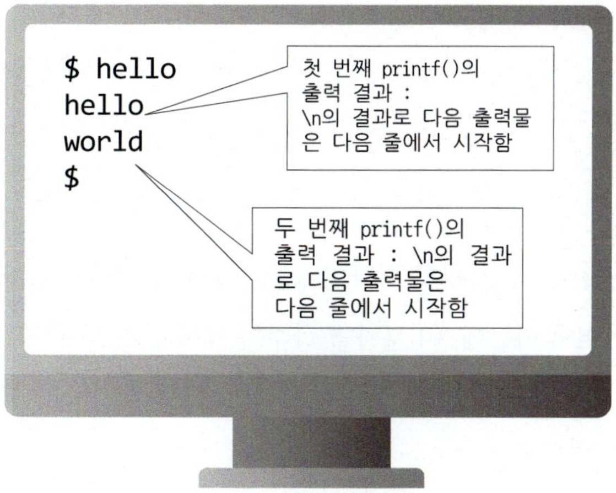

지금까지 printf()를 사용하여 문자만을 출력하는 것에 대해 설명했지만, printf()를 사용하여 계산 값이나 앞으로 배울 변수의 값을 출력할 수도 있다. 예제 프로그램을 통해 사용법을 배워보자.

프로그램 1.4

```
#include <stdio.h>
int main(void)
{
    printf("%d * %d = %d\n", 7, 8, 7 * 8);
    return 0;
}
```

프로그램 1.4의 printf()를 보자.

```
    printf("%d * %d = %d", 7, 8, 7 * 8);
```

이 printf()는 괄호 안에 " "로 둘러싸인 문자열 상수뿐만 아니라 콤마로 분리된 숫자와 수식이 있다. 이와 같이 괄호 안에 콤마로 분리된 것들을 함수의 인자(argument)라고 한다. 따라서 프로그램 1.4의 printf() 함수는 다음과 같이 네 개의 인자를 가지고 있다.

첫 번째 인자 : “%d * %d = %d”

두 번째 인자 : 7

세 번째 인자 : 8

네 번째 인자 : 7 * 8

이 예에서와 같이 printf() 함수는 하나 이상의 인자를 가질 수 있다. 첫 번째 인자는 반드시 “ ”로 둘러싸인 문자열 상수이어야 하는데, 이 문자열 상수를 제어 문자열이라고 한다. printf()의 인자가 여러 개라도 화면에 출력되는 것은 첫 번째 인자이다. 나머지 인자는 첫 번째 인자가 출력될 때 필요한 정보를 제공하는 것이다.

printf() 함수의 인자가 두 개 이상일 경우 제어 문자열에는 변환명세가 온다. 변환명세는 %로 시작해서 변환문자로 끝난다. 프로그램 1.4의 printf() 함수는 변환명세로 %d가 사용되었다. 변환명세는 그대로 화면에 출력되는 것이 아니고 뒤에 기술된 인자의 값이 변환명세에 명시된 대로 변환되어 변환명세 자리에 출력된다. 제어 문자열에 변환명세가 여러 개 나오면 뒤에 나오는 인자와 차례로 대응된다. 예를 들어 프로그램 1.4의 printf()에서 변환명세와 인자는 다음과 같이 대응된다.

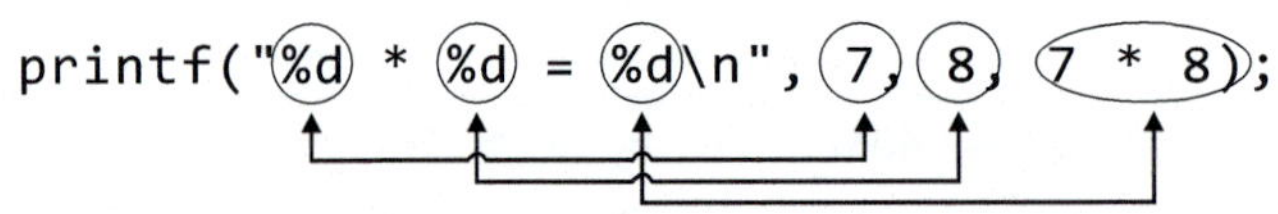

변환명세에서 변환문자로는 c, d, e, E, f, g, G, i, n, o, p, u, x, X, % 등이 올 수 있다. 이 절에서는 d와 f에 대해서만 설명하고 다른 것들은 필요할 때마다 설명할 것이다. 또한 11장에는 printf()와 변환명세에 대한 자세한 설명이 있으니 참조하기 바란다. 프로그램 1.4에서 사용한 d 변환문자는 대응되는 값을 정수로 출력하라는 것이다. 네 번째 인자인 수식 7 * 8은 계산되어 56이라는 값이 출력된다. 결국 화면에는 다음과 같이 출력된다.

```
7 * 8 = 56
```

참고로 프로그램 1.4의 printf() 문장을 다음과 같이 했다고 가정해보자.

```
printf("7 * 8 = 7 * 8");
```

printf()는 첫 번째 인자를 그대로 출력하기 때문에, 이 printf()에 의해서는 7 * 8이 계산되어 출력되지 않고 "7 * 8 = 7 * 8"이 출력될 것이다.

실수 값을 출력할 때에는 변환문자로 f를 사용한다. 다음 프로그램을 보자.

프로그램 1.5

```
#include <stdio.h>
int main(void)
{
    printf("%f * %f = %f\n", 12.9, 8.8, 12.9 * 8.8);
    return 0;
}
```

프로그램 1.5는 실수 곱하기 프로그램이다.

```
    printf("%f * %f = %f", 12.9, 8.8, 12.9 * 8.8);
```

printf()에서 제어 문자열의 변환명세로 %f를 사용하였기 때문에 뒤에 나오는 인자를 실수로 출력한다. 프로그램 1.5의 실행 결과는 다음과 같다.

```
12.900000 * 8.800000 = 113.520000
```

실행 결과에서 알 수 있는 것처럼 변환문자 f를 사용하면 디폴트로 소수점 이하 6자리까지 출력된다. 출력되는 자리수를 조정하는 방법은 연습문제와 11장을 참조하기 바란다.

1.5 scanf()

C 프로그램에서 입력이 필요한 경우 가장 많이 사용되는 함수는 scanf() 함수 이다. scanf() 함수의 사용법은 printf() 함수의 사용법과 유사해 보이지만 좀 더 복잡하다. scanf() 함수를 정확히 이해하기 위해서는 변수 선언, 포인터, 함수에 대해 알아야 한다. 하지만 이 절에서는 예제를 통해 간단히 설명할 것이다. 다음 프로그램을 보자.

프로그램 1.6

```
1  #include <stdio.h>
2  int main(void)
3  {
4      int value;
5
6      printf("정수를 입력하세요 : ");
7      scanf("%d", &value);
8      printf("입력한 수는 %d 입니다.\n", value);
9
10     return 0;
11 }
```

이 프로그램은 정수 값을 입력받아 다시 출력하는 프로그램이다. 프로그램에서 네모 부분이 scanf()를 사용하여 입력받을 때 필요한 부분이다.

```
4     int value;
```

첫 번째 네모의 내용은 scanf() 함수가 입력받는 값을 저장하기 위한 변수를 선언하는 것이다. 이것을 선언문이라고 하는데, 선언문에 대해서는 3장에서 자세히 설명할 것이니 여기서는 그대로 따라만 하면 된다. 선언문에서 int는 뒤에 나오는 변수가 정수 값을 갖는다는 것을 의미하고, value는 정수 값을 저장할 변수이름이다. 따라서 이 선언문은 정수 값을 저장하는 value라는 변수를 하나 만드는 것이다.

```
7     scanf("%d", &value);
```

두 번째 네모는 scanf()를 사용하여 사용자가 입력한 수를 value에 저장하는 문장이다. scanf()의 변환명세 "%d"는 정수를 입력받겠다는 것을 알려주는 것이고, &value는 입력되는 정수를 value에 저장하겠다는 것이다. 이와 같이 입력되는 값을 저장할 변수 앞에는 &를 반드시 붙여야 한다. 그 이유에 대해서는 7장에서 포인터를 다룰 때 자세히 설명할 것이다. 만일 실수를 입력받고 싶다면, 다음과 같이 float 형 변수를 선언하고 scanf()에서 변환명세로 %f를 사용하면 된다.

```
float data;
scanf("%f", &data);
```

프로그램 1.6을 실행하고 10을 입력하면 다음과 같이 출력될 것이다.

```
정수를 입력하세요 : 10 Enter↵
입력한 수는 10 입니다.
```

scanf() 함수는 프로그램으로 값들을 입력받을 때 매우 유용하지만 입력되는 문자들이 scanf()에서 지정된 변환 형식으로 변환을 할 수 없다면 문제가 발생한다. 예를 들어 프로그램 1.6을 실행하고 "what"을 입력하면 다음과 같이 출력될 것이다.

```
정수를 입력하세요 : what Enter↵
입력한 수는 0 입니다.
```

이 실행 예제에서는 입력 값이 0으로 출력됐는데 다른 값이 나올 수도 있다. 이와 같이 scanf() 함수를 사용하면 잘못된 입력으로 인해 문제가 발생할 수 있으니 주의해야 한다.

1.6 디버깅

1.3 절에서 프로그램 1.1을 소개하면서 프로그램을 실행하기 위해서는 컴파일러를 사용하여 먼저 컴파일해야 함을 설명하였다. 앞 절에서 보여준 C 프로그램은 완벽한 프로그램이기 때문에 컴파일러가 컴파일할 수 있었지만, 만일 작성한 프로그램이 구문에 맞지 않다면 컴파일러는 오류 메시지를 출력하고 컴파일을 멈춘다. 즉 컴파일러는 C 구문에 맞는 완벽한 프로그램만 컴파일하여 실행

파일을 만들 수 있다. 컴파일하는 도중 오류 메시지가 나온다면 프로그램에서 잘못된 부분을 찾아서 수정한 후 다시 컴파일해야 한다. 이러한 과정을 디버깅(debugging)이라고 한다. 물론 디버깅은 컴파일은 제대로 되지만 실행 결과가 예상한 대로 나오지 않았을 때도 해야 된다. 이 경우에는 프로그램의 구문 오류를 확인하는 것이 아니라 프로그램의 논리적 구조를 확인해야 한다. 디버깅이 이와 같이 크게 두 가 지로 나누어지지만, 여기에서는 구문 오류의 디버깅에 대해서만 잠시 살펴볼 것 이다. 다음 프로그램을 보자.

프로그램 1.7

```
1 #include <stdio.h>
2 int main(void)
3 {
4     printf("Hello world")
5     return 0;
6 }
```

프로그램 1.7은 프로그램 1.1과 비슷해 보이지만 문제가 있는 프로그램이다.

```
4     printf("Hello world")
```

4 행을 보면 프로그램 1.1과는 다르게 제일 끝에 세미콜론(;)이 없다. 이 프로그램을 gcc로 컴파일하면 다음과 같은 오류(error) 메시지가 출력되면서 실행 파일을 만들지 않고 컴파일이 멈춘다. 다른 컴파일러를 사용하면 오류 메시지가 약간 다를 수도 있지만 그 내용은 유사할 것이다.

```
hello.c: In function 'main':
hello.c:5:4: error: expected ';'before 'return'
    return 0;
    ^~~~~~
```

이 오류 메시지는 "(첫 번째 메시지)hello.c 파일의 main 함수에서, (두 번째 메시지)hello.c의 5 행의 4 번째 칸에 있는 return 앞에 ';(세미콜론)'이 없는 오류가 발생했음"을 알려주는 것이다. 이와 같이 오류가 있으면 컴파일러가 출력하는 오류 메시지를 읽고 문제가 있는 행과 그 이유를 알 수 있다. 하지만 정확한 이유를 알려주지 않을 수도 있다. 예를 들어, 어떤 컴파일러는 프로그램 1.7을 컴파일하면 세미콜론이 빠졌다는 메시지가 안 나오고 구문 오류가 있다는 메시지만 출력하기도 한다. 따라서 프로그래밍을 처음 할 때 이러한 오류 메시지를 읽고 이해하고 디버깅하는 것이 어려울 수도 있다. 하지만 이러한 과정을 몇 번 반복하면 빠르게 적응할 수 있을 것이다. 또한 오류 메시지를 읽고 디버깅하는 작업을 통해 많은 것을 배울 수 있기 때문에 오류 메시지를 잘 읽기 바란다. 다음 프로그램을 보자.

프로그램 1.8

```
#include <stdio.h>
float main(void)
{
    printf("Hello world");
}
```

프로그램 1.8은 프로그램 1.1을 약간 수정한 것이다.

```
float main(void)
```

main 앞의 int를 float로 바꾸었고, 마지막 return 0도 삭제하였다. 이 프로그램을 gcc로 컴파일하면 다음과 같은 메시지가 출력될 것이다.

```
program1.8.c:2:7: warning: return type of 'main' is not 'int' [-Wmain]
float main(void)
      ^~~~
program1.8.c: In function 'main':
program1.8.c:5:1: warning: control reaches end of non-void function
[-Wreturn-type]
}
^
```

이 메시지도 문제가 있는 파일 이름과 행 번호를 보여주고 경고(warning)라는 단어가 나온 후 설명이 나온다. 이러한 오류를 경고 오류라고 하는 데 경고 오류만 있을 경우 컴파일러는 실행 파일을 생성한다. 하지만 이렇게 생성된 실행 프로그램을 실행하면 정확하게 동작하지 않을 수도 있다. 따라서 경고 메시지만 나왔다고 디버깅을 멈추지 말고 경고 메시지가 안 나올 때까지 계속 디버깅하는 것이 좋다.

1.7 순서도

순서도는 문제의 처리 과정을 보여주는 다이어그램이다. 순서도는 특정한 의미를 갖는 여러 개의 도형과 도형간의 순서를 나타내는 화살표로 구성된다. 다음 표는 순서도에서 사용하는 도형과 그 의미를 설명한 것이다.

도형	이름	설명
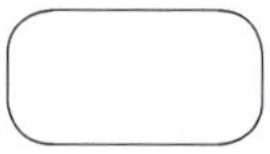	종단	순서도의 시작 또는 끝
	프로세스	처리문
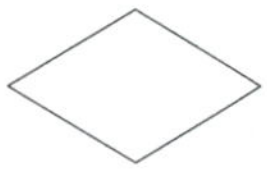	판단	주어진 조건에 따른 예 또는 아니오 판단
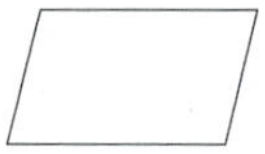	입력/출력	데이터 입력 또는 출력
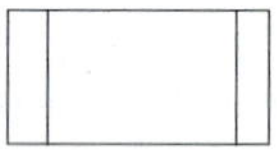	미리 정의된 프로세스	이미 만들어 놓은 순서도
	연결자	한 페이지 내에서 연결자
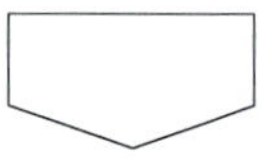	다른 페이지 연결자	다른 페이지로의 연결자
	주석	설명이 필요한 경우 설명
	흐름선	다음 순서를 알려줌

예를 들어 프로그램을 작성하고 실행하는 단계를 순서도로 그리면 다음과 같다.

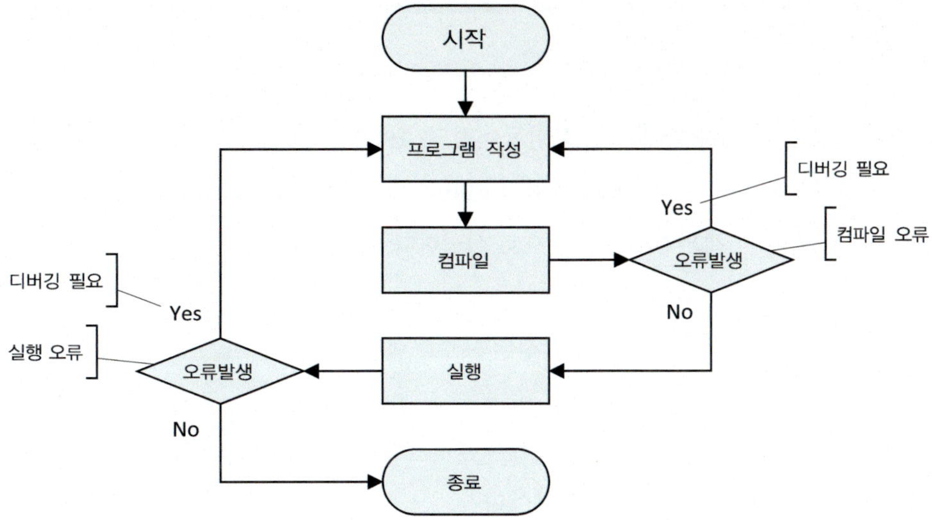

이 순서도를 보면 프로그래밍 단계를 쉽게 파악할 수 있다. 이와 같이 순서도는 문제 처리과정을 다이어그램으로 표현하기 때문에 처리 절차를 쉽게 파악할 수 있다는 장점이 있다. 모든 프로그래밍 언어는 순서도의 흐름을 표현할 수 있는 구문들을 제공한다. 즉, 순서도가 있다면 프로그램을 쉽게 작성할 수 있다는 의미이다. 따라서 프로그램을 작성하기 전에 먼저 문제를 분석한 다음, 해결 방법을 찾고, 이를 순서도로 그려본 후에 프로그래밍 하는 것이 좋다. 문제 분석과 해결 방법을 찾지 않은 상태에서 프로그래밍을 시작하면 좋은 프로그램을 작성할 수 없다.

요약

1. C의 국제적 표준은 1990년에 최초로 만들어졌고, 1999년, 2011년, 2018년에 개정된 버전이 발표되었다. 각 표준을 구별할 때에는 각각 C90, C99, C11, C18이라고 한다. C18이 가장 최근에 발표된 것이고, 이 책은 C18을 기준으로 설명한다.

2. 소스 프로그램은 프로그래밍 언어로 작성된 프로그램이다.

3. 컴파일러는 프로그래밍 언어로 작성된 소스 프로그램을 컴퓨터가 인식할 수 있는 실행 프로그램 또는 실행 파일로 변환하는 소프트웨어이다.

4. 프로그래밍 단계는 프로그램 작성, 컴파일, 실행 순으로 이루어진다.

5. C 프로그램은 기본적으로 다음과 같은 구조를 갖는다.

```
#include <stdio.h>
int main(void)
{
    . . .
    return 0;
}
```

6. printf()는 C의 대표적인 출력 함수이고, scanf()는 대표적인 입력 함수이다.

7. printf()와 scanf()에서 정수를 위한 변환문자는 d이고, 실수를 위한 변환문자는 f이다.

8. 디버깅은 프로그램의 문제를 해결하기 위해 수정하는 과정을 의미한다.

9. 순서도는 문제의 처리 과정을 다이어그램으로 나타내는 것이다.

연습 문제

1. 프로그래밍 언어로 작성된 프로그램을 실행 프로그램과 대비하여 무슨 프로그램이라고 하는가?

2. C 언어로 작성된 프로그램을 실행 가능한 기계어 프로그램으로 변환해주는 프로그램을 무엇이라고 하는가?

3. 프로그램을 작성한 후 잘못된 부분을 수정하는 것을 무엇이라 하는가?

4. C 프로그램은 어떻게 시작하여 어떻게 끝나야 하는가? 처음 세 줄과 마지막 두 줄을 써라.

5. 화면에 출력하기 위해 사용하는 함수는 무엇인가?

6. `printf()`에서 변환명세는 어떤 문자로 시작하는가?

7. `printf()`에서 정수를 출력하기 위한 변환문자는 무엇인가?

8. `printf()`에서 실수를 출력하기 위한 변환문자는 무엇인가?

9. 순서도에서 마름모(◇) 도형은 어떤 의미인가?

10. 프로그램에서 큰따옴표를 둘러싸인 문자들을 무엇이라 하는가?

11. C 프로그램 파일의 확장자는 `.c`이어야 한다. C 프로그램을 `.c` 파일에 저장하지 않아도 컴파일되는지 확인해 보아라. 프로그램 1.1을 위한 `hello.c` 파일을 확장자 없이 `hello` 파일로 복사한 후 컴파일해보아라. 컴파일되는지 확인하고 오류가 발생한다면 어떤 오류 메시지가 출력되는지 쓰고 설명하여라.

12. 화면에 다음과 같이 출력하는 프로그램을 작성하여라.

```
Hello!
My name is James Kim.
Nice to meet you.
```

13. printf()는 숫자를 다양한 형식으로 출력할 수 있는 기능을 제공한다. 출력 형식은 %와 변환 문자 사이에 지정한다. 다음은 정수를 위한 출력 형식 예제 프로그램이다. 실행해보고 아래 문제에 답하여라.

```
#include <stdio.h>
int main(void)
{
    int num = 1004;

    printf("12345678901234567890\n");
    printf("===%d===\n", num);
    printf("===%8d===\n", num);
    printf("===%08d===\n", num);
    printf("===%-8d===\n", num);
    return 0;
}
```

(a) 프로그램의 실행 결과를 써라.

(b) 실행 결과를 보고 출력 형식 8, 08, -8은 각각 어떤 형식으로 출력할 때 사용해야 하는지 써라.

14. 다음은 실수를 위한 출력 형식 예제 프로그램이다. 실행해보고 아래 문제에 답하여라.

```
#include <stdio.h>
int main(void)
{
    float num = 1004.8282;
```

```
    printf("12345678901234567890\n");
    printf("===%f===\n", num);
    printf("===%10.2f===\n", num);
    printf("===%010.2f===\n", num);
    printf("===%-10.2f===\n", num);
    return 0;
}
```

(a) 프로그램의 실행 결과를 써라.

(b) 실행 결과를 보고 출력 형식 10.2, 010.2, -10.2는 각각 어떤 형식으로 출력할 때 사용해야 하는지 써라.

15. 다음 프로그램을 실행해 보아라.

```
#include <stdio.h>
int main(void)
{
    int num;

    printf("숫자를 입력하세요 : ");
    scanf("%d", num);
    printf("%d의 거듭제곱은 %d 입니다.\n", num, num * num);
    return 0;
}
```

(a) 프로그램이 정상적으로 실행되는가? 안 될 것이다. 어떤 부분이 잘못됐는지 살펴보고, 수정한 후 다시 실행해 보아라. 힌트 : scanf()의 사용 방법이 잘못되었다. 1.5절을 참고하여라.

(b) (a)에서 수정한 프로그램을 실행한 후 7.8과 같은 형태의 실수 값을 입력하면 어떻게 되겠는가? 실행 오류가 나는지 확인해 보아라.

16. 다음 프로그램을 실행해 보아라.

```
#include <stdio.h>
int main(void)
{
    float  num1, num2, sum;

    printf("두 개의 실수를 입력하세요 : ");
    scanf("%f %f", &num1, &num2);
    sum = num1 + num2;
    printf("%f + %f = %f\n", num1, num2, sum);
    return 0;
}
```

(a) 프로그램을 실행한 후 3.5와 8.9를 입력한 후 실행 결과를 써라. 참고 : 이 프로그램은 실수를 다루기 위해 변수들을 float으로 선언하였고, scanf()와 printf()에서 변환명세로 %f를 사용하고 있다.

(b) 실행결과가 다음과 같이 되도록 프로그램을 수정하여라.

```
두 개의 실수를 입력하세요 : 3.5  8.9 Enter↵
3.50 + 8.90 = 12.40
```

17. 두 정수를 입력받아 그 곱을 출력하는 프로그램을 작성하여라. 화면 출력은 다음과 같이 해야 된다.

```
두 정수 값을 입력하세요 : 9  8 Enter↵
9 * 8 = 72
```

18. 프로그램 1.6을 실행하고 3.14를 입력하면 어떤 결과가 나오는지 확인해보아라.

19. 정수와 실수를 입력하여 두 수의 곱을 출력하는 프로그램을 작성해보아라. 화면 출력은 다음과 같이 해야 된다.

(a) 4 5.5를 입력했을 때의 결과를 써라.

(b) 3.14 5.5를 입력했을 때의 결과를 써라. 결과가 왜 그렇게 나오는지 유추해보아라.

```
정수와 실수를 입력하세요 : 10  2.2 Enter↵
10 * 2.20 = 22.00
```

20. 정수 N을 입력받아 N이 1부터 9 사이의 값이 아니면 다시 입력받고, 1부터 9사이라면 구구단 중 N단을 출력하는 순서도를 그려보아라.

제 2 장

C 프로그램의 구성 요소

프로그래밍 언어도 언어이다. 따라서 사람이 사용하는 언어와 마찬가지로 알파벳을 가지고 있고 단어와 구두점을 사용하여 올바른 프로그램을 만들 수 있도록 하는 규칙을 가지고 있다. 이러한 규칙을 언어의 구문(syntax)이라고 한다. 이런 면에서 프로그래밍 언어 중 하나인 C는 사람들이 사용하는 언어와 유사하다. 하지만 큰 차이가 있다. 예를 들어 한글을 사용하는 우리는 한글 구문에 정확하게 맞지 않는 문장을 읽어도 그 의미를 유추해 내고 이해한다. 하지만 컴퓨터는 C 구문에 정확히 맞는 프로그램만을 이해한다. 컴퓨터는 프로그램에 콤마나 세미콜론과 같은 단순한 구두점이 하나라도 빠지거나 추가되어도 이해하지 못한다. 처음 프로그램을 배울 때 구문에 맞는 올바른 프로그램을 작성하기 위해 많은 노력과 정성이 필요하기 때문에 프로그래밍이 성가시고 어려울 수도 있다. 특히 처음 프로그래밍할 때 더욱 힘들어하고 더러는 포기하기도 한다. 하지만 얼마간 연습하면 곧 익숙해질 것이다

프로그램은 문자의 집합이다. 1장에서 언급한 것과 같이 컴파일러는 문자의 집합인 프로그램을 컴퓨터가 이해할 수 있는 실행 프로그램 또는 실행 파일로 변환한다. 컴파일러는 이러한 변환을 위해 프로그램을 구성하는 문자들을 기본 처리 단위인 토큰(token)들로 분리한다. 프로그램에서 각 토큰들은 공백 문자(whitespace character)나 구두자에 의해 구분된다. 컴파일러는 이렇게 분리된 토큰들이 프로그램에서 올바른 순서대로 배열되어 있는지를 검사하고 올바르면 실행 코드를 생성하게 된다.

C 프로그래밍 언어의 기본 토큰으로는 키워드, 식별자, 상수, 문자열 상수, 구두자 등 5 가지가 있다. 또한 전처리기에 의해서 처리되는 전처리기 토큰도 있는데, 전처리기 토큰으로는 헤더 이름, 식별자, 전처리 숫자, 문자 상수, 문자열 상수, 구두자가 있다. 전처리기 토큰들은 전처리 과정이 끝나면 모두 기본 토큰인 키워드, 식별자, 상수, 문자열 상수, 구두자로 변환된다. 벌써 생소한 용어들이 많이 나왔는데 다른 분야에서와 같이 프로그래밍을 배울 때에도 먼저 전문 용어를 익히는 것이 중요하다. 이번 장에서는 먼저 C의 기본 토큰에 대해 설명하고, 연산자에 대해 설명할 것이다.

2.1 주석문

프로그램에서 주석문(comment)은 프로그램 전체나 프로그램의 특정 부분을 설명하기 위해 사용된다. 주석문도 프로그램의 일부분이지만 실행되는 문장은 아니다. 따라서 컴파일러는 프로그램

을 컴파일할 때 주석문을 무시하고 실행 프로그램을 만든다. 이렇게 프로그램 실행에는 영향을 주지 않지만, 프로그램에 있어서 주석문은 프로그램의 설명서 역할을 하기 때문에 매우 중요하다고 할 수 있다. C는 두 가지 종류의 주석문을 제공한다. 하나는 여러 줄에 걸쳐서 주석을 기술할 수 있는 다중 줄 주석문이고, 다른 하나는 한 줄 내에서 주석을 달 수 있는 줄 단위 주석문이다. 다중 줄 주석문은 길게 설명이 필요한 부분이나 강조하고 싶은 곳에 사용되고, 줄 단위 주석문은 간략하게 설명할 때 사용된다. 먼저 프로그램 2.1을 보자. 프로그램에서 첫 번째 열의 숫자는 행 번호로 프로그램의 일부는 아니다.

프로그램 2.1

```
/*
 * 원 둘레 계산기
 * 2018.10.1.
 * by kmh
 */

#include <stdio.h>
int main(void)
{
    int radius;    // 반지름
    int diameter; // 지름
    float pi;      // 파이

    radius = 0;
    pi = 3.14;

    printf("Input radius(integer value) : ");
    // 반지름 입력
    scanf("%d", &radius);
    printf("Radius : %d", radius);
    // 지름
    diameter = 2 * radius;
    printf("Diameter : %d", diameter);
    // 원둘레
    printf("Circumference : %.2f", diameter * pi);

    return 0;
}
```

이 프로그램을 보면 C를 잘 알지 못한다고 해도 어떤 일을 하는 프로그램인지 이해가 될 것이다. 이것이 가능한 이유는 프로그램에 다양한 주석문을 사용했기 때문이다. 주석문을 어떻게 작성하는지 자세히 살펴보자. 먼저 다중 줄 주석문은 /*로 시작하여 */로 끝난다.

```
1 /*
2  * 원 둘레 계산기
3  * 2018.10.1.
4  * by kmh
5  */
```

1행이 /*로 시작하고 있으므로 다중 줄 주석문의 시작임을 알 수 있고, 5행이 */로 끝나므로 다중 줄 주석문의 끝임을 알 수 있다. 결국 1행부터 5행은 모두 주석문이다. 다중 줄 주석문은 프로그램 첫 부분에 프로그램 개요, 작성 날짜, 작성자 등과 같은 프로그램 정보를 표시하기 위해 많이 사용된다. 또한 함수에 대한 설명이나 작성된 코드에 대한 설명과 같이 주석을 길게 작성할 필요가 있는 곳에 사용될 수도 있다. 다중 줄 주석문의 장점은 프로그램 중 중요한 곳에 집중을 할 수 있도록 시각화할 수 있다는 것이다. 예를 들어 긴 프로그램에 다음과 같이 주석문을 넣으면 금방 눈에 뜨일 것이다.

```
/***********************************************
*                                              *
*   2018년 10월 1일에 고객 요청으로 수정했음      *
*                                              *
***********************************************/
```

줄 단위 주석문은 //로 시작하는 것으로 그 행 끝까지 주석문으로 처리된다. 프로그램 2.1에서 사용된 줄 단위 주석은 다음과 같다.

```
10     int radius;    // 반지름
11     int diameter;  // 지름
12     float pi;      // 파이
18     // 반지름 입력
21     // 지름
24     // 원둘레
```

줄 단위 주석은 쉽게 주석을 달 수 있다는 장점이 있다. 특히 행 단위로 설명이 필요한 곳에 유용하게 사용된다. 물론 다중 줄 주석문을 줄 단위 주석문으로 만들 수도 있고, 줄 단위 주석문도 다중 줄 주석문으로 바꿀 수도 있다. 필요에 따라 또는 취향에 따라 선택하여 사용하면 된다.

주석문이 중요한 이유는 프로그램에 대한 설명을 기록할 수 있기 때문이다. 프로그램은 한 번 개발로 끝나는 것이 아니라, 개발이 완료된 후에도 여러 가지 이유로 인해 계속해서 수정이 가해진다. 특히 프로그램을 최초로 만든 프로그래머와 프로그램을 유지보수하기 위해 수정하는 프로그래머가 다른 경우가 보통이다. 이러한 경우 프로그램에 아무런 설명도 없으면 프로그램을 수정하기가 무척 어려워질 것이다. 또한 프로그램을 직접 개발한 프로그래머가 유지보수를 한다고 해도 오래 전에 작성한 프로그램이라면 주석문 없이는 프로그램의 의도를 기억해내기가 어려울 것이다. 따라서 주석문은 프로그램의 이해도를 높이기 위해 매우 중요한 역할을 한다. 하지만 주석문은 프로그램의 실행에는 아무런 영향도 미치지 않기 때문에 무시되는 경향이 많다. 또는 주석문을 프로그램이 개발된 후에 작성하는 경우도 있는데, 이렇게 하면 주석이 필요한 부분을 놓치는 경우가 많이 있고 최대한 간략하게 작성하려는 경향이 발생한다. 따라서 프로그래밍이 진행되는 동안 주석문을 적절히 작성하는 것이 제일 좋다.

2.2 키워드

C 언어의 첫 번째 기본 토큰인 키워드(keyword)는 프로그램에서 특별한 의미를 갖는 단어이다. 컴파일러는 프로그램에서 키워드를 보고 프로그램의 의도를 파악한다. 예를 들어, 프로그램 2.1에서는 int, float, return이라는 키워드를 사용하고 있는데, int와 float은 다루고자 하는 데이터 종류를 지정하는 것이고, return은 함수의 끝을 나타낸다. 이와 같이 키워드는 특별한 의미를 가지고 있기 때문에 프로그램에서 다른 용도로 사용할 수 없다. C의 기본 키워드는 다음과 같은 것들이 있다.

키워드				
auto	else	long	switch	_Atomic
break	enum	register	typedef	_Bool
case	extern	restrict	union	_Complex
char	float	return	unsigned	_Generic
const	for	short	void	_Imaginary
continue	goto	signed	volatile	_Noretuen
default	if	sizeof	while	_Static_assert
do	inline	static	_Alignas	_Thread_local
double	int	struct	_Alignof	

이 중 inline, restrict, _Bool, _Complex, _Imaginary는 C99에서 추가되었고, _Alignas, _Alignof, _Atomic, _Generic, _Noreturn, _Static_assert, _Thead_local은 C11에 추가된 것이다. 따라서 오래전에 개발된 컴파일러는 일부 키워드를 지원하지 않을 수도 있으니 사용하기 전에 확인해야 한다. 기본적인 키워드 외에 컴파일러에 따라 추가적인 키워드를 더 가질 수도 있다.

2.3 식별자

식별자(Identifier)는 프로그램에서 사용하는 변수, 함수, 태그, 레이블 등을 말 그대로 식별하기 위해 사용하는 이름으로 C 언어의 기본 토큰 중 하나이다. 식별자는 알파벳, 숫자, 밑줄 문자를 조합하여 만드는데, 첫 문자는 반드시 알파벳이나 밑줄문자(_)이어야 한다. 이 규칙에 부합된다고 해도 키워드는 식별자로 사용될 수 없다. 다음 표는 식별자 예제이다.

올바른 식별자 예제	잘못된 식별자 예제
sum4score	#_of_cats
numOfStudents	^smile^
ID	2018year
id	case
good	static

C는 대소문자를 구별하기 때문에 예제에서 id와 ID는 다른 식별자로 취급된다. 잘못된 식별자 예제에서 #_of_cats와 ^smile^은 특수문자가 사용되었기 때문에 잘못된 것이고, 2018year는 숫자로 시작하기 때문에 잘못된 것이다. 또한 case와 static은 키워드이기 때문에 식별자로 사용할 수 없다. 프로그램을 작성할 때 키워드가 아니더라도 식별자로 사용하지 말아야 하는 것들이 있다. C는 프로그래밍에 도움을 주기 위해 다양한 함수와 매크로들을 제공하고 있는데, 이러한 곳에 사용되는 식별자는 키워드는 아니지만 식별자로 다시 정의하여 사용하지 말아야 한다. 예를 들어, 표준 라이브러리 함수로 제공되는 함수 이름인 scanf와 printf, 미리 정의된 매크로 이름인 NULL, EOF, __TIME__와 같은 것을 프로그램에서 변수나 함수 등을 위한 식별자로 사용하면 문제

가 발생할 수 있다. 또한 main은 C 프로그램이 반드시 가지고 있어야 하는 함수 이름이기 때문에 식별자로 사용할 수 없다. 마지막으로 C 시스템은 밑줄 문자로 시작하는 식별자를 많이 사용하기 때문에 식별자를 만들 때 밑줄 문자로 시작하는 식별자를 만들지 않는 것이 좋다.

식별자를 만들 때에는 그 식별자의 용도나 의미가 쉽게 연상될 수 있도록 만드는 것이 좋은 프로그래밍 기법이다. 프로그램 2.1에서 프로그래머가 만든 식별자는 radius, diameter, pi 등이다. 이렇게 식별자를 만들면 각 식별자가 어떤 데이터를 다루는 것인지 금방 이해할 수 있으므로 프로그램 가독성이 좋아진다. 반면 a, b, c 등과 같은 식별자를 사용하면 프로그램 가독성이 많이 떨어질 것이다. 즉, diameter = 2 * radius라는 수식을 보면 왜 이렇게 하는지 금방 이해할 수 있는 반면, a = 2 * b와 같은 수식은 단순히 a에 2 * b의 값을 저장한다는 정도 밖에 알 수 없다.

C90에 따르면 컴파일러는 식별자를 첫 31번째 문자까지만 구분한다. 즉 C90 컴파일러는 두 식별자가 처음부터 31번째 문자까지 같으면 두 식별자를 같은 식별자로 본다. 그러나 C99부터 컴파일러는 외부 식별자는 최소한 31 문자, 내부 식별자나 매크로 이름은 최소한 63 문자까지 구분할 수 있다.

2.4 상수

C의 기본 토큰 중 하나인 상수(constant)는 다양한 종류가 있다. C에서 사용할 수 있는 상수로는 정수 상수, 부동형 상수, 문자 상수, 열거 상수가 있다.

정수 상수

정수 상수(Integer constant)는 10진 정수 상수, 16진 정수 상수, 8진 정수 상수로 구분된다. 10진 정수 상수는 우리가 일반적으로 사용하는 정수 모양을 갖고, 16진 정수 상수는 0x나 0X로 시작하며, 8진 정수 상수는 0으로 시작한다. 예를 들어, 17은 10진 정수 상수이고 그 값은 17이다. 017은 0으로 시작하기 때문에 8진 정수 상수이고 그 값은 15가 된다. 0x17은 0x로 시작하기 때문에 16진 정수 상수이고 그 값은 23이다.

printf() 함수에서 값을 8진수와 16진수로 출력할 때에는 변환명세로 각각 %o와 %x를 사용한다. 출력할 때 8진수나 16진수 값 앞에 각각 0과 0x 접두사를 붙이고 싶다면 변환명세로 %#o와 %#x를 사용하면 된다. 프로그램 2.2는 10진수, 8진수, 16진수에 대한 예제 프로그램이다.

프로그램 2.2

```
#include <stdio.h>
int main(void)
{
   printf("1024 : %5d, %5x, %5o\n", 1024, 1024, 1024);
   printf("0x10 : %5d, %5x, %5o\n", 0x10, 0x10, 0x10);
   printf(" 077 : %5d, %#5x, %#5o\n", 077, 077, 077);
   return 0;
}
```

프로그램 2.2의 실행 결과는 다음과 같다.

```
1024 :  1024,   400,  2000
0x10 :    16,    10,    20
 077 :    63,  0x3f,   077
```

부동형 상수

부동형 상수(Floating constant)는 실수 상수를 의미하고, 10진 부동형 상수와 16진 부동형 상수가 있다. 10진 부동형 상수는 일반적으로 사용하는 소수점 표기법이나 지수 표기법으로 표기한다. 예를 들어 3.14는 10진 부동형 상수의 소수점 표기법으로 표현한 것이다. 지수 표기법은 소수점 뒤에 e(E)를 쓰고 10진 지수를 명시하는 것이다. 예를 들어 314.0e-2는 $314.0X10^{-2}$을 의미하며 결국 3.14를 지수 표기법으로 쓴 것이다. 16진 부동형 상수는 0x(0X)로 시작하는 16진 상수를 쓰고 그 뒤에 p(P)로 시작하는 2진 지수를 명시한다. 즉, 0x10p4는 $0x10X2^{4}$을 의미하고 그 값은 256.0이다. printf()에서 소수점 표기법으로 출력할 때에는 f(F) 변환문자를 사용하고, 지수 표기법으로 출력할 때에는 e(E), 16진 부동형으로 출력할 때에는 a(A)를 사용한다. 프로그램 2.3은 부동형 상수 출력 예제이다.

프로그램 2.3

```
#include <stdio.h>
int main()
{
   printf("    3.14 : %.2f, %.2a, %.2e\n", 3.14, 3.14, 3.14);
   printf(" 314e-2 : %.2f, %.2a, %.2e\n", 314e-2, 314e-2, 314e-2);
   printf("0x10p-2 : %.2f, %.2a, %.2e\n", 0x10p-2, 0x10p-2, 0x10p-2);
   return 0;
}
```

프로그램에서 314e-2는 16X10^{-2}을 의미하고, 0x10p-2는 16X2^{-2}을 의미한다. 출력 결과는 다음과 같다.

```
    3.14 : 3.14, 0x1.92p+1, 3.14e+00
  314e-2 : 3.14, 0x1.92p+1, 3.14e+00
 0x10p-2 : 4.00, 0x1.00p+2, 4.00e+00
```

마지막으로 C는 정수 상수와 부동형 상수를 명확히 구분한다. 이 말은 프로그램에서 정수 상수를 사용했느냐 또는 부동형 상수를 사용했느냐에 따라 수식의 결과가 달라질 수 있다는 의미이다. 예를 들어, 5 / 2와 5.0 / 2.0은 수학에서는 같은 값을 갖지만, C에서는 5 / 2는 2이고 5.0 / 2.0은 2.5라는 값을 갖는다.

문자 상수

문자 상수(Character constant)는 작은따옴표로 둘러싸인 한 문자이다. 예를 들어 'a', 'b', '+'는 문자 상수이다. 와이드 문자 상수(wide character constant)는 일반 문자 상수에 L 접두사를 붙인다. 예를 들어 L'a'는 와이드 문자 상수 이다. 와이드 문자 상수는 보통 유니코드

(Unicode)를 다룰 때 사용한다. 개행 문자, 탭 문자, 백스페이스 문자 등을 문자 상수로 만들 때에는 이스케이프 시퀀스(escape sequence)를 사용한다. 이스케이프 시퀀스는 역슬래시(\)와 문자로 구성되며 다음과 같은 것들이 있다.

이스케이프 시퀀스	의미
\a	경고
\b	백스페이스
\f	폼피드
\n	개형
\r	캐리지 리턴
\t	수평 탭
\v	수직 탭
\0	널 문자
\”	큰따옴표
\'	작은따옴표
\\	역슬래시

이스케이프 시퀀스는 문자 상수뿐만 아니라 문자열 상수에서도 사용할 수 있다. 문자 상수를 출력할 때에는 printf()에서 %c 변환명세를 사용한다. 다음 프로그램을 보자.

프로그램 2.4

```
#include <stdio.h>
int main(void)
{
   printf("'\\a' is alert and '\\b' is backspace.\n");
   printf("%c%c%c : ", '\'','a', '\'');
   printf("%c", '\a');
   printf("I like%c%c%cove \"C\".\n", '\b', '\b', '\b');
   return 0;
}
```

프로그램 2.4는 문자 상수와 이스케이프 시퀀스의 사용 예제이다.

```
4 printf("'\\a' is alert and '\\b' is backspace.\n");
```

문자열에서 \(역슬래시)를 출력하기 위해 이스케이프 시퀀스 \\를 사용하고 있다. 만일 문자열 안에서 '\\a' 대신 '\a'라고 한다면 아무것도 출력되지 않고 벨소리가 날 것이다.

```
5 printf("%c%c%c : ", '\'','a', '\'');
```

문자 상수에서 '(작은따옴표)를 표현하기 위해서도 이스케이프 시퀀스를 사용해야 한다.

```
6 printf("%c", '\a');
```

'\a'를 출력하면 벨소리(경고음)가 출력될 것이다.

```
7 printf("I like%c%c%cove \"C\".\n", '\b', '\b', '\b');
```

백스페이스와 "(큰따옴표)를 출력하기 위해 '\b'와 '\"'를 사용하고 있다. 백스페이스는 이미 출력된 문자를 한 문자 지우는 것이다. 프로그램 2.4의 실행 결과는 다음과 같다.

```
'\a' is alert and '\b' is backspace.
'a' : <삑>I love "C".
```

열거 상수

열거 상수(Enumeration constant)는 enum으로 정의되는 열거형에서 선언된 식별자를 의미한다. 이 식별자는 정수 상수로 취급된다. 이것에 대해서는 8장에서 다시 다룰 것이다.

정수 상수, 부동형 상수, 문자 상수, 그리고 열거 상수는 모두 컴파일러에 의해 토큰으로써 수집된다. 상수들은 자신의 값뿐만 아니라 형(type)도 갖는다. 형에 대해서는 기본 자료형을 다루면서 자세히 설명할 것이다.

2.5 문자열 상수

"programming"과 같이 한 쌍의 큰따옴표로 묶인 일련의 문자들을 문자열 상수(string constant) 또는 문자열 리터럴(string literal)이라 하고, 이것도 C의 기본 토큰 중 하나이다. 나중에 보겠지만 문자열 상수는 메모리의 연속된 공간에 저장된다. 문자열 상수와 문자 상수는 완전히 다르기 때문에 주의해야 한다. "a"와 같이 하나의 문자만 있어도 이것은 문자열 상수인 반면, 'a'는 문자 상수이다. 뒤에 설명하겠지만 사실 "a"는 두 문자로 이루어져 있다. 와이드 문자열 상수는 와이드 문자 상수와 마찬가지로 문자열 앞에 접두사 L을 붙여 표시한다. 즉 L"a"는 와이드 문자열 상수이다. 문자열 상수에 "(큰따옴표)나 \(역슬래시)를 포함시키고 싶다면 앞에서 설명한 이스케이프 시퀀스 \"와 \\를 사용해야 한다. 예를 들어 "C" is fun.을 문자열 상수로 만들고 싶다면, "\"C\"is fun."으로 해야 한다. 두 개의 문자열 상수가 공백(스페이스, 탭 문자)으로만 분리되어 있다면, 컴파일러는 이 두 문자열 상수를 결합하여 하나의 문자열 상수로 만든다. 즉, "C" "program"과 같은 연속된 두 개의 문자열 상수는 "C program"과 같다. 문자열 상수가 길거나 필요에 의해 두 줄로 기술해야 한다면, 문자열 상수를 기술하는 중에 \(역슬래시)를 써주면 다음 줄에 계속해서 문자열을 기술 할 수 있다. 문자열 상수를 출력할 때에는 printf()에서 변환명세로 %s를 사용한다. 다음 프로그램을 보자.

프로그램 2.5

```
1 #include <stdio.h>
2 int main(void)
3 {
4   printf("%s\n", "Programming " "is " "fun!!");
5   printf("%s\n", "\"C\" programming language \
6 is a high-level language.");
7   return 0;
8 }
```

프로그램 2.5는 문자열 상수에 관한 예제 프로그램이다.

```
4 printf("%s\n", "Programming " "is " "fun!!");
```

공백으로 분리된 문자열 상수는 하나의 문자열 상수로 취급된다. 따라서 "Programming " "is" "fun!!"은 "Programming is fun!!"이다.

```
    printf("%s\n", "\"C\" programming language \
is a high-level language.");
```

"(큰따옴표)를 출력하기 위해서 이스케이프 시퀀스 \"를 사용하고 있고, 문자열 상수를 중간에 끊어서 다음 줄에 계속 쓰기 위해 \(역슬래시)를 사용하고 있다. 프로그램 2.5의 실행 결과는 다음과 같다.

```
Programming is fun!!
"C" programming language is a high-level language.
```

2.6 구두자

C 언어의 마지막 기본 토큰인 구두자(punctuator)는 C 구문에 의미를 갖고 있는 기호들이다. 구두자는 프로그램에서 어디에 사용됐는지에 따라 그 의미가 결정된다. 구두자는 다음과 같은 것들이 있다.

```
[ ]  ( )  { }  .  ->
++  --  &  *  +  -  ~  !
/  %  <<  >>  <  >  <=  >=  ==  !=  ^  |  &&  ||
?  :  ;  ...
=  *=  /=  %=  +=  -=  <<=  >>=  &=  ^=  |=
,  #  ##
<:  :>  <%  %>  %:  %:%:
```

이 중 <:, :>, <%, %>, %:, %:%:는 다이그래프(digraph)라 하고 각각 [,], {, }, #, ##을 의미한다. 다이그래프는 ASCII 코드를 지원하지 않아 [,], {, }, # 키가 없는 컴퓨터를 위해 제공된다.

컴파일러는 구두자와 식별자가 공백 없이 서로 붙어있어도 각각을 구분한다. 하지만 이항 연산자와 삼항 연산자 주위에 스페이스 문자를 삽입하면 코드가 보기 좋게 되고 프로그램 가독성도 높일 수 있다. 예를 들어 다음 두 문장을 보자.

```
c=a+b*d;
c = a + b * d;
```

이 두 문장은 같은 문장이지만 첫 번째 문장 보다는 두 번째 문장이 보기도 좋고 읽기도 좋다. 보통 프로그램은 여러 사람들이 볼 수 있기 때문에 보기 좋고 읽기 좋게 작성하는 것이 좋다.

어떤 구두자는 사용된 위치에 따라 그 의미가 달라진다. 예를 들어 ( ) (중괄호)는 수식에서 연산자의 우선순위를 변경하기 위해 수식을 묶어줄 때 사용되기도 하고, 앞으로 배울 조건문이나 반복문의 제어수식을 구분하기 위해 사용되기도 하며, 함수 이름 뒤에 오면 함수 호출을 의미하기도 하는 등 그 사용위치에 따라 의미가 달라진다. 또한 +, -, =와 같은 구두자는 다른 구두자와 함께 사용되면 다른 의미를 갖기도 한다. 예를 들어 +, ++, +=에는 모두 +가 사용되지만, 각각 더하기 연산자, 증가 연산자, 더하기 복합 배정 연산자로 + 뒤에 어떤 문자가 오느냐에 따라 그 의미가 달라진다.

구두자의 대부분은 연산자이다. C가 제공하는 기본 연산자로는 배정연산자, 산술연산자, 논리연산자, 비교연산자, 비트단위연산자 등이 있다. 여기서는 산술연산자 중 사칙 연산자에 대해서만 살펴보고 나머지는 뒤에서 설명할 것이다. C에서 사칙연산을 할 때에는 다음과 같은 기호를 사용한다.

사칙 연산자	설명
+	더하기
-	빼기
*	곱하기
/	나누기

하나의 수식에 여러 개의 연산자가 사용될 수도 있는데, 그 때에는 수학에서와 같은 우선순위가 적용된다. 즉, *와 /는 +와 -보다 높은 우선순위로 계산되고, 우선순위가 같은 경우에는 왼쪽에 있는 연산자가 먼저 계산된다. 물론 이 순서를 바꾸고 싶다면 괄호를 사용하면 된다. 다음 표는 사칙 연산자를 사용한 수식과 그 값을 보여주고 있다.

수식	값
1 + 2	3
1 + 2 * 3	7
(1 + 2) * 3	9
2 * 4 / 4	2
10 / 4	2
10.0 / 4	2.5
10 / 4.0	2.5

표에서 수식 10 / 4가 2의 값을 갖는다는 것이 이상할 수 있다. 수학에서는 별생각 없이 연산자를 사용하지만, 프로그램에서는 정수 연산자와 실수 연산자를 구별해서 사용해야 한다. 참고로 수학에서 실수는 정수를 포함하지만, 이 책에서는 소수점이 없는 숫자를 정수라 하고 소수점이 있는 숫자를 실수라고 할 것이다. 즉, 수학에서는 3을 정수라고 해도 되고 실수라고 해도 되지만, 이 책에서는 3은 정수이고 3.0은 실수라고 할 것이다. 다시 연산자 설명으로 돌아가서, 프로그램에서 정수 연산자와 실수 연산자가 모양이 다른 것은 아니다. 구별은 피연산자가 어떤 부류(자료형)에 속하느냐에 따라 결정된다. 두 피연산자 중 하나라도 실수이면 실수 연산자가 선택되고, 두 피연산자가 모두 정수일 때에는 정수 연산자가 선택된다. 따라서 10 / 4 수식에서 두 피연산자 10과 4는 모두 정수이므로 이 수식의 나누기 / 연산자는 정수 나누기 연산자가 된다. 정수 나누기 연산자는 소수점 이하 부분을 무시하기 때문에 10 / 4의 값은 2가 된다. 표에서 그 다음에 있는 10.0 / 4나 10 / 4.0 수식의 나누기는 피연산자 중 하나가 실수이므로 실수 나누기 연산자가 되어 모두 2.5라는 값을 갖게 된다.

요약

1. 구문은 프로그램을 올바르게 작성하는 규칙이다.

2. C 프로그래밍 언어의 기본 토큰으로는 키워드, 식별자, 상수, 문자열 상수, 구두자 등 5 가지가 있다.

3. 주석문은 프로그램의 설명을 위한 것으로 실행되는 문장은 아니지만 프로그램의 이해도를 높이는 매우 중요한 역할을 한다.

4. 다중 줄 주석문은 /*로 시작하여 */로 끝나고, 줄 단위 주석문은 //로 시작하여 그 줄 끝에서 끝난다.

5. 키워드는 프로그램에서 예약된 단어로 다른 용도로 사용할 수 없다.

6. 식별자는 변수, 함수, 태그, 레이블 등 프로그램에서 사용되는 객체들에게 이름을 부여하기 위해 사용되는 것으로, 알파벳이나 밑줄문자로 시작하고 알파벳, 숫자, 밑줄문자의 조합으로 만들어진다.

7. 상수로는 정수 상수, 부동형 상수, 문자 상수, 열거 상수가 있다.

8. 정수 상수는 10진 정수 상수, 16진 정수 상수, 8진 정수 상수가 있고, 16진 정수 상수는 0X나 0x로 시작하고 8진 정수 상수는 0으로 시작한다.

9. 부동형 상수는 실수 상수를 의미하고, 10진 부동형 상수와 16진 부동형 상수가 있다.

10. 문자 상수는 작은따옴표로 둘러싸인 한 문자이다.

11. 문자열 상수는 큰따옴표로 둘러싸인 문자들이다.

12. 이스케이프 시퀀스는 문자 상수나 문자열 상수에서 특수한 문자를 표현하기 위한 것으로 역슬래시(\)와 문자로 구성된다.

13. 구두자는 대부분 연산자이고, 그 사용 위치에 따라 의미가 결정된다.

연습 문제

1. C의 기본 토큰 다섯 가지를 써라.

2. 어떤 컴파일러는 중첩 주석문을 허용하기도 한다. 다음 주석문을 포함하는 프로그램을 컴파일 했을 때 어떤 일이 일어나는지를 실험해 보아라.

```
/* 주석문 안에 /* 중첩 주석문 */ 실험 */
```

3. 다음 중 식별자로 사용할 수 없는 것을 고르고 그 이유를 설명하여라.

```
369game     nice     int     G2     good_id
aceMember   mail@c   qwerty  float  _good_boy_
```

4. 다음 프로그램은 26 마일 385 야드인 마라톤 거리를 킬로미터로 변환하는 프로그램이다. 실행해 보아라.

```
#include <stdio.h>
int main(void)
{
    printf("마라톤의 거리 : %.3f km\n", 1.609344 * (26 + 385 / 1760.0));
    return 0;
}
```

이 프로그램에서 1760.0을 1760으로 수정하고 컴파일한 후 실행해 보아라. 결과가 이전 것과 같은가? 1760.0은 부동형 상수이고 1760은 정수 상수이다. 이 예제를 통해 프로그램에서 실수와 정수는 완전히 다르다는 것을 이해하기 바란다.

5. 1부터 20까지 10진수, 8진수, 16진수 상수를 다음과 같이 출력하는 프로그램을 작성해보아라. 단, 반복문을 사용하지 말고 printf() 여러 개를 사용해서 작성하고, 8진수는 0, 16진수는 0x 접두사로 시작하도록 하며, 각 진수별 출력은 오른쪽 정렬이 되도록 하여라.

```
 1   01   0x1
 2   02   0x2
. . .
20  024  0x14
```

6. 16진 상수에서 10부터 15까지를 나타내기 위해 A, B, C, D, E, F를 사용한다. 프로그램에서 이 문자를 대문자, 소문자, 또는 혼합해서 사용할 수 있는지 다음 프로그램을 사용하여 확인해 보아라.

```
#include <stdio.h>
int main(void)
{
    printf("0xabc = %d 0xaBc = %d 0xABC = %d\n", 0xabc,
           0xaBc, 0xABC);
    return 0;
}
```

7. 8진 상수의 각 자리는 0부터 7까지의 값만 가질 수 있고, 16진 상수의 각 자리는 0부터 9 그리고 A부터 F까지의 값을 가질 수 있다. 만일 이 이외의 것을 명시하면 어떻게 되는지 다음 프로그램을 사용하여 확인해 보아라. 정상적으로 컴파일되는가? 아니면 오류 메시지를 쓰고 설명하여라.

```
#include <stdio.h>
int main(void)
{
    printf("0x6G7 = %d 088 = %d 0123C = %d\n",
           0x6G7, 088, 0123C);
    return 0;
}
```

8. 부동형 상수 12e2의 10진 실수 값은 무엇인가? 답을 쓰고, 프로그램을 작성하여 답을 확인해보아라.

9. 부동형 상수 0x14p-3의 10진 실수 값은 무엇인가? 답을 쓰고, 프로그램을 작성하여 답을 확인해보아라.

10. 다음 중 부동형 상수로 적합하지 않은 것을 무엇인가? 답을 쓰고, 프로그램을 작성하여 답을 확인해보아라.

3.14	.14	14	314e-2
314p-4	034p-2	0x15p3	0x15e-2

11. 숫자 문자 상수는 일반적인 숫자와 다르다. 즉 문자 상수인 '5'는 정수 상수인 5와는 완전히 다른 것이다. 다음 프로그램을 실행해 보고 그 결과를 써라.

```
#include <stdio.h>
int main(void)
{
   printf("'0' = %d, 0 = %d\n", '0', 0);
   printf("'1' = %d, 1 = %d\n", '1', 1);
   printf("'2' = %d, 2 = %d\n", '2', 2);
   printf("'3' = %d, 3 = %d\n", '3', 3);
   printf("'4' = %d, 4 = %d\n", '4', 4);
   printf("'5' = %d, 5 = %d\n", '5', 5);
   printf("'6' = %d, 6 = %d\n", '6', 6);
   printf("'7' = %d, 7 = %d\n", '7', 7);
   printf("'8' = %d, 8 = %d\n", '8', 8);
   printf("'9' = %d, 9 = %d\n", '9', 9);
   return 0;
}
```

12. 다음 표의 이스케이프 시퀀스 문자를 출력하는 프로그램을 작성해보고 어떻게 출력되는지 써라.

이스케이프 시퀀스	출력 내용
\a	
\b	
\f	
\n	
\r	
\t	
\v	
\0	
\"	
\'	
\\	

13. 다음과 같이 출력하는 프로그램을 작성하여라.

```
  ____
 /  __| __        __
{  (__  \ \      / /
 \___ \  \ \ /\ / /
  ___) }  \ v  v /
 |____/    \ /\ /
            "  "
```

14. 연속된 두 문자열 상수는 그 사이에 구두자가 없으면 하나의 문자열 상수로 취급된다. 다음 프로그램의 출력 결과를 쓰고, 실제로 실행한 후 결과를 확인해 보아라.

```
#include <stdio.h>
int main(void)
{
   printf("%s" " %d, %d\n", "%d" "%d", 1, 2, 3, 4, 5);
   return 0;
}
```

15. 다음 프로그램은 어떤 프로그램인지 설명해보아라. 또한 컴파일 후 실행한 결과를 써라.

```
#include <stdio.h>
int main(void){
int a; int
b; float
c; a=0; c
=3.14; printf
("Input a(integer value) : "
); scanf("%d",
&a); printf("Radius : %d\n", a); b=2
*a; printf("Diameter : %d\n"
, b); printf("Circumference : %.2f\n", b
* c); return 0; }
```

이 코드는 읽기는 어려워도 컴파일되고 실행될 것이다. 컴파일러는 프로그램의 토큰들이 올바르게 배치되어 있으면 실행 파일을 만든다. 즉, 들여쓰기와 띄어쓰기 및 정렬이 안 되어 있고 식별자를 아무렇게나 선택한 프로그램도 컴파일러에게는 문제가 되지 않는다. 하지만 이러한 식으로 프로그래밍하면 프로그램의 가독성이 떨어지고 프로그램 구조도 파악하기 어렵게 된다. 따라서 프로그램을 작성할 때 들여쓰기와 띄어쓰기를 잘하여 프로그램의 구조를 잘 파악할 수 있게 하고 적절한 식별자를 사용하여 프로그램을 잘 이해할 수 있도록 만드는 것이 중요하다. 앞 프로그램을 프로그램의 구조가 잘 드러나게 하고 식별자도 적절한 식별자를 사용하는 것으로 수정하여라.

16. 다음 프로그램이 컴파일 잘 되는지 확인해보고 %:, <%, %>가 무엇인지 설명하여라.

```
%:include <stdio.h>
int main(void)
<%
    printf("%d * %d = %d\n", 2, 3, 2 * 3);
    return 0;
%>
```

17. 다음 프로그램에는 오류가 있다. 어떤 오류가 있는지 설명하고 프로그램을 수정한 후 올바르게 동작하는지 확인하여라.

```
#include <stdio.h>
int main(void)
{
   printf("%d %f\n", 2.5, 1024);
   return 0;
}
```

18. 다음 프로그램을 실행하면 어떻게 되겠는지 설명해보아라. 프로그램을 실행해보고 실행 오류가 발생하지 않았다면 출력결과의 의미를 설명하여라. 힌트: 대부분의 C 시스템은 논리적 무한대를 지원한다.

```
#include <stdio.h>
int main(void)
{
   printf("%f\n", 1.0 / 0.0);
   return 0;
}
```

19. 다음 프로그램을 실행하면 어떻게 되겠는지 설명해보아라. 프로그램을 실행해보고 실행 오류가 발생하지 않았다면 출력결과의 의미를 설명하여라.

```
#include <stdio.h>
int main(void)
{
   printf("%f\n", 1.0 / 0.0 + 1.0 / 0.0);
   printf("%f\n", 1.0 / 0.0  -  1.0 / 0.0);
   return 0;
}
```

20. 다음과 같은 printf()가 들어가는 프로그램을 작성하여 실행결과를 확인해보아라. 네 가지 모두 같은 값을 출력하는가? 결과에 대해 설명하여라.

```
printf("%.2f\n", 12.0 / 5.0 * 5.0);
printf("%.2f\n", 12 / 5.0 * 5.0);
printf("%.2f\n", 12.0 / 5 * 5.0);
printf("%.2f\n", 12 / 5 * 5.0);
```

제 3 장

기본 자료형

프로그램은 데이터를 처리하여 원하는 결과를 생성하는 것이다. 처리해야 하는 데이터 종류는 다양하다. 'a', 'b', 'c'와 같은 문자도 있고, 3, 55, 100과 같은 정수도 있으며, 3.14, 9.8, 100.0과 같은 실수도 있고, 4.0i + 5.8과 같은 복소수도 있다. 프로그래밍 언어에서 이러한 데이터의 종류를 자료형 또는 줄여서 형이라고 한다. C는 프로그램에서 많이 다루는 다양한 자료형을 기본적으로 제공하고 있다. 이러한 형을 기본 자료형이라 한다. 기본 자료형 이외에 사용자가 직접 자료형을 정의할 수 있으며 이러한 형을 사용자 자료형(user-defined data type)이라고 한다.

데이터를 처리하기 위해서는 프로그램이 실행되는 도중에 데이터를 유지할 수 있는 방법이 있어야 한다. 프로그램에서는 변수라는 것을 선언하여 메모리의 일부를 할당받아 데이터를 유지한다. C에서 변수를 선언할 때에는 그 변수가 다룰 자료형을 지정해야 하고, 이를 지정하여 선언하는 것을 선언문이라고 한다.

이 장에서는 C 언어가 제공하는 기본 자료형이 컴퓨터에서 어떻게 표현되는지를 살펴보고, 그 특성에 대해 설명할 것이다. 또한 선언문과 수식에 대해서 살펴본다. 마지막으로 수식을 구성하는 피연산자의 자료형이 같지 않을 경우 묵시적 형 변환이 일어나는데 이에 대한 변환 규칙과 명시적 형 변환을 수행하는 캐스트 연산자도 설명한다.

3.1 자료형

컴퓨터에서 다루는 값은 크게 정수, 실수, 복소수, 문자이다. C는 이러한 값들을 다룰 수 있는 자료형(data type) 또는 줄여서 형(type)을 제공하고 있다. 사람은 이들을 다른 방식으로 표기한다. 예를 들어, 정수는 소수점이 없는 숫자로 표기하고, 실수는 소수점이 있는 숫자로, 복소수는 허수와 실수로, 문자는 알파벳으로 표기한다. 하지만 컴퓨터에서는 어떤 형의 값이라도 모두 이진수로 변환하여 표현한다. 이진수로의 변환은 임의로 하는 것이 아니라 각 자료형마다 표준으로 정해진 변환 규칙이 있어 이를 사용한다. 컴퓨터에 저장된 값을 사람이 볼 때에는 그 역순의 변환 규칙이 적용되어 사람이 읽을 수 있는 형태로 화면에 출력된다. 만일 저장할 때의 규칙과 다른 규칙을 적용하여 값을 읽는다면 전혀 예상하지 못한 결과가 나올 것이다. 메모리에 저장된 이진수만 보고서는 그것이 어떤 형의 값인지 알 수 없기 때문에 메모리에 있는 값을 어떤 방식으로 저장했는지를 알고 있어야 한다. C 프로그램에서는 데이터를 다룰 변수에 자료형을 명시하여 데이터 변환 과정을 자동적으로 일어나도록 한다. 다음은 C가 제공하는 기본 자료형이다.

대분류	소분류	기본 자료형
표준 정수형	부울형	_Bool
	문자형	char
		signed char
		unsigned char
	정수형	signed short int
		signed int
		signed long int
		signed long long int
		unsigned short int
		unsigned int
		unsigned long int
		unsigned long long int
표준 부동소수점형	부동소수점형	float
		double
		long double
	복소수형	float _Complex
		double _Complex
		long double _Complex

이 자료형들은 모두 키워드이기 때문에 식별자로 사용될 수 없다. 기본 자료형 중 `_Bool`, `signed long long int`, `unsigned long long int`, 그리고 복소수형은 `C99`에 추가된 형이다. 표에서와 같이 자료형은 크게 정수를 다룰 수 있는 형과 실수를 다룰 수 있는 형으로 나뉜다. 정수를 다룰 수 있는 형을 표준 정수형이라고 하고, 실수를 다룰 수 있는 형을 표준 부동소수점형(floating point type)이라고 한다. 이 책에서는 부동소수점형을 실수형이라고도 할 것이다. 표준 정수형에는 부울형, 문자형, 정수형이 있다. 부울형은 부울 값인 참(1)과 거짓(0)을 다룰 때, 문자형은 문자를 다룰 때, 정수형은 정수 값을 다룰 때 사용되는 형이다. 부울형과 문자형이 표준 정수형으로 분류되어 이상하게 보이지만, C는 부울형과 문자형을 정수를 다루기 위한 자료형으로도 사용한다. 즉, 정수 값을 계산하는 수식에 부울형이나 문자형의 값을 사용할 수 있다. 표준 정수형에는 `signed`가 붙은 형과 `unsigned`가 붙은 자료형이 있는데, `signed` 형이란 음수와 양수 모두를 다룰 수 있는 자료형을 의미하고, `unsigned` 형은 음수를 다루지 않는 자료형을 의미한다. 문자형에

는 여러 개의 기본 자료형이 있지만 모두 크기가 같다. 반면 정수형은 다양한 크기의 자료형을 제공하고 있다. 정수형 중 short가 들어간 자료형이 크기가 가장 작은 자료형이고, long long 형이 가장 큰 크기의 자료형이다. 정수형을 프로그램에서 사용할 때에는 축약된 형태의 자료형 이름을 보통 사용한다. 예를 들어, signed int를 제외하고 signed 정수형은 signed와 int를 생략한 형태를 사용하고, unsigned 정수형은 int를 생략한 형태를 사용한다. 정수형의 축약된 형태는 다음 표와 같다.

기본 자료형	축약된 형태
signed short int	short
signed int	int
signed long int	long
signed long long int	long long
unsigned short int	unsigned short
unsigned int	unsigned
unsigned long int	unsigned long
unsigned long long int	unsigned long long

표준 부동소수점형은 크게 부동소수점형과 복소수형으로 나누어진다. 부동소수점형은 실수 값을 다루기 위해, 복소수 형은 복소수 값을 다루기 위해 사용한다. 복소수형은 C가 반드시 제공해야 하는 형은 아니기 때문에 사용하기 전에 먼저 확인할 필요가 있다. 부동소수점형도 다루는 값의 범위에 따라 다양한 크기의 자료형을 제공하고 있는데, float 형이 가장 작은 범위의 값을 다룰 수 있는 자료형이고 long double이 가장 큰 범위의 값을 다룰 수 있는 자료형이다.

각 자료형별 대표 자료형은 문자형은 char, 정수형은 int, 부동소수점형은 double, 복소수형은 double _Complex 이다. 지금까지 실수를 다룰 때 float 형을 사용하였지만 C의 대표 실수형은 double 형이다. 지금까지 설명한 자료형 이외에 void 형이 있다. void 형이라고 부르지만 사실 구체적으로 어떤 종류의 값을 다룰 수 있는 자료형은 아니다. void는 함수 정의와 포인터에서 사용된다. 함수에서 void는 함수가 리턴 값이 없거나 매개변수가 없음을 나타내기 위해 사용되고 포인터에서 void 포인터는 모든 형을 다 포인트하는 일반적인 포인터를 나타낸다. 이것에 대해서는 함수와 포인터를 다룰 때 자세히 설명할 것이다.

3.2 선언문

프로그램에서 사용되는 모든 변수는 반드시 선언되어야 한다. 변수의 선언은 선언문(declaration)을 통해 한다. 변수 선언문은 다음과 같이 어떤 종류의 값을 다룰지를 알려주는 자료형을 먼저 쓰고, 그 뒤에 변수의 이름인 식별자 목록을 명시하는 형태를 갖는다.

```
type-name identifier-list;
```

identifier-list에는 식별자가 하나 만 올 수도 있고, 콤마로 분리된 여러 개의 식별자가 올 수도 있다. 프로그램 2.1에서 이러한 형태로 작성된 행은 다음과 같이 작성된 **10**, **11**, **12**행이며, 모두 변수를 선언하는 선언문이다.

```
10   int radius; // 반지름
11   int diameter; // 지름
12   float pi; // 파이
```

이 선언문은 컴파일러에게 **radius**와 **diameter**는 정수를 저장할 변수이고, **pi**는 실수를 다루는 변수라는 것을 알려주는 것이다. 좀 더 정확하게 표현하면, **radius**와 **diameter**는 **int** 형 변수이고 **pi**는 **float** 형 변수라는 정보를 주는 것이다. 컴파일러는 이러한 정보를 바탕으로 정수 값 두 개와 실수 값 하나를 저장할 수 있는 공간을 메모리에 할당하고, 그 공간을 각각 **radius**, **diameter**, **pi**라는 이름으로 접근할 수 있게 한다. 즉, 선언문에 의해 메모리에 할당된 변수를 그림으로 그리면 다음과 같다.

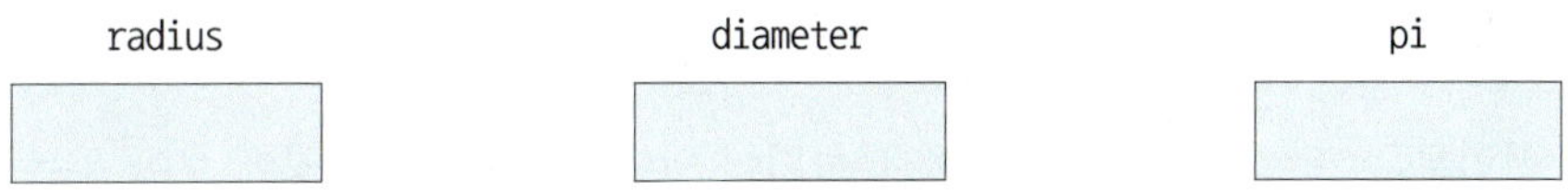

같은 형의 변수를 여러 개 선언할 때에는 한 문장으로 선언할 수도 있다. 즉, 프로그램 2.1의 **10**행과 **11**행은 다음과 같이 한 문장으로 쓸 수도 있다.

```
int radius, diameter;
```

변수가 할당받은 메모리는 자동으로 **0**으로 초기화되지 않는다. 그렇게 때문에 프로그램이 시작되는 부분에서 변수들을 초기화하는 것이 보통이다. 선언문에서 변수를 선언함과 동시에 초기 값을 지정할 수도 있다. 선언문에서 변수를 초기화할 때에는 다음과 같은 형태로 한다.

type-name identifier = initializer;

프로그램 2.1의 14행과 15행은 radius와 pi 값을 각각 0과 3.14로 초기화하는 것인데, 이를 선언문에서 하고 싶다면 14행과 15행을 삭제하고 선언문을 다음과 같이 수정하면 된다.

```
10 int radius = 0; // 반지름
11 int diameter; // 지름
12 float pi = 3.14; // 파이
```

이렇게 하면 변수가 메모리를 할당받는 동시에 그 공간이 다음과 같이 초기화된다.

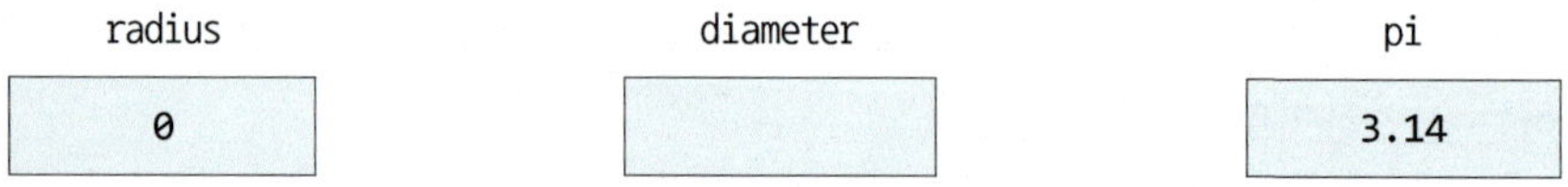

이것은 다음과 같이 작성해도 된다.

```
int radius = 0, diameter;
float pi = 3.14;
```

C99 이전에는 선언문을 다른 문장이 나오기 전에 작성해야 했지만, C99부터 변수 선언문은 변수를 사용하기 전에만 있으면 된다. 즉, 예제 프로그램에서 diameter는 22행에 처음 사용되기 때문에 11행의 diameter 선언문을 22행 바로 앞으로 옮겨 다음과 같이 수정해도 된다.

```
// 지름
int diameter; // 지름
diameter = 2 * radius;
printf("Diameter : %d\n", diameter);
```

이와 같이 선언문은 프로그램의 여러 곳에 분산되어 있어도 되지만, 한 곳에 모아 두는 것이 일반적이다. 이렇게 하면 변수를 보다 쉽게 관리할 수 있을 것이다. 변수가 선언되면, 변수는 하나의 값을 계속 유지할 수 있다. 프로그램 2.1을 실행한 후 4라는 값을 입력했다면 각 변수의 메모리 값은 다음과 같이 변할 것이다.

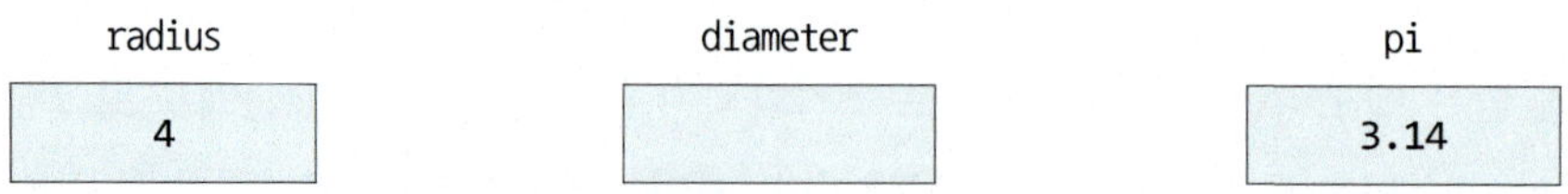

그림에서와 같이 radius는 이전에 가졌던 0이라는 값은 잊어버리고 새로운 값인 4만을 기억하게 된다. 이 때 22행이 실행되면 radius의 값인 4와 2를 곱한 결과인 8을 diameter에 배정하게 되어 메모리 내용은 다음과 같이 변한다.

radius	diameter	pi
4	8	3.14

이제 예제 프로그램을 보자.

프로그램 3.1

```
 1 #include <stdio.h>
 2 int main(void)
 3 {
 4       int height = 175, int_tmp;
 5       float weight = 70.0, bmi, float_tmp;
 6       double bmi_double;
 7
 8       int_tmp = height * height;
 9       float_tmp = int_tmp * 0.0001;
10       bmi = weight / float_tmp;
11       printf("bmi : %.2f\n", bmi);
12
13    return 0;
14 }
```

프로그램 3.1은 BMI를 계산하는 프로그램이다.

```
6     double bmi_double;
```

선언문을 보면 6개의 변수가 선언되어 있지만, 그 중 bmi_double 변수는 사용되지 않고 있다. 이렇게 선언은 되어 있지만 사용하지 않는 변수가 있어도 프로그램 실행에는 별문제가 없다. 하지만 사용하지 않는 변수를 위해서도 메모리가 할당되기 때문에 결국 메모리를 낭비하게 된다. 메모리는 프로그램 실행에 직접적인 영향을 끼친다. 같은 일을 하는 프로그램이라도 메모리를 많이 사용하는 프로그램의 실행 시간은 더 길어질 수 있다. 따라서 프로그램을 작성할 때 메모리를 낭비하지 않도록 해야 한다. 프로그램의 실행결과는 다음과 같다.

```
bmi : 22.86
```

이제 선언문의 역할을 살펴보자. 선언문은 컴파일러에게 다음과 같은 중요한 세 가지 일을 하게 한다. 첫째로 컴파일러는 선언문을 보고 각 변수를 위해 적절한 양의 메모리 공간을 할당한다. 앞으로 다루겠지만 각 자료형은 크기와 표현할 수 있는 값의 범위가 다르다. 컴파일러는 선언문을 참조하여 각 변수에 얼마만큼의 메모리를 할당할 것인지 결정한다. 예를 들어 프로그램 3.1의 height와 int_tmp 변수는 선언문에서 int 형으로 명시되어 있기 때문에 컴파일러는 이들에게 각각 4 바이트 메모리 공간을 할당한다. 둘째로 컴파일러는 실행 코드를 생성할 때 소스 프로그램의 각 연산자를 선언문을 참조하여 올바른 기계 연산자로 변환한다. 예를 들어, 프로그램 3.1에서 수식 height * height와 int_tmp * 0.0001은 같은 곱셈 연산자 *를 사용하고 있지만, 내부적으로 이 두 연산자는 다른 연산자이다. 즉, height * height의 *는 정수형 연산자이고, int_tmp * 0.0001의 *는 실수형 연산자이다. 컴퓨터에서 실수와 정수는 표현 방법도 다르고 계산 방법도 다르기 때문에 컴파일러는 선언문을 보고 적절한 기계 연산자를 선택하여 올바르게 계산되도록 한다. 각 자료형마다 메모리 표현이 다름에 대해서는 다시 설명할 것이다. 마지막으로 컴파일러는 선언문을 참조하여 수식에서 피연산자들이 올바르게 사용되었는지 검사한다. 잘못 사용된 수식이 발견되면 적절한 형 변환을 시도하거나 오류 메시지를 출력하여 프로그래머에게 올바른 수식을 작성하도록 한다.

3.3 수식과 문장

프로그램에서 데이터에 대한 계산식을 수식(expression)이라고 한다. C는 상수, 변수, 문자열 상수, 함수 호출, 통합형 선택, 등을 수식이라 하고, 이들이 연산자들과 의미 있게 결합되어 있어도 수식이라 한다. 예를 들어 height, weight, bmi가 변수로 선언되어 있다면, 다음은 올바른 수식의 예제이다.

```
1024
'A'
height
printf("%d\n", weight)
height + weight
bmi = weight / (height * height)
```

예제에서와 같이 printf() 함수 호출도 수식이다. 수식은 값과 자료형을 갖는다. 예를 들어 정수 상수 수식인 1024의 값은 1024이고, 자료형은 int 형이다. height가 int 형이고 weight가 float 형이라면, height + weight 수식의 값은 height 값에 weight 값을 더한 결과이고, 이 수식의 형은 float 형이다. 수식의 자료형이 결정되는 규칙은 앞으로 설명할 것이다. 프로그램은 수식을 사용하여 데이터를 다루는 것이기 때문에 각 수식의 값이 어떻게 되고 어떤 자료형을 갖게 되는지를 아는 것이 중요하다.

수식 뒤에 세미콜론이 있는 것을 수식 문장(expression statement)이라고 한다. C에는 수식 문장을 포함하여 다양한 종류의 문장(statement)이 있지만, 이 책에서는 특별히 구별할 필요가 없는 경우 모두 문장이라고 할 것이다. 프로그램은 문장이 실행되는 것이다. 문장은 순차적으로 실행되며, 이전 문장의 실행이 완료된 후에 다음 문장이 실행된다. 예를 들어 다음과 같은 것은 문장이다.

```
1024;
printf("%d\n", weight);
bmi = weight / (height * height);
;
```

마지막 문장과 같이 세미콜론만 있는 것을 공백 문장(empty statement)이라고 하는데, C는 공백 문장도 문장으로 취급한다. 문장은 유용한 일을 하기 위해 작성하지만 꼭 그런 것은 아니다. 예문에서 첫 번째 문장과 마지막 문장은 올바른 문장이기는 하지만 유용한 일을 하지 않는 문장이다.

배정 연산자

이제 유용한 수식을 만들기 위해 필요한 연산자에 대해 좀 더 알아보자. 2장에서 사칙 연산자에 대해 살펴봤지만, C는 더 많은 연산자를 제공하고 있다. C는 배정 연산자, 산술 연산자, 논리 연산자, 비교 연산자, 비트단위 연산자 등을 지원한다. 이 절에서는 배정 연산자와 산술 연산자에 대해서만 설명하고, 나머지는 다른 장에서 설명할 것이다. 먼저 배정 연산자에 대해 살펴보자. 이미 여러 번 예제 프로그램을 통해 배정 연산자를 접해봤다. C에서 배정연산자는 = 기호를 사용한다. 배정 수식의 가장 단순한 형태는 다음과 같다.

variable = expression

이 배정 수식의 결과로 = 기호 오른편에 있는 expression의 값이 왼편의 variable에 들어가게 된다. 예를 들어 다음 수식을 보자.

```
bmi = weight / float_tmp
```

이 수식에서 배정 연산자 = 오른쪽에 있는 수식은 weight / float_tmp이다. 이 나누기 수식의 값은 weight의 값을 float_tmp의 값으로 나눈 결과이다. 따라서 bmi에는 weight을 float_tmp로 나눈 결과의 값이 저장된다. 이 설명에서 짐작하겠지만 = 기호 양쪽에 변수가 올 수 있지만 그 의미는 완전히 다르다. = 기호의 오른쪽 변수는 그 변수가 가지고 있는 값을 의미하고, 왼쪽 변수는 그 변수가 할당받은 메모리 위치를 의미한다. 수식은 값을 갖는다고 했는데, 배정 수식의 값은 등호기호 왼쪽의 변수에 저장되는 값이다. 따라서 위 수식의 값은 bmi에 저장되는 값인 weight / float_tmp의 계산 결과이다.

배정 수식은 수학 방정식과 유사하지만 사용 방식과 의미가 완전히 다르다. 즉, 우리는 다음과 같은 수학 방정식을 사용할 수 있다.

```
int_tmp * 0.0001 = float_tmp
```

수학에서 이 방정식은 int_tmp * 0.0001의 값이 float_tmp와 같다는 의미이다. 그러나 C 프로그램에서 다음과 같은 수식은 배정 수식이 될 수 없다.

```
int_tmp * 0.0001 = float_tmp
```

그 이유는 배정 연산자 왼쪽의 수식 int_tmp * 0.0001은 할당받은 메모리 공간이 아니기 때문에 값을 배정할 수 없기 때문이다. 또한 다음 배정 수식을 보자.

```
height = height + 1
```

height에는 height의 이전 값에 1을 더한 값이 배정된다. height의 이전 값이 2라면, height는 3이 된다. 그러나 수학 방정식으로는 잘못된 방정식이다. 지금까지 살펴본 것과 같이 C 언어의 배정 연산자와 수학의 등호는 같은 기호를 사용하지만 완전히 다르다는 것을 알 수 있다.

산술 연산자

이제 산술연산자에 대해 살펴보자. C가 제공하는 산술 연산자로는 다음과 같은 것이 있다.

산술연산자	설명
+	더하기, 양수 부호
-	빼기, 음수 부호
*	곱하기
/	나누기
%	나머지
++	증가
--	감소

이 중 사칙 연산자에 대해서는 2장에서 설명했기 때문에 그 외 연산자만 설명할 것이다. 먼저 +와 -를 보자. +와 -는 더하기와 빼기 연산자로 사용되기도 하지만, 상수나 변수 앞에 사용되어 부호를 나타내기 위해 사용되기도 한다. 예를 들어 다음 문장을 보자.

```
plus = +100;
minus = -plus;
```

위 문장에서 사용된 +와 -는 부호를 나타내는 연산자이다. plus에는 +100의 값인 100이 저장되고, minus에는 plus의 값에 음수 부호가 적용된 -100이 저장된다.

%는 나머지 연산자이다. 나머지 연산자의 두 피연산자는 정수이어야 하고, 두 정수를 나누었을 때의 나머지 값을 알려준다. 예를 들어 다음 문장을 보자.

```
rem = 9 % 5;
```

rem에는 9 % 5의 값이 저장되는데, 9를 5로 나누면 몫이 1이고 4가 남기 때문에 9 % 5의 값은 4가 되고 rem에는 4가 저장된다.

마지막 산술연산자인 ++와 --는 각각 증가 연산자와 감소 연산자이다. 증가 연산자 ++와 감소 연산자 --는 단항 연산자이고, 각각 피연산자의 값을 1 증가 및 감소시키는 연산자이다. 이들 연산자는 전위 연산자로도 사용되고 후위 연산자로도 사용될 수 있는 재미있는 연산자이다. 즉 ++value와 value++는 모두 올바른 증가 연산자 수식이다. ++value 수식에서의 ++는 피연산자인 value 앞에 있으므로 전위 연산자로 사용된 것이고, value++의 ++는 후위 연산자로 사용된 것이다. ++가 전위로 사용됐던 후위로 사용됐던 간에 피연산자인 value의 값은 이전 값보다 1 증가한 값을 갖게 된다. 하지만, 그 수식의 값은 다르다. 수식 ++value는 value 값에 1 증가된 새로운 값을 이 수식의 값으로 한다. 반면 value++는 ++를 적용하기 전의 value 값을 이 수식의 값으로 한다. 예를 들어 다음 프로그램을 보자.

프로그램 3.2

```
#include <stdio.h>
int main(void)
{
      int a = 0, b = 0, c = 0, d = 0;

      a = ++b;
      c = d++;
      printf("a = %d, b = %d, c = %d, d = %d\n", a, b, c, d);
      return 0;
}
```

프로그램 3.2는 전위 및 후위 증가 연산자에 대한 예제이다.

```
int a = 0, b = 0, c = 0, d = 0;
```

a, b, c, d는 모두 int 형 변수이고 0으로 초기화되어 있다.

```
a = ++b;
c = d++;
```

a에는 ++b의 값이 저장되는데, b는 0의 값을 가지므로 ++b에 의해 b는 1이 되고, ++b의 값도 1이므로 a에는 1이 저장된다. c에는 d++의 값이 저장되는데, d++에 의해 d의 값은 1이 되고 d++의 값은 0이므로 c에는 0이 저장된다. 결국 실행 결과는 다음과 같다.

```
a = 1, b = 1, c = 0, d = 1
```

-- 연산자도 이와 유사하게 동작한다. --value는 변수 value에 저장된 값을 1 감소시키고 새로운 값을 이 수식의 값으로 한다. value--는 value의 현재 값을 이 수식의 값으로 하고 value의 값은 1 감소된 값을 갖게 된다.

++와 -- 연산자 수식의 값이 항상 중요한 것은 아니다. 예를 들어 다음 두 문장은 단순히 i의 값을 하나 증가시키는 역할만 한다.

```
i++;
++i;
```

즉 두 문장 다 i = i + 1;과 같은 의미이다. 그러나 ++나 -- 연산자가 다른 연산자들과 함께 사용될 때에는 전위로 사용할 것인지 또는 후위로 사용할 것인지를 주의 깊게 판단해야 한다.

마지막으로 주의할 것은 ++와 --의 피연산자는 변수는 될 수 있지만 상수나 일반 수식은 될 수 없다. 따라서 다음과 같은 수식은 잘못된 것이다.

```
1024++
++(a * b)
```

복합 배정 연산자

C는 단순 배정 연산자 외에 다른 연산자와 결합된 복합 배정 연산자도 지원한다. 다음 수식을 보자.

```
value = value + 5
```

이 수식은 변수 value의 값에 5를 더해서 그 결과를 다시 value에 배정하는 것이다. 이 수식은 += 복합 배정 연산자를 사용하여 다음과 같이 작성해도 된다.

```
value += 5
```

다음 표는 모든 복합 배정 연산자를 정리한 것이다.

복합 배정 연산자									
+=	-=	*=	/=	%=	>>=	<<=	&=	^=	|=

표에서와 같이 복합 배정 연산자는 다음과 같은 형식이다.

variable op = expression

여기서 op은 +, -, *, /, %, >>, <<, &, ^, | 중 하나이고, variable이 단순 변수라면 이 복합 배정 연산자 수식은 다음과 같은 의미이다.

variable = variable op (expression)

expression이 괄호로 묶여있음을 주의해야 한다. 즉 복합 배정 수식 value *= data + 7은 value = value * data + 7이 아니라, value = value * (data + 7)이다.

연산자의 우선순위

하나의 수식에 여러 개의 연산자가 있을 수 있다. 여러 개의 연산자를 가지고 있는 수식이 항상 같은 결과를 낼 수 있게 하기 위해 C는 연산자의 우선순위(precedence)와 결합방향(associativity)을 정의하고 있다. 사칙 연산(+, -, *, /)의 우선순위와 결합방향은 수학에서와 같다. 다음 표는 C의 산술 연산자와 배정 연산자의 우선순위와 결합방향을 보여주고 있다.

우선순위	결합방향
++ (후위) --(후위)	좌에서 우
+ (단항) - (단항) ++ (전위) -- (전위)	우에서 좌
* / %	좌에서 우
+ -	좌에서 우
= += -= *= /= %= >>= <<= &= ^= |=	우에서 좌

표에서 연산자가 위에 있을수록 우선순위가 높고, 같은 행에 있는 연산자는 우선순위가 같은 것이다. 즉 *, /, %는 우선순위가 같다. 같은 행에 있는 연산자들끼리는 결합방향에 의해 그 우선순위가 결정된다. 만일 이 규칙을 따르지 않아야 될 경우에는 괄호를 사용하여 강제로 우선순위를 변경할 수 있다. 예를 들어 다음 수식을 보자.

```
weight / (height * height)
```

이 수식은 괄호가 없다면 **weight / height**가 먼저 계산되겠지만 괄호에 의해 **height * height**가 먼저 계산된다.

+와 -는 이항 연산자일 수도 있고 단항 연산자일 수도 있다. 그 구분은 수식에서 그 기호가 사용된 위치를 보면 알 수 있다. 다음 수식을 보자.

```
-a - b
```

수식에서 첫 번째 - 연산자는 단항 연산자이고, 두 번째 - 연산자는 이항 연산자이다. 따라서 우선순위 규칙을 적용하면 이 수식은 다음과 같이 쓸 수 있다.

```
(-a) - b
```

증가와 감소 연산자는 후위 연산자가 전위 연산자보다 우선순위가 높다. 또한 후위 연산자로 사용된 경우 "좌에서 우"의 결합방향이 적용되며, 전위 연산자는 "우에서 좌"의 결합방향이 적용된다. 배정연산자는 가장 낮은 우선순위를 갖고, "우에서 좌"의 결합방향을 갖는다. 예를 들어, 다음과 같은 배정 연산자를 보자.

```
a = b = c = 0;
```

= 연산자는 우에서 좌로의 결합방향을 가지기 때문에 이 문장은 다음과 같은 의미이다.

```
a = (b = (c = 0));
```

배정연산 수식의 값은 = 기호 왼쪽 변수에 저장되는 값 이다. 따라서 위 수식은 먼저 c에 0이 배정되고, 수식 c = 0의 값은 0이 된다. 그 다음 b에 c = 0의 값인 0이 배정되고, 수식 b = (c = 0)의 값은 0이 된다. 결국 a에는 0이 배정되고, 수식 a = (b = (c = 0))의 값도 0이 된다. 따라서 a, b, c 모두 0의 값이 배정된다.

3.4 정수와 int 부류 자료형

메모리에는 0 또는 1의 값만을 저장할 수 있다. 따라서 10진 정수도 0또는 1의 조합으로 저장된다. 10진 정수를 이진 수열로 변환하여 저장하는 방법은 여러 가지 있지만 C는 기본적으로 부호있는 2의 보수(signed 2's complement) 표현 방법으로 저장한다. 32 비트의 부호 있는 2의 보수는 다음 그림과 같은 모양이다.

0	1 ~ 31
부호	2의 보수

그림에서 첫 번째 비트인 부호 비트(sign bit)는 그 정수가 양수인지 음수인지를 나타낸다. 이 비트가 0이면 양수임을 나타내고, 1이면 음수임을 나타낸다. 나머지 31 비트에는 주어진 정수의 2의 보수를 저장한다. 양수에 대한 2의 보수는 그 수의 이진수이고, 음수에 대한 2의 보수는 그 수의 절대 값의 이진수를 구한 다음 각 자리를 토글(1을 0, 0을 1로 바꿈:1의 보수)한 후에 1을 더한 이진수이다. 예를 들어, 341의 부호있는 2의 보수 표현은 다음과 같다.

```
0 0000000 00000000 00000001 01010101
```

-341의 2의 보수 표현은 -341의 절대 값의 이진수인 0000000 00000000 00000001 01010101의 각 비트를 토글한 1111111 11111111 11111110 10101010에 1을 더한 1111111 11111111 11111110 10101011 이다. 따라서 -341의 부호있는 2의 보수 표현은 다음과 같다.

```
1 1111111 11111111 11111110 10101011
```

부호있는 2의 보수 표현에서 0과 -1의 표현은 특별하다. 0의 부호있는 2의 보수 표현은 모든 비트가 0이고, -1은 모든 비트가 1이다.

C에서 정수를 다룰 때에는 기본적으로 int 부류 자료형을 사용한다. 뒤에서 설명하겠지만 _Bool 형과 char 형 부류도 정수를 저장하는 데 사용될 수 있다. int 부류 자료형은 표현할 수 있는 값의 범위에 따라 short, int, long, long long 형으로 나눌 수 있고, 이것은 또한 부호의 유무에 따라 signed와 unsigned로 나누어진다. signed int 부류 자료형에는 정수가 부호있는 2의 보수 형태로 저장되고, unsigned int 부류 자료형에는 0과 양의 정수가 이진수로 저장된다. 각 자료형 별 바이트 크기와 값의 범위 및 printf()에서의 변환명세는 다음 표와 같다.

자료형	크기 (바이트)	범위	변환명세
short	2	-2^{15} ~ $2^{15}-1$ (약 ±3만)	%hd, %hi, %hx, %ho
int	4	-2^{31} ~ $2^{31}-1$ (약 ±21억)	%d, %i, %x, %o
long	4	-2^{31} ~ $2^{31}-1$ (약 ±21억)	%ld, %li, %lx, %lo
long long	8	-2^{63} ~ $26^{3}-1$ (약 ±922경)	%lld, %lli, %llx, %llo
unsinged short	2	0 ~ $2^{16}-1$ (약 6만)	%hu, %hx, %ho
unsinged int	4	0 ~ $2^{32}-1$ (약 42억)	%u, %x, %o
unsinged long	4	0 ~ $2^{32}-1$ (약 42억)	%lu, %lx, %lo
unsinged long long	8	0 ~ $2^{64}-1$ (약 1844경)	%llu, %llx, %llo

각 자료형의 크기는 표준으로 정해져있지 않다. 그 크기는 사용하는 컴파일러마다 다를 수 있다. 다만 표에 명시된 크기는 최근 대부분의 시스템에서 제공하고 있는 크기를 적은 것이다. C는 정수 자료형이 표현할 수 있는 값의 범위를 〈limits.h〉 헤더파일에 명시하고 있다. 〈limits.h〉 헤더파일을 보면 int 형의 최솟값과 최댓값은 각각 INT_MIN과 INT_MAX로 정의되어 있다. 따라서 int의 크기는 INT_MIN부터 INT_MAX까지의 값을 저장할 수 있는 충분한 크기로 제공되어야 한다. 헤더파일에 대해서는 12장에서 다룰 것이다. 다음 프로그램을 보자.

프로그램 3.3

```c
#include <stdio.h>
#include <limits.h>

int main(void)
{
    printf("INT_MIN : %d\n", INT_MIN);
    printf("INT_MAX : %d\n", INT_MAX);
    return 0;
}
```

프로그램 3.3은 <limits.h>를 활용하여 int 형의 범위를 알아내는 것이다.

```c
#include <limits.h>
```

<limits.h>를 활용하기 위해 <limits.h>를 삽입하는 것이다. 필요에 따라 이와 같이 적절한 헤더 파일을 삽입해야 한다. 프로그램 3.3의 실행 결과가 다음과 같다면, 사용하고 있는 컴퓨터의 int 형의 크기가 4바이트라는 것을 뜻한다.

```
INT_MIN : -2147483648
INT_MAX : 2147483647
```

이 책에서는 앞으로 int의 크기를 4 바이트로 가정할 것이다. 1바이트는 8비트이므로 크기가 4바이트인 int 형은 2^{32}개의 다른 값을 가질 수 있다. 이 중 반은 다음과 같이 음수를 표현하는 데 사용되고, 나머지 반은 양수를 표현하는 데 사용된다.

$-2^{31}, -2^{31}+1, \cdots, -3, -2, -1, 0, 1, 2, 3, \cdots, 2^{31}-1$

따라서 int 형이 표현할 수 있는 값의 범위는 대략 -21억에서 +21억 이다. 프로그램에서 정수를 다룰 때 가장 일반적으로 사용하는 자료형은 int 형이다. 하지만 다루는 값의 범위에 따라 다른 정수 자료형을 사용할 수 있다. short 형은 기억장소를 절약하고자 하는 경우에 사용되고, long 형이나 long long 형은 큰 정수 값을 다룰 때 사용된다.

unsigned 형은 signed 형과 같은 크기를 갖는다. unsigned 형은 이름이 나타내는 것처럼 0 이상의 정수 값을 다룰 때 사용되는 형이다. unsigned 형은 부호 비트가 필요 없기 때문에 unsigned 형이 다룰 수 있는 최솟값은 0이고 최댓값은 signed 형의 최댓값보다 2배 큰 수이다.

2장에서 설명한 정수 상수도 자료형을 갖는다. 접미사가 붙지 않는 숫자로만 이루어진 정수 상수의 형은 int, long, long long 중 그 정수 상수를 표현할 수 있는 첫 번째 자료형 이다. 예를 들어 2147483647은 int 형이 가질 수 있는 값의 범위(-2147483648 ~ 2147483647)에 들어가므로 int 형이고, 2147483648은 int 형의 범위에서 벗어나지만 long long 형으로는 표현이 가능하기 때문에 long long 형이다. 정수 상수의 형을 명확하게 하기 위해 정수 상수 뒤에 접미사를 붙여 그 형을 명시할 수 있다. 정수 상수를 위해 가능한 접미사는 다음과 같은 것들이 있다.

접미사	자료형	예제
u 또는 U	unsigned unsigned long unsigned long long	1024U 0xffffU
l 또는 L	long long long	1024L 0xffffL
ul 또는 UL	unsigned long unsigned long long	1024UL 0xffffUL
ll 또는 LL	long long	1024LL 0xffffLL
ull 또는 ULL	unsigned long long	1024ULL 0xffffULL

이 표에서 자료형 열에 여러 개의 자료형이 명시되어 있는데 이는 제일 위에서부터 시작하여 그 정수 상수를 표현할 수 있는 첫 번째 자료형이 그 정수 상수의 자료형이 된다는 의미이다. 따라서 1024U의 형은 unsigned 형 이다.

지금까지 살펴본 것과 같이 C에서는 정수를 저장하기 위해 보통 int 부류 형을 사용하고, int 부류 형들 중 크기가 제일 큰 것은 8 바이트 이다. 이것은 컴퓨터가 저장할 수 있는 정수 범위가 매우 제한적임을 의미한다. 따라서 컴퓨터의 정수 계산은 주어진 자료형이 표현할 수 있는 값의 범위 내에서만 정확하다는 것을 알 수 있다. 예를 들어 다음 프로그램을 보자.

프로그램 3.4

```
 1 #include <stdio.h>
 2
 3 int main(void)
 4 {
 5   long long large_int, veryLarge_int;
 6   large_int = 9000000000000000000LL;    // 900경
 7   veryLarge_int = large_int + large_int;
 8   printf("%lld + %lld = %lld\n", large_int, large_int, veryLarge_int);
 9   return 0;
10 }
```

프로그램 3.4는 매우 큰 수를 더하고 있다.

```
5     long long large_int, veryLarge_int;
```

large_int와 veryLarge_int는 long long 형으로 선언되어 있다.

```
6     large_int = 9000000000000000000LL; // 900경
```

9000000000000000000LL는 접미사 LL을 사용하여 이 정수 상수의 형을 long long 형으로 지정한 것이다.

```
7     veryLarge_int = large_int + large_int;
```

long long 형은 최대 922경까지만 저장가능한데 1,800경을 배정하면 문제가 발생할 것이다. 하지만 프로그램 3.4는 컴파일되고 실행될 것이다. 프로그램 3.4의 실행 결과는 다음과 같다.

```
9000000000000000000 + 9000000000000000000 = -446744073709551616
```

이 결과에서 알 수 있듯이 프로그램이 오류 없이 실행된다고 그 결과가 항상 정확한 것은 아니다. 앞에서 살펴본 것과 같이 C에서 signed long long은 약 922경까지만 저장할 수 있다. 따라서 900경 + 900경의 논리적인 결과인 1,800경은 signed long long 형으로는 표현할 수 없다. 이와 같이 표현할 수 있는 값보다 더 큰 값을 저장하여 잘못된 결과가 일어나는 것을 정수 오버플로(integer overflow)가 발생했다라고 한다. 일반적으로 정수 오버플로가 발생해도 프로그램은 계속 수행되지만, 그 결과는 논리적으로 부정확하다. 따라서 프로그래머는 정수 수식의 값이 적절한 범위 내에 있도록 주의하여 프로그래밍 해야 한다. 반드시 기억할 것은 컴퓨터의 계산 결과가 항상 정확한 것은 아니라는 것이다. 컴퓨터의 정수 계산은 컴퓨터가 표현할 수 있는 값의 범위 내에서만 정확하다.

3.5 문자와 char 부류 자료형

문자도 컴퓨터에 저장될 때에는 0과 1의 조합으로 저장된다. 문자를 이진 비트열로 변환하는 방법은 표준으로 만들어져 있다. 보통 ASCII나 EBCDIC이 사용되며, 특히 ASCII가 일반적으로 사용된다. 다음 표는 ASCII 값을 십진 정수로 표시한 표이다.

ASCII: American Standard Code for Information Interchange										
	0	1	2	3	4	5	6	7	8	9
0	nul	soh	stx	etx	eot	enq	ack	bel	bs	ht
1	nl	vt	np	cr	so	si	dle	dc1	dc2	dc3
2	dc4	nak	syn	etb	can	em	sub	esc	fs	gs
3	rs	us	sp	!	"	#	$	%	&	'
4	(	)	*	+	,	−	.	/	0	1
5	2	3	4	5	6	7	8	9	:	;
6	<	=	>	?	@	A	B	C	D	E
7	F	G	H	I	J	K	L	M	N	O
8	P	Q	R	S	T	U	V	W	X	Y
9	Z	[	\	]	^	_	'	a	b	c
10	d	e	f	g	h	i	j	k	l	m
11	n	o	p	q	r	s	t	u	v	w
12	x	y	z	{	|	}	~	del		

각 문자의 값은 행 번호에 열 번호를 붙여서 만들어진다. 예를 들어 알파벳 A는 6행 5열에 있으므로 알파벳 A의 ASCII 값은 65가 된다. 이 의미는 프로그램에서 'A'를 메모리에 저장하면 'A' 대신 65라는 값이 저장된다는 것이다. ASCII 표를 보면 거기에는 숫자도 있음을 알 수 있다. 이 숫자는 숫자 문자를 나타내며 정수 숫자와는 다르다. 예를 들어 숫자 문자 '0'의 ASCII 값은 48이고, 이는 숫자 0과는 완전히 다른 값을 갖는다는 것을 알 수 있다. 다만 숫자 문자들의 코드 값은 실제 숫자와 마찬가지로 연속적인 값을 가짐을 알 수 있다. 또한 알파벳에도 연속적인 값이 할당되어 있음을 알 수 있다. 즉 'B'의 값은 'A'의 값보다 1크고, '1'의 값은 '0'의 값 보다 1크다. 참고로 'a', '0'과 같은 문자 상수는 char 형이 아니라 int 형이다.

char 형의 크기는 1 바이트이다. 따라서 char 형 변수는 2^8 또는 256개의 값을 저장할 수 있다. 이 값들 중 일부만이 화면에 표시할 수 있는 인쇄 문자(printable character)이다. 인쇄 문자에는 스페이스, 소문자, 대문자, 숫자, 마침표, 특수문자 등이 있다. ASCII 값으로는 32부터 126까지가 인쇄 문자이다. 문자 집합에는 인쇄 문자뿐만 아니라 벨, 수직 탭, 수평 탭, 개행 문자 등의 제어 문자도 포함된다. 2장에서 설명한 것과 같이 문자들 중 프로그램에서 표현할 수 없는 문자들은 이스케이프 시퀀스를 사용하여 표현한다.

C가 제공하는 문자형은 char 이외에 signed char와 unsigned char가 있다. 컴파일러에 따라 char 형은 signed char 형과 같을 수도 있고, unsigned char 형과 같을 수도 있다. 이 세 가지 문자형은 모두 1 바이트에 저장된다. signed char 형의 값의 범위는 -128부터 127이고, unsigned char 형은 0부터 255이다. printf()와 scanf()에서 char 형을 위한 변환 명세는 %c이다.

C의 재미있는 특성 중 하나는 문자를 숫자로, 숫자를 문자로 다룰 수 있다는 것이다. 즉 char 형 변수를 int 형 변수처럼 사용할 수 있고, int 형 변수를 char 형 변수처럼 사용할 수 있다. 예를 들어 다음 프로그램을 보자.

프로그램 3.5

```c
#include <stdio.h>

int main(void)
{
    char ch = 71;
    int in = 'h';

    ch++;
    in = in - 'a' + 'A';
    printf("ch = %c or %d\n", ch, ch);
    printf("in = %d or %c\n", in, in);
    return 0;
}
```

프로그램 3.5의 선언문을 보자.

```c
    char ch = 71;
    int in = 'h';
```

ch은 char 형 변수이지만 71이라는 정수 값을 배정하였고, in은 int 형 변수이지만 'h'를 배정하였다.

```c
    ch++;
```

또한 ch++와 같은 수식을 사용할 수 있다.

```c
    printf("ch = %c or %d\n", ch, ch);
    printf("in = %d or %c\n", in, in);
```

char 형 변수를 %d로, int 형 변수를 %c로 출력할 수 있다. 프로그램 3.5의 출력은 다음과 같다.

```
ch = H or 72
in = 72 or H
```

프로그램 3.5에서 알 수 있는 것처럼 프로그램에서 char 형 변수와 int 형 변수는 큰 차이가 없음을 알 수 있다. 다만 char 형은 1 바이트이고 int 형은 4 바이트라는 크기에 차이가 있을 뿐이다.

C는 문자를 다룰 때 편리하게 사용할 수 있는 〈ctype.h〉 헤더 파일을 제공하고 있다. 〈ctype.h〉에는 문자의 종류를 확인하거나 대소문자를 변환하는 함수 등이 선언되어 있다. 프로그램 3.5에서 in = in - 'a' + 'A'는 in에 저장된 소문자를 이에 대응하는 대문자로 변환하는 수식이다. 대문자로의 변환은 〈ctype.h〉의 toupper() 함수를 사용하면 된다. 다음 프로그램을 보자.

프로그램 3.6

```
#include <stdio.h>
#include <ctype.h>

int main(void)
{
    char ch = 71;
    int in = 'h';

    ch++;
    in = toupper(in);
    printf("ch = %c or %d\n", ch, ch);
    printf("in = %d or %c\n", in, in);
    return 0;
}
```

프로그램 3.6은 프로그램 3.5를 〈ctype.h〉 헤더파일에 선언된 toupper() 함수를 사용하는 것으로 수정한 것이다.

```
#include <ctype.h>
```

〈ctype.h〉에 선언된 함수를 사용하기 위해서 〈ctype.h〉 헤더 파일을 포함시키고 있다.

```
in = toupper(in);
```

toupper(in)은 in에 저장된 소문자에 대응되는 대문자 값을 알려준다. 프로그램 3.6의 실행 결과는 프로그램 3.5와 같다.

와이드 문자와 다중바이트 문자

8비트 char 형으로는 완성형 한글이나 한자를 모두 표현할 수 없다. 문자 집합의 크기가 256보다 큰 언어를 다룰 때에는 와이드 문자(wide character)를 사용한다. 와이드 문자의 형은 wchar_t 이다. 이 형은 기본 자료형은 아니고 int 부류 자료형 중 하나로 표현된다. 참고로 와이드 문자와 대비하기 위해 일반적인 char 형을 네로우 문자(narrow character)라고도 한다. 다중바이트 문자는 문자를 char 형을 여러 개 사용하여 표현하는 방법이다. 와이드 문자와 다른 점은 다중바이트 문자는 모든 문자를 같은 바이트 개수로 표현하지 않고 문자에 따라 표현하는 바이트 수가 다르다는 것이다.

3.6 논리 값과 _Bool 자료형

C에서 논리 값인 참과 거짓은 숫자로 표현된다. 거짓은 0이고, 참은 0 이외의 값이다. 0 값은 정수 0 뿐만 아니라 앞으로 배울 실수 0.0, 널 문자 \0, NULL 포인터 중 어느 것도 될 수 있다. 참은 0 이외의 값이기 때문에 1, 3.14, 625, 'a' 등을 참으로 사용할 수 있다.

C99부터 논리 값을 다루는 _Bool 형이 추가되었다. _Bool 형 변수는 0또는 1의 값만을 가질 수 있다. 0은 거짓을 의미하고 1은 참을 의미한다. _Bool 형 변수에 임의의 값을 배정하면 그 값은 0 또는 1로 적절히 변환된다. 즉 배정되는 값이 0이면 그 변수에는 0이 배정되지만, 배정되는 값이 0이 아니면 그 값은 1로 변환되어 배정된다. 논리 값과 관련된 사항은 4장에서 다시 다룰 것이다.

_Bool 자료형을 사용할 때에는 <stdbool.h>를 사용하는 것이 좋다. 이 헤더 파일은 C99부터 추가된 것으로 bool, true, false 매크로가 정의되어 있다. bool은 _Bool 자료형 대신 사용하도록 정의된 것이고, true와 false는 1과 0 대신 사용하도록 정의되었다. 프로그램 3.7을 보자.

프로그램 3.7

```
1 #include <stdio.h>
2 #include <stdbool.h>
3
4 int main(void)
5 {
6     bool a, b, c;
7     int in = 1024;
8
9     a = true;
10    b = false;
11    c = in + a + c;
12    printf("a = %d,  b = %d,  c = %d\n", a, b, c);
13    return 0;
14 }
```

프로그램 3.7은 <stdbool.h>에 정의된 매크로를 사용하는 예제 프로그램이다.

```
2 #include <stdbool.h>
```

<stdbool.h>을 삽입하면 true, false, bool 등을 사용할 수 있다.

```
 6    bool a, b, c;
 9    a = true;
10    b = false;
```

a, b, c는 _Bool 형 변수로 선언하였고, a와 b에는 각각 1과 0을 배정하고 있다.

```
11    c = in + a + c;
```

c는 _Bool 형 변수이지만 int 형 변수처럼 수식에 사용할 수 있다. 다만 _Bool 형 변수는 0또는 1만 저장할 수 있으므로 1보다 큰 값을 저장하면 1로 변환해서 저장한다. 프로그램 3.7의 실행 결과는 다음과 같다.

```
a = 1,  b = 0,  c = 1
```

결과에서 볼 수 있는 것 처럼 c 변수에 1025를 배정했지만 c에는 1이 저장되어 있음을 알 수 있다.

3.7 실수와 부동소수점 자료형

C에서 실수는 IEC 60559 표준을 따른다. IEC 60559 표준은 이진 부동소수점 연산에 관한 표준으로 이진 부동소수점의 표현과 연산 결과에 대해 정의하고 있다. 이 표준은 실수를 지수 표현 방식으로 변환하여 실수의 부호, 가수부, 지수부 등 세 부분으로 나누어 저장한다. 각 항목의 크기는 정밀도에 따라 달라진다. 정밀도는 단정밀도(32 비트), 배정밀도(64 비트), 확장정밀도(43 비트 이상), 배확장정밀도(70 비트 이상)로 나누어진다. 단정밀도는 32 비트를 다음과 같이 사용한다.

0	1 ~ 8	9 ~ 31
부호	지수부	가수부

배정밀도는 64 비트를 다음과 같이 사용한다.

0	1 ~ 11	12 ~ 63
부호	지수부	가수부

컴파일러는 정수 연산과 실수 연산을 구분한다고 하였는데, 이제 그 이유를 알 수 있을 것이다. 정수와 실수가 똑같이 32 비트에 저장된다고 하더라도 비트들을 사용하는 방법은 완전히 다르다. 즉, 정수는 부호있는 2의 보수 표현으로 저장되고 실수는 IEC 60559 표준으로 메모리에 저장되기 때문에 저장된 내용을 읽을 때에도 각각 고유의 방법에 따라 읽어야 올바른 값을 얻을 수 있다.

C는 실수를 위해 float, double, long double 형을 제공한다. float 형은 단정밀도 표현을 사용하고, double은 배정밀도 표현을 사용하며, long double 형은 구현 방법에 따라 달라질 수 있다. 즉 float 형은 4 바이트이고, double 형은 8 바이트이며, long double 형은 구현에 따라 달라진다. 부동소수점 형의 크기가 제한되어 있으므로, 컴퓨터로 모든 실수를 표현할 수 없다. 부동

소수점 형들은 정밀도(precision)와 범위(range)에 차이가 있다. 정밀도는 부동소수점 형이 표현할 수 있는 유효숫자 수이고, 범위는 부동소수점 형 변수에 저장될 수 있는 가장 큰 양수와 가장 작은 양수를 의미다. 정밀도와 범위는 부동소수점 형의 가수부와 지수부 크기에 의해 결정된다. float 형의 가수부 크기는 23 비트이기 때문에 정밀도는 대략 유효숫자 6 자리이고, 지수부 크기는 8 비트이므로 범위는 대략 10^{-38}에서 10^{38}이다. double 형의 정밀도는 대략 유효숫자 15 자리이고, 범위는 대략 10^{-308}에서 10^{308}이다. 다음 프로그램을 보자.

프로그램 3.8

```c
#include <stdio.h>

int main(void)
{
    float flt = 98765432109.87654321;
    double dbl = 98765432109.87654321;

    printf("flt = %f\n", flt);
    printf("dbl = %f\n", dbl);

    return 0;
}
```

프로그램 3.8은 float과 double 형의 유효 자리를 알아보는 프로그램이다.

```c
    float flt = 98765432109.87654321;
    double dbl = 98765432109.87654321;
```

flt과 dbl에는 20자리의 수를 배정하였다. 실행결과는 다음과 같다.

```
flt = 98765430784.000000
dbl = 98765432109.876541
```

결과에서 볼 수 있는 것처럼 float 형 변수인 flt는 앞 7 자리까지만 정확하고, double 형 변수인 dbl은 앞 16자리까지만 정확하다는 것을 알 수 있다. 지금까지 살펴본 것과 같이 컴퓨터는 모든 실수를 다 표현할 수 없다. 따라서 부동소수점 산술 연산은 표현할 수 있는 값이 범위에 들어간다 해도 정수 산술 연산과는 달리 부정확할 수 있다. 부동소수점 형의 크기와 값의 범위, 그리고 변환 명세를 정리하면 다음과 같다.

자료형	크기(바이트)	범위	변환명세
float	4	10^{-38} ~ 10^{+38}	%f, %e, %g, %a
double	8	10^{-308} ~ 10^{+308}	%f, %e, %g, %a
long double	?	?	%Lf, %Le, %Lg

변환명세에서 변환 문자 e는 지수표현, a는 16진 지수표현, g는 소수점 표현이나 지수 표현을 의미한다. 더 자세한 내용은 11장에서 설명하였다.

부동형 상수의 형은 디폴트로 double 형이다. 만일 부동형 상수의 자료형을 다른 자료형으로 지정하고 싶다면 부동형 상수 뒤에 다음과 같은 접미사를 붙이면 된다.

접미사	자료형	예제
f, F	float	10.24F 1.024e3f 0x1p10f
없음	double	10.24 1.024e3 0x1p10
l, L	long double	10.24L 1.024e3L 0x1p10L

3.8 sizeof 연산자

단항 연산자인 **sizeof**는 객체를 저장하는 데 필요한 바이트 수를 알려준다. **sizeof**는 다른 단항 연산자와 동일한 우선순위와 결합방향을 가진다. 사용법은 다음과 같다.

```
sizeof (type-name)
sizeof unary-expression
```

sizeof의 피연산자로 자료형이 올 때에는 괄호를 반드시 써야 하고, 단항 수식이 올 때에는 괄호를 안 써도 된다. 하지만 여러 항으로 구성된 수식을 피연산자로 사용할 때에는 괄호로 묶어줘야 한다. 예를 들어 **sizeof** a + b는 (**sizeof** a) + b이기 때문에 괄호를 생략할 때에는 주의해야 한다. 다음 프로그램을 보자.

프로그램 3.9

```
#include <stdio.h>
int main(void)
{
    printf("** 기본 자료형의 크기**\n");
    printf("       char:%3d byte \n", sizeof(char));
    printf("      short:%3d bytes\n", sizeof(short));
    printf("        int:%3d bytes\n", sizeof(int));
    printf("       long:%3d bytes\n", sizeof(long));
    printf("  long long:%3d bytes\n", sizeof(long long));
    printf("   unsigned:%3d bytes\n", sizeof(unsigned));
    printf("      float:%3d bytes\n", sizeof(float));
    printf("     double:%3d bytes\n", sizeof(double));
    printf("long double:%3d bytes\n", sizeof(long double));
    return 0;
}
```

프로그램 3.9는 sizeof 연산자를 이용하여 C의 기본 자료형의 크기를 알아보는 것이다. 프로그램의 결과는 컴퓨터마다 다를 수 있지만 다음 조건은 항상 만족한다.

```
sizeof(char) = 1
sizeof(short) ≤ sizeof(int) ≤ sizeof(long) ≤ sizeof(long long)
sizeof(unsigned) = sizeof(int)
sizeof(float) ≤ sizeof(double) ≤ sizeof(long double)
```

출력의 한 형태는 다음과 같다.

```
** 기본 자료형의 크기**
char: 1 byte
short: 2 bytes
int: 4 bytes
long: 8 bytes
long long: 8 bytes
unsigned: 4 bytes
float: 4 bytes
double: 8 bytes
long double: 16 bytes
```

3.9 복소수

복소수는 실수와 허수로 구성된 수이다. 다음 복소수를 보자.

$$2.5 + 4.2i$$

여기서 2.5는 실수부라 하고 4.2i는 허수부라 한다. C에서 복소수를 다룰 때에는 _Complex 형을 사용한다. _Complex 형은 float _Complex, double _Complex, long double _Complex가 있고, 다루는 수의 크기에 따라 선택하여 사용할 수 있다. _Complex의 기본 형은 double _Complex이다. _Imaginary는 허수 자료형을 위해 예약된 키워드이다. 복소수는 반드시 지원해야 하는 것은 아니기 때문에 사용하기 전에 확인이 필요하다.

복소수를 사용할 때에는 <complex.h> 헤더 파일을 사용하는 것이 좋다. <complex.h> 헤더파일에는 _Complex 대신 사용할 수 있는 complex 매크로가 정의되어 있고, 다양한 수학함수가 선언되어 있다. 특히 복소수의 실수부와 허수부를 알려주는 creal()과 cimag() 함수가 선언되어 있다. <complex.h>에서 선언된 함수 목록에 대해서는 부록을 참조하기 바란다. 이제 예제 프로그램을 보자.

프로그램 3.10

```
1 #include <stdio.h>
2 #include <complex.h>
3
4 int main(void)
5 {
6     double complex a = 5.5 + 4.2j;
7     double complex b = 8.2I + 3.2;
8     int size;
9
10    size = sizeof(double complex);
11    printf("sizeof(double complex) : %d bytes\n\n", size);
12
13    printf("a : %4.2f %+4.2fi\n", creal(a), cimag(a));
14    printf("b : %4.2f %+4.2fi\n", creal(b), cimag(b));
15
16    printf("a + b = %4.2f %+4.2fi\n", creal(a + b), cimag(a + b));
17    printf("a - b = %4.2f %+4.2fi\n", creal(a - b), cimag(a - b));
18    printf("a * b = %4.2f %+4.2fi\n", creal(a * b), cimag(a * b));
19    printf("a / b = %4.2f %+4.2fi\n\n", creal(a / b), cimag(a / b));
20
21    return 0;
22 }
```

프로그램 3.10은 복소수를 다루는 프로그램이다.

```
2 #include <complex.h>
```

〈complex.h〉가 지원하는 매크로를 사용하기 위해 〈complex.h〉를 삽입하고 있다.

```
double complex a = 5.5 + 4.2j;
double complex b = 8.2I + 3.2;
```

〈complex.h〉를 삽입하면 double _Complex 대신 double complex를 사용할 수 있다. double complex 형 변수인 a와 b를 선언하면서 초기화하고 있다. 복소수의 허수부는 i나 j로 표시하고, 대문자인 I와 J를 사용해도 된다. 또한 허수부가 먼저와도 된다.

```
size = sizeof(double complex);
printf("sizeof(double complex) : %d bytes\n\n", size);
```

_Complex 형 변수는 기본적으로 숫자 2개로 이루어지기 때문에, double _Complex의 경우 그 크기는 double 형의 크기의 두 배일 것이다.

```
printf("복소수 a : %4.2f %+4.2fi\n", creal(a), cimag(a));
```

_Complex 형 변수의 실수부와 허수부는 각각 creal()과 cimag() 함수를 사용하면 알 수 있다. 또한 printf() 함수는 _Complex 형 변수를 출력하는 변환문자를 제공하지 않기 때문에 프로그램에서 실수부와 허수부를 각각 출력해야 하고, 출력된 수가 허수임을 표시하는 것도 프로그램에서 알아서 해야 한다. 허수부를 출력할 때 변환명세 %+4.2f는 + 플래그를 사용하여 허수부의 부호를 출력하도록 한다.

```
printf("a + b = %4.2f %+4.2fi\n", creal(a + b), cimag(a + b));
```

복소수의 연산은 수학에서 사용하는 것과 같이 하면 된다. 프로그램의 실행결과는 다음과 같다.

```
sizeof(double complex) : 16 bytes

a : 5.50 +4.20i
b : 3.20 +8.20i
a + b = 8.70 +12.40i
a - b = 2.30 -4.00i
a * b = -16.84 +58.54i
a / b = 0.67 -0.41i
```

3.10 일반적 산술 변환과 캐스트

컴파일러는 수식에서 연산자의 피연산자들의 형이 다르면 같은 형을 갖도록 형 변환을 한다. 이러한 형 변환은 프로그래머가 관여하지 않아도 일어나며, 이것을 일반적 산술 변환(usual arithmetic conversion)이라고 한다. 컴파일러가 알아서 형 변환을 하는 이유는 실행코드의 기계 연산자에게 올바른 피연산자를 제공하여 정확한 결과를 낼 수 있게 하기 위해서 이다.

일반적 산술 변환을 설명하기 전에 정수 승격(integer promotion)을 먼저 설명해야 한다. 정수 승격은 정수 수식에서 일반적 산술 변환의 한 단계로 일어난다. int 형이 4 바이트인 경우의 정수 승격은 다음과 같다. _Bool, char, signed char, unsigned char, signed short, unsigned short, 그리고 앞으로 배울 비트 필드 형은 산술 수식에 사용될 수 있는 데, 이러한 형들은 int 형이나 unsigned int 형으로 변환된다. 변환 규칙은 원래의 형이 표현할 수 있는 값들을 int 형으로 표현할 수 있으면 그 자료형을 int 형으로 변환하고, 아니면 unsigned int 형으로 변환한다. 즉, unsigned int 형의 비트 필드를 제외하면 앞에서 언급한 모든 형들은 정수 승격에 의해 int 형으로 승격된다. unsigned int 형의 비트 필드는 그 크기에 따라 int 형이나 unsigned int 형으로 승격된다. 이렇게 수식에서 int 형보다 작은 메모리 공간을 사용하는 정수 형들을 int 형이나 unsigned int 형으로 변환시키는 것을 정수 승격이라고 한다. 예를 들어 다음 코드를 보자.

```
char a, b, c;
c = a + b;
```

C에서는 char 형 변수도 산술 연산에 사용될 수 있기 때문에 위의 코드는 올바른 코드이다. 이 코드에서 + 연산자의 두 피연산자는 모두 char 형이고 char 형의 모든 값은 int 형으로 표현 가능하기 때문에 + 연산을 하기 전에 a와 b의 값의 자료형을 int 형으로 변환하는 정수 승격이 일어난다.

일반적 산술 변환은 기본적으로 두 피연산자 중 표현할 수 있는 값의 범위가 작은 자료형을 큰 자료형으로 변환하는 것이다. 이렇게 함으로써 다루고 있는 값의 주요 값들을 손실 없이 처리할 수 있다. 예를 들어 두 피연산자의 자료형이 각각 long double 형과 float 형이라면, float 형이 표현할 수 있는 값의 범위가 long double 형보다 작기 때문에 float 형의 피연산자 형은 long double 형으로 변환된다. 다른 예로 두 피연산자의 자료형이 각각 float 형과 int 형이라면 int

형의 피연산자의 형이 float 형으로 변환된다. 물론 float 형과 int 형의 크기는 둘 다 4 바이트로 같고 int 형이 표현할 수 있는 값을 float 형이 모두 정확하게 표현할 수는 없지만, float 형의 값의 범위가 더 크기 때문에 반대로 변환했을 때 보다는 잃어버리는 주요 자릿수가 더 적을 것이다. 다음 표는 일반적 산술 변환에서 자료형 변환의 기준이 되는 자료형의 순위를 정리한 것이다.

자료형 순위
long double _Complex, long double
double _Complex, double
float _Complex, float
unsigned long long, long long
unsigned long, long
unsigned, int (정수 승격 후)

즉, 두 피연산자의 자료형이 다를 경우, 표의 아래에 있는 자료형이 표의 위쪽에 있는 자료형으로 변환된다는 의미이다. 또한 같은 위치에 있다면 오른쪽에 있는 자료형이 왼쪽에 있는 자료형으로 변환된다. 예를 들어, 두 피연산자의 형이 각각 unsigned long 형과 long 형인 경우에는 long 형이 unsigned long 형으로 변환된다. 즉, 피연산자들이 같은 크기의 unsigned 형과 signed 형이 혼합되어 있으면 signed 형은 unsigned 형으로 변환되기 때문에 원하지 않는 연산 결과를 얻을 수 있다. 따라서 가능하면 signed 형과 unsigned 형 변수를 혼합하여 수식에 사용하지 않는 것이 좋다.

일반적 산술 변환은 컴파일러에 의해 자동으로 일어나는 것이기 때문에 자동 형 변환(automatic type conversion) 또는 묵시적 형 변환(implicit type conversion)이라고도 한다. 이러한 자동 형 변환은 혼합 수식에서뿐만 아니라, 배정 수식에서도 일어난다. 예를 들어, i가 int 형이고 d가 double 형인 경우 다음 배정 수식의 형은 double 형이 된다.

```
d = i
```

이와 같은 수식은 double 형이 int 형보다 더 큰 범위를 갖기 때문에 정보의 손실 없이 값의 배정이 가능하다. 하지만 다음 수식을 보자.

```
i = d
```

이 수식은 기본적으로 실수를 정수로 만드는 것이므로 d의 소수점 이하 부분이 절단되어 i에 저장될 것이다. 또한 d의 정수 부분이 i에 다 들어가지 못할 수도 있다. 이러한 경우의 결과는 시스템 종속적이다.

예제를 통해 일반적 산술 변환이 어떻게 일어나는지 살펴보자.

```
char c; unsigned short s; int i; long l; float f; double d;
i = c + s + f + l + d;
```

이 수식은 다음과 같은 일반적 산술 변환이 일어날 것이다.

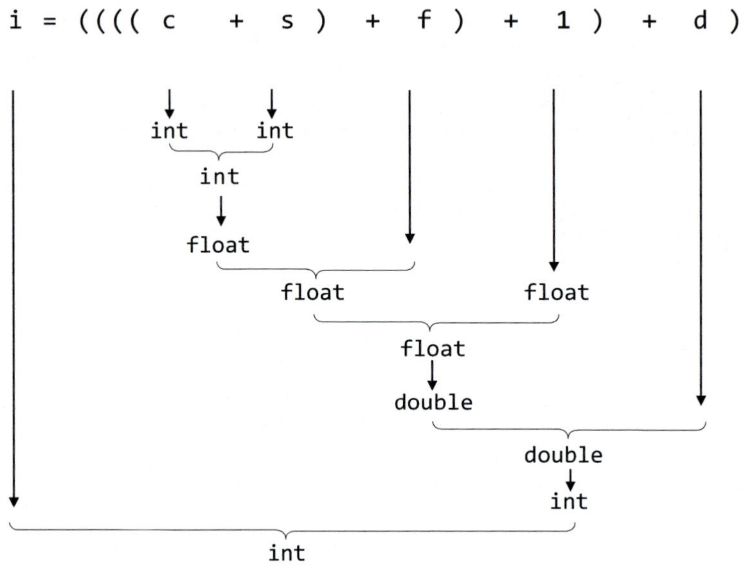

캐스트 연산자

자동 형 변환은 컴파일러가 알아서 해주는 형 변환이다. 프로그램을 작성하다보면 이러한 자동 형 변환으로는 부족한 경우가 있다. 이때에는 캐스트(cast) 연산자를 사용하여 명시적으로 형을 변환할 수 있다. 캐스트 연산자는 다음과 같이 사용한다.

(type-name) expression

즉 형 변환을 하고자 하는 expression 앞에 원하는 자료형을 괄호에 명시하는 형태이다. 예를 들어 10을 4로 나눈 값을 float 형 변수인 quarter에 저장하는 문장을 다음과 같이 작성했다고 하자.

```
quarter = 10 / 4;
```

이 문장이 실행되면 quarter에는 2.5가 아니라 2.0이 저장될 것이다. 그 이유는 앞 장에서 설명한 것과 같이 정수 나누기가 사용되었기 때문이다. 만일 quarter에 2.5라는 값이 저장되도록 하고 싶다면 이 나누기 연산자를 실수 나누기 연산자로 만들어야 한다. 실수 나누기 연산자로 만드는 방법은 피연산자를 실수형으로 만드는 것이다. 이 때 수식의 자료형을 강제로 형 변환시키는 캐스트 연산자를 사용할 수 있다. 예를 들어 위 수식을 캐스트 연산자를 사용하여 강제 형 변환하는 수식으로 수정하면 다음과 같다.

```
quarter = (float) 10 / (float) 4;
```

이렇게 수정하면 나누기 연산자의 두 피연산자의 자료형이 float 형으로 변환되기 때문에 실수 나누기 연산자가 되어 quarter에는 2.5가 저장될 것이다. 물론 두 피연산자 중 하나만 float 형으로 캐스팅해도 된다.

캐스트 연산자를 변수 앞에 사용했다고 해서 벼수 자체의 형이 변경되는 것은 아니디. 딘지 캐스트 연산자가 적용된 변수의 값의 자료형이 변환된다. 예를 들어, 다음 문장을 보자.

```
half = (double) quarter * 2;
```

이 문장에서 quarter 앞에 (double)이라는 캐스트 연산자가 사용됐는데, 이는 quarter의 자료형이 아니라 quarter가 가지고 있는 값의 형을 double 형으로 캐스팅한다는 의미이다. 따라서 캐스트 연산자는 등호기호 왼쪽에는 올 수 없다. 즉 다음은 잘못된 캐스팅이다.

```
(double) quarter = 2.5;
```

이것은 quarter 자체의 자료형을 변경시키려는 의도이기 때문에 잘못된 것이다. 물론 다음과 같이 할 수는 있다.

```
(double) (quarter = 2.5)
```

이것은 quarter = 2.5의 값을 double 형으로 형 변환하는 것이므로 올바르다.

요약

1. C는 프로그램에서 여러 가지 종류의 데이터를 다룰 수 있도록 다양한 기본 자료형을 제공한다. 기본 자료형은 크게 표준 정수형과 표준 부동소수점형으로 나누어진다.

2. 변수는 사용되기 전에 반드시 선언문을 통해 선언되어야 한다. 변수 선언문은 다음과 같이 자료형을 먼저 쓰고 그 뒤에 식별자 목록을 명시하는 형태를 갖는다.

```
type-name identifier-list;
```

3. 컴파일러는 선언문을 보고 변수에 메모리를 할당하고, 수식에서 사용된 연산자를 적절한 기계 연산자로 변환하며, 각 수식이 자료형에 맞게 작성됐는지 검사한다.

4. 각 자료형별 대표 자료형은 문자형은 `char`, 정수형은 `int`, 부동소수점형은 `double`, 복소수형은 `double _Complex` 이다.

5. 수식은 데이터에 대한 계산식을 의미한다. 상수, 변수, 문자열 상수, 함수 호출, 통합형 선택, 등이 수식이고, 이들이 연산자들과 의미 있게 결합되어 있어도 수식이다. 또한 수식은 값과 자료형을 갖는다.

6. 문장은 프로그램 실행 단위이고 세미콜론으로 끝난다. 문장은 순서대로 실행되고, 앞의 문장이 완전히 실행된 다음 실행된다.

7. C는 배정연산자, 산술연산자, 논리연산자, 비교연산자, 비트단위연산자 등을 지원한다. 하나의 수식에 여러 개의 연산자가 사용될 수 있으므로, C는 올바른 계산 결과를 위해 연산자의 우선순위와 결합방향을 정의하고 있다.

8. ++와 -- 연산자는 피연산자의 값을 1 증가 및 감소시키는 단항 연산자이다. 이들은 전위 및 후위 연산자로 사용될 수 있으며, 전위로 사용된 경우 수식의 값은 피연산자에 연산을 적용한 후의 값이 되고 후위로 사용된 경우의 수식의 값은 연산을 적용하기 전의 피연산자의 값이 그 수식의 값이 된다.

9. 정수는 부호있는 2의 보수 표현으로 저장된다.

10. 컴퓨터의 정수 계산은 컴퓨터가 표현할 수 있는 값의 범위 내에서만 정확하다.

11. 문자는 ASCII 값으로 저장된다.

12. C에서 거짓은 0으로, 참은 0 이외의 값으로 표현한다.

13. 실수는 IEC-60559 표준에 따라 저장되기 때문에 정수를 저장하는 방식과 완전히 다르다.

14. sizeof는 객체의 크기를 알려주는 연산자로 다음과 같이 사용한다.

```
sizeof (type-name)
sizeof unary-expression
```

15. 일반적 산술 변환은 연산자의 피연산자가 호환되는 형을 갖게 하도록 컴파일러에 의해 일어나는 형 변환이다.

16. 캐스트 연산자는 프로그래머가 강제로 수식의 형을 변경할 때 사용하는 연산자로 다음과 같이 캐스팅하고자 하는 수식 앞 괄호 안에 자료형을 명시하는 형태이다.

(type-name) expression

연습 문제

1. 자신이 사용하고 있는 컴퓨터의 기본 자료형의 크기는 어떻게 되는지 확인하여 아래 표를 채워라. 힌트 : sizeof 연산자를 사용하여라.

기본 자료형	크기
_Bool	
char	
short	
int	
unsigned	
long	
long long	
float	
double	
long double	

2. 연산자 주위의 공백은 코드를 보기 좋게 할 뿐만 아니라 수식의 의미를 잘 전달하는 기능도 한다. 예를 들어 a+++b와 같은 수식을 보면 초보 프로그래머가 아니더라도 혼동된다. 즉 a+++b가 a++ + b 인지 또는 a + ++b인지 혼동 할 수 있다. 물론 컴파일러는 수식에서 가능한 연산자 중 가장 긴 것을 먼저 토큰으로 취하기 때문에 a+++b는 a++ + b 이다. 다음 프로그램을 사용하여 결과를 쓰고 a+++b가 어떻게 계산되는지 설명하여라.

```
#include <stdio.h>
int main(void)
{
   int a, b;
   a = b = 0;
   printf("a+++b = %d\n", a+++b);
   printf("a = %d, b = %d\n", a, b);
   a = b = 0;
```

```
    printf("a+ ++b = %d\n", a+ ++b);
    printf("a = %d, b = %d\n", a, b);
    a = b = 0;
    printf("a++ +b = %d\n", a++ +b);
    printf("a = %d, b = %d\n", a, b);
    return 0;
}
```

3. 다음 프로그램의 결과를 적어보아라.

```
#include <stdio.h>
int main(void)
{
    int a, b = 0, c = 0;
    a = ++b + ++c;
    printf("%d %d %d\n", a, b, c);
    a = b++ + c++;
    printf("%d %d %d\n", a, b, c);
    a = ++b + c++;
    printf("%d %d %d\n", a, b, c);
    a = b-- + --c;
    printf("%d %d %d\n", a, b, c);
    return 0;
}
```

4. ++a + a++와 a += ++a 같은 수식의 값은 시스템 종속적이다. 시스템 종속적이라는 의미는 컴퓨터마다 다르게 동작할 수 있다는 것이다. 그 이유는 증가 연산자 ++의 부작용이 다른 시점에서 일어날 수 있기 때문이다. a를 0으로 초기화한 후에 ++a + a++가 어떤 값을 갖는지 실험해 보아라. 가능하다면 한 수식에 하나의 변수 값만 변경되도록 하는 것이 좋다.

5. 먼저 다음 표의 빈 공간을 채워라. 그 다음 프로그램을 작성하여 답을 확인해 보아라. 그리고 표의 마지막 행의 수식이 왜 오류인지를 설명하여라. 이 오류는 컴파일할 때 발생하겠는가 아니면 실행 중에 발행하겠는가?

선언 및 초기화		
int a = 2, b = −3, c = 5, d = −7, e = 11;		
수식	**동일한 수식**	**결과값**
a / b/ c	(a / b) / c	0
7 + c * -- d / e	7 + ((c * (--d)) / e)	
2 * a % − b + c + 1		
39 / − ++ e − + 29 % c		
a += b += c += 1 + 2		
7 − +++ a% (3 + b)		error

6. ⟨`limits.h`⟩ 헤더 파일은 정수형의 범위에 관한 매크로를 정의하고 있다. 아래 표를 채워라. 각 매크로가 어떤 것인지는 매크로 이름을 보면 금방 이해할 수 있을 것이다.

기본형	매크로	값
char	CHAR_MIN	
	CHAR_MAX	
signed char	SCHAR_MIN	
	SCHAR_MAX	
unsigned char	UCHAR_MAX	
short	SHRT_MIN	
	SHRT_MAX	
unsigned short	USHRT_MAX	
int	INT_MIN	
	INT_MAX	
unsigned	UINT_MAX	
long	LONG_MIN	
	LONG_MAX	
unsigned long	ULONG_MAX	
long long	LLONG_MIN	
	LLONG_MAX	
unsigned long long	ULLONG_MAX	

이 표를 완성할 때 다음과 같은 프로그램을 사용하여라.

```
#include <stdio.h>
#include <limits.h>
int main(void)
{
    printf("CHAR_MIN : %d\n", CHAR_MIN);
    printf("CHAR_MAX : %d\n", CHAR_MAX);
    return 0;
}
```

한 가지 주의할 것은 printf()의 변환 문자를 적절히 사용해야 한다는 것이다. 3.4절에 각 자료형별로 어떤 변환명세를 사용해야 하는지 정리되어 있으니 그 것을 참조하면 된다. char 형은 시스템에 따라 signed char 형과 같을 수도 있고 unsigned char 형과 같을 수도 있다. 만일 CHAR_MIN의 값이 0이면 char는 unsigned char 형과 같음을 의미한다.

7. 부호있는 2의 보수 표현을 살펴보자. 여기서는 부호있는 2의 보수를 1바이트(8비트)에 저장한다고 가정한다. 정수를 8비트로 표현하므로 –128부터 +127까지의 값을 표현할 수 있다. 이 연습문제를 통해 부호있는 2의 보수 표현을 사용하여 연산을 했을 때 어떤 결과가 나오는지 배우기 바란다.

(a) 다음 표의 10진 정수를 부호있는 2의 보수 표현으로 변환하여 표를 채워라.

10진 정수	부호있는 2의 보수
0	0 000 0000
1	0 000 0001
-1	
2	
-2	
33	
-33	
48	
-48	
81	
-81	
127	
-127	
-128	

(b) (a)에서 구한 33과 48의 2진수를 더한 결과와 이를 10진수로 변환한 값을 써라.

(c) (a)에서 구한 -33과 81의 2진수를 더한 결과와 이를 10진수로 변환한 값을 써라. 두 이진수를 더할 때 부호비트를 고려하지 말고 8비트 모두를 더한 후에 그 결과가 8비트 보다 많아지면 하위 8비트만 결과로 취하여라.

(d) (a)에서 구한 -48과 -81의 2진수를 더한 결과와 이를 10진수로 변환한 값을 써라.

(e) (a)에서 구한 48과 81의 2진수를 더한 결과와 이를 10진수로 변환한 값을 써라.

8. 다음 프로그램을 실행해보고 왜 가장 큰 정수 값을 출력하는지 설명하여라.

```
#include <stdio.h>
int main(void)
{
    unsigned long long val = -1;
    printf("가장 큰 정수 : %llu\n", val);
    return 0;
}
```

9. char 형 변수는 작은 정수를 다룰 때 사용될 수 있다. 만일 char 형이 다룰 수 있는 값보다 큰 값이 char 형 변수에 배정되면 어떻게 되겠는가? 다음 프로그램을 컴파일할 때 경고 메시지가 출력되겠지만 실행될 것이다. 그 결과를 보고 설명해 보아라.

```
#include <stdio.h>
int main(void)
{
    char c1 = 256, c2 = 257;
    printf("c1 = %d\nc2 = %d\n", c1, c2);
    return 0;
}
```

10. 다음 프로그램의 결과를 설명해 보아라. 힌트 : 일반적 산술 변환을 참조하여라.

```
#include <stdio.h>
int main(void)
{
    unsigned char a = 100, b = 200, d;
    signed char c = -50;
    d = a + b + c;
    printf("d = %d\n", d);
    return 0;
}
```

11. 다음 프로그램을 실행해보고, 그 결과를 설명해 보아라.

```
#include <stdio.h>
int main(void)
{
    char c = 'A';
    printf("sizeof(c)          = %u\n", sizeof(c));
    printf("sizeof('A') = %u\n", sizeof('A'));
    printf("sizeof(c + c) = %u\n", sizeof(c + c));
    printf("sizeof(c = 'A') = %u\n", sizeof(c = 'A'));
    return 0;
}
```

12. 이 연습문제는 섭씨온도를 입력받아 화씨온도로 변환하는 프로그램에 관한 것이다. 섭씨온도를 화씨온도로 변환하는 수식은 다음과 같다.

```
F = 9 / 5 * C + 32
```

이 수식을 바탕으로 다음과 같은 프로그램을 작성하였다.

```
#include <stdio.h>
int main(void)
{
   float C;

   printf("섭씨온도를 입력하세요 : ");
   scanf("%f", &C);
   printf("%.2f C = %.2f F\n", C, 9 / 5 * C + 32);
   return 0;
}
```

이 프로그램을 실행하고 32를 입력했을 때 89.6이 나오는가? 만일 64.0이 나온다면 프로그램을 수정해야 한다. 무엇이 잘못됐는지 설명하고, 올바르게 수행되도록 수정하여라. 단, 캐스트 연산자를 사용하여라.

13. 연습문제 12의 프로그램을 다음과 같이 수정하였다.

```
#include <stdio.h>
int main(void)
{
   float C;

   printf("섭씨온도를 입력하세요 : ");
   scanf("%f", &C);
   printf("%.2f C = %.2f F\n", C, C * 9 / 5 + 32);
   return 0;
}
```

즉 화씨온도를 계산하는 부분을 9 / 5 * C + 32에서 C * 9 / 5 + 32로 수정하였다. 실행해 보고 왜 연습문제 12번의 원래 프로그램의 결과와 다른지 설명해 보아라.

14. 화씨온도를 입력받아 섭씨온도로 변화하는 프로그램을 작성하여라. 화씨온도를 섭씨온도로 변환하는 수식은 다음과 같다.

```
C = (F - 32) * 5 / 9
```

출력은 다음과 같이 되도록 하여라.

```
화씨온도를 입력하세요 : 70 Enter↵
70.0 F = 21.1 C
```

15. C99부터는 부동형의 특성을 기술하는 매크로들을 <float.h>에 정의하고 있다. 아래 표를 채워라. 각 매크로의 의미는 매크로 이름을 보면 금방 이해할 수 있을 것이다. 다만 **FLT_DIG, DBL_DIG, LDBL_DIG**는 각 형의 정밀도를 의미한다.

기본형	매크로	값
float	FLT_MIN	
	FLT_MAX	
	FLT_DIG	
double	DBL_MIN	
	DBL_MAX	
	DBL_DIG	
long double	LDBL_MIN	
	LDBL_MAX	
	LDBL_DIG	

표를 완성할 때 다음과 같은 프로그램을 사용하여라.

```
#include <stdio.h>
#include <float.h>
int main(void)
{
   printf("FLOAT_MIN : %g\n", FLT_MIN);
   printf("FLOAT_MAX : %g\n", FLT_MAX);
   printf("FLOAT_DIG : %d\n", FLT_DIG);
   return 0;
}
```

프로그램을 사용할 경우 printf()의 변환 문자를 적절히 사용해야 올바른 값이 출력될 것이다. 앞에서 설명한 각 자료형별 변환명세를 참조하여라.

16. 컴퓨터가 모든 실수를 표현할 수 있는 것은 아니다. 컴퓨터가 다룰 수 있는 실수는 매우 제한적이다. 다음 프로그램의 선언문에서 x와 y가 다른 값으로 초기화되었지만 실행 결과는 같을 것이다.

```
#include <stdio.h>
int main(void)
{
   double x = 123.45123451234512345;
   double y = 123.45123451234512300;

   printf("%.17f %.17f\n", x, y);
   return 0;
}
```

두 변수의 출력이 다르게 되도록 하려면 y 값이 끝에서부터 몇 개가 0으로 끝나야 하는가?

17. printf() 함수를 사용하여 지정된 자리수보다 더 긴 소수부를 갖는 실수를 출력할 경우 절단을 수행하는지 반올림을 수행하는지를 알아보는 프로그램을 작성하여 확인해 보아라. 예를 들어 다음 프로그램을 실행해 보면 알 것이다.

```
#include <stdio.h>
int main(void)
{
   double x = 5.55555555555;

   printf("x = %.5f\n", x);
   return 0;
}
```

18. 전통적인 C는 수식에서 사용된 float 형을 double 형으로 자동 승격하였다. C99의 일반적 산술 변환 규칙에 따르면 두 피연산자의 형이 float 형이라도 double 형으로 형 변환하지 않는다. 다음 코드를 사용하여 자신의 컴파일러가 어떻게 동작하는지 확인해 보아라.

```
#include <stdio.h>
int main(void)
{
   float x = 1.0, y = 2.0;
   printf("%s%u\n%s%u\n%s%u\n",
      "sizeof(float) = ", sizeof(float),
      "sizeof(double) = ", sizeof(double),
      "sizeof(x + y) = ", sizeof(x + y));
   return 0;
}
```

19. 부동형 변수에 그 부동형의 범위를 벗어나는 값을 배정하면 어떻게 되는지 알아보자. 다음 프로그램을 실행하고 범위 밖의 큰 값을 어떻게 다루는지 설명하여라. 참고 : 프로그램의 실행 결과는 사용하는 시스템에 따라 다를 수 있지만 표준을 따르고 있다면 Inf(또는 Infinity)와 -Inf(또는 -Infinity)가 출력될 것이다.

```
#include <stdio.h>
int main(void)
{
   float one = 1.0, zero = 0.0, r1, r2;

   r1 = one / zero;
   r2 = -one / zero;
   printf("1 / 0 = %f\n", r1);
   printf("-1 / 0 = %f\n", r2);
   return 0;
}
```

20. C는 부동형의 값의 범위를 벗어나는 실수를 무한대 개념을 사용하여 다룬다. 무한대 값을 피연산자로 갖는 수식은 수학에서와 같은 방식으로 다루어진다. 다음 프로그램을 실행하여 무한대 값이 산술 연산에서 어떻게 다루어지는지 설명하여라. 참고 : NaN은 Not a Number이고, 이는 수가 아님을 나타낸다. NaN의 값이 수식에서 사용되면 그 결과는 무조건 NaN이다. 또한 실행 결과는 시스템에 따라 다를 수 있다.

```
#include <stdio.h>
int main(void)
{
   float one = 1.0, zero = 0.0, r1, r2;

   r1 = one / zero;
   r2 = -one / zero;

   printf("무한대 * 무한대 = %f\n", r1 * r1);
   printf("무한대 * - 무한대 = %f\n", r1 * r2);
   printf("무한대 * 0 = %f\n", r1 * zero);
   printf("- 무한대 * 0 = %f\n", r2 * zero);
```

```
    printf("1 / 무한대 = %f\n", one / r1);
    printf("1 / - 무한대 = %f\n", one / r2);
    printf("무한대 / 무한대 = %f\n", r1 / r1);
    printf("무한대 / - 무한대 = %f\n", r1 / r2);
    printf("무한대 - 무한대 = %f\n", r1 - r1);
    printf("무한대 + 1 = %f\n", r1 + one);
    return 0;
}
```

제 4 장

제어의 흐름

프로그램에서 제어의 흐름(control flow)이란 문장이 실행되는 순서를 의미한다. 프로그램은 main() 함수의 첫 문장부터 시작하여 순차적으로 실행된다. 각 문장은 바로 앞 문장의 실행이 완전히 끝난 다음 실행되고, 이러한 실행은 main()의 return 문을 만나거나 main()의 마지막 문장을 실행할 때까지 진행된다. 프로그램의 문장들이 실행되는 것을 "제어가 흐른다"라고 한다. 또한 프로그램의 문장들이 처음부터 차례대로 실행되는 것을 제어의 순차적 흐름이라고 한다. 그러나 만일 제어가 순차적으로만 흐른다면 유용한 일을 할 수 없다. 어떤 경우에는 문장을 선택적으로 실행해야 하고, 어떤 경우에는 문장을 반복적으로 실행해야 하는 경우가 있다. C는 순차적 제어의 흐름을 변경할 수 있게 하기 위해 선택문과 반복문을 제공한다. 선택문으로는 if, if-else, switch 문이 있고, 반복문으로는 while, for, do-while 문이 있다. 이외에 다른 곳으로 제어를 분기하는 점프문으로 break, continue, goto 문도 제공한다.

제어의 흐름을 변경하는 선택문, 반복문, 점프문 등에서는 조건을 다루는 연산자를 사용한다. 조건을 다루는 연산자로는 두 수식의 값을 비교하는 관계 연산자, 두 수식의 값이 같은지를 검사하는 등가 연산자, 그리고 논리 연산을 위한 논리 연산자가 있다. 이러한 연산자로 구성된 수식의 결과는 참 또는 거짓이다. C에서 거짓은 0 값으로 참은 0 이외의 값으로 표현한다. 0 값은 정수 0, 실수 0.0, 널 문자 \0, NULL 포인터 중 어느 것도 될 수 있다. 참을 나타내는 값은 많이 있지만 관계, 등가, 논리 수식의 결과가 참일 때에는 1 값이 생성된다. 이러한 논리 값을 다룰 때에는 _Bool 형 변수를 사용할 수 있다.

4.1 관계, 등가, 논리 연산자

일반적으로 선택문이나 반복문에는 관계 수식, 등가 수식, 또는 논리 수식이 사용된다. 이러한 연산자들로 구성된 수식의 값은 참 또는 거짓이다. C는 0이외의 값을 모두 참으로 다루지만, 관계, 등가, 논리 수식의 결과가 참일 때에는 1의 값을 갖는다. 다음 표는 이들 연산자들을 정리해 놓은 것이다.

관계, 등가 및 논리 연산자		
관계 연산자	작다 크다 작거나 같다 크거나 같다	< > <= >=
등가 연산자	같다 같지 않다	== !=
논리 연산자	(단항)부정 논리곱 논리합	! && ||

관계 연산자는 모두 이항 연산자이다. 수학에서 작거나 같다와 크거나 같다 연산자로 각각 ≤와 ≥를 사용하지만 C에서는 <=와 >=를 사용한다. 관계 수식은 다음과 같은 값을 갖는다.

a - b	a < b	a > b	a <= b	a >= b
양수	0	1	0	1
영	0	0	1	1
음수	1	0	1	0

이 표는 수식 a와 b의 값에 따라 관계 수식의 값이 어떻게 되는지를 보여주고 있다. 예를 들어 a - b의 값이 양수라면 a가 b보다 더 큰 값을 갖는다는 것을 의미한다. 이 경우 a < b는 거짓이기 때문에 0 값을 갖고, a >= b는 참이기 때문에 1의 값을 갖는다.

등가 연산자 ==와 !=는 두 수식의 값이 같은지 또는 다른지를 검사하는 연산자이다. 등가 수식의 값은 다음 표와 같다.

a - b	a == b	a != b
0	1	0
양수나 음수	0	1

등가 수식은 선택문이나 반복문의 조건 수식으로 많이 사용되는데 간혹 실수하는 것이 등가 연산자 == 대신 배정 연산자인 =를 사용하는 것이다. 즉 수식 a == b와 a = b는 형태는 비슷하지만 근

본적으로 다른 수식이기 때문에 사용에 주의해야 한다.

논리 연산자에는 단항 연산자인 !와 이항 연산자인 &&와 ||가 있다. 논리 부정인 ! 수식은 다음과 같은 값을 갖는다.

a	!a
0	1
양수나 음수	0

&&와 ||는 각각 논리곱(AND)과 논리합(OR) 연산자이다. &&와 || 수식은 다음 표와 같은 값을 갖는다.

a	b	a && b	a || b
0	0	0	0
0	양수나 음수	0	1
양수나 음수	0	0	1
양수나 음수	양수나 음수	1	1

&&와 || 수식을 사용할 때 주의할 점이 있다. C에서는 &&와 || 수식이 평가될 때 전체 수식의 값이 참이나 거짓으로 결정되면 더 이상 그 수식은 평가되지 않는다. 이것을 단축 평가(short circuit evaluation)라고 한다. 즉 && 수식은 첫 번째 피연산자의 값이 거짓이면 두 번째 피연산자의 값에 상관없이 전체 수식의 값은 거짓이 되기 때문에 두 번째 피연산자는 평가되지 않는다. 또한 || 수식은 첫 번째 피연산자의 값이 참이면 두 번째 피연산자의 값에 상관없이 전체 수식의 값은 참이 되기 때문에 두 번째 피연산자는 평가되지 않는다. 예를 들어, apple과 orange가 각각 3과 0라고 했을 때 다음 수식을 보자.

```
apple || orange++
```

이 수식은 첫 번째 피연산인 apple의 값이 참이기 때문에 orange++의 값이 어떤 값을 갖든지 간에 참이다. 이때 단축평가에 의해 orange++는 평가되지 않는다. 다음 프로그램은 단축 평가의 예제이다.

프로그램 4.1

```c
1 // 낙제 과목 수 출력
2 #include <stdio.h>
3 int main(void)
4 {
5     int math = 0, english = 0, fail = 0;  // 수학, 영어, 낙제
6 
7     printf("수학 점수(정수) : ");
8     scanf("%d", &math);
9 
10    printf("영어 점수(정수) : ");
11    scanf("%d", &english);
12 
13    // || 단축평가
14    math >= 60 || fail++;      // math가 60 미만일 때에만 fail++ 실행
15    english >= 60 || fail++;  // english가 60 미만일 때에만 fail++ 실행
16 
17    // && 단축평가
18    // fail이 1 이상일 때에만 printf() 실행
19    fail && printf("낙제 과목 수는 %d 개 입니다.\n", fail);
20 
21    return 0;
22 }
```

이 프로그램은 수학과 영어 성적이 60점 미만인 과목 수를 출력하는 것이다. 몇 가지 살펴보자.

```c
5    int math = 0, english = 0, fail = 0; // 수학, 영어, 낙제
```

이 프로그램에서 낙제는 60점미만의 점수인 경우라고 가정한다. fail은 낙제 점수를 받은 과목의 수를 저장하기 위해 사용되는 변수이다.

```c
14   math >= 60 || fail++; // math가 60 미만일 때에만 fail++ 실행
```

이 문장은 논리합 연산자(||)의 단축평가를 적용하여 낙제 과목의 수를 계산하고 있다. 즉, 수학 점수인 math가 60점보다 작을 경우만 fail++가 실행될 것이다.

```
fail && printf("낙제 과목 수는 %d 개 입니다.\n", fail);
```

이 문장은 논리곱연산자(&&)의 단축평가를 사용하여 낙제 과목이 있을 경우에만 낙제 과목수를 출력하도록 하고 있다. `fail` 변수는 낙제 과목 수를 저장하는 변수이기 때문에 `fail` 값이 `0`이라면 낙제 과목이 없다는 의미이고, 이 경우에 && 연산자 단축 평가가 적용되어 `printf()`는 실행되지 않을 것이다. 다음은 프로그램을 세 번 수행한 결과이다. 첫 번째 실행에서는 낙제 과목이 없도록 입력했고, 두 번째 실행에서는 한 과목, 세 번째 실행에서는 두 과목이 낙제되도록 입력하였다.

```
$ program4.1
수학 점수(정수) : 80
영어 점수(정수) : 90
$ program4.1
수학 점수(정수) : 40
영어 점수(정수) : 100
낙제 과목 수는 1 개 입니다.
$ program4.1
수학 점수(정수) : 55
영어 점수(정수) : 35
낙제 과목 수는 2 개 입니다.
```

관계, 등가, 논리 연산자의 우선순위는 모두 산술 연산자의 우선순위보다 낮고, 관계, 등가, 논리 연산자 순으로 우선순위가 높다. 또한 이들은 모두 좌에서 우의 결합방향을 갖는다. 단 논리 연산자 중 논리 부정 연산자는 단항 연산자와 같은 우선순위를 갖고 우에서 좌의 결합방향을 갖는다. 지금까지 배운 연산자의 우선순위를 정리하면 다음과 같다.

우선순위	결합방향
++(후위) --(후위)	좌에서 우
+(단항) -(단항) ++(전위) --(전위) (type-name) sizeof !	우에서 좌
* / %	좌에서 우
+ -	좌에서 우
〈 〉 〈= 〉=	좌에서 우
== !=	좌에서 우
&&	좌에서 우
||	좌에서 우
= += -= *= /= %=	우에서 좌

논리 값을 다루기 위해 `_Bool` 형 변수를 사용해도 되지만, C에서 논리 값은 `0`과 `0`아닌 수로 표현하기 때문에 기본 자료형 중 아무거나 사용해도 별 문제가 없다. 등가 연산자와 논리 연산자로 사용되는 기호는 일상적으로 사용되는 것이 아니기 때문에 이해가 어려울 수 있다. 이러한 기호를 문자 형태로 사용할 수 있도록 〈`iso646.h`〉 헤더 파일이 제공된다. 이 헤더파일을 사용하면 각 연산자의 기호 대신 다음과 같은 매크로 문자로 사용할 수 있다.

연산자	매크로
!=	not_eq
!	not
&&	and
||	or

4.2 if와 if-else

프로그램을 작성하다보면 문장을 선택적으로 실행해야 할 필요가 있다. 특정한 조건을 만족할 때에만 문장을 실행해야 한다면, `if` 문을 사용하면 된다. `if` 문의 구문은 다음과 같다.

```
if (expression)
    statement
```

여기서 expression은 조건이고 statement는 조건을 만족할 경우 실행할 문장이다. 이를 순서도로 표현하면 다음과 같다.

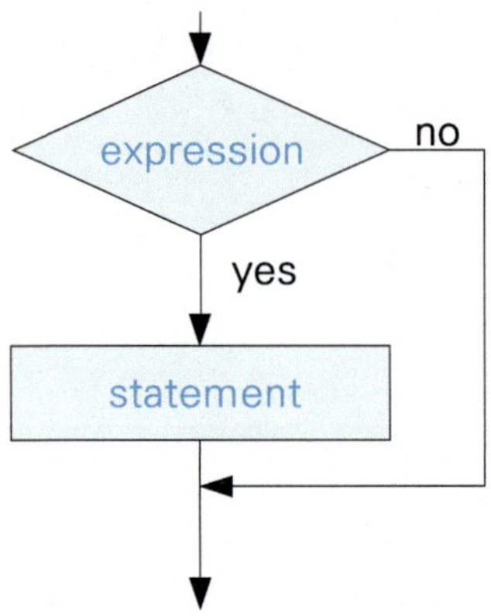

if 문은 expression이 참이면 statement를 실행하고, expression이 거짓이면 statement를 실행하지 않는다. 프로그램 4.1의 14행에서 수학 점수가 낙제점인 경우 단축평가를 사용하여 fail 값을 증가시켰다. 이것을 if 문으로 수정하면 다음과 같다.

```
if (math < 60)
    fail++;
```

이 if 문은 math가 60보다 작으면 math < 60이 참이 되어 fail++를 실행하고, 아니면 fail++를 실행하지 않는다. 이렇게 if 문을 사용하면 프로그램 4.1의 단축평가를 사용하는 문장보다 더 직관적이다. 과도하게 단축평가를 사용하는 것보다는 if 문을 사용하는 게 프로그램을 더 잘 이해할 수 있게 한다. 만일 수학 점수가 60점 미만일 경우, fail 값을 1 증가시키고 "수학은 낙제입니다."도 출력해야 한다고 가정하자. 이 경우 다음과 같이 작성하면 안 된다.

```
if (math < 60)
    fail++;
    printf("수학은  낙제입니다.\n");
```

if 문은 조건 다음에 한 문장만 명시할 수 있다. 위와 같이 작성하면 수학 점수와 상관없이 항상 "수학은 낙제입니다."가 출력될 것이다. 따라서 수학이 낙제인 경우에만 출력하고 싶다면 다음과 같이 작성해야 한다.

```
if (math < 60)
    fail++;
if (math < 60)
    printf("수학은 낙제입니다.\n");
```

이렇게 작성하면 math가 60 미만일 경우에만 fail++와 printf()를 실행할 것이다. 하지만 똑같은 조건을 연속해서 두 번 검사하는 것은 비효율적이다. 이러한 경우에 복합문을 사용한다. 복합문(compound statement)은 중괄호 {}로 묶여진 선언문이나 문장들이다. C는 복합문을 한 문장으로 취급하기 때문에 한 문장이 필요한 부분에 복합문을 대신 사용할 수 있다. 따라서 앞의 예제 코드는 다음과 같이 작성할 수 있다.

```
if (math < 60)
{
    fail++;
    printf("수학은 낙제입니다.\n");
}
```

이렇게 작성하면 math가 60 미만일 때, 중괄호로 묶여있는 두 문장이 실행된다. 복합문은 if 문 이외에도 if-else, while, for, do-while, switch 문 등에서 많이 사용된다. 프로그래밍 할 때 복합문을 앞의 예제와 같이 독립적으로 작성해도 되지만, 다음과 같이 복합문을 사용하는 구문에 붙여 써도 된다.

```
if (math < 60){
    fail++;
    printf("수학은 낙제입니다.\n");
}
```

어떤 스타일로 작성할지는 본인이 결정하면 되지만, 반드시 시킬 것은 위의 예제와 같이 복합문 내의 문장을 들여쓰기 하여 복합문의 범위를 시각적으로 명확히 보이게 해야 한다. 참고로 복합문을 블록(block)이라고도 한다.

if-else 문

조건이 참일 경우와 거짓일 경우에 다른 문장을 실행해야 할 필요도 있다. 예를 들어, `math`가 `60` 점 미만일 경우 "수학은 낙제입니다."를 출력하고, `60` 점 이상일 때에는 "수학은 합격입니다."를 출력해야 한다고 하자. 만일 `if` 문만을 사용한다면 다음과 같이 작성해야 한다.

```
if (math < 60)
    printf("수학은 낙제입니다.\n");
if (math >= 60)
    printf("수학은 합격입니다.\n");
```

하지만 이와 같이 두 가지 조건이 상반되는 경우에는 `if-else` 문을 사용하는 것이 더 효율적이다. `if-else` 문은 조건에 따라 둘 중 하나를 실행해야 하는 경우에 사용한다. `if-else` 문의 형식은 다음과 같다.

```
if (expression)
    statement1
else
    statement2
```

`if` 문에서와 같이 expression이 조건을 나타낸다. `if-else` 문은 다음과 같이 실행된다.

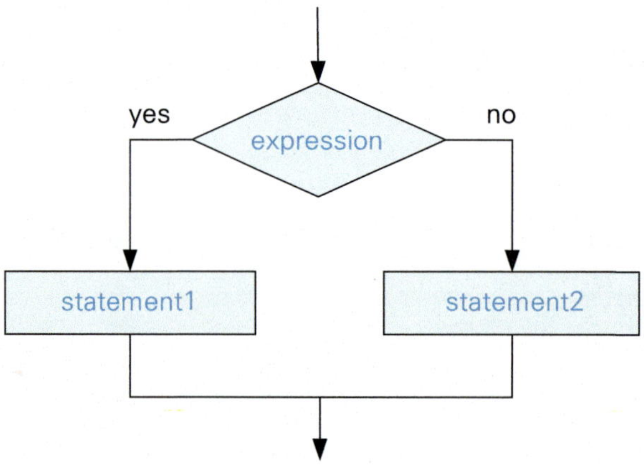

`if-else` 문은 expression이 참이면 statement1을 실행하고, expression이 거짓이면 `else` 부

분의 statement2를 실행한다. 따라서 **if** 문만을 사용한 앞의 예제 코드는 다음과 같이 **if-else** 문을 사용하는 코드로 수정할 수 있다.

```
if (math < 60)
   printf("수학은 낙제입니다.\n");
else
   printf("수학은 합격입니다.\n");
```

이 코드는 **math**가 **60** 미만일 때에는 "수학은 낙제입니다."를 출력하고, **60** 미만이 아닐 때에는 "수학은 합격입니다."를 출력할 것이다. 이것은 다음과 같이 수정해도 같은 결과가 나올 것이다.

```
if (math >= 60)
   printf("수학은 합격입니다.\n");
else
   printf("수학은 낙제입니다.\n");
```

중첩 if, if-else 문

프로그램을 작성하다보면 여러 단계로 조건을 검사해야 할 필요가 있을 수 있다. 예를 들어, 다음 순서도를 프로그래밍 한다고 가정해보자. 이 순서도는 입력 받은 수학 성적을 올바른 값인지 먼저 확인하고, 낙제 여부를 출력하는 것이다.

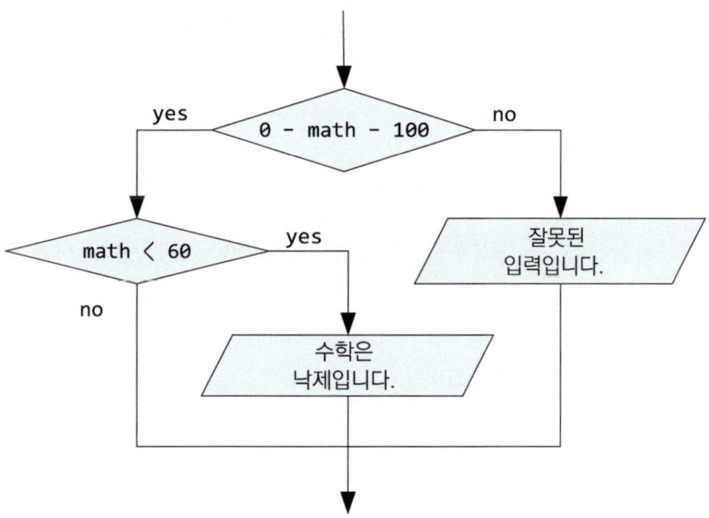

이 순서도를 프로그래밍 할 때 주의할 것이 있다. 즉, 수학의 표현방법을 그대로 사용하여 다음과 같이 작성하면 안 된다.

```
if (0 <= math <= 100){
    if (math < 60)
        printf("수학은 낙제입니다.\n");
}
else
    printf("잘못된 입력입니다.\n");
```

이 코드에서 잘못된 부분은 **math** 성적의 범위를 확인하는 **0 <= math <= 100** 이다. 사실 **0 <= math <= 100**는 항상 참(1) 값을 갖는다. 왜냐하면 **0 <= math <= 100**은 연산자 우선순위에 의해 **((0 <= math) <= 100)**로 평가되는데, **0 <= math**의 결과는 **0** 또는 **1**이므로 **((0 <= math) <= 100)**는 항상 참(1) 이다. 값의 범위를 검사할 때에는 시작과 끝 조건 두 개를 &&로 묶어 확인해야 한다. 따라서 앞의 코드는 다음과 같이 수정해야 한다.

```
if ((0 <= math) && (math <= 100)){
    if (math < 60)
        printf("수학은 낙제입니다.\n");
}
else
    printf("잘못된 입력입니다.\n");
```

이 코드에서 **if** 문의 문장으로 사용된 복합문은 중요한 역할을 한다. 프로그램에서 **if**와 **if-else**, 앞으로 배울 **while**과 **for** 문 등은 한 문장으로 취급된다. 즉, **if** 문의 문장으로 사용된 다음 **if** 문도 한 문장으로 취급된다.

```
if (math < 60)
    printf("수학은 낙제입니다.\n");
```

하지만 경우에 따라 복합문을 사용하지 않으면 문제가 발생할 수도 있다. 예를 들어 앞의 코드를 다음과 같이 수정해보자.

```
if ((0 <= math) && (math <= 100))
    if (math < 60)
        printf("수학은 낙제입니다.\n");
else
    printf("잘못된 입력입니다.\n");
```

이 코드는 별문제가 없어 보이지만 else 절이 엉뚱한 if 절에 연결되는 문제가 발생한다. 즉, 위 코드와 같이 else를 첫 번째 if와 같은 위치에 들여쓰기를 했어도, 실제적으로는 두 번째 if에 연결된다. 왜냐하면 else는 else 이전의 if 중 첫 번째로 else를 가질 수 있는 if와 연결되기 때문이다. 따라서 이 코드는 다음과 같이 첫 번째 if 문의 문장으로 if-else 문이 있는 것과 같은 의미이다.

```
if ((0 <= math) && (math <= 100)){
    if (math < 60)
        printf("수학은 낙제입니다.\n");
    else
        printf("잘못된 입력입니다.\n");
}
```

중첩 if-else는 여러 단계로 중첩될 수 있다. 예를 들어 취득한 성적의 등급을 출력하는 코드를 작성해보자. 예를 들어, 90점 이상이면 A, 80점 이상이면 B, 70점 이상이면 C, 나머지는 F라고 하면 다음과 같이 작성할 수 있다.

```
if (math >= 90)
    printf("A\n");
else
    if (math >= 80)
        printf("B\n");
    else
        if (math >= 70)
            printf("C\n");
        else
            printf("F\n");
```

하지만 이러한 식으로 작성하면 코드가 길어지고 이해하기도 어려워지기 때문에, 이러한 종류의 코드는 보통 다음과 같이 작성한다.

```
if (math >= 90)
    printf("A\n");
else if (math >= 80)
    printf("B\n");
else if (math >= 70)
    printf("C\n");
```

```
else
    printf("F\n");
```

즉, 두 번째 if-else부터는 그 직전의 else 문의 문장으로 사용된 것이므로 들여쓰기를 해야 하지만, 같은 값에 대해 연속해서 조건을 검사할 때에는 이와 같이 단일 들여쓰기를 해도 이해는 데 별 문제가 없다.

4.3 조건부 연산자

if-else 문은 조건에 따라 두 개의 문장 중 하나를 선택하여 실행한다. 조건부 연산자를 사용하면 조건에 따라 두 개의 수식 중 하나를 실행할 수 있다. 조건부 연산자는 3개의 수식을 피연산자로 갖는 삼항 연산자로, 연산 기호로는 ? :를 사용한다. 조건부 연산자는 다음과 같은 형식으로 사용된다.

```
expression1 ? expression2 : expression3
```

이 수식은 expression1이 참이면 expression2를 평가(실행)하고, 아니면 expression3을 평가한다. 수식의 값은 expression2와 expression3 중 평가된 값이고, 수식의 형은 expression2와 expression3의 형 중 크기가 더 큰 자료형이다. 예를 들어, 다음 코드를 보자.

```
fail += (math < 60) ? 1 : 0;
```

조건부 수식 (math < 60) ? 1 : 0의 값은 (math < 60)이 참일 경우 1 아니면 0이고, 수식의 형은 int 형이다. 따라서 math가 60 보다 작을 경우 fail에 1을 더하게 된다. 이 수식을 if-else 문으로 수정하면 다음과 같다.

```
if (math < 60)
  fail += 1;
else
  fail += 0;
```

조건부 연산자는 중첩해서 사용될 수도 있다. 중첩된 조건부 연산자는 오우에서 좌로의 결합방향을 갖는다. 예를 들어, 조건부 연산 수식을 이용하여 성적 등급을 출력하는 것은 다음과 같이 작성할 수 있다.

```
printf("%c\n", (math >= 90) ? 'A' : (math >= 80) ? 'B' : (math >= 70) ?
    'C' : 'F');
```

이 문장에서 조건부 연산자가 3개 중첩되어 사용되고 있다. 조건부 연산자의 결합방향을 적용하여 완전한 괄호로 수식을 표현하면 다음과 같다.

```
((math >= 90) ? 'A' : ((math >= 80) ? 'B' : ((math >= 70) ? 'C' : 'F')))
```

이 수식을 이해하기 좋게 기술하면 다음과 같다.

```
((math >= 90) ? 'A' :
    ((math >= 80) ? 'B' :
        ((math >= 70) ? 'C' : 'F')))
```

예를 들어, math가 75라는 값을 가질 경우 어떻게 실행되는지 살펴보자. 먼저 (math >= 90)이 거짓이므로 다음 수식이 평가된다.

```
((math >= 80) ? 'B' :
    ((math >= 70) ? 'C' : 'F'))
```

(math >= 80)도 거짓이므로, 다음 수식이 평가될 것이다.

```
((math >= 70) ? 'C' : 'F')
```

이제 (math >= 70)은 참이므로 'C'가 선택되고 printf()의 인자로 전달되어 화면에 C가 출력될 것이다. 중첩된 조건부연산 수식을 사용하면 코드를 이해하기가 힘들어질 수도 있지만, 긴 중첩 if-else 문을 간결하게 만들 수 있다는 장점도 있다. 하지만 프로그램을 명확하게 작성하는 것이 좋기 때문에 너무 복잡한 형태의 조건부 연산 수식을 사용하는 것 보다는 프로그램이 명확해지도록 작성하는 것이 좋다.

4.4 while

while 문은 대부분의 프로그래밍 언어에서 제공되는 가장 일반적인 반복문이다. while 문의 구문은 다음과 같다.

```
while (expression)
  statement
```

while의 expression은 반복 조건이고, statement는 조건을 만족하면 실행할 문장이다. while 문은 expression을 검사하여 참이면 statement를 실행하고, 다시 expression을 검사한 후 참이면 statement를 실행하는 과정을 반복 수행한다. 이러한 반복은 expression이 거짓이면 끝난다. while 문의 expression은 반복의 조건을 나타내는 수식이므로 조건 수식이라고도 한다. while 문의 동작을 순서도로 그리면 다음과 같다.

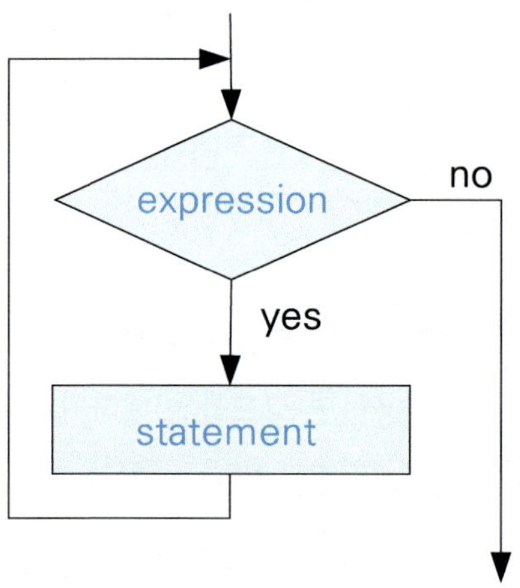

순서도에서 볼 수 있는 것처럼 while 문의 statement는 한 번도 수행되지 않을 수 있다. 또한 경우에 따라서는 while 문이 종료되지 않고 무한 반복할 수도 있다. 이를 무한 루프라고 한다. 필요에 따라서는 while 문을 고의적으로 무한 루프에 빠지게 만들 수도 있다. 무한 루프를 만드는 가장 쉬운 방법은 다음과 같이 expression을 1로 하는 것이다.

```
while (1)
```

다음 프로그램을 보자.

프로그램 4.2

```
 1 #include <stdio.h>
 2 int main(void)
 3 {
 4    int f1 = 0, f2 = 1, f3;
 5
 6    f3 = f1 + f2;
 7    while (f3 < 100)
 8    {
 9       f1 = f2;
10       f2 = f3;
11       f3 = f1 + f2;
12    }
13
14    printf("100보다 큰 피보나치수열 중 가장 작은 값은 %d 입니다.", f3);
15    return 0;
16 }
```

프로그램 4.2는 while 문을 사용하여 100보다 큰 피보나치수열 중 가장 작은 피보나치 수를 구하는 프로그램이다. 프로그램 4.2에서 몇 가지 살펴보자.

```
7 while (f3 < 100)
```

7행의 while 문은 f3 < 100을 조건 수식으로 가지고 있다. 따라서 while 문은 f3이 100보다 작으면 while의 문장을 반복 수행하고, f3이 100 이상이면 while 문을 벗어난다. f3과 같이 반복의 종료를 결정하기 위해 사용되는 변수를 제어 변수라고 한다.

```
 8 {
 9    f1 = f2;
10    f2 = f3;
11    f3 = f1 + f2;
12 }
```

while의 수식 조건을 만족하면 3개의 문장을 실행해야하기 때문에 8행의 여는 중괄호부터 12행의 닫는 중괄호까지의 복합문을 사용하고 있다. 복합문은 C에서 한 문장으로 취급되기 때문에

while 문의 문장으로 사용될 수 있다. 또한 f3은 6행에서 1로 초기화되어 있고, 반복이 진행됨에 따라 11행 문장에 의해 f3은 계속 증가되므로 언젠가는 100보다 커지는 시점에 도달할 것이다. 그 순간 while 문은 종료된다. 프로그램 4.2의 실행 결과는 다음과 같다.

```
100보다 큰 피보나치 수열 중 가장 작은 값은 144 입니다.
```

while 문을 사용할 때의 주의 사항

while 문을 사용할 때 주의해야 하는 것을 몇 가지 살펴보자. 첫째, while 문을 사용할 때에는 무한 루프에 빠지지 않게 해야 한다. 무한 루프란 while 문이 종료하지 않고 문장을 계속 반복 실행하는 것을 의미한다. 물론 모든 무한 루프가 잘못된 것은 아니다. 예를 들어, 서버 프로그램은 의도적으로 무한 루프를 사용하기도 한다. 하지만 잘못된 코딩으로 무한 루프에 빠지면 안 된다. 예를 들어 프로그램 4.3을 보자.

프로그램 4.3

```c
#include <stdio.h>
int main(void)
{
    unsigned long long f;
    int n;

    printf("계승을 구할 수를 입력 하세요 : ");
    scanf("%d", &n);
    printf("%d! = ", n);
    f = n;
    while (--n)
        f *= n;
    printf("%llu\n", f);
    return 0;
}
```

이 프로그램은 정수 n을 입력받아 다음과 같이 n!를 계산하는 프로그램이다.

```
10    f = n;
11    while (--n)
12       f *= n;
```

11행의 while 문은 n이 0에 도달하면 종료하고, 종료조건에 도달하기 전까지 f에 n을 1씩 감소시키면서 곱하는 것이다. 결국 while 문이 종료할 때, f에는 n * (n – 1) * . . . * 1이 저장된다. 이렇게 보면 큰 문제가 없는 프로그램 같지만, 사실은 좋은 프로그램은 아니다. 프로그램을 실행 후 양수가 아닌 값을 입력하면 무한 루프에 빠지기 때문이다. 프로그래밍 할 때, 이 프로그램은 계승을 계산하는 프로그램이므로 양수만 입력될 것이라는 선입관을 가지고 있으면 이러한 프로그램을 작성하게 된다. 프로그램을 작성할 때에는 사용자가 어떤 값도 입력할 수 있음을 고려해야 한다. 따라서 프로그램 4.3의 11행의 while 문의 조건은 (--n > 0)로 수정하는 것이 좋다.

다음으로 while 문에 공백 문장을 사용할 때 주의해야 한다. 어떤 경우에는 while 문의 문장이 필요 없는 경우가 있는데, 이럴 경우에 공백 문장을 사용한다. 다음은 while 문에서 공백 문장을 쓰는 전형적인 예이다.

```
while ((c = getchar()) == ' ')
    ;                         // 공백 문장
```

이 while 문은 입력되는 문자 중 공백 문자를 무시하기 위한 것이다. 다음과 같이 공백 문장을 while 문의 조건과 같은 줄에 써도 된다.

```
while ((c = getchar()) == ' ') ;
```

그러나 세미콜론을 다음 줄에 쓰면 공백 문장임이 명확히 드러나기 때문에 더 좋다.

마지막으로 실수 수식을 while 문의 조건으로 쓸 때 주의해야 한다. 다음 코드를 보자.

```
float x = 0.0, sum = 0.0;
while (x != 9.9){
    sum += x;
    x += 0.1;
}
```

이 while 문은 x를 0.0에서 시작하여 9.9가 될 때까지 0.1씩 증가시키면서 sum에 더하는 것이다.

x가 0.0으로 초기화되어 있고 x에 0.1을 계속 더하기 때문에 언젠가는 9.9가 될 것이고, x가 9.9가 되는 순간 이 while 문에서 벗어날 것이다. 하지만 이것을 수행하면 무한 루프에 빠진다. 그 이유는 컴퓨터가 모든 실수를 표현할 수 없어 발생하는 수치 오류로 0.0에 0.1을 99번 더하면 정확히 9.9가 되지 않기 때문이다. 따라서 실수에 대한 등가 검사는 문제를 일으킬 수 있다. 이러한 코드는 다음과 같이 수정하는 것이 좋다.

```
float x = 0.0, sum = 0.0;
while (x < 9.9){
    sum += x;
    x += 0.1;
}
```

수정된 while 문의 수식은 등가 수식 대신 관계 수식을 사용하여 실수 계산 오류를 피하고 있다.

4.5 for

for 문은 일정한 규칙으로 반복을 수행하는 곳에 사용한다. for 문의 구문은 다음과 같다.

```
for (expression1; expression2; expression3)
    statement
```

for 문은 for 문 괄호에 3개의 수식이 있고, 반복 수행될 하나의 문장을 가진다. for 문의 실행을 순서도로 그리면 다음과 같다.

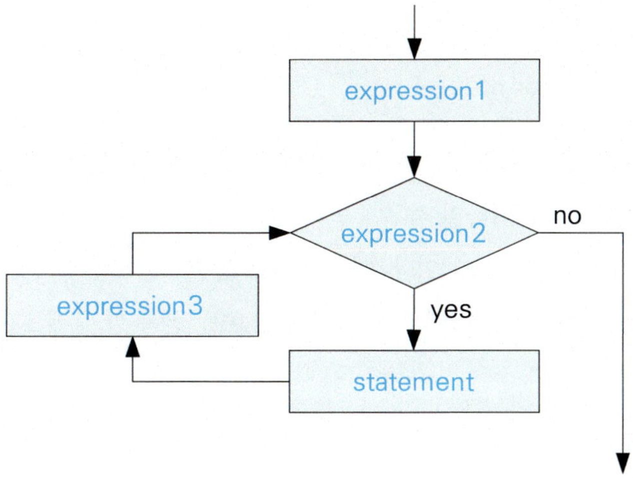

순서도에서 볼 수 있는 것처럼, expression1은 반복을 시작하기 전에 한 번만 실행되는 수식이고, expression2는 조건 수식이며, expression3은 statement를 실행한 후 실행되는 수식이다. for 문은 expression2가 참이면 statement와 expression3을 반복 실행하고, expression2가 거짓이면 종료한다. for 문의 세 개의 수식을 어떤 용도로 사용해야한다는 규칙은 없지만, 보통 expression1은 제어변수를 초기화하는 수식으로, expression2는 조건 수식으로, expression3은 제어변수를 조정하는 수식으로 사용한다. 프로그램 4.4는 for 문의 사용 예제이다.

프로그램 4.4

```
#include <stdio.h>
int main(void)
{
   int i = 1, sum = 0, n = 10;

   for (i = 1; i <= n; i++)
      sum += i;
   printf("1부터 %d까지의 합 : %d\n", n, sum);
   return 0;
}
```

프로그램 중 몇 가지를 살펴보자.

```
6    for (i = 1; i <= n; i++)
```

이 for 문은 i를 제어변수로 사용하고 있다. 첫 번째 수식은 제어변수를 1로 초기화하는 수식(i = 1)으고, 두 번째 수식은 i가 n 이하일 경우에 반복 수행하도록 하는 조건 수식(i <= n)이며, 세 번째 수식은 i를 1 증가하는 수식(i++)이다. 이 수식들로 인해 i는 1부터 시작하여 매 반복 마다 1씩 증가하게 될 것이다. n의 값은 10이므로, for 문은 10번 반복 한 후에 i가 11이 될 때 종료된다.

```
7    sum += i;
```

for 문의 문장으로 실행되는 7행의 문장은 sum 값에 i 값을 더한다. i는 1부터 n까지의 값을 가지므로, 반복 실행에 의해 결국 sum에는 1부터 n까지의 합이 저장될 것이다. 실행결과는 다음과 같다.

```
1부터 10까지의 합 : 55
```

프로그램 4.4를 수정하여 1부터 n까지 홀수 합을 구하는 프로그램을 만들어보자. 여러 가지 방법이 있지만 제일 먼저 생각할 수 있는 것은 프로그램 4.4의 7행을 수정하여 홀수면 i를 짝수면 0을 sum 값에 더하도록 하면 된다. 이를 적용하여 수정하면 다음과 같을 것이다.

```
for (i = 1; i <= n; i++)
    sum += i % 2 ? i : 0;
```

이 문장은 조건부 연산자를 사용하여 i가 홀수이면 i를, 아니면 0을 sum에 더한다. 결국 sum은 1부터 n까지의 홀수의 합을 갖게 된다. 다른 방법은 for 문의 수식을 수정하는 방법이다. 프로그램 4.4에서 for 문의 세 번째 수식은 제어 변수인 i 값을 1부터 n까지 1씩 증가시켜 sum에 더하도록 하고 있다. 만일 세 번째 수식에서 제어 변수를 2씩 증가시키도록 한다면 1부터 n까지 2씩 증가시킨 값들을 sum에 더하게 될 것이다. 1에서 n까지 2씩 증가시킨 값들은 1부터 n까지의 홀수 값이므로, 결국 홀수 값들의 합을 구할 수 있다. 수정된 프로그램은 프로그램 4.5와 같다.

프로그램 4.5

```
#include <stdio.h>
int main(void)
{
    int i = 1, sum = 0, n = 10;

    for (i = 1; i <= n; i += 2)
        sum += i;

    printf("1부터 %d까지의 홀수 합 : %d\n", n, sum);
    return 0;
}
```

프로그램 4.5의 for 문을 보자.

```
    for (i = 1; i <= n; i += 2)
```

이 for 문은 프로그램 4.4의 for 문과 비교하면 세 번째 수식이 다르다. 즉, i++ 대신 i += 2로 되어 있어 매 반복마다 i 값은 2씩 증가한다. 결국 i 값은 1, 3, 5, 등의 형태로 변하여 sum은 홀수의 합을 가지게 된다. 이 프로그램의 실행결과는 다음과 같다.

```
1부터 10까지의 홀수 합 : 25
```

for 문의 수식은 생략이 가능하다. 하지만 각 수식을 구분하는 세미콜론 ;은 생략할 수 없다. 다음 프로그램을 보자.

프로그램 4.6

```c
 1 #include <stdio.h>
 2 int main(void)
 3 {
 4     int i = 1, sum = 0, n = 10;
 5 
 6     i = 1;
 7     for ( ; i <= n; ){
 8         sum += i;
 9         i += 2;
10     }
11 
12     printf("1부터 %d까지의 홀수 합 : %d\n", n, sum);
13     return 0;
14 }
```

프로그램 4.6은 프로그램 4.5의 for 문에서 첫 번째와 세 번째 수식을 없앤 것이다.

```c
 6 i = 1;
 7 for ( ; i <= n; ){
 8     sum += i;
 9     i += 2;
10 }
```

7행의 for 문은 첫 번째 수식과 세 번째 수식을 가지고 있지 않다. 대신 첫 번째 수식에서 해야 할 일을 6행에서, 세 번째 수식에서 해야 할 일을 9행에서 하도록 하였다. 프로그램 4.6과 같이 작성해도 별 문제가 없지만, 프로그램 4.5 보다는 이해하기가 더 어려워질 것이다. for 문의 수식을 생략할 때 주의할 것은 두 번째 수식을 생략하면 무한루프 for 문이 된다는 것이다.

for 문 선언문

for 문을 사용하다 보면 for 문에서만 사용되는 변수가 있다. 앞의 예제 프로그램에서 변수 i는

for 문의 제어 변수로 사용된다. 하지만 i는 프로그램 앞부분에 선언되어 있기 때문에 for 문 밖에서도 사용이 가능하다. 예를 들어, i를 다른 용도로 사용하는 도중 이 for 문을 실행한다면 문제가 발생할 수도 있다. 이러한 오류를 줄이기 위해 for 문에서만 사용하는 변수를 선언할 수 있다. for 문에서만 사용하는 변수의 선언은 for 문의 expression1 자리에서 한다. 예를 들어 다음 for 문을 보자.

```
for (int i = 1; i <= n; ++i)
    sum += i;
```

이 코드에서 i는 for 문의 첫 번째 수식에서 선언되어 있다. 이 i는 for 문에서만 사용이 가능하고 다른 곳에서는 사용할 수 없다. 프로그램 4.7을 보자.

프로그램 4.7

```
1 #include <stdio.h>
2 int main(void)
3 {
4     int i = 1, sum = 0, n;
5
6     printf("정수를 입력하세요 : ");
7     scanf("%d", &n);
8
9     for (int i = 1; i <= n; i++)
10        sum += i;
11
12    printf("1부터 %d까지의 합 : %d\n", i-1, sum);
13    return 0;
14 }
```

프로그램 4.7은 i를 4행과 9행 두 군데에서 선언하고 있다.

```
4    int i = 1, sum = 0, n;
9    for (int i = 1; i <= n; i++)
```

4행에서 선언된 i는 프로그램 전체에서 사용할 수 있는 반면, 9행 for 문에서 선언된 i는 for 문에서만 사용할 수 있다. for 문이 종료할 때, for 문의 i는 n + 1의 값을 갖는다. 하지만 12행의 printf()에서 사용된 i는 4행에서 선언된 i이므로 1값을 갖다. 프로그램 4.7의 실행 결과는 다음과 같다.

```
1부터 0까지의 합 : 55
```

결과의 앞부분을 잘 보면 "1부터 10까지의 합 : 55"가 아니라 "1부터 0까지의 합 : 55"로 된 것을 볼 수 있다.

콤마 연산자

콤마 연산자는 보통 for 문의 첫 번째 수식 자리에 여러 변수를 초기화하기 위해 많이 사용된다. 콤마 연산자는 다음과 같이 사용한다.

```
expression1, expression2
```

이 수식은 하나의 수식으로 취급되기 때문에 수식이 필요한 곳에 사용할 수 있다. 실행 순서는 expression1이 먼저 평가되고, 그 다음 expression2가 평가된다. 콤마 연산자는 C의 모든 연산자들 중에서 가장 낮은 우선순위를 가지며, 콤마 연산 수식의 값과 형은 expression2의 값과 형과 같다. 예를 들어, i가 int 형 변수이고 db가 double 형 변수라고 가정하고 다음 수식을 보자.

```
i = 0, db = 3.0
```

이 수식의 값과 형은 db = 3.0의 값과 형과 같기 때문에 값은 3.0이고 형은 double 형이 된다. 콤마 연산자는 for 문에서 주로 많이 사용되는데 다음 사용 예를 보자.

```
for (sum = 0, i = 1; i <= n; ++i)
    sum += i;
```

이 예제와 같이 콤마연산자는 for 문에서 사용할 변수들을 다른 값으로 초기화할 때 유용하다. 예제 코드에서는 for 문이 시작할 때 sum과 i가 각각 0과 1로 초기화될 것이다. 앞에서 설명한 것과 같이 콤마 연산 수식은 수식이 필요한 곳에 어디서나 사용할 수 있기 때문에 위의 for 문은 다음과 같이 작성해도 된다.

```
for (sum = 0, i = 1; i <= n; sum += i, ++i)
    ;
```

하지만 과도하게 많이 콤마 연산자를 사용하면 프로그램이 이해하기 어려워지기 때문에 필요 없는 콤마 연산자는 사용하지 않는 것이 좋다. 참고로 함수의 매개변수 목록이나 선언문에서 변수들을 구분하기 위해 사용되는 콤마는 콤마 연산자가 아니라 구두점이다.

for와 while 문

while 문으로 작성된 코드를 for 문으로 바꿀 수 있고, 반대로 for 문으로 작성된 코드를 while 문으로 바꿀 수도 있다. 예를 들어 프로그램 4.2를 for 문을 사용하는 것으로 수정하면 프로그램 4.8과 같다.

프로그램 4.8

```
#include <stdio.h>
int main(void)
{
    int f1 = 0, f2 = 1, f3;

    for (f3 = f1 + f2; f3 < 100; f3 = f1 + f2){
        f1 = f2;
        f2 = f3;
    }

    printf("100보다 큰 피보나치수열 중 가장 작은 값은 %d 입니다.\n", f3);
    return 0;
}
```

프로그램 4.2의 while 문과 프로그램 4.8의 for 문을 비교하면 다음과 같다.

<table>
<tr><th>while 문</th><th>for 문</th></tr>
<tr><td><pre>
f3 = f1 + f2;
while (f3 < 100){
    f1 = f2;
    f2 = f3;
    f3 = f1 + f2;
}
</pre></td><td><pre>
for (f3 = f1 + f2; f3 < 100; f3 = f1 + f2){
    f1 = f2;
    f2 = f3;
}
</pre></td></tr>
</table>

코드를 보면 큰 차이가 없음을 알 수 있다. 어떤 구문을 사용하든 괜찮다. 두 가지 모두 중요한 구문이기 때문에 자유롭게 사용이 가능해야 한다.

4.6 do-while

do-while 문은 while 문의 변형된 형태로 볼 수 있다. while 문은 루프의 상단에서 조건 검사를 하는 반면, do-while 문은 루프의 하단에서 조건 검사를 한다. do-while 문의 구문은 다음과 같다

```
do
    statement
while (expression) ;
```

do-while은 다음과 같이 실행된다.

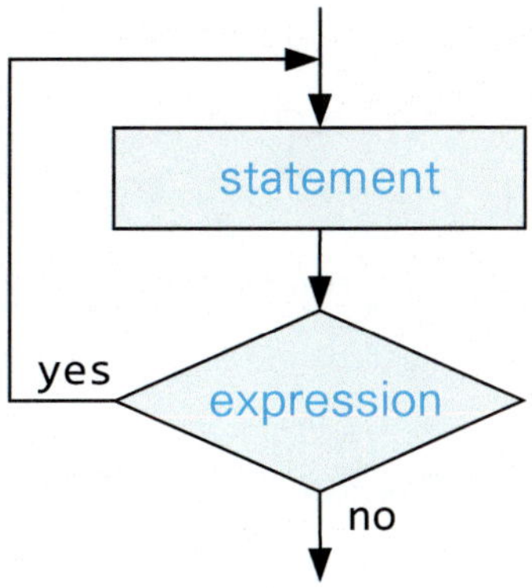

즉 statement를 먼저 실행하고 expression이 참이면 statement를 반복 실행한다. do-while은 while과 달리 statement를 한번 이상 실행한다. 다음 프로그램을 보자.

프로그램 4.9

```
#include <stdio.h>
int main(void)
{
    unsigned long long f;
    int n;

    do {
        printf("계승을 구할 수를 입력 하세요 : ");
        scanf("%d", &n);
        if (n < 0)
            printf("\n음수를 입력했습니다. 양수를 입력하세요.\n");
    } while (n < 0);

    printf("%d! = ", n);
    f = n;
    while (--n)
        f *= n;
    printf("%llu\n", f);
    return 0;
}
```

프로그램 4.9는 프로그램 4.3을 do-while 문을 사용하여 음수가 입력되면 다시 입력을 유도하는 프로그램으로 수정한 것이다. 7행에서 12행은 do-while 문이다.

```
 7  do {
 8     printf("계승을 구할 수를 입력 하세요 : ");
 9     scanf("%d", &n);
10     if (n < 0)
11        printf("\n음수를 입력했습니다. 양수를 입력하세요.\n");
12  } while (n < 0);
```

이 do-while 문은 입력받은 n이 음수이면 다시 루프의 처음으로 돌아가 새로운 n 값을 입력받고, n이 0보다 크면 루프를 빠져나간다. 결국 16행의 while 문이 실행될 때에는 n의 값이 음수가 아니므로 무한 루프에 빠지지 않을 것이다. 이와 같이 최소한 한번은 실행해야 하는 곳에 do-while을 사용할 수 있다. 프로그램 4.9의 실행 결과는 다음과 같다.

```
계승을 구할 수를 입력 하세요 : -10

음수를 입력했습니다. 양수를 입력하세요.
계승을 구할 수를 입력 하세요 : -3

음수를 입력했습니다. 양수를 입력하세요.
계승을 구할 수를 입력 하세요 : 5
5! = 120
```

while, for, do-while 문의 선택

반복문이 필요할 때 while, for, do-while 중 어떤 것을 선택해야 한다는 절대적인 규칙은 없다. 이들은 서로 교환해서 사용이 가능하기 때문에 좀 더 익숙한 것을 사용하면 된다. 하지만 반복의 형태가 어떤 조건을 만족할 때까지 계속 실행해야 하는 경우에는 while, 정해진 횟수만큼 반복 실행하는 경우에는 for, 반드시 한 번은 실행해야 하는 경우에는 do-while을 사용하는 것이 편리하다. 예를 들어, 프로그램 4.2는 피보나치수열 중 100보다 큰 것 중 가장 작은 것을 찾는 것인데, 이렇게 일정한 횟수가 정해지지 않고 어떤 조건을 만족할 때까지 계속 반복 실행하는 곳에는

while 문이 좋고, 프로그램 4.4와 같이 정해진 횟수만큼의 반복 수행이 필요할 때는 for 문이 더 적합합니다. 또한 프로그램 4.8에서와 같이 한 번 이상의 반복이 필요한 곳에서는 do-while 문이 좋다.

4.7 점프 문장

C에는 점프 문장(jump statement)으로 break, continue, goto, return 문 등이 있다. 프로그램 실행 중 점프 문장을 만나면 직전까지 실행하고 있던 곳에서 다른 곳으로 점프하여 실행하게 된다. 점프 문장 중 return은 main() 함수의 마지막 문장으로 지금까지 많이 사용하였다. return 문은 함수와 관련 있기 때문에 여기서는 설명을 하지 않고 다음 장에서 함수를 다룰 때 설명할 것이다.

break

break는 for, while, do-while, switch 문에서만 사용할 수 있다. break 문은 제어를 현재 break가 속해있는 구조물에서 빠져나가게 한다. 즉 반복문을 실행하는 도중 break 문을 만나면 그 반복문의 종료 조건과는 상관없이 빠져나와 반복문 다음에 있는 문장을 실행하게 된다. 앞으로 배울 switch 문 안에서 break를 만나면 제어는 switch 문 다음에 있는 문장으로 넘어간다. 예를 들어 다음 프로그램을 보자.

프로그램 4.10

```
#include <stdio.h>
int main(void)
{
    unsigned long long f;
    int n, i;

    while (1)
```

```
8     {
9        printf("계승을 구할 수를 입력 하세요 : ");
10       scanf("%d", &n);
11       if (n >= 0)
12          break;
13       printf("음수를 입력했습니다. 양수를 입력하세요.\n");
14    }
15
16    // while 문 몸체에 있는 break를 만나면 제어는 여기로 넘어옴
17    for (f = i = 1; i <= n; i++)
18       f *= i;
19    printf("%d! = %llu\n", n, f);
20
21    return 0;
22 }
```

프로그램 4.10의 while 문은 다음과 같다.

```
7     while (1)
8     {
9        printf("계승을 구할 수를 입력 하세요 : ");
10       scanf("%d", &n);
11       if (n >= 0)
12          break;
13       printf("음수를 입력했습니다. 양수를 입력하세요.\n");
14    }
```

while 문의 조건 수식이 1로 되어 있으므로, 이 while 문은 기본적으로 무한 루프를 만든다. 따라서 입력받은 n의 값이 음수이면 계속 다시 입력을 요구한다. 만일 n의 값이 음수가 아니면 break 문이 실행되어 while 문을 빠져나가 17 행의 문장을 실행하게 된다. 프로그램 4.10의 실행 결과는 다음과 같다.

```
계승을 구할 수를 입력 하세요 : -10
음수를 입력했습니다. 양수를 입력하세요.
계승을 구할 수를 입력 하세요 : -3
음수를 입력했습니다. 양수를 입력하세요.
계승을 구할 수를 입력 하세요 : 10
10! = 3628800
```

for 문의 예제도 보자.

프로그램 4.11

```c
#include <stdio.h>
int main(void)
{
    int f1 = 0, f2 = 1, f3;

    f3 = f1 + f2;
    for ( ; ; ){
        f1 = f2;
        f2 = f3;
        f3 = f1 + f2;
        if (f3 > 100)
            break;
    }

    printf("100보다 큰 피보나치수열 중 가장 작은 값은 %d 입니다.\n", f3);
    return 0;
}
```

프로그램 4.11은 프로그램 4.8을 수정한 것이다. 프로그램 4.11은 다음과 같은 for 문을 사용하고 있다.

```
7    for ( ; ; ){
```

이 for 문은 두 번째 수식이 없기 때문에 무한 루프를 만든다.

```
11       if (f3 > 100)
12           break;
```

for 문을 실행하다가 f3의 값이 100보다 크게 되면 12행의 break 문이 실행되어 for 문을 벗어나게 된다. 실행 결과는 프로그램 4.8과 같다. do-while 안에서의 break도 같은 기능을 한다.

continue

다음으로 continue를 살펴보자. continue 문은 for, while, do-while 문에서만 사용할 수 있다. 반복문을 실행하는 도중 continue 문을 만나면 continue 다음 문장부터 반복되는 문장의 마지막 문장까지 건너뛴다. 먼저 while 문에서의 continue 예제를 보자.

프로그램 4.12

```
#include <stdio.h>
int main(void)
{
    unsigned long long f;
    int n, i;

    while (1)
    {
        printf("계승을 구할 수를 입력 하세요 : ");
        scanf("%d", &n);
        if (n < 0){
            printf("음수를 입력했습니다. 양수를 입력하세요.\n");
            continue;
        }

```

```
16        for (f = i = 1; i <= n; i++)
17            f *= i;
18        printf("%d! = %llu\n", n, f);
19        break;
20        // continue를 만나면 제어는 여기로 넘어옴
21    }
22    return 0;
23 }
```

프로그램 4.12는 프로그램 4.10을 continue를 사용하는 것을 수정한 것이다. 프로그램 4.12의 while 문은 7행에서 21행까지이다. 그 중 9행에서 14행까지는 정수 n을 입력받는 부분이고, 16행에서 17행까지는 계승을 구하는 부분이다. 먼저 정수 n을 입력받는 부분을 보자.

```
9       printf("계승을 구할 수를 입력 하세요 : ");
10      scanf("%d", &n);
11      if (n < 0){
12          printf("음수를 입력했습니다. 양수를 입력하세요.\n");
13          continue;
14      }
```

이 코드는 입력된 n이 음수이면 continue 문장을 실행한다. 만일 continue를 실행하면, 16행부디 19행까지 건너뛰고 7행에 있는 while 문의 조건을 검사하는 곳으로 점프하게 된다. 결국 계승을 계산하는 코드는 실행하지 않는다. 이와 같이 continue는 조건이 만족하지 않을 때 더 이상의 절차는 무시하고 다시 처음부터 새롭게 작업을 해야 하는 경우에 유용하다. 만일 음수가 아닌 값이 입력되면 계승을 계산하고 19행의 break 문장이 실행되어 while 문을 벗어날 것이다. 프로그램 4.12의 실행 결과는 프로그램 4.10의 실행 결과와 같다. do-while에서의 continue 문장은 while 문에서의 행동양식과 같다.

for 문에서의 continue를 보자. for 문에서도 continue를 만나면 제어가 반복문의 마지막 문장 뒤로 넘어간다. 결국 continue 다음에 실행되는 것은 for 문의 expression3이다. 다음 프로그램을 보자.

프로그램 4.13

```c
1 #include <stdio.h>
2 int main(void)
3 {
4    int n, i, sum;
5
6    printf("n을 입력하세요 : ");
7    scanf("%d", &n);
8
9    for (sum = i = 0; i <= n; i++)
10   {
11      if (i % 2)
12         continue;
13      sum += i;
14      // continue를 만나면 제어는 여기로 넘어옴
15   }
16
17   printf("%d까지 짝수의 합 = %d\n", n, sum);
18
19   return 0;
20 }
```

프로그램 4.13은 0부터 n 사이의 짝수를 더하는 프로그램이다. 프로그램 4.13의 for 문은 다음과 같이 되어 있다.

```c
9    for (sum = i = 0; i <= n; i++)
10   {
11      if (i % 2)
12         continue;
13      sum += i;
14      // continue를 만나면 제어는 여기로 넘어옴
15   }
```

이 for 문은 i를 1부터 n까지 1씩 증가하면서 반복한다. i가 짝수이면 12행은 실행되지 않고 13행이 실행되어 i 값을 sum에 더하게 되고, i가 홀수이면 12행의 continue가 실행되어 13행은

건너뛰고 9행의 i++가 실행된다. 결국 sum에는 홀수 i는 더해지지 않고 짝수 i만 더해지게 된다. 프로그램 4.13의 실행 결과는 다음과 같다.

```
n을 입력하세요 : 10
10까지 짝수의 합 = 30
```

goto

goto 문은 제어를 지정된 레이블이 붙은 문장으로 무조건 점프하게 한다. 이러한 동작은 프로그램의 흐름을 파악하기 어렵게 만들지만, 어떤 경우에는 goto 문을 사용하면 프로그램을 단순하게 만들기도 하기 때문에 거의 대부분의 프로그래밍 언어는 goto 문을 제공하고 있다. goto 문을 설명하기 전에 먼저 레이블 문장(labeled statement)을 살펴보자. C에서 레이블 문장은 다음과 같이 세 가지가 있다.

```
label-name : statement
case constant-expression : statement
default : statement
```

이중 case와 default 레이블 문장은 switch 문에서 사용하는 것으로 다음에 살펴보기로 하자. 일반적인 레이블 문장은 문장 앞에 레이블로 사용되는 식별자인 label-name과 콜론이 붙은 문장이다. 예를 들어 레이블 문장은 다음과 같다.

```
bye: return 0;
add: a = b + c;
error1: error2: error3: printf("실행 오류입니다.\n"); // 다중 레이블
```

첫 번째는 bye라는 레이블이 붙은 문장이고, 두 번째는 add라는 레이블이 붙은 문장이며, 세 번째 문장은 error1, error2, error3이라는 레이블이 붙은 문장이다. 레이블 이름은 함수 내에서 유일해야 한다. 또한 레이블은 독자적인 이름 영역(name space)을 가지기 때문에 변수 이름으로 사용된 식별자를 레이블 이름으로 사용해도 된다. 하지만 같은 식별자를 레이블 이름과 변수 이름으로 동시에 사용하면 프로그램의 가독성이 떨어지기 때문에 가능하면 그렇게 하지 않는 것이 좋다. goto 문은 다음과 같이 사용한다.

```
goto label-name;
```

goto 문이 실행되면 제어는 label-name이 붙은 레이블 문장으로 점프한다. 이때 레이블 문장은 goto 문과 같은 함수에 있어야 한다. 다음 프로그램을 보자.

프로그램 4.14

```c
#include <stdio.h>
int main(void)
{
    unsigned long long f;
    int n, i;

    goto read;

compute:
    for (f = i = 1; i <= n; i++)
        f *= i;
    printf("%d! = %llu\n", n, f);
    goto end;

read:
    printf("계승을 구할 수를 입력 하세요 : ");
    scanf("%d", &n);
    if (n < 0){
        printf("음수를 입력했습니다. 양수를 입력하세요.\n");
        goto read;
    }
    goto compute;

end:
    return 0;
}
```

프로그램 4.14는 프로그램 4.10를 goto 문을 사용하는 것을 수정한 것이다. 프로그램 4.14는 goto의 사용 예를 보여주기 위해 goto 사용을 남용하고 있지만 goto의 동작 원리를 이해하는 데에는 도움이 될 것이다. 프로그램에서 레이블과 goto 문만 보면 다음과 같다.

```
 7     goto read;
 9 compute:
 // 10 ~ 12 : 계승 계산
13     goto end;
15 read:
// 16 ~ 17 : n 입력
18     if (n < 0){
20         goto read;
21     }
22     goto compute;
24 end:
```

이 프로그램에는 compute, read, end라는 레이블을 사용하고 있다. goto 문은 제어를 지정된 레이블로 점프하게 하므로 프로그램이 실행되면 첫 번째 문장인 goto read에 의해 read 레이블 문장으로 점프하여 n 값을 입력받게 된다. 입력된 n이 음수이면 goto read에 의해 n을 다시 읽어드리고, 양수이면 goto compute에 의해 compute 레이블 문장으로 점프하여 n의 계승을 계산하게 된다. 계산이 끝나면 goto end에 의해 end 레이블 문장인 return 0;로 점프하여 프로그램이 종료되게 된다. 실행 결과는 프로그램 4.10과 같다.

프로그램 4.14는 프로그램 4.10과 똑같은 일을 하지만 프로그램 4.10 보다 프로그램의 흐름을 이해하기가 더 어렵다. 길고 복잡한 프로그램에서 goto 문을 사용하면 프로그램의 가독성은 더욱 더 나빠진다. goto 문은 구조적 프로그래밍에 악영향을 주고, goto 문을 사용한 프로그램은 goto 문을 사용하지 않는 프로그램으로 변환이 가능하기 때문에 현대 프로그래밍 방법론에서는 goto 문의 사용을 최소화하도록 권고하고 있다.

4.8 switch

switch 문은 다중 선택문이다. switch 문의 일반적인 구문은 다음과 같다.

```
switch (expression) {
case constant-expression1 :
    statements1
case constant-expression2 :
    statements2
. . .
case constant-expression_n :
    statements_n
default : // 옵션
    statements_n+1
}
```

`switch` 문의 expression은 정수 수식이어야 하고, `case`의 constant-expression은 정수 상수 수식이어야 한다. 또한 각 constant-expression의 값은 `switch` 안에서 유일한 값이어야 하고, `default` 문은 있어도 되고 없어도 된다. `switch` 문은 다음과 같이 수행된다.

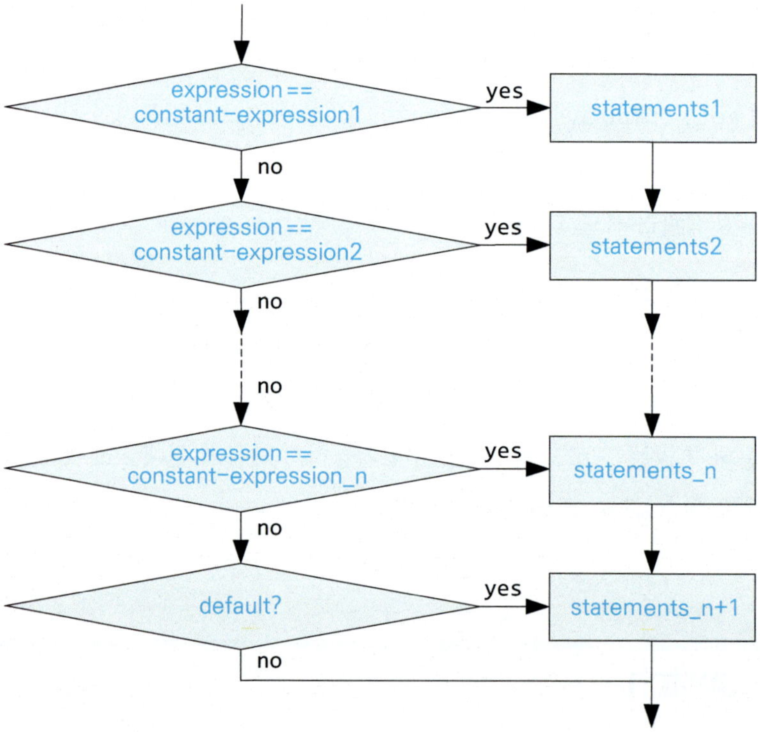

순서도에서 볼 수 있는 것처럼 switch 문이 실행되면 expression의 값과 같은 값을 갖는 constant-expression의 case 문으로 점프하고, 만일 그러한 case 문이 없다면 default 문으로 점프하며, default 문도 없다면 switch 문을 벗어난다. 만일 case나 default 문으로 점프했다면 해당 문장들을 실행하고, 그 이후에 있는 case 문이나 default 문의 문장들을 차례로 실행한다. 보통은 각 case 별로 해당하는 문장들만을 실행해야하기 때문에 각 case의 마지막 문장으로 break 문을 사용하여 다른 case 문의 문장을 실행하지 않고 switch 문을 벗어나도록 작성한다. 다음 프로그램을 보자.

프로그램 4.15

```
#include <stdio.h>

int main(void)
{
    int math;

    printf("수학 성적을 입력하세요 : ");
    scanf("%d", &math);
    switch(math / 10) {
    case 10 :
        printf("수학은 A입니다.\n");
        break;
    case 9 :
        printf("수학은 A입니다.\n");
        break;
    case 8 :
        printf("수학은 B입니다.\n");
        break;
    case 7 :
        printf("수학은 C입니다.\n");
        break;
    default :
        printf("수학은 F입니다.\n");
    }

    return 0;
}
```

프로그램 4.15는 성적의 등급을 출력하기 위해 switch 문을 사용하고 있다.

```
switch(math / 10) {
```

switch의 expression으로 math / 10이라는 정수 수식을 사용하고 있다. math 성적이 올바르게 입력된다고 가정하면, 이 수식의 값은 0부터 10까지의 값을 갖게 된다. 그 결과가 7부터 10이면 해당 case 문으로 점프하고, 아니면 default 문으로 점프한다. 각 case의 마지막 문장은 break 문으로 되어 있어 각 case로 점프한 후에는 그 case의 문장들만을 수행하고 switch 문을 벗어나게 된다. case 10과 case 9를 보자.

```
case 10 :
   printf("수학은 A입니다.\n");
   break;
case 9 :
   printf("수학은 A입니다.\n");
   break;
```

case 10과 case 9는 같은 일을 수행한다. 따라서 다음과 같이 수정해도 된다.

```
case 10 :
case 9 :
   printf("수학은 A입니다.\n");
   break;
```

프로그램 4.15를 실행하고 80을 입력했을 때의 실행결과는 다음과 같다.

```
수학 성적을 입력하세요 : 80
수학은 B입니다.
```

switch 문을 사용하는 다른 예제 프로그램을 보자.

프로그램 4.16

```
#include <stdio.h>
int main(void)
```

```
{
    int opd1, opd2;
    char op;

    printf("수식을 입력하세요 : ");
    scanf("%d", &opd1);
    while ((op = getchar()) == ' ')
        ;
    scanf("%d", &opd2);

    switch(op) {
    case '+' :
        printf("%d + %d = %d\n", opd1, opd2, opd1 + opd2);
        break;
    case '-' :
        printf("%d - %d = %d\n", opd1, opd2, opd1 - opd2);
        break;
    case '*' :
        printf("%d * %d = %d\n", opd1, opd2, opd1 * opd2);
        break;
    case '/' :
        printf("%d / %d = %d\n", opd1, opd2, opd1 / opd2);
        break;
    case '%' :
        printf("%d %% %d = %d\n", opd1, opd2, opd1 % opd2);
        break;
    default :
        printf("잘못된 수식입니다.\n");
    }

    return 0;
}
```

프로그램 4.16은 수식을 입력받아 연산자의 종류에 따라 적절한 연산을 수행하여 결과를 출력하는 프로그램이다. 몇 가지를 살펴보자.

```
while ((op = getchar()) == ' ')
    ;
```

while 문의 조건 수식에서 사용된 getchar()는 키보드로부터 문자를 입력받는 함수이다. 따라서 while 문은 입력된 문자가 공백 문자가 아닐 때 종료된다. 또한 while 문의 문장으로는 공백 문장이 사용되었기 때문에 이 while 문은 입력되는 공백 문자를 삭제하는 역할을 한다.

```
switch(op) {
case '+' :
    printf("%d + %d = %d\n", opd1, opd2, opd1 + opd2);
    break;
```

C에서 char 형은 정수형이므로 switch의 expression으로 char 형 변수를 사용할 수 있다. 또한 case에 사용된 문자 상수들은 int 형이므로 case의 상수 정수 수식으로 사용될 수 있다. 그리고 각 case 마다 실행되는 문장들의 마지막에 break 문을 사용하여 그 case의 문장만 실행하게 하고 있다. 프로그램 4.16의 실행 결과는 다음과 같다.

```
수식을 입력하세요 : 1024 + 99
1024 + 99 = 1123
```

프로그램 4.16에서 switch 문의 몸체에 있는 break를 다 삭제했을 때의 실행 결과는 다음과 같을 것이다.

```
수식을 입력하세요 : 1024 + 99
1024 + 99 = 1123
1024 - 99 = 925
1024 * 99 = 101376
1024 / 99 = 10
1024 % 99 = 34
잘못된 수식입니다.
```

요약

1. 선택문이나 반복문에서는 조건을 검사하기 위해 관계 수식, 등가 수식, 또는 논리 수식을 사용한다.

2. 단축 평가란 &&와 || 수식에서 일어나고 첫 번째 피연산자의 평가 결과에 따라 전체 수식의 값이 결정되면 두 번째 피연산자는 평가하지 않는 것을 의미한다.

3. if와 if-else 문은 선택적으로 문장을 실행할 때 사용한다. if 문은 다음과 같이 사용한다.

```
if (expression)
    statement
```

if-else 문은 다음과 같이 사용한다.

```
if (expression)
    statement1
else
    statement2
```

4. 복합문은 중괄호로 묶여진 선언문이나 문장들로 프로그램에서 한 문장으로 취급된다.

5. 조건부 연산자는 삼항 연산자로 연산기호로 ? :를 사용하고 구문은 다음과 같다.

```
expression1 ? expression2 : expression3
```

6. 반복문으로는 while, for, do-while 문이 있다.

7. while 문은 다음과 같이 사용한다.

```
while (expression)
    statement
```

8. for 문은 다음과 같이 사용한다.

```
for (expression1; expression2; expression3)
    statement
```

9. do-while 문은 다음과 같이 사용한다.

```
do
  statement
while (expression) ;
```

10. 무한 루프란 무한히 반복하는 반복문을 의미한다. 의도적으로 만드는 무한 루프도 있지만, 잘못된 프로그래밍으로 무한 루프에 빠질 수도 있으니 주의해야 한다.

11. while, for, do-while은 각자 특성이 있으므로 주어진 문제를 해결하기에 적합한 것을 골라 사용하면 된다.

12. 점프 문장은 break, continue, goto, return 문 등이 있다. 점프 문장을 만나면 지정된 곳으로 제어가 점프하여 실행된다.

13. switch 문은 다중 선택문으로 정수 수식의 값에 따라 여러 가지 일을 선택적으로 할 때 유용하다.

연습 문제

1. 다음 프로그램의 출력 결과를 예상해보고, 실행한 후 결과와 비교해보아라.

```
#include <stdio.h>
int main(void)
{
   char c = 'A'; // 'A' = 65
   int i = 5, j = 10;
   printf("%d %d %d\n", !c, !!c, !!!c);
   printf("%d %d %d\n", - ! i, ! - i, ! - i - ! j);
   printf("%d %d %d\n", - ! i, ! - i, ! - i - ! j);
   printf("%d %d %d\n", ! (6 * j + i - c), ! i-5, ! j - 10);

   return 0;
}
```

2. 다음 프로그램의 실행 결과를 예상해보고, 실행한 후에 결과를 설명하여라.

```
#include <stdio.h>
int main(void)
{
   int a = 0, b = 0, x;

   x = 0 && (a = b = 777);
   printf("%d %d %d\n", a, b, x);
   x = 777 || (a = ++b);
   printf("%d %d %d\n", a, b, x);
   return 0;
}
```

3. 다음과 같이 printf() 문장이 세 개 있다고 하자.

```
printf("cat\n");
printf("dog\n");
printf("fox\n");
```

(a) 위의 세 `printf()` 문장 앞 또는 뒤에 `if`나 `if-else`를 적절히 삽입하여 `i` 값에 따라 화면에 다음과 같이 출력되도록 하여라.

i	출력
1	cat
2	dog
3	fox

(b) 위의 세 `printf()` 문장 앞 또는 뒤에 `if`나 `if-else`를 적절히 삽입하여 `i` 값에 따라 화면에 다음과 같이 출력되도록 하여라.

i	출력
1	dog
2	cat fox
3	cat

(c) 위의 세 `printf()` 문장 앞 또는 뒤에 `if`나 `if-else`를 적절히 삽입하여 `i` 값에 따라 화면에 다음과 같이 출력되도록 하여라.

i	출력
1	cat dog
2	cat dog
3	dog fox

(d) (a)부터 (c)까지 작성한 코드가 올바른지 확인할 수 있는 프로그램을 작성하여라. 프로그램은 `i` 값을 입력받아 앞에서 작성한 코드를 실행하게 해야 한다.

4. 수학 연산 `min(x, y)`는 다음과 같은 조건부 수식으로 표현할 수 있다.

```
(x < y) ? x : y
```

이와 유사한 방법으로 조건부 수식만을 사용하여 다음 수학 연산을 기술해 보아라.

```
min(x, y, z)
max(x, y, z, w)
```

5. putchar() 함수는 문자를 화면에 출력하고 출력한 문자의 ASCII 코드 값을 리턴한다. 다음 코드는 어떤 값을 출력하겠는가? 먼저 적어보고 프로그램을 작성하여 확인해 보아라.

```
for (putchar('1'); putchar('2'); putchar('3'))
   putchar('4');
```

6. while 문을 사용하여 다음과 같이 출력하는 프로그램을 작성하여라. for 문 버전도 만들어보아라.

```
*
**
***
****
*****
```

7. 두 수를 입력받아 다음과 같이 출력하는 프로그램을 작성하여라.

```
$ printStars
정수 2개를 입력하세요 : 3 5
***
****
*****
$ printStars
정수 2개를 입력하세요 : 5 4
*****
****
```

8. for 문을 사용하여 특정 월의 달력을 출력하는 프로그램을 작성하여라. 단 그 월의 최대 일수와 그 월 1 일의 요일은 입력받도록 하여라. 요일은 숫자로 입력받는 데 0은 일요일, 1은 월요일, 순으로 하여라. 실행 화면이 다음과 같게 하여라.

```
최대 일 수를 입력 하세요 : 30 Enter
1일의 요일을 입력 하세요(0:일요일, 1:월요일, . . .) : 2 Enter
 Su Mo Tu We Th Fr Sa
        1  2  3  4  5
  6  7  8  9 10 11 12
 13 14 15 16 17 18 19
 20 21 22 23 24 25 26
 27 28 29 30
```

9. 연습문제 8을 수정하여 월의 최대 일수를 입력받지 말고 년도와 월이 입력되면 그 월의 1일의 요일과 최대 일수를 계산한 다음 달력을 출력하도록 하여라. 즉, 2019년 2월이 입력되면 2019년 2월 1일이 무슨 요일인지 알아내고, 그 해가 윤년인지를 확인하여 최대 일 수가 28인지 29인지를 알아내야 한다. 요일을 구할 때에 1년 1일을 월요일로 하여 계산하면 된다. 배열을 사용하지 말고 프로그래밍 하여라. 실행 화면이 다음과 같게 하여라.

```
년도를 입력 하세요 : 2019 Enter
월을 입력 하세요 : 2 Enter
        2019년 2월
Su  Mo  Tu  We  Th  Fr  Sa
                     1   2
 3   4   5   6   7   8   9
10  11  12  13  14  15  16
17  18  19  20  21  22  23
24  25  26  27  28
```

10. 다음 프로그램은 while의 조건이 1이기 때문에 무한 루프를 만들어 프로그램은 종료하지 않고 "무한 루프"를 계속해서 출력할 것이다.

```
#include <stdio.h>
int main(void)
{
   while (1)
      printf("무한 루프\n");
   return 0;
}
```

이러한 프로그램을 종료하려면 프로그램에 인터럽트 신호를 보내면 된다. 대부분의 운영체제에서 인터럽트는 control-c(control 키와 c 키를 동시에 누름)를 입력하면 발생된다. 프로그램을 실행한 후 control-c를 입력해 보아라. 프로그램이 종료되는가?

11. 다음 프로그램은 for 루프에서 break와 continue 문이 어떻게 동작하는지를 볼 수 있는 예제이다. 어떤 내용이 출력되겠는가?

```
#include <stdio.h>
int main(void)
{
   int i = 1;
   for (putchar('1'); putchar('2'); putchar('3')) {
      if (++i == 5)
         break;
      putchar('4');
      continue;
      putchar('5');
   }
   return 0;
}
```

12. 연습문제 11의 프로그램에서 for를 while로 대치하여 같은 결과가 나오도록 수정하여라.

13. 연습문제 11의 프로그램에서 for를 goto와 if로 대치하여 같은 결과가 나오도록 수정하여라. 어떤 프로그램이 더 이해하기 쉬운지 비교해 보아라.

14. 다음 프로그램은 i를 변수 이름과 레이블 이름으로 동시에 사용하였다. 컴파일되는지 확인해 보아라. 된다면 그 이유를 설명하여라.

```
#include <stdio.h>
int main(void)
{
   int i;
   for (i = 0; i < 10; ++i) {
      if (i == 5)
         goto i;
      printf("for : i = %d\n", i);
   }
i: printf("i = %d\n", i);
   return 0;
}
```

15. 다음 프로그램은 무작위로 생성한 값이 홀수이면 "홀수"를, 짝수이면 "짝수"를 출력하는 프로그램이다.

```
#include <stdio.h>
#include <stdlib.h>
int main(void)
{
   int  i, num;

   for (i = 0; i < 10; i++){
      num =  rand() % 2;
      if (num = 1)
         printf("홀수\n");
```

```
      else
         printf("짝수\n");
   }
   return 0;
}
```

rand() 함수는 무작위로 수를 생성하는 함수이기 때문에 생성되는 수의 짝수와 홀수 비율은 비슷해야 할 것이다. 만일 한쪽 수만 많이 나온다면 프로그램에 문제가 있는 것이다. 실행 결과가 그렇게 나왔다면 프로그램에 잘못된 부분을 수정하여라. 참고: 프로그램을 작성하다보면 생각보다 이 프로그램에서와 같은 오류를 많이 범하게 된다.

16. rand()를 사용하여 0부터 9까지의 값을 무작위로 100개 생성하고, 0부터 9까지 나온 숫자의 개수를 출력하는 프로그램을 작성하여라. 단 for 문과 switch 문을 사용해서 프로그래밍하고, 출력은 다음과 같은 형식으로 하여라.

```
0 : 9개
1 : 11개
2 : 10개
 . . .
```

17. 다음 프로그램은 파일의 크기와 줄 수를 출력하는 프로그램이다.

```
#include <stdio.h>
int main(void)
{
   int  c, total_byte = 0, line_count = 0;

   while ((c = getchar()) != EOF){
      total_byte++;
      if (c == '\n')
         ++line_count;
   }
```

```
    printf("파일 크기 : %d 바이트\n", total_byte);
    printf("파일 줄 수 : %d 행\n", line_count);

    return 0;
}
```

getchar()는 문자를 하나 읽는 함수이고, EOF는 파일의 끝에 도달했는지를 나타내는 매크로이다. 이 프로그램을 file_info.c로 만들고 file_info로 실행파일을 만들었다면, file_info.c 파일의 크기와 줄 수를 알아보기 위해서는 다음과 같이 실행하면 된다.

```
$ file_info < file_info.c
파일 크기 : 309 바이트
파일 줄 수 : 15 행
```

프로그램을 실행할 때 사용한 〈 기호는 표준 입력(키보드 입력)을 파일 입력으로 바꾸어주는 입력 재지정이라고 한다. 즉, getchar()는 키보드로부터 입력된 문자를 입력받는 함수이지만 입력재지정을 사용하면 파일로부터 문자를 입력받는다. Visual Studio를 사용한다면 메뉴에서 "프로젝트 -〉 속성 -〉 구성속성 -〉 디버깅"을 선택 후 "명령 인수"에 "〈 file_info.c"라고 명시하면 된다. 이 프로그램을 확장하여 파일에 있는 알파벳 문자의 개수, 숫자의 개수, 스페이스 문자나 탭 문자와 같은 공백 문자의 개수를 출력하게 하여라. 단 출력이 다음과 같이 되도록 하여라.

```
파일 크기 : 309 바이트
파일 줄 수 : 15 행
알파벳 문자 수 : 124
숫자 문자 수 : 3
공백 문자 수 : 69
```

18. 연습문제 17에서 작성한 프로그램은 EOF가 입력될 때까지 계속 실행된다. 연습문제 17에서는 입력 재지정을 사용하여 파일의 끝에 도달하면 getchar()가 EOF를 리턴하여 프로그램이 종료된다. 입력 재지정을 하지 않으면 어떻게 되는지 확인해 보아라. 즉 다음과 같이 실행한 후 임의의 문자들을 입력해보아라.

```
$ file_info
Hi, testimg.....
hello, who is there?
. . .
```

프로그램이 종료되는가? 이 프로그램은 EOF를 입력받을 때까지 종료하지 않기 때문에 일반 키보드 문자를 입력하면 프로그램이 종료되지 않을 것이다. 키보드로 EOF를 생성할 수 있는데, Linux 계열에서는 control-d, Windows 계열에서는 control-z를 입력하면 된다. control-d나 control-z를 입력하여 프로그램이 종료되는지 확인해보아라.

19. 다음 코드를 포함하는 try_me 프로그램을 작성하여라.

```
int c;
while ((c = getchar()) != EOF)
    putchar(c);
```

그리고 몇 줄의 문장이 들어 있는 infile이라는 파일을 생성하여라. 그런 다음 infile 내용을 outfile로 복사하기 위해 다음 명령어를 수행하고 outfile 파일을 확인해 보아라.

```
$ try_me < infile > outfile
```

Visual Studio를 사용한.다면 메뉴에서 "프로젝트 -〉 속성 -〉 구성속성 -〉 디버깅"을 선택 후 "명령 인수"에 "〈 infile 〉 outfile"이라고 명시하면 된다. 이제 변수 c를 int 형에서 char 형으로 변경한 후 위의 명령을 다시 수행하여 보아라. 어떤 시스템에서는 동작하고, 어떤 시스템에서는 동작하지 않을 것이다. 왜 동작하지 않겠는가?

20. 연습문제 17의 프로그램은 파일의 크기와 행수만을 알아낸다. 이 프로그램을 수정하여 알파벳의 빈도수도 출력하도록 하여라. 단 switch 문을 사용하고, 대소문자는 구별하지 말고, 출력은 다음과 같게 하여라.

```
$ file_info < file
파일 크기 : 591 바이트
파일 줄 수 : 48 행
A:  223   B:   62   C:  193   D:   31   E:  120   F:   89
G:   21   H:   48   I:  304   J:    1   K:    7   L:   50
M:   67   N:   77   O:   91   P:   71   Q:   19   R:   57
S:  196   T:  439   U:   33   V:    4   W:   68   X:   29
Y:    7   Z:   18
```


```
$ file_info < file
파일 크기 : 591 바이트
파일 줄 수 : 48 행
A:  223   B:   62   C:  193   D:   31   E:  120   F:   89
G:   21   H:   48   I:  304   J:    1   K:    7   L:   50
M:   67   N:   77   O:   91   P:   71   Q:   19   R:   57
S:  196   T:  439   U:   33   V:    4   W:   68   X:   29
Y:    7   Z:   18
```

제 5 장

함수

큰 문제를 효과적으로 해결하는 한 가지 방법은 주어진 문제를 쉽게 다룰 수 있는 작은 문제들로 분리하여 해결하는 것이다. C는 큰 프로그램을 여러 개의 작은 단위로 나누어 프로그래밍 할 수 있게 하기 위해 함수를 제공한다. 우리는 이미 예제 프로그램을 통해 main(), printf(), scanf() 등과 같은 함수들을 많이 사용하였다. 경험으로 알 수 있듯이 main() 함수는 직접 작성해야 하고, printf()나 scanf()와 같은 함수는 누군가 이미 작성한 함수이다. main()과 같이 사용자가 직접 작성해야 하는 함수를 사용자 함수라고 하고, C가 제공하는 이미 작성된 함수를 라이브러리 함수라고 한다. 함수(Function)는 프로그래밍에 있어서 다음과 같은 중요한 기능을 한다.

1. 하향식 프로그래밍(Top-down programming)을 할 수 있게 한다. 하향식 프로그래밍이란 주어진 문제를 어떻게 해결할 것인가를 전체적으로 분석하여 설계하고 이를 바탕으로 작고 다루기 쉬운 작업 단위로 분해한 다음 프로그래밍 하는 것이다. 최종적으로 세분화된 작업 단위는 함수로 구현된다. 이렇게 작성된 함수가 모여서 하나의 큰 프로그램을 구성하게 된다. 이러한 식으로 하여 구조적 프로그래밍(structure programming)을 가능하게 한다.

2. 코드를 재사용할 수 있게 한다. 예를 들어 지금까지 많이 사용했던 printf()는 화면에 형식화된 출력을 할 수 있도록 작성된 함수로 이 기능이 필요한 프로그램은 이와 같은 기능을 하는 함수를 따로 만들 필요 없이 printf()를 사용하면 된다. 즉 함수를 잘 만들어 놓으면 그 기능이 필요할 때 이미 만들어져 있는 함수를 가져다 사용하면 된다. 따라서 프로그래밍 생산성을 높일 수 있다.

3. 디버깅을 하기 쉽게 한다. 큰 프로그램을 하나의 함수로 만들면 문제가 발생했을 때 디버깅하기가 아주 어렵다. 하지만 프로그램을 기능별로 작은 단위로 나누어 함수로 프로그래밍하면 문제가 발생했을 때 각 기능을 담당하는 함수 별로 디버깅하면 되기 때문에 디버깅이 훨씬 수월해진다.

4. 유지와 보수를 쉽게 한다. 함수를 사용한 프로그램은 이해하기가 쉽고 기능별로 프로그램이 분리되기 때문에 차후에 프로그램을 수정하거나 새로운 기능을 추가하기가 쉽다.

이와 같이 함수를 사용하면 여러 장점을 얻을 수 있기 때문에 앞으로 많이 사용할 것이다. 참고로 함수를 프로시저(procedure)라고하기도 하는데, 보통 리턴 값이 있으면 함수라 하고 리턴 값이 없으면 프로시저라고 한다. 하지만 이 책에서는 이 둘을 구분하지 않고 모두 함수라고 할 것이다. 이 장에서는 함수에 대한 기본적인 설명과 함수를 만드는 방법과 사용 방법, 유효범위 규칙, 스토리지 클래스, 그리고 재귀 호출 등에 대해 설명한다.

5.1 함수의 제어 흐름

프로그램에서 여는 중괄호가 바로 뒤따르는 식별자는 함수이거나 매크로이다. 매크로는 다음에 다루기로 하고, 이번 장의 예제에 나오는 그러한 식별자는 모두 함수이다. 예를 들어 프로그램 5.1을 보자.

프로그램 5.1

```
// 파스칼 삼각형 프로그램
#include <stdio.h>

int factorial(int);    // factorial 함수 선언

int main(void)        // main 함수 정의
{
   int height, f_row, f_column, f_row_column;

   printf("파스칼 삼각형의 높이(1 ~ 13) : ");
   scanf("%d",&height);

   for (int row = 0; row < height; row++){

      for (int s = 0; s <= (height - row - 2); s++)
         printf("  ");

      f_row = factorial(row);      // factorial 함수 사용
      for (int column = 0; column <= row; column++){
         f_column = factorial(column);
         f_row_column = factorial(row - column);
         printf("%3d ", f_row / (f_column * f_row_column));
      }
      printf("\n");
```

```
25      }
26      return 0;
27  }
28  
29  // factorial (n!) 계산 함수
30  int factorial(int n)      // factorial 함수 정의
31  {
32      int fac = 1;
33      for (int i = 1; i <= n; i++)
34          fac *= i;
35      return fac;
36  }
```

프로그램 5.1은 파스칼 삼각형을 출력하는 프로그램이다. 프로그램에서 여는 중괄호가 바로 뒤따르는 식별자는 **factorial**, **main**, **printf**, **scanf** 등이 있고, 이 식별자들은 모두 함수 이름이다. **factorial**이 나오는 행은 다음과 같이 다섯 곳이다.

```
 4  int factorial(int); // factorial 함수 선언
18          f_row = factorial(row); // factorial 함수 사용
20             f_column = factorial(column);
21             f_row_column = factorial(row - column);
30  int factorial(int n) // factorial 함수 정의
```

factorial 식별자의 앞과 뒤를 보면 모양이 다르다는 것을 알 수 있다. **4**행의 **factorial**은 앞에 **int**라는 자료형이 나오고, 뒤에 오는 괄호 안에도 **int**라는 자료형이 나오며, 그 다음에는 세미콜론이 있다. 반면 **30**행의 **factorial**은 **4**행과 유사하지만 뒤에 세미콜론 대신 여는 중괄호가 나온다. 마지막으로 **18**, **20**, **21**행의 **factorial**은 뒤에 오는 괄호 안에 변수가 있음을 알 수 있다. 이들은 각각 함수의 선언, 함수의 정의, 함수의 호출로 기술된 것이다. 이 장에서는 함수 선언과 정의, 그리고 호출에 대해서 설명할 것이다. 프로그램 **5.1**의 실행 결과는 다음과 같다.

```
파스칼 삼각형의 높이(1 ~ 13) : 5
          1
        1   1
      1   2   1
    1   3   3   1
  1   4   6   4   1
```

프로그램 5.1에서 factorial() 함수에 대한 선언, 정의, 호출은 모두 있는 반면, main()은 정의만 있고, printf()와 scanf()는 호출만 있다는 것을 알 수 있다. 먼저 printf()와 scanf()는 C에서 제공해주는 라이브러리에 포함된 함수이기 때문에 사용자가 정의하지 않았어도 사용할 수 있다. 라이브러리 함수를 사용하기 위해서는 헤더 파일을 삽입해야 한다. 지금까지 프로그램을 작성할 때 다음과 같은 문장을 프로그램 첫 줄에 넣었다.

```
#include <stdio.h>
```

이것은 printf()와 scanf() 함수를 사용하기 위해 <stdio.h> 헤더 파일을 삽입하는 기능을 하는 것이다. 헤더 파일에 대해서는 전처리기를 다룰 때 다시 설명할 것이다. 프로그램에서 main()은 정의만 있고, main()을 호출하는 문장은 없다. main()은 프로그램을 실행하면 자동적으로 호출되기 때문에 프로그램에서 main()을 호출하는 문장이 없어도 실행되는 것이다. 따라서 main()이 없는 코드는 프로그램이라고 할 수 없으며 실행도 안 된다. 프로그램을 함수 관점에서 살펴봤는데, 우리가 여기에서 알 수 있는 것은 지금까지의 프로그램 작성은 main() 함수를 정의한 것이라는 것이다.

이제 프로그램의 실행 순서에 대해 살펴보자. 앞에서 설명한 것과 같이 프로그램을 실행하면 main() 함수가 제일 먼저 자동적으로 실행된다고 했다. 따라서 프로그램 5.1에서 제일 먼저 실행되는 것은 10행의 printf() 함수를 호출하는 문장이다. 함수가 호출되면 현재 실행되고 있는 함수의 실행은 잠시 멈추고 호출된 함수가 실행된다. 그리고 호출된 함수의 실행이 완료되면 호출된 함수를 호출한 곳(실행을 잠시 멈춘 곳)에서부터 실행이 재개된다. 18행은 다음과 같은 형태로 factorial() 함수를 호출하고 있다.

```
18 f_row = factorial(row); // factorial 함수 사용
```

이 문장은 factorial() 함수를 먼저 실행하고 factorial() 함수가 전달하는 값을 f_row에 저장하라는 것이다. 함수가 호출되면 호출된 함수는 마지막 문장이나 return 문을 만나면 종료하게 되는데, 만일 return 문으로 종료했다면 return 문에 명시된 수식의 값이 호출한 곳으로 전달된다. 따라서 factorial() 함수가 호출되면 for 문이 먼저 실행되고, for 문이 끝나면 return 문이 실행되는데 return 다음에 fac라는 수식이 있으므로 fac의 값이 호출한 곳으로 전달된다. 결국 f_row에는 factorial()의 fac 변수의 값이 배정될 것이다. 이러한 방식으로 실행되다가 main()도 마지막 문장이나 return 문을 만나게 되면 종료하게 된다. 예제 프로그램의 경우는 26행의 return 문을 만나면 종료하게 되고, return 다음에 0이라는 수식이 있으므로 main()을 호출한 곳으로 0 값을 전달하게 된다. 프로그램 5.1의 실행 순서를 그림으로 그리면 다음과 같다.

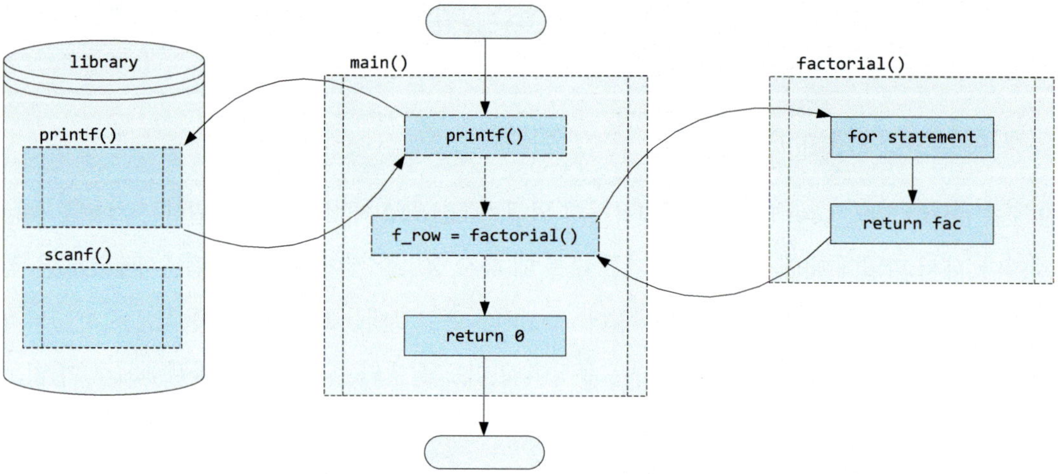

지금까지 살펴본 것과 같이 함수를 호출하면 호출한 함수는 호출된 함수의 실행이 종료될 때까지 실행을 멈추게 되고, 호출된 함수의 실행이 완전히 끝나면 호출한 함수는 중단된 지점부터 실행이 재개된다. 또한 호출된 함수는 호출한 함수로 결과 값을 전달할 수도 있고, 전달하지 않을 수도 있다. 이제 함수 정의와 호출에 대해 자세히 살펴보자.

5.2 함수 정의

함수가 수행할 일을 기술하는 코드를 함수 정의(function definition)라고 한다. 함수 정의의 일반적인 형식은 다음과 같다.

```
type-name function-name( parameter-list ) // 함수 헤더
{                                          // 함수 몸체
      declarations
      statements
}
```

첫 번째 여는 중괄호 앞부분을 함수 정의의 헤더(header)라고 하고, 중괄호 사이에 있는 것을 함수 정의의 몸체(body)라고 한다. 함수 헤더에는 type-name, function-name, parameter-list를 명시한다. function-name은 함수들을 구별하기 위한 함수 이름이고, parameter-list는 함수가 입력받아 처리할 데이터인 매개변수 목록이다. 만일 입력 데이터가 필요 없는 함수라면 parameter-list 자리에 void라고 명시한다. function-name 앞의 type-name은 함수가 리턴하는 값의 자료형으로 함수의 형이라고도 한다. 만일 함수가 생성하는 값이 없다면 type-name 자리에 void라고 명시한다. 함수 몸체에는 이 함수가 호출되면 실행될 문장들을 기술한다. 함수의 종료를 위해서는 return 문을 사용하는데, return 문은 함수를 종료하게 할 뿐만 아니라 함수가 생성한 값을 그 함수를 호출한 곳으로 전달하는 기능도 수행한다.

return 문에 대해 좀 더 살펴보자. return 문은 함수를 종료하고 제어를 호출한 곳으로 넘기는 역할을 한다. 즉 함수가 실행되다가 return 문을 만나면 그 함수는 종료되고, 제어는 그 함수를 호출한 곳으로 넘어가 함수 호출 바로 다음부터 실행된다. return 문은 함수의 형이 없을 때와 있을 때에 따라 다음 두 가지 문장 중 하나의 형태를 사용한다.

```
return;
return expression;
```

함수의 형이 있다는 것은 함수 헤더에서 함수의 형이 명시된 함수를 의미하고, 리턴 값이 없다는 것은 함수의 형으로 void가 명시된 함수를 의미한다. 함수의 형이 있을 때에는 return 뒤에 반드시 expression이 있어야 한다. 이렇게 명시된 expression의 값은 함수를 호출한 곳으로 전달되게 된다. 이때 expression의 형과 함수의 형이 다르면 expression의 값을 함수의 형으로 변환한

후 전달한다. 예를 들어 프로그램 5.1의 factorial() 함수는 계승의 결과를 fac 변수가 가지고 있기 때문에 다음과 같은 return 문을 사용하고 있다.

```
return fac;
```

factorial() 함수의 형이 int이고 fac의 형도 int이기 때문에 형 변환은 일어나지 않는다. 이제 프로그램 5.1의 factorial() 함수 정의를 자세히 살펴보자.

```
int factorial(int n) // factorial 함수 정의
{
    int fac = 1;
    for (int i = 1; i <= n; i++)
        fac *= i;
    return fac;
}
```

factorial() 함수는 계승을 구하는 함수이다. 계승은 주어진 정수 n에 대해 n! = n × (n-1) × … × 1을 계산하는 것이다. 따라서 function-name으로 계승의 영어 단어인 factorial을 선택했다. factorial 대신 func나 do_something 등과 같은 것으로 선택해도 되지만 그렇게 하면 함수 이름을 봐서는 무슨 일을 하는 함수인지 이해하기가 힘들 것이다. parameter-list는 함수가 입력받아야 하는 매개변수 목록을 지정하는 것인데 계승을 구하기 위해서는 정수 값 하나가 필요하므로 int n으로 하고 있다. 마지막으로 계승을 계산하여 그 값을 전달해야하기 때문에 type-name으로는 결과 값의 자료형인 int로 명시하고 있다. 함수 몸체는 지금까지 main()을 작성하는 것과 같은 방식으로 하면 된다. 다만 매개변수로 지정된 것은 이미 선언된 변수로 생각하여 작성하고, 함수의 제일 마지막 부분의 return 문에는 계산 결과 수식을 명시하면 된다. factorial() 함수는 계승의 계산 결과를 fac 변수가 가지고 있기 때문에 return 뒤에 fac을 명시하고 있다.

지금까지 factorial() 함수를 설명했는데, 이를 통해 함수를 정의하는 방법을 배울 수 있었을 것이다. 함수 정의 방법을 순서별로 간략히 정리하면 다음과 같다.

1) 함수의 기능 정의
2) 함수 이름 선택
3) 함수 매개변수 목록 결정
4) 함수 형 결정

5) 함수 몸체 작성

이제 함수를 하나 작성해보자. 프로그램 5.1을 보면 18행에서 23행은 파스칼 삼각형에서 지정된 행의 숫자들을 계산하여 출력하는 것이다. 보통은 이러한 기능을 함수로 따로 만들지는 않지만 실습을 위해 만들어보기로 하자.

1) 함수의 기능 정의 : 파스칼 삼각형에서 지정된 행의 숫자 계산

2) 함수 이름 : pascal_number

3) 함수 매개변수 목록 : 파스칼 삼각형의 행 번호; int row

4) 함수 형 : 리턴 값이 필요 없음; void

5) 함수 몸체 : 18~23행을 사용하고 필요한 지역변수 선언 및 return 문 작성

이제 이를 종합하면 pascal_number()는 다음과 같이 정의할 수 있다.

함수 5.1

```
void pascal_number(int row)
{
    int f_row, f_column, f_row_column;

    f_row = factorial(row);     // factorial 함수 사용

    for (int column = 0; column <= row; column++){
        f_column = factorial(column);
        f_row_column = factorial(row - column);
        printf("%3d ", f_row / (f_column * f_row_column));
    }
    return;
}
```

함수 5.1에서 사용되는 변수를 선언하기 위해 선언문을 다음과 같이 하였다.

```
int f_row, f_column, f_row_column;
```

함수의 몸체를 보면 row라는 변수도 사용되지만 row는 매개변수로 선언되어 있기 때문에 또 다시

선언하면 안 된다. 변수 row의 초기 값은 pascal_number() 함수를 호출할 때 결정될 것이다.

```
 1 void pascal_number(int row)
12 return;
```

1행을 보면 pascal_number()의 자료형은 void 형으로 정의되어 있으므로 12행의 return 문에는 수식이 없음을 알 수 있다.

5.3 함수 호출

이미 정의되어 있는 함수는 필요한 곳에서 쉽게 사용할 수 있다. 함수를 사용하는 것을 함수 호출이라고 한다. 함수 호출의 기본적인 형태는 다음과 같다.

```
variable = function-name( argument-list );
```

이 문장은 argument-list를 입력으로 하여 function-name 함수를 호출하고, function-name이 리턴한 값을 variable에 저장하라는 것이다. function-name 함수가 호출되면, 가장 먼저 하는 일은 argument-list에 기술한 인자(argument)의 값을 사용하여 function-name의 매개변수를 초기화하는 것이다. 따라서 함수를 호출할 때에는 인자의 개수와 매개변수의 개수가 같아야 하고, 대응하는 변수간의 형도 서로 호환 가능한 형이어야 한다. 또한 함수가 리턴하는 값은 function-name 함수의 형이기 때문에 variable은 함수의 형과 호환 가능한 형이어야 한다. 함수가 리턴하는 값이 있다고 하더라도 다음과 같이 배정문을 사용하지 않아도 된다.

```
function-name( argument-list );
```

이렇게 호출한 경우에는 함수를 호출은 했지만 함수가 리턴하는 값은 사용하지 않겠다는 의미이다. 예를 들어, printf()나 scanf()를 많이 사용했었는데, 이 두 함수의 형은 int 형으로 정수 값을 리턴한다. 하지만 지금까지 이 두 함수를 사용할 때 배정문을 사용하여 그 값을 사용한 적이 없다. 함수의 리턴 값을 사용할 것인가 말 것인가는 필요에 따라 결정하면 된다. 만일 function-name 함수가 매개변수가 없는 함수라면, 다음과 같이 argument-list 자리에 아무런 인자를 명시하지 않고 호출한다.

```
variable = function-name( );
```

또는 function-name 함수의 형이 void로 되어 있다면, 리턴하는 값이 없는 것이므로 배정문을 사용할 수 없다. 즉, 매개변수는 있지만 리턴 값이 없는 함수를 호출할 때에는 다음과 같은 형식으로 호출한다.

```
function-name( argument-list );
```

만일 매개변수도 없고 리턴 값도 없는 함수라면 다음과 같이 호출한다.

```
function-name( );
```

프로그램 5.1에서 factorial() 함수를 호출하는 18행을 보자.

```
18 f_row = factorial(row); // factorial 함수 사용
```

factorial() 함수는 매개변수 목록이 int n이고 함수의 형은 int 형이다. 따라서 함수의 인자로 int 형 변수인 row를 사용하였고, 함수의 리턴 값은 배정문을 사용하여 f_row에 저장하도록 하고 있다. 20, 21행의 함수 호출에서도 인자는 int 형 변수를 사용하였고 배정문을 사용하여 리턴 값을 저장하도록 하고 있다. 이렇게 리턴된 값을 저장한 변수는 22행에서 파스칼 숫자를 계산하는 데 사용하고 있다.

함수 5.1의 pascal_number()는 파스칼 삼각형의 행 별로 파스칼 숫자를 계산하고 출력하는 함수이다. 이 함수는 프로그램 5.1의 18행부터 23행까지를 대치하기 위해서 정의했는데, 이 함수의 매개변수는 파스칼 삼각형의 행 번호인 int 형 값 하나이고 리턴 값은 없는 함수이므로 다음과 같이 호출할 수 있다.

```
pascal_number(row);
```

즉, 프로그램 5.1의 18행부터 23행까지 삭제하고 18행에 이와 같은 함수 호출을 사용하면 된다.

묵시적 int

함수 정의나 함수 선언에서 함수 형이 생략되면 C90은 그 함수의 형을 int 형으로 간주한다. 이를 묵시적 int(implicit int)라고 한다. 예를 들어 함수 5.2를 보자.

함수 5.2

```
factorial(int n)      // factorial 함수 정의
{
   int fac = 1;
   for (int i = 1; i <= n; i++)
      fac *= i;
   return fac;
}
```

함수 5.2는 프로그램 5.1의 factorial() 함수 정의에서 함수 형인 int를 생략한 것이다. 함수 5.2와 같이 정의하면 컴파일러는 factorial()의 형을 void 형이 아니라 int 형이지만 int가 생략된 것이라고 생각한다. 하지만 C99부터는 이러한 묵시적 int를 제거하였다. 즉 C99부터는 함수의 형을 꼭 명시해야 한다. 물론 대부분의 최신 컴파일러는 이전에 작성된 프로그램을 위해 묵시적 int를 지원하기도 하지만, 함수의 형을 명시하는 것이 표준을 따르는 것이다.

5.4 함수 원형

컴파일러는 함수 호출 문장을 만나면 함수 헤더의 모양과 함수 호출 모양을 비교하여 이 호출이 올바른지 검사한다. 만일 명시된 인자의 개수가 매개변수 개수보다 작거나 크다면 오류 메시지를 출력하여 프로그래머에게 호출이 잘못되었음을 알려준다. 또는 매개변수의 형과 인자의 형이 다르면 적절히 형 변환도 시도한다. 이러한 기능은 함수를 올바르게 호출할 수 있게 만들어 주기 때문에 매우 유용하다. 컴파일러가 이러한 일을 하려면 함수 호출 문장 전에 함수의 형태를 알고 있어야 한다. 이 의미는 함수 호출 문장 전에 호출되는 함수가 정의되어 있어야 한다는 것이다.

프로그램은 main() 함수가 가장 먼저 실행되고 보통의 경우 main() 함수에서 끝난다. 다른 함수의 호출은 main() 함수로부터 기인된다. 따라서 main() 함수를 보면 프로그램의 전체적인 구조를 알 수 있다. 그렇기 때문에 프로그램이 여러 개의 함수로 구성된다면 main() 함수 정의를 다른 모든 함수의 정의보다 앞에 두거나 아니면 제일 뒤에 두어 빨리 main() 함수를 찾을 수 있게 하는 게 보통이다. 보통 main() 함수의 정의를 다른 함수 정의 사이에 두지는 않는다. main() 함수의 정의를 프로그램의 제일 앞에 할 것인지 아니면 제일 뒤에 할 것인지는 프로그래머의 취향에 따라 결정되

지만, 프로그램의 제일 앞에 main() 함수를 정의하는 것이 보통이다. main() 함수의 정의를 프로그램 앞부분에 둘 경우의 문제는 다른 모든 함수가 main() 뒤에 정의되어 있기 때문에 main()이 호출하는 함수의 모양을 호출하는 시점에서 알 수 없다는 것이다. 이러한 문제를 해결하기 위해 함수 모양을 알려주는 함수 원형(function prototype)이라는 것을 사용하여 함수를 선언한다. 함수 원형은 함수 헤더와 유사한 형태로 일반적인 형식은 다음과 같다.

```
type-name function-name( parameter-type-list );
```

함수 원형의 모양은 함수 헤더와 유사해보이지만 함수 이름 뒤에 매개변수 목록(parameter-list)이 아니라 매개변수 형 목록(parameter-type-list)이 온다. 즉, 함수 헤더에서와는 달리 매개변수의 형만 나열하면 된다. 물론 함수 헤더와 같이 매개변수 이름까지 명시해도 괜찮다. 또 하나 다른 점은 함수 헤더 다음에는 여는 중괄호가 오지만 함수 원형 다음에는 세미콜론이 온다. 프로그램 5.1에도 다음과 같은 함수 원형을 사용하고 있다.

```
int factorial(int); // factorial 함수 선언
```

괄호 안을 보면 int라는 자료형 하나만 명시되어 있음을 알 수 있다. 컴파일러는 이 모양을 보고 factorial()을 호출하기 위해서는 int 형의 인자 하나만을 명시해야 함을 알게 된다. 이 함수 원형을 다음과 같이 수정해도 된다.

```
int factorial(int value); // factorial 함수 선언
```

이 함수 원형에서 매개변수 이름으로 사용한 value는 컴파일러에게는 아무 의미가 없다. 따라서 value라는 이름 대신 n을 사용해도 똑같은 의미이다. 다음 프로그램을 보자.

프로그램 5.2

```
// 파스칼 삼각형 프로그램
#include <stdio.h>

int factorial(int);      // factorial 함수 선언
void pascal_number(int);

int main(void)           // main 함수 정의
{
```

```c
    int height;

    printf("파스칼 삼각형의 높이(1 ~ 13) : ");
    scanf("%d",&height);

    for (int row = 0; row < height; row++)
    {
        for (int s = 0; s <= (height - row - 2); s++)
            printf("  ");
        pascal_number(row);
        printf(" ");
    }
    return 0;
}

// 파스칼 숫자 계산 함수
void pascal_number(int row)
{
    int f_row, f_column, f_row_column;

    f_row = factorial(row);      // factorial 함수 사용
    for (int column = 0; column <= row; column++){
        f_column = factorial(column);
        f_row_column = factorial(row - column);
        printf("%3d ", f_row / (f_column * f_row_column));
    }
    return;
}

// factorial 계산 함수
int factorial(int n)       // factorial 함수 정의
{
    int fac = 1;
    for (int i = 1; i <= n; i++)
        fac *= i;
    return fac;
}
```

프로그램 5.2는 프로그램 5.1을 함수 5.1의 pascal_number()를 사용하는 하는 것으로 수정한 것이다.

```
int factorial(int); // factorial 함수 선언
void pascal_number(int); // pascal_number 함수 선언
```

pascal_number()가 main() 뒤에 정의되어 있으므로 함수 원형을 사용하여 pascal_number()의 모양을 선언하고 있다. 또한 pascal_number()도 마지막에 정의된 factorial() 함수를 사용하고 있는데, 이것이 가능한 이유도 factorial()의 함수원형을 미리 선언하고 있기 때문이다.

5.5 값에 의한 함수 호출

함수를 호출하면 지정된 인자가 매개변수로 전달되는데, 전달되는 방식에 따라 호출 결과가 달라진다. 대표적인 전달방식으로는 값에 의한 호출(call by value)과 참조에 의한 호출(call by reference)이 있다. 값에 의한 호출이란 인자의 값이 매개변수를 초기화하는 데에만 사용되는 방식이고, 참조에 의한 호출은 인자가 매개변수로 직접 전달되는 방식이다. 따라서 값에 의한 호출을 사용할 경우 호출된 함수에서 매개변수의 값이 변경되더라도 인자의 값은 변경되지 않는 반면, 참조에 의한 호출인 경우에는 호출된 함수에서 매개변수의 값이 변경되면 인자의 값도 변경된다. 이 두 가지 방식 중 C는 값에 의한 호출을 사용한다. 예를 들어 다음 프로그램을 보자.

프로그램 5.3

```
#include <stdio.h>
void change(int);
int main(void)
{
    int   n = 3;
    change(n);
    printf("함수 호출 후 n : %d\n", n);
    return 0;
```

```
}
void change(int x)
{
    x = 100;
    return;
}
```

프로그램 5.3에서 main()은 3으로 초기화된 n을 인자로 하여 change() 함수를 호출하고, change() 함수는 매개변수인 x를 100으로 변경한 후 리턴한다. main()은 n 값의 변화를 알아보기 위해 change() 함수를 호출한 후에 n 값을 출력하고 있다. 프로그램 5.3의 출력 결과는 인자의 전달 방식에 따라 달라진다. 값에 의한 호출로 전달된다면, change() 호출 문장에서의 n은 change() 함수의 매개변수 x를 초기화하는 데에만 사용되기 때문에 change() 함수에서 매개변수 x의 값이 변경되더라도 main()의 n은 영향을 받지 않아 호출 후 n의 값은 여전히 3이다. 반면 참조에 의한 호출을 사용한다면, change()를 호출할 때에 사용한 인자 자체가 change() 함수의 매개변수로 전달되기 때문에 change()에서 매개변수 x의 값을 변경하면 main()의 n도 변경된다. 따라서 호출 후의 n 값은 100이 될 것이다. 인자의 전달방식에 따른 프로그램 5.3의 실행 결과는 다음과 같다.

값에 의한 호출	참조에 의한 호출
함수 호출 후 n : 3	함수 호출 후 n : 100

C는 값에 의한 호출을 지원한다. 하지만 앞으로 배울 포인터를 사용하면 참조에 의한 호출의 효과를 볼 수 있다. 다른 예제로 프로그램 5.4를 보자.

프로그램 5.4

```
#include <stdio.h>
int square(int);

int main(void){
    int n = 10, s;
```

```
 6
 7     s = square(n);
 8
 9     printf("%d^2 = %d\n", n, s);
10     return 0;
11 }
12
13 int square(int n){
14     n = n * n;
15     return n;
16 }
```

square() 함수는 입력받은 정수 값을 제곱하여 리턴하는 함수이다. main() 함수는 7행에서 10으로 초기화된 n을 인자로 하여 square() 함수를 호출한다.

```
7 s = square(n);
```

호출이 일어나면 square() 함수의 매개변수 n은 인자 n의 값인 10으로 초기화되어 square() 함수의 몸체가 실행된다. square() 함수는 n을 제곱한 값인 100을 n에 다시 배정하고, n 값을 리턴한다. main()은 리턴받은 값인 100을 s에 배정하고, n과 s 값을 출력한 다음 종료한다. 이때 n으로 어떤 값이 출력될까? 즉, 예제에서와 같이 인자의 이름과 매개변수의 이름이 같을 때 어떻게 되겠는가? 이렇게 인자와 매개변수의 이름이 같아도 이 둘은 완전히 다른 변수이다. 한 함수 내에서는 변수명이 유일해야 하지만, 함수가 다를 때에는 변수명이 같아도 이는 다른 변수이다. 따라서 실행결과는 다음과 같다.

```
10^2 = 100
```

프로그램 5.4를 실행했을 때의 메모리 변화를 그림으로 표현해 보자. 프로그램을 실행하면 main()이 제일 먼저 실행되는데, 이때에는 main()에서 선언된 변수들만 메모리 할당을 받게 된다.

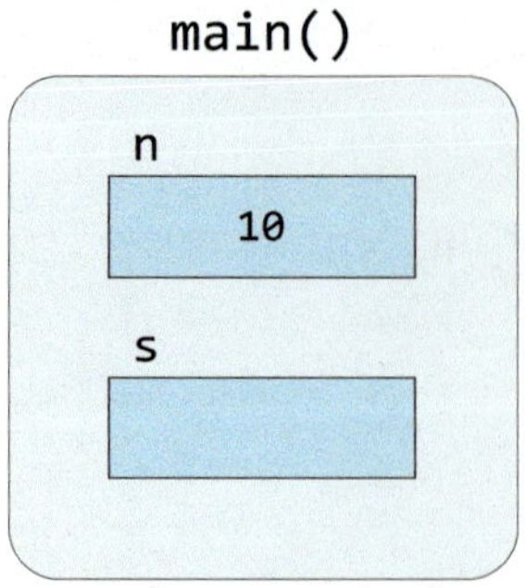

이 그림에서 큰 네모는 main()이 할당받은 메모리 공간이 독립적임을 표시하기 위한 것이고, 그 안에 있는 네모는 main()에서 선언된 변수들이 할당받은 메모리 공간을 나타낸다. 또한 그림은 main()이 선언한 변수가 n과 s이고, n은 10으로 초기화되어 있음을 나타내고 있다. 이때 7행의 square() 함수 호출이 일어나면 메모리 내용은 다음과 같이 변한다.

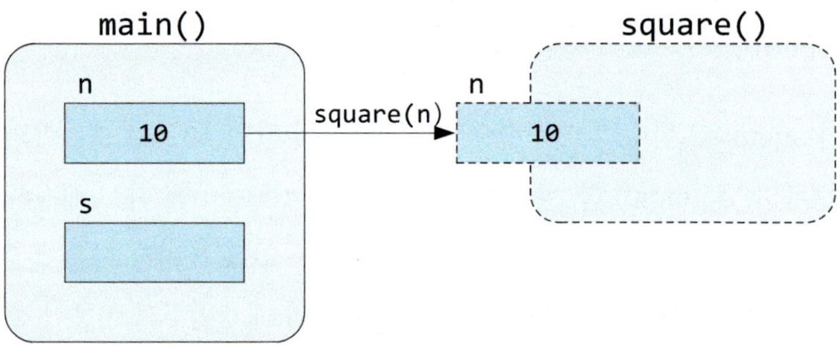

즉, square() 함수를 호출해야 square()를 위한 메모리 공간이 할당된다. 또한 n은 square() 함수의 메모리 공간에 할당되기는 하지만 매개변수임을 표현하기 위해 큰 네모와 겹쳐서 그렸다. 이 그림에서 알 수 있는 것과 같이 main()의 n과 square()의 n은 이름은 같지만 완전히 다른 메모리 공간을 할당받게 된다. square()는 이렇게 메모리 공간을 할당 받은 후에 실행된다. 다음 그림은 square()의 return 문을 만났을 때를 표현한 것이다.

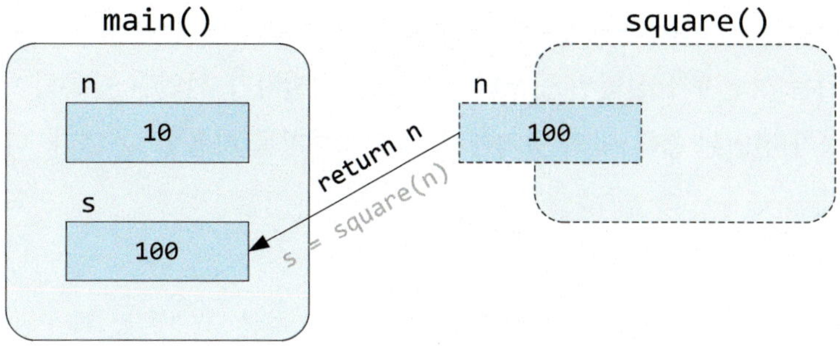

return 문을 만나면 n의 값이 main()에게로 전달되는데, main()으로 제어가 넘어가면 다음으로 실행되는 것은 리턴 값을 s에 저장하는 배정문이기 때문에 그 결과 s의 값은 100이 된다. 프로그램과 연결해서 다르게 설명하면 다음 그림과 같이 return 문의 n 값인 100이 square(n)의 값이 되고, square(n)의 값이 s에 배정된다고 할 수 있다.

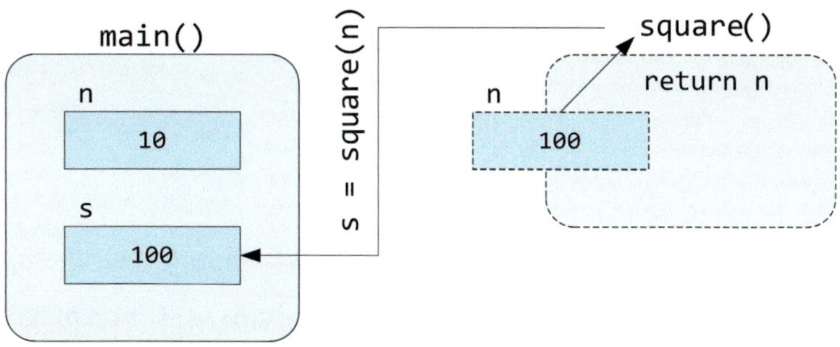

그림에서 square()를 위한 공간을 점선으로 표시했는데, 이는 square()가 실행을 종료하면 그 메모리 공간도 사라짐을 의미한다. 즉, square()의 매개변수 n은 더 이상 사용할 수 없게 된다.

5.6 지역 변수와 전역 변수

변수는 선언된 위치에 따라 지역 변수(local variable)와 전역 변수(global variable)로 나누어진다. 지금까지 모든 변수들은 함수 내에서 선언되었다. 이렇게 함수 안에 선언된 변수를 지역 변수라고 한다. 반면 함수 밖에 선언된 변수를 전역 변수라고 한다. 지역 변수와 전역 변수를 더 자세히 살펴보기 전에 먼저 유효범위 규칙에 대해서 살펴보자.

유효범위 규칙(Scope rule)은 식별자가 사용될 수 있는 범위에 관한 규칙이다. 기본적으로 식별자의 유효범위는 식별자가 선언된 곳부터 시작하여 식별자가 선언된 블록의 마지막 부분까지이다. 즉, 식별자가 선언된 블록 밖의 영역에서는 그 식별자를 사용할 수 없다. 다음 예제 코드를 보자.

```
{       // 블록 A
         int a = 2, b = 4;
         printf("A: a = %d, b = %d\n", a, b);
         { // 블록 B
             int a;
             a = 5;
             b++;
             printf("B: a = %d, b = %d\n", a, b);
         }
         printf("A: a = %d, b = %d\n", a, b);
}
```

블록 A의 a와 b의 유효범위

블록 B의 a의 유효범위

이 코드는 블록 A가 블록 B를 포함하고 있는 구조이다. 블록은 필요에 따라 다양하게 중첩될 수 있다. 블록 A에는 a와 b가 선언되어 있고, 블록 B에는 a가 선언되어 있다. 변수의 유효범위는 자신이 선언된 곳부터 시작하여 자신이 선언된 블록의 마지막 부분까지이다. 변수들은 자신의 유효범위에서만 사용될 수 있다. 다만 여러 블록에서 같은 이름을 갖는 변수를 선언하면, 이들의 유효범위가 겹쳐질 수 있는데 이때에는 가장 안쪽의 블록에서 선언된 변수만 사용될 수 있다. 예를 들어 기본적으로 블록 B에서도 블록 A에서 선언된 a와 b 변수를 사용할 수 있다. 하지만 블록 B에도 변수 a가 선언되어 있기 때문에 블록 B에서 사용할 수 있는 변수는 블록 A의 b와 블록 B의 a 이다. 즉 블록 B에서는 블록 A의 a는 블록 B의 a에 의해 가려지기 때문에 사용할 수 없다. 따라서 앞의 코드의 출력은 다음과 같을 것이다.

```
A: a = 2, b = 4
B: a = 5, b = 5
A: a = 2, b = 5
```

출력 결과에서 알 수 있듯이 블록 B에서 a의 값을 변경해도 블록 A에는 영향을 주지 않는다는 것을 알 수 있다. 반면 블록 B에서 사용한 b는 블록 A의 b이기 때문에 블록 B에서 b의 값을 변경하면 블록 A에도 영향을 준다.

이제 지역 변수의 특성을 살펴보자. 지역 변수는 함수가 호출될 때에만 사용이 가능하다. 또한 각 함수는 자신의 지역 변수만 사용할 수 있고, 다른 함수의 지역 변수는 사용할 수 없다. 이는 앞에서 말한 유효범위 규칙을 적용하면 쉽게 이해할 수 있다. 즉 함수도 하나의 블록이라고 생각하면 된다. 따라서 함수 내에서 선언된 지역 변수는 그 함수 내에서만 사용될 수 있다.

전역 변수는 함수 밖에서 선언되기 때문에 외부 변수(external variable)라고도 한다. 전역 변수는 프로그램이 시작할 때부터 끝날 때까지 사용될 수 있다. 특히 모든 함수는 전역 변수를 사용할 수 있다. 즉 전역 변수는 모든 함수가 공통으로 사용할 수 있는 변수이다. 예를 들어 프로그램 5.5를 보자.

프로그램 5.5

```
#include <stdio.h>
int   a = 0, b = 0, c = 0;        // 전역 변수
int   f(void);
int main(void)
{
   a = 1;
   b = 2;
   printf("a + b = %d\n", f());
   printf("a = %d, b = %d, c = %d\n", a, b, c);
   return 0;
}
int f(void)
{
   int   c;                       // 지역 변수
   c = a + b;
   return c;
}
```

프로그램 5.5의 2행에서 선언한 a, b, c는 함수 밖에 있으므로 전역변수이다.

```
2 int a = 0, b = 0, c = 0;                    // 전역 변수
```

전역변수 a, b, c는 main()과 f()에서 모두 사용될 수 있다.

```
// In main()
6     a = 1;
7     b = 2;
```

main()은 지역변수를 선언하고 있지 않으므로 main()에서 사용하고 있는 a, b, c는 모두 전역 변수이다. 6행과 7행에 의해 전역변수 a와 b는 각각 1과 2가 된다.

```
// In f()
14    int c;              // 지역 변수
15    c = a + b;
16    return c;
```

f()는 지역변수 c를 선언하고 있다. 전역변수 c의 유효범위는 f()도 포함하지만, f()의 지역변수 c에 의해 가려져서 사용할 수 없다. f()가 호출되어 실행됐을 때의 전역변수 a와 b의 값은 각각 1과 2이므로 15행의 실행 결과로 c는 3이 된다. 하지만 이 c는 전역변수 c가 아니라 지역변수 c이므로 전역변수 c는 변함이 없다.

```
// In main()
8     printf("a + b = %d\n", f());
9     printf("a = %d, b = %d, c = %d\n", a, b, c);
```

f()가 지역변수 c를 리턴하고 종료하면, main()의 8행이 실행되어 f()가 리턴한 값이 출력된다. 9행의 printf()로 사용한 인자 a, b, c는 모두 전역변수이므로 전역변수의 값이 출력될 것이다. 따라서 프로그램 5.5의 실행 결과는 다음과 같다.

```
a + b = 3
a = 1, b = 2, c = 0
```

전역변수의 사용 예를 보자. 함수는 계산된 결과를 return을 사용하여 호출한 곳으로 전달하는데, return 다음에는 수식 하나만 명시할 수 있다. 이는 한 개의 값만을 호출한 곳으로 전달할 수

있다는 것이다. 하지만 실 상황에서는 두 개 이상의 값을 생성하는 함수가 많이 있다. 예를 들어, 지도상의 위치를 구하는 함수라면 위도와 경도라는 두 개의 값을 생성할 것이고, 색을 만드는 함수라면 컴퓨터에서 색을 표현하는 세 개의 값인 R(Red), G(Green), B(Blue)를 생성할 것이다. 여러 개의 값을 호출한 곳으로 전달할 때에는 앞으로 배울 포인터를 사용하여 프로그래밍 하는 것이 좋지만, 전역 변수를 통해서도 여러 개의 값을 전달할 수 있다. 프로그램 5.6을 보자.

프로그램 5.6

```c
#include <stdio.h>

int hours, minutes;
void convertM2HM(int);

int main(void)
{
    int inputM;

    printf("분을 입력하세요 : ");
    scanf("%d", &inputM);

    convertM2HM(inputM);
    printf("%d분은 %d시간 %d분입니다.\n", inputM, hours, minutes);
    return 0;
}

void convertM2HM(int min)
{
    hours = min / 60;
    minutes = min % 60;
    return;
}
```

프로그램 5.6은 분 단위의 시간을 입력받아 시간과 분을 출력하는 것이다. convertM2HM() 함수는 분을 입력받아 시간과 분으로 변환하는 함수이다. 즉, convertM2HM()은 두 개의 값을 호출한 곳으로 전달해야 한다. 이를 위해 프로그램 5.6은 전역변수를 사용한다.

```
int hours, minutes;
```

convertM2HM()은 입력된 분단위 시간을 시간과 분으로 계산하여 전역 변수에 저장한다.

```
// In convertM2HM()
    hours = min / 60;
    minutes = min % 60;
```

main()은 convertM2HM()을 호출한 다음 전역 변수인 hours와 minutes 값을 참조하여 계산 결과를 얻게 된다.

```
// In main()
    convertM2HM(inputM);
    printf("%d분은 %d시간 %d분입니다.\n", inputM, hours, minutes);
```

프로그램의 실행결과는 다음과 같다.

```
분을 입력하세요 : 1024
1024분은 17시간 4분입니다.
```

지금까지 설명한 대로 전역 변수를 사용하면 함수 간에 정보전달을 쉽게 할 수 있다. 하지만 원치 않는 함수도 전역변수를 접근할 수 있기 때문에 다른 부작용이 발생할 수 있다. 이로 인한 오류는 수정하기도 어렵다. 또한 함수의 모듈성도 떨어뜨려 함수의 재사용 가능성도 낮추고 프로그램을 이해하기 어렵게 만든다는 문제도 있다. 따라서 전역변수는 많이 사용하지 않는 것이 좋다. 앞에서 언급했지만 여러 개의 값을 생성하는 함수를 작성할 때에는 포인터를 사용하는 것이 일반적이다.

5.7 스토리지 클래스

변수는 값의 유지를 위해 메모리를 배정받게 된다. 변수에 따라 메모리를 배정받는 기간과 프로그램에서 사용가능한 범위가 서로 다를 수 있다. 그 차이는 변수가 정의된 위치와 선언문에서 명시되는 스토리지 클래스(storage class)에 의해 결정된다. 예를 들어, 변수가 선언된 위치에 따른 차이를 보면, 전역변수의 경우는 프로그램이 시작할 때 메모리 할당을 받고 프로그램이 종료될 때까지 그 공간이 유지되는 반면, 지역변수는 지역변수가 선언된 함수가 호출될 때 메모리 할당을 받고 함수가 종료되면 메모리가 반납된다. 또한 전역변수의 경우는 프로그램 어디에서나 사용이 가능하지만, 지역변수는 선언된 함수 내에서만 사용이 가능하다.

변수의 스토리지 클래스는 선언문에서 지정한다. 지금까지 사용한 선언문의 형태는 자료형이 먼저 오고 그 다음 변수(식별자)를 나열하는 방식이었다. 스토리지 클래스를 지정하고 싶다면 선언문에서 자료형 앞에 명시하면 된다. 선언문에 스토리지 클래스를 명시하지 않으면, 그 변수의 스토리지 클래스는 선언문의 위치에 의해 결정된다. 스토리지 클래스로는 auto, register, extern, _Thread_local, static이 있다. _Thread_local은 쓰레드 프로그래밍을 할 때 사용하는 것이므로 여기서는 다루지 않을 것이다.

auto

함수 내에 선언된 지역 변수의 스토리지 클래스는 디폴트로 auto이다. 즉, 지금까지 함수 안에서 변수를 선언할 때 다음과 같이 했었다.

```
int i, j, k;
```

이러한 선언은 스토리지 클래스 auto를 생략한 것으로 다음과 같이 선언한 것과 같은 의미이다.

```
auto int i, j, k;
```

auto 스토리지 클래스를 갖는 변수는 그 변수가 선언된 함수가 호출될 때 메모리 할당을 받고 함수가 종료되면 메모리는 회수된다. 즉, 함수가 종료된 후에는 함수에서 선언된 변수의 값은 더 이상 유지되지 않는다. 따라서 두 번 연속하여 같은 함수를 호출했다고 해도, 두 번째 호출했을 때의 지역변수는 첫 번째 호출했을 때 그 지역변수가 가졌던 최종 값을 가지지 않는다. 또한 auto 변수는 선언문을 통해 초기화하지 않으면 임의의 값을 갖는다.

register

스토리지 클래스 register는 빠른 접근이 필요한 변수에 지정하여 메모리보다 접근시간이 빠른 레지스터에 배정될 수 있도록 한다. 만일 많이 사용하는 변수가 레지스터에 배정될 수만 있다면 프로그램 실행 속도는 빨라질 것이다. 하지만 스토리지 클래스가 register인 변수가 실제로 레지스터에 배정된다는 보장은 없다. 이것은 컴파일러가 어떻게 구현되어 있느냐에 따라 또는 사용하는 컴퓨터의 하드웨어 구성에 따라 차이가 있을 수 있다. 하지만 설령 스토리지 클래스 register를 지원하지 않는 환경이라고 해도 프로그램에서 스토리지 클래스 register로 지정된 변수는 주소와 관련된 연산자의 피연산자로 사용될 수 없다. 주소와 관련된 연산자에 관해서는 포인터 연산자를 다룰 때 다시 설명할 것이다.

스토리지 클래스가 register인 변수를 레지스터에 배정하는 컴파일러를 사용한다고 해도 레지스터의 개수는 매우 제한적이기 때문에 모든 register 변수를 레지스터에 배정할 수는 없다. 따라서 가장 많이 사용되는 변수만을 골라 사용하기 직전에 register로 선언하는 것이 좋다. 예를 들어, 반복문에서 인덱스로 사용되는 변수가 그 반복문에서 가장 빈번하게 사용되는 변수라면 다음과 같이 선언하면 좋다.

```
for (register int i; i < MAX; i++)
```

레지스터에 배정되지 않는 register 변수는 auto 변수로 취급된다. register는 auto와 마찬가지로 지역변수에만 사용할 수 있다. 또한 auto 변수와 마찬가지로 자동으로 초기화되지 않는다.

extern

단순한 프로그램이 아니라면 프로그램은 함수들을 기능별로 여러 파일에 나뉘어서 작성된다. 여러 개의 파일로 구성된 프로그램에서 전역변수를 사용할 수도 있는데, 이러한 경우 다른 파일에 정의되어 있는 전역변수를 참조하기 위해 스토리지 클래스 extern을 사용한다. 즉, extern은 변수가 외부 어딘가에 있다는 것을 알려주는 것이다.

여기서 한 가지 용어를 정리할 필요가 있다. 지금까지의 선언문은 변수의 선언과 정의를 동시에 하는 것이었다. 다른 말로 하면, 지금까지의 변수 선언문은 지정된 자료형의 변수를 사용하겠다는 의미와 이 시점에서 변수가 메모리 할당을 받는다라는 의미를 동시에 가졌다. 여기서 변수명과 그 변수의 자료형을 알려주는 것을 변수 선언이라 하고, 변수를 위해 메모리가 할당되는 것을 변수 정의라 한다. 프로그램에서 한 변수를 위한 변수 정의는 한 번만 해야 하지만, 변수 선언은 여러 번 해도 된다. extern을 사용하는 선언문은 다른 곳에 정의되어 있는 외부변수를 사용하겠다는 선언이다. 따라서 이것은 한 프로그램에 여러 번 있어도 된다.

extern으로 참조되는 외부변수(전역변수)는 프로그램이 시작할 때부터 끝날 때까지 계속 메모리에 남아 있게 되어 프로그램을 이루는 모든 함수에서 접근이 가능하다. 또한 외부변수는 디폴트로 0으로 초기화된다. 다음 예제 프로그램을 보자.

프로그램 5.7

main.c

```
#include <stdio.h>
void convertM2HM(int);
extern int hours, minutes;
extern int hours, minutes;
int main(void)
{
    int inputM;

    printf("분을 입력하세요 : ");
    scanf("%d", &inputM);

    convertM2HM(inputM);
    printf("%d분은 %d시간 %d분입니다.\n", inputM, hours, minutes);
    return 0;
}
```

func.c

```
void convertM2HM(int min)
{
    extern int hours, minutes;
    hours = min / 60;
    minutes = min % 60;
```

```
6     return;
7 }
8 int hours, minutes;
```

프로그램 5.7은 프로그램 5.6을 두 개의 파일로 만든 것이다. main.c는 main() 함수를 정의하고 있고, func.c는 convertM2HM() 함수를 정의하고 있다. 이제 프로그램을 자세히 살펴보자. main.c 파일의 3행과 4행은 선언문이다.

```
3 extern int hours, minutes;
4 extern int hours, minutes;
```

extern으로 시작하므로 외부 변수를 선언한 것이다. 3행과 4행의 내용이 똑같은데, 이것은 변수의 정의는 하나이어야 하지만 선언은 여러 번 할 수 있다는 것을 보여주기 위한 것이다. 하나를 지워도 문제없다. 외부 변수 hours와 minutes를 선언했으므로 13행에서 사용할 수 있다.

```
13    printf("%d분은 %d시간 %d분입니다.\n", inputM, hours, minutes);
```

func.c는 파일의 끝부분에 선언문이 있다.

```
8 int hours, minutes;
```

이 선언문은 함수 밖에 있고 extern으로 시작하지도 않으므로 전역변수인 hours와 minutes를 정의한 것이다. func.c에서 전역변수 hours와 minutes를 사용하고 있지만, 변수가 선언되기 전에는 그 변수를 사용할 수는 없다. 이를 해결하기 위해 다음과 같이 하고 있다.

```
3     extern int hours, minutes;
4     hours = min / 60;
5     minutes = min % 60;
```

즉, 3행의 외부변수 선언문은 8행에 정의된 전역변수를 4행과 5행에서 사용하기 위해 사용한 것이다. 만일 3행의 외부변수 선언문이 없다면, 4행과 5행의 hours와 minutes가 선언되지 않은 변수라는 컴파일 오류가 발생할 것이다.

extern에 대해 한 가지 더 이야기 할 것은 extern이 붙어 있더라고 변수 초기화가 있는 선언문은 외부변수를 정의하는 것이다. 따라서 func.c의 8행을 다음과 같이 수정해도 같은 의미이다.

```
exern int hours = 0, minutes = 0;
```

마지막으로 프로그램을 여러 파일로 작성하는 방법에 대해 알아보자. 만일 Visual Studio와 같은 통합 프로그래밍 환경을 사용하고 있다면 프로젝트에 C 파일만 더 추가하여 작성하면 된다. 프로그램 실행도 파일 하나로 구성된 프로그램과 같은 방법으로 하면 된다. 통합 프로그래밍 환경을 사용하고 있지 않다면, C 파일을 필요한 만큼 만들어서 작성한 후 컴파일할 때 모든 파일을 다 명시하면 된다. 예를 들어, 프로그램 5.7은 다음과 같이 컴파일하면 된다.

```
$ gcc main.c func.c
```

static

스토리지 클래스 static은 지역변수와 외부(전역)변수에 지정할 수 있다. 여기서는 지역변수에 static을 적용하는 것에 대해서만 설명하고 외부변수에 대한 적용에 대해서는 뒤에서 설명할 것이다. 지역변수를 위한 메모리 공간은 함수가 호출되면 배정되고 함수가 끝나면 반납된다. 하지만 지역변수 선언문에 static을 사용하면, 변수를 위한 메모리 공간이 프로그램이 종료할 때까지 유지된다. 즉, 일반적인 지역변수는 함수가 실행 중일 때에만 메모리 할당을 받기 때문에 함수가 종료되면 그 값을 유지할 방법이 없다. 하지만, static 지역변수에 할당된 메모리는 함수가 끝나더라도 계속 남아있기 때문에 다음에 그 함수가 호출됐을 때 이전 호출에서 가졌던 최종 값을 사용할 수 있다. 일반적인 지역변수는 디폴트로 초기화되지 않지만, static 지역변수는 외부변수와 마찬가지로 디폴트로 0으로 초기화된다. 다음 프로그램을 보자.

프로그램 5.8

```
#include <stdio.h>

int next_even(void);

```

```
int main(void)
{
    for (int i = 0; i < 10; i++){
        printf("%d", next_even());
        if (i != 9)
            printf(", ");
    }

    printf("\n");
    return 0;
}

int next_even(void)
{
    static int value;
    int temp;

    temp = value;
    value += 2;
    return temp;
}
```

next_even() 함수는 다음과 같이 value를 선언하고 있다.

```
// In next_even()
    static int value;
```

value 선언문 앞에 static이 있으므로 이 변수는 프로그램이 종료할 때까지 메모리에 계속 유지될 것이다. 또한 초기화를 하지 않았지만 value는 디폴트로 0으로 초기화된다.

```
    temp = value;
    value += 2;
    return temp;
```

next_even()은 호출 시점의 value 값을 리턴하고, value의 값은 2 증가시켜 다음 짝수 값을 갖도록 하고 있다. 따라서 next_even()이 처음 호출되면 0이 리턴되고, 그 다음 호출에서는 2가, 그 다음에는 4가 리턴될 것이다. 프로그램 5.8는 next_even()이 리턴하는 10개의 값을 출력하는 프로그램으로 실행결과는 다음과 같다.

```
0, 2, 4, 6, 8, 10, 12, 14, 16, 18
```

5.8 수학 함수

C는 수학 라이브러리를 제공하고 있다. 수학 라이브러리에는 삼각함수, 쌍곡선, 지수, 로그, 거듭제곱, 절대값 등을 계산하는 매우 다양한 수학 함수를 제공하고 있다. 수학 라이브러리 함수는 double 형 버전, float 형 버전, long double 형 버전을 제공한다. 각 버전들은 매개변수의 형과 함수의 형에 차이가 있다. 다루는 자료형을 고려하여 적절한 함수를 선택하여 사용하면 된다. 수학 함수는 〈math.h〉에 선언되어 있고, 복소수를 위한 수학 함수는 〈complex.h〉에 선언되어 있다. 복소수의 함수 이름은 수학 함수 이름 앞에 c 접두사를 붙인 것으로 만들어져 있다. 수학 함수에 대한 더 자세한 내용은 부록을 참조하기 바란다. 다음 프로그램을 보자.

프로그램 5.9

```
#include <stdio.h>
#include <math.h>

int main(void)
{
    float x = 0.0;
    double d = 0.0;
    long double ld = 0.0;

    printf("     x    sinf(x)  sqrt(x)  logl(x)\n");
    printf("---------------------------------\n");
    for (x = 0.0; x <= 1000.0; x += 84.37){
```

```
        ld = d = x;
        printf("%6.2f %8.4f %8.4f %8.4Lf\n",
                x, sinf(x), sqrt(d), logl(ld));
    }
    printf("--------------------------------\n");
    return 0;
}
```

프로그램 5.9는 수학 라이브러리를 사용하여 사인, 제곱근, 로그를 계산하는 프로그램이다.

```
#include <math.h>
```

수학 라이브러리를 사용하기 위해서 <math.h> 헤더 파일을 삽입하고 있다.

```
    printf("%6.2f %8.4f %8.4f %8.4Lf\n",
            x, sinf(x), sqrt(d), logl(ld));
```

for 문에서 사인, 제곱근, 로그 함수를 사용하여 값을 출력한다. 수학함수의 인자로 사용된 x, d, ld의 형은 각각 float, double, long double이기 때문에 이에 해당하는 버전의 수학 함수를 사용해야 한다. 즉, 사인 함수로는 float 형 버전인 sinf()를, 제곱근 함수로는 double 형 버전인 sqrt()를, 로그 함수로는long double 형 버전인 logl()을 사용해야 한다. 프로그램 5.9의 실행 결과는 다음과 같다.

```
     x   sinf(x)  sqrt(x)  logl(x)
----------------------------------
  0.00   0.0000   0.0000      -inf
 84.37   0.4377   9.1853    4.4352
168.74  -0.7870  12.9900    5.1284
253.11   0.9777  15.9094    5.5338
337.48  -0.9711  18.3706    5.8215
421.85   0.7686  20.5390    6.0446
506.22  -0.4110  22.4993    6.2270
590.59  -0.0294  24.3021    6.3811
674.96   0.4639  25.9800    6.5147
759.33  -0.8048  27.5559    6.6324
843.70   0.9834  29.0465    6.7378
928.07  -0.9636  30.4642    6.8331
----------------------------------
```

통합 자료형 수학 매크로

매크로에 대해서는 10장에서 자세히 설명할 것이므로 여기서는 매크로를 정의하는 방법에 대한 설명은 하지 않고 사용에 대해서만 다룰 것이다. 사용자 입장에서는 함수와 매개변수를 갖는 매크로의 사용에는 큰 차이가 없다. 따라서 매크로라고 해서 어렵게 생각할 필요 없이 함수를 사용하는 것과 같은 방법으로 사용하면 된다.

앞에서 설명한 것과 같이 〈math.h〉와 〈complex.h〉에는 다양한 수학 함수가 선언되어 있다. 수학 함수들은 대부분 실수형의 매개변수와 실수형의 리턴 값을 갖도록 정의되어 있다. 그런데 C는 다양한 실수형을 제공하고 있고 자료형을 엄격히 다루기 때문에 같은 기능을 하는 함수라도 자료형별로 구별하여 만들어 사용해야 한다. 수학 함수도 이와 같이 만들어져 있다. 즉, 각 수학함수는 double 형을 기본으로 하여, float 형, long double 형, float _Complex 형, double _Complex 형, long double _Complex 형 버전들이 따로 만들어져 있다. 물론 각 버전마다 이름이 다르다. double 형이 기본형이기 때문에 double 형 버전을 기본 이름으로 하여, 그 이름에 접미사와 접두사를 붙여 각 버전별 함수 이름을 만든다. float 형 버전은 기본형 이름에 f

접미사를, long double 형 버전은 l 접미사를, double _Complex 형 버전은 c 접두사를, float _Complex 형 버전은 c 접두사와 f 접미사를, long double _Complex 형 버전은 c 접두사와 l 접미사를 붙여 만든다. 예를 들어, 사인 함수의 double 형 버전 이름은 sin()이고, float 형 버전은 sinf(), long double 형 버전은 sinl(), double _Complex 형 버전은 csin(), float _Complex 형 버전은 csinf(), long double _Complex 형 버전은 csinl() 등의 이름을 갖는다. 따라서 자료형 마다 올바른 함수를 찾아 사용하는 것은 번거롭기도 하고 실수를 유발할 수도 있다.

통합 자료형 수학 매크로는 C11부터 제공된 것으로 각 기능별로 자료형에 상관없이 하나의 매크로만 정의되어 있다. 매크로 이름은 수학함수에서 기본형인 double 형 버전의 이름과 동일하다. 통합 자료형 수학 매크로를 사용한 프로그램을 사용하면 컴파일러는 매크로의 인자의 자료형을 확인하여 그에 해당하는 수학 함수를 호출할 수 있도록 만들어 준다. 통합 자료형 매크로를 사용하기 위해서는 〈tgmath.h〉를 포함해야 한다. 프로그램 5.10은 프로그램 5.9를 통합 자료형 수학 매크로를 사용하는 것으로 수정한 것이다.

프로그램 5.10

```
#include <stdio.h>
#include <tgmath.h>

int main(void)
{
    float x = 0.0;
    double d = 0.0;
    long double ld = 0.0;

    printf("     x     sin(x)   sqrt(x)    log(x)\n");
    printf("--------------------------------\n");
    for (x = 0.0; x <= 1000.0; x += 84.37){
        ld = d = x;
        printf("%6.2f %8.4f %8.4f %8.4Lf\n", x, sin(x), sqrt(d), log(ld));
    }
    printf("--------------------------------\n");
    return 0;
}
```

프로그램 5.10은 통합 자료형 수학 매크로를 사용하기 위해 <tgmath.h>를 포함시키고 있다.

```
#include <tgmath.h>
```

for 문에 다음과 같은 printf() 문이 있다.

```
        printf("%6.2f %8.4f %8.4f %8.4Lf\n", x, sin(x), sqrt(d), log(ld));
```

여기서 사용된 sin(), sqrt(), log()는 수학 라이브러리 함수가 아니고 <tgmath.h>에 정의된 통합 자료형 수학 매크로이다. 컴파일러는 이들을 각각 sinf(), sqrt(), logl() 수학함수로 대치할 것이다. 실행 결과는 프로그램 5.9와 같다.

5.9 함수 지정자

함수 지정자(Function specifier)로는 inline과 _Noreturn이 있다. inline은 함수 호출을 빠르게 하기 위해 사용되고, _Noreturn은 함수가 호출은 되지만 리턴되지 않음을 나타낸다. 먼저 inline에 대해 살펴보자.

inline

함수를 사용하면 여러 가지 이점을 얻을 수 있지만, 함수를 호출할 때와 함수로부터 리턴 될 때 추가적인 연산이 필요하므로 실행 시간이 길어진다는 단점이 있다. inline 함수는 함수를 사용한 구조적 프로그래밍 장점은 살리면서 프로그램의 실행 속도를 증가시키기 위해 C99에 추가되었다. inline 함수는 함수 헤더에 inline이라는 함수 지정자가 명시된다는 것만 제외하면 일반적인 함수와 모양이 똑같다. inline 함수를 정의하면, 컴파일러는 inline 함수 호출 문장을 inline 함수 몸체로 대치한다. 이렇게 대치가 일어나면 프로그램이 실행될 때, 함수 호출이 일어나지 않으므로 프로그램의 실행 시간을 줄일 수 있다. 예를 들어, 프로그램 5.11을 보자.

프로그램 5.11

```
#include <stdio.h>
inline int square(int x)
{
    return x * x;
}

int main(void)
{
    int a, b = 5;
    a = square(b);
    return 0;
}
```

square() 함수의 헤더는 다음과 같이 되어 있다.

```
inline int square(int x)
```

함수 지정자로 inline이 명시되어 있으므로 square() 함수는 inline 함수이다. 컴파일러는 프로그램 5.11을 프로그램 5.12와 같은 형식으로 변환한다.

프로그램 5.12

```
#include <stdio.h>
int main(void)
{
    int a, b = 5;
    a = b * b;
    return 0;
}
```

프로그램 5.12는 함수 호출 문장이 없으므로 함수를 사용하는 것보다 실행시간이 짧아질 것이다. 프로그램 5.11과 프로그램 5.12는 inline 함수의 일반적인 원리를 보여주는 것으로 꼭 이렇게 된다는 것은 아니다. 사실 inline 함수 지정자는 컴파일러에게 inline 처리를 하면 실행 시간에 도움이 될 것이라는 팁을 알려줄 뿐 강제적인 것은 아니다. inline 함수의 처리는 전적으로 컴파일러에게 달려있다. 컴파일러가 inline을 무시하는 경우에는 이 함수에 대한 호출은 일반 함수의 호출처럼 처리된다. 컴파일러가 inline을 무시하는 경우 프로그램 5.11은 문제가 발생할 수도 있다. 컴파일러는 2행에 정의된 square()는 inline 함수를 정의한 것이고 다른 곳에 square()의 정의가 있을 것이라고 생각한다. 따라서 10행의 square() 호출에 문제가 발생할 수도 있다.

```
10    a = square(b);
```

컴파일러가 inline을 무시하면, square() 호출 문장을 컴파일할 때 square() 함수 정의가 현재 파일에는 없으므로 다른 곳에 있을 것이라고 가정하고 찾게 된다. 하지만 이 프로그램은 하나의 파일로 작성되어 있으므로 다른 곳에서도 square() 함수 정의를 찾을 수 없을 것이고, 결국 컴파일러는 정의되지 않은 함수를 호출한다는 오류 메시지를 출력하게 된다. 이를 해결하기 위해서는 프로그램 5.11을 프로그램 5.13과 같이 수정해야 한다.

프로그램 5.13

```
 1 #include <stdio.h>
 2 static inline int square(int x)
 3 {
 4    return x * x;
 5 }
 6
 7 int main(void)
 8 {
 9    int a, b = 5;
10    a = square(b);
11    return 0;
12 }
```

프로그램 5.11과의 차이는 2행에 있다.

```
2 static inline int square(int x)
```

즉, inline 앞에 static을 명시하고 있다. static 함수에 대해서는 다음에 설명하겠지만, 간단히 설명하면 이 함수는 이 파일에서만 참조된다라는 의미를 가지는 것이다. 따라서 10행의 square() 함수 호출 문장을 컴파일할 때 다른 곳을 찾는 것이 아니라 이 정의를 사용하게 된다.

마지막으로 inline 함수를 사용할 때 주의할 것이 한 가지 있다. inline 함수를 사용하면 기본적으로 함수 호출 문장이 inline 함수 몸체로 대치된다. 따라서 길이가 긴 inline 함수를 정의하고 이를 여러 번 호출하게 되면 프로그램 크기가 커진다는 문제가 발생한다. 따라서 긴 함수를 inline 함수로 만드는 것은 바람직하지 않다.

_Noreturn

_Noreturn은 호출한 곳으로 제어를 리턴하지 않는 함수임을 나타내는 함수 지정자로 C11에 추가된 기능이다. 컴파일러는 _Noreturn 함수가 return 문을 가지고 있다면 경고 메시지를 출력한다. 프로그램 실행 중 _Noreturn 함수가 return을 하게 된다면, 그 행동 양식은 정해져있지 않다. 예를 들어 프로그램 5.14를 보자.

프로그램 5.14

```
#include <stdio.h>

_Noreturn void goodBye(void)
{
   printf("Bye!!\n");
}

int main(void)
{
   printf("Call goodBye() function...\n");
```

```
    goodBye();
    printf("Return from goodBye()\n");

    return 0;
}
```

goodBye() 함수의 헤더는 다음과 같다.

```
_Noreturn void goodBye(void)
```

함수 형 앞에 _Noreturn 함수 지정자가 있기 때문에, 컴파일러는 goodBye()가 리턴하지 않는 함수라고 인지한다. 그런데 goodBye()는 마지막 문장이 다음과 같이 되어 있다.

```
    printf("Bye!!\n");
```

즉, 이 printf() 문장이 실행되면 제어는 goodBye()를 호출한 곳으로 넘어갈 것이다. 따라서 이 프로그램을 컴파일하면 _Noreturn 함수가 리턴한다는 경고 메시지가 출력될 것이다. 하지만 실행 파일은 만들어진다. 이것을 실행하면 실행하는 환경에 따라 행동 양식이 다를 수 있다. 어떤 환경에서는 goodBye() 함수까지만 실행하고 오류 메시지를 출력한 후 종료하기도 하고, 어떤 환경에서는 정상적으로 실행될 수도 있다. 따라서 프로그램 5.14는 프로그램 5.15와 같이 수정해야 한다.

프로그램 5.15

```
#include <stdio.h>
#include <stdlib.h>

_Noreturn void goodBye(void)
{
    printf("Bye!!\n");
    abort();
}

```

```c
int main(void)
{
    printf("Call goodBye() function...\n");
    goodBye();
    printf("Return from goodBye()\n");

    return 0;
}
```

프로그램 5.15의 goodBye()의 마지막 문장은 다음과 같다.

```c
    abort();
```

abort()는 프로그램 실행을 중단하게 하는 함수로 <stdlib.h>에 선언되어 있으므로 다음과 같이 그 헤더파일을 삽입하고 있다.

```c
#include <stdlib.h>
```

goodBye()가 호출되면 abort()에 의해 프로그램은 무조건 중단되므로 컴파일시 오류가 발생하지 않을 것이다. 또한 main() 함수의 두 번째 printf()인 다음 문장도 실행되지 않을 것이다.

```c
    printf("Return from goodBye()\n");
```

프로그램 5.15의 실행결과는 다음과 같다.

```
Call goodBye() function...
Bye!!
Abort (core dumped)
```

실행 결과의 마지막 줄은 abort()에 의한 것으로 abort() 함수는 프로그램을 종료하기 전에 그 상태를 파일에 저장하기 때문에 이에 대한 메시지이다. _Noreturn을 잘못 사용하는 또 다른 유형은 함수 5.3과 같이 작성하는 것이다.

함수 5.3

```
_Noreturn void bye(int n)
{
    if (n > 0){
        printf("Bye %s!!\n", name);
        abort();
    }
}
```

함수 5.3의 bye() 함수는 n이 양수일 때에는 올바르게 동작하겠지만, 그렇지 않을 경우에는 문제가 발생할 수 있다. 사용에 주의해야 한다.

5.10 재귀 함수

어떤 함수가 직접이든 간접이든 자기 자신을 호출하면 그 함수를 재귀 함수라고 한다. 예를 들어 프로그램 5.16을 보자.

프로그램 5.16

```
1 #include <stdio.h>
2 int main(void)
3 {
4     printf("Never ending...\n");
5     main();
6     return 0;
7 }
```

main() 함수에 다음과 같은 호출 문장이 있다.

```
5     main();
```

즉, main() 함수가 자기 자신을 호출하는 문장을 가지고 있기 때문에 이 main()은 재귀 함수이다. 프로그램은 main() 함수의 마지막 문장이나 return 문을 실행하면 종료한다. 그런데 프로그램 5.16의 main() 함수는 "Never ending..."이라는 문장을 출력하고 return 문을 실행하기 전에 자기 자신을 호출한다. 호출된 main() 함수도 같은 문장을 출력하고 다시 main() 함수를 호출한다. 이러한 식으로 return 문을 실행하기 전에 main() 함수를 호출하기 때문에 프로그램은 끝나지 않고 무한히 "Never ending..."이라는 문장만 화면에 출력할 것이다. 결국 프로그램 5.16의 실행 결과는 다음과 같다.

```
Never ending...
Never ending...
Never ending...
Never ending...
Never ending...
Never ending...
        .
        .
        .
```

재귀 함수는 재귀적으로 정의되는 문제를 해결하기 위해 사용된다. 예를 들어 계승(factorial) 연산자 !은 다음과 같이 정의할 수 있다.

$$n! = \begin{cases} 1, & \text{if } n = c \\ n \times (n\text{-}1)!, & \text{if } n > c \end{cases}$$

이 정의는 n!를 (n - 1)!을 사용하여 재귀적으로 정의하고 있다. 이 정의에 의하면 n!은 n이 0일 때 1이고, 0보다 클 때에는 n × (n - 1)!이다. 또 정의에 의해 (n - 1)!은 (n - 1)이 0일 때 1이고, 0보다 크면 (n - 1) × (n - 2)!이 된다. 이러한 식으로 계속 전개하면 n! = n × (n - 1) × (n - 2) × ··· × 1을 얻을 수 있다. 이 정의에서 n이 0일 때 n! = 1이라는 초기 조건은 매우 중요한 역할을 한다. 즉, 이 초기 조건으로 인해 재귀가 멈추게 된다. 이러한 초기 조건이 없다면 재귀가 멈추지 않을 것이다. 재귀적으로 표현된 수식은 재귀 함수로 쉽게 프로그래밍할 수 있다. 예를 들어 다음 프로그램을 보자.

프로그램 5.17

```
1 #include <stdio.h>
2 int factorial_r(int n);
3 int main(void)
4 {
5     int n = 5;
6     printf("%2d! = %d\n", n, factorial_r(n));
7     return 0;
8 }
9 int factorial_r(int n)
10 {
11     if (n == 0)
12         return 1;
13     else
14         return (n * factorial_r(n - 1));
15 }
```

프로그램 5.17은 재귀적으로 정의된 계승 연산을 재귀 함수로 만들어서 프로그래밍 한 것이다.

```
// In factorial_r()
14         return (n * factorial_r(n - 1));
```

factorial_r()은 자기 자신을 호출하고 있으므로 재귀함수이다. factorial_r() 함수는 n이 0이 아니면 n * factorial_r(n – 1)을 리턴한다.

```
// In factorial_r()
11   if (n == 0)
12      return 1;
```

factorial_r() 함수의 초기 조건은 n이 0일 때로 1을 리턴한다. 함수를 따라가면, n이 1인 경우 1 * factorial_r(0)이 리턴되는데, factorail_r(0)의 값은 1이므로 결국 1 * 1인 1이 리턴된다. 조금 더 복잡한 예로 n이 5일 때를 가정해 보자. 이 경우 main()에서 factorial_r(5)를 호출하면 factorial_r() 함수는 다음과 같은 형식으로 재귀적으로 계속 호출된다.

```
factorial_r(5) : 5 * factorial_r(4)

factorial_r(4) : 4 * factorial_r(3)

factorial_r(3) : 3 * factorial_r(2)

factorial_r(2) : 2 * factorial_r(1)

factorial_r(1) : 1 * factorial_r(0)

factorial_r(0) : 1
```

콜론 왼쪽의 수식은 함수 호출을 나타내고, 콜론 오른쪽의 수식은 콜론 왼쪽과 같이 함수가 호출됐을 때 리턴되는 수식이다. 이 전개를 보면 함수 호출이 재귀적으로 일어나다가 n이 0이 될 때, 즉 factorial_r(0)이 호출되면 더 이상의 재귀 호출은 없고 그 값이 1이 되어 리턴됨을 알 수 있다. 그러면 제어는 factorial_r(1)로 넘어가고, factorial_r(1)도 1 * factorial_r(0)을 계산하여 그 값을 리턴하면서 종료한다. 이러한 식으로 재귀 호출된 함수들은 역으로 종료되면서 각 함수의 값을 결정하게 된다. 각 단계별 함수의 값은 다음과 같다.

```
factorial_r(5) : 5 * factorial_r(4) ⇒ 5 * 24 = 120

factorial_r(4) : 4 * factorial_r(3) ⇒ 4 * 6 = 24

factorial_r(3) : 3 * factorial_r(2) ⇒ 3 * 2 = 6

factorial_r(2) : 2 * factorial_r(1) ⇒ 2 * 1 = 2

factorial_r(1) : 1 * factorial_r(0) ⇒ 1 * 1 = 1

factorial_r(0) : 1
```

그림에서 제일 오른쪽에 있는 값이 콜론 왼쪽의 함수 호출의 값이다. 예를 들어 factorial_r(4)의 값은 수식 4 * factorial_r(3)의 값인 데 factorial_r(3)의 값이 6이므로 24이고, 이 값은 factorial_r(5)의 리턴 수식인 5 * factorial_r(4)를 계산하기 위해 사용된다. 결국 factorial_r(5)는 120이라는 값을 가지게 된다. 이러한 과정을 다음과 같이 기술할 수도 있다.

```
factorial_r(5) = 5 * factorial_r(4)
               = 5 * (4 * factorial_r(3))
               = 5 * (4 * (3 * factorial_r(2)))
               = 5 * (4 * (3 * (2 * factorial_r(1))))
               = 5 * (4 * (3 * (2 * (1 * factorial_r(0)))))
               = 5 * (4 * (3 * (2 * (1 * (1)))))
               = 120
```

재귀 함수는 복잡한 것 같지만 매우 유용한 프로그래밍 기술이다. 보통 재귀적으로 정의할 수 있는 수식은 재귀 함수로 프로그래밍하면 코딩이 쉬워지고 그 의미도 이해하기 쉽다. 하지만 재귀 함수는 많은 횟수의 함수 호출이 일어나기 때문에 비효율적일 수 있다. 즉 많은 함수 호출이 발생하기 때문에 메모리를 많이 사용하게 되고 실행 시간도 길어진다. 이러한 장단점을 잘 이해하고 프로그래밍 해야 한다. 특히 어떤 경우에는 재귀 함수로 작성해서는 안 되는 경우도 있다. 예를 들어 피보나지수열은 다음과 같이 재귀적으로 정의된다.

$$f_i = \begin{cases} 0, & \text{if } i = 0 \\ 1, & \text{if } i = 1 \\ f_{i-1} + f_{i-2}, & \text{if } i > 1 \end{cases}$$

피보나치수열의 재귀적 정의를 프로그램에 바로 적용하면 함수 5.4와 같이 작성할 수 있다.

함수 5.4

```
int fibonacci_r(int n)
{
   if (n <= 1)
      return n;
   else
      return (fibonacci_r(n - 1) + fibonacci_r(n - 2));
}
```

함수 5.4는 외견상 별 문제가 없어 보이지만 매우 비효율적인 함수이다. 그 이유는 함수 5.4와 같이 코딩하면 같은 인자를 가진 함수 호출이 여러 번 반복해서 발생하기 때문이다. 예를 들어 **fibonacci_r(5)**를 호출하면 다음과 같은 함수 호출이 일어난다.

```
fibonacci_r(5)
├─ fibonacci_r(4)
│   ├─ fibonacci_r(3)
│   │   ├─ fibonacci_r(2)
│   │   │   ├─ fibonacci_r(1)
│   │   │   └─ fibonacci_r(0)
│   │   └─ fibonacci_r(1)
│   └─ fibonacci_r(2)
│       ├─ fibonacci_r(1)
│       └─ fibonacci_r(0)
└─ fibonacci_r(3)
    ├─ fibonacci_r(2)
    │   ├─ fibonacci_r(1)
    │   └─ fibonacci_r(0)
    └─ fibonacci_r(1)
```

이 차트에서 알 수 있듯이 **fibonacci_r(5)**와 **fibonacci_r(4)**는 한 번 씩 호출되지만, **fibonacci_r(3)**은 두 번, **fibonacci_r(2)**는 세 번, **fibonacci_r(1)**은 다섯 번, **fibonacci_r(0)**은 세 번 호출된다. 다음 표는 피보나치수열 값과 그 값을 계산하기 위해 몇 번의 **fibonacci_r()** 함수 호출이 일어나는 지를 보여주고 있다.

n 값	fibonacci_r(n)의 값	fibonacci_r() 함수가 호출되는 횟수
0	0	1
1	1	1
2	1	3
.....	.....	.....
23	28,657	92,735
24	46,368	150,049
.....	.....	.....
42	267,914,296	866,988,873
43	433,494,437	1,402,817,465

이 표에서 알 수 있는 것처럼 함수 5.4는 작은 n 값에 대해서도 과도하게 많은 함수 호출을 하는 것을 알 수 있다. 이러한 경우에는 재귀 호출을 사용해서는 안 된다. 모든 재귀 호출은 반복문을 사용하는 것으로 수정이 가능하다. 예를 들어 함수 5.4는 함수 5.5와 같이 for 문을 사용하는 것으로 수정할 수 있다.

함수 5.5

```
int fibonacci_i(int n)
{
   int i, tmp, fib = 1, fib_p = 0;
   if (n <= 1)
      return n;
   for (i = 2; i <= n; i++){
      tmp =  fib;
      fib += fib_p;
      fib_p = tmp;
   }
   return fib;
}
```

함수 5.5는 함수 5.4에 비해 한눈에 이해하기 어렵지만 매우 효율적이다. 하지만 프로그램을 작성할 때 효율성만 강조하게 되면 프로그래밍이 어려워지고 유지보수도 매우 어려워진다. 이러한 것들을 잘 염두하고 프로그램을 작성해야 한다.

5.11 시간 함수

C는 프로그램에서 현재 시간과 프로그램의 CPU 사용 시간을 알 수 있는 함수를 제공한다. 이러한 함수는 〈time.h〉 헤더 파일에 선언되어 있다. 이 헤더 파일은 시간과 관련된 형으로 clock_t와 time_t도 정의하고 있다. 시간 함수 중 많이 사용하는 함수로는 다음과 같은 세 가지가 있다.

```
clock_t clock(void);
time_t time(time_t *p);
double difftime(time_t time1, time_t time0);
```

clock() 함수는 프로그램이 실행을 시작하여 현재까지 사용한 CPU 클록 시간을 리턴하는 함수이다. 일 초가 몇 클록인지는 CLOCKS_PER_SEC 매크로로 정의되어 있다. 이 매크로로 clock() 함수가 리턴하는 값을 나누면 실제 초를 얻을 수 있다. time() 함수는 1970년 1월 1일부터 경과된 시간을 초 단위로 환산하여 리턴한다. 인자가 NULL이 아니라면 리턴 값은 time()의 인자에도 저장된다. difftime()은 time() 함수가 리턴한 두 개의 값을 입력받아 그 차를 초 단위로 리턴한다. 시간 함수를 사용하면 프로그램에서 특정 코드 부분의 실행 시간을 측정할 수 있다. 프로그램 5.18은 10억 번 곱하기의 실행 시간을 측정하는 예제 프로그램이다.

프로그램 5.18

```
#include <stdio.h>
#include <time.h>

int main(void)
{
    int i, n = 1000000000;
    clock_t start_clock, end_clock, diff_clock, ex_time;
    float a, b = 1.3, c = 100.2;

    start_clock = clock();
    for (i = 0; i < n; i++)
        a = b * c;
    end_clock = clock();
    diff_clock = end_clock - start_clock;
    printf("%d번 곱하기 실행시간 : %d 클록\n", n, diff_clock);
    ex_time = diff_clock / CLOCKS_PER_SEC;
    printf("%d번 곱하기 실행시간 : %d 초\n", n, ex_time);
    return 0;
}
```

프로그램을 보자.

```
#include <time.h>
```

시간 함수를 사용하기 위해 <time.h> 헤더 파일을 삽입하고 있다. 이 프로그램은 clock()을 사용하여 시간을 측정한다.

```
    clock_t start_clock, end_clock, diff_clock, ex_time;
```

clock()의 함수 형은 clock_t이므로 clock()의 리턴 값을 저장하기 위해 clock_t 형의 변수들을 선언하고 있다.

```
    start_clock = clock();
    for (i = 0; i < n; i++)
        a = b * c;
    end_clock = clock();
    diff_clock = end_clock - start_clock;
```

특정 코드의 실행 시간을 알고 싶다면 그 코드의 앞과 뒤에 clock()을 호출하고 그 차를 구하면 된다. 프로그램 5.18에서는 for 문의 실행시간을 측정하기 위해 for 문의 전후에서 clock()을 호출하고 있다. 실행시간은 for 문 다음에 측정한 값인 end_clock에서 for 문 앞에 측정한 값인 start_clock을 빼면 얻을 수 있다.

```
    ex_time = diff_clock / CLOCKS_PER_SEC;
```

clock()이 리턴하는 CPU 클록 시간의 단위는 시스템마다 다르다. 1초당 클록 수는 CLOCKS_PER_SEC 매크로로 정의되어 있으므로, 클록 시간을 초 시간으로 변환하기 위해서는 클록 값을 CLOCKS_PER_SEC으로 나누면 된다. 프로그램 5.18의 실행 결과는 사용하는 시스템에 따라 다를 수 있지만 한 가지 형태는 다음과 같다.

```
1000000000번 곱하기 실행시간 : 2140 클록
1000000000번 곱하기 실행시간 : 2 초
```

특정 코드나 프로그램의 실행시간을 측정하기 위해 clock() 대신 time()을 사용할 수도 있다. 이 둘은 약간의 차이가 있기 때문에 어떤 환경에서 시간을 측정하느냐에 따라 적절한 것을 선택해야

한다. 앞에서 설명한 것과 같이 clock()은 프로그램이 시작하면서부터 사용한 CPU 클록을 알려주고, time()은 현재 시간을 알려준다. Windows를 포함하여 대부분의 운영체제는 여러 개의 프로그램이 동시에 실행되기 때문에 time()을 사용하여 실제로 흐른 시간을 측정하면 다른 프로그램이 실행한 시간까지 포함되어 측정된다. 또한 스레드(thread) 프로그램을 clock()으로 측정하면 프로그램을 구성하는 모든 스레드가 사용한 CPU 클록의 합을 알려주기 때문에 실제로 흐른 시간보다 더 많은 시간이 나올 수 있다. 이러한 것을 잘 고려하여 선택해야 한다.

요약

1. 함수는 문제를 작은 단위의 문제로 나누어서 프로그래밍 할 수 있게 하여 구조적 프로그래밍이 가능하도록 한다.

2. 함수 정의의 형식은 다음과 같다.

```
type-name function-name( parameter-list ) // 함수 헤더
{                                         // 함수 몸체
   declarations
   statements
}
```

함수의 매개변수가 없다면 parameter-list 자리에 void라고 명시하고, 함수가 리턴하는 값이 없다면 type-name을 void로 명시한다.

3. return 문은 함수를 종료하게 한다. 또한 return 다음의 수식의 값을 함수를 호출한 곳으로 전달한다.

4. 함수 호출의 일반적인 형태는 다음과 같다.

```
variable = function_name( argument-list );
```

5. 함수 원형은 컴파일러에게 함수의 모양을 알려주는 역할을 하고 그 형식은 다음과 같다.

```
type-name function-name( parameter-type-list );
```

6. 함수 호출시 지정된 인자는 함수의 매개변수로 전달되는데, C는 값에 의한 호출 방식을 사용한다. 즉, 인자의 값을 매개변수로 복사하는 방식으로 인자를 전달한다.

7. 유효범위 규칙은 식별자가 사용될 수 있는 범위에 관한 규칙이다.

8. 지역 변수는 함수 안에 선언된 변수이고, 전역 변수는 함수 밖에 선언된 변수이다. 지역 변수는 선언된 함수 안에서만 사용될 수 있는 반면, 전역 변수는 모든 함수에서 사용이 가능하다.

9. 스토리지 클래스로는 auto, register, extern, _Thread_local, static이 있다.

10. C는 다양한 수학 함수들을 라이브러리로 제공하고 있다. 실수와 관련된 수학 함수는 <math.h>에 선언되어 있고, 복소수와 관련된 수학 함수는 <complex.h>에 선언되어 있다. 수학 함수는 자료형에 따라 다양한 버전으로 제공되며 같은 기능을 하는 함수라도 자료형별로 다른 함수 이름으로 제공한다. 통합 자료형 수학 매크로는 자료형에 상관없이 기능별로 하나의 매크로만 제공하고, 사용자가 사용한 자료형을 판별하여 적합한 수학 함수를 호출하게 한다. 통합 자료형 수학 매크로를 사용하기 위해서는 <tgmath.h>를 프로그램에 포함시켜야 한다.

11. 함수 지정자로는 inline과 _Noreturn이 있다. inline은 함수 호출 문장을 함수 몸체로 대치하라는 것이고, _Noreturn은 리턴하지 않는 함수라는 것을 나타낸다.

12. 재귀 함수는 직접이든 간접이든 자기 자신을 호출하는 함수를 의미한다. 재귀 함수는 재귀적으로 정의되는 문제를 해결하기에 적합하다.

13. time()은 현재 시간을 알려주는 함수이고, clock()은 프로그램이 실행되어 지금까지 사용한 CPU 클록 수를 알려주는 함수이다. 이들은 <time.h>에 선언되어 있다. 1초당 클록 수는 CLOCKS_PER_SEC 매크로로 정의되어 있다.

연습 문제

1. m^n을 계산하는 함수를 만들고 이 함수를 사용하여 다음과 같은 표를 작성하는 프로그램일 만들어 보아라.

```
n     2^n     3^n     4^n     5^n
---------------------------------
0       1       1       1       1
1       2       3       4       5
2       4       9      16      25
            . . . .
```

단, m^n을 계산하는 함수의 원형은 다음과 같이 하여라.

```
long long power(int, int);
```

2. 연습문제 1번에서 작성한 power() 함수를 사용하여 다음 코드를 포함하는 프로그램을 작성하여라.

```
int i;
printf("1) power(4, 5) : %d\n", power(4, 5));
printf("2) power(5, 4) : %d\n", power(5, 4));

i = 4;
printf("1-1) power(i, ++i) : %d\n", power(i, ++i));
printf("2-1) power(i, --i) : %d\n", power(i, --i));
```

1)과 1-1), 2)와 2-1)의 결과가 같겠는가? 프로그램을 작성하여 확인해보아라. 만일 결과가 같지 않다면 그 이유를 설명해 보아라. 사실 이 결과는 시스템에 따라 같을 수도 있고 다를 수도 있다.

3. 주어진 수가 소수인지 검사하여 소수이면 1을, 아니면 0을 리턴하는 함수를 정의하여라. 단 함수 헤더는 다음과 같이 하여라.

```
int is_prime(int n)
```

is_prime() 함수를 사용하여 2부터 시작하여 20개의 소수를 출력하는 프로그램을 작성하고 결과를 확인해보아라.

4. Goldbach의 추측은 “2보다 큰 모든 짝수는 두 개의 소수의 합으로 표현될 수 있다.”는 것이다. 이 추측은 아직 증명되지 않았지만 컴퓨터를 사용하여 4×10^{18}보다 작은 수까지는 이 추측이 맞음이 확인되었다. 주어진 짝수를 두 소수의 합으로 표현할 수 있는지를 알아보는 함수를 정의하고, 이를 확인할 수 있는 프로그램을 작성하여라. 단 프로그램의 출력은 다음과 같이 하여라.

```
$ goldbach
짝수를 입력하세요 : 23
홀수를 입력했습니다.
$ goldbach
짝수를 입력하세요 : 12
12 = 5 + 7
```

5. 피보나치 소수란 소수인 피보나치 수를 의미한다. 재미있는 것은 n이 4일 때를 제외하면 n 번째 피보나치 수인 F(n)이 소수이면 n도 소수라는 것이다. 입력된 n에 대해 F(n)을 계산하고 두 수가 모두 소수일 때 F(n)을 리턴하고 아니면 0을 리턴하는 함수를 작성하여라. 단 함수의 원형은 다음과 같이 하여라.

```
int is_fib_prime(int);
```

프로그램을 작성하여 is_fib_prime()이 올바르게 동작하는지 확인해보아라. 단 프로그램의 출력은 다음과 같이 하여라.

```
n     F(n)
----------
3        2
5        5
7       13
    . . .
```

6. 소인수 분해 함수를 작성하여라. 이 함수는 자연수를 인자로 받아서 그 자연수를 소수의 곱으로 나타내야 한다. 사용자로부터 자연수를 받아들여 작성한 함수를 호출하는 프로그램을 만들어 확인해 보아라. 단 다음과 같이 출력되도록 하여라.

```
$ factorize
자연수를 입력하세요 : -10
양수를 입력하세요.
$ factorize
자연수를 입력하세요 : 9
9 = 3 * 3
$ factorize
자연수를 입력하세요 : 17
17 = 17
$ factorize
자연수를 입력하세요 : 8
8 = 2 * 2 * 2
```

7. 체질량지수(BMI)는 성인의 지방 양을 추정하기 위한 것으로 다음과 같이 계산된다.

$$BMI = \frac{\text{체중(kg)}}{\text{신장(m)} \times \text{신장(m)}}$$

BMI의 값에 따라 체중 상태는 다음과 같이 분류된다.

BMI	체중 상태
18.5 이하	저체중
18.5 ~ 24.9	정상
25.0 ~ 29.9	과체중
30.0 이상	비만

BMI를 계산하는 함수를 작성하여라. 그리고 체중과 신장을 입력받고, BMI을 구하는 함수를 호출하여 그 값을 출력하고, 그 값에 따라 저체중, 정상, 과체중, 비만 등을 출력하는 프로그램을 작성하여라. 단 신장은 cm 단위로 입력받고, BMI 지수는 소수점 둘째 자리까지만 출력하여라. 프로그램의 출력은 다음과 같이 하여라.

```
$ BMI
몸무게 : 73
신장 : 173
당신의 BMI 지수 : 24.39
정상입니다.
```

8. 다음 프로그램은 어떤 값들을 출력하겠는가? 먼저 답을 쓰고, 프로그램을 작성한 후에 답을 검사해 보아라.

```
#include <stdio.h>
int main(void)
{
   int  a = 1, b = 2, c = 3;
   printf("%3d%3d%3d\n", a, b, c);
   {
      int     b = 4;
      int     c = 5;
      printf("%3d%3d%3d\n", a, b, c);
```

```
        a = b;
        {
            int    c = 6;
            c = b;
            printf("%3d%3d%3d\n", a, b, c);
        }
        printf("%3d%3d%3d\n", a, b, c);
        {
            printf("%3d%3d%3d\n", a, b, c);
        }
        printf("%3d%3d%3d\n", a, b, c);
    }
    printf("%3d%3d%3d\n", a, b, c);
    return 0;
}
```

9. 다음 프로그램은 z 값으로 어떤 값을 출력하겠는가? 답을 쓰고 그 이유를 설명하여라.

```
#include <stdio.h>
int   z;
void f(int x)
{
    x = 2;
    z += x;
}
int main(void)
{
    z = 5;
    f(z);
    printf("z = %d\n", z);
    return 0;
}
```

10. a가 0이 아닐 때 2차 방정식 $ax^2+bx+c=0$의 해는 $\frac{1}{2a}(-b+\sqrt{b^2-4ac})$ 와 $\frac{1}{2a}(-b-\sqrt{b^2-4ac})$ 이다. a, b, c를 인자로 받아 2차 다항식의 해를 출력하는 함수를 작성하고, 이 함수를 사용하는 프로그램을 작성하여 올바르게 수행되는지 확인하여라. 단 판별식인 b^2-4ac가 양수일 때 두 실근을 갖고, 0일 때에는 중근, 음수일 때에는 두 허근을 갖는다는 것을 상기하여 프로그램을 작성하여라. 다음과 같이 출력되도록 하여라.

```
$ poly
a, b, c를 입력하세요 : 0 2 12
a가 0입니다. 다시 입력하세요.
a, b, c를 입력하세요 : 1 -4 4
1*x^2 + -4*x + 4
x = 2.00
$ poly
a, b, c를 입력하세요 : 1 6 7
1*x^2 + 6*x + 7
x1 = -4.414
x2 = -1.586
$ poly
a, b, c를 입력하세요 : 2 2 2
2*x^2 + 2*x + 2
x1 = -0.500 - 0.866i
x2 = -0.500 + 0.866i
```

11. 다음 프로그램은 수학 라이브러리 함수인 pow() 함수를 사용하지만 <math.h> 헤더 파일을 포함시키지 않았다. 실행해보아라. 컴파일 오류가 발생하는가? 컴파일된다면 올바른 결과가 나오는지 확인해 보아라.

```
#include <stdio.h>
int main(void)
{
    int i;
```

```
    printf(" i            i^i\n");
    for (i = 1; i <= 10; i++)
        printf("%2d %15.2f\n", i, pow(i, i));
    return 0;
}
```

프로그램에 다음과 같은 함수 원형을 삽입하면 어떤 결과가 나오는지 확인해 보아라.

```
double pow(double, double);
```

pow() 함수는 라이브러리 함수이므로 프로그램에 <math.h>나 pow()의 함수 원형을 포함시키지 않아도 컴파일될 것이다. 다만 pow() 함수의 원형을 제공하지 않으면 컴파일러는 pow()가 어떤 모양의 함수인지 모르기 때문에 올바른 호출을 할 수 없다. 프로그래머는 라이브러리 함수를 사용할 때에도 올바른 함수의 모양을 알려줘야 한다. 라이브러리 함수의 모양을 알고 있다면 함수의 원형을 직접 적어도 되지만, 적절한 헤더 파일을 포함시키는 것이 보통이다.

12. sin 그래프를 그리는 함수를 작성하고 프로그램을 작성하여 확인해 보아라. 단 이 함수는 수학 함수인 sin() 함수를 사용하고 [2,2π]구간에서 다음과 같은 식으로 출력하게 하여라. 즉 예제 그림과 같이 x 축과 y 축을 바꾸어서 출력하면 쉬울 것이다.

```
    *
    | *
    |   *
    |     *
    |       *
    |     *
    |   *
    | *
    *
  * |
   . . .
```

13. sqrt() 함수의 인자로 음수를 사용하면 어떻게 되는지 알아보아라. 어떤 컴파일러는 sqrt(-1.0)과 같은 호출에 대해 실행시간 오류를 발생시키고, 어떤 컴파일러는 NaN(Not a number)라는 값을 리턴한다. 다음 코드를 포함하는 프로그램을 작성하여 어떻게 되는지 확인해보아라.

```
printf("sqrt(-1.0) = %f\n", sqrt(-1.0));
```

14. pow(x, x)를 호출할 때 x의 값이 너무 크면 실행시간 오류가 발생되거나, pow(x, x) 값을 printf()로 출력할 경우 Inf 또는 Infinity가 출력된다. 사용하고 있는 컴퓨터에서 다음 문장을 사용하여 실행 오류나 Inf 또는 Infinity를 출력하지 않는 가장 큰 x 값을 찾아보아라.

```
printf("pow(%.1f, %.1f) = %.7e\n", x, x, pow(x, x));
```

15. 프로그램 5.18의 실행 결과를 적어라. 프로그램 5.18의 11행의 for 문에서 i를 register 변수로 선언한 다음 다시 실행한 후 그 결과를 적어보아라. 처음 결과와 차이가 있는지 확인해보아라. 차이가 있다면 이유를 설명하여라.

16. 다음 프로그램을 보자.

```
#include <stdio.h>
int main(void)
{
   printf("%3d%3d%3d\n", a, b, c);
   return 0;
}
int   a = 1, b = 2, c = 3;
```

프로그램을 컴파일하고 실행해보아라. 컴파일되고 실행되는가? 만일 안 된다면 그 이유를 설명하여라. 또한 프로그램에 적절한 선언문을 삽입하여 그 문제를 해결해 보아라. 선언문을 어떻게 작성하였는지 써라.

17. 프로그램 5.16은 무한히 실행된다. 이것을 "Never ending..."을 10 번만 출력하고 종료하도록 프로그램을 수정하여라. 단 기존의 재귀 호출은 그대로 둬야하고 반복문도 사용하지 말아야 한다.

18. 자연수 h에 대해 hailstone 수열은 다음과 같이 생성된다.

$$h_{i+1} = \begin{cases} h_i/2, & \text{if } h_i\text{가 짝수} \\ 3h_i+1, & \text{if } h_i\text{가 홀수} \end{cases}$$

이 수열은 h_i 값이 1이 될 때까지 진행한다. 모든 자연수의 hailstone 수열이 1로 수렴하는지는 아직 증명되지 않았다. hailstone 수열을 생성하는 재귀 함수를 작성하여라. 단 함수 헤드는 다음과 같이 하여라.

```
void hailstone(int h)
```

또한 이 함수는 h에 의해 생성되는 수열을 한 줄에 5 개씩 출력하고, h에 의해 생성된 수의 개수를 출력해야 한다. 프로그램의 출력은 다음과 같이 하여라.

```
자연수를 하나 입력하세요 : 77
77 hailstone 수열:
 77 232 116  58  29
 88  44  22  11  34
 17  52  26  13  40
 20  10   5  16   8
  4   2   1
수열 개수 : 23
```

19. 두 자연수 m과 n(m ≤ n)을 입력받아 첫 줄에는 m 개의 별표를 출력하고, 다음 줄에는 m + 1 개의 별표를 출력하고, 이러한 식으로 각 행마다 별표를 하나씩 증가시키면서 출력하다가 n 개의 별표를 출력한 다음에는 별표를 하나씩 감소하면서 출력하고 m 개의 별표를 출력하는 행에 도달하면 종료하는 함수를 작성하여라. 이 함수는 m과 n 두 정수를 매개변수로 갖고 재귀 함수로 정의해야한다. 이 함수를 사용하는 프로그램을 작성하여 확인하여라. 출력 결과는 다음과 같이 하여라.

```
두 수를 입력하세요 : 2 5
**
***
****
*****
****
***
**
```

20. rand() 함수를 사용하여 10개의 무작위 수를 출력하는 프로그램을 작성하여라. 프로그램을 세 번 실행하여 출력되는 수가 같은지 확인해보아라. 아마 매번 같은 10 개의 수가 출력될 것이다. 그 이유는 rand() 함수는 seed 값을 바탕으로 무작위 수를 생성하는 데 프로그램이 시작될 때 매번 같은 값으로 seed가 초기화되기 때문이다. seed 값을 다른 값으로 초기화하기 위해서는 srand() 함수를 사용한다. srand()는 인자로 지정된 값으로 seed를 초기화하는 함수이다. srand()의 인자가 프로그램이 실행될 때마다 매번 다른 값을 갖도록 하기 위해서 보통 사용하는 방법은 srand()의 인자로 현재 시간을 알려주는 time()을 사용하는 것이다. 앞에서 작성한 프로그램에서 rand()를 사용하기 전에 다음 문장을 삽입한 후 프로그램을 세 번 실행해보고 매번 다른 무작위 수가 생성되는지 확인해 보아라.

```
srand(time(NULL));
```

참고: srand(), rand(), time()을 사용하기 위해서는 프로그램에 〈stdlib.h〉와 〈time.h〉를 삽입해야 한다.

제 6 장

배열

지금까지는 적은 개수의 데이터만을 다루는 프로그램을 보았다. 그런데 프로그램은 대량의 데이터를 다루는 것이 일반적이다. 성적처리 프로그램을 작성한다면 성적 개수만큼의 데이터를 다루어야 하고, 월급 처리 프로그램을 작성한다면 직원 수 만큼의 데이터를 다루어야 한다. 프로그램에서는 다루고자하는 데이터 개수만큼의 변수가 필요하다. 대량의 데이터를 다룰 때 앞에서 배운 일반 변수를 사용한다면 변수를 선언하는 것도 어려울 뿐만 아니라 프로그램을 작성하는 것도 어렵다.

예를 들어 30명 학생을 위한 성적 평균을 구하고 성적순으로 출력하는 성적 처리 프로그램을 작성해야 한다고 가정해 보자. 성적 평균은 성적들을 하나씩 읽으면서 성적의 합을 구한 다음 30으로 나누면 될 것이다. 이를 위해서는 성적을 읽어드릴 때 사용할 변수와 합과 평균을 저장할 변수만 선언하여 프로그래밍 하면 된다. 그러나 성적을 성적순으로 출력해야 한다면 모든 성적들을 서로 비교해야하기 때문에 각 성적을 저장할 변수들이 필요하다. 성적을 저장할 변수들을 앞에서 배운 대로 선언하면 다음과 같이 할 수 있다.

```
int grade0, grade1, grade2, grade3, . . ., grade29;
```

이런 식으로 선언할 수 있지만 처리하고자 하는 데이터의 수가 많아지면 변수를 선언하는 것도 점점 어려워지고 데이터를 읽어드리는 코드만 해도 상당히 길어질 것이다. 또한 이런 식으로 선언된 변수를 크기순으로 정렬해야 한다면, 그 코드는 너무 복잡해지고 어려워진다. 예를 들어 세 개의 성적을 정렬한다고 해도 다음과 같은 복잡한 코드가 필요하다.

```
if (grade0 <= grade1)
   if (grade1 <= grade2)
      printf("%d, %d, %d\n", grade0, grade1, grade2);
   else if (grade0 <= grade2)
      printf("%d, %d, %d\n", grade0, grade2, grade1);
   else
      printf("%d, %d, %d\n", grade2, grade0, grade1);
else
   if (grade0 <= grade2)
      printf("%d, %d, %d\n", grade1, grade0, grade2);
   else if (grade1 <= grade2)
      printf("%d, %d, %d\n", grade1, grade2, grade0);
   else
      printf("%d, %d, %d\n", grade2, grade1, grade0);
```

C는 많은 데이터를 다룰 때 효율적으로 프로그래밍 할 수 있게 하는 배열(array)을 제공한다. 배열을 사용하면 많은 변수(원소)를 한 번에 선언할 수 있고, 배열의 원소는 인덱스로 접근하기 때문에 대량의 데이터를 다루는 코드를 단순하게 만들 수 있다. 이 장에서는 1차원 배열, 다차원 배열, 함수에서의 배열 사용에 대해 설명한다.

6.1 1차원 배열

변수는 하나의 데이터만을 저장할 수 있다. 급여 관리, 고객 관리, 성적처리, 등과 같이 대량의 데이터를 다루어야 하는 프로그램에서 일반 변수는 적합하지 않다. C는 대량의 데이터를 효율적으로 다룰 수 있도록 배열을 제공한다. 배열은 같은 자료형의 많은 데이터를 저장할 수 있는 자료구조이다. 배열의 각 개체를 원소(element)라고 한다. 먼저 1차원 배열부터 살펴보자. 1차원 배열은 다음과 같이 선언한다.

```
type-name array-name[size];
```

type-name은 배열 원소의 자료형이고, array-name은 배열을 식별하는 식별자이며, size는 배열을 이루는 원소의 개수이다. 이렇게 선언하면 메모리의 연속된 공간에 type-name 자료형의 원소가 size 개 저장될 수 있는 공간이 할당되고, 각 원소는 array-name에 각괄호를 사용한 인덱스를 붙여 식별된다. 원소의 인덱스는 0부터 시작하고, 제일 마지막 원소의 인덱스는 size - 1 이다. 예를 들어, 5명의 수학 성적을 다루기 위한 배열은 다음과 같이 선언할 수 있다.

```
int math[5];
```

이 선언은 int 형 원소 5개로 구성된 math라는 배열을 선언한 것이다. 이것은 마치 int 형 변수를 5개 선언한 것과 같다. math의 각 원소는 math 뒤에 각괄호 안의 인덱스를 붙여 구별한다. 인덱스는 0부터 시작하기 때문에 math 배열의 각 원소는 math[0], math[1], math[2], math[3], math[4]로 참조된다. 또한 math의 원소들은 메모리에 다음과 같이 연속된 공간에 배정된다.

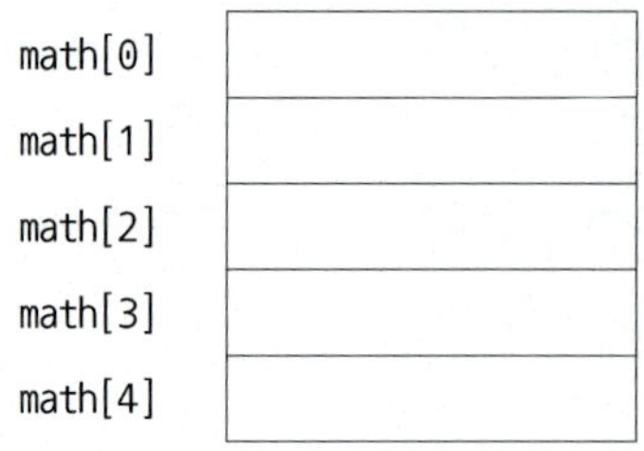

배열 원소의 인덱스는 정수 상수뿐만 아니라 정수 수식도 사용할 수 있다. 따라서 i가 정수형일 때, math[i], math[i + 2], math[i * 2 + 2]와 같이 쓸 수 있다. 만일 i가 1이라면 이들은 각각 math[1], math[3], math[4]를 의미한다. 배열 원소는 일반 변수를 사용할 때와 같은 방식으로 사용될 수 있다. 예를 들어 다음 문장을 보자.

```
math[0] = 100;
sum = math[0] + math[1] + math[2];
```

첫 번째 문장은 math 배열의 첫 번째 원소에 100을 배정하는 것이고, 두 번째 문장은 math의 첫 3개의 원소의 합을 sum에 저장하는 것이다.

배열을 사용할 때에는 특별한 경우가 아니라면 모든 원소를 한꺼번에 접근하는 경우가 대부분이다. 예를 들어, 배열의 총합이나 평균 값, 최대 값, 최소 값, 정렬 등을 해야 하는 경우가 많이 발생하기 때문이다. 배열의 모든 원소를 접근할 때에는 반복문을 사용하여 접근한다. 예를 들어 수학 성적의 총합과 평균을 구해야 한다면 다음과 같이 for 문을 사용하여 작성할 수 있다.

```
for (i = sum = 0; i < 5; i++)
   sum += math[i];
average = sum / 5.0;
```

배열의 원소는 인덱스가 0부터 시작하기 때문에 for 문에서 i의 값을 0으로 초기화한 것을 알 수 있다. 또한 math 배열 크기는 5이기 때문에 종료 조건은 i < 5로 하였다. 결국 sum에는 math[0]부터 math[4]까지의 값이 더해지게 되어, math의 총합을 갖게 된다. 평균은 총합을 원소의 개수인 5로 나누면 구할 수 있다. 주의할 것은 sum / 5가 아니라 sum / 5.0으로 해야 한다는 것이다.

배열을 사용할 때 주의할 것은 배열 원소를 참조할 때 인덱스가 배열 크기를 넘어가지 않게 해야 한다는 것이다. 즉 앞의 예제 코드에서 for 문의 종료조건을 i < 5 대신 i < 10으로 해도 컴파일 오류가 발생하지 않지만, math[5]부터는 없는 원소이기 때문에 실행 오류가 발생하거나 아니면 실

행은 되도 이상한 값을 참조하여 예상하지 못한 결과를 갖게 될 것이다. 프로그램을 작성할 때 어려운 순간 중 하나가 프로그램은 정상적으로 실행되는데 이상한 값을 출력할 때이다. 이러한 경우 문제를 일으키는 원인을 찾아내는데 많은 어려움이 있다. 따라서 이러한 일이 발생하지 않도록 해야 한다. 다시 한 번 강조하지만 C는 배열의 범위를 검사해주지 않기 때문에 배열 범위를 벗어나지 않게 배열 원소를 참조하는 것은 프로그래머의 책임이다. 다음 프로그램을 보자.

프로그램 6.1

```
#include <stdio.h>

int main(void)
{
   int math[10];
   int i, sum, max, min;
   float average;

   // 성적 입력
   for (i = 0; i < 10; i++) {
      printf("%d 번째 수학 성적을 입력하세요 : ", i);
      scanf("%d", &math[i]);
   }

   // 평균 계산
   for (i = sum = 0; i < 10; i++)
      sum += math[i];
   average = sum / 10.0;

   // 최대/최소 값
   max = min = math[0];
   for (i = 1; i < 10; i++)
      if (math[i] > max)
         max = math[i];
      else if (math[i] < min)
         min = math[i];

   // 출력
   printf("성적 평균 : %.2f\n", average);
   printf("최고 점수 : %d\n", max);
   printf("최저 점수 : %d\n", min);

   return 0;
}
```

프로그램 6.1은 배열을 사용하여 성적을 읽어드리고 평균, 최댓값, 최솟값을 출력하는 프로그램이다.

```
5    int math[10];
```

수학 성적 10개를 저장하기 위해 크기가 10인 math 배열을 선언하고 있다. 이 선언에 의해 math는 메모리에 int 형 크기의 공간을 10개 할당받을 것이다.

```
9     // 성적 입력
10    for (i = 0; i < 10; i++) {
11       printf("%d 번째 수학 성적을 입력하세요 : ", i);
12       scanf("%d", &math[i]);
13    }
```

첫 번째 for 문은 math 배열로 성적을 입력받는 것이다. 12행에서 볼 수 있는 것처럼 math 배열의 원소인 math[i]는 일반 변수와 똑같은 방법으로 사용된다. for 문에서 i는 0부터 9까지 값을 차례로 가지므로, 입력되는 성적은 math[0]부터 math[9]에 차례대로 저장된다. 만일 80, 90, 99, 77, 89, 60, 88, 83, 94, 97을 입력했다면, math 배열의 원소들은 다음과 같은 값을 가질 것이다.

math[0]	80
math[1]	90
math[2]	99
math[3]	77
math[4]	89
math[5]	60
math[6]	88
math[7]	83
math[8]	94
math[9]	97

두 번째 for 문은 성적의 합을 구하는 것이다.

```
15    // 평균 계산
16    for (i = sum = 0; i < 10; i++)
17       sum += math[i];
```

```
average = sum / 10.0;
```

for 문에서 math의 모든 원소들의 값을 sum에 더하여 총합을 계산하고, 그 결과를 사용하여 average를 계산한다. 세 번째 for 문은 최댓값과 최솟값을 구하는 것이다.

```
// 최대/최소 값
max = min = math[0];
for (i = 1; i < 10; i++)
   if (math[i] > max)
      max = math[i];
   else if (math[i] < min)
      min = math[i];
```

for 문을 사용하여 모든 원소의 값을 검색하면서 제일 큰 값은 max에, 제일 작은 값은 min에 저장하도록 하고 있다. 프로그램 6.1의 실행 결과는 다음과 같다.

```
0 번째 수학 성적을 입력하세요 : 80
1 번째 수학 성적을 입력하세요 : 90
2 번째 수학 성적을 입력하세요 : 99
3 번째 수학 성적을 입력하세요 : 77
4 번째 수학 성적을 입력하세요 : 89
5 번째 수학 성적을 입력하세요 : 60
6 번째 수학 성적을 입력하세요 : 88
7 번째 수학 성적을 입력하세요 : 83
8 번째 수학 성적을 입력하세요 : 94
9 번째 수학 성적을 입력하세요 : 97
성적 평균 : 85.70
최고 점값 : 99
최저 점수 : 60
```

기호 상수

프로그램 6.1은 현재 10개의 성적만을 다루도록 되어 있지만 기본적으로 다양한 개수의 성적을 다룰 수 있다. 예를 들어 30 개의 성적을 다루어야 한다고 해도 이 프로그램의 구조는 변하지 않는다. 즉 30개의 성적을 다루고자 한다면 이 프로그램에서 모든 10을 30으로 수정하면 된다. 이러한 작업이 쉬운 것처럼 보이만 프로그램이 길어지고 복잡해지면 어떤 숫자가 이와 관련된 숫자인지 혼동되기 쉽기 때문에 쉬운 작업만은 아니다. 따라서 배열을 사용할 때에는 기호 상수를 많이 사용한다. 기호 상수는 다음과 같은 형식으로 정의한다.

```
#define    N    10
```

이렇게 선언된 N을 기호 상수라고 하고, N은 상수 10과 똑같이 취급된다. 이렇게 정의된 N은 상수이기 때문에 N에 다른 값을 배정할 수 없다. 이것에 대한 자세한 설명은 10장에서 다시 할 것이다. 프로그램 6.2는 프로그램 6.1을 수정한 프로그램이다.

프로그램 6.2

```
#include <stdio.h>
#define SIZE 10

int main(void)
{
    int math[SIZE];
    int i, sum, max, min;
    float average;

    // 성적 입력
    for (i = 0; i < SIZE; i++) {
        printf("%d 번째 수학 성적을 입력하세요 : ", i);
        scanf("%d", &math[i]);
    }

    // 평균 계산
    for (i = sum = 0; i < SIZE; i++)
        sum += math[i];□
```

```
19    average = sum / (float)SIZE;
20
21    // 최대/최소 값
22    max = min = math[0];
23    for (i = 1; i < SIZE; i++)
24       if (math[i] > max)
25          max = math[i];
26       else if (math[i] < min)
27          min = math[i];
28
29    // 출력
30    printf("성적 평균 : %.2f\n", average);
31    printf("최고 점값 : %d\n", max);
32    printf("최저 점수 : %d\n", min);
33
34    return 0;
35 }
```

프로그램 6.2는 기호 상수를 사용하고 있다.

```
2 #define SIZE 10
```

기호 상수 SIZE는 상수 10과 같이 일반 상수처럼 사용하면 된다.

```
11    for (i = 0; i < SIZE; i++) {
19    average = sum / (float)SIZE;
```

11행에서는 SIZE를 for 문의 종료 조건 수식에 사용하고 있고, 19행에서는 산술 수식에서 사용하고 있다. 또한 SIZE는 10으로 정의되었기 때문에 int 형이므로 올바른 평균값을 계산하기 위해 캐스트 연산자를 사용하여 SIZE의 형을 float으로 변경하고 있다. 프로그램을 이렇게 수정하면, 프로그램이 다루는 데이터 개수가 바뀔 때 프로그램의 모든 부분을 검사할 필요 없이 기호 상수를 정의하는 부분만을 수정하면 된다. 만일 30명의 성적을 처리해야 한다면 2행을 다음과 같이 수정하면 된다.

```
2 #define SIZE 30
```

기호 상수를 사용하면 프로그램의 수정이 쉬워질 뿐만 아니라 프로그램을 이해하기도 쉬워진다. 즉, 프로그램에서 상수를 사용하면 그 의미를 이해하기가 힘들지만, 기호 상수와 같은 문자 또는 단어를 사용하면 의미를 파악하기가 좋다. 그렇기 때문에 배열에서뿐만 아니라 상수를 사용하는 자리에 그 의미를 잘 표현하는 기호 상수를 활용하는 것이 좋다.

6.2 배열의 초기화

배열도 선언문에서 초기화할 수 있다. 선언문에서 초기화할 때, 일반 변수는 한 값만을 갖기 때문에 상수 하나를 배정하면 되지만, 배열은 여러 개의 원소로 구성되기 때문에 초기화를 위한 값들을 중괄호로 묶은 초기화 목록을 배정해야 한다. 예를 들어, math 배열을 선언과 동시에 초기화하고 싶다면 다음과 같이 한다.

```
int math[5] = {88, 92, 75, 100, 55};
```

이렇게 하면 math[0]은 88, math[1]은 92, math[2]는 75 등과 같이 배열의 첫 번째 원소부터 시작하여 순서대로 초기화된다. 초기화 목록의 각 값을 초기화자(initializer)라고 하고, 대부분의 경우 배열 크기만큼의 초기화자를 사용하여 초기화 한다. 만일 초기화자의 개수가 배열 크기보다 작으면, 배열 첫 번째 원소부터 순서대로 초기화되다가 남는 원소들은 0으로 초기화된다. 예를 들어 다음 선언문을 보자.

```
int math[5] = {100, 90, 99};
```

이 선언문에 의해 math[0]은 100, math[1]은 90, math[2]는 99로 초기화되고, 대응되는 초기화자가 없는 원소들은 모두 0으로 초기화된다. 따라서 math[3]과 math[4]는 0으로 초기화될 것이다. 만일 모든 원소를 0으로 초기화하고 싶다면 다음과 같이 하면 된다.

```
int math[5] = {0};
```

배열을 초기화하는 선언문에서 배열의 크기를 명시하지 않는 경우도 있다. 이때에는 초기화자의 개수가 배열의 크기로 설정된다. 예를 들어 다음 선언문은 english 배열의 크기가 명시되어 있지 않는데, 초기화자의 개수가 6개 이므로 english 배열의 크기는 6이 된다.

```
int english[] = {88, 92, 75, 100, 55, 0};
```

따라서 다음과 같이 선언한 것과 같은 의미이다.

```
int english[6] = {88, 92, 75, 100, 55, 0};
```

기본적으로 배열의 초기화는 첫 번째 원소부터 차례대로 되지만 특정한 원소만을 초기화하고 싶다면, 초기화자 앞에 그 원소의 인덱스를 붙여서 초기화할 수 있다. 예를 들어, 다음 선언을 보자.

```
int science[10] = {100, 90, [4] = 40, 55, [1] = 99};
```

이 선언문은 초기화 목록에 각괄호([ ])를 사용하여 초기화하고자 하는 원소를 지정하는 초기화자가 있다. 이렇게 초기화하면 목록의 첫 번째 초기화자로부터 시작하여 원소를 초기화하다가 각괄호가 나오면 초기화하는 순서가 지정된 원소부터 다시 진행된다. 또한 이러한 식으로 초기화하다가 만일 이미 초기화된 원소가 있다면 새로운 값으로 다시 초기화된다. 따라서 이 선언문은 science[0]을 100, science[1]을 99, science[4]를 40, science[5]를 55, 그리고 나머지 원소를 0으로 초기화하는 것이다. science[1]은 처음에는 90으로 초기화되었다가 목록의 제일 뒤에 있는 초기화자에 의해 99로 다시 초기화된다.

마지막으로, 선언문에서 배열의 원소를 0이 아닌 같은 값으로 모두 초기화하는 단순한 방법은 없다. 보통 그럴 때에는 for 문을 사용하여 초기화 한다. 예를 들어 science 배열의 모든 원소를 93으로 초기화하고 싶다면 다음과 같이 하면 된다.

```
for (i = 0; i < SIZE; i++)
      science[i] = 93;
```

이제 예제 프로그램을 보자.

프로그램 6.3

```
#include <stdio.h>
#define    N    10
int main(void)
{
   int fib[N] = {0, 1};
   int i;

```

```c
    // 피보나치수열 생성
    for (i = 2; i < N; i++)
        fib[i] = fib[i - 1] + fib[i - 2];

    // 피보나치 출력
    printf("피보나치 수 : ");
    for (i = 0; i < N; i++)
        printf("%d ", fib[i]);
    printf("\n");

    return 0;
}
```

프로그램 6.3은 피보나치수열을 출력하는 프로그램이다. 피보나치수열은 0, 1로 시작하고 그 다음부터는 바로 앞의 두 수를 더해서 생성한다.

```c
int fib[N] = {0, 1};
```

피보나치수열 10개를 생성하기 위해 크기가 10인 fib 배열을 선언하고 있다. 피보나치수열은 0과 1로 시작하므로 fib[0]과 fib[1]을 각각 0과 1로 초기화하고 나머지 원소들을 0으로 초기화한다.

```c
// 피보나치수열 생성
for (i = 2; i < N; i++)
    fib[i] = fib[i - 1] + fib[i - 2];
```

세 번째 피보나치수열부터는 for 문을 사용하여 이전 두 원소를 더 하여 생성한다. 프로그램 6.3의 실행결과는 다음과 같다.

```
피보나치 수 : 0 1 1 2 3 5 8 13 21 34
```

6.3 다차원 배열

데이터는 여러 개의 속성을 가질 수 있다. 예를 들어, 다음 데이터를 보자.

과목 이름	국어	영어	수학	과학
Noah	85	90	88	99
Emma	82	87	75	90
Liam	79	88	92	88
Olivia	99	75	81	75
Logan	85	92	77	92
Ava	100	85	81	67
William	76	95	87	90

이 표의 성적 값은 학생과 과목이라는 두 개의 속성을 갖는다. 이러한 데이터를 1차원 배열에 저장하면 과목별 평균, 학생별 평균 등과 같은 것을 계산하는데 매우 비효율적이다. 이렇게 두 가지 속성을 가지는 데이터는 2차원 배열을 사용해서 다루는 것이 좋다.

C는 2차원 이상의 다차원 배열도 지원한다. 다차원 배열은 1차원 배열을 선언하는 것과 유사하게 선언문에서 각괄호를 붙여 선언한다. 1차원 배열은 선언문에서 각괄호를 하나만 명시했는데, 다차원 배열은 필요한 차원의 수만큼의 각괄호를 써서 표시한다. 학생별-과목별 성적을 위해서는 다음과 같이 선언하면 될 것이다.

```
int grade[7][4];
```

이렇게 하면 7명의 학생을 위한 4개의 과목 데이터를 저장할 수 있는 2차원 배열이 만들어진다. 만일 위와 같은 데이터가 학년별로 있다면 3차원 배열을 사용해야 한다. 예를 들어 다음과 같이 배열을 선언할 수 있다.

```
int  gradeYear[4][7][4];
```

더 높은 차원도 필요한 차원만큼의 각괄호를 붙여 만들 수 있다. 이제 좀 더 자세히 살펴보자.

2차원 배열

앞의 예에서 grade[7][4]로 선언한 배열을 그림으로 그리면 다음과 같다.

grade	[0]	[1]	[2]	[3]
grade[0]				
grade[1]				
grade[2]				
grade[3]				
grade[4]				
grade[5]				
grade[6]				

그림을 보면 2차원 배열인 **grade**는 첫 번째 행인 **grade[0]**부터 마지막 행인 **grade[6]**까지 있고, 각 행은 4개의 원소로 구성된 것을 알 수 있다. 이를 다른 말로 표현하면, **grade**는 4개의 원소로 구성된 1차원 배열 7개로 구성된다고 할 수 있다. 좀 더 일반화하면, 2차원 배열이란 1차원 배열을 원소로 갖는 1차원 배열이라고 생각할 수 있다. 이 개념은 포인터를 배울 때 유용하게 사용될 것이다. 각 원소를 접근할 때에는 다음과 같은 인덱스를 사용한다.

grade	[0]	[1]	[2]	[3]
grade[0]	grade[0][0]	grade[0][1]	grade[0][2]	grade[0][3]
grade[1]	grade[1][0]	grade[1][1]	grade[1][2]	grade[1][3]
grade[2]	grade[2][0]	grade[2][1]	grade[2][2]	grade[2][3]
grade[3]	grade[3][0]	grade[3][1]	grade[3][2]	grade[3][3]
grade[4]	grade[4][0]	grade[4][1]	grade[4][2]	grade[4][3]
grade[5]	grade[5][0]	grade[5][1]	grade[5][2]	grade[5][3]
grade[6]	grade[6][0]	grade[6][1]	grade[6][2]	grade[6][3]

그림에서와 같이 2차원 배열의 원소는 인덱스 두 개를 사용하여 지정한다. 첫 번째 원소는 두 인덱스의 값이 0인 **grade[0][0]**이고, 제일 마지막 원소는 각 차원의 크기에서 1이 작은 **grade[6][3]**이

다. 또한 grade[i][j]는 i 번째 학생의 j 번째 과목에 대한 성적을 갖는 원소이다. 다음 프로그램을 보자.

프로그램 6.4

```
 1 #include <stdio.h>
 2 #define  N 7    // 학생 수
 3 #define  M 4    // 과목 수
 4
 5 int main(void)
 6 {
 7    int   grade[N][M], student[N];
 8    int   i, j;
 9    for (i = 0; i < N; ++i)
10       for (j = 0; j < M; ++j){
11          printf("학생 %1d 과목 %1d 성적 : ", i, j);
12          scanf("%d", &grade[i][j]);
13       }
14    for (i = 0; i < N; ++i){
15       student[i] = 0;
16       for (j = 0; j < M; ++j)
17          student[i] += grade[i][j];
18       printf("학생 %1d 평균 : %5.2f\n", i, (float)student[i] / M);
19    }
20    return 0;
21 }
```

프로그램 6.4는 학생별로 평균을 구하는 프로그램이다.

```
7    int   grade[N][M], student[N];
```

grade는 2차원 배열로 학생별 성적을 저장하기 위한 것이고, student는 1차원 배열로 각 학생의 성적 합을 보관하기 위한 것이다.

```
9    for (i = 0; i < N; ++i)
```

```
        for (j = 0; j < M; ++j)
```

2차원 배열은 보통 중첩 for 문으로 다루어진다. 외부 for 문은 2차원 배열인 grade의 높은 차원의 인덱스를, 내부 for 문은 grade의 낮은 차원의 인덱스를 위한 것이다. 즉 외부 for 문은 개별 학생을, 내부 for 문은 개별 과목을 위한 것이다.

```
    for (i = 0; i < N; ++i){
        student[i] = 0;
        for (j = 0; j < M; ++j)
            student[i] += grade[i][j];
        printf("학생 %1d 평균 : %5.2f\n", i, (float)student[i] / M);
    }
```

0부터 N-1사이의 i 번째 학생의 과목별 성적은 grade[i][0]부터 grade[i][M-1]까지 저장되어 있으므로, 중첩 for 문을 사용하여 학생별 과목 합을 구한 다음 평균을 계산하고 있다. 실행 결과는 다음과 같다.

```
학생 0 과목 0 성적 : 85
학생 0 과목 1 성적 : 90
학생 0 과목 2 성적 : 88
학생 0 과목 3 성적 : 99
학생 1 과목 0 성적 : 82
. . . .
학생 6 과목 0 성적 : 76
학생 6 과목 1 성적 : 95
학생 6 과목 2 성적 : 87
학생 6 과목 3 성적 : 90
학생 0 평균 : 90.50
학생 1 평균 : 83.50
학생 2 평균 : 86.75
학생 3 평균 : 82.50
학생 4 평균 : 86.50
학생 5 평균 : 83.25
학생 6 평균 : 87.00
```

3차원 배열

3차원 배열도 2차원 배열과 크게 다르지 않다. 다만 3 차원이기 때문에 원소를 다룰 때 3중 중첩 반복문을 보통 사용한다. 다음 프로그램을 보자.

프로그램 6.5

```
#include <stdio.h>
#define  K 4    // 학년
#define  N 7    // 학생 수
#define  M 4    // 과목 수

int main(void)
{
    int   gradeYear[K][N][M];
    float student[N][K] = {0.0};
    int   i, j, k;
    float sum;
    for (i = 0; i < K; ++i)
        for (j = 0; j < N; ++j)
            for (k = 0; k < M; ++k){
                printf("%1d 학년 %1d 학생 %1d 과목 성적 : ",
                        i + 1, j, k);
                scanf("%d", &gradeYear[i][j][k]);
            }

    for (i = 0; i < K; ++i)
        for (j = 0; j < N; ++j)
            for (k = 0; k < M; ++k)
                student[j][i] += gradeYear[i][j][k];

    for (i = 0; i < N; ++i){
        for (j = 0; j < K; ++j){
            student[i][j] /= M;
            printf("%ld 학생 %1d 학년 평균 : %5.2f\n",
                    i, j + 1, student[i][j]);
```

```
        }
        for (sum = 0.0, j = 0; j < K; ++j)
            sum += student[i][j];
        printf("학생 %1d 평균 : %5.2f\n", i, sum / K);
    }
    return 0;
}
```

프로그램 6.5는 4년간의 과목별 성적에 대해 학생별 평균을 구하는 프로그램이다.

```
    int gradeYear[K][N][M];
    float student[N][K] = {0.0};
```

프로그램 6.5는 두 개의 배열을 사용하고 있다. gradeYear는 학년별 학생의 성적을 저장하는 것이고, student는 학생별로 학년의 성적 평균을 위한 것이다.

```
    for (i = 0; i < K; ++i)
        for (j = 0; j < N; ++j)
            for (k = 0; k < M; ++k)
```

gradeYear는 3차원 배열이므로, gradeYear 배열을 다룰 때는 3중 중첩 for 문을 사용한다.

```
    for (i = 0; i < N; ++i)
        for (j = 0; j < K; ++j)
```

또한 student 배열은 2차원 배열이므로 student 배열만을 다룰 때에는 중첩 for 문을 사용한다. C는 4차원 이상의 고차원 배열도 지원하고, 4차원 이상의 배열을 사용하더라도 이와 유사하게 다루면 된다. 실행 결과는 프로그램 6.4와 유사하므로 생략한다.

다차원 배열의 초기화

다차원 배열도 선언문에서 초기화가 가능하다. 예를 들어, 다음 선언문을 보자.

```
int grade[2][3] = {100, 90, 80, 89, 98, 65};
```

이렇게 선언하면 grade[0][0]부터 차례대로 초기화 목록의 값으로 초기화된다. 즉, grade[0][0]은 100, grade[0][1]은 90, grade[0][2]는 80, grade[1][0]은 89 등으로 차례로 배정된다. 이렇게 1차원 배열과 같은 방법으로 초기화할 수 있지만, 각 차원의 원소 개수가 많거나 높은 차원의 배열에서 이러한 방법을 사용하면 이해하기가 너무 어려워진다. 즉, 배열 자체는 다차원인 반면 초기화 목록은 1차원이기 때문에 원소와 초기화자간의 매핑이 쉽지 않다. 다차원에서는 초기화 목록도 다차원으로 표현하는 것이 좋다. 초기화 목록의 다차원 표현은 중첩 중괄호를 사용하여 한다. 예를 들어, 앞의 선언문은 다음과 같이 작성할 수 있다.

```
int grade[2][3] = { {100, 90, 80}, {89, 98, 65} };
```

초기화 목록의 두 개의 작은 목록은 1차원 배열을 초기화하는 목록과 같다. 따라서 각각 grade[0]과 grade[1]을 초기화하는 목록이다. 결국 grade[0][0]는 100, grade[1][0]은 89, 등으로 초기화될 것이다. 이러한 식으로 초기화하면 초기화 목록의 구조와 배열의 구조가 같이 때문에 각 원소간의 매핑이 쉽게 이해되어 좋다. 3차원 배열을 초기화할 때에도 2차원 배열을 초기화할 때와 유사하게 초기화 목록을 3차원으로 표현하면 된다. 예를 들어, 다음 예제를 보자.

```
int gradeYear[2][3][2] = {
        { {100, 88}, {90, 78}, {75, 69} },
        { {95, 99}, {100, 100}, {56, 61} }
    };
```

이 선언문은 중괄호가 3중으로 중첩되어 있으므로 3차원으로 쉽게 이해할 수 있다. 즉, 첫 줄의 { {100, 88}, {90, 78}, {75, 69} }는 gradeYear[0]을 위한 초기화 목록이고, 두 번째 줄의 { {95, 99}, {100, 100}, {56, 61} }는 gradeYear[1]을 위한 초기화 목록이다. 또한 첫 번째 줄의 두 번째 작은 목록 {90, 78}은 gradeYear[0][1]을 위한 초기화 목록이다.

선언문에서 1차원 배열을 초기화할 경우 배열의 크기가 명시되어 있지 않다면 초기화자의 개수가 배열의 크기가 된다고 했다. 다차원 배열도 이와 유사하게 동작한다. 다만 다차원 배열의 경우에는 가장 높은 차원의 크기만을 생략할 수 있다. 예를 들어, 다음 선언을 보자.

```
int score[ ][3][2] = {
        { {100, 88}, {90, 78}, {75, 0} },
        { {95, 99}, {100, 0}, {56, 61} },
        { {21, 90}, {94, 0}, {0, 0} }
    };
```

score 배열의 최상위 차원의 크기가 명시되어 있지 않지만, 초기화 목록 안에 3개의 묶음이 있으므로 최상위 차원의 크기는 3으로 설정된다. 따라서 다음과 같은 의미이다.

```
int score[3][3][2] = {
        { {100, 88}, {90, 78}, {75, 0} },
        { {95, 99}, {100, 0}, {56, 61} },
        { {21, 90}, {94, 0}, {0, 0} }
    };
```

1차원 배열에서와 같이 초기화자의 개수가 배열의 원소 개수 보다 작다면 나머지 원소들은 0으로 초기화 된다. 따라서 score 배열의 선언은 다음과 같이 해도 같은 의미이다.

```
int score[3][3][2] = {
        { {100, 88}, {90, 78}, {75} },
        { {95, 99}, {100}, {56, 61} },
        { {21, 90}, {94} }
    };
```

또한 다음과 같이 하면 score의 모든 원소는 0으로 초기화 된다.

```
int score[3][3][2] = {0};
```

다차원 배열도 원소를 지정하여 초기화할 수 있다. 예를 들어 score[1][0][0]과 score[1][1][1] 만 각각 89와 20으로 초기화하고 싶다면 다음과 같이 하면 된다.

```
int score[3][3][2] = { [1][0][0] = 89, [1][1][1] = 20 };
```

6.4 배열과 함수

배열을 사용하게 되면 반복문이 많이 사용되고 이에 따라 코드도 길어지기 때문에 프로그램이 이해하기 힘들게 된다. 따라서 배열을 다루는 부분은 가독성을 높이기 위해 함수로 만드는 것이 보통이다. 이 절에서는 배열을 함수로 전달하는 방법에 대해 설명할 것이다.

1 차원 배열과 함수

배열을 매개변수로 갖는 함수를 만드는 것은 일반 변수를 매개변수로 갖는 함수와 크게 다르지 않다. 예를 들어 6.1절의 프로그램 6.2의 main() 함수에서 SIZE 개의 원소를 갖는 math 배열의 합을 구하는 부분을 함수로 만들어 보자. 즉, 다음 두 행을 함수로 만들어보자.

```
for (i = sum = 0; i < SIZE; i++)
    sum += math[i];
```

먼저 함수 이름을 정해야하는데 수학 성적의 합을 구하는 함수를 만드는 것이므로 함수 이름은 math_sum이라고 하자. 그 다음 함수의 입력과 출력을 생각해보자. 이 함수는 SIZE 개의 수학 성적의 합을 구하는 것이므로 함수의 입력은 크기가 SIZE 인 수학 성적 배열이고 출력은 성적의 합이다. 즉, 매개변수목록은 int 형의 1차원 배열이 되고 함수의 형은 int 형이 된다. 따라서 함수 원형을 다음과 같이 기술할 수 있다.

```
int math_sum(int math[SIZE]);
```

이제 이 함수를 정의해 보자. 함수 헤더는 함수 원형과 같이 하고, 함수의 몸체에는 성적의 합을 구하는 for 문과 지역변수를 선언하는 선언문, 그리고 return 문을 넣으면 된다. 결과적으로 함수 6.1과 같이 정의할 수 있다.

함수 6.1

```
int math_sum(int math[SIZE])
{
    int sum, i;
    for (i = sum = 0; i < SIZE; i++)
        sum += math[i];
    return sum;
}
```

이제 프로그램 6.2의 main()에서 수학 성적 합을 구하는 코드 대신 math_sum() 함수를 호출하는 것으로 수정해보자. 함수의 매개변수가 배열일 때 함수를 호출할 때에는 주의가 필요하다. math_ sum() 함수 호출을 다음과 같이 하면 안 된다.

```
sum = math_sum(math[SIZE]);
```

이 호출에서 math_sum() 함수의 인자인 math[SIZE]는 math 배열 원소를 뜻하지 math 배열을 뜻하지 않기 때문이다. 즉 math[SIZE]는 math의 (0번째부터 시작하여) SIZE 번째 원소를 나타내는 것이므로 단순히 int 형 변수이다. 배열 자체를 명시해야 할 때에는 배열 이름만을 명시해야 한다. math_sum() 함수의 올바른 호출 형태는 다음과 같다.

```
sum = math_sum(math);
```

이와 같이 하면, math_sum() 함수는 math[0]부터 math[SIZE - 1]까지의 합을 구하여 리턴하고, 그 값은 sum에 저장될 것이다.

배열을 다루는 함수는 임의의 크기의 배열을 다룰 수 있게 작성하는 것이 좋다. 그렇지 않으면 크기가 다른 배열을 다룰 때 비슷한 함수를 또 다시 작성해야만 할 것이다. math_sum() 함수는 잘 동작하지만 배열의 크기가 SIZE 이어야 한다는 제약이 있다. 이것은 배열 매개변수에 SIZE라는 크기가 명시되었기 때문에 그런 것은 아니다. 함수의 매개변수로 1차원 배열을 사용할 때, 배열의 크기는 아무런 의미가 없다. 이것에 관해서는 포인터를 설명하면서 다시 다룰 것이다. 함수 6.1에서는 math 배열의 크기를 SIZE로 하여 매개변수를 만들었지만 SIZE는 없어도 되기 때문에 함수 헤더를 다음과 같이 해도 된다.

```
int math_sum(int math[ ])
```

이렇게 수정해도 함수 6.1은 여전히 SIZE 개의 원소 합만을 구한다. 그 이유는 math_sum() 함수에서 사용한 for 문의 종료조건으로 SIZE가 사용되었기 때문이다.

```
    for (sum = 0, i = 0; i < SIZE; i++)
```

함수 6.1을 임의의 크기의 배열을 다룰 수 있는 함수로 수정하기 위해서는 함수의 매개변수로 배열 크기를 명시하고 그 크기를 for 문의 종료 조건으로 하는 것이다. 또한 함수 6.1의 목적은 배열의 합을 구하는 것이므로 함수 이름, 매개변수 이름 등도 일반적인 이름으로 바꾸는 것이 좋다. 이를 반영하여 수정하면 함수 6.2와 같다.

함수 6.2

```c
int array_sum(int size, int array[size])
{
   int sum, i;
   for (i = sum = 0; i < size; i++)
      sum += array[i];
   return sum;
}
```

array_sum()은 두 개의 매개변수를 갖는다.

```c
int array_sum(int size, int array[size])
```

첫 번째 매개변수는 배열의 원소 개수를 명시하는 변수이고, 두 번째 매개변수는 1차원 배열이다. 이 함수 헤더는 다음과 같이 작성해도 된다.

```c
int array sum(int size, int array[ ])
```

즉, 매개변수로 사용되는 1차원 배열의 크기는 생략해도 되기 때문에 array[ ]로 명시해도 된다.

```c
   for (i = sum = 0; i < size; i++)
```

매개변수인 size를 for 문의 종료 조건으로 사용하고 있다. 이렇게 새로 정의한 array_sum()을 호출하기 위해서는 다음과 같이 하면 된다.

```c
sum = array_sum(SIZE, math);
```

함수에서 배열 매개변수의 의미

앞에서 math_sum()과 array_sum() 함수를 통해 배열을 매개변수로 전달하는 것에 대해서 배웠다. 예제를 보면 매개변수로 일반 변수를 사용할 때와 차이가 거의 없어 보인다. 하지만 매우 큰 차이가 있다. 5장에서 배열의 인자는 매개변수로 값에 의한 호출로 전달되기 때문에 함수 내에서 매개변수의 값이 변경되더라도 그 함수를 호출한 곳에는 영향을 주지 않는다고 배웠다. 하지만 배열이 함수의 매개변수로 전달될 때에는 배열의 값이 복사되어 전달되는 것이 아니라 배열의 위치가 복사되어 전달된다. 이 말은 매개변수로 전달되어 온 배열을 함수에서 변경하면 호출한 곳의 배열이 변경됨을 의미한다. array_sum(SIZE, math)를 호출했을 때 변수들이 할당받은 메모리 상황을 그림으로 그리면 다음과 같다.

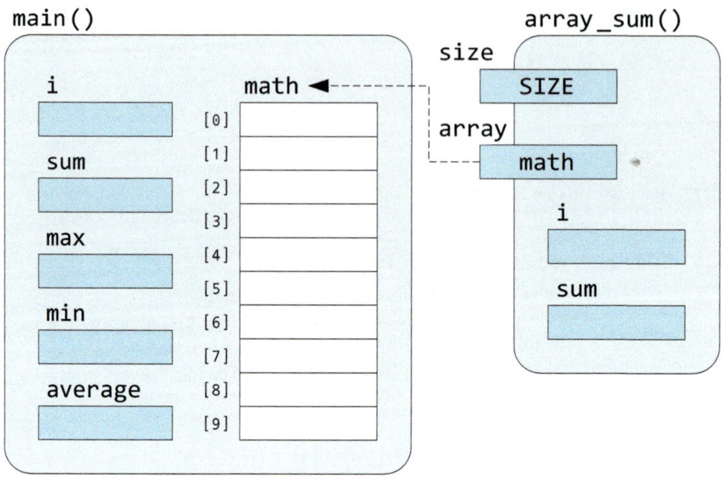

그림에서 array_sum()의 size와 array는 매개변수임을 나타내고 있다. array는 math라는 값을 갖는 것으로 표시했는데, 이것은 함수 호출에 의해 array가 math로 초기화되기 때문이다. array가 math로 초기화되기 때문에 array_sum()의 array 배열은 main()의 math 배열과 같은 것이 된다. 즉, array_sum()에서의 array[i]는 main()의 math[i]와 같은 것이기 때문에 array[i]의 값을 변경하면 math[i]의 값이 변하게 된다. 더 자세한 내용은 포인터를 설명하면서 다시 다룰 것이다. 이런 식으로 동작하기 때문에 프로그램 6.2의 math 배열에 수학 성적을 입력받는 부분도 함수 6.3과 같이 만들 수 있다.

함수 6.3

```
void array_input(int size, int array[])

   for (int i = 0; i < size; i++)
      printf("%d 번째 성적을 입력하세요 : ", i);
      scanf("%d", &array[i]);


```

main()은 성적을 입력받는 for 문을 대신하여 다음과 같이 array_input()을 호출할 수 있다.

```
array_input(SIZE, math);
```

이렇게 호출하면 array_input()의 array 배열은 main()의 math 배열과 같은 것이므로 scanf() 함수를 사용하여 array[i]에 성적을 입력받으면 실제로는 math[i]에 저장된다. 다음 그림은 i가 3일 때 77을 입력한 경우를 보여주고 있다.

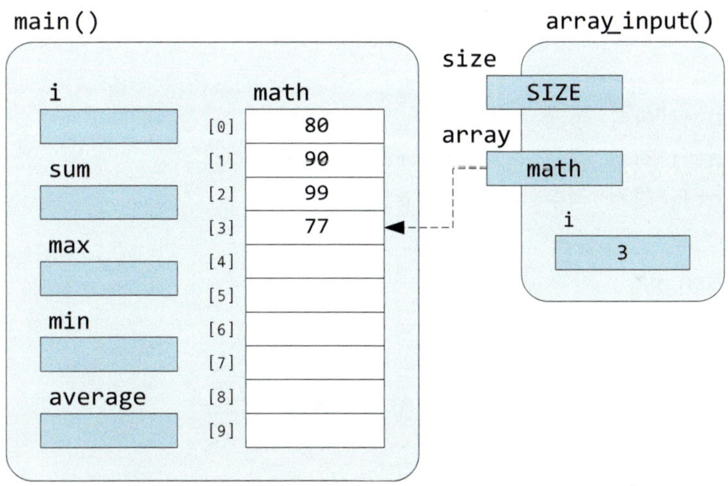

프로그램 6.6은 프로그램 6.2를 함수를 사용하는 것으로 다시 작성한 것이다.

프로그램 6.6

```c
#include <stdio.h>
#define SIZE 10

void array_input(int, int []);
int array_sum(int, int []);
int array_max(int, int []);
int array_min(int, int []);

int main(void)
{
    int math[SIZE];
    int i, sum, max, min;
    float average;

    array_input(SIZE, math);
    sum = array_sum(SIZE, math);
    average = sum / (float)SIZE;
    max = array_max(SIZE, math);
    min = array_min(SIZE, math);

    printf("성적 평균 : %.2f\n", average);
    printf("최고 점값 : %d\n", max);
    printf("최저 점수 : %d\n", min);

    return 0;
}

void array_input(int size, int array[])
{
    for (int i = 0; i < size; i++) {
        printf("%d 번째 성적을 입력하세요 : ", i);
        scanf("%d", &array[i]);
    }
}

```

```c
int array_sum(int size, int array[])
{
    int sum, i;
    for (sum = 0, i = 0; i < size; i++)
        sum += array[i];
    return sum;
}

int array_max(int size, int array[])
{
    int max;
    max = array[0];
    for (int i = 1; i < size; i++)
        if (array[i] > max)
            max = array[i];
    return max;
}

int array_min(int size, int array[])
{
    int min;
    min = array[0];
    for (int i = 1; i < size; i++)
        if (array[i] < min)
            min = array[i];
    return min;
}
```

프로그램 6.6에서 함수원형은 다음과 같이 작성되어 있다.

```c
void array_input(int, int []);
int array_sum(int, int []);
int array_max(int, int []);
int array_min(int, int []);
```

함수원형에서 매개변수의 이름은 중요하지 않기 때문에 매개변수명을 명시하지 않았다. 여기서 한 가지 알 수 있는 것은 C에서 `int []`는 `int` 형의 1차원 배열형을 나타낸다는 것이다. 앞으로 이런 표현 방법을 자주 사용할 것이다. 프로그램 6.6의 실행 결과는 프로그램 6.2와 같다.

다차원 배열과 함수

다차원 배열을 함수의 매개변수로 사용하는 것은 1차원 배열을 매개변수로 사용하는 것과 크게 다르지 않다. 다음 함수를 보자.

함수 6.4

```
void row_sum(int n, int m, int sum[n], int array2D[n][m])
{
    for (int i = 0; i < n; ++i){
        sum[i] = 0;
        for (int j = 0; j < m; ++j)
            sum[i] += array2D[i][j];
    }
}
```

함수 6.4는 6.3절 프로그램 6.4에서 각 학생별로 성적 총점을 구하는 코드를 함수로 만든 것이다.

```
void row_sum(int n, int m, int sum[n], int array2D[n][m])
```

row_sum()은 두 개의 배열을 입력받는다. 첫 번째 배열은 1차원 배열 sum이고, 두 번째 배열은 2차원 배열 array2D이다. 이 함수는 array2D 배열의 각 행의 합을 구해 sum에 저장하는 것이다. 즉, 1차원 배열의 크기는 2차원 배열의 상위 차원과 같은 크기이다. 배열의 크기는 첫 번째와 두 번째 매개변수로 입력받는다. sum은 배열이므로 sum의 원소 값을 변경하면 이 함수를 호출할 때 인자로 명시된 배열의 원소 값이 변경될 것이다. 프로그램 6.4를 함수 6.4를 사용하는 것으로 수정할 때, 학생들의 평균을 출력하는 부분은 다음과 같이 될 것이다.

```
row_sum(N, M, student, grade);
```

```
for (i = 0; i < N; ++i){
   printf("학생 %1d 평균 : %5.2f\n", i, (float)student[i] / M);
}
```

row_sum() 함수의 네 번째 매개변수는 2차원 배열이기 때문에 이 함수를 호출할 때 2차원 배열의 이름만 명시했음을 알 수 있다. row_sum() 함수는 grade 배열을 입력받아 각 학생별 총점을 계산하여 student 배열에 저장한다. 1차원 배열을 다룰 때 설명한 것과 같이 row_sum() 함수에서의 sum 배열은 실제로는 main() 함수의 student 배열이기 때문에 row_sum()에서 sum 배열 원소에 결과를 배정하는 것은 main()의 student 배열에 결과를 배정하는 것과 같다. 따라서 row_sum() 함수가 종료되면 grade 배열의 각 행의 합이 student 배열에 저장되어 있을 것이기 때문에 student 배열을 사용하여 각 학생 별 평균을 계산할 수 있다.

다차원 배열을 설명하는 첫 부분에서 2차원 배열은 1차원 배열을 원소로 갖는 1차원 배열로 생각할 수 있다고 하였다. 2차원 배열인 grade를 그림으로 다시 표현하면 다음과 같다.

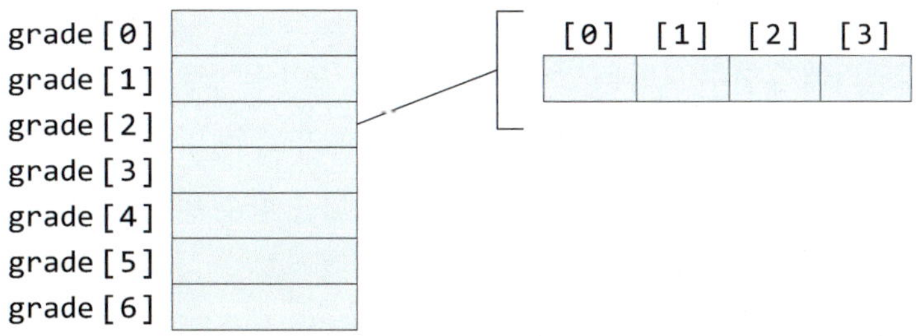

그림에서와 같이 grade는 grade[0]부터 grade[6]까지 7개의 원소로 구성되고, 각 원소는 [0]부터 [3]까지 4개의 더 작은 원소로 이루어진 것으로 생각할 수 있다. 즉, grade는 2차원 배열이기 때문에 grade[i][j]와 같이 각괄호 2개를 사용하여 인덱싱 하면 int 형 값 하나를 저장할 수 있는 원소를 의미하지만, 각괄호를 하나 생략하면 1차원 배열을 의미한다. 또한 각괄호를 다 생략하면 2차원 배열 전체를 의미한다고 볼 수 있다. 이제 프로그램 6.4에서 학생별로 평균을 출력하는 코드를 다시 보자.

```
for (i = 0; i < N; ++i){
    student[i] = 0;
    for (j = 0; j < M; ++j)
```

```
            student[i] += grade[i][j];
        printf("학생 %1d 평균 : %5.2f\n", i, (float)student[i] / M);
    }
```

이 코드에서 array_sum()의 두 번째 인자인 grade[i]는 합을 구하고자 하는 1차원 배열을 의미하고, 첫 번째 인자인 M은 그 1차원 배열의 원소의 수를 나타낸다.

이러한 원리는 3차원 이상의 배열에도 적용된다. 예를 들어, 프로그램 6.5에서 사용한 3차원 배열인 gradeYear에 대해 gradeYear[i][j][k]는 int 형 한 원소를 나타내고, gradeYear[i][j]는 int 형의 1차원 배열을 나타내며, gradeYear[i]는 int형의 2차원 배열을 나타낸다. 따라서 함수의 인자로 2차원 배열을 사용해야 할 자리에 gradeYear[i]를 쓸 수 있고, 1차원 배열을 사용해야 하는 자리에 gradeYear[i][j]를 쓸 수 있다.

함수 원형에서 가변길이 배열

함수 원형은 컴파일러에게 함수 모양을 알려주어 함수 호출이 올바르게 일어날 수 있도록 하는 역할을 한다. 함수의 모양이란 함수를 호출할 때 필요한 인자의 개수, 각 인자의 자료형, 함수의 리턴 값의 자료형에 대한 정보를 의미한다고 했다. 예를 들어, 다음 함수 원형을 보자.

```
int array_sum(int size, int array[size]);
```

이 함수 원형은 array_sum() 함수를 호출할 때, 첫 번째 인자는 int 형의 값이나 변수를 써야하고, 두 번째 인자는 int 형의 1차원 배열을 지정해야 하며, 리턴 값은 int 형의 값임을 컴파일러에게 알려준다. 컴파일러는 이러한 정보를 기억하고 있다가 array_sum()이 이러한 방식으로 사용되는가를 검사한다. 만일 컴파일러가 array_sum() 함수에 3개의 인자를 사용하거나 두 번째 인자가 1차원 배열로 해석될 수 없는 변수를 사용하여 호출하는 코드를 발견하면, 컴파일러는 오류 메시지를 출력하게 된다. 지금까지의 설명을 보면, 함수 원형에서 매개변수의 이름은 중요하지 않음을 알 수 있다. 따라서 위의 함수 원형은 다음과 같이 써도 된다.

```
int array_sum(int, int []);
```

즉, 함수원형에서 매개변수의 이름이 없어도 컴파일러가 필요로 하는 모든 정보를 다 제공하기 때문에 문제가 없다. 하지만 다차원 배열을 함수의 매개변수로 사용할 때에는 주의가 필요하다. 예를 들어 함수 6.4의 함수 원형은 다음과 같다.

```
void row_sum(int n, int m, int sum[n], int array2D[n][m]);
```

이 함수 원형은 첫 번째와 두 번째 매개변수로 sum과 array2D 배열의 크기를 지정하고 있다. 앞에서 함수 원형의 매개변수의 이름은 중요하지 않다고 했기 했으므로 row_sum()의 함수 원형을 다음과 같이 했다고 해보자.

```
void row_sum(int, int, int [], int [][]);
```

이렇게 하고 컴파일하면 컴파일러는 네 번째 매개변수가 2차원 배열인데 하위 차원의 크기가 명시되지 않았다는 오류 메시지를 출력할 것이다. 좀 더 자세히 말하면 다차원 배열의 매개변수는 최상위 차원의 크기를 제외하고 모든 차원의 크기를 명시해야 한다는 오류 메시지가 출력될 것이다. 함수를 정의할 때에도 함수 헤더에서 다차원 배열의 최상위 차원의 크기는 명시하지 않아도 되지만 다른 차원의 크기는 명시해야 된다고 했었다. 컴파일러가 이러한 오류를 출력하는 이유는 포인터를 배우면 잘 알게 될 것이므로 여기서는 더 이상 설명하지 않을 것이다. 하여간 이를 해결하기 위해서 위의 함수 원형을 다음과 같이 수정해보자.

```
void row_sum(int, int, int [], int [][m]);
```

이렇게 수정하면 네 번째 매개변수인 배열의 하위 차원의 크기를 명시하는 m이 선언되어 있지 않다는 오류 메시지가 나올 것이다. 따라서 이러한 문제를 해결하기 위해서는 다음과 같이 함수 원형을 만들어야 한다.

```
void row_sum(int, int m, int [], int [][m])
```

이렇게 하면 문제는 해결되지만 다른 매개변수 이름은 생략하고 m만 쓰기 때문에 뭔가 어색하다. 이럴 때에 다차원 배열의 크기를 명시하는 대신 *(별표)를 사용할 수 있다. 함수 원형에서 배열 매개변수에 배열 크기 대신 사용한 *는 컴파일러에게 크기가 정해져있지 않은 가변 크기 배열(variable length array) 형이라는 것을 알려주는 것이다. 즉, 위의 함수 원형은 다음과 같이 작성할 수 있다.

```
void row_sum(int, int, int [], int [][*])
```

이렇게 하면 컴파일러는 불평 없이 컴파일을 진행할 것이다.

6.5 문자열

문자열은 char 형의 1차원 배열이다. C에서 char 형의 1차원 배열은 다른 1차원 배열과는 다르게 취급되기 때문에 따로 설명한다. 문자열은 문자열의 끝을 의미하는 기호인 \0 또는 널(null) 문자로 끝나고, 문자열의 크기는 \0까지 포함한 문자의 개수로 정의된다. 참고로 널 문자는 모든 비트가 0인 바이트로, 널 문자의 십진 값은 0이다. 문자열 상수도 마지막은 널 문자로 끝난다. 예를 들어, 문자열 상수 "good"은 d 다음에 널 문자가 있는 것이다. 따라서 크기는 5가 된다.

문자열을 다룰 때에는 char 형의 1 차원 배열을 사용한다. 선언문에서 char 형 배열의 초기화는 다른 형의 배열과 같이 다음과 같이 할 수 있다.

```
char text[8] = {'p', 'r', 'o', 'g', 'r', 'a', 'm', '\0'};
```

하지만 다음과 같이 해도 된다.

```
char text[8] = "program";
```

또한 다른 배열에서와 같이 배열의 크기를 생략하면 초기자의 크기가 배열의 크기가 된다. 예를 들어 다음과 같이 선언된 best 배열의 크기는 10이다.

```
char best[] = "C program";
```

따라서 best 배열은 다음 그림과 같이 메모리에 할당되고 초기화된다.

best[0]	'C'
best[1]	' '
best[2]	'p'
best[3]	'r'
best[4]	'o'
best[5]	'g'
best[6]	'r'
best[7]	'a'
best[8]	'm'
best[9]	'\0'

문자열은 char 형의 1 차원 배열이라고 했다. 문자열이 1 차원 배열이기 때문에 다음과 같은 표현도 가능하다.

```
"program"[0], "program"[5]
```

즉 "program"[0]은 1차원 배열인 "program"의 첫 번째 원소인 'p'를 의미하고, "program"[5]는 6번째 원소인 'a'을 의미한다.

문자열 출력

char 형 배열을 출력할 때에는 다른 배열과 마찬가지로 반복문을 사용하여 각 원소들을 출력하는 방법을 사용할 수 있다. 다음 프로그램을 보자.

프로그램 6.7

```c
#include <stdio.h>
#define   N   10
int main(void)
{
    char str[N] = "Hello!";

    for (int i = 0; i < N; i++)
        if (str[i] == '\0')
            break;
        else
            printf("%c", str[i]);
    printf("\n");

    return 0;
}
```

프로그램 6.7은 for 문을 사용하여 char 형 배열을 출력하는 프로그램이다.

```
    char str[N] = "Hello!";
```

문자열을 다루기 위해 str 배열을 선언하고 있다. str의 크기는 10이지만 "Hello!"의 크기는 널 문자를 포함하여 7이므로 str의 처음 7개의 원소만 사용한다.

```
        if (str[i] == '\0')
            break;
```

문자열은 널문자로 끝나기 때문에 반복문을 사용하여 출력할 때에는 널 문자가 나오는지를 확인하여 널 문자가 나오면 출력을 멈춰야한다.

```
            printf("%c", str[i]);
```

str의 원소는 char 형이므로 원소를 출력할 때에는 printf()에서 변환문자로 c를 사용하고 있다. 프로그램 6.7의 실행 결과는 다음과 같다.

```
Hello!
```

char 형 배열은 반복문을 사용하여 출력해도 되지만, printf() 함수에서 변환문자 s를 사용하면 더 편하게 출력할 수 있다. 다음 프로그램을 보자.

프로그램 6.8

```
#include <stdio.h>
#define   N   10
int main(void)
{
    char str[N] = "Hello!";

    printf("%s\n", str);

    return 0;
}
```

프로그램 6.8은 프로그램 6.7을 변환문자 s를 사용하는 것으로 수정한 것이다.

```
printf("%s", str);
```

printf()에서 변환문자 s를 사용할 때에는 대응하는 인자로 char 형의 1차원 배열이름을 명시하면 된다. 이렇게 하면 printf()는 str의 첫 번째 문자부터 시작하여 널 문자 바로 앞 문자까지 출력한다. 프로그램 6.8의 실행 결과는 프로그램 6.7과 같다.

문자열 입력

scanf()로 문자열을 입력받을 때에는 변환문자로 s를 사용하고, 변환문자 s에 대응하는 인자는 char 형의 1치원 배열의 이름이어야 한다. 다른 자료형을 입력 받을 때에는 변수 앞에 &를 붙였지만, 문자열을 입력받을 때는 배열 이름만을 쓴다. 그 이유에 대해서는 포인터를 다룰 때 설명할 것이다. 예를 들어 사용 방법은 다음과 같다.

```
char str[10];
scanf("%s", str);
```

scanf() 함수로 문자열을 읽어드릴 때에는 두 가지를 주의해야 한다. 첫 번째는 배열의 크기가 입력되는 문자열을 모두 저장할 수 있도록 충분히 커야한다는 것이다. 앞의 예제 코드의 str은 그 크기가 10이므로 10보다 더 큰 문자열을 입력하면 실행시간 오류가 발생하거나 프로그램에 잘못된 영향을 미칠 수 있다. 두 번째로 주의할 것은 문자열은 스페이스 문자, 탭문자, 개행 문자 등의 공백 문자(whitespace character)를 포함할 수 있지만, scanf()는 입력된 문자들에서 공백 문자 직전까지의 문자들만 문자열로 입력받는다는 것이다. 예를 들어 앞의 코드가 다음과 같은 입력을 받으면 str에는 "C" 만 저장된다.

```
C Programming
```

scanf()가 이렇게 동작 때문에 scanf()로 문자열을 읽어드릴 때 문제가 발생할 수 있다. 다음 프로그램을 보자.

프로그램 6.9

```c
 1 #include <stdio.h>
 2 #define   N   10
 3 int main(void)
 4 {
 5     int id = 0;
 6     char name[N] = "";
 7     int age = 0;
 8 
 9     printf("Input id : ");
10     scanf("%d", &id);
11     printf("Input name : ");
12     scanf("%s", name);
13     printf("Input age : ");
14     scanf("%d", &age);
15 
16     printf("ID : %d\n", id);
17     printf("Name : %s\n", name);
18     printf("Age : %d\n", age);
19 
20     return 0;
21 }
```

프로그램 6.9는 ID, 이름, 나이를 입력받는 프로그램이다.

```c
 6     char name[N] = "";
12     scanf("%s", name);
```

이름을 입력받기 위해 char 형의 1차원 배열인 name을 선언하였고, scanf()에서는 변환문자 s를, 대응하는 인자로는 배열 이름만을 명시하고 있다. 프로그램의 실행 결과는 다음과 같다. 여기서 이탤릭체는 사용자의 입력을 나타낸다.

```
Input id : 77
Input name : James
Input age : 20
ID : 77
Name : James
Age : 20
```

이 결과를 보면 프로그램에 문제가 없어 보이지만, 이름을 입력할 때 공백을 넣으면 문제가 발생한다. 다음은 그러한 경우를 보여주고 있다.

```
Input id : 77
Input name : James Kim
Input age : ID : 77
Name : James
Age : 0
```

이 실행 결과 화면을 보면 입력 문자열의 "James"와 "Kim" 사이에 스페이스 문자가 있다. 따라서 이름을 입력받는 두 번째 scanf()는 스페이스 문자 바로 전까지의 "James"만 읽어 name에 저장하게 된다. 그 다음 age를 입력받는 scanf()는 바로 직전 scanf()가 입력을 멈췄던 곳인 Kim부터 읽기를 시도한다. 세 번째 scanf()는 정수를 입력받는 것이므로 Kim을 정수로 변환하기를 시도하지만, 변환할 수 없기 때문에 바로 리턴하게 된다. 결국 age는 여전히 0의 값을 갖게 될 것이다. 프로그램 6.9는 다른 문제도 발생할 수 있다. 예를 들어 다음 실행 결과를 보자.

```
Input id : 77
Input name : veryverylonglongname
Input age : 20
ID : 1869375342
Name : veryverylonglongname
Age : 20
```

출력된 ID 값을 보게 되면 입력한 77이 아니라 다른 값이 출력되었음을 알 수 있다. 이것은 name의 크기를 10으로 선언하였는데, 입력된 문자열의 길이가 10을 초과했기 때문에 발생한 것이다. 즉, 지역 변수들은 메모리의 연속된 공간에 할당되는데 name에 너무 긴 문자열을 저장하여 ID가 할당받은 메모리 공간으로 침범했기 때문에 발생한 것이다. 이와 같이 scanf()를 사용하여 문자열을 읽을 때에는 주의가 필요하다.

6.6 문자열처리 라이브러리 함수

대부분의 프로그램에서 문자열을 사용하기 때문에 C는 문자열과 관련된 많은 라이브러리 함수를 제공하고 있다. 라이브러리 함수를 꼭 사용해야 하는 것은 아니지만 라이브러리 함수들은 잘 만들어져 있고 검증된 것이기 때문에 이를 잘 활용하면 프로그램 오류가능성을 줄일 수 있고 프로그래밍 시간도 절약할 수 있어 효율적이다. 문자열처리와 관련된 라이브러리 함수는 〈string.h〉 헤더 파일에 선언되어 있다. 여기서는 많이 사용되는 몇 가지 함수만 설명할 것이다.

문자열 복사

char 형 배열에 문자열을 배정하는 것에 대해 살펴보자. 선언문에서 char 형 배열은 다음과 같이 초기화 하였다.

```
char name[10] = "James";
```

이렇게 하면 name이라는 배열의 각 원소에 "James"의 각 문자가 배정된다. 하지만 문장에서는 다음과 같이 할 수 없다.

```
name = "James";
```

이렇게 하면 컴파일 오류가 발생할 것이다. 그 이유에 대해서는 포인터를 설명할 때 다룰 것이다. 실행 문장에서 name에 "James" 문자열을 배정하기 위해서는 다음과 같이 해야 한다.

```
name[0] = 'J';
name[1] = 'a';
```

```
name[2] = 'm';
name[3] = 'e';
name[4] = 's';
name[5] = '\0';
```

이 방법은 배정하고자 하는 문자열이 길 때 아주 불편하다. C 라이브러리에는 이를 쉽게 해주는 strcpy() 함수를 제공하고 있다. strcpy()의 함수 원형은 <string.h>에 선언되어 있다. 이 말은 strcpy() 함수를 사용하기 위해서는 프로그램 첫 부분에 다음과 같은 행이 있어야 함을 의미한다.

```
#include <string.h>
```

strcpy()의 사용 예는 다음과 같다.

```
strcpy(name, "James");
```

즉, 첫 번째 인자로는 문자열을 저장할 배열 이름을 명시하고, 두 번째 인자로는 문자열을 명시하면 된다. 이와 같이 하면 name에 "James"가 배정된다. 만일 last_name이 문자열 배열이라면 strcpy()의 두 번째 인자로 사용될 수 있다. 즉, 다음과 같이 할 수 있다.

```
strcpy(name, last_name);
```

이렇게 하면 last_name에 저장되어 있는 문자열이 name에 복사되어 배정된다. strcpy()를 사용할 때 주의할 것은 첫 번째 인자로 지정된 배열의 크기가 두 번째 인자인 문자열의 크기보다 크거나 같아야 한다는 것이다. 즉, name의 크기는 last_name에 저장된 문자열의 크기보다 크거나 같아야 한다.

문자열을 복사하는 또 다른 방법으로는 printf()의 문자열 버전인 sprintf() 함수를 사용하는 것이다. sprintf()는 첫 번째 매개변수가 배열이고, 두 번째 매개변수부터는 printf()와 같은 매개변수를 갖는 함수이다. sprintf()는 출력 내용을 화면에 출력하지 않고 첫 번째 인자로 지정되는 배열에 저장한다. 사용 예는 다음과 같다.

```
sprintf(name, "James");
```

이렇게 하면 문자열 "James"를 화면에 출력하지 않고 name에 출력하여, 결과적으로 name은 "James"를 갖게 된다. 이 문장은 다음과 같이 작성할 수도 있다.

```
sprintf(name, "%s", "James");
```

last_name에 저장된 문자열을 name에 복사할 때에도 이와 같은 방법을 사용하여 다음과 같이 할 수 있다.

```
sprintf(name, "%s", last_name);
```

strcpy()를 사용할 때와 마찬가지로 sprintf()의 첫 번째 인자의 크기는 출력되는 문자열의 길이보다 크거나 같아야 함을 주의해야 한다.

문자열 길이

문자열 길이는 문자열과 관련된 기본 정보이다. 보통 문자열을 다루기 전에 문자열 길이를 먼저 확인하여 프로그램이 올바르게 동작할지를 확인한다. 예를 들어 문자열 복사 함수인 strcpy()의 첫 번째 인자인 문자열 배열의 길이는 두 번째 인자인 문자열의 길이보다 크거나 같아야 한다. 그렇지 않으면 실행 오류가 발생하기 때문에 strcpy()를 호출하기 전에 두 크기를 비교해봐야 한다. 먼저 문자 배열의 길이는 sizeof 연산자를 사용하여 알 수 있다. 예를 들어 다음과 같이 사용하면 된다.

```
char name[10];
int size = 0;
size = sizeof(name);
```

sizeof 연산자는 뒤에 명시된 객체에 할당되는 메모리 바이트 수를 알려주는데 char 형은 메모리에서 1 바이트가 할당되기 때문에 이 예제에서 sizeof(name)의 값은 name 배열의 크기인 10이다. 문자열 길이는 <string.h>에 선언되어 있는 strlen() 함수로 알 수 있다. strlen()은 문자열에서 널 문자를 제외한 문자의 개수를 리턴한다. 앞에서 문자열의 크기는 널 문자까지 포함한 크기라고 했는데, strlen()은 널 문자를 제외한 크기를 알려주기 때문에 실제 문자열 길이보다는 1이 작다. 사용 방법은 다음과 같다.

```
char name[10] = "James Kim";
int size = 0;
size = strlen(name);
```

이 코드에서 name의 크기는 10이지만, strlen(name)의 값은 9이다. 앞으로 strcpy() 함수를 사용할 때에는 다음과 같이 하는 것이 좋다.

```
if (sizeof(name) >= strlen("James Kim") + 1)
    strcpy(name, "James Kim");
else
    printf("name 배열 크기가 작아 문자열을 복사할 수 없습니다.\n");
```

문자열 비교

프로그램에서 문자열을 다루다 보면 두 문자열이 같은지 또는 사전순으로 어느 것이 큰지를 알아야하는 경우가 많다. str1과 str2가 문자열이라고 할 때 두 문자열이 같은지를 다음과 같이 비교하면 안 된다.

```
if (str1 == str2)
    printf("두 문자열은 같습니다.\n");
```

이것은 두 문자열의 내용을 비교하는 것이 아니라 주소를 비교하는 것이다. 이것에 대해서는 포인터를 다룰 때 설명할 것이다. 두 문자열을 비교하기 위해서는 반복문을 사용하여 str1과 str2의 각 원소를 일대일로 비교해야 한다. 예를 들어 다음과 같이 할 수 있나.

```
for (i = 0; i < N; i++)
    if (str1[i] == str2[i])
        if (str1[i] == '\0'){
            printf("두 문자열은 같습니다.\n");
            break;
        }
    else{
        printf("두 문자열은 같지 않습니다.\n");
        break;
    }
}
```

문자열 간의 사전적 크기를 비교할 때에도 이와 같이 반복문을 사용하여 각 원소들을 비교해야 한다. 이렇게 하는 것은 매우 성가신 작업이다. 두 문자열을 사전순으로 비교하는 strcmp() 함수도 〈string.h〉에 선언되어 있다. strcmp()는 두 개의 문자열을 매개변수로 갖고, 두 문자열을 사전순으로 비교하여 음수, 0, 양수를 리턴한다. 0은 두 문자열이 같을 때 리턴되고, 음수는 첫 번째 문자열이 사전순으로 비교하여 앞에 나오면 리턴되며, 아니면 양수가 리턴된다. 사용 방법은 다음과 같다.

```
char str1[N], str2[N];
int i = 0;
. . .
i = strcmp(str1, str2);
```

이 코드에서 i는 str1과 str2가 같은 문자열을 갖는다면 0, srt1 문자열이 str2 문자열보다 작으면 음수, srt1이 str2보다 크면 양수의 값을 갖는다. 참고로 두 문자열의 길이는 달라도 된다.

문자열 연결

두 개의 문자열을 연결하여 하나의 문자열로 만들 때에는 〈string.h〉에 선언된 strcat() 함수를 사용한다. strcat()은 두 개의 문자열을 매개변수로 가지며, 첫 번째 매개변수인 문자열 뒤에 두 번째 매개변수인 문자열을 복사하여 붙인다. 결과적으로 두 번째 문자열은 변화가 없지만 첫 번째 문자열은 기존의 문자열에 두 번째 문자열의 내용이 추가된 형태가 된다. 따라서 strcat()의 첫 번째 인자로 지정되는 배열은 두 문자열을 모두 저장할 수 있는 충분한 공간을 가지고 있어야 한다. 사용 예는 다음과 같다.

```
char name[N] = "James", last_name[N] = "Kim";
strcat(name, " ");
strcat(name, last_name);
```

첫 번째 strcat()은 name에 저장된 "James" 문자열 뒤에 스페이스 문자를 하나 붙이는 역할을 하여 name은 "James"로 될 것이다. 두 번째 strcat()에 의해서는 name에 저장된 "James" 뒤에 last_name에 저장된 "Kim"을 복사하여 붙이기 때문에, name은 "James Kim"이 된다. last_name은 변함없이 "Kim" 이다.

문자열 연결은 sprintf() 함수를 사용해도 있다. 하지만 이 경우에는 다른 문자 배열에 결과를 저장한 다음 복사해야 한다. 사용 방법은 다음과 같다.

```
char name[N] = "James", last_name[N] = "Kim", tmp[N];
sprintf(tmp, "%s %s", name, last_name);
sprintf(name, "%s", tmp); // strcpy(name, tmp);
```

이 코드에서와 같이 name에 결합된 문자열을 저장하고 싶다면 tmp에 임시로 결과를 저장한 다음 strcpy()나 sprintf()를 사용하여 그 내용을 name으로 다시 복사해야 한다.

문자열을 숫자로 변환

〈stdlib.h〉에는 문자열을 정수형 숫자나 실수형 숫자로 변환하는 ato...()나 strto...() 부류 함수들이 선언되어 있다. ato...()나 strto...() 부류 함수는 변환하는 숫자의 형에 따라 여러 가지 함수로 나누어진다. ato...() 부류 함수들은 문자열을 10진 숫자로 변환한다. strto...() 부류 함수는 문자열을 숫자로 변환하고 변환이 어디에서 끝났는지도 알려준다. strto...() 부류 함수 중 정수형으로 변환하는 함수는 변환할 진수도 지정할 수 있다. 다음 표는 ato...()와 strto...() 부류 함수의 목록과 각 함수 별로 변환되는 숫자의 형을 보여주고 있다. 자세한 함수 원형은 부록을 참조하기 바란다.

함수	변환 형
atof()	double
atoi()	int
atol()	long
atoll()	long long

함수	변환 형
strtod()	double
strtof()	float
strtold()	long double
strtol()	long
strtoll()	long long
strtoul()	unsigned long
strtoull()	unsigned long long

변환은 문자열 처음부터 시작하여 변환이 안 되는 문자가 나올 때까지 진행된다. 예를 들어 atoi() 함수 사용 예를 보자.

```
value = atoi("123.456");
```

atoi()는 문자열을 10진 정수로 변환하는 함수이므로 123.456에서 .(소수점)이 나오기 전까지의 숫자만 변환할 수 있다. 따라서 value에는 123이 저장된다. strtol()은 다음과 같이 사용한다.

```
value = strtol("abcde", NULL, 12);
```

"abcde"는 변환할 문자열이고, 12는 문자열을 12진수로 변환하라는 의미이다. NULL에 대해서는 포인터를 다룰 때 설명할 것이다. "abcde"를 12진수로 변환하면 "ab"까지만 변환되어 value에는 131이 저장된다. strto...() 부류 함수는 포인터를 알면 더 잘 활용할 수 있다.

예제 프로그램

단어들을 입력받아 사전순으로 출력하는 프로그램을 만들어 보자. 단어의 최대 길이는 9 문자라고 가정한다. 만일 10 문자 이상의 단어가 입력되면 그 단어는 무시한다. 단어 입력은 ".end"가 입력되거나 또는 50개 단어가 입력될 때까지 진행된다. 프로그램은 다음과 같다.

프로그램 6.10

```
#include <stdio.h>
#include <string.h>
#define   N   50
#define   L   10
int input_words(char [][L]);
void sort_words(int, char [][L]);
void print_words(int, char [][L]);

int main(void)
{
   char words[N][L];
   int num_word = 0;

   num_word = input_words(words);
   sort_words(num_word, words);
   printf("\n** 단어 정렬 결과 **\n");
```

```
    print_words(num_word, words);

    return 0;
}

int input_words(char words[][L])
{
    int num = 0;
    char temp[100];

    while (1) {
        printf("단어를 입력하세요 : ");
        scanf("%[^\n]", temp);
        getchar();          // 개행 삭제

        if (strcmp(temp, ".end") == 0)
            break;
        if (strlen(temp) < 10)
            strcpy(words[num], temp);
        else
            continue;
        if (++num == N)
            break;
    }
    return num;
}

void sort_words(int num, char words[][L])
{
    int i, j;
    char tmp[L];
    for (i = 0; i < num; i++)
        for (j = num-1; j > i; j--)
            if (strcmp(words[j - 1], words[j]) > 0){
                strcpy(tmp, words[j - 1]);
                strcpy(words[j - 1], words[j]);
                strcpy(words[j], tmp);
            }
    return;
```

```
}

void print_words(int num, char words[][L])
{
    int i;

    for (i = 0; i < num; i++)
       printf("%s\n", words[i]);
    return;
}
```

프로그램 6.10은 문자열을 다루는 프로그램이다.

```
#include <string.h>
```

문자열을 다루기 위해서는 <string.h>에 선언되어 있는 문자열 조작함수를 적절히 사용하면 좋기 때문에 <string.h> 헤더 파일을 삽입하였다.

```
// In main()
    char words[N][L];
```

입력된 단어를 저장하기 위해 char 형의 2차원 배열 words를 사용한다. words는 최대 N개의 단어를 저장할 수 있고, 각 단어의 최대 크기는 L – 1이다.

```
// In input_words()
    char temp[100];
```

사용자는 아주 긴 단어를 입력할 수 있으므로 충분히 큰 char 형 배열 temp를 선언하고 있다.

```
        scanf("%[^]", temp);
        getchar();          // 개행 삭제
```

scanf()에서 %[ ] 변환명세는 입력받을 문자의 종류를 지정하는 것이다. 첫 문자로 ^가 나오면 뒤에 오는 문자를 제외하고 모두 입력받으라는 의미이다. 따라서 %[^\n]은 개행문자가 나올 때까지 모든 문자를 입력받게 된다. getchar()는 앞의 scanf()에서 읽지 않은 개행 문자를 삭제하기 위해 사용된 것이다.

```
    if (strcmp(temp, ".end") == 0)
```

".end"가 입력되면 단어 입력을 멈춰야하기 때문에 입력된 단어가 ".end"인지 검사하기 위해 strcmp()를 사용하고 있다.

```
    if (strlen(temp) < 10)
        strcpy(words[num], temp);
    else
        continue;
```

단어는 9자 이하라고 했으므로 입력된 단어가 9자 이하인 경우에만 strcpy()를 사용하여 temp로부터 words 배열로 복사한다. 만일 9자보다 더 크다면 다른 작업은 하지 않고 continue를 사용하여 다시 입력받게 한다.

```
// In sort_words()
            if (strcmp(words[j - 1], words[j]) > 0)
                strcpy(tmp, words[j - 1]);
                strcpy(words[j - 1], words[j]);
                strcpy(words[j], tmp);
            }
```

sort_words()는 단어를 사전순으로 정렬하는 함수이다. 단어의 사전순 크기를 비교하기 위해 strcmp()를 사용하고 있다. strcmp(words[j - 1], words[j])가 양수라면 앞의 단어가 더 큰 것이므로 두 단어를 교환해야 한다. 배열에 저장된 단어의 위치 교환을 위해 strcpy()를 사용하고 있다. 실행 결과는 다음과 같다.

```
단어를 입력하세요 : whale
단어를 입력하세요 : dog
단어를 입력하세요 : hippopotamus
단어를 입력하세요 : cat
단어를 입력하세요 : elephant
단어를 입력하세요 : sea horse
단어를 입력하세요 : .end

** 단어 정렬 결과 **
cat
dog
elephant
whale
```

6.7 가변길이 배열

함수원형에서 배열의 크기를 [*]로 명시한 배열을 가변길이 배열이라고 하였다. 배열을 선언할 때 배열 크기가 정수 수식으로 명시된 배열도 가변길이 배열이라고 한다. C90에서는 배열을 선언할 때 그 크기를 정수 상수로 지정해야 했었지만, C99부터는 배열 선언에서 정수 수식으로 크기를 지정할 수 있게 되었다. 이러한 배열을 가변길이 배열(variable-length array)이라고 한다. 배열 크기를 정수 상수로 지정해야 한다는 의미는 컴파일할 때, 즉 프로그램이 실행되기 전에 배열의 크기가 고정된다는 의미이다. 따라서 한 프로그램으로 다양한 크기의 데이터를 다루는데 한계가 있게 된다. 반면 가변길이 배열과 같이 배열의 크기를 정수 수식으로 지정할 수 있으면 프로그램이 실행되는 도중에 배열 크기를 결정하여 사용할 수 있게 되어 좀 더 유연한 프로그램을 작성할 수 있다. 예를 들어, 프로그램 6.2에서 math 배열은 크기가 10으로 정의되어 있어서 5명이나 20명의 학생에 대한 성적을 처리할 수 없다. 가변길이 배열을 사용하면 다양한 크기의 성적을 처리하는 프로그램으로 만들 수 있다. 다음 프로그램을 보자.

프로그램 6.11

```
#include <stdio.h>

int main(void)
{
    int i, sum, max, min, SIZE;
    float average;

    printf("성적 개수를 입력하세요 : ");
    do{
        scanf("%d", &SIZE);
        if (SIZE < 0)
            printf("0보다 큰 값을 입력하세요 : ");
    } while (SIZE <= 0);
    int math[SIZE];

    // 성적 입력
    for (i = 0; i < SIZE; i++) {
        printf("%d 번째 수학 성적을 입력하세요 : ", i);
        scanf("%d", &math[i]);
    }

    // 평균 계산
    for (i = sum = 0; i < SIZE; i++)
        sum += math[i];
    average = sum / (float)SIZE;

    // 최대/최소 값
    max = min = math[0];
    for (i = 1; i < SIZE; i++)
        if (math[i] > max)
            max = math[i];
        else if (math[i] < min)
            min = math[i];

    // 출력
```

```
    printf("성적 평균 : %.2f\n", average);
    printf("최고 점값 : %d\n", max);
    printf("최저 점수 : %d\n", min);

    return 0;
}
```

프로그램 6.11은 프로그램 6.2를 가변길이 배열을 사용하는 것으로 수정한 것이다.

```
int i, sum, max, min, SIZE;
int math[SIZE];
```

SIZE는 기호상수가 아니라 int 형 변수로 선언되어 있다. math 배열의 크기는 SIZE로 명시되어 있으므로 math는 가변길이 배열이다.

```
do {
    scanf("%d", &SIZE);
    if (SIZE < 0)
        printf("0보다 큰 값을 입력하세요 : ");
} while(SIZE <= 0);
int math[SIZE];
```

프로그램이 시작하면 먼저 다루고자 하는 성적의 개수를 SIZE로 입력받는다. 이렇게 입력받은 값을 사용하여 math 배열의 크기를 결정한다. 배열의 크기는 0보다 커야 하므로 do-while 문을 사용하여 올바른 값을 입력받도록 하고 있다. 올바른 SIZE가 입력되면 그 것을 사용하여 math 배열을 선언한다. 나머지 부분은 프로그램 6.2와 같다. 프로그램 6.11의 실행 결과는 다음과 같다.

```
$ program6.11
성적 개수를 입력하세요 : -5
0보다 큰 값을 입력하세요 : 3
0 번째 수학 성적을 입력하세요 : 99
1 번째 수학 성적을 입력하세요 : 100
2 번째 수학 성적을 입력하세요 : 80
성적 평균 : 93.00
최고 점값 : 100
최저 점수 : 80
$ program6.11
성적 개수를 입력하세요 : 30
0 번째 수학 성적을 입력하세요 : 90
1 번째 수학 성적을 입력하세요 : 91
2 번째 수학 성적을 입력하세요 : 92
. . .
29 번째 수학 성적을 입력하세요 : 69
성적 평균 : 85.13
최고 점값 : 100
최저 점수 : 52
```

이 실행 결과는 프로그램을 두 번 실행시킨 것이다. 첫 번째 실행에서는 3개의 성적을, 두 번째에는 30개의 성적을 처리하고 있다. 실행 결과에서 볼 수 있는 것처럼 가변길이 배열을 사용하면 다양한 크기의 성적을 재컴파일 없이 처리할 수 있음을 알 수 있다.

가변길이 배열은 반드시 제공해야 하는 기능은 아니기 때문에 컴파일러마다 지원여부를 확인해야 한다. 또한 가변길이 배열은 실행시간에 그 크기를 확인하는 과정이 필요하므로 실행시간이 길어질 수 있다는 단점이 있을 수 있고 보안 문제도 발생할 수 있기 때문에 사용하지 않는 것이 좋다. 이러한 스타일의 프로그램은 동적 메모리 할당을 사용하는 것으로 작성하는 것이 더 이식성이 높아지고 프로그램 실행 시간도 단축된다.

요약

1. 배열은 자료형이 같은 대량의 데이터를 저장할 수 있는 자료구조이다. C는 모든 자료형의 배열을 지원한다. 1차원 배열의 선언은 다음과 같이 한다.

```
type-name array-name[size];
```

이렇게 선언하면 메모리의 연속된 공간에 type-name 형의 원소를 size 개 저장할 수 있는 공간이 할당된다. 배열을 이루는 각 원소는 배열 이름에 인덱스를 붙여 구별되는데, 인덱스는 0부터 시작하고 마지막 원소의 인덱스는 size - 1이다.

2. C는 2차원 이상의 다차원 배열도 지원한다. 다차원 배열은 선언문에서 필요한 차원만큼의 각괄호로 나타낸다.

3. 배열을 매개변수로 갖는 함수를 호출할 때에는 대응되는 인자로 배열 이름만을 명시해야 한다. 또한 배열을 매개변수로 사용할 때 함수 원형이나 함수 헤더에서 가장 높은 차원의 크기를 명시하지 않아도 된다.

4. 문자열은 char 형의 1차원 배열이다. 문자열은 널 문자(\0)로 끝나고, 문자열의 크기는 널 문자까지 포함한 문자의 개수로 정의된다.

5. printf()와 scanf()를 사용하여 문자열을 출력하고 입력할 때 변환문자로는 s를 사용한다. scanf()를 사용하여 문자열을 입력받을 때에는 지정된 배열이 입력되는 문자열을 입력받기에 충분히 커야 한다.

6. <string.h>에는 문자열을 다루는 다양한 함수가 선언되어 있다. strcpy()는 문자열을 복사하는 함수이고, strlen()은 문자열의 크기를 알려주는 함수이며, strcat()은 문자열 두 개를 연결하는 함수이다. 또한 두 문자열을 사전순으로 비교할 때에는 strcmp()를 사용한다. sprintf()를 사용해서도 문자열 복사와 문자열 연결을 할 수 있다.

7. 문자열을 복사하고 연결할 때에는 결과를 저장하는 문자열 배열이 충분한 공간을 가지고 있도록 해야 한다. 만일 결과를 저장할 공간이 충분하지 못하다면 실행 시간 오류가 발생하거나 이상한 결과를 초래할 수 있으니 주의해야 한다.

8. 문자열에 저장된 숫자는 ato...()나 strto...() 부류의 함수를 사용하면 숫자로 변환할 수 있다. 이들 함수는 <stdlib.h>에 선언되어 있다.

9. 가변길이 배열은 함수 원형에서 배열 크기로 [*]로 명시된 배열과 선언문에서 배열 크기가 정수 수식으로 명시된 배열을 의미한다.

연습 문제

1. 배열을 사용하지 말고 d0, d1, d2, d3을 크기순으로 출력하는 함수를 정의하고 프로그램을 작성하여 확인해보아라. d0, d1, d2, d3의 값을 사용자로부터 입력받도록 하여라.

2. sizeof 연산자는 객체에 할당되는 메모리 크기를 알려준다. 다음 프로그램은 어떤 값을 출력하겠는가? 먼저 적어보고 실행 후 값을 비교해 보아라. 또한 각 값에 대해 설명하여라.

```
#include <stdio.h>
#define   N   10
int main(void)
{
    int   a[N];
    int   b[N][N];

    printf("sizeof(a[N])       : %d\n", sizeof(a[N]));
    printf("sizeof(a)          : %d\n", sizeof(a));
    printf("sizeof(b[N][N])    : %d\n", sizeof(b[N][N]));
    printf("sizeof(b[N])       : %d\n", sizeof(b[N]));
    printf("sizeof(b)          : %d\n", sizeof(b));
    return 0;
}
```

3. 다음 프로그램은 어떤 값을 출력하겠는가? 먼저 적어보고 실행 후 값을 비교해 보아라.

```
#include <stdio.h>
int main(void)
{
    int data[3][3];

    for (int i = 0; i < 9; i++)
        data[0][i] = i;
    for (int i = 0; i < 3; i++){
        for (int j = 0; j < 3; j++)
            printf("%3d", data[i][j]);
```

```
        printf("\n");
    }
    return 0;
}
```

배열은 메모리의 연속된 공간에 할당된다. 다차원 배열일 경우에는 행우선으로 할당되기 때문에 이와 같은 결과가 나오는 것이다. 이것에 관해서는 포인터를 다루면서 다시 설명할 것이다.

4. char 형의 1차원 배열에 저장된 16진수를 10진수로 변환하는 함수로 작성해보아라. 단 함수 원형은 다음과 같이 하여라.

```
int hex2dec(chat h[]);
```

이 함수를 사용하는 다음 코드는 255를 출력해야 한다. 프로그램을 작성하여 확인해보아라.

```
printf("%d\n", hex2dec("FF"));
```

5. 10명의 학생의 점수를 읽어서 학생의 등수를 출력하는 프로그램을 작성하여라. 단 프로그램 출력은 다음과 같이 해야 한다.

```
0 번 학생 : 80
1 번 학생 : 90
. . .
8 번 학생 : 94
9 번 학생 : 97
-- 결과 --
0 번 학생 : 80점 - 8등
1 번 학생 : 90점 - 4등
. . .
9 번 학생 ; 97점 - 2등
```

6. 10명의 학생의 점수를 읽어서 점수를 성적순으로 출력하는 프로그램을 작성하여라. 단 프로그램 출력은 다음과 같이 해야 한다.

```
0 번 학생 : 80
1 번 학생 : 90
. . .
8 번 학생 : 94
9 번 학생 : 97
성적순 : 99, 97, 94, 90, 89, 88, 83, 80, 77, 60
```

데이터를 다룰 때 정렬은 매우 중요하기 때문에 다양한 정렬방법이 제안되어 있다. 가장 기본적인 정렬방법으로는 버블정렬, 삽입정렬, 선택정렬이 있다. 이들에 대해 찾아보고 각 방법을 적용하여 프로그램을 작성해보아라.

7. 10명의 학생의 점수를 읽어서 학생 번호와 점수를 성적순으로 출력하는 프로그램을 작성하여라. 단 프로그램 출력은 다음과 같이 해야 한다.

```
0 번 학생 : 80
1 번 학생 : 90
. . .
8 번 학생 : 94
9 번 학생 : 97
성적순 : 2(99), 9(97), 8(94), 1(90), 4(89), 6(88), 7(83), 0(80), 3(77), 5(60)
```

8. 실수 다항식 f(x)는 다음과 같다.

$$f(x) = a_0 + a_1x + a_2x^2 + \ldots + a_2x^n$$

여기서 계수 a_0, a_1, …, a_n은 실수이다. 다항식은 다음과 같은 계수의 배열로 컴퓨터에서 표현될 수 있다.

```
#define N 10 // 최대 차수
double a[N + 1];
```

x가 주어지면 f(x)를 계산하여 리턴하는 함수를 작성하여라. 단 함수 원형은 다음과 같이 하여라. 여기서 매개 변수 n은 최대 차수를 의미한다.

```
double eval_f(int n, double a[], double x);
```

프로그램을 작성하여 eval_f() 함수가 올바른지 확인하여라.

9. 연습문제 8번의 실수 다항식 f(x)를 다음과 같이 계산하면 계산량을 많이 줄일 수 있다.

$$f(x) = a_0 + x(a_1 + x(a_2 + x(a_3 + x(a_4 + \ldots))))$$

이를 Horner 기법이라고 한다. 1차부터 10차 다항식까지 Horner 기법을 사용하는 것과 사용하지 않은 것의 더하기와 곱하기 수를 비교해 보이라. 또한 연습문제 8번에서 작성한 eval_f() 함수를 Horner 방법을 사용하는 것으로 수정하여라.

10. n차의 두 다항식을 더하는 함수를 작성하여라. 단 함수 원형은 다음과 같이 하여라.

```
void add(int n, double f[ ], double g[ ], double h[ ]); // f = g + h
```

프로그램을 작성하여 add() 함수가 올바른지 확인하여라.

11. 회문은 앞뒤 어느 쪽으로 읽어도 똑같은 문자열을 뜻한다. 예를 들면, 다음과 같은 문자열은 회문이다.

```
"toot" "123343321" "otto" "i am ma i" "C“
```

문자열 인자를 받아들여 회문이면 1을 아니면 0을 리턴하는 함수를 작성하여라. ".end" 문자열을 입력할 때까지 문자열을 입력받아 함수를 호출한 후 그 결과에 따라 다음과 같이 출력하는 프로그램을 작성하여라.

```
문자열 입력 : toot
toot는 회문입니다.
문자열 입력 : hello
hello는 회문이 아닙니다.
문자열 입력 : .end
프로그램을 종료합니다.
```

12. 알파벳에 1부터 26까지 숫자를 순서대로 배정하자. 즉 a는 1, b는 2, ..., z는 26의 값을 갖는다. 그리고 단어의 값을 단어를 이루는 알파벳의 값의 합이라고 정의하자. 예를 들어, happy의 값은 66(= 8 + 1 + 16 + 16 + 25)이다. 단어의 값을 계산하는 함수를 작성하고, 단어를 입력받아 단어의 값을 출력하는 프로그램을 작성하여라. 단, 프로그램은 .end가 입력될 때까지 계속 실행되어야 하고 다음과 같은 출력해야 한다.

```
단어를 입력하세요 : happy
happy : 66점
단어를 입력하세요 : peace
peace : 30점
단어를 입력하세요 : .end
프로그램을 종료합니다.
```

13. 행렬은 2차원 배열을 사용하여 표현할 수 있다. N × M와 N × M 행렬을 더하는 함수를 작성하여라. 함수의 원형은 다음과 같이 하여라.

```
void matrix_add(int a[N][M], int b[N][M], int result[N][M]);
```

프로그램을 작성하여 확인해 보아라.

14. 행렬은 2차원 배열을 사용하여 표현할 수 있다. N × K와 K × M 행렬을 곱하는 함수를 작성하여라. 함수의 원형은 다음과 같이 하여라.

```
void matrix_multiply(int a[N][K], int b[K][M], int result[N][M]);
```

프로그램을 작성하여 확인해 보아라.

15. 달력 프로그램을 배열을 사용하여 작성하여라. 단 월로 0을 입력하면 1월부터 12월까지 모두 출력하는 데 다음과 같이 출력하도록 하여라.

```
년도를 입력 하세요 : 2026 Enter↵
월을 입력 하세요 : 2 Enter↵
        2026년 2월
 Su Mo Tu We Th Fr Sa
  1  2  3  4  5  6  7
  8  9 10 11 12 13 14
 15 16 17 18 19 20 21
 22 23 24 25 26 27 28
 29
년도를 입력 하세요 : 2018 Enter↵
월을 입력 하세요 : 0 Enter↵
                              2018
         1월                    2월                    3월
 Su Mo Tu We Th Fr Sa   Su Mo Tu We Th Fr Sa   Su Mo Tu We Th Fr Sa
     1  2  3  4  5  6                1  2  3                1  2  3
  7  8  9 10 11 12 13    4  5  6  7  8  9 10    4  5  6  7  8  9 10
 14 15 16 17 18 19 20   11 12 13 14 15 16 17   11 12 13 14 15 16 17
 21 22 23 24 25 26 27   18 19 20 21 22 23 24   18 19 20 21 22 23 24
 28 29 30 31            25 26 27 28            25 26 27 28 29 30 31

                          . . . . . . .
```

16. 표준편차를 구하는 stddev() 함수를 작성하여라. $x_1, x_2, \ldots, x_n$의 데이터에 대해 표준편차 δ 는 다음과 같이 구한다. 수식에서 $\bar{x}$ 는 평균을 의미한다.

$$\delta = \sqrt{\frac{1}{n}\sum_{i=1}^{n}(x_1 - \bar{x})^2}$$

stddev() 함수의 원형은 다음과 같이 하여라. 첫 번째 매개변수는 배열의 크기를 나타낸다.

```
double stddev(int n, int x[]);
```

프로그램을 작성하여 확인해 보아라.

17. rand() 함수가 얼마나 좋은지 확인해 보자. rand() % 10 수식을 사용하여 0부터 9까지의 수를 무작위로 10,000개 생성하여 각 수가 각각 몇 번 생성됐는지 출력하여라. 거의 비슷하게 생성되는가? 연습문제 16에서 작성한 stddev() 함수를 사용하여 표준편차를 구해보아라.

18. 0부터 10까지의 수를 무작위로 생성하기 위해 연습문제 17에서는 rand() % 10 수식을 사용하였다. 이것은 무작위로 생성된 수의 제일 마지막 자리 수만 본다는 의미이다. 이것과 반대로 생각하여 rand() 함수가 생성하는 값을 같은 크기의 10 구간으로 나누어서 rand() 값이 첫 번째 구간에 속하면 0, 두 번째 구간에 속하면 1 등으로 0부터 9까지의 값을 생성할 수도 있을 것이다. 이 방법을 사용했을 때 10,000번의 rand() 함수 호출에 의한 0부터 9까지의 분포와 표준편차를 출력하고, 연습문제 17번의 결과와 비교해 보아라. 참고로 rand()는 0부터 RAND_MAX까지의 값을 생성한다.

19. 6.6절에서 설명한 문자열처리 라이브러리 함수들과 유사하게 동작하는 함수를 직접 작성하여라. 함수의 원형은 다음과 같이 하여라.

```
void my_strcpy(char dst[], char src[]);
int my_strlen(char str[]);
void my_strcat(char dst[], char src[]);
int my_strcmp(char str1[], char str2[]);
```

20. C에서 제공하는 기본형을 사용하면 변수를 위한 메모리 할당과 사칙연산과 같은 기본 연산은 프로그래머가 따로 프로그래밍 하지 않아도 된다. 하지만 기본 자료형을 사용할 수 없다면 다루고자 하는 값의 메모리 표현과 연산 방법들을 직접 설계하고 프로그래밍 해야 한다. 프로그램에서 가장 큰 정수를 다룰 수 있는 형은 long long 형 이다. long long 형 변수를 사용하면 약 ±922 경(=922 × 10^{16}) 사이의 정수를 다룰 수 있다. 이 수는 매우 큰 수이지만 충분히 큰 수는 아니다. 프로그램에서 20자리 이상의 정수를 다루어야 한다면 기본형으로는 안 될 것이다. 다음 프로그램은 큰 정수를 다루는 한 가지 방법을 보여주고 있다.

```
#include  <stdio.h>
#define   N   20
void  add(char sum[], char a[], char b[]);       // sum = a + b
void  wrt(char p[]);
int main(void)
{
   char   a[N] = {9, 8, 8, 8, 9, 7, 5, 7, 0, 9, 9, 9, 9, 9};
                  // +99,999,075,798,889
   char   b[N] = {7, 7, 5, 3, 4, 2, 8, 8, 9, 6, 0, 5};
                  // +506,988,243,577
   char   sum[N];

   add(sum, a, b);
   printf("a = ");
   wrt(a);
   printf("b = ");
   wrt(b);
   printf("sum = ");
   wrt(sum);
   return 0;
}
void add(char sum[], char a[], char b[])
{
   int   carry = 0;
   int   i;
   for (i = 0; i < N; ++i) {
      sum[i] = (a[i] + b[i] + carry) % 10;
      carry = (a[i] + b[i] + carry) / 10;
   }
}
void wrt(char p[])
```

```
{
   int i;
   for (i = N - 1 ; i >= 1; --i)
      if (p[i])  break;
   for ( ; i >= 0; --i)
      printf("%d", p[i]);
   putchar('\n');
}
```

(a) 프로그램을 분석하여 숫자를 저장하는 배열과 add() 함수에 대해 설명하여라. 또한 프로그램을 실행하여 실행 결과가 올바른지 확인해 보아라.

(b) 큰 수의 빼기를 수행하는 subtract() 함수를 작성하고 프로그램을 작성하여 확인하여라. 단 첫 번째 피연산자가 두 번째 피연산자보다 작지 않다고 가정하여라.

(c) 큰 정수의 곱하기를 수행하는 multiply() 함수를 작성한 후 실험해 보아라.

(d) 큰 정수의 나누기를 수행하는 divide() 함수를 작성한 후 실험해 보아라. 단 divide() 함수는 정수 나누기를 수행하도록 하여라. 즉 소수 부분은 무시한다.

(e) 큰 정수의 나머지 연산을 수행하는 modulo() 함수를 작성한 후 실험해 보아라.

(f) 앞에서 정의한 함수들이 음수를 다룰 수 있도록 수정하여라. 함수를 수정하기 전에 먼저 음수를 어떻게 표현할지 생각해야 한다. 또한 wrt() 함수도 부호를 다룰 수 있게 수정해야 한다.

제 7 장

포인터

포인터는 데이터가 저장된 메모리 주소를 다루는 것이다. 포인터는 C 프로그램에서 매우 유용한 것이기 때문에 잘 이해하고 사용할 수 있어야 한다. 프로그램은 데이터를 처리하는 것이다. 즉, 데이터를 입력받아 적절히 처리한 후 출력하는 것이 프로그램이다. 따라서 프로그램은 데이터를 저장하고 저장한 내용을 읽어서 업데이트하는 기능이 필요하다. 이를 위해 변수를 사용하였다. 변수 선언문은 데이터를 저장할 메모리 공간을 할당받기 위한 것이고, 선언문에 명시된 식별자(변수명)는 할당받은 메모리 공간을 접근하기 위한 이름을 지정한 것이다.

메모리는 각 원소의 크기가 1바이트인 1차원 배열이라고 생각하면 된다. 배열의 원소에 인덱스가 부여되는 것과 같이 메모리도 바이트 단위로 주소가 부여되어 있다. 변수가 할당받은 메모리도 고유의 주소가 부여되어 있는 공간이다. 즉, 보통은 변수 이름을 사용하여 그 메모리 공간을 접근하지만 필요하다면 그 공간의 메모리 주소를 통해서도 접근이 가능하다. 이 장에서는 각 변수가 할당받은 메모리 주소가 어떻게 되고, 그 주소를 통해 어떻게 그곳에 저장된 값들을 다룰 수 있는지에 대해 설명한다. 또한 주소 값을 저장하기 위해 사용하는 포인터 변수에 대해서도 설명할 것이다.

앞에서 배운 배열은 포인터와 매우 밀접한 관계가 있다. C는 배열 이름을 포인터로 취급한다. 둘 간의 차이는 배열 이름은 하나의 주소 값만 가지는 상수 포인터라는 것이다. 따라서 포인터 변수를 마치 배열처럼 사용할 수도 있고, 배열 이름을 포인터처럼 사용할 수도 있다. 이러한 성질을 사용하여 동적으로 할당받은 메모리 공간을 마치 배열처럼 사용할 수도 있다. 이 장에서는 배열과 포인터의 관계와 동적 메모리 할당에 대해서도 설명할 것이다.

마지막으로 C는 함수에서 인자를 전달할 때 값에 의한 호출 방식만을 제공하는데 포인터를 사용하여 참조에 의한 호출 효과를 어떻게 볼 수 있는지에 대해서도 설명한다. 참조에 의한 호출이 제공된다면, 여러 개의 값을 리턴해야 하는 함수를 만들 때 전역변수를 사용하는 경우에 발생할 수 있는 문제를 없앨 수 있다는 장점이 있다. 이 장에서는 포인터를 사용하여 참조에 의한 호출을 하는 것처럼 함수를 작성하는 방법에 대해서도 설명할 것이다.

7.1 포인터 변수

메모리는 CPU가 직접 접근하여 데이터를 가져올 수 있는 저장 공간이다. 컴퓨터에는 하드디스크와 같이 데이터를 저장하는 장치가 다양하게 존재하지만, CPU가 직접 접근하여 데이터를 가져올 수 있는 장치는 메모리가 유일하다. 우리가 작성한 프로그램 파일과 컴파일 후 생성된 실행 프로그램 파일은 모두 하드디스크에 저장되기 때문에 CPU가 직접 다룰 수 없다. 따라서 프로그램을 실행하면 제일 먼저 운영체제가 하는 일은 실행 프로그램과 변수들이 저장될 메모리 공간을 확보하여 하드디스크에 있는 프로그램을 메모리로 옮기는 것이다. 이렇게 프로그램이 메모리로 로드되면 CPU는 프로그램의 문장을 읽어 분석한 다음 문장에 명시된 연산들을 실행한다.

각 연산에 필요한 데이터는 보통 변수에 저장되는데, 변수는 선언문에 명시된 자료형의 크기만큼의 바이트 개수를 할당받게 된다. 예를 들어 다음과 같은 선언문이 있다고 하자.

```
int min, data;
```

int 형이 4 바이트인 컴퓨터는 min과 data 변수에 각각 4 바이트의 메모리를 할당한다. 예를 들어 min이 512 번지 메모리에 할당됐다고 하는 것은 min 변수가 512, 513, 514, 515번지의 메모리를 사용한다는 의미이다. 즉, min은 512번지부터 515번지까지의 메모리를 사용하지만, min 변수의 메모리 번지는 512 번지라고 한다. data 변수는 min 변수가 할당받은 메모리 공간과 겹치지 않는 메모리 공간에 할당된다. 보통은 min이 할당된 곳과 연속된 공간에 할당된다. 이렇게 할당된 공간은 다음 코드와 같이 min과 data라는 이름을 사용하여 데이터를 저장하거나 읽어서 사용하게 된다.

```
if (min > data)
   min = data;
printf("min value : %d", min);
```

앞의 예제에서 512번지 메모리에 있는 정수 값을 min이라는 이름으로 참조하였지만, 512라는 주소 값으로도 접근이 가능하다. min 변수뿐만 아니라 변수에 할당된 메모리 공간에 있는 값은 변수 이름뿐만 아니라 그 주소로 참조할 수 있다. 변수가 할당받은 메모리 주소를 통해 값을 접근하기 위해서는 변수에 할당된 메모리 주소를 알아야 하고, 메모리 주소 값을 저장할 수 있는 변수를 만드는 법, 그리고 주소를 사용하여 값을 읽는 법에 대해 알아야 한다.

먼저 변수가 할당받은 메모리 주소는 주소연산자 &로 알아낼 수 있다. 주소연산자 &는 단항 연산자로 뒤에 명시된 변수의 메모리 주소를 알려준다. 예를 들어 min이 할당받은 메모리 주소는 &min으로 알 수 있다. &는 메모리를 할당받는 객체에 적용할 수 있는 연산자이기 때문에 스토리지 클래스가 register인 변수에는 사용할 수 없고, 상수나 메모리 할당이 안 되는 수식에는 사용할 수 없다. 예를 들어, 다음과 같이 사용하면 안 된다.

```
&230            // 정수 상수
&'a'            // 문자 상수
&(min + data)   // min + data는 메모리 할당이 안 되는 수식임
```

printf()를 사용하여 주소 값을 출력할 때에는 다음과 같이 %p 변환명세를 사용한다.

```
printf("address of min : %p", &min);
```

변환명세 %p를 사용하면 대부분의 시스템은 주소 값을 16진수로 출력한다. 컴퓨터마다 변수를 메모리에 할당하는 방식이 다를 수 있기 때문에 주소 값을 출력하는 문장의 결과는 실행하는 컴퓨터마다 다를 수가 있다.

주소 값을 저장하는 변수를 포인터 변수라고 한다. 포인터 변수도 다른 변수와 마찬가지로 선언문을 통해 선언하여 사용한다. 포인터 변수의 선언은 다음과 같이 한다.

```
type-name *identifier;
```

일반 변수 선언문과 유사해보이지만, 다른 점은 identifier 앞에 *가 붙는다는 것이다. 단순하게 생각하면 정수나 실수, 또는 문자를 저장하는 메모리 공간의 주소는 모두 메모리 번지이므로 포인터 변수 선언에 자료형이 불필요해보일 수 있다. 하지만 포인터 변수를 선언할 때의 자료형은 포인터 변수에 저장되는 주소에 저장된 값의 자료형을 의미한다. 예를 들어 다음 선언문을 보자.

```
int *iptr;
float *fptr;
```

이것은 iptr과 fptr이라는 두 개의 포인터 변수를 선언하는 것이다. iptr은 정수 값을 가지고 있는 메모리 공간의 주소를 저장하는 변수이고, fptr은 실수 값을 가지고 있는 주소를 저장하는 변수이다. 따라서 다음과 같이 int 형인 min 변수의 주소는 iptr에 저장할 수 있다.

```
iptr = &min;
```

이렇게 iptr이 min의 주소를 가지고 있다면, "iptr이 min을 포인트하고 있다"라고 한다. 그림으로는 다음과 같이 표현한다.

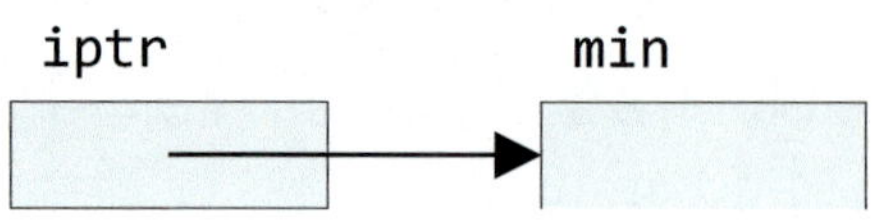

이렇게 형이 같은 주소는 저장할 수 있지만, 다음과 같이 fptr에 min의 주소를 저장하려고 하면 오류가 발생할 것이다.

```
fptr = &min;
```

이와 같이 자료형을 구별하는 이유는 포인터 변수를 사용하여 메모리에 저장된 값을 읽거나 쓸 수 있기 때문이다. 즉, 정수 값이 저장된 공간을 실수 값으로 읽으면 이상한 결과가 나오고 그 반대도 마찬가지로 이상한 값이 나오기 때문에 자료형을 구별하는 것이다.

포인터 변수가 포인트하고 있는 곳의 값을 접근할 때에는 역참조 연산자 *를 사용한다. C는 * 기호를 다양한 의미로 사용한다. 가장 먼저는 곱하기 연산자로 사용하였고, 선언문에서는 포인터 변수임을 나타내기 위해 사용하였다. 역참조 연산자 *는 단항 연산자로 주소 값을 가지는 피연산자 앞에 명시한다. 주소 값에 역참조 연산자를 붙이면, 역참조 연산이 사용된 위치에 따라 그 주소가 포인터하는 곳을 나타내거나 그 주소에 들어있는 값을 뜻하게 된다. 예를 들어 다음 코드를 보자.

```
int min, data, tmp, *iptr;
. . .
iptr = &min;
tmp = *iptr;
*iptr = data;
data = tmp;
```

이 코드는 포인터 변수를 사용하여 두 변수의 값을 교환하는 것이다. 첫 번째 문장으로 iptr은 min을 포인트하게 된다. 두 번째 문장에서 역참조 연산 수식 *iptr가 배정 연산자의 오른쪽에 있는데, 이것은 iptr이 포인트하고 있는 곳의 값을 의미한다. 따라서 두 번째 문장은 tmp에 iptr이 포인터하고 있는 곳의 값을 배정하게 되는데, iptr은 min을 포인트하고 있으므로 결국 tmp에 min의 값이 저장된다. 세 번째 문장은 역참조 연산 수식이 배정 연산자 왼쪽에 나오고 있는 데, 이것은 iptr이 포인트하는 곳을 의미한다. 따라서 세 번째 문장은 data의 값을 iptr이 포인트하는 곳에 넣으라는 것이다. 마지막으로 네 번째 문장은 data에 tmp 값을 배정한다. 결과적으로 min과 data의 값은 서로 교환된다.

포인터 변수에는 주소 값만 배정해야 한다. 주소도 정수이므로 정수형 데이터를 배정해도 될 것 같지만, 주소만을 배정해야 한다. 예를 들어 다음과 같은 문장을 보자.

```
iptr = 512;
```

이 문장은 int 형 포인터 변수 iptr에 int 형의 값인 512를 배정하는 것이므로 자료형이 일치하지 않는다는 컴파일 오류가 발생할 것이다. 만일 iptr에 512 값을 꼭 넣어야 한다면 캐스트 연산자를 사용하여 형을 맞춰줘야 한다. 즉, 다음과 같이 할 수 있다.

```
iptr = (int *)512;
```

반면 0은 정수임에도 불구하고 다음 문장은 오류가 아니다.

```
iptr = 0;
```

포인터 값으로 0은 아무 것도 포인트하고 있지 않음을 뜻하는 특별한 숫자이기 때문에 가능하다. 보통은 0대신 다음과 같이 NULL이라는 매크로를 사용하여 아무것도 포인트하고 있지 않은 포인터라는 것을 나타낸다.

```
iptr = NULL;
```

포인터를 다루는 프로그램에서는 포인터가 유용한 곳을 포인트하고 있는지 알아내는 것이 중요하다. 이를 위해 포인터를 0 또는 NULL로 초기화하여 선언하고, 포인터의 사용이 끝나면 다시 0 또는 NULL을 배정하는 프로그래밍 습관이 좋다. 다음 예제 프로그램을 보자.

프로그램 7.1

```
#include <stdio.h>
int main(void)
{
    int i = 2;
    int *p = NULL;

    p = &i;
    printf("i 값 : %d\n", i);
    printf("i 주소 : %p\n", &i);
    printf("p 값 : %p\n", p);
    printf("*p 값 : %d\n", *p);

```

```
    *p = *p * *p;
    printf("i 값 : %d\n", i);
    printf("i 주소 : %p\n", &i);
    printf("p 값 : %p\n", p);
    printf("*p 값 : %d\n", *p);

    return 0;
}
```

프로그램 7.1은 주소연산자와 포인터 변수에 관한 것이다.

```
5    int *p = NULL;
7     p = &i;
```

p는 NULL로 초기화된 int 형 포인터로 i를 포인트하게 된다. i에 저장된 값은 i 뿐만 아니라 p를 통해서도 접근이 가능하다.

```
 9    printf("i 주소 : %p", &i);
10    printf("p 값 : %p", p);
11    printf("*p 값 : %d", *p);
```

주소 값을 출력할 때에는 %p 변환명세를 사용해야 한다. &i와 p의 값은 주소 값이므로 %p를 사용하여 값을 출력하고 있다. 변수에 할당되는 메모리 주소는 사용하는 컴퓨터마다 다를 수 있다. 하지만 어떤 컴퓨터를 사용한다고 해도 &i와 p의 값은 같을 것이다. *p의 값은 p가 포인트하고 있는 곳의 값이므로 %d를 사용하여 출력하고 있고, i 값인 2가 출력될 것이다.

```
13    *p = *p * *p;
```

포인터 변수인 p를 통해서도 i 값을 다룰 수 있다. 즉, 이 수식으로 인해 i의 값은 4가 될 것이다. 이 프로그램의 실행결과는 다음과 같다.

```
i 값 : 2
i 주소 : 0xffffcbf4
p 값 : 0xffffcbf4
*p 값 : 2
i 값 : 4
i 주소 : 0xffffcbf4
p 값 : 0xffffcbf4
*p 값 : 4
```

변수 및 포인터 변수를 선언할 때 자료형을 지정하는 이유는 메모리에 값을 저장하거나 메모리에 저장된 값을 가져올 때 올바르게 해석하기 위해서이다. 컴파일러는 선언문을 참조하여 모든 문장들이 올바르게 메모리 값을 가져올 수 있게 하는지를 검사한다. 만일 다음과 같은 문장을 만나면 p를 통해 올바른 값을 가져오거나 저장할 수 없기 때문에 오류를 발생할 것이다.

```
int *p;
float f = 10.0;
p = &f;
```

즉, 이것은 int 형 포인터 변수인 p에 float 형 주소를 넣는 것으로 p를 통해 f의 올바른 값을 접근할 수 없기 때문에 발생한다. 만일 굳이 형이 다른 포인터에 주소를 넣고자 한다면 다음과 같이 캐스트 연산자를 사용하여 형을 맞춰줘야 한다.

```
p = (int *)&f;
```

하지만 이러한 것은 별 의미가 없기 때문에 하지 않는 것이 좋다. 그런데 어떤 경우에는 하나의 포인터로 자료형이 다른 여러 개의 주소를 다룰 필요가 있을 수도 있다. 이때에는 void 형 포인터를 사용하다. void 형 포인터에는 어떠한 자료형의 주소 값도 배정할 수 있다. 예를 들어 다음 코드를 보자.

```
void *v;
int i = 100;
float f = 10.0;
v = &i;
printf("i is %d.\n", *((int *)v));
```

```
v = &f;
printf("f is %f.\n", *((float *)v));
```

v를 void 형 포인터로 선언했기 때문에 예제 코드와 같이 int 형인 i의 주소나 float 형인 f의 주소를 넣을 수 있다. 하지만 사용할 때에는 적절한 형 변환을 하여 올바르게 메모리 값을 읽어 올 수 있게 해야 한다. 예제 코드와 같이 v가 i를 포인트하고 있을 때에는 (int *)로 캐스팅한 후에 역참조를 해야 정수 값을 올바르게 가져올 수 있다. void 형 포인터는 생각보다 많이 활용되고 있으니 사용방법을 잘 알고 있는 것이 좋다.

포인터 변수에는 일반 변수의 주소 값을 저장할 수 있지만, 포인터 변수의 주소 값은 포인터 변수에 저장할 수 없다. 포인터 변수의 주소를 저장할 때에는 포인터의 포인터 변수를 사용한다. 포인터의 포인터 변수는 선언문에서 *를 두 개 붙여서 선언한다. 다음 예제를 보자.

```
int i = 5, *p = &i, **pp = &p;
printf("i : %d, *p : %d, **pp : %d, *pp : %p\n", i, *p, **pp, *pp);
```

선언문에서 pp는 *가 두 개 있으므로 포인터의 포인터 변수이다. 따라서 pp에는 포인터의 주소를 저장할 수 있다. 선언문에서 p는 i의 주소로 초기화되었고, pp는 p의 주소로 초기화되었다. 이를 그림으로 그리면 다음과 같다.

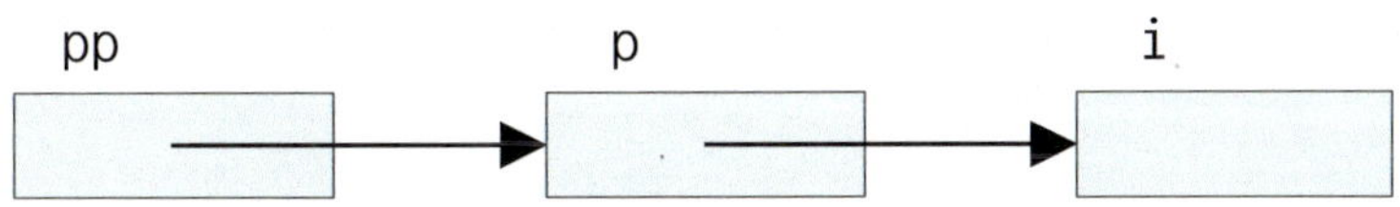

이러한 구조로 포인트하고 있으므로, pp를 역참조하는 *pp는 p이고, pp를 두 번 역참조하는 **pp는 i가 된다. 포인터의 포인터는 포인터 변수들을 다루기 위해 사용된다. 이와 같은 방식으로 더 높은 차원의 포인터를 계속 만들어 나갈 수 있다. 이러한 포인터를 사용할 때에는 각 포인터가 올바른 내용의 주소를 가지고 있는지 확인하는 과정이 필요하다.

7.2 포인터 연산

지금까지의 포인터 예제는 포인터를 사용하여 메모리의 한 곳, 즉 하나의 값만을 저장하는 공간을 접근하는 것에 대해서 설명하였다. 하지만 포인터는 많은 데이터가 저장된 메모리 공간을 다룰 때 더 많이 사용된다. 포인터를 사용하여 연속된 메모리 공간에 저장된 대량의 데이터를 접근할 때에는 포인터 연산을 사용한다. 포인터 연산이란 포인터에 더하기와 빼기 연산을 적용하여 현재 포인트하고 있는 위치의 상대적인 위치를 구하는 연산이다. 포인터 연산에는 다음과 같은 3가지 연산이 있다.

```
pointer + integer
pointer - integer
pointer1 - pointer2
```

먼저 포인터에 정수 값을 더하거나 빼는 것을 살펴보자. 일반 산술 연산에서 더하기나 빼기 수식의 값은 첫 번째 피연산자의 값보다 두 번째 피연자의 값만큼 큰 값이나 작은 값이 된다. 하지만 포인터 연산에서는 그 포인터가 포인트하고 있는 객체보다 두 번째 피연산자로 지정된 정수의 값만큼 다음에 있거나 전에 있는 객체의 주소가 된다. 말이 복잡한 것 같지만 그림으로 보면 이해가 쉬울 것이다. 예를 들어 p와 q가 `int` 형 포인터이고 각각 `1024` 번지와 `1036`번지에 저장된 정수 값을 포인트하고 있다면 메모리 상태를 다음과 같이 그릴 수 있을 것이다.

	...
1012	4 바이트 정수 값
1016	4 바이트 정수 값
1020	4 바이트 정수 값
p --> 1024	4 바이트 정수 값
1028	4 바이트 정수 값
1032	4 바이트 정수 값
q --> 1036	4 바이트 정수 값
	...

그림에서 왼쪽의 숫자는 메모리 주소를 뜻한다. p가 int 형 포인터이고, int 형의 크기는 4바이트이므로 주소의 값을 4의 배수로 표시하였다. 이때, p + 1이라는 포인터 수식은 p의 주소 값에 1을 더한 1025 번지를 뜻하는 것이 아니라, 1024 번지에 저장된 정수 다음에 저장된 정수의 주소를 의미한다. 따라서 p + 1의 실제 값은 2028 번지가 될 것이다. 이와 같은 방식으로 p + 3은 1024 번지에 있는 객체부터 3번째 떨어진 객체의 주소, 즉 1036 번지가 된다.

포인터에 정수 값을 빼는 것도 같은 원리로 동작한다. p – 1은 p가 포인터하고 있는 객체의 직전에 있는 객체의 주소를 의미한다. 따라서 p – 1의 실제 값은 1020 번지가 될 것이다. 또한 p – 2는 두 번째 전의 객체의 주소 값이므로 1016 번지가 된다.

마지막으로 pointer1 – pointer2와 같은 포인터 수식의 의미는 pointer1과 pointer2 사이에 저장될 수 있는 객체의 수를 의미한다. 따라서 pointer1과 pointer2는 같은 형의 포인터이어야 한다. 예를 들어, p가 1024번지를 포인트하고 있고, q가 1036번지를 포인트하고 있다고 하자. 그러면 q – p는 3이 될 것이다. 만일 첫 번째 포인터의 주소 값이 더 작으면 음수의 값을 갖는다. 즉, p – q는 –3이다. 예를 들어 프로그램 7.2를 보자.

프로그램 7.2

```
#include <stdio.h>
#define N 10
int main(void)
{
    int arr[N] = {0, 1, 2, 3, 4, 5, 6, 7, 8, 9};
    int *p = NULL, *q = NULL;

    p = &arr[4];
    q = p + 5;
    printf("*q = %d\n", *q);
    printf("p - q = %d\n", p - q);
    printf("q - p = %d\n", q - p);
    printf("(long) q - (long) p = %d\n",  (long) q - (long) p);
    printf("(long) p - (long) q = %d\n",  (long) p - (long) q);

    return 0;
}
```

프로그램 7.2는 포인터 수식의 예를 보여주고 있다.

```
int arr[N] = 0, 1, 2, 3, 4, 5, 6, 7, 8, 9;
int *p = NULL, *q = NULL;
p = &arr[4];
q = p + 5;
```

p와 q은 int 형 포인터이고, p는 arr[4]를 포인트하고 있다. q에는 p + 5의 값을 배정하고 있으므로 p에서 5번째 떨어진 원소의 주소를 가질 것이다. arr[4]에서 5 원소 떨어져있는 원소는 arr[9]이므로 q는 arr[9]를 포인트하게 된다.

```
printf("p - q = %d\n", p - q);
printf("q - p = %d\n", q - p);
```

두 포인터의 차는 그 사이에 들어가는 원소의 수를 나타내므로 p – q의 값은 –5, q – p의 값은 5가 될 것이다.

```
printf("(long) q - (long) p = %d\n", (long) q - (long) p);
printf("(long) p - (long) q = %d\n", (long) p - (long) q);
```

(long) q - (long) p 수식은 포인트 변수 p와 q 앞에 캐스트 연산자(long)을 사용하였으므로, 이 수식은 포인터 연산 수식이 아니라 산술 연산 수식이다. 따라서 두 포인터의 주소 값의 산술적 차의 값인 20이 출력될 것이다. 프로그램의 실행 결과는 다음과 같다.

```
*q = 9
p - q = -5
q - p = 5
(long) q - (long) p = 20
(long) p - (long) q = -20
```

7.3 포인터와 함수

함수를 호출하면 호출시 지정한 함수 인자를 함수 매개변수로 전달하게 된다. 전달하는 방식은 여러 가지가 있지만 대표적인 두 가지는 값에 의한 호출(Call by value)과 참조에 의한 호출(Call by reference)이다. 값에 의한 호출이란 인자로 지정된 수식의 값을 대응하는 함수 매개변수의 초기 값으로만 사용하고 더 이상 인자와 매개변수 간의 관계는 없는 것이다. 반면 참조에 의한 호출은 함수 인자 자체를 매개변수로 전달하는 방식으로, 매개변수가 인자와 같은 것이 되는 것이다. 즉, 매개변수의 값이 변경되면 인자의 값도 변경되게 된다. 참조에 의한 호출은 함수가 여러 개의 값을 호출하는 곳으로 전달해야 하는 경우에 유용하다. C는 기본적으로 값에 의한 호출을 지원한다. 하지만 포인터를 사용하면 참조에 의한 호출의 효과를 얻을 수 있다. 참조에 의한 호출의 효과를 얻기 위해서는 함수의 매개변수를 포인터로 선언하고, 함수를 호출할 때 인자로 주소를 명시하면 된다. 예를 들어 다음 프로그램을 보자.

프로그램 7.3

```
#include <stdio.h>

void convertM2HM(int min, int *h, int *m);

int main(void)
{
    int inputM, hours, minutes;

    printf("분을 입력하세요 : ");
    scanf("%d", &inputM);

    convertM2HM(inputM, &hours, &minutes);
    printf("%d분은 %d시간 %d분입니다.\n", inputM, hours, minutes);
    return 0;
}

void convertM2HM(int min, int *h, int *m)
{
    *h = min / 60;
    *m = min % 60;
    return;
}
```

프로그램 7.3은 전역 변수를 사용하여 결과를 전달하는 프로그램 5.6을 포인터를 사용하여 결과를 전달하는 것으로 수정한 것이다.

```
void convertM2HM(int min, int *h, int *m)
{
    *h = min / 60;
    *m = min % 60;
```

convertM2HM()는 두 번째와 세 번째 매개변수인 h와 m이 포인터로 선언되어 있고, 함수 몸체에서는 역참조를 사용하여 계산 결과를 저장하고 있다.

```
    convertM2HM(inputM, &hours, &minutes);
```

main()에서 convertM2HM()을 호출할 때, 두 번째와 세 번째 인자로 hours와 minutes의 주소를 명시하고 있다. 따라서 convertM2HM()는 결국 hours에 시간 계산 결과를 minutes에 분 계산 결과를 저장하게 된다. 이를 그림으로 그리면 다음과 같다.

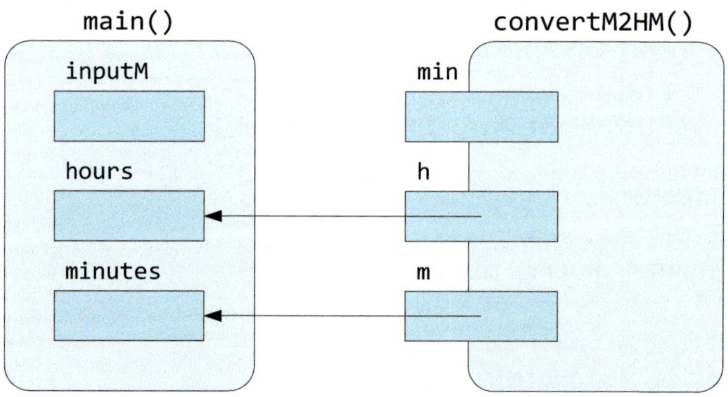

convertM2HM(inputM, &hours, &minutes)

그림에서와 같이 h는 hours를, m은 minutes를 포인트하고 있으므로 convertM2HM()에서 h와 m을 역참조하면 각각 main()의 hours와 minutes을 참조하게 된다. 실행결과는 프로그램 5.6과 같다. 이와 같이 매개변수로 포인터를 사용하면 함수가 두 개 이상의 값을 호출한 곳으로 전달할 수 있다. 예제를 하나 더 보자.

프로그램 7.4

```c
#include <stdio.h>

void swap(int *p, int *q);

int main(void)
{
    int a = 100, b = 200;

    printf("Before swap() : a = %d, b = %d\n", a, b);
    swap(&a, &b);
    printf("After swap() : a = %d, b = %d\n", a, b);

    return 0;
}

void swap(int *p, int *q)
{
    int tmp;
    tmp = *p;
    *p = *q;
    *q = tmp;
    return;
}
```

프로그램 7.4는 포인터를 사용하여 두 변수를 교환하는 swap() 함수를 보여주고 있다.

```c
void swap(int *p, int *q)
```

swap()은 p와 q가 포인트하고 있는 값을 교환하는 함수이다. main()에서 swap() 함수 호출은 다음과 같다.

```c
    swap(&a, &b);
```

swap()의 인자로 a와 b의 주소를 지정하고 있다. 결국 swap() 함수는 a와 b의 값을 교환하게 된다. 함수의 실행 결과는 다음과 같다.

```
Before swap() : a = 100, b = 200
After swap() : a = 200, b = 100
```

지금까지 살펴본 것과 같이 함수를 호출할 때 "참조에 의한 호출"의 효과를 얻기 위한 방법은 함수를 호출할 때 인자의 주소를 넘기는 것이다. 인자의 주소를 함수로 전달하기 때문에 함수의 매개변수는 포인터가 사용돼야 하고, 함수 내에서 그 값을 참조할 때에는 역참조 연산자 *를 사용해야 한다. 이제 scanf()를 사용할 때, 입력한 값을 저장할 변수 앞에 &를 붙인 이유를 알 수 있을 것이다. scanf()는 호출한 곳으로 입력된 값을 전달하기 위해 매개변수로 포인터를 사용하고 있고, 대응되는 인자로 변수의 주소를 명시해야하기 때문에 변수 앞에 주소 연산자 &를 사용한 것이다.

7.4 포인터와 배열

6장에서 설명한 배열은 포인터와 매우 밀접한 관련이 있다. C에서 배열과 포인터는 거의 같다. 배열 이름 그 자체는 포인터이고, 그 값은 그 배열의 첫 번째 원소의 주소 값이다. 배열과 포인터에는 둘 다 인덱스를 사용하여 특정 원소를 접근할 수 있다. 그러나 한 가지 중요한 차이점은 포인터 변수는 다른 주소들을 값으로 가질 수 있는 반면 배열 이름은 배열의 첫 번째 원소의 주소로 고정되어 있다는 것이다. 즉, 배열 이름은 다른 주소 값을 가질 수 없는 상수 포인터이다. a, i, p가 다음과 같이 선언되어 있다고 하자.

```
#define N 100
int a[N], i, *p;
```

a가 배열로 선언되어 있기 때문에 인덱스를 붙이지 않은 a 자체는 int 형 포인터이고, 그 값은 a[0]의 주소이다. a는 포인터이기 때문에 포인터 연산에서 본 것처럼 a + i와 같은 수식이 가능하며 이는 a가 포인트하는 곳에서부터 i 번째 떨어진 원소의 위치를 의미한다. 결국 a + i는 a[i]의 주소인 &a[i]인 것이다. 또한 *(a + i)는 a[i]가 된다. 위의 선언문에서 p는 포인터로 선언되어 있다. 포인터에도 배열 표기법을 사용할 수 있다. 즉 p[i]도 올바른 표현이고 이는 *(p + i)와 같은 의미이다.

이제 그림으로 좀 더 자세히 살펴보자. 앞에서 정의한 a는 배열이고, 배열이 선언되면 컴파일러는 배열의 원소를 연속된 메모리 공간에 할당한다. 배열의 기본 주소는 메모리에서 배열이 저장되는 첫 번째 위치, 즉 배열의 첫 번째 원소의 주소이다. a 배열이 300 번지부터 할당됐다고 하자. 그럼 이 배열의 기본 주소는 300 번지이고, 포인터 a의 값은 300 번지가 된다. 또한 배열 원소 a[0], a[1], a[2], ..., a[99]의 주소는 다음 그림과 같이 각각 300, 304, 308, ..., 696 번지 등이 될 것이다.

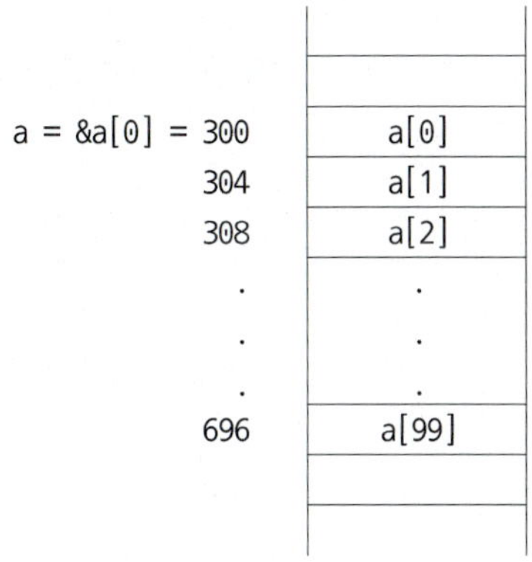

이제 p를 a 배열의 두 번째 원소를 포인트하게 하려면, 다음 두 문장 중 하나를 사용하면 된다.

```
p = a + 1;
p = &a[1];
```

첫 번째 문장은 포인터 수식을 사용하여 p 값을 설정한 것이고, 두 번째 문장은 배열 표현을 사용하여 p 값을 설정한 것이다. 이 두 표현은 같은 의미이다. 결국 두 문장은 모두 p에 304 번지를 배정하게 한다. 포인터에도 배열 표기법을 사용할 수 있다. p가 a[1]의 주소를 가지고 있다면 다음 그림과 같이 p[0]은 a[1]이고 p[1]은 a[2]이다.

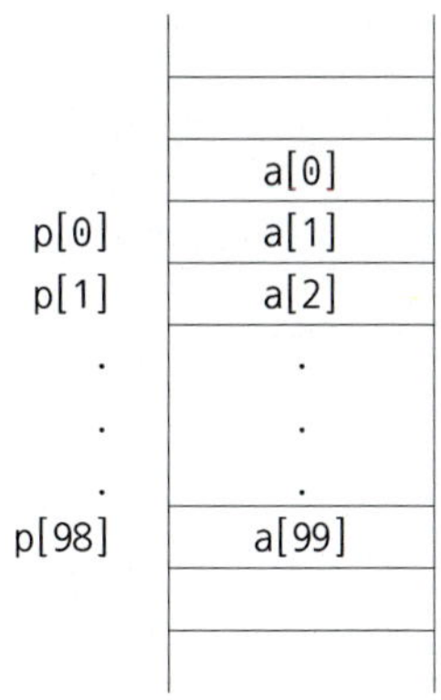

이와 같이 포인터와 배열은 거의 같지만 다른 점은 포인터 p에는 다른 주소 값을 넣을 수 있지만 배열 변수인 a에는 다른 값을 넣을 수 없다는 것이다. 즉 다음과 같이 p의 값을 변경할 수 있다.

```
p = &i;
```

하지만 a에는 다음과 같이 할 수 없다. 즉 배열 이름은 상수 포인터라고 생각하면 된다.

```
a = &i;
```

다차원 배열도 1차원 배열과 같은 방식으로 적용된다. 예를 들어 2차원 배열 b가 다음과 같이 선언됐다고 하자.

```
#define N 100
int b[N][N];
```

2차원 배열인 b도 1차원 배열에서와 같이 인덱스를 하나 제거하면 포인터가 된다. 즉 b[i]는 int 형 포인터이다. 따라서 1차원 배열에서와 같이 *(b[i] + j)는 b[i][j] 이다. 인덱스를 두개 다 제거한 b는 포인터의 포인터가 된다. 더 정확히 얘기하면 b는 크기가 N인 int 형 배열을 포인트하는 포인터이다. 즉 b는 b[0][0]부터 시작하여 N 개의 int 형 원소를 포인트하는 포인터이다. 이와 같이 b + i는 b[i][0]부터 시작하여 N 개의 int 형 원소를 포인트하는 포인터가 된다. 이를 역참조한 *(b + i)는 b[i]이다. 또한 (*(b + i))[j]는 b[i][j]임을 알 수 있다. 즉 b[i][j]는 *(b[i] + j), (*(b + i))[j], *((*(b + i)) + j) 등 다양한 포인터 수식으로 표시할 수 있다. b 배열과 그와 관련된 포인터 수식을 그림과 같이 나타내면 다음과 같다.

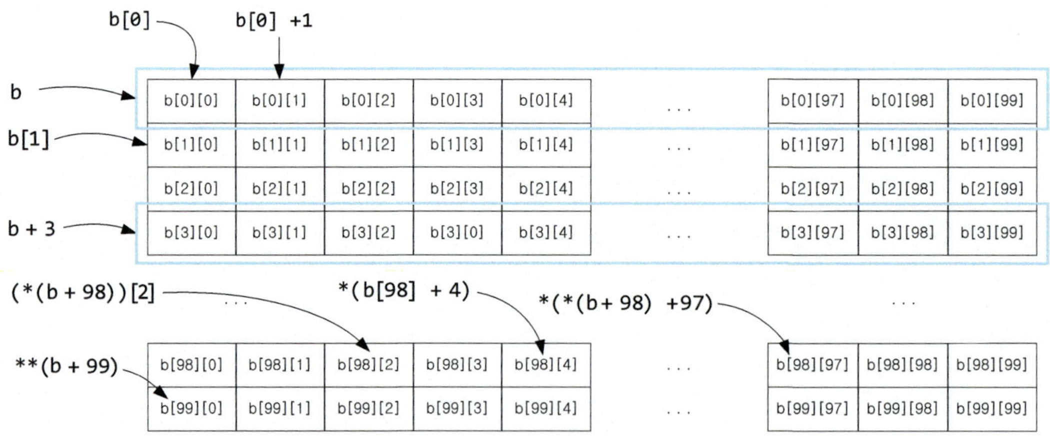

그림에서 b는 크기가 100인 int 형 배열의 포인터이므로 b[0][0]부터 b[0][99]를 포함하는 네모를 포인트하는 것으로 표현하였고, b[0]는 int 형 포인터로 배열 원소 b[0][0]를 포인트하는 것을 나타내기 위해 원소의 박스를 포인트하는 것으로 표현했으며, *(b[98] + 4)는 b[98][4]를 나타내므로 화살표를 박스 안으로 넣었다. 이렇게 다양한 방법으로 배열 원소들을 접근할 수 있다. 하지만 프로그램은 이해하기 쉽게 작성하는 것이 좋기 때문에 너무 복잡하게 표현하는 것은 바람직하지 않다. 다만 원리를 이해하기 바란다.

배열과 함수 보충

6장에서 배열을 함수의 매개변수로 사용하는 것에 대해 설명했지만 추가적인 설명이 필요하다. 함수의 매개변수가 배열인 경우 그 함수를 호출할 때 그에 대응하는 인자로 배열 이름을 명시하였다. 배열 이름은 포인터이고 그 값은 배열의 첫 번째 원소의 주소이기 때문에 매개변수로 주소 값이 전달되는 것이다. 즉 함수의 매개변수로 배열 표현을 사용했지만 그것은 배열이 아니라 포인터임을 알아야한다. 단지 프로그래밍을 편하게 하기 위해 배열 표기법을 사용하는 것이다. 배열의 주소가 넘어가기 때문에 함수에서 그 배열의 원소 값을 변경하면 호출한 환경도 영향을 받는 것이다. 배열 매개변수에 대응되는 인자로 꼭 배열 이름만 쓸 수 있는 것은 아니다. 배열 매개변수는 실은 포인터이기 때문에 어떤 형태로든 주소를 명시하면 된다. 예를 들어 6.4절의 함수 6.2인 array_sum() 함수를 호출할 때 다음과 같이 할 수 있다.

```
#define N 100
int i, a[N], sum;
. . .
sum = array_sum(N, a);          // sum = a[0] + a[1] + . . . + a[99]
sum = array_sum(10, &a[5]);     // sum = a[5] + a[6] + . . . + a[14]
sum = array_sum(1, &i);         // sum = i
```

array_sum() 함수는 두 번째 매개변수로 넘어온 주소로부터 시작하여 size 개의 int 형 값을 더하여 리턴한다. 따라서 array_sum(10, &a[5])로 호출하면 a[5]의 주소부터 10개의 int 형 값을 더하여 리턴하므로, 결국 a[5]부터 a[14]까지의 합을 리턴하게 된다. 또한 array_sum(1, &i)은 i의 주소부터 1개의 int 값을 더하여 리턴하므로 i 값이 리턴될 것이다.

문자열과 포인터

6장에서 설명한 문자열에 대해서 더 살펴보자. 컴파일러는 문자열 상수를 포인터로 취급한다. 그 값은 문자열의 기본 주소이다. 다음 코드를 보자.

```
char *p = "abc";
printf("%s %s\n", p, p + 1); // abc bc 출력
```

변수 p에는 문자 배열 "abc"의 기본 주소가 배정된다. char 형의 포인터를 문자열 형식으로 출력하면, 그 포인터가 포인트하는 문자부터 시작하여 \0이 나올 때까지 문자들이 연속해서 출력된다. 따라서 printf() 문에서 수식 p에 의해서는 abc가 출력되고, p + 1은 문자열 상수 "abc"의 b 문자를 포인트하기 때문에 이 수식에 의해서는 bc가 출력된다.

이미 살펴본 것과 같이 배열과 포인터는 사용법이 유사하다. 문자열을 다룰 때에는 어떻게 다른지 다음 선언문으로 살펴보자.

```
char *p = "abcde";
char s[] = "abcde";
```

첫 번째 선언문은 p가 문자열 상수 "abcde"를 포인트하게 한다. 즉 컴파일러는 포인터 변수 p와 문자열 상수 "abcde"에 메모리 공간을 할당하고, p에 문자열 상수가 할당받은 메모리 공간의 기본 주소를 배정한다. 반면 두 번째 선언은 다음과 같은 의미이다.

```
char s[] = {'a', 'b', 'c', 'd', 'e', '\0'};
```

s 배열의 크기를 명시하지 않았기 때문에 컴파일러는 초기자의 개수인 6을 배열 s의 크기로 하고, s를 위해 6 바이트를 메모리 공간에 할당한다. 그리고 각 메모리 공간을 'a', 'b', 'c' 등으로 초기화한다. 선언문에 의해 할당되는 메모리 내용을 그림으로 그리면 다음과 같다.

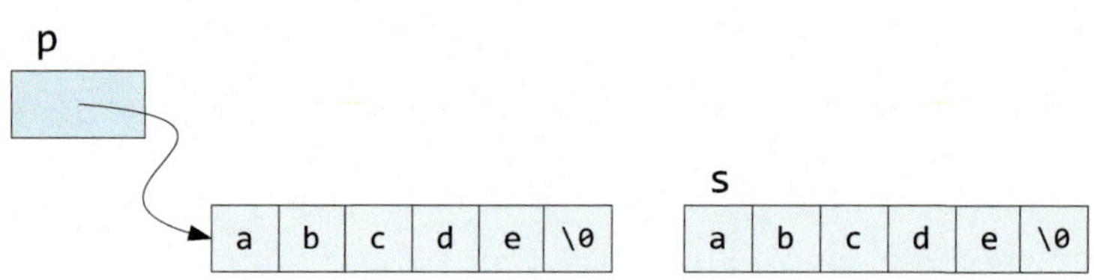

한 문자는 1 바이트에 저장되고, 포인터의 크기는 사용하는 시스템 환경에 따라 다르지만 최근 시스템은 보통은 8바이트이다. 포인터 크기가 8바이트라고 하면, p는 8 바이트의 메모리 할당을 받고, s는 6 바이트의 메모리 할당을 받는다. 물론 p가 포인트하는 곳의 문자열 상수를 위해서도 6 바이트가 필요하다. 이제 p와 s를 거의 유사하게 사용할 수 있다. p와 s에 인덱스를 붙여 원소의 값을 접근할 수도 있고, 포인터 수식을 사용하여 원소를 접근할 수도 있다. 예를 들어 p[1], s[1], *(p + 1), *(s + 1)은 모두 'b'라는 값을 가질 것이다. 하지만 큰 차이가 있는데, p는 문자열 상수를 포인트하고 있으므로 p가 포인트하는 곳의 값을 변경할 수 없고, s는 배열 이름이므로 s에는 다른 주소를 배정할 수 없다. 즉, 다음과 같은 문장은 잘못된 것이다.

```
p[1] = 'k';
s = p;
```

반면 다음은 올바른 문장이다.

```
s[1] = 'k';
p = s;
```

그리고 다음과 같이 p에 s의 주소 값을 배정한 다음에는 p[1]의 값을 변경할 수 있다.

```
p = s;
p[1] = 'k';
```

p에 s의 값을 배정하면 p는 더 이상 상수 공간을 포인트하는 것이 아니고, s의 공간을 포인트하는 것이므로 p를 통해 원소의 값을 변경할 수 있는 것이다. 다른 상황을 보자. 6.5절 프로그램 6.9에서 이름(문자열)을 입력받을 때 다음과 같은 코드를 사용하였다.

```
char name[N] = ""; // N = 10
scanf("%s", name);
```

포인터에 대한 이해가 부족할 때 이 코드를 다음과 같이 잘못 작성하는 경우가 종종 있다.

```
char *name_p;
scanf("%s", name_p);
```

이 코드에서 name_p는 포인터이기 때문에 scanf()의 인자로 사용될 수는 있지만, name_p는 주소를 저장하는 포인터일 뿐 값을 저장하기 위한 아무런 공간도 가지고 있지 않기 때문에 문제가 발생한다. 즉 name[]과 name_p의 차이를 그림으로 그리면 다음과 같다.

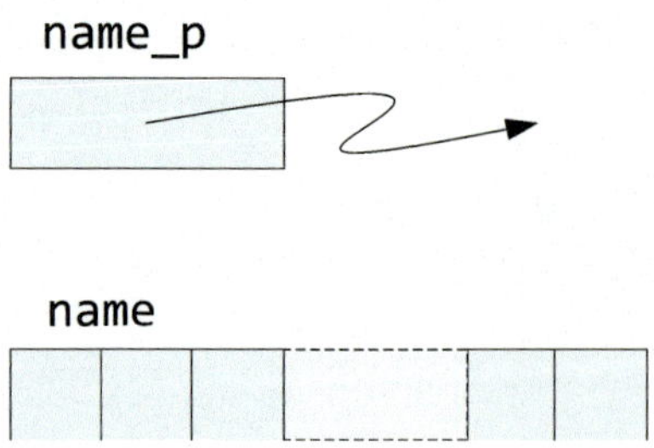

그림에서와 같이 name[]은 입력되는 문자열을 저장할 공간을 가지고 있지만, name_p는 입력되는 문자열을 저장할 공간이 없다. 따라서 실행 시간 오류나 이상한 일이 일어날 것이다. name_p를 통해 이름을 입력받고 싶다면, 앞으로 배울 동적 메모리 할당을 사용하여 메모리 할당을 받아 name_p가 포인트하게 한 다음 scanf()의 인자로 사용해야 한다. 포인터를 사용할 때의 기본은 포인터를 통해 접근하는 공간이 실제로 있는지, 있다면 그 공간이 수정가능한 공간인지 또는 그 크기는 얼마나 되는지를 먼저 생각해야 한다는 것이다.

메모리 사상 함수

프로그램을 컴파일하면, 인덱스가 붙은 배열 표현은 모두 포인터 수식 표현으로 바뀌게 된다. 예를 들어 다음과 같은 선언문이 있다고 하자.

```
int a[5], b[3][5], c[2][3][5];
```

컴파일러는 a[i]와 같은 수식을 a[0]으로부터 i 번째 원소라는 것을 나타내는 포인터 수식으로 바꾼다. 즉 a[i]는 *(&a[0] + i)로 변환된다. 이차원 배열 b도 마찬가지이다. b[i][j] 수식은 b[0][0]으로부터 몇 번째 떨어진 원소라는 것을 나타내는 포인터 수식으로 바뀐다. 어떻게 바뀌는지 살펴보자. b 배열을 그림으로 그리면 다음과 같다.

	1열	2열	3열	4열	5열
1행	b[0][0]	b[0][1]	b[0][2]	b[0][3]	b[0][4]
2행	b[1][0]	b[1][1]	b[1][2]	b[1][3]	b[1][4]
3행	b[2][0]	b[2][1]	b[2][2]	b[2][3]	b[2][4]

메모리는 1차원 배열이므로 다차원배열이 메모리에 저장될 때에는 1차원 배열로 매핑되어 저장된다고 생각할 수 있다. 다차원 배열을 1차원에 저장하는 방법에는 두 가지가 있을 수 있다. 첫 번째는 하위 차원 원소를 먼저(행우선) 저장하는 방식이고, 두 번째는 상위 차원 원소를 먼저(열우선) 저장하는 방식이다. C에서는 하위 차원 원소를 먼저 저장하는 행우선 저장 방식을 사용한다. 즉 b 배열의 경우 첫 번째 행인 b[0][0], b[0][1], . . ., b[0][4]가 순서대로 저장되고, 그 다음 b[1][0], b[1][1], . . . 순으로 저장된다. 그렇기 때문에 b[1][0]는 b[0][0]로부터 5번째 떨어진 위치에 저장된다. 이러한 원리를 적용하여 b[2][1] 원소가 b[0][0]부터 얼마나 떨어진 원소인지 계산해보자. 먼저 b[2][0]을 생각하면 이 원소는 상위 인덱스가 2번 바뀌고 첫 번째 원소이기 때문에 b[0][0]부터 10(= 2 × 5) 번째 떨어진 원소이다. b[2][1]은 b[2][0]의 다음 원소이기 때문에 b[2][1]은 11(= 2 × 5 + 1)번째 떨어진 원소임을 알 수 있다. 따라서 b[2][1]의 주소는 다음과 같은 포인터 수식으로 나타낼 수 있다.

```
*(&b[0][0] + 5 * 2 + 1)
```

이것을 일반화하여 b[i][j] 원소를 포인터 수식으로 나타내면 다음과 같다.

```
*(&b[0][0] + 5 * i + j)
```

3 차원 배열도 마찬가지이다. 위에서 선언한 c 배열의 원소인 c[i][j][k]를 포인터 수식으로 바꾸면 다음과 같다.

```
*(&c[0][0][0] + 3 * 5 * i + 5 * j + k)
```

이렇게 배열 표현에서 포인터 수식으로 바꾸는 수식을 메모리 사상 함수(memory mapping function)라고 한다. 앞에서 설명한 것과 같이 수식에서 배열 표현은 모두 포인터 수식으로 변환되는 데 이때 메모리 사상 함수를 사용하게 된다. 여기서 반드시 기억해야 하는 것은 배열 표현을 사용하여 배열의 원소를 참조하면 그 원소의 실제 주소를 찾기 위해 내부적으로 추가적인 곱하기와 더하기 연산이 필요하다는 것이다. 추가적인 연산의 수는 차원이 늘어날수록 더 많아진다. 추가적인 연산이 필요하다는 의미는 실행시간이 길어진다는 의미이다. 따라서 배열을 사용하면 편리하지만 실행시간이 늘어난다는 단점이 있음을 명심해야 한다.

6.4절에서 배열을 매개변수로 갖는 함수를 설명하면서, 매개변수로 배열을 명시할 때 가장 높은 차원은 생략될 수 있다고 하였다. 즉, 6.4절 함수 6.4에서 세 번째 매개변수인 1차원 배열 sum의 크기와 네 번째 매개변수인 2차원 배열 array2D의 가장 높은 차원을 다음과 같이 생략할 수

있다.

```
void row_sum(int n, int m, int sum[], int array2D[][m])
```

이렇게 함수 헤더에서 배열 매개변수의 가장 높은 차원을 명시하지 않아도 되는 이유는 배열 매개변수는 사실 포인터이기 때문이다. 즉 포인터를 직접 다루는 것 보다 배열 표현으로 다루는 것이 편리하기 때문에 매개변수로 배열 표현을 사용한 것뿐이다. 함수 몸체에서 배열 매개변수를 배열 표기법으로 사용한 경우 이는 모두 앞에서 설명한 메모리 사상 함수를 사용하여 포인터 수식으로 변환된다. 그런데 메모리 사상 함수를 보면 배열 표기법을 포인터 수식으로 변환할 때 가장 높은 차원의 크기는 사용되지 않음을 알 수 있다. 따라서 배열 매개변수의 가장 높은 차원의 크기를 명시하지 않아도 올바른 포인터 수식으로 만들 수 있기 때문에 생략이 가능한 것이다.

7.5 동적 메모리 할당

많은 경우에 프로그래밍 단계에서는 프로그램이 처리해야 할 데이터 량을 정확하게 알 수가 없다. 특히 어떤 경우에는 실행 중에도 처리해야 할 데이터 량이 변하기도 한다. 여기서 처리해야 할 데이터 량이 중요한 이유는 단순 데이터 처리 프로그램이 아니라면 처리해야 할 모든 데이터를 메모리에 저장해야 하기 때문이다. 예를 들어 100개의 데이터를 읽어드려 합을 구하는 프로그램에서는 100개의 데이터를 메모리에 저장할 필요가 없지만, 100개의 데이터를 정렬하는 프로그램에서는 100개의 데이터를 메모리에 저장해야 한다.

처리해야할 데이터 량을 알지 못한다면 데이터를 저장할 배열의 크기를 어떻게 해야 할까? 배열 크기를 너무 작게 정의하면 많은 데이터를 처리할 때에 그 프로그램을 사용할 수 없을 것이고, 배열 크기를 최대로 크게 정의하면 적은 량의 데이터를 처리할 때 메모리 낭비가 심할 것이다. 가장 좋은 방법은 프로그램이 실행될 때 필요한 만큼의 메모리를 할당하는 것이다. 이렇게 프로그램이 실행되는 도중에 메모리를 할당하는 방법을 동적 메모리 할당(dynamic memory allocation)이라 한다.

동적 메모리 할당은 <stdlib.h>에 선언되어 있는 calloc()과 malloc() 함수를 사용하여 할 수 있다. calloc은 "contiguous allocation"을 뜻하고, malloc은 "memory allocation"을 뜻한다. calloc()과 malloc()의 함수 원형은 다음과 같다.

```
void *calloc(size_t N, size_t el_size);
void *malloc(size_t N_bytes);
```

calloc()의 첫 번째 매개변수는 할당받고자하는 원소의 개수이고, 두 번째 매개변수는 각 원소의 크기를 나타낸다. malloc()의 매개변수는 할당받고자하는 총 메모리 바이트 수를 나타낸다. 두 함수 모두 할당된 주소 공간의 시작 주소를 리턴한다. 만일 메모리를 할당하지 못했다면 NULL을 리턴한다. 따라서 calloc()과 malloc()의 리턴 값은 포인터에 저장해야 한다. calloc()과 malloc()의 다른 점은 calloc()의 경우 할당한 메모리를 모두 0으로 초기화하는 반면 malloc()은 초기화하지 않는다는 것이다. 따라서 malloc()으로 메모리를 할당받았으면 사용하기 전에 그 메모리를 먼저 초기화해야 한다. 예를 들어 int 형 원소를 10개 동적으로 할당받고 싶다면 다음 두 문장 중 하나를 사용하면 된다.

```
p = (int *) calloc(10, sizeof(int));
p = (int *) malloc(10 * sizeof(int));
```

여기서 p는 int 형 포인터라고 하자. 각 함수가 성공적으로 수행되면 p는 할당받은 메모리 공간의 시작 주소 값을 갖게 된다. 이제 p를 크기가 10인 int 형 배열처럼 다룰 수 있다. 즉 p[0], p[i] 등과 같은 배열 표기법을 사용하여 할당받은 공간을 사용할 수 있다.

함수에서 선언된 자동 변수는 함수가 실행될 때 메모리 할당을 받고 함수의 실행이 끝나면 메모리에서 사라진다. 하지만 동적으로 할당받은 메모리 공간은 프로그램이 끝날 때까지 유지된다. 동적으로 할당받은 메모리 공간이 더 이상 필요 없을 때에는 명시적으로 반납해야 한다. 사용하지 않는 메모리 공간을 계속 가지고 있으면 메모리 낭비가 되고, 특히 프로그램의 실행 속도를 떨어뜨리는 원인이 될 수도 있다. 또한 메모리는 한정된 자원이기 때문에 계속해서 메모리를 할당받기만 하면 언젠가는 더 이상 할당받을 수 없게도 된다. 동적으로 할당받은 메모리 공간을 반납할 때에는 free() 함수를 사용한다. free() 함수의 인자로는 calloc()이나 malloc() 함수에 의해 리턴된 주소 값만을 명시해야 한다. free()의 인자로 다른 주소를 명시하면 오류가 발생한다. 이제 동적 메모리 할당 예제 프로그램을 보자.

프로그램 7.5

```c
#include <stdio.h>
#include <stdlib.h>      // 추가

int main(void)
{
    int i, sum, max, min, SIZE;
    int *math;              // 수정
    float average;

    printf("성적 개수를 입력하세요 : ");
    do{
        scanf("%d", &SIZE);
        if (SIZE < 0)
            printf("0보다 큰 값을 입력하세요 : ");
    } while (SIZE <= 0);

    // 동적메모리할당
    math = (int *)calloc(SIZE, sizeof(int));  //추가
    if (math == NULL){
        printf("calloc() : 메모리를 할당할 수 없음\n");
        return 1;
    }

    // 성적 입력
    for (i = 0; i < SIZE; i++) {
        printf("%d 번째 수학 성적을 입력하세요 : ", i);
        scanf("%d", &math[i]);
    }

    // 평균 계산
    for (i = sum = 0; i < SIZE; i++)
        sum += math[i];
    average = sum / (float)SIZE;

    // 최대/최소 값
    max = min = math[0];
    for (i = 1; i < SIZE; i++)
        if (math[i] > max)
```

```
            max = math[i];
        else if (math[i] < min)
            min = math[i];

    free(math);        // 추가

    // 출력
    printf("성적 평균 : %.2f\n", average);
    printf("최고 점값 : %d\n", max);
    printf("최저 점수 : %d\n", min);

    return 0;
}
```

프로그램 7.5는 프로그램 6.11을 동적 메모리 할당을 사용하는 것으로 수정한 것이다.

```
#include <stdlib.h> // 추가
```

동적 메모리 할당을 사용하기 위해서는 <stdlib.h> 헤더파일을 추가해야 한다.

```
    int *math; // 수정
    math = (int *)calloc(SIZE, sizeof(int)); //추가
```

프로그램 6.11에서는 math를 배열로 선언했지만, 프로그램 7.5는 동적으로 메모리를 할당받아 사용할 것이므로 math를 int 형 포인터로 선언하였다. 성적의 개수를 입력받은 다음 필요한 만큼의 메모리를 할당받기 위해 calloc()을 사용하고 있으며, calloc()의 형은 void *이므로 할당된 메모리의 시작 주소를 math에 배정하기 위해 캐스트 연산자(int *)를 사용하고 있다.

```
    if (math == NULL){
        printf("calloc() : 메모리를 할당할 수 없음\n");
        return 1;
    }
```

calloc()이나 malloc()으로 메모리를 할당받은 다음에는 리턴된 주소 값이 NULL인지 확인하는 것이 좋다. NULL이 리턴됐다면, 메모리 할당을 못 받았다는 의미이기 때문에 적절한 오류 처리를 해야 한다. 여기서는 오류 메시지를 출력하고 프로그램을 종료한다.

```
    free(math); // 추가
```

free()는 동적으로 할당받은 메모리를 더 이상 사용하지 않을 때 그 공간을 반납하기 위해 사용하는 함수이다. free()의 인자는 calloc()이나 malloc()이 리턴한 값이어야 한다. 이 프로그램에서는 free()가 프로그램이 종료되는 부분에 있기 때문에 생략해도 된다. 하지만 동적으로 할당받은 메모리 공간이 더 이상 필요 없을 때 free()를 사용하여 직접 반납하는 것이 좋은 프로그래밍 습관이다. 프로그램의 나머지 부분은 프로그램 6.11과 같음을 알 수 있다. 즉, 동적 메모리 할당을 사용하는 프로그램도 배열을 사용하는 것과 큰 차이가 없다. 프로그램 7.5의 실행 결과는 다음과 같다.

```
성적 개수를 입력하세요 : 3
0 번째 수학 성적을 입력하세요 : 90
1 번째 수학 성적을 입력하세요 : 88
2 번째 수학 성적을 입력하세요 : 90
성적 평균 : 89.33
최고 점값 : 90
최저 점수 : 88
```

동적으로 할당받은 메모리 공간을 2차원 배열로 사용해야 할 때가 있다. 이러한 경우에는 calloc()이나 malloc()의 리턴 주소를 일차원 배열의 포인터로 캐스팅하면 된다. 프로그램 7.6은 이에 대한 예제 이다.

프로그램 7.6

```
#include <stdio.h>
#include <stdlib.h>
#define  N  10
int main(void)
{
    int (*p)[N], *q;

    p = (int (*)[N])calloc(N * N, sizeof(int));

```

```
    q = (int *) p;
    for (int i = 0; i < N * N; i++)
       q[i] = i;

    for (int i = 0; i < N; i++){
       for (int j = 0; j < N; j++)
          printf("%3d ", p[i][j]);
       putchar('\n');
    }

    free(p);

    return 0;
}
```

프로그램 7.6에서 p는 다음과 같이 선언되어 있다.

```
    int (*p)[N], *q;
```

이 선언은 p가 int [N]을 포인트하는 포인터 변수임을 나타낸다. 여기서 괄호를 제거하면 안 된다. 예를 들어 r을 다음과 같이 선언했다고 하자.

```
int *r[N];
```

이렇게 선언하면 r은 크기가 N인 int 형 포인터 배열을 의미한다. 즉 p는 포인터 변수로 int 형 원소 N 개로 구성된 배열을 포인트하는 포인터이고, r은 크기가 N인 포인터 배열로 각 원소가 int 형 포인터이다. r과 같은 포인터 배열에 대해서는 다음 절에서 설명할 것이다.

```
    p = (int (*)[N])calloc(N * N, sizeof(int));
```

calloc()을 사용하여 int 형의 원소를 N × N개 할당받아서 그 형을 (int (*)[N])으로 캐스팅하여 p에 저장한다. 이렇게 하면 p를 마치 N × N의 2차원 배열처럼 사용할 수 있다. p는 int (*)[N] 형 포인터이기 때문에 이를 개념적으로 그리면 다음과 같다.

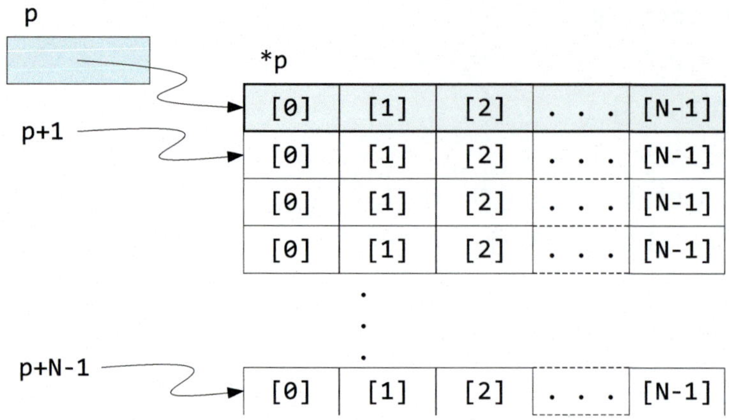

그림과 같이 p는 첫 번째 N 개의 원소를 포인트하게 되고, p + 1은 그 다음 N 개의 원소를 포인트하게 된다. p가 포인트하는 각 원소는 (*p)[0], (*p)[1], (*p)[2] 등으로 접근할 수 있다. 이때에도 괄호를 제거하면 안 된다. 예를 들어 *p[1]은 연산자 우선순위에 의해 *(p[1])이고, 이는 위의 그림에서 두 번째 행의 첫 번째 원소를 의미한다. (*p)[0], (*p)[1], (*p)[2]를 배열 표현으로 하면 p[0][0], p[0][1], p[0][2] 등이 된다. 이와 같이 p + 1의 각 원소는 (*(p+1))[0], (*(p+1))[1], (*(p+1))[2] 등으로 접근할 수 있고, 이를 배열 표현으로 바꾸면 p[1][0], p[1][1], p[1][2] 등이 된다. 이와 같이 p를 2차원 배열처럼 다룰 수 있다.

```
q = (int *) p;
```

q는 int 형 포인터로 선언되어 있는데, p가 포인트하는 메모리 공간을 같이 포인트하게 하기 위해 캐스트 (int *)를 사용하여 p의 값을 배정하고 있다. q는 포인터이기 때문에 1차원 배열처럼 다룰 수 있다. 이렇게 하면 calloc()으로 할당받은 공간을 p를 통해서는 2차원 배열로, q를 통해서는 1차원 배열로 다룰 수 있다. 프로그램 7.6의 실행 결과는 다음과 같다.

```
 0   1   2   3   4   5   6   7   8   9
10  11  12  13  14  15  16  17  18  19
20  21  22  23  24  25  26  27  28  29
30  31  32  33  34  35  36  37  38  39
40  41  42  43  44  45  46  47  48  49
50  51  52  53  54  55  56  57  58  59
60  61  62  63  64  65  66  67  68  69
70  71  72  73  74  75  76  77  78  79
80  81  82  83  84  85  86  87  88  89
90  91  92  93  94  95  96  97  98  99
```

7.6 포인터 배열

포인터 배열은 배열의 원소가 포인터인 배열을 의미한다. 이 절에서는 char * 형 배열에 대해서 설명할 것이다. char * 형 배열은 문자열 배열로 생각할 수 있으며 실제로 많이 사용된다. 6.6절의 프로그램 6.10을 다시 살펴보자. 프로그램 6.10은 단어를 입력받아 사전순으로 정렬한 후 출력하는 프로그램이다. 입력되는 단어의 길이는 최대 9자이고 최대 50 단어까지 입력된다고 하였다. 따라서 입력되는 단어를 저장하기 위해 2차원 배열인 words를 다음과 같이 선언하였다.

```
char words[N][L];        // N = 50, L = 10
```

words 배열에 입력된 자료들은 다음과 같이 저장될 것이다.

words	[0]	[1]	[2]	[3]	[4]	[5]	[6]	[7]	[8]	[9]
words[0]	c	a	t	\0						
words[1]	d	o	g	\0						
words[2]	e	l	e	p	h	a	n	t	\0	
words[3]	w	h	a	l	e	\0				
words[4]										
words[5]										
.										
.										
words[49]										

그림에서 음영이된 원소들은 메모리 할당을 받은 것이지만 실제로는 사용되지 않는 부분이다. 즉 "cat"이 입력되면 4 바이트만 사용되고 6 바이트는 사용되지 않는다. 이러한 낭비를 줄이기 위해 포인터 배열을 사용한다. 즉, 만일 입력된 단어들을 다음과 같이 저장하면 메모리 낭비를 줄일 수 있다.

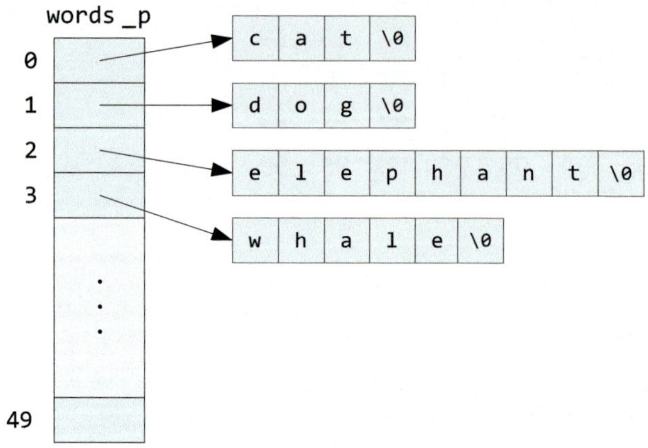

이것은 words_p를 char * 형 배열로 선언하고, 입력된 각 단어를 위해 동적 메모리 할당을 사용하여 필요한 만큼의 메모리만을 할당받아 단어를 저장한 다음 words_p의 원소가 포인트하게 한 것이다. 이렇게 하면 결국 필요한 만큼의 메모리만 사용하기 때문에 메모리 낭비를 줄일 수 있다. 다음 프로그램을 보자.

프로그램 7.7

```
#include <stdio.h>
#include <stdlib.h>
#include <string.h>
#define   N   50
#define   L   10

int input_words(char *[]);
void sort_words(int, char *[]);
void print_words(int, char *[]);

int main(void)
```

```
{
    char *words_p[N];                    // 수정된 부분
    int num_word = 0;

    num_word = input_words(words_p);
    sort_words(num_word, words_p);
    print_words(num_word, words_p);

    for (int i = 0; i < num_word; i++)
        free(words_p[i]);

    return 0;
}

int input_words(char *words[])
{
    int num = 0;
    char temp[100];

    while (1) {
        printf("단어를 입력하세요 : ");
        scanf("%[^\n]", temp);
        getchar();          // 개행 삭제

        if (strcmp(temp, ".end") == 0)
            break;
        if (strlen(temp) < 9){
            // 추가된 부분
            words[num] = (char *) calloc(strlen(temp) + 1, sizeof(char));
            strcpy(words[num], temp);
        }
        else
            continue;

        if (++num == N)
            break;
    }
    return num;
}
```

```c

void sort_words(int num, char *words[])
{
    int i, j;
    char *tmp;
    for (i = 0; i < num; i++)
        for (j = num-1; j > i; j--)
            if (strcmp(words[j - 1], words[j]) > 0){    // 수정된 부분
                tmp = words[j - 1];
                words[j - 1] = words[j];
                words[j] = tmp;
            }
    return;
}

void print_words(int num, char *words[])
{
    int i;

    for (i = 0; i < num; i++)
        printf("%s\n", words[i]);
    return;
}
```

프로그램 7.7은 프로그램 6.10을 동적 메모리 할당을 사용하는 것으로 수정한 것이다.

```c
// In main()
    char *words_p[N];              // 수정된 부분
```

입력된 단어를 관리하기 위해 포인터 배열 words_p를 선언하였다. words_p는 char * 형 배열로 각 원소는 단어를 직접 저장하는 것이 아니라 단어가 있는 주소를 저장하게 된다. 즉, 입력된 단어를 저장하기 위해서는 메모리 할당을 받아야 한다.

```c
int input_words(char *words[])
```

단어의 입력은 input_words()라는 함수에서 처리된다. input_words()는 입력되는 단어를 유지

하기 위해 포인터 배열을 입력받고 있다.

```
        words[num] = (char *) calloc(strlen(temp) + 1, sizeof(char));
        strcpy(words[num], temp);
```

올바른 단어가 입력되면 그 단어를 저장하기 위해 calloc()을 사용하여 메모리 할당을 받는다. strlen()는 문자열에서 널 문자를 제외한 크기를 알려주므로, strlen(temp) + 1 개의 문자를 할당받아야 한다. 이렇게 할당된 공간의 주소를 words[num]에 배정하고, temp를 통해 입력받은 단어를 words[num]이 포인트하는 공간으로 복사한다. 단어의 복사는 strcpy()를 사용하고 있다. 동적으로 할당된 공간에 대해 약간의 설명이 더 필요하다. calloc()을 사용하여 메모리를 할당받는 코드는 input_words() 함수에 있지만, 그 메모리 공간은 input_words() 함수의 메모리 공간에 포함되지 않는다. 따라서 input_words() 함수가 종료되더라도 그 메모리 공간은 없어지지 않고 main() 함수에서 계속 접근할 수 있다. 동적으로 할당된 메모리 공간은 free()를 사용하지 않는 한 프로그램이 끝날 때까지 메모리에 계속 유지된다. input_words() 함수가 호출되어 단어를 입력받고 있는 상황을 그림으로 그리면 다음과 같다.

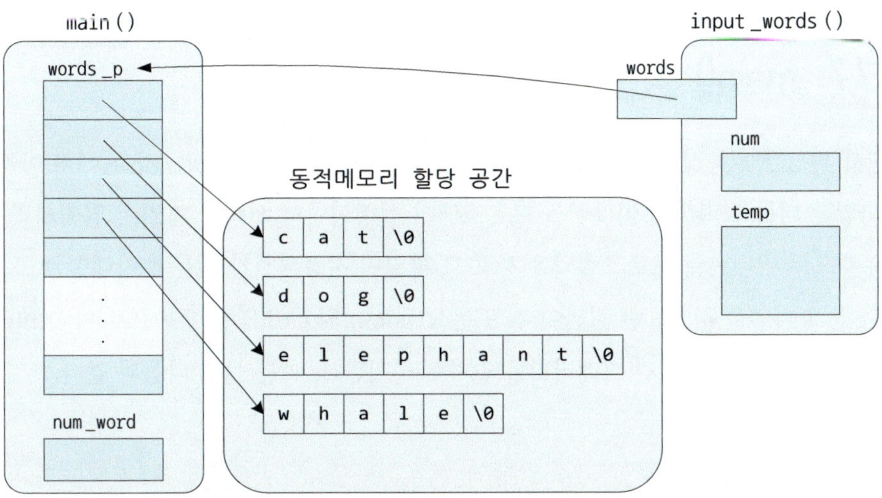

그림에서와 같이 calloc()으로 할당받은 공간은 input_words() 함수나 main() 함수에 속한 공간이 아니다. 또한 input_words()의 매개변수 words는 char * 형 배열로 선언되어 있지만 사실 이것은 포인터로 main() 함수의 words_p를 포인트하고 있음을 알 수 있다.

```
// In sort_words()
        if (strcmp(words[j - 1], words[j]) > 0)    // 수정된 부분
            tmp = words[j - 1];
            words[j - 1] = words[j];
            words[j] = tmp;
        }
```

words는 char * 형의 배열이므로 두 단어를 비교한 후 위치가 다르다면 각 포인터 원소의 값만 교환해주면 된다. 프로그램 6.10과 같이 단어를 복사할 필요가 없다.

```
// In main()
    for (int i = 0; i < num_word; i++)
        free(words_p[i]);
```

할당받은 메모리를 다 사용한 후에는 free()를 사용하여 반납해야 한다. 반납할 때에는 할당받은 모든 공간을 반납해야 하므로 for 문을 사용하여 입력된 단어의 개수(num_word)만큼 free()를 호출해야 한다. 실행 결과는 프로그램 6.10과 같다.

7.7 main() 함수의 매개변수

컴퓨터에서 프로그램을 실행시킬 때 인자를 지정하는 것이 보통이다. Windows에서 아래 한글로 작성된 파일을 더블 클릭하면 아래한글 프로그램이 실행되면서 선택한 파일이 열리게 되는데, 이것은 내부적으로 아래한글 프로그램의 인자로 그 파일이 지정되었기 때문에 아래한글 프로그램이 실행된 다음 그 파일을 읽어드린 결과이다. 또는 Windows의 cmd(명령 프롬프트)나 Linux의 쉘에서 cd 명령을 사용할 때 옮겨갈 디렉터리를 인자로 명시한다. 예를 들면 다음과 같다.

```
$ cd project
```

이기서 project는 cd 명령어의 인자이고, cd는 이 인자를 받아들여 project 디렉터리로 작업 디렉터리를 옮긴다. 이렇게 명령어(또는 프로그램) 뒤에 명시되는 것을 명령어라인 인자(command-line arguments)라고 한다. 이러한 명령어라인 인자는 프로그램에서 scanf()와 같은 입력 함수를 사용하여 입력받는 것과는 다른 방법으로 프로그램에게 전달된다. C에서 명령어라인 인자는 main() 함수의 매개변수를 통해 전달받는다.

지금까지 main() 함수는 매개변수를 가지지 않았다. 하지만 main() 함수도 매개변수를 가질 수 있다. main() 함수의 매개변수 목록은 프로그래머가 마음대로 정할 수 있는 것이 아니라 이미 정해져 있다. 매개변수를 갖는 main() 함수의 헤더는 다음과 같다.

```
int main(int argc, char *argv[])
```

물론 argc나 argv와 같은 매개변수 이름은 다른 것으로 해도 되지만, 매개변수의 형은 이와 동등한 형이어야 한다. main()의 매개변수는 다음과 같은 값 및 의미를 갖는다.

- argc : 명령어라인 인자의 개수, 프로그램명(명령어)도 인자로 취급되기 때문에 argc의 값은 1보다 큰 정수임
- argv : 명령어라인 인자는 문자열로 전달되어 argv[0]부터 argv[argc-1]까지의 원소가 각 문자열 인자를 포인트함. argv[0]은 프로그램 이름을 포인트하고, argv[argc]는 NULL 포인터임

main() 함수의 매개변수를 사용하는 예제 프로그램을 보자.

프로그램 7.8

```
#include <stdio.h>
int main(int argc, char *argv[])
{
    int i = 0;
    printf("인자의 개수 : %d\n", argc);
    while (argv[i] != NULL){
        printf("argv[%1d] : %s\n", i, argv[i]);
        i++;
    }
    return 0;
}
```

프로그램 7.8은 명령어라인 인자를 출력하는 프로그램이다.

```
printf("인자의 개수 : %d\n", argc);
```

argc는 명령어라인에 명시된 인자의 개수를 가진다.

```
while (argv[i] != NULL){
    printf("argv[%1d] : %s\n", i, argv[i]);
    i++;
}
```

argv의 각 원소는 명령어라인의 각 인자를 포인트하는 포인터이고, 마지막 원소인 argv[argc]는 NULL 값을 갖는다. 따라서 while을 argv[i]가 NULL일 때 종료하도록 하고 있다. 이 while 문은 다음과 같은 for 문으로 수정해도 된다.

```
for (i = 0; i < argc; i++)
    printf("argv[%1d] : %s\n", i, argv[i]);
```

다음은 프로그램 7.8의 실행파일명을 this로 한 후 실행한 결과이다.

```
$ this is a pen.
인자의 개수 : 4
argv[0] : this
argv[1] : is
argv[2] : a
argv[3] : pen.
```

Visual Studio를 사용하여 프로그래밍할 때에는 명령어라인 인자를 "프로젝트 -> 프로젝트 속성"에서 설정할 수 있다. "프로젝트 속성"을 선택하면 다음과 같은 윈도우가 생성되는데, 왼쪽의 구성속성 밑의 "디버깅"을 클릭하고 오른쪽의 "명령 인수 필드"에 필요한 인자를 명시하면 된다.

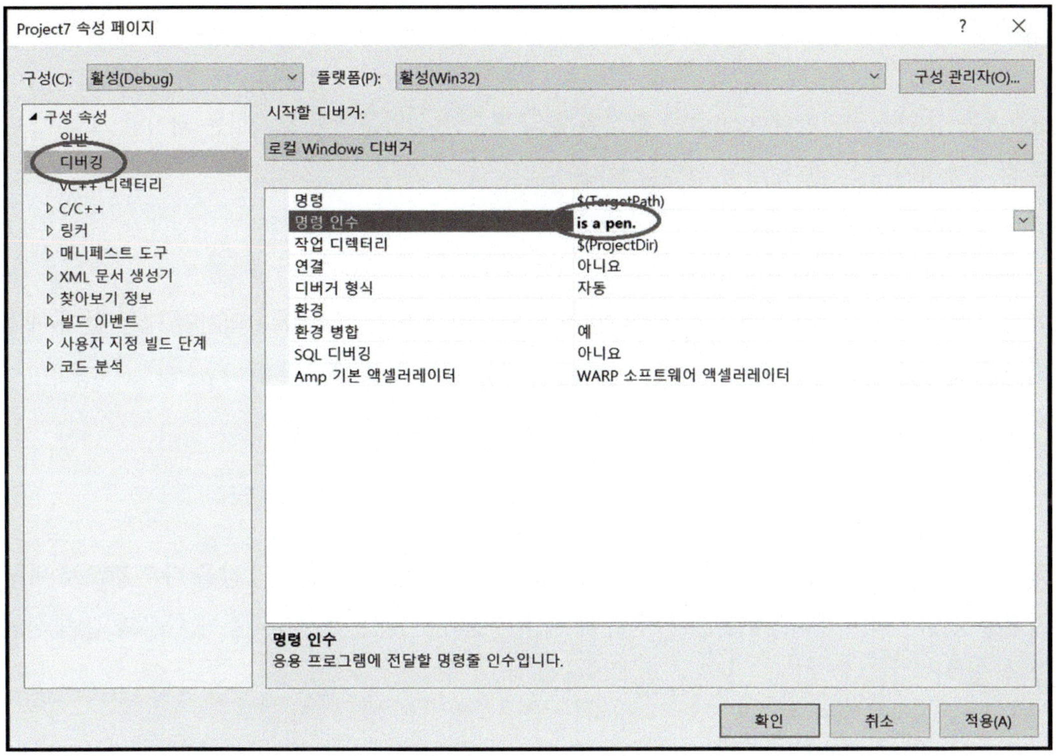

명령어라인에 명시한 인자들은 main() 함수의 매개변수로 전달된다. main() 함수의 매개변수는 보통 프로그램의 옵션이나 입력 파일 또는 출력 파일을 입력받기 위해 사용된다.

7.8 형 한정자

지금까지 사용한 자료형은 그 사용에 제한이 없었다. 자료형은 필요에 따라 그 사용을 한정할 수 있다. 형 한정자(type qualified)로는 const, restrict, volatile, _Atomic이 있고, 이들은 단독 또는 혼합되어 사용될 수 있다. _Atomic은 선택적으로 지원되는 것이므로 여기서는 설명하지 않을 것이다.

const

const는 상수를 의미한다. const로 한정된 형의 변수는 선언문에서 초기화는 되지만 그 후에 다른 값이 배정될 수는 없다. 다음 선언을 보자.

```
const float pi = 3.14;
```

이 선언문에서 pi는 const로 한정된 형을 갖기 때문에 3.14로 초기화는 되지만 다른 값이 배정되거나, 증가나 감소 연산자를 적용할 수는 없다. 예를 들어 다음 문장과 같이 pi 값을 변경하고자 하면 컴파일 오류가 발생하거나 경고 메시지가 출력될 것이다.

```
pi = 3.141592;
```

배열에도 const를 지정할 수 있다. 배열에 const를 지정하면 배열 원소의 값을 다른 값으로 바꾸지 않을 것임을 의미한다. 예를 들어 각 달의 이름은 변하지 않는 것이기 때문에 다음과 같이 선언할 수 있다.

```
const char months[][10] = {"January", "February", "March", "April", "May",
                           "June", "July", "August", "September", "October",
                           "November", "December"};
```

일반적인 포인터 변수는 const로 한정된 형의 변수를 포인트할 수 없다. 예를 들어 다음과 같은 코드를 작성하면 컴파일할 때 오류가 발생하거나 경고 메시지가 출력될 것이다.

```
const int     a = 7;
int          *p = &a;
```

즉 p는 보통의 int 형 포인터이기 때문에 나중에 ++*p와 같은 수식을 사용하여 a의 값을 바꿀 수 있기 때문이다. 이는 a가 상수라는 개념에 위배된다. 포인터로 const 변수를 포인트해야 할 때에는 포인터의 형도 한정해야 한다. 다음 코드는 이에 관한 예제이다.

```
const int     a = 7;
const int    *p = &a;
```

두 번째 선언문은 p를 const int에 대한 포인터로 만드는 것이다. 이 선언문은 p를 통하여 p가 포인트하는 곳의 값을 바꾸지 않을 것임을 나타낸다. 그러나 p 자체는 const가 아니다. 즉 p에 다른 주소를 배정하여 다른 변수를 포인트하게 할 수 있다. 그러나 *p에 값을 배정할 수는 없다. 포인터 자체를 상수로 하고 싶다면 다음과 같이 한다.

```
int           a;
int * const   p = &a;
```

두 번째 선언문은 p를 int에 대한 상수 포인터로 만드는 것이다. 즉 p는 a의 주소로 초기화된 이후에 다른 주소가 배정될 수 없다. 하지만 p가 포인트하는 곳의 값은 p를 통해서 변경이 가능하다. 즉 ++*p와 같은 수식을 사용할 수 있다. p를 const int 형에 대한 상수 포인터로 만들기 위해서는 다음과 같이 한다.

```
const int          a = 7;
const int *const   p = &a;
```

두 번째 선언문은 p를 const int를 포인트하는 상수 포인터로 만드는 것이다. 즉 p의 값과 *p의 값을 다른 값으로 바꿀 수 없다.

restrict

restrict는 최적화를 위해 C99에 추가된 형 한정자이다. restrict는 포인터 변수에 적용되어 컴파일러에게 그 포인터만을 통해 현재 포인트하는 객체가 접근됨을 알려준다. 컴파일러는 이러한 정보를 가지고 코드 최적화를 시도하여 실행시간을 단축시킨다. 예를 들어, 〈string.h〉에는 문자들을 복사하는 memcpy() 함수가 다음과 같이 선언되어 있다.

```
void *memcpy(void * restrict s1, const void * restrict s2, size_t n);
```

memcpy()는 s2가 포인트하는 객체로부터 n개의 문자를 s1이 포인트하는 객체로 복사하는 함수이다. s1과 s2는 restrict 포인터로 되어 있기 때문에, 이 함수는 s1과 s2가 포인트하는 객체가 겹치지 않을 것이라고 가정한다. 예를 들어 다음 코드를 보자.

```
char voca[100];
memcpy(voca, voca + 50, 30); // OK
memcpy(voca, voca + 20, 30); // Undefined behavior
```

첫 번째 memcpy() 호출은 voca[50]부터 voca[79]를 voca[0]부터 voca[29]로 복사하는 것으로 두 구간이 겹치지 않기 때문에 문제가 없다. 하지만 두 번째 호출은 voca[20]부터 voca[49]를 voca[0]부터 voca[29]로 복사하는 것으로 voca[20]부터 voca[29]까지 겹치기 때문에 예상치 않은 결과가 발생할 수 있다. 따라서 restrict 포인터를 매개변수로 갖는 함수를 사용할 때에는 주의가 필요하다. 또한 같은 블록 내에서 선언된 restrict 포인터를 다른 restrict 포인터로 배정하면 예상치 못한 결과가 발생할 수 있다. 즉 다음과 같은 코드를 작성하면 안 된다.

```
int * restrict p = &a;
int * restrict q = &b;
p = q; // Undefined behavior
```

volatile

volatile은 그 객체가 프로그램에서 작성된 코드가 아니라 외부적인 사건에 의해 변경될 수도 있음을 컴파일러에게 알리기 위해 사용된다. 예를 들어, 인터럽트가 발생했을 때 수행되는 운영체제의 인터럽트 서비스 루틴에 의해 변경되는 전역변수를 사용하는 프로그램은 프로그램에서 그 변수를 수정하지 않아도 외부의 요인에 의해 그 값이 변경될 수 있다. 또는 컴퓨터에 연결되는 주변기기를 쉽게 다룰 수 있도록 하기 위해 메모리맵(memory-mapped) 방식으로 주변기기의 레지스터를 접근할 수 있는데, 이 경우에 해당 메모리는 주변기기의 활동에 의해 변경될 것이다. 스레드 프로그램에서도 여러 스레드가 동시에 접근하는 전역 변수는 특정 스레드가 그 전역변수를 수정하지 않아도 다른 스레드에 의해 그 값이 변경될 수 있다.

이렇게 외부 요인에 의해 변경될 수 있는 객체를 다루는 프로그램을 작성할 때에는 그 객체를 컴파일러에게 알려줘야 한다. 컴파일러는 실행시간 단축을 위해 프로그램을 컴파일할 때 최적화를 시도한다. 최적화 기법 중 하나는 프로그램 코드에서 변경되지 않는 객체가 아직 레지스터에 있다면 그 객체를 다시 메모리로부터 읽지 않게 하는 것이다. 이렇게 하면 메모리 접근시간을 줄일 수 있으므로 실행시간이 빨라진다. 하지만 이러한 최적화는 객체가 외부 요인에 의해 내용이 변경될 경우에 문제를 발생시킬 수 있다. 따라서 컴파일러에게 이러한 정보를 제공하여 올바르게 최적화할 수 있게끔 해야 한다. 예를 들어 다음 선언을 보자.

```
volatile int action;
```

이렇게 선언하면 action 변수는 volatile 변수라는 것을 나타낸다. 이것은 다음과 같이 작성해도 똑같은 의미이다.

```
int volatile action;
```

포인터 변수를 선언할 때에는 volatile의 위치에 따라 다른 의미를 갖게 된다. 예를 들어 다음을 보자.

```
volatile int *device_one;
int volatile *device_one;
```

이 두 선언은 같은 의미로 device_one이 포인트하는 곳이 volatile 임을 의미한다. 만일 포인터 자체가 volatile이고 포인트하는 곳은 volatile이 아니라면 다음과 같이 선언한다.

```
int * volatile device_one;
```

마지막으로 포인터와 포인트하는 곳 모두가 volatile 이라면 다음과 같이 한다.

```
int volatile * volatile device_one;
```

이렇게 적절히 volatile을 사용해야 컴파일러가 프로그램 최적화를 수행해도 프로그램 실행에는 문제가 없을 것이다.

7.9 정렬 지정자

어떤 명령어는 데이터가 메모리의 특정 위치에 있을 때에만 올바르게 수행된다. 예를 들어, 병렬 처리를 위해 개발된 SSE나 AVX 명령어 집합에 속한 명령어는 여러 개의 데이터에 동시에 연산을 수행할 수 있는데, 이 때 각 데이터는 16, 32, 64로 나누어떨어지는 메모리 주소에 저장되어 있어야만 한다. 이렇게 데이터들이 메모리의 특정한 주소에 위치하는 것을 정렬(alignment)이라고 한다. C는 변수를 선언할 때 메모리에 어떤 식으로 정렬할지를 지정할 수 있는 기능을 가지고 있다.

객체 자료형은 정렬 요구조건(alignment requirement)이라는 속성을 가지고 있다. 정렬 요구조건 속성은 그 객체가 몇 바이트 단위로 메모리에 할당되는지는 나타내는 정수 값이다. 객체 자료형의 정렬 요구조건의 디폴트값은 보통의 경우 그 객체의 크기와 같다. 정렬 요구조건 속성 값은 C11에 추가된 _Alignof 연산자로 알 수 있다. _Alignof 연산자는 다음과 같이 사용한다.

```
_Alignof (type-name)
```

_Alignof 연산자는 피연산자 type-name의 정렬 요구조건을 알려준다. 다음 프로그램을 보자.

프로그램 7.9

```
#include <stdio.h>

int main(void)
{
    int in, inarray[10];
    double db;

    printf("_Alignof(int) = %d\n", _Alignof(int));
    printf("_Alignof(in) = %d\n", _Alignof in );
    printf("_Alignof(inarray) = %d\n", _Alignof(inarray));
    printf("_Alignof(char) = %d\n", _Alignof(char));
    printf("_Alignof(db) = %d\n", _Alignof(db));

    return 0;
}
```

프로그램 7.9는 _Alignof 연산자의 사용 예 이다.

```
    printf("_Alignof(int) = %d\n", _Alignof(int));
    printf("_Alignof(in) = %d\n", _Alignof in );
    printf("_Alignof(inarray) = %d\n", _Alignof(inarray));
```

_Alignof의 피연산자로 자료형나 수식이 올 수 있다. 자료형이 피연산자로 사용될 때에는 괄호를 사용해야 하고, 수식이 피연산자로 올 때에는 괄호 없이 사용해도 된다. 피연산자로 배열을 사용하면 배열 원소에 대한 정렬 요구조건 속성 값을 알려준다. 이 프로그램의 실행 결과는 다음과 같다.

```
_Alignof(int) = 4
_Alignof(in) = 4
_Alignof(inarray) = 4
_Alignof(char) = 1
_Alignof(db) = 8
```

정렬 지정자(Alignment specifier)는 선언문에서 객체의 메모리 정렬 속성을 지정하는 것으로 C11에 추가된 것이다. 정렬 지정자는 typedef, 함수, 매개변수, register 스토리지 클래스 객체, 앞으로 배울 비트필드에는 사용할 수 없다. 정렬 지정자는 선언문에서 다음과 같은 두 가지 형태로 사용된다.

```
_Alignas ( type-name )
_Alignas ( constant-expression )
```

constant-expression은 정수 상수 수식으로 2의 배수이어야 한다. 만일 0으로 지정하면 아무런 효과도 일어나지 않는다. 예를 들어 프로그램 7.10을 보자.

프로그램 7.10

```c
#include <stdio.h>

int main(void)
{
    _Alignas (long long) int ain, ainarray[10];
    _Alignas (32) double adb = 1;

    printf("_Alignas (long long) int ain, ainarray[10];\n");
    printf("_Alignas (32) double adb = 1;\n\n");
    printf("_Alignof(int) = %d\n", _Alignof(int));
    printf("_Alignof(ain) = %d\n", _Alignof ain );
    printf("%lu(&ain) is divided by %d ? %s\n",
            &ain, sizeof(long long),
            (unsigned long)&ain % sizeof(long long) ? "No" : "Yes");
    printf("_Alignof(ainarray) = %d\n", _Alignof(ainarray));
```

```
    printf("%lu(ainarray) is divided by %d ? %s\n",
            ainarray, sizeof(long long),
            (unsigned long)ainarray % sizeof(long long) ? "No" : "Yes");
    printf("_Alignof(double) = %d\n", _Alignof(double));
    printf("_Alignof(adb) = %d\n", _Alignof(adb));
    printf("%lu(&adb) is divided by 32 ? %s\n",
            &adb, (unsigned long)&adb % 32 ? "No" : "Yes");

    return 0;
}
```

프로그램 7.10은 _Alignof를 사용하여 정렬 요구조건 속성을 설정하는 것을 보여주고 있다.

```
_Alignas (long long) int ain, ainarray[10];
_Alignas (32) double adb = 1;
```

ain과 ainarray는 long long 형으로 정렬 요구조건 속성을 설정하였고, adb는 32로 설정하였다. 이렇게 하면 ain과 ainarray의 원소는 메모리 주소가 sizeof (long long)의 배수인 곳에 배정되고, adb는 메모리 주소가 32의 배수인 곳에 배정된다.

```
printf("_Alignof(int) = %d\n", _Alignof(int));
printf("_Alignof(ain) = %d\n", _Alignof ain );
```

int의 정렬 요구조건 속성은 기본적으로 4이지만, ain은 long long 형과 같은 요구조건 속성 값인 8을 가질 것이다.

```
printf("%lu(&ain) is divided by %d ? %s\n",
        &ain, sizeof(long long),
        (unsigned long)&ain % sizeof(long long) ? "No" : "Yes");
```

ain이 할당받은 메모리 주소가 sizeof(long long)의 배수인지를 확인하기 위해 ain의 주소 값을 sizeof(long long)으로 나눈 나머지 값이 0인지를 확인하고 있다. 프로그램의 실행 결과는 다음과 같다.

```
_Alignas (long long) int ain, ainarray[10];
_Alignas (32) double adb = 1;

_Alignof(int) = 4
_Alignof(ain) = 8
4294953992(&ain) is divided by 8 ? Yes
_Alignof(ainarray) = 8
4294953952(ainarray) is divided by 8 ? Yes
_Alignof(double) = 8
_Alignof(adb) = 32
4294953920(&adb) is divided by 32 ? Yes
```

C11은 정렬을 위해 <stdalign.h> 헤더 파일을 추가하여 제공하고 있다. 이 헤더 파일은 _Alignas와 _Alignof를 각각 alignas와 alignof로 사용할 수 있도록 하는 매크로를 정의하고 있다. 다음 프로그램을 보자.

프로그램 7.11

```c
#include <stdio.h>
#include <stdalign.h>

int main(void)
{
    alignas (long long) int ain, ainarray[10];
    alignas (32) double adb = 1;

    printf("alignas (long long) int ain, ainarray[10];\n");
    printf("alignas (32) double adb = 1;\n\n");
    printf("alignof(int) = %d\n", alignof(int));
    printf("alignof(ain) = %d\n", alignof ain );
    printf("%lu(&ain) is divided by %d ? %s\n",
            &ain, sizeof(long long),
            (unsigned long)&ain % sizeof(long long) ? "No" : "Yes");
```

```c
    printf("alignof(ainarray) = %d\n", alignof(ainarray));
    printf("%lu(ainarray) is divided by %d ? %s\n",
            ainarray, sizeof(long long),
            (unsigned long)ainarray % sizeof(long long) ? "No" : "Yes");
    printf("alignof(double) = %d\n", alignof(double));
    printf("alignof(adb) = %d\n", alignof(adb));
    printf("%lu(&adb) is divided by 32 ? %s\n",
            &adb, (unsigned long)&adb % 32 ? "No" : "Yes");

    return 0;
}
```

프로그램 7.11은 프로그램 7.10을 <stdalign.h>를 사용하는 것으로 수정한 것이다.

```c
#include <stdalign.h>
    alignas (long long) int ain, ainarray[10];
    printf("alignof(int) = %d", alignof(int));
```

<stdalign.h>를 삽입하여, _Alignas 대신 alignas, _Alignof 대신 alignof를 사용하고 있다. 실행 결과는 프로그램 7.10과 같다.

7.10 함수 포인터

자신의 차원보다 적은 개수의 인덱스를 갖는 배열 수식은 포인터라고 하였다. 즉 1차원 배열에서 인덱스가 없이 사용된 배열 이름은 포인터이다. 함수도 그 이름만 명시되면 그것은 함수 포인터이다. 또한 함수의 매개변수로 선언된 배열은 사실은 포인터라고 했는데, 함수의 매개변수로 명시된 함수도 함수 포인터이다. 이 절에서는 함수 포인터를 사용하는 방법에 대해 살펴볼 것이다.

정렬은 데이터를 크기순으로 나열하는 것으로 데이터 처리에 있어서 가장 많이 수행되는 연산 중 하나이다. 하지만 정렬을 하기 위해서는 많은 CPU 연산이 필요하기 때문에 이를 줄이기 위해 많은 노력이 있었고 그 결과 많은 정렬 알고리즘들이 개발되었다. 각 정렬 알고리즘은 고유의 특성이 있다. 그 중 가장 많이 사용되는 정렬 알고리즘은 퀵 정렬(quick sort)이다. 퀵 정렬은 일반적으로 가장 빠른 정렬 기법으로 알려져 있다. C는 라이브러리 함수로 퀵 정렬을 지원하고 있다. C가 제공하는 퀵 정렬 함수의 원형은 〈stdlib.h〉에 다음과 같이 선언되어 있다.

```
void qsort(void *base, size_t nmemb, size_t size,
          int (*compar)(const void *, const void *));
```

qsort()는 임의의 형의 배열을 정렬할 수 있도록 만들어져 있다. 함수원형에서 사용된 size_t 형은 부호없는 정수형이다. 네 번째 매개변수는 int (*compar)(const void *, const void *) 이다. 여기서 compar는 바로 앞에 *가 있고 그 뒤에 괄호가 나오므로 함수 포인터라는 것을 알 수 있다. 괄호 안에는 const void * 형이 두 개 있고 compar 앞에는 int 형이 있으므로, 결과적으로 compar는 두 개의 const void * 형의 매개변수를 가지고 함수의 형이 int 형인 함수를 포인트하는 함수 포인터임을 알 수 있다. qsort()의 매개변수는 다음과 같은 의미이다.

- base : void * 형으로 정렬하고자 하는 배열
- nmemb : 정렬하고자하는 원소의 개수
- size : 각 원소의 크기
- compar : 배열의 두 원소를 비교하는 함수에 대한 포인터

compar() 함수는 사용자가 직접 작성해야 하는 함수로 compar(p, q)로 호출했을 때 다음과 같은 결과를 리턴해야 한다.

리턴 값	의미
음수	정렬 순서에서 p가 q보다 앞에 있음
0	순서가 같음
양수	정렬 순서에서 p가 q보다 뒤에 있음

만일 int 형 배열을 qsort()를 사용하여 오름차순으로 정렬하고 싶다면 비교함수를 함수 7.1과 같이 작성하면 된다.

함수 7.1

```
int compare_int(const void *p, const void *q)
{
    if (*(int *)p > *(int *)q)
        return 1;
    else if (*(int *)p < *(int *)q)
        return -1;
    return 0;
}
```

함수 7.1은 qsort()를 사용하기 위해 작성한 함수이다.

```
int compare_int(const void *p, const void *q)
```

qsort()의 네 번째 매개변수는 int (*)(const void *, const void *) 형의 함수 포인터이므로 이와 같은 함수원형을 갖도록 함수헤더를 만들어야 한다.

```
    if (*(int *)p > *(int *)q)
        return 1;
    else if (*(int *)p < *(int *)q)
        return -1;
    return 0;
```

매개변수 p와 q는 void * 형이므로 값을 비교하기 전에 캐스트 연산을 사용하여 적절히 형 변환을 해야 한다. 이 예제는 int 형 배열을 정렬하는 것이므로 int * 형으로 캐스팅하고 있다. 또한 *(int *) p의 값과 *(int *)q의 값을 비교하여 오름차순으로 정렬했을 때의 위치에 따라 1, -1, 0을 리턴하게 하고 있다. 프로그램 7.12를 보자.

프로그램 7.12

```
#include <stdio.h>
#include <stdlib.h>
#define N 10
```

```
int compare_int(const void *, const void *);

int main(void)
{
   int array[N] = { 3, 6, 2, 0, 1, 10, 4, 8, 9, 7 };

   qsort(array, N, sizeof(int), compare_int);

   for (int i = 0; i < N; i++)
      printf("%d ", array[i]);
   printf("\n");
   return 0;
}
// 함수 7.1 생략
```

프로그램 7.12는 qsort()를 사용하여 int 형 배열인 array를 정렬하는 프로그램이다.

```
#includc <stdlib.h>
```

qsort()를 사용하기 위해서는 <stdlib.h>를 프로그램에 포함시켜야 한다.

```
   qsort(array, N, sizeof(int), compare_int);
```

이 호출은 array 배열의 N개 원소를 정렬하는데, 각 원소의 크기는 sizeof(int)이고 원소간의 비교는 compare_int() 함수로 하라는 것이다. 실행결과는 다음과 같다.

```
0 1 2 3 4 6 7 8 9 10
```

만일 내림차순으로 정렬하고 싶다면 비교함수만 약간 수정하면 된다. 내림차순에서는 큰 값이 앞에 와야 하므로 함수 7.2와 같이 만들면 된다.

함수 7.2

```c
int compare_int_desc(const void *p, const void *q)
{
    if (*(int *)p < *(int *)q)
        return 1;
    else if (*(int *)p > *(int *)q)
        return -1;
    return 0;
}
```

qsort()는 임의의 형의 배열을 정렬할 수 있도록 만들어졌다. 예를 들어 프로그램 7.8은 단어를 입력받아 정렬한 후 출력하는 프로그램인데, 단어들을 정렬하는 곳에서도 qsort()를 사용할 수 있다. 프로그램 7.13은 프로그램 7.8을 수정한 것이다.

프로그램 7.13

```c
#include <stdio.h>
#include <stdlib.h>
#include <string.h>
#define   N   50
#define   L   10

int input_words(char *[]);
int comp_voca(const void *, const void *);
void print_words(int, char *[]);

int main(void)
{
    char *words_p[N];
    int num_word = 0;

    num_word = input_words(words_p);
    qsort(words_p, num_word, sizeof(char *), comp_voca);
    print_words(num_word, words_p);
```

```

    for (int i = 0; i < num_word; i++)
        free(words_p[i]);

    return 0;
}

int input_words(char *words[])
{
    int num = 0;
    char temp[100];

    while (1) {
        printf("단어를 입력하세요 : ");
        scanf("%[^\n]", temp);
        getchar();          // 개행 삭제

        if (strcmp(temp, ".end") == 0)
            break;
        if (strlen(temp) < 9){
            words[num] = (char *) calloc(strlen(temp) + 1, sizeof(char));
            strcpy(words[num], temp);
        }
        else
            continue;

        if (++num == N)
            break;
    }
    return num;
}

int comp_voca(const void *p, const void *q)
{
    return strcmp(*(char **)p, *(char **)q);
}

void print_words(int num, char *words[])
{
```

```
    int i;

    for (i = 0; i < num; i++)
        printf("%s\n", words[i]);
}
```

프로그램 7.13은 qsort()를 사용하여 words_p 배열을 정렬하는 것이다. qsort()를 사용하기 위해서는 비교함수를 만들어야 한다.

```
int comp_voca(const void *p, const void *q)
{
    return strcmp(*(char **)p, *(char **)q);
}
```

words_p는 문자열을 포인트하는 포인터 배일이므로 비교함수인 comp_voca()의 매개변수로 전달되는 원소의 형은 char ** 형이다. 또한 p와 q가 포인트하는 문자열은 각각 *(char **)p와 *(char **)q가 된다. 문자열을 strcmp()로 비교하면 사전순으로 비교하여 값을 리턴하므로 comp_voca() 함수는 단순히 strcmp(*(char **)p, *(char **)q)의 리턴 값을 리턴하면 된다. 또한 qsort()를 다음과 같이 호출하고 있다.

```
// In main()
    qsort(words_p, num_word, sizeof(char *), comp_voca);
```

즉, words_p 배열의 원소 num_word 개를 정렬하는데, 각 원소의 크기는 sizeof(char *)이고 comp_voca() 함수를 사용하여 원소들 간을 비교하는 것이다. 프로그램의 실행 결과는 프로그램 7.8과 같다.

함수 포인터의 사용 예를 한 가지 더 보자. 함수 이름은 함수 포인터 또는 함수 주소이므로 함수 포인터 변수에 저장할 수 있다. 프로그램 7.14는 이에 관한 예제이다.

프로그램 7.14

```
#include <stdio.h>
#include <math.h>
```

```
 3 int main(void)
 4 {
 5     typedef double (*func)(double);
 6     func x[3] = {sin, cos, tan};
 7     char *name[3] = {"sin", "cos", "tan"};
 8     double rad = 3.141592 / 4.0;
 9
10     for (int i = 0; i < 3; i++)
11         printf("%s(%.3f) : %.3f\n", name[i], rad, x[i](rad));
12     return 0;
13 }
```

프로그램 7.14는 sin, cos, tan 값을 구하는 프로그램이다.

```
2 #include <math.h>
```

이들 함수는 <math.h>에 선언되어 있으므로 <math.h> 헤더파일을 프로그램에 삽입하고 있다.

```
5     typedef double (*func)(double);
```

typedef는 자료형에 새로운 이름을 부여하기 위해 사용된다. 이 선언으로 func라는 이름의 자료형이 선언되는데, func 자료형은 double (*)(double) 형임을 나타낸다. 즉, func 자료형은 double 형의 매개변수를 하나 가지고 double 형의 값을 리턴하는 함수의 주소를 저장할 수 있는 함수 포인터 형이다. typedef에 대해서는 8장에 더 설명할 것이다. sin(), cos(), tan() 함수는 매개변수가 double이고 리턴 값도 double이므로, func 형의 포인터가 이러한 함수를 포인트할 수 있다.

```
6     func x[3] = {sin, cos, tan};
```

x는 func 형의 배열이고, sin, cos, tan은 함수 이름이므로 함수의 주소이다. sin, cos, tan의 형은 func 형과 같기 때문에 x 배열의 초기화자로 사용될 수 있다. 이 선언문에 의해 x[0]은 sin() 함수의 주소로, x[1]은 cos() 함수의 주소로, x[2]는 tan() 함수의 주소로 초기화될 것이다.

```
11     printf("%s(%.3f) : %.3f\n", name[i], rad, x[i](rad));
```

x[i]는 함수 주소를 가지고 있으므로, x[i]를 통해 함수를 호출하기 위해서는 괄호 안에 인자를 명시하면 된다. 즉, x[i](rad)는 rad를 인자로 하여 x[i]에 저장된 함수 주소와 관련된 함수를 호출하는 것이다. 프로그램의 실행결과는 다음과 같다.

```
sin(0.785) : 0.707
cos(0.785) : 0.707
tan(0.785) : 1.000
```

요약

1. 포인터 변수는 주소 값을 저장하는 변수이고, 다음과 같이 선언문에서 식별자 앞에 *를 붙여 선언한다.

```
type-name *identifier;
```

2. 주소연산자 &는 변수가 할당받은 주소를 알려주는 연산자이고, 역참조 연산자 *는 포인터 변수가 가지고 있는 주소에 들어있는 값을 의미한다.

3. void 형 포인터는 모든 자료형의 포인터 값을 저장할 수 있다. 하지만 사용하기 전에 캐스팅을 사용하여 적절히 형 변환을 해줘야 한다.

4. 포인터 변수의 주소 값을 저장하기 위해서는 포인터의 포인터 변수를 사용한다. 포인터의 포인터 변수는 선언문에서 *를 두 개 붙여 선언한다.

5. 포인터 연산에는 다음과 같은 3가지 종류가 있다.

```
pointer + integer
pointer - integer
pointer1 - pointer2
```

포인터 연산은 메모리에 연속적으로 들어있는 값들을 다룰 때 유용하게 사용된다.

6. C는 값에 의한 호출 방식만 지원하지만, 매개변수로 포인터를 사용하면 참조에 의한 호출의 효과를 볼 수 있다. scanf()도 이러한 방식을 사용하여 작성되어 있다.

7. 배열과 포인터는 매우 유사하다. 즉, 배열 이름은 포인터이기 때문에 배열 이름을 포인터 수식에서 사용하여 원소를 접근할 수 있고, 포인터에 인덱스를 붙여 사용할 수도 있다. 다만 배열 이름은 배열의 첫 번째 원소의 주소 값만을 갖는 상수 포인터이다.

8. 인덱스를 사용한 배열 표기법으로 작성된 수식은 컴파일하면 모두 포인터 수식으로 변환된다. 변환할 때 사용하는 수식을 메모리 사상 함수라고 한다.

9. 배열로 선언된 매개변수는 포인터이다. 배열 매개변수의 가장 상위 차원은 명시하지 않아도 되는데 이는 메모리 사상 함수에서 배열의 최상위 크기는 사용되지 않기 때문이다.

10. 프로그램이 실행되는 도중에 필요한 메모리를 동적으로 할당받기 위해서는 <stdlib.h>에 선언되어 있는 calloc()이나 malloc()을 사용한다. 동적으로 할당받은 공간을 더 이상 사용하지 않을 때에는 free()를 사용하여 그 공간을 반납해야 한다.

11. main() 함수도 매개변수를 가질 수 있다. 하지만 main() 함수의 매개변수의 형태는 다음과 같이 이미 정해져있다.

```
int main(int argc, char *argv[])
```

첫 번째 매개변수인 argc는 명령어 라인에서의 인자의 수이고, argv는 명령어 라인에 명시된 각 인자의 문자열을 포인트하는 포인터 배열이다. main()의 매개변수는 프로그램 옵션이나 입력 또는 출력 파일을 입력받기 위해 사용된다.

12. 형 한정자는 자료형의 사용을 한정하는 것으로 const, restrict, volatile, _Atomic이 있다.

13. 객체 자료형은 정렬 요구조건 속성을 가지고 있으며, 정렬 요구조건을 알아보는 연산자는 _Alignas이고 정렬 요구조건을 지정하는 지정자는 _Alignof이다. 또한 이와 관련된 헤더 파일은 <stdalign.h> 이다.

14. 함수 이름은 함수가 저장되어 있는 메모리 주소를 나타내는 함수 포인터이다.

15. qsort()는 퀵 정렬을 사용하여 모든 형의 배열을 정렬할 수 있게 만들어진 라이브러리 함수이다. qsort()는 <stdlib.h>에 선언되어 있으며, 함수 원형은 다음과 같다.

```
void qsort(void *base, size_t nmemb, size_t size,
           int (*compar)(const void *, const void *));
```

qsort()는 각 원소의 크기가 size인 base가 포인트하는 배열에 저장된 nmemb 개 원소를 compar가 포인트하는 비교 함수를 사용하여 정렬하는 함수이다.

연습 문제

1. 다음 프로그램은 어떤 값을 출력하겠는가? 출력 값을 쓰고 설명하여라.

```
#include <stdio.h>
int main(void)
{
    char    *format = "%p %d %d %d\n";
    int      i = 3;
    int     *p = &i;
    printf(format, p, *p + 7, 3 * **&p + 1, 5 * (p - (p - 2)));
    return 0;
}
```

2. i와 j는 int 형이고, p와 q는 int 형 포인터라고 하자. 다음 배정 수식 중 잘못된 것은 어느 것인가?

```
p = &i      p = &*&i     i = (int) p    q = &p
*q = &j     i = (*&)j    i = *&*&j      i = *p++ + *q
```

3. 모든 포인터 형의 크기가 다 같은지 알아보자. 다음 프로그램을 실행해 보아라. 모두 같은 값인가?

```
#include <stdio.h>
int main(void)
{
    char         *cp;
    int          *ip;
    long long    *llp;
    float        *fp;
    double       *dp;
    printf("char * : %d\n", sizeof(cp));
    printf("int * : %d\n", sizeof(ip));
    printf("long long * : %d\n", sizeof(llp));
    printf("float * : %d\n", sizeof(fp));
```

```
    printf("double * : %d\n", sizeof(dp));
    return 0;
}
```

4. 연속적으로 선언된 변수는 연속된 메모리 공간에 할당되는지 알아보아라. 예를 들어 다음과 같은 선언문을 갖는 프로그램을 작성하여 각 변수의 주소를 확인하면 알 수 있을 것이다.

```
char a, b, c, *.p, *q, *r, d, e, *s;
```

각 변수가 연속적인 메모리에 할당되는가? 그렇다면 주소가 증가하는 순서인가 아니면 감소하는 순서인가?

5. printf() 함수로 주소 값을 출력할 때에는 %p 변환명세를 사용한다고 하였다. %p를 사용하면 주소가 16진수로 출력된다. 만일 주소를 16진수 대신 10진수로 출력하고 싶다면 주소를 unsigned long으로 캐스트하고 %lu 형식을 사용하는 것이 안전한 방법이다. 연습 문제 4번에서 작성한 프로그램을 수정하여 10진수로 주소 값을 출력하게 하여라.

6. 다음 프로그램은 어떤 값을 출력하겠는가? 출력에 대해 설명하여라.

```
#include <stdio.h>
int main(void)
{
    char        *pc = NULL;
    int          *pi = NULL;
    double      *pd = NULL;
    long double *pld = NULL;
    printf("%5lu%5lu\n%5lu%5lu\n%5lu%5lu\n",
        (unsigned long)(pc + 1), (unsigned long)(pi + 1),
        (unsigned long)(pd + 1), (unsigned long)(pld + 1),
        (unsigned long)(pc + 3), (unsigned long)(pld + 3));
    return 0;
}
```

7. 다음 프로그램은 어떤 값을 출력하겠는가? 출력에 대해 설명하여라.

```
#include <stdio.h>
int main(void)
{
   float  x = 1.0;
   int    *p = (int *) &x;
   *p = 1077936128;
   printf("x = %f, *p = %d\n", x, *p);
   return 0;
}
```

8. p가 포인터라면 *p++와 (*p)++는 다르다. 다음 프로그램을 실행하여 그 결과를 보고 두 수식이 어떻게 다른지 설명하여라.

```
#include <stdio.h>
int main(void)
{
   char   string[] = "abc";
   char   *p;
   int     i;
   p = string;
   for (i = 0; i < 3; ++i)
      printf("%c\n", *p++);
   printf("string = %s\n", string);
   p = string;
   for (i = 0; i < 3; ++i)
      printf("%c\n", (*p)++);
   printf("string = %s\n", string);
   return 0;
}
```

9. 문자열 상수는 char 형 포인터로 취급된다. 따라서 문자열 상수를 포인터처럼 다룰 수 있다. 다음 코드를 포함하는 프로그램을 작성하여 실행해보고 출력 결과를 적어 보아라.

```
printf("%c%c%c%c%c!\n", "ghi"[1], *("def" + 1), *"abc" + 11,
       "klm"[1], *"ghi" + 8);
```

10. sizeof 연산자는 형이나 수식을 저장하는 데 필요한 바이트 수를 알려준다. 다음 프로그램은 어떤 값을 출력하겠는가? 먼저 생각해보고 실행해 보아라. 그리고 왜 이런 결과가 출력되는지 설명하여라.

```
#include  <stdio.h>
void f(int a[3]);
int main(void)
{
   char     s[] = "I like C.";
   char     *p = "I like C.";
   int       a[3];
   double   d[5];
   printf("%s%d\n%s%d\n%s%d\n%s%d\n",
          "sizeof(s) = ", sizeof(s),
          "sizeof(p) = ", sizeof(p),
          "sizeof(a) = ", sizeof(a),
          "sizeof(d) = ", sizeof(d));
   f(a);
   return 0;
}
void f(int a[3])
{
   printf("f() : sizeof(a) = %d\n", sizeof(a));
}
```

11. 같은 내용의 문자열 상수를 여러 번 사용하면 이들이 같은 메모리에 하나만 저장되는지 아니면 사용될 때마다 다른 메모리에 따로 저장되는지를 다음 프로그램으로 확인해 보아라.

```
#include  <stdio.h>
int main(void)
{
   char   *p = "C is fun.", *q = "C is fun.";
   if (p == q)
      printf("같은 메모리에 하나만 저장됩니다.\n");
   else
      printf("다른 메모리에 따로 저장됩니다.\n");
   return 0;
}
```

참고: if 문에서 p == q는 p와 q가 같은 메모리 주소를 가지는지 검사하는 것이다.

12. 다음 프로그램에서 func() 함수 원형의 매개변수 형은 int [][3]인 반면 func() 함수의 정의 헤더에서 매개변수 형은 int (*a)[3]이다. 컴파일할 때 형이 다르다는 오류가 발생하는가? 컴파일된다면 실행 결과는 어떻게 되는가?

```
#include   <stdio.h>
void   func(int [][3]);
int main(void)
{
   int  a[4][3] = {{0, 1, 2}, {10, 11, 12},
                   {20, 21, 22}, {30, 31, 32}};
   func(a);
   return 0;
}
void func(int (*a)[3])
{
   printf("func() : %d %d %d\n", a[0][0], a[1][1], a[2][2]);
}
```

이제 func() 함수의 정의 헤더에서 매개변수 형을 int *a[3]으로 수정하면 어떻게 되겠는가? 컴파일되는가? 오류가 날 것이다. 그 이유를 설명하여라.

13. 다음 프로그램은 func()를 호출할 때의 인자와 func()의 매개변수 형이 일치하지 않는다. 컴파일할 때 형이 다르다는 오류가 발생하는가? 컴파일된다면 실행 결과는 어떻게 되는가? 실행 결과에 대해 설명해보아라.

```
#include   <stdio.h>
void   func(int [][*]);
int main(void)
{
   int  a[4][3] = {{0, 1, 2}, {10, 11, 12},
                   {20, 21, 22}, {30, 31, 32}};
   func(a);
   return 0;
}
void func(int (*a)[2])
{
   printf("func() : %d %d %d %d\n",
         a[0][0], a[1][0], a[2][0], a[3][0]);
}
```

14. 다음 표에서 선언된 p를 그림으로 그리고 빈 칸을 완성하여라.

선언 및 초기화		
char *p[2][3] = {"abc", "defg", "hi", "jklmno", "pqrstuvw", "xyz"};		
수식	**배열 표현**	**값**
***p	p[0][0][0]	'a'
**p[1]		
**(p[1] + 2)		
((p + 1) + 1)[7]	/* error */	
(*(*(p + 1) + 1))[7]		
*(p[1][2] + 2)		

15. 다음 프로그램의 실행결과를 설명하여라.

```
#include <stdio.h>
#define  N    5
void   change_it(int []);
int main(void)
{
   int    a[N] = {1, 2, 3, 4, 5}, i;

   printf("change_it() 호출 전\n");
   for (i = 0; i < N; i++)
      printf("a[%d] = %d\n", i, a[i]);
   change_it(a);
   printf("change_it() 호출 후\n");
   for (i = 0; i < N; i++)
      printf("a[%d] = %d\n", i, a[i]);
   return 0;
}
void change_it(int a[])
{
   int    b[N] = {6, 7, 8, 9, 10};
   a = b;
}
```

16. 다음 프로그램을 실행해 보아라.

```
#include <stdio.h>
#include <string.h>
int main(void)
{
   char *p1 = "abc", *p2 = "pacific sea";
   printf("%s   %s   %s\n", p1, p2, strcat(p1, p2));
   return  0;
}
```

올바른 결과가 출력되는가? 이 프로그램은 오류를 포함하고 있어 실행 결과는 컴파일러 마다 다를 수 있다. 어떤 경우에는 실행 시간 오류가 날 것이고 어떤 경우에는 실행될 것이다. 오류가 난다면 그 이유를 설명하여라. 힌트 : 포인터를 사용할 때에는 항상 포인트하고 있는 메모리 공간이 사용할 수 있는 곳인지를 확인해야 한다.

17. const 포인터를 통해 값을 변경하면 어떻게 되는지 확인해 보자. 다음 프로그램을 수행해보아라. 올바르게 동작하는가? 대부분의 컴파일러는 오류 메시지를 출력할 것이다. 컴파일 오류가 발생하면 그 내용을 적어보아라.

```
#include <stdio.h>
int main(void)
{
   char         s[] = "abc";
   const char *p = s;
   *p = 'A';                  // 오류?
   printf("%s\n", s);
   return 0;
}
```

18. 명령어 라인에서 년과 달을 입력받아 달력을 출력하는 프로그램을 작성하여라. 단 명령어 라인에 년만 명시되면 그 해 달을 모두 출력하게 하여라.

```
$ calendar 2026 2 [Enter↵]

      2026년 2월
Su Mo Tu We Th Fr Sa
 1  2  3  4  5  6  7
 8  9 10 11 12 13 14
15 16 17 18 19 20 21
22 23 24 25 26 27 28
29
$ calendar 2018 [Enter↵]
                                  2018
        1월                      2월                      3월
Su Mo Tu We Th Fr Sa     Su Mo Tu We Th Fr Sa     Su Mo Tu We Th Fr Sa
    1  2  3  4  5  6                  1  2  3                  1  2  3
 7  8  9 10 11 12 13      4  5  6  7  8  9 10      4  5  6  7  8  9 10
14 15 16 17 18 19 20     11 12 13 14 15 16 17     11 12 13 14 15 16 17
21 22 23 24 25 26 27     18 19 20 21 22 23 24     18 19 20 21 22 23 24
28 29 30 31              25 26 27 28              25 26 27 28 29 30 31

                                  . . . . . .
```

19. 다음 프로그램을 실행해 보아라.

```c
#include <stdio.h>
#include <math.h>
void  func_addr(double f(double));
int main(void)
{
   func_addr(cos);
   func_addr(main);
   return 0;
}
void func_addr(double f(double))
{
   if (f == cos)
      printf("cos() 함수 주소 : %p\n", f);
   else
      printf("함수의 주소 : %p\n", f);
}
```

두 번째 func_addr() 함수 호출의 인자의 형과 func_addr()의 매개변수의 형이 다르기 때문에 컴파일러는 경고 메시지를 출력할 것이다. 경고 메시지가 출력되지 않도록 void * 포인터 형을 사용하는 프로그램으로 수정하여라.

20. C 컴파일러는 함수 이름을 포인터로 취급한다. 함수 포인터를 역참조하면 함수 자신이 되기 때문에 또 함수 포인터라고 생각할 수 있다. 또한 함수 포인터 뒤에 괄호를 붙이면 함수 호출을 의미한다. 다음 프로그램은 이에 관한 예제이다. 올바르게 실행되는지 확인해보아라.

```
#include <stdio.h>
void    f(void);
void    g(void);
void    h(void);
int main(void)
{
   (*f)();
   return 0;
}
void f(void)
{
   printf("f()가 호출되었습니다.\n");
   (((*g)))();
}
void g(void)
{
   printf("g()가 호출되었습니다.\n");
   (*(*(*h)))();
}
void h(void)
{
   printf("h()가 호출되었습니다.\n");
}
```

제 8 장

사용자 정의형

프로그래밍을 하다보면 여러 가지 속성을 동시에 갖는 객체를 다룰 때가 있다. 예를 들어 복소수를 다루는 프로그램에서 복소수는 실수와 허수라는 두 가지 속성을 가진다. 또는 DVD 관리 프로그램에서 각 DVD는 제목, 감독, 제작년도, 배급사, 가격 등 다양한 속성을 가질 것이다. C는 여러 개의 속성들을 하나로 묶어 다룰 수 있게 하는 구조체(struct)를 제공한다. 구조체는 이름이 붙여진 원소들을 멤버로 갖는다. 구조체의 멤버는 서로 다른 형일 수 있고, 그 개수도 마음대로 정할 수 있어서 프로그래머는 필요에 맞게 적당히 구조체를 선언하여 사용할 수 있다. 보통 구조체의 배열을 선언하여 많은 량의 데이터를 다루게 된다.

공용체(union)는 구조체와 모양은 유사하지만 모든 멤버들이 같은 메모리 공간을 공유한다. 공용체는 객체가 여러 개의 속성 중 한 번에 한 가지 속성만을 가질 때 메모리를 절약하기 위해 사용된다. 예를 들어 급여 관리 프로그램에서 어떤 직원은 원화로 월급을 받고 어떤 직원은 달러로 월급을 받는다고 하자. 이러한 경우 직원의 속성으로 원화 월급과 달러 월급이 필요하지만, 각 직원은 이중 하나만의 속성을 가질 것이다. 따라서 원화 월급과 달러 월급 속성은 하나의 메모리 공간을 공유하게 해도 될 것이다. 이러한 경우 원화 월급과 달러 월급을 멤버로 갖는 공용체를 사용하면 된다.

열거형(enum)은 변수가 다루는 유한의 원소를 정의하고 각 원소에 이름을 부여할 수 있게 한다. 열거형은 프로그램에서 숫자 대신 단어를 사용할 수 있게 하여 프로그램의 가독성을 높인다.

8.1 구조체

구조체(struct)는 여러 변수들을 하나로 묶어주는 방법을 제공한다. 구조체 형의 선언은 다음과 같은 형식으로 한다.

```
struct struct-tag_opt {
    struct-member-list
};
```

struct는 키워드이고, struct-tag는 구조체 태그 이름으로 구조체를 식별하기 위한 것이다. strcut-tag는 필요에 따라 생략될 수도 있다. struct-member-list는 일반적인 선언문과 같은 형식을 취하고, 선언문에 명시된 변수들이 이 구조체의 멤버가 된다.

6.1절의 프로그램 6.2를 다시 보자. 프로그램 6.2는 성적을 입력받아 평균 점수, 최고 점수, 최저 점수를 출력하는 프로그램이다. 프로그램 6.2는 점수만 입력받기 때문에 최고 및 최저 점수가 누구의 점수인지 알 수가 없다. 만일 각 점수 별로 어느 학생의 점수인지 알아야 한다면, 학생 이름도 같이 입력받아야 한다. 만일 이름을 성적과 함께 입력받는다면, 이름과 성적의 쌍은 밀접한 관계를 가지므로 하나의 단위로 다루어야 한다. 이러한 경우 구조체를 사용하면 이름과 점수를 하나의 단위로 묶을 수 있다. 구조체를 사용하기 위해서는 먼저 원하는 데이터를 저장할 수 있는 구조체 형을 선언하고, 그 다음 구조체 형의 변수를 선언해서 사용한다. 그럼 구조체 형을 선언하는 방법을 예제를 통해 살펴보자. 성적과 이름을 저장하기 위한 구조체 형은 다음과 같이 선언할 수 있다.

```
struct name_grade
    char name[8];
    int  grade;
};
```

이 선언은 struct name_grade라는 구조체 형을 선언한 것이다. 이렇게 선언된 struct name_grade 형은 int, float 등과 같은 기본 자료형과 같은 역할을 한다. struct name_grade 선언에서, name_grade는 구조체의 태그 이름으로 이 이름을 사용하여 다른 구조체와 구별하게 된다. 중괄호 사이에 있는 선언문은 struct name_grade 구조체의 멤버를 선언하는 것이다. 즉, struct name_grade 구조체는 char 형 배열인 name과 int 형인 grade라는 멤버를 갖는다. 이 형을 그림으로 그리면 다음과 같다.

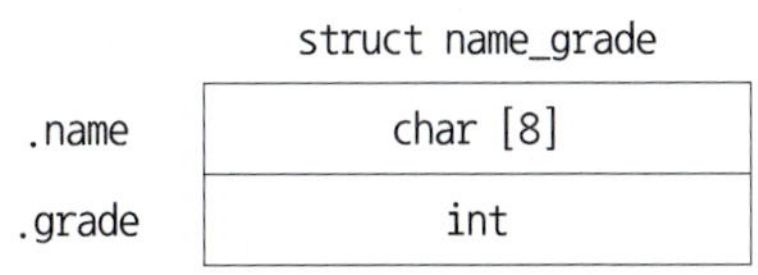

그림에서 보는 것처럼 struct name_grade 형은 char 형 배열과 int 형이 묶여 하나의 형을 이루게 된다. 두 개의 형이 하나의 형을 이루기 때문에 이 형의 변수는 두 가지 값을 가질 수 있다. 각 값은 멤버 이름으로 구별된다. struct name_grade 형의 크기는 name 멤버의 크기인 8 바이트와 grade 멤버의 크기인 4 바이트를 합한 12 바이트가 된다. 각 멤버 이름 앞에 .(점)을 붙인 이유는 다음에 설명할 것이다. struct name_grade는 자료형이기 때문에 프로그램에서 자료형이 필요한 곳에 어디나 사용될 수 있다. 구조체 변수를 선언하는 것은 일반 변수를 선언하는 것과 같은 방법으로 한다. 예를 들어 struct name_grade 형의 변수 st1과 st2는 다음과 같이 선언한다.

```
struct name_grade st1, st2;
```

이 선언은 struct name_grade 형의 st1과 st2 변수를 선언한 것으로 이 선언문을 통해 st1과 st2는 메모리 할당을 받는다. 구조체 변수는 자신의 멤버에 값을 저장한다. 구조체 멤버를 참조할 때에는 멤버 접근 연산자인 "."을 사용한다. 예를 들어 st1의 name 멤버에 "James"를 저장하고 grade에 98을 저장하기 위해서는 다음과 같이 한다.

```
strcpy(st1.name, "James");
st1.grade = 98;
```

이 예제 문장에서와 같이 구조체 변수의 멤버를 접근할 때에는 구조체 변수명 뒤에 "." 연산자를 붙이고 그 다음 멤버 이름을 명시하면 된다. 예제 코드에서 st1의 멤버인 name은 char 형 배열이기 때문에 strcpy() 함수를 사용하여 "James"를 복사하였고, grade 멤버는 int 형이기 때문에 배정 연산자를 사용하여 값을 배정하였다. 이렇게 값을 배정한 이후의 st1 변수를 그림으로 그리면 다음과 같다.

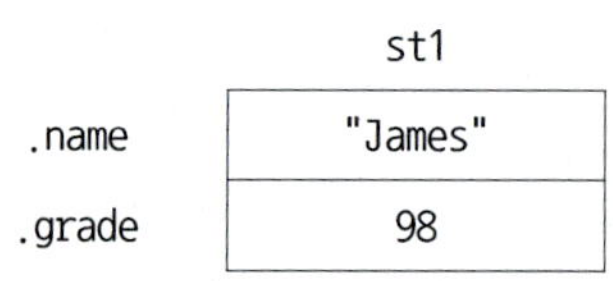

다음 프로그램을 보자.

프로그램 8.1

```
#include <stdio.h>
#include <string.h>
int main(void)
{
    struct name_grade {
        char name[8];
        int  grade;
```

```
8      };
9      struct name_grade st1, st2;
10
11     strcpy(st1.name, "James");
12     st1.grade = 98;
13     st2 = st1;
14     printf("%s :  %d점\n", st2.name, st2.grade);
15
16     return 0;
17 }
```

프로그램 8.1은 구조체 변수를 사용하는 예제 프로그램이다. st1과 st2는 struct name_grade 형으로 선언되어 있다.

```
9      struct name_grade st1, st2;
13     st2 = st1;
```

같은 형의 구조체 변수 산에 배정 연산자를 사용하면 대응되는 멤버의 값이 복사된다. 프로그램 8.1의 실행 결과는 다음과 같다.

```
James : 98점
```

구조체 변수의 다양한 선언 방법

구조체 형 선언과 변수 선언을 다음과 같이 동시에 할 수도 있다.

```
struct name_grade {
    char    name[8];
    int     grade;
} st3;
```

이것은 struct name_grade 형을 선언하는 것과 동시에 struct name_grade 형의 st3 변수를 선언하는 것이다. 이 선언문을 통해 struct name_grade 형이 선언되었기 때문에 다른 선언문에서 자료형으로 사용될 수 있다. 예를 들어 st4 변수를 다음과 같이 선언할 수 있다.

```
struct name_grade st4;
```

구조체 형과 변수를 동시에 선언할 때 구조체 태그를 명시하지 않아도 된다. 예를 들어 다음과 같이 할 수 있다.

```
struct {
    char name[8];
    int grade;
} st5;
```

이 선언은 st5 변수를 다음과 같은 형으로 선언한 것이다.

```
struct {
    char name[8];
    int grade;
};
```

이 형은 구조체 태그가 없기 때문에 더 이상 st5 변수와 같은 형의 변수는 선언할 수 없다. 예를 들어 st6을 다음과 같이 선언했다고 하자.

```
struct {
    char name[8];
    int grade;
} st6;
```

st6의 형은 st5와 같은 모양이지만 컴파일러는 이 두 형을 다르게 취급한다. 즉 st5와 st6은 다른 형이기 때문에 다음과 같은 배정 수식은 잘못된 것이다.

```
st6 = st5;
```

typedef

typedef는 기존의 자료형으로부터 유도한 새로운 형을 만들기 위해 사용된다. 일반적인 사용 형식은 다음과 같다.

```
typedef     type-name   new-type;
typedef     type-name * new-type;
typedef     type-name   new-type[size];
typedef     type-name   (*new-type)(parameter-type-list);
```

type-name은 이미 알려진 자료형이고, new-type은 새로운 자료형으로 type-name으로부터 유도되는 자료형이다. 예를 들어, C 표준에 따르면 size_t 형은 부호가 없는 정수형이라고 되어 있다. 컴파일러는 일반적으로 다음과 같이 선언하여 사용한다.

```
typedef unsigned int size_t;
```

이것은 size_t라는 새로운 자료형을 만든 것이다. 이제 size_t는 자료형이 필요한 곳에 어디서든 사용될 수 있다. 물론 size_t의 실제적인 형은 unsigned int 형이다. 포인터 형은 다음과 같이 선언한다.

```
typedef int *intptr;
```

이렇게 하면 intptr 형이 int *로 선언된다. 예를 들어 다음과 같은 선언문을 보자.

```
intptr p, q;
```

이것은 다음 선언문과 같은 의미이다.

```
int *p, *q;
```

typedef로 배열형 선언은 다음과 같이 한다.

```
typedef int intarr[10];
```

이것은 intarr를 크기가 10인 int의 1차원 배열 형으로 선언한 것이다. 즉, 다음과 같은 선언문을 보자.

```
intarr a, b;
```

이것은 다음 선언문과 같은 의미이다.

```
int a[10], b[10];
```

함수 포인트 형의 예는 다음과 같다.

```
typedef int (*f_type)(void);
```

이것은 f_type을 매개변수가 없고 int 형의 값을 리턴하는 함수를 포인트하는 함수 포인터 형으로 선언한 것이다. 예를 들어 다음을 보자.

```
f_type func = main;
```

func는 int (*)(void) 형 포인트로 선언되었고 main을 포인트하게 된다. typedef는 프로그램의 가독성을 높이고 이식성을 높이기 위해 많이 사용된다. 사용방법을 잘 익혀두면 유익할 것이다.

typedef는 자료형의 이름이 길 때 이를 짧은 이름으로 대신 사용하기 위해서도 사용된다. 구조체 형은 보통 이름이 길기 때문에 사용하기가 불편하다. typedef를 사용하면 긴 struct 형의 이름을 줄일 수 있다. 예를 들어 다음 선언을 보자.

```
typedef   struct name_grade name_grade;
```

이것은 struct name_grade 형을 name_grade로 만드는 것이다. 이제 name_grade를 사용하여 변수를 선언할 수 있다.

```
name_grade st7;
```

typedef는 다음과 같이 구조체를 선언하는 것과 동시에 사용될 수도 있다.

```
typedef struct {
   char name[8];
   int grade;
} name_grade;
name_grade st8, st9;
```

구조체 초기화

구조체를 선언할 때 멤버들을 초기화할 수 있다. 초기화 방법은 배열 초기화와 비슷하게 중괄호를 사용하여 한다. 예를 들어 다음은 st10 변수를 struct name_grade 형으로 선언하면서 초기화하는 것을 보여주고 있다.

```
struct name_grade st10 = {"Mark", 89};
```

이 선언문은 st10.name을 "Mark"로 초기화하고 st10.grade를 89로 초기화한다. 다음과 같이 멤버의 개수보다 초기화자의 개수가 적으면 초기화되지 못하는 멤버의 값은 정의되지 않는다.

```
struct name_grade st11 = {"Mark"};
```

특정 멤버만을 초기화할 때에는 초기화 목록에 .과 멤버 이름을 명시하여 초기화하면 된다. 예를 들어, 다음 선언문은 st12 구조체 변수의 grade 멤버만을 100으로 초기화 한다.

```
struct name_grade st12 = { .grade = 100 };
```

복합 리터럴

복합 리터럴(compound literal)은 C99부터 추가된 것으로 지정된 형의 이름 없는 객체를 만들 때 사용한다. 복합 리터럴은 다음과 같은 형식으로 이름 없는 객체를 만든다.

```
(type-name) { initializer-list }
```

이것은 type-name 형의 객체를 생성하여 initializer-list로 초기화한다는 의미이다. 복합 리터럴로 만들어진 객체는 메모리 할당을 받기 때문에 주소 값을 가지게 된다. 예를 들어, 멤버 값이 "James"와 98인 struct name_grade 형의 이름 없는 객체는 다음과 같이 만들 수 있다.

```
(struct name_grade) { "James", 98 }
```

이것은 주소를 갖기 때문에 p가 struct name_grade 형 포인터라면 다음과 같이 할 수 있다.

```
p = &(struct name_grade) { "James", 98 };
```

또한 이름은 없지만 struct name_grade 형이므로 다음과 같이 struct name_grade 형 변수인 st1에 배정할 수도 있다.

```
st1 = (struct name_grade) { "James", 98 };
```

따라서 이 문장은 프로그램 8.1의 다음 두 문장 대신 사용할 수 있다.

```
 strcpy(st1.name, "James");
st1.grade = 98;
```

이와 같이 복합 리터럴을 사용하면 구조체 변수의 멤버들의 값을 쉽게 설정할 수 있다. 복합 리터럴에서도 .과 멤버 이름을 명시하여 멤버를 선택해서 값을 초기화할 수 있다. 예를 들어, 앞의 예제 문장을 다음과 같이 작성할 수도 있다.

```
st1 = (struct name_grade) { .grade = 98, .name = "James" };
```

구조체 멤버

구조체의 멤버로 구조체가 올 수도 있다. 다만 구조체의 멤버가 될 구조체는 미리 선언되어 있어야 한다. 예를 들어 앞에서 정의한 struct name_grade 구조체를 멤버로 갖는 구조체 형과 변수를 다음과 같이 선언할 수 있다.

```
struct subject {
   char name[8];
   struct name_grade student1;
   struct name_grade student2;
   struct name_grade student3;
   float avg;
};
struct subject math;
```

struct subject 형은 과목명을 저장하기 위한 name 멤버와 세 명의 학생 성적을 저장하기 위한 student1, student2, student3 멤버를 가지고 있다. 이 예에서 볼 수 있는 것과 같이 멤버 이름은 한 구조체 내에서만 유일하면 된다. 즉, struct subject의 구조체 멤버인 struct name_grade가 name 멤버를 가지고 있다고 해도 struct subject의 멤버 이름으로 name을 사용할 수 있다. 그 이유는 이 두 멤버를 지정하는 방법이 다르기 때문이다. 다음은 math 변수가 할당받는 메모리 모양을 그림으로 표현한 것이다.

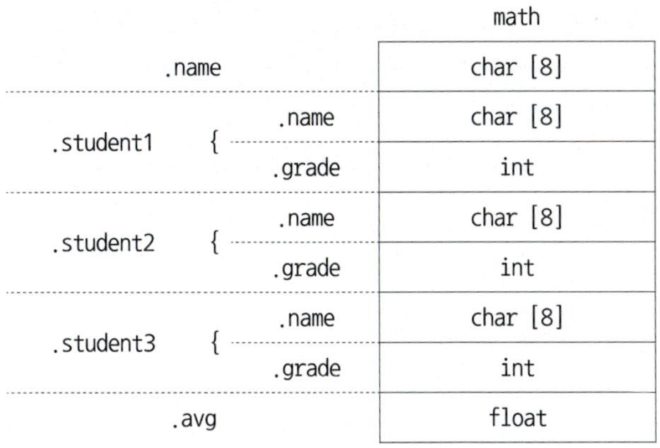

math의 멤버인 student1의 name 멤버는 math.student1.name과 같이 접근한다. 다음 프로그램을 보자.

프로그램 8.2

```
#include <stdio.h>
struct name_grade{
    char name[8];
    int  grade;
};
struct subject {
    char   name[8];
    struct  name_grade student1;
    struct  name_grade student2;
    struct  name_grade student3;
    float   avg;
};
int main(void)
{
    struct subject math =
            {"MATH", {"James", 90}, {"Mark", 44}, {"Jane", 76}};
```

```

    math.avg = (math.student1.grade + math.student2.grade +
                math.student3.grade) / 3.0;
    printf("%s : %d 점\n", math.student1.name, math.student1.grade);
    printf("%s : %d 점\n", math.student2.name, math.student2.grade);
    printf("%s : %d 점\n", math.student3.name, math.student3.grade);
    printf("%s 평균 : %.2f\n", math.name, math.avg);
    return 0;
}
```

프로그램 8.2는 구조체 멤버를 다루는 프로그램이다.

```
    struct subject math =
            {"MATH", {"James", 90}, {"Mark", 44}, {"Jane", 76}};
```

구조체의 구조체 멤버를 초기화하기 위해 계층적인 초기화자 목록을 사용하고 있다.

```
    math.avg = (math.student1.grade + math.student2.grade +
                math.student3.grade) / 3.0;
```

구조체 멤버의 멤버를 접근하기 위해서는 . 연산자를 두 번 사용해야 한다. math.student1.grade는 math 구조체의 strudent1 구조체 멤버의 grade 멤버를 뜻한다. 실행 결과는 다음과 같다.

```
James : 90 점
Mark : 44 점
Jane : 76 점
MATH 평균 : 70.00
```

-> 연산자

구조체 포인터도 일반 변수 포인터와 같이 선언문에서 구조체 이름 앞에 *를 붙여 만든다. 예를 들어 struct name_grade 형의 포인터 변수 ng_p는 다음과 같이 선언할 수 있다.

```
struct name_grade *ng_p;
```

또한 주소 연산자 &를 구조체 변수에도 사용할 수 있으며, 그 결과는 구조체 변수가 할당받은 메모리 주소이다. st1이 struct name_grade 형 구조체 변수라면 다음과 같은 수식으로 ng_p가 st1을 포인트하게 할 수 있다.

```
ng_p = &st1;
```

포인터를 통해서 구조체 멤버를 접근할 때에는 . 연산자를 사용할 수 없고, 다음과 같이 -> 연산자를 사용한다.

```
strcpy(ng_p -> name, "Jones");
ng_p -> grade = 88;
```

포인터 앞에 역참조 연산자 *를 붙이면 포인터가 포인트하는 곳이 된다. 구조체 포인터 앞에 역참조 연산자를 붙이면 구조체 자체가 되므로, 역참조 연산자를 사용한 구조체 포인터를 통해서 멤버를 참조할 때에는 . 연산자를 사용할 수 있다. 예를 들어 위 코드를 다음과 같이 작성할 수 있다.

```
strcpy((*ng_p).name, "Jones");
(*ng_p).grade = 88;
```

여기서 역참조된 구조체 변수의 괄호는 꼭 있어야 한다. 만일 (*ng_p).grade에서 괄호를 제거하면 *ng_p.grade가 되는데, 이는 연산자 우선순위에 의해 *(ng_p.grade)와 같은 의미이고, ng_p가 포인터이기 때문에 -> 연산자를 사용해야 하지만 . 연산자를 사용하고 있어서 오류가 발생할 것이다. 다음 예제 프로그램을 보자.

프로그램 8.3

```
1 #include <stdio.h>
2 typedef struct name_grade{
3     char name[8];
4     int  grade;
5 } name_grade;
6 int main(void)
7 {
8     name_grade st, *st_p = &st;
9
10    st = (name_grade) {"James", 98};
11
12    printf("%s : %d점\n", st_p -> name, (*st_p).grade);
13    return 0;
14 }
```

프로그램 8.3은 프로그램 8.1을 수정한 것이다.

```
8       name_grade st, *st_p = &st;
```

st_p는 name_grade 형의 포인터로 st를 포인트하고 있다.

```
10      st = (name_grade) {"James", 98};
```

st에 복합 리터럴 사용하여 배정하고 있다. 이렇게 하면 st의 name 멤버와 grade 멤버에 각각 "James"와 98이 배정될 것이다.

```
12      printf("%s : %d점\n", st_p -> name, (*st_p).grade);
```

st_p는 구조체 포인터이므로 st_p가 포인트하는 구조체의 멤버를 접근하기 위해서는 -> 연산자를 사용해야 하고, 역참조된 구조체 포인터를 통해 멤버를 접근할 때에는 . 연산자를 사용하면 된다. 프로그램 8.3의 결과는 프로그램 8.1의 결과와 같다.

구조체 멤버 정렬

구조체 멤버도 _Alignas를 사용하여 정렬할 수 있다. 프로그램 8.4를 보자.

프로그램 8.4

```
#include <stdio.h>

int main(void)
{
    struct product1{
        short productID;
        short companyID;
        int price;
    };
    struct product2{
        short productID;
        _Alignas (32) short companyID;
        _Alignas (64) int price;
    };

    printf("sizeof(struct product1) = %d\n", sizeof(struct product1));
    printf("sizeof(struct product2) = %d\n", sizeof(struct product2));

    return 0;
}
```

프로그램에서 struct product1은 세 개의 멤버를 가진 구조체 형으로 멤버에 아무런 정렬도 적용하지 않은 구조체이다. 반면 product2는 product1과 같은 멤버를 가지고 있지만 두 번째와 세 번째 멤버는 각각 32와 64로 정렬하고 있다.

```
struct product2{
    short productID;
    _Alignas (32) short companyID;
    _Alignas (64) int price;
};
```

이렇게 하면 companyID 멤버는 32의 배수 주소에 배정되고, price 멤버는 64의 배수 주소에 배정될 것이다. int가 4 바이트이고 short가 2 바이트라면, struct product1과 struct product2 형을 그림으로 그리면 다음과 같다.

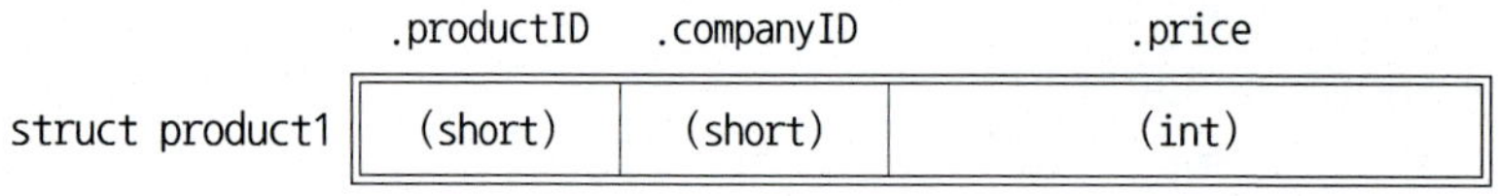

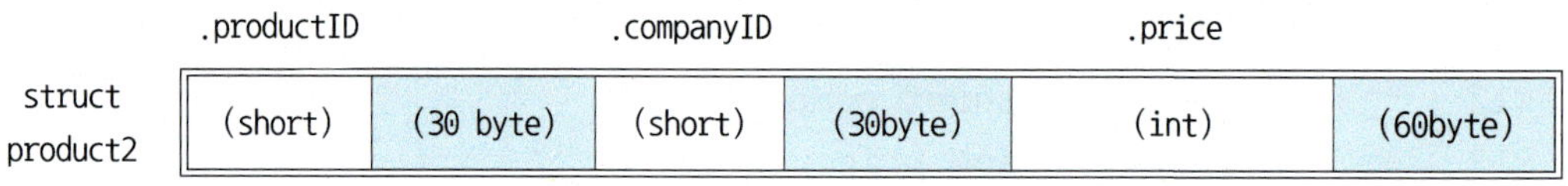

그림에서 음영된 부분은 사용되지 않는 부분을 의미한다. 이러한 식으로 정렬되므로 프로그램 8.4의 실행결과는 다음과 같다.

```
sizeof(struct product1) = 8
sizeof(struct product2) = 128
```

8.2 구조체와 배열

구조체 배열도 기본 자료형의 배열과 같은 방법으로 만들 수 있다. 크기가 5인 struct name_grade 형의 배열은 다음과 같이 만든다.

```
struct name_grade st_a[5];
```

구조체 배열의 초기화는 일반적인 배열의 초기화와 유사하다. 예를 들어 구조체 배열의 초기화는 다음과 같이 한다.

```
struct name_grade st_a[5] =
    {{"Jane", 77}, {"Sam", 87}, {"Tom", 65}, {"Eve", 90}, {"James", 98}};
```

C99에서는 배열의 특정 원소를 초기화 할 수 있었는데 구조체 배열에도 적용이 된다. 예를 들어 두 번째 원소만을 초기화하려면 다음과 같이 하면 된다.

```
struct name_grade st_a[5] = { [1] = {"Sam", 87} };
```

또는 다음과 같이 초기화될 멤버를 명시할 수도 있다.

```
struct name_grade st_a[5] = { [1].grade = 87, [1].name = "Sam" };
```

다음 프로그램을 보자.

프로그램 8.5

```
#include <stdio.h>
#define N 5
typedef struct name_grade{
    char name[8];
    int  grade;
} name_grade;
int main(void)
{
    int sum = 0;
    float avg = 0.0;
```

```c
    name_grade  st_a[N] = {{"Jane", 77}, {"Sam", 87},
                           {"Tom", 65}, {"Eve", 90}, {"James", 98}};
    printf("   이름       점수\n");
    for (int i = 0; i < N; i++) {
        printf("%-10s  %3d\n", st_a[i].name, st_a[i].grade);
        sum += st_a[i].grade;
    }
    avg = (float) sum / N;

    printf("성적 평균 : %.2f\n", avg);
    return 0;
}
```

프로그램 8.5는 구조체 배열을 사용하는 프로그램이다.

```c
    for (int i = 0; i < N; i++) {
        printf("%-10s %3d\n", st_a[i].name, st_a[i].grade);
        sum += st_a[i].grade;
    }
```

학생들의 이름과 점수를 출력하고, 성적 평균을 구하기 위해 for 문을 사용하고 있다. st_a[i].name은 구조체 배열인 st_a의 i 번째 원소의 name 멤버를 의미한다. 배열의 구조체 배열도 일반 배열과 큰 차이가 없음을 알 수 있을 것이다. 프로그램 8.5의 실행 결과는 다음과 같다.

```
이름    점수
Jane    77
Sam     87
Tom     65
Eve     90
James  98
성적 평균 : 83.40
```

8.3 구조체와 함수

구조체도 함수의 매개변수가 될 수 있다. 함수에서 구조체 매개변수는 기본 자료형의 매개변수와 같은 방식으로 인자를 전달받는다. 즉, 배열 매개변수는 주소 값을 전달받는 반면 구조체 매개변수는 인자로 지정된 구조체의 값을 전달받는다. 따라서 함수에서 구조체 매개변수를 변경하더라도 함수를 호출할 때 인자로 지정한 구조체는 변경되지 않는다. 다음 예제 프로그램을 보자.

프로그램 8.6

```c
#include <stdio.h>
typedef struct grade{
    int   grade[3];
    char  p_f[3];
    int   sum;
    float avg;
} grade;
void grade_proc(grade);
int main(void)
{
    grade st = {{97, 55, 80}, {' ', ' ', ' '}, 0, 0.0};

    grade_proc(st);                  // 구조체 전달
    printf("MATH : %d (%c)\n", st.grade[0], st.p_f[0]);
    printf("ENG : %d (%c)\n", st.grade[1], st.p_f[1]);
    printf("SCI : %d (%c)\n", st.grade[2], st.p_f[2]);
    printf("SUM : %d\n", st.sum);
    printf("AVG : %.2f\n", st.avg);
    return 0;
}

void grade_proc(grade st)
{
    st.sum = st.grade[0] + st.grade[1] + st.grade[2];
    st.avg = st.sum / 3.0;
    st.p_f[0] = st.grade[0] < 60 ? 'f' : 'p';
```

```
    st.p_f[1] = st.grade[1] < 60 ? 'f' : 'p';
    st.p_f[2] = st.grade[2] < 60 ? 'f' : 'p';
    return;
}
```

프로그램 8.6는 구조체를 매개변수로 갖는 함수에 관한 예제 프로그램이다.

```
void grade_proc(grade);
```

grade_proc()은 grade 형의 구조체를 입력받아 성적의 합과 평균, 그리고 과목별 pass/fail을 계산하여 구조체 매개변수에 저장하고 종료하는 함수이다.

```
    grade_proc(st);         // 구조체 전달
```

grade_proc() 함수를 구조체 변수인 st를 인자로 하여 호출하고 있다. 이렇게 하면 st의 값이 매개변수 st에 복사된다. 하지만 main()의 st에는 영향을 주지 않을 것이다. 프로그램 8.6의 실행 결과는 다음과 같다.

```
MATH : 97 ( )
ENG : 55 ( )
SCI : 80 ( )
SUM : 0
AVG : 0.00
```

실행 결과에서 알 수 있는 것처럼 grade_proc() 함수를 호출할 때 인자로 사용된 main() 함수의 st 구조체는 grade_proc()의 매개변수인 st 구조체가 변경되어도 영향을 받지 않음을 알 수 있다. 특히 st 구조체 변수의 p_f 멤버는 배열임에도 불구하고 변경되지 않았다. 이것은 구조체 인자가 함수로 전달될 때에는 구조체의 배열 멤버도 주소가 전달되는 것이 아니라 배열의 값만 복사되어 전달되기 때문이다. 호출된 함수에서 변경된 구조체의 내용을 호출한 환경으로 전달하는 한 가지 방법은 변경된 구조체를 리턴하는 것이다. 다음 프로그램을 보자.

프로그램 8.7

```c
#include <stdio.h>
typedef struct grade{
    int   grade[3];
    char  p_f[3];
    int   sum;
    float avg;
} grade;
grade grade_proc(grade);
int main(void)
{
    grade st = {{97, 55, 80}, {' ', ' ', ' '}, 0, 0.0};

    st = grade_proc(st);              // 구조체 전달
    printf("MATH : %d (%c)\n", st.grade[0], st.p_f[0]);
    printf("ENG : %d (%c)\n", st.grade[1], st.p_f[1]);
    printf("SCI : %d (%c)\n", st.grade[2], st.p_f[2]);
    printf("SUM : %d\n", st.sum);
    printf("AVG : %.2f\n", st.avg);
    return 0;
}

grade grade_proc(grade st)
{
    st.sum = st.grade[0] + st.grade[1] + st.grade[2];
    st.avg = st.sum / 3.0;
    st.p_f[0] = st.grade[0] < 60 ? 'f' : 'p';
    st.p_f[1] = st.grade[1] < 60 ? 'f' : 'p';
    st.p_f[2] = st.grade[2] < 60 ? 'f' : 'p';
    return st;
}
```

grade_proc() 함수를 보자.

```c
grade grade_proc(grade st)
    return st;
```

grade_proc()는 프로그램 8.6과는 달리 계산 결과를 가진 구조체를 리턴하도록 수정되었다.

```
// In main()
    st = grade_proc(st);         // 구조체 전달
```

main()에서는 grade_proc() 함수를 호출한 후 리턴 값을 st에 저장한다. 프로그램 8.7의 실행 결과는 다음과 같다.

```
MATH : 97 (p)
ENG : 55 (f)
SCI : 80 (p)
SUM : 232
AVG : 77.33
```

구조체 매개변수를 갖는 함수는 프로그램 8.7과 같은 방법으로 프로그래밍 할 수 있지만, 그렇게 좋은 방법은 아니다. 앞에서 설명한 것과 같이 구조체는 함수로 전달될 때 모든 멤버들의 값이 복사되어 전달된다. 따라서 구조체가 많은 멤버로 구성되어 있거나 또는 큰 배열 멤버를 갖는다면, 구조체를 전달하는데 많은 시간을 소비할 것이다. 이러한 이유로 인해 함수에서 구조체를 다룰 때에는 포인터를 주로 사용한다. 함수의 매개변수로 구조체 포인터를 사용하면 함수로 구조체 멤버 값을 복사하는 시간을 피할 수 있다. 다음 프로그램을 보자.

프로그램 8.8

```
#include <stdio.h>
typedef struct grade{
   int   grade[3];
   char  p_f[3];
   int   sum;
   float avg;
} grade;
int grade_proc(grade *);
int main(void)
{
   grade st = {{97, 55, 80}, {' ', ' ', ' '}, 0, 0.0};
```

```c

    if (grade_proc(&st))
        return 1;
    printf("MATH : %d (%c)\n", st.grade[0], st.p_f[0]);
    printf("ENG : %d (%c)\n", st.grade[1], st.p_f[1]);
    printf("SCI : %d (%c)\n", st.grade[2], st.p_f[2]);
    printf("SUM : %d\n", st.sum);
    printf("AVG : %.2f\n", st.avg);
    return 0;
}

int grade_proc(grade *st)
{
    if (st == NULL){
        printf("The parameter st is NULL\n");
        return -1;
    }
    st -> sum = st -> grade[0] + st -> grade[1] + st -> grade[2];
    st -> avg = st -> sum / 3.0;
    st -> p_f[0] = st -> grade[0] < 60 ? 'f' : 'p';
    st -> p_f[1] = st -> grade[1] < 60 ? 'f' : 'p';
    st -> p_f[2] = st -> grade[2] < 60 ? 'f' : 'p';
    return 0;
}
```

프로그램 8.8은 grade_proc()를 구조체 포인터를 사용하는 것으로 수정한 것이다.

```c
int grade_proc(grade *st)
```

grade_proc()의 매개변수는 grade * 형으로 grade 형 구조체의 주소 값을 전달받는다.

```c
    if (st == NULL){
        printf("The parameter st is NULL\n");
        return -1;
    }
```

매개변수가 포인터인 경우, 매개변수를 사용하기 전에 올바른 포인터인지 확인하는 것이 좋다. 만일 st가 NULL이라면 올바른 곳을 포인트하는 포인터가 아니기 때문에 오류 처리를 한 후 종료해야 한다.

```
st -> sum = st -> grade[0] + st -> grade[1] + st -> grade[2];
```

grade_proc()의 매개변수는 구조체 포인터이기 때문에 멤버를 접근할 때에는 -> 연산자를 사용해야 한다. 물론 구조체 포인터를 역참조한 다음 . 연산자를 사용하여 멤버를 접근할 수도 있다. 즉, (*st).sum과 같은 수식을 사용해도 된다.

```
// In main()
if (grade_proc(&st))
    return 1;
```

grade_proc()를 호출할 때에는 구조체 변수의 주소를 전달해야 하므로 & 연산자를 사용하여 st의 주소를 전달하고 있다. 만일 grade_proc()의 리턴 값이 0이 아니라면 오류가 발생한 것이므로 프로그램을 종료한다. 프로그램 8.8의 실행 결과는 프로그램 8.7의 실행 결과와 같다.

8.4 공용체

공용체(union)는 선언 방법이나 사용 방법이 구조체와 거의 유사하다. union 형의 선언은 다음과 같은 형식으로 한다.

```
union union-tagopt {
  union-member-list
};
```

union은 키워드이고, union-tag는 공용체를 구별하기 위한 이름이며, union-member-list는 공용체의 멤버를 선언하는 선언문이다. 보는 바와 같이 선언하는 방법은 구조체와 유사하다. 하지만 구조체와는 달리 공용체의 멤버들은 같은 메모리 공간을 공유한다. 즉 공용체는 메모리를 공유할 변수(멤버)의 집합을 정의하는 것이다. 멤버들의 형은 같을 수도 있고 다를 수도 있다. 다음 공용체 선언문을 보자.

```
union short_or_float {
    short s;
    float f;
};
```

이 선언으로 인해 union short_or_float라는 형이 새로 만들어진다. 중괄호 안에 선언된 s와 f는 공용체 멤버가 된다. 이 형을 그림으로 그리면 다음과 같다.

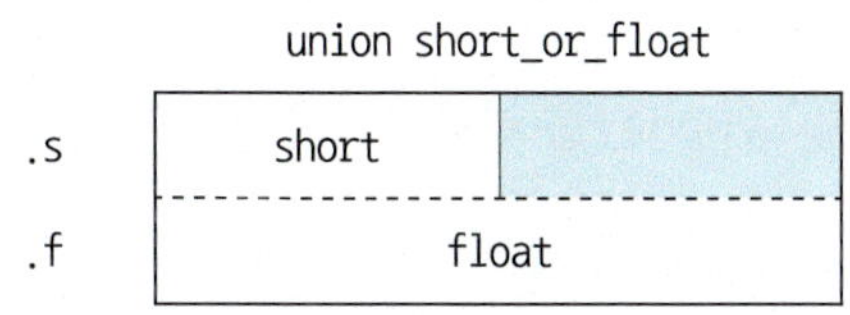

그림에서 점선은 점선으로 분리된 공간이 사실은 같은 메모리 공간임을 나타낸다. union short_or_float 형의 경우 그림에서와 같이 한 공간을 s 멤버는 short 형으로 사용하고 f 멤버는 float 형으로 사용한다. 결국 공용체 형의 크기는 그 공용체의 멤버들 중 가장 큰 멤버의 크기와 같다. union short_or_float 형의 s 멤버는 short 형으로 그 크기가 2 바이트고 f 멤버는 float 형으로 그 크기가 4 바이트이기 때문에 union short_or_float 형의 크기는 4 바이트가 된다. 다음과 같은 선언문을 보자.

```
union short_or_float a, b, c;
```

이 선언으로 union short_or_float 형의 a, b, c 변수 만들어지고, 이들의 멤버 접근 방법은 구조체의 멤버 접근 방법과 동일하다. 다음 프로그램을 보자.

프로그램 8.9

```
#include <stdio.h>
typedef union two_numbers {
    int    in;
    double db;
} number;
int main(void)
{
```

```
 8     number    n;
 9     n.in = 1024;
10     printf("in: %5d  db: %8.3e\n", n.in, n.db);
11     n.db = 1024.0;
12     printf("in: %5d  db: %8.3e\n", n.in, n.db);
13     return 0;
14 }
```

프로그램 8.9는 number 형을 typedef를 사용하여 선언하고 있다.

```
2 typedef union two_numbers {
3     int in;
4     double db;
5 } number;
```

number 형의 in과 db 멤버는 같은 메모리 공간을 공유한다. 즉, in에 값을 배정하면 db의 값이 변하고, db에 값을 배정하면 in의 값도 변할 것이다.

```
 9     n.in = 1024;
11     n.db = 1024.0;
```

9행에서는 in 멤버에 1024를, 11행에서는 db 멤버에 1024.0을 배정하고 있다. 실행 결과는 다음과 같다.

```
in:  1024  db: 5.059e-321
in:     0  db: 1.024e+03
```

실행 결과에서 볼 수 있듯이 in과 db 멤버의 값을 변경시키면 각각 db와 in 멤버의 값도 변경됨을 알 수 있다. 또한 in 멤버에 값을 저장했을 경우에는 in을 통해서 읽어야 값이 정확하고, db 멤버에 값을 저장했을 경우에는 db를 통해 읽어야 값이 정확함을 알 수 있다. 따라서 공용체를 사용할 때에는 어떤 멤버로 값을 저장했는지 알고 있어야 한다.

구조체와 공용체

공용체는 공용체만 따로 사용되기 보다는 구조체의 멤버로써 많이 사용된다. 보통 구조체가 공용체를 멤버로 가질 경우 추가적인 멤버를 하나 더 정의하여 현재 공용체에 어떤 멤버의 값이 저장됐는지를 표시한다. 다음 프로그램을 보자.

프로그램 8.10

```
#include <stdio.h>
#include <stdbool.h>
#define  DOLLAR true
#define  WON    false
union won_or_dollar {
    int      won;
    float    dollar;
};
struct product {
    char   *name;
    bool    w_d;
    union   won_or_dollar   price;
};
int main(void)
{
    int i;
    struct product item[2];
    item[0].name = "PMP";
    item[0].price.won = 500000;
    item[0].w_d = WON;
    item[1].name = "CAMERA";
    item[1].price.dollar = 799.95;
    item[1].w_d = DOLLAR;

    for (i = 0; i < 2; i++) {
        printf("품명: %-10s", item[i].name);
        if (item[i].w_d)
            printf("가격: $%11.2f\n", item[i].price.dollar);
```

```
        else
            printf("가격: %12d 원\n", item[i].price.won);
    }
    return 0;
}
```

프로그램 8.10은 물품 정보를 관리하는 간단한 프로그램이다. 물품 정보 중 가격 정보는 원화나 달러 중 하나를 사용할 수 있다고 가정하였다. 따라서 원화 가격과 달러 가격은 그 중 하나만 사용되는 것이므로 공용체를 사용하여 가격 정보를 저장할 수 있게 하면 된다.

```
union won_or_dollar {
    int won;
    float dollar;
};
```

원화 가격은 정수로 표시할 수 있지만 달러 가격은 실수로 표시해야 한다. union won_or_dollar는 이를 반영하여 원화 가격을 저장할 int 형인 won 멤버와 달러 가격을 저장할 float 형인 dollar 멤버를 선언하였다.

```
struct product {
    char *name;
    bool w_d;
    union won_or_dollar price;
};
```

물품 정보는 이름과 가격만 있다고 가정하고 struct product 형을 선언하고 있다. price 멤버는 union 형이기 때문에 어떤 통화로 가격을 저장했는지를 기록해놓기 위해 bool 형의 w_d 멤버를 추가적으로 선언하고 있다. bool 형은 _Bool 형을 의미하고 〈stdbool.h〉에 정의되어 있다.

```
#include    <stdbool.h>
#define     DOLLAR true
#define     WON    false
```

〈stdbool.h〉에는 bool 뿐만 아니라 true와 false도 정의되어 있으며 이들은 각각 1과 0으로 정의되어 있다. 문자 상수 DOLLAR와 WON은 사용 중인 공용체 멤버를 기억하기 위해 정의하고 있다.

```
item[0].price.won = 500000;
item[0].w_d = WON;
item[1].price.dollar = 799.95;
item[1].w_d = DOLLAR;
```

공용체 price 멤버의 won 멤버에 가격을 저장할 때에는 w_d 멤버에 WON을, dollar 멤버에 가격을 저장할 때에는 w_d 멤버에 DOLLAR를 배정하여 구분하고 있다.

```
    if (item[i].w_d)
        printf("가격: $%11.2f\n", item[i].price.dollar);
    else
        printf("가격: %12d 원\n", item[i].price.won);
```

가격은 공용체 price의 멤버에 저장되어 있으므로 가격을 출력할 때에는 price의 어떤 멤버에 저장했는지 확인하고 그 멤버를 출력해야 한다. 어떤 멤버의 값을 읽어야 하는지는 w_d 멤버를 확인하면 알 수 있다. 실행 결과는 다음과 같다.

```
품명: PMP        가격:        500000 원
품명: CAMERA     가격: $      799.95
```

8.5 익명 구조체와 익명 공용체

익명 구조체(Anonymous structure)는 다른 구조체나 공용체의 멤버로 구조체 태그 없이 선언된 구조체이다. 이와 유사하게 익명 공용체(anonymous union)는 다른 구조체나 공용체의 멤버로 공용체 태그가 없이 선언된 공용체이다. 태그가 없이 선언되었으므로 익명 구조체나 공용체는 이름이 없다. 익명 구조체와 익명 공용체는 C11에서 추가된 기능으로, 익명 구조체나 익명 공용체 멤버는 그들이 속한 구조체나 공용체의 멤버처럼 다루어진다. 예를 들어 다음 선언을 보자.

```
struct ascii{
    union {
        int   value;
        char  ch;
```

```
    };
};
struct ascii cv;
```

struct ascii는 공용체를 멤버로 가진다. 그런데 이 공용체는 태그가 없으므로 익명 공용체이다. 이 익명 공용체의 멤버는 struct ascii의 멤버처럼 다루어진다고 했기 때문에 cv.value나 cv.ch처럼 접근할 수 있다. 이러한 식으로 사용되기 때문에 익명 구조체와 익명 공용체의 멤버 이름은 이들이 속한 구조체나 공용체의 멤버 이름과 같아서는 안 된다. 다음 예제 프로그램을 보자.

프로그램 8.11

```
#include <stdio.h>
#include <stdbool.h>
#define  DOLLAR true
#define  WON    false
struct new_product {
   char  *name;
   bool   w_d;
   union {
      int     won;
      float   dollar;
   };
};
int main(void)
{
   int i;
   struct new_product item[2];
   item[0].name = "PMP";
   item[0].won = 500000;
   item[0].w_d = WON;
   item[1].name = "CAMERA";
   item[1].dollar = 799.95;
   item[1].w_d = DOLLAR;

   for (i = 0; i < 2; i++) {
      printf("품명: %-10s", item[i].name);
```

```
        if (item[i].w_d)
            printf("가격: $%11.2f\n", item[i].dollar);
        else
            printf("가격: %12d 원\n", item[i].won);
    }
    return 0;
}
```

프로그램 8.11은 프로그램 8.10을 익명 공용체를 사용하는 것으로 수정한 것이다.

```
struct new_product {
    char   *name;
    bool    w_d;
    union {
        int      won;
        float    dollar;
    };
};
```

struct new_product는 익명 공용체 멤버를 가지고 있다. 즉 struct new_product의 세 번째 멤버는 공용체인데 공용체 태그가 없다. 이렇게 선언하면 익명 공용체의 won과 dollar 멤버는 new_product의 멤버처럼 다룰 수 있다.

```
    item[0].won = 500000;
    item[1].dollar = 799.95;
```

won과 dollar는 struct new_product 형인 item[0]이나 itme[1]의 union 멤버의 멤버이지만, 마치 item[0]이나 item[1]의 멤버처럼 참조할 수 있다. 프로그램의 실행 결과는 프로그램 8.10과 같다.

8.6 열거형

사람은 숫자보다 단어를 사용하는 것에 더 익숙하다. 기본적으로 프로그램에서는 모든 것을 숫자로 표현해야 한다. 예를 들어 요일을 다루는 프로그램을 작성할 때에도 SUN, MON, TUE와 같은 문자 대신 0, 1, 2와 같은 숫자를 사용하여 표현해야 한다. 물론 문자열을 사용할 수도 있지만 숫자처럼 자유롭지 못하기 때문에 불편하다. 열거형은 제한적이지만 숫자대신 단어를 사용할 수 있게 한다. 열거형은 키워드 enum을 사용하여 선언한다. 선언하는 형식은 다음과 같다.

enum enum-tag$_{opt}$ { enumerator-list }

enum-tag는 옵션으로 열거형을 구분하기 위해 사용하는 태그이다. enumerator-list는 콤마로 분리된 식별자로 열거자라고도 한다. 열거자들은 정수형의 값을 갖는데, 첫 번째 열거자의 값은 0이고 나머지 열거자의 값은 바로 직전의 열거자에 1을 더한 값을 갖는다. enumerator-list의 열거자에 값을 배정할 수 있다. 예를 들어 다음 선언을 보자.

```
enum day {SUN, MON, TUE, WED, THU, FRI, SAT};
```

이 선언은 열거형인 enum day 형을 만든 것이다. enum day의 열거자로는 SUN, MON, TUE, WED, THU, FRI, SAT가 정의되어 있다. 이들은 정수형의 값을 갖는데, SUN의 값은 0이고, MON은 SUN의 값에 1을 더한 값인 1, TUE는 그와 같은 방식으로 계산된 2, 등의 값을 갖는다. enum day 형 변수는 다음과 같이 선언한다.

```
enum day d1, d2;
```

이 선언문은 enum day 형인 변수 d1과 d2를 선언한 것이다. d1과 d2는 enum day의 열거자를 값으로 가진다. 열거형 변수의 선언은 열거형 선언과 동시에 할 수도 있다. 즉 위의 d1, d2를 enum day를 선언함과 동시에 다음과 같이 선언해도 된다.

```
enum day {SUN, MON, TUE, WED, THU, FRI, SAT} d1, d2;
```

열거형 변수에 다음과 같이 값을 배정할 수 있다.

```
d1 = FRI;
```

이것은 d1에 FRI 값인 5를 배정한다. 그리고 다음과 같이 두 열거형 변수를 비교할 수도 있다.

```
if (d1 == d2)
. . .
```

열거자가 디폴트값과 다른 값을 가져야 한다면 선언문에서 열거자 뒤에 등호 기호를 사용하여 값을 초기화할 수 있다. 예를 들어 다음 선언문을 보자.

```
enum month {Jan=1, Feb, Mar, Apr, May, Jun, Jul, Aug, Sep, Oct, Nov, Dec};
```

이 선언에서 Jan이 1로 초기화되었기 때문에 Feb는 2로, Mar는 3 등의 값을 갖게 된다. 다음과 같이 할 수도 있다.

```
enum fruit {apple = 7, pear, orange = 3, lemon};
```

이 선언에서 apple이 7로 초기화되었기 때문에 pear는 8로 초기화된다. 또한 orange가 3으로 초기화되었기 때문에 lemon의 값은 4이다. 또한 다음과 같이 여러 열거자가 같은 값으로 초기화될 수도 있다.

```
enum veg {beet = 17, carrot = 17, corn = 17};
```

하지만 열거자 이름은 유일해야 한다. 특히 같은 유효범위 내에 있는 열거자들의 이름은 모두 유일해야 한다. 즉 서로 다른 enum 형에 속한 열거자라도 열거자의 이름은 모두 다 달라야 한다. 따라서 다음과 같은 선언문은 잘못된 것이다.

```
enum my_fruit {apple, pear, orange, lemon};
enum your_fruit {pear, mango, plum};
```

이 선언문에서 pear 열거자가 enum my_fruit와 enum your_fruit에 동시에 있기 때문에 오류가 발생할 것이다. enum 형 변수를 선언할 때 다음과 같이 태그 이름을 명시하지 않아도 된다.

```
enum {fir, pine} tree;
```

이 선언문에서는 enum 태그 이름이 없기 때문에 tree 변수와 같은 형의 다른 변수는 선언할 수 없다. 이제 예제 프로그램을 보자.

프로그램 8.12

```
#include <stdio.h>
#include <time.h>

enum day {SUN, MON, TUE, WED, THU, FRI, SAT};

int main(void)
{
```

```
    time_t now;
    enum day today;

    now = time(NULL);                // 1970년 1월 1일부터 흐른 시간(초)
    today = (now / (60*60*24) + 4) % 7;   //1970년 1월 1일 -> 목요일

    switch (today) {
    case SUN:
        printf("오늘은 일요일 입니다.\n");
        break;
    case MON:
        printf("오늘은 월요일 입니다.\n");
        break;
    case TUE:
        printf("오늘은 화요일 입니다.\n");
        break;
    case WED:
        printf("오늘은 수요일 입니다.\n");
        break;
    case THU:
        printf("오늘은 목요일 입니다.\n");
        break;
    case FRI:
        printf("오늘은 금요일 입니다.\n");
        break;
    case SAT:
        printf("오늘은 토요일 입니다.\n");
        break;
    default:
        printf("time() 함수 오류입니다.\n");
    }
    return 0;
}
```

프로그램 8.12는 오늘의 요일을 출력하는 프로그램이다.

```
enum day {SUN, MON, TUE, WED, THU, FRI, SAT};
```

요일을 단어로 다루기 위해 enum day를 선언하고 있다.

```
now = time(NULL);                   // 1970년 1월 1일부터 흐른 시간(초)
today = (now / (60*60*24) + 4) % 7;   //1970년 1월 1일 -> 목요일
```

time()은 1970년 1월 1일부터 현재까지 흐는 시간을 초단위로 리턴하기 때문에 이를 사용하면 요일을 알 수 있다. today는 enum day 형이지만 정수 값도 배정할 수 있다.

```
switch (today) {
case SUN:
    printf("오늘은 일요일 입니다.\n");
    break;
```

case 레이블에는 정수 상수 수식만이 사용될 수 있다. SUN, MON, TUE 등은 열거자로 실제로는 정수 상수이므로 case 레이블로 사용될 수 있다. 수요일에 실행한 프로그램 8.12의 결과는 다음과 같다.

```
오늘은 수요일 입니다.
```

요약

1. 구조체는 여러 개의 변수를 하나의 단위로 취급할 수 있게 해준다. 구조체에 포함되는 변수를 구조체 멤버라고 한다. 구조체 형의 선언은 다음과 같은 형식으로 한다.

```
struct struct-tag_opt {
    struct-member-list
};
```

구조체 변수의 멤버를 접근할 때에는 . 연산자를 사용한다.

2. 복합 리터럴은 지정된 형의 이름 없는 객체를 생성하기 위해 사용된다. 복합 리터럴의 형식은 다음과 같다.

```
(type-name) { initializer-list }
```

3. 구조체 매개변수로 구조체 인자가 전달될 때에는 구조체 인자의 값이 복사되어 전달된다. 특히 구조체 멤버가 배열일지라도 배열의 모든 원소의 값이 복사되어 전달된다. 함수의 매개변수로 구조체가 사용될 때에는 구조체 포인터를 사용하는 것이 보통이다.

4. 공용체는 구조체와 유사한 모양을 갖지만 모든 멤버들이 메모리를 공유한다. 공용체 형을 선언하는 방법은 다음과 같다.

```
union union-tag_opt {
    union-member-list
};
```

5. 공용체 멤버에 값을 배정할 때에는 어떤 멤버를 통해 값을 배정했는지를 알고 있어야 한다. 만일 값을 배정할 때와 읽을 때 서로 다른 멤버를 사용한다면 예상하지 못한 결과를 얻을 수 있다. 공용체는 단독으로 사용되기 보다는 구조체의 멤버로 사용되는 경우가 많다.

6. 익명 구조체와 익명 공용체는 다른 구조체나 공용체의 멤버로 태그 없이 선언된 구조체와 공용체이다. 익명 구조체와 익명 공용체의 멤버는 이들이 속한 구조체나 공용체의 멤버처럼 다루어진다.

7. 열거형은 이름이 붙은 정수 상수들로 구성된 형이다. 열거형은 키워드 enum을 사용하여 다음과 같은 형식으로 선언한다.

```
enum enum-tagopt { enumerator-list }
```

연습 문제

1. 배열, 구조체, 공용체의 차이를 설명하여라.

2. 다음 프로그램은 typedef를 사용한 예이다. 먼저 다음 프로그램을 수행해 보아라.

```
#include <stdio.h>
#include <math.h>
#define PI       3.14159
typedef double   dbl;
typedef dbl      (*PFDD)(dbl);
int main(void)
{
   PFDD   f = sin, g = cos;
   printf("f(%f) = %f\n", PI, f(PI));
   printf("g(%f) = %f\n", PI, g(PI));
   return 0;
}
```

dbl와 PFDD는 각각 어떤 의미로 정의되었는지 설명하여라. 또한 두 번째 typedef 정의를 다음과 같이 수정해도 실행이 되는지 확인하고 FDD와 PFDD가 어떤 의미인지 설명하여라.

```
typedef dbl FDD(dbl);
typedef FDD *PFDD;
```

3. 다음 프로그램은 어떤 값을 출력하겠는가? 출력 결과에 대해 설명하여라.

```
#include <stdio.h>
#define N   5
typedef  int el;
typedef  el  el1[N];
typedef  el1 el2[N];
int main(void)
{
   el  x;
```

```
    el1 y;
    el2 z;

    printf("sizeof(x) = %d\n", sizeof(x));
    printf("sizeof(y) = %d\n", sizeof(y));
    printf("sizeof(z) = %d\n", sizeof(z));
    return 0;
}
```

4. 이론적으로 함수에서 매개변수로 구조체를 사용하는 것 보다 구조체 포인터를 사용하는 것이 더 효율적이다. 구조체 포인터를 사용할 경우 얼마나 실행시간이 단축되는지 확인해 보자. 이를 확인하기 위해 행렬 곱 함수를 작성하여라. 단 행렬을 저장하기 위해 다음과 같은 구조체를 사용하여라.

```
#define N 1000
typedef struct{
  int m[N][N];
} mat;
```

mat 형은 행렬을 저장하는 m이라는 멤버 하나만을 갖는 구조체이다. 먼저 구조체 자체를 매개변수로 갖는 함수를 함수 헤더가 다음과 같도록 정의하여라.

```
mat matrix_mulli(mat a, mat b)
```

즉 matrix_multi()는 행렬 a와 행렬 b를 곱하여 그 결과를 리턴하는 함수이다. 다음으로 구조체 포인터를 매개변수로 갖는 함수를 함수 헤더가 다음과 같도록 정의하여라.

```
void matrix_multi_p(mat *a, mat *b, mat *c);
```

matrix_multi_p()는 a와 b가 포인트하는 행렬을 곱하여 그 결과를 c가 포인트하는 행렬에 저장하는 함수이다. 이 두 함수의 실행 시간을 측정해 보아라. 어느 함수가 얼마나 더 빠른가? 생각 했던 것 보다 많이 차이가 나는지 설명해 보아라. 기호 상수 N의 값을 다른 값으로 하여 실행해보아라. 사실 요즘 일반적으로 사용되는 컴퓨터는 매우 빠르기 때문에 앞의 두 함수의 실행 시간 차이를 못 느낄 수도 있을 것이다. for 문을 사용하여 각 함수를 여러 번 호출하여 시간을 비교해 보아라.

5. 복소수를 위해 실수와 허수를 저장할 수 있는 cmplx 구조체를 정의하고, 복소수 곱셈을 계산하는 함수를 작성하여라. 두 버전을 작성하는데 한 함수는 매개변수로 cmplx 포인터로 갖도록 하고, 다른 함수는 cmplx 자체를 갖도록 하여라.

6. 길이 단위인 피트와 인치로 된 두 길이를 입력받아 두 길이를 더한 결과를 출력하는 프로그램을 작성하여라. 1피트는 12인치이다. 단, 피트와 인치를 저장하기 위한 구조체를 선언하고, 프로그램 출력은 다음과 같이 하여라.

```
input first length (feet, inch) : 11 4
input second length (feet, inch) : 19 8
11ft 4in + 19ft 8in = 31ft 2in
```

7. <time.h> 헤더파일에는 시간을 저장하는 struct tm 구조체가 다음과 같이 정의되어 있다.

```
struct tm {
    int  tm_sec;     // 초 : [0, 60]
    int  tm_min;     // 분 : [0, 59]
    int  tm_hour;    // 시 : [0, 23]
    int  tm_mday;    // 일 : [1, 31]
    int  tm_mon;     // 월 : [0, 11]
    int  tm_year;    // 년 : 1900 이후
    int  tm_wday;    // 요일 : [0, 6]
    int  tm_yday;    // 1월 1일부터의 날 수 : [0, 365]
    int  tm_isdst;   // 섬머타임 플래그
};
```

localtime() 함수는 time() 함수가 리턴한 값을 입력받아 struct tm으로 변환한다. 사용 방법은 다음과 같다.

```
struct tm *t;
time_t now;
now = time(NULL);
t = localtime(&now);
```

이 코드가 실행된 후에 t의 멤버를 보면 현재의 날짜, 시간, 요일 등을 알 수 있다. 이 코드를 사용하여 다음과 같이 출력하는 프로그램을 작성하여라.

```
오늘은 2018년 11월 11일 일요일입니다.
현재 시간은 오후 3시 45분 50초입니다.
```

8. time()과 localtime() 함수를 사용하여 현재 날짜와 요일을 알아낸 다음 내일 날짜와 요일을 출력하는 프로그램을 작성하여라. 단 2018년 11월 12일에 프로그램을 수행하면 다음과 같이 출력하도록 하여라.

```
내일은 2008년 11월 13일 화요일입니다.
```

9. a와 b가 같은 형의 구조체라면 a = b 수식은 b의 각 멤버를 a의 멤버로 복사한다. 그러면 두 구조체가 같은지를 검사하기 위해 a == b 수식을 사용할 수 있는지 프로그램을 작성하여 확인해 보아라.

10. 성적순으로 학생 이름을 출력하는 성적 처리 프로그램을 작성하여라. 단 학생 이름, 학번, 학점을 멤버로 갖는 student 구조체를 정의하고, 다음과 같은 형태로 학생 이름, 학번, 성적이 저장된 파일을 읽어서 student 구조체 배열을 초기화해야 한다.

```
Casanova 910017 A+
Smith 934422 C-
Jones 878766 B0
.....
```

만일 학점이 같다면 이름순으로 출력해야 한다. 참고 : 파일 읽기를 위해서는 입력 재지정(<)을 사용하면 된다.

11. 복합 리터럴을 함수의 인자로 사용할 수 있는지 다음 프로그램으로 확인해보고 설명하여라.

```
#include <stdio.h>
typedef struct data{
   int in;
   float f;
} data;
void print(data);
int main(void)
{
   print((data){10, 3.14});
   return 0;
}
void print(data d)
{
   printf("in : %d, f : %.2f\n", d.in, d.f);
   return;
}
```

12. 복합 리터럴은 메모리를 할당받는다. 복합 리터럴이 할당받은 공간이 수정가능한지 다음 프로그램을 실행하여 확인하고 설명하여라.

```
#include <stdio.h>
typedef struct data{
   int in;
   float f;
} data;

void change(data *);
int main(void)
{
   data *p = &(data){10, 3.14};
   change(p);
   printf("in : %d, f : %.2f\n", p -> in, p -> f);
   return 0;
}
void change(data *p)
{
   p -> in = 30;
   p -> f = 6.6;
   return;
}
```

13. 다음 프로그램의 출력결과를 쓰고, 그 결과에 대해 설명하여라.

```
#include <stdio.h>
int main(void)
{
   union ch_int{
      _Alignas (sizeof(long long)) char ch;
      _Alignas (sizeof(long)) int in;
   };

   printf("sizeof(union ch_int) : %d\n", sizeof(union ch_int));
   return 0;
}
```

14. 다음 union 선언에서 잘못된 부분을 찾아서 수정하여라.

```
union a{
   int    a;
   char   b;
   float  a;
} a, b, c;
```

15. 시스템에 따라 여러 바이트로 이루어진 객체를 메모리에 저장하는 방법이 다를 수 있다. 이번 연습문제에서는 다중 바이트 객체를 저장하는 방법에 대해 살펴보자.

(a) 리틀 엔디언(little endian)과 빅 엔디언(big endian)에 대해 조사하여 설명하여라.

(b) 사용하는 시스템이 어떤 엔디언을 사용하는지를 알아낼 수 있는 endian 공용체를 정의하고 설명하여라.

(c) endian 공용체를 사용하여 사용하는 시스템이 어떤 엔디언인지 알아내는 프로그램을 작성하여라.

(d) 리틀 엔디언을 빅 엔디언으로 또는 그 반대로 저장하는 함수를 정의하고 프로그램을 작성하여 실험하여라.

16. 실수와 복소수가 혼합된 수식을 계산하는 함수를 작성하고 프로그램을 작성하여 확인하여라.

(a) 먼저 두 개의 멤버를 갖는 dc 구조체를 정의하여라. 첫 번째 멤버는 실수 값을 저장하는 double 형 멤버와 복소수를 저장하는 complex 멤버를 갖는 공용체이고, 두 번째 멤버는 공용체의 어느 멤버를 사용하고 있는지를 표시하는 멤버이다.

(b) 두 개의 dc 구조체 변수를 받아들여 덧셈을 수행하는 dc_add() 함수와 곱셈을 수행하는 dc_multi() 함수를 작성하여라. 이 두 함수는 피연산자의 형이 다를 경우 적절한 형 변환을 수행해야 한다.

(c) 사용자로부터 수식을 입력 받아 각 피연산자를 dc 구조체에 저장하고, 연산자에 따라 적절히 dc_add()나 dc_multi() 함수를 호출하여 결과를 얻은 후 출력하는 프로그램을 작성하여라. 단 프로그램은 end가 입력될 때까지 계속 수행되어야 하고, 복소수는 괄호로 묶어 입력한다고 가정한다. 그리고 모든 수식은 올바른 형태로 입력된다고 가정하고, 실행 화면은 다음과 같이 되도록 하여라.

```
수식을 입력하세요 : 70 + 90
70.00 + 90.00 = 160.00
수식을 입력하세요 : (70 + 8i) + (90 + 9i)
(70.00 + 8.00i) + (90.00 + 9.00i) = (160.00 + 17.00i)
수식을 입력하세요 : (70 + 8i) * 9
(70.00 + 8.00i) * 9.00 = (630.00 + 72.00i)
수식을 입력하세요 : end
프로그램을 종료합니다.
```

17. 다음 프로그램은 어떤 값을 출력하겠는가? 출력 결과에 대해 설명하여라.

```
#include <stdio.h>
enum day {SUN, MON, TUE, WED, THU, FRI, SAT};
enum name {kim, lee, park, jung, hong = 266};
int main(void)
{
   printf("sizeof(enum day) = %d\n", sizeof(enum day));
   printf("sizeof(enum name) = %d\n", sizeof(enum name));
   return 0;
}
```

18. 다음 프로그램에 오류가 있는가? 컴파일해 보아라. 오류 메시지가 출력되는가? 어떤 컴파일러는 오류 메시지를 출력할 것이고, 어떤 것은 정상적으로 컴파일할 것이다.

```
#include <stdio.h>
enum day {SUN, MON, TUE, WED, THU, FRI, SAT};
enum name {kim, lee, park, jung, hong = 266};
int main(void)
{
   enum day d;
   d = kim;
   return 0;
}
```

19. 다음 프로그램의 출력은 어떻게 되겠는가? 실행해 보고 원하지 않은 결과가 출력된다면 올바른 결과가 출력되도록 프로그램을 수정하여라.

```
#include <stdio.h>
enum day {Sunday, Monday, Tuesday, Wednesday, Thursday,
          Friday, Saturday};
int main(void)
{
   enum day d = Sunday;
   printf("오늘은 %d입니다.\n", d);
   return 0;
}
```

20. 이전 달을 리턴하는 previous_month() 함수를 작성하여라. 이 함수는 다음과 같이 시작해야 한다.

```
enum month {Jan=1, Feb, Mar, Apr, May, Jun, Jul, Aug, Sep,
            Oct, Nov, Dec};
typedef enum month month;
```

Jan이 함수의 인자로 전달되면 Dec이 리턴되어야 한다. 또한 달의 이름을 출력하는 print_month() 함수도 작성하여라. 프로그램을 작성하여 작성한 함수들을 확인하여라.

제 9 장

비트수준 접근

프로그램에서 다루는 모든 값들은 메모리에 0또는 1의 이진 값으로 저장된다. 메모리에 저장되는 0 또는 1 각각을 비트(bit)라고 하고 8 개의 비트를 1 바이트(byte)라고 한다. 메모리는 바이트 단위로 주소가 매겨진다. 메모리 내용이 읽혀질 때에는 바이트 단위로 읽혀지는 것이 아니라 여러 바이트로 구성된 워드(word) 단위로 읽혀진다. 요즘 우리가 사용하는 대부분의 컴퓨터는 4 바이트나 8 바이트가 1 워드를 이룬다. 우리가 흔히 32비트 컴퓨터라고 하는 것은 워드의 크기가 4 바이트이고, 64비트 컴퓨터의 워드 크기는 8 바이트이다. 메모리의 내용은 메모리 주소가 워드 크기로 나누어지는 곳부터 한 워드씩 읽혀진다. 주소가 워드 크기로 나누어지는 곳을 워드 경계라고 한다. int 형의 크기는 워드 크기와 같을 수도 있고, 워드 크기의 반일 수도 있다. int 형의 크기가 워드 크기와 같다면, int 형의 변수가 메모리에 저장될 때 워드 경계에 걸쳐서 저장되지 않고 항상 새로운 워드가 시작되는 주소부터 저장된다. 메모리에 500 번지에 다음과 같은 내용이 있다고 하자.

```
0101 1101
```

이것은 10진수로 93(=26 + 24 + 23 + 22 + 20)이고 16 진수로는 $5D_{16}$(0101 = 5_{16}, 1101 = D_{16})이다. 둘 다 같은 값이지만 비트를 다룰 때에는 16 진수로 표현하는 것이 더 이해하기가 쉽다. 이 장에서는 비트수준 연산에 대해 설명하기 때문에 16진수로 값을 많이 표현할 것이다. 또한 주어진 비트열에서 제일 왼쪽에 있는 비트를 최상위 비트(most significant bit)라고 하고 제일 오른쪽에 있는 비트를 최하위 비트(least significant bit)라고 한다. 위의 비트열에서는 최상위 비트는 0이고 최하위 비트는 1이다. 부호가 있는 비트열에서 최상위 비트는 부호 비트로 사용되어 0이면 양수를, 1이면 음수를 나타낸다. 따라서 위의 비트열은 양수를 의미한다.

C에서 제공하는 비트단위 연산자는 비트단위 논리연산자와 이동 연산자가 있다. 이들 중 어떤 것은 컴퓨터마다 다르게 동작하기도 한다. 비트단위 연산자를 사용하여 여러 가지 정보를 한 변수에 저장하는 것을 패킹이라고 한다. 보통 패킹된 정보를 사용할 때에는 사용하기 전에 언패킹하여 각 정보를 추출한 후 사용한다. 여러 정보를 하나의 변수에 저장할 수 있다는 것은 메모리를 절약할 수 있고 또한 정보 교환 시간도 줄일 수도 있다는 것을 의미한다.

C 프로그램에서 비트 수준으로 다룰 수 있는 또 다른 방법은 구조체 멤버의 크기를 비트 단위로 지정하는 것이다. 구조체 멤버의 크기를 지정하는 것을 비트 필드라고 한다. 비트 필드 멤버에는 일반적인 구조체의 멤버와는 달리 주소 연산자를 적용할 수 없고 포인터가 포인트 할 수도 없다. 또한 비트 필드 배열도 만들 수 없다. 하지만 비트 필드를 사용하면 비트단위 연산자를 사용하는 것

보다 패킹과 언패킹을 보다 쉽게 할 수 있기 때문에 유용하다.

9.1 비트단위 연산자

비트단위 연산자는 `int`, `short`, `long`, `long long`, `char` 등과 같은 자료형의 정수 수식에 사용할 수 있고, 실수 수식에는 사용할 수 없다. 이 연산자는 컴퓨터 종류와 컴파일러의 구현 방법에 따라 그 결과가 다를 수 있다. 여기서는 8 비트 바이트, 4 바이트 워드, 2의 보수로 표현되는 정수, 그리고 ASCII 문자 코드를 갖는 컴퓨터를 가정하고 설명할 것이다. 비트단위 연산자는 다음과 같은 것들이 있다.

비트단위 연산자		
논리 연산자	비트단위 보수	~
	비트단위 논리곱	&
	비트단위 배타적 논리합	^
	비트단위 논리합	|
이동 연산자	왼쪽 이동	<<
	오른쪽 이동	>>

비트단위 보수 연산자인 ~ 연산자만 단항 연산자이고 다른 비트단위 연산자는 이항 연산자이다.

비트단위 보수 연산자

~ 연산자는 1의 보수 연산자 또는 비트단위 보수 연산자라고 한다. 이 연산자는 피연산자의 각 비트를 0은 1로 1은 0으로 바꾼다. 예를 들어, a가 다음과 같이 선언되어 있다고 하자.

```
int a = 0x10F07; // 0x10F07 = 69383
```

이때 a를 이진수로 표현하면 다음과 같다.

```
00000000 00000001 00001111 00000111
```

수식 ~a는 a의 비트단위 보수이므로 ~a를 이진수로 표현하면 다음과 같다.

```
11111111 11111110 11110000 11111000
```

이것은 -69384(0xFFFEF0F8)이다. 즉 최상위 비트가 0에서 1로 바뀌어 음수로 되었고 부호있는 int는 2의 보수를 사용하여 표현하기 때문에 그 값은 -69384가 된다. 참고로 ~a는 -a나 !a와는 다르다. -a는 -69383이고 !a는 1이다.

비트단위 이진 논리 연산자

비트단위 이진 논리 연산자인 &(비트단위 논리곱), ^(비트단위 배타적 논리합), |(비트단위 논리합) 연산자들은 이진 연산자로 두 피연산자는 정수 수식이어야 한다. 이들은 두 피연산자의 대응되는 각 비트에 연산이 적용된다는 것만 제외하면 수학시간에 배운 것과 같이 계산된다. 즉 피연산자의 각 비트에 대해 & 수식의 값은 두 비트의 값이 모두 참(1)일 때 참(1)이고, ^ 수식의 값은 두 비트의 진리 값이 서로 다를 때만 참(1)이며, | 수식은 두 비트 중 하나라도 참(1)이면 참(1)이다. 즉 1 비트로 이루어진 피연산자에 논리 연산자가 적용되면 다음과 같은 결과를 얻을 것이다.

a	b	a & b	a | b	a ^ b
0	0	0	0	0
1	0	0	1	1
0	1	0	1	1
1	1	1	1	0

다음 프로그램을 보자.

프로그램 9.1

```c
1 #include <stdio.h>
2
3 int main(void)
4 {
5     int    a = 0x8235,  b = 0xfffed02f, c = 0, d = 0, e = 0;
6     c = a & b;
7     d = a | b;
8     e = a ^ b;
9     printf("a : %#x\n", a);
10    printf("b : %#x\n", b);
11    printf("a & b : %#x\n", c);
12    printf("a | b : %#x\n", d);
13    printf("a ^ b : %#x\n", e);
14    return 0;
15 }
```

프로그램 9.1은 a와 b에 비트단위 이진논리 연산자를 적용하여 어떤 결과가 나오는지 살펴보는 예제이다.

```c
5     int a = 0x8235, b = 0xfffed02f, c = 0, d = 0, e = 0;
```

a와 b는 16진 상수로 초기화되어 있다. 비트단위 이진논리 연산자를 적용할 것이므로 각 변수의 비트열을 확인하는 것이 좋다. 두 변수의 비트 표현은 다음과 같다.

```
a 0 0 0 0 0 0 0 0 0 0 0 0 0 0 0 0 1 0 0 0 0 0 1 0 0 0 1 1 0 1 0 1    33333
b 1 1 1 1 1 1 1 1 1 1 1 1 1 1 1 0 1 1 0 1 0 0 0 0 0 0 1 0 1 1 1 1    -77777
```

a와 b의 10진 값은 각각 33333과 –77777이다. 이 변환에 대해서는 2장을 참조하여라.

```c
6     c = a & b;
```

a & b는 다음과 같이 대응되는 각 비트별로 논리곱을 수행하는 것이다.

```
a 0 0 0 0 0 0 0 0 0 0 0 0 0 0 0 0 1 0 0 0 0 0 1 0 0 0 1 1 0 1 0 1     33333
  & & & & & & & & & & & & & & & & & & & & & & & & & & & & & & & &       &
b 1 1 1 1 1 1 1 1 1 1 1 1 1 1 1 0 1 1 0 1 0 0 0 0 0 0 1 0 1 1 1 1    -77777
  ...............................................................   ......
c 0 0 0 0 0 0 0 0 0 0 0 0 0 0 0 0 1 0 0 0 0 0 0 0 0 0 1 0 0 1 0 1     32805
```

결국 c 변수에 저장되는 값은 **0x8025** 또는 **32805**이다. 이 예제를 통해 & 연산자는 && 연산자와 다름을 알 수 있다. & 연산자는 두 피연산자의 비트별로 적용되는 반면, && 연산자는 두 논리 수식에 적용되어 **1**(참) 또는 **0**(거짓) 값을 생성한다.

```
7     d = a | b;
```

| 수식도 & 수식과 같이 두 피연산자의 대응되는 각 비트에 연산이 적용되어 다음과 같이 계산된다.

```
a 0 0 0 0 0 0 0 0 0 0 0 0 0 0 0 0 1 0 0 0 0 0 1 0 0 0 1 1 0 1 0 1     33333
  | | | | | | | | | | | | | | | | | | | | | | | | | | | | | | | |       |
b 1 1 1 1 1 1 1 1 1 1 1 1 1 1 1 0 1 1 0 1 0 0 0 0 0 0 1 0 1 1 1 1    -77777
  ...............................................................   ......
d 1 1 1 1 1 1 1 1 1 1 1 1 1 1 1 0 1 1 0 1 0 0 1 0 0 0 1 1 1 1 1 1    -77249
```

& 연산자에서 언급한 것과 같이 | 연산자도 || 연산자와는 완전히 다른 연산자이기 때문에 사용에 주의해야 한다.

```
8     e = a ^ b;
```

마지막으로 ^ 수식도 유사하게 다음과 같이 계산된다.

```
a 0 0 0 0 0 0 0 0 0 0 0 0 0 0 0 0 1 0 0 0 0 0 1 0 0 0 1 1 0 1 0 1     33333
  ^ ^ ^ ^ ^ ^ ^ ^ ^ ^ ^ ^ ^ ^ ^ ^ ^ ^ ^ ^ ^ ^ ^ ^ ^ ^ ^ ^ ^ ^ ^ ^       ^
b 1 1 1 1 1 1 1 1 1 1 1 1 1 1 1 0 1 1 0 1 0 0 0 0 0 0 1 0 1 1 1 1    -77777
.................................................................  ........
e 1 1 1 1 1 1 1 1 1 1 1 1 1 1 1 0 0 1 0 1 0 0 1 0 0 0 0 1 1 0 1 0   -110054
```

^ 연산자는 두 비트가 서로 다를 때에만 1 값을 생성한다. 따라서 같은 값을 갖는 두 변수에 ^ 연산을 적용하면 그 결과는 0이 될 것이다. 프로그램 9.1의 실행 결과는 다음과 같다.

```
a : 0x8235
b : 0xfffed02f
a & b : 0x8025
a | b : 0xfffed23f
a ^ b : 0xfffe521a
```

&와 | 연산자는 마스킹 연산(masking operation)을 위해 보통 사용된다. 마스킹 연산이란 주어진 비트열의 특정한 비트를 0이나 1로 만드는 것을 의미한다. 마스킹을 위해 사용되는 상수나 변수를 마스크(mask)라고 한다. 예를 들어 어떤 int 형 수식의 최하위 비트가 0인지 1인지를 알고 싶다면 1의 값을 갖는 변수나 상수를 마스크로 사용하여 & 연산을 적용하면 될 것이다. 다음 코드를 보자.

```
int  mask = 1;
for (int i = 0;  i < 10;  ++i)
   printf("%d", i & mask);
```

이 코드에서 mask는 1의 값을 갖기 때문에 최하위 비트만 1이고, 나머지 모든 비트는 0이다. 따라서 i & mask의 값은 i의 최하위 비트가 1일 때만 1이고 아니면 0이다. 결국 i의 값이 홀수일 때 1이 출력되고 짝수일 때는 0이 출력될 것이다. 이것을 확장하여 변수의 특정 비트가 0인지 1인지도 쉽게 알 수 있다. 이 경우 알아내고자 하는 그 비트 위치에는 1을 그리고 그 외의 다른 비트 위치에는 0을 갖는 마스크를 사용하면 된다. 예를 들어 v의 세 번째 비트가 1인지 0인지를 알고 싶다면 마스크를 0x4로 하여 다음과 같은 수식을 사용하면 된다.

```
(v & 0x4) ? 1 : 0
```

이 수식은 v의 세 번째 비트가 1이면 1을 0이면 0의 값을 갖게 된다. 또는 최하위 바이트의 값만을 알고 싶다면 마스크로 255를 사용하면 된다. 255는 다음과 같은 비트 표현을 갖는다.

```
00000000 00000000 00000000 11111111
```

따라서 이 마스크와 변수에 & 연산자를 적용하면 그 변수의 하위 바이트 값을 알 수 있다. 예를 들어 다음 수식을 보자.

```
v & 255
```

이 수식의 값은 v의 최하위 한 바이트의 값이다.

왼쪽과 오른쪽 이동 연산자

이동 연산자(<<, >>)는 지정된 값의 비트열을 왼쪽이나 오른쪽으로 이동하는 연산자이다. 먼저 왼쪽 이동 연산자 <<를 보자. 왼쪽 이동 연산자는 다음과 같이 사용한다.

expression1 << expression2

이 수식은 expression1의 비트열을 expression2가 지정하는 수만큼 왼쪽으로 이동시킨다. 비트 이동으로 생긴 빈 공간은 0으로 채워진다. 예를 들어 c가 다음과 같이 선언되었다고 가정하자.

```
int c = 7;
```

c의 비트 표현은 다음과 같다.

c	0 0 0 0 0 0 0 0 0 0 0 0 0 0 0 0 0 0 0 0 0 0 0 0 0 0 0 0 0 1 1 1	7

이제 c에 왼쪽 이동 연산자를 사용하여 c의 비트열을 왼쪽으로 1, 8, 30 자리 이동하면 다음과 같은 결과를 얻을 것이다.

```
c << 1   00000000000000000000000000001110           14
c << 8   00000000000000000000011100000000         1792
c << 30  11000000000000000000000000000000  -1073741924
```

이 예에서 알 수 있듯이 비트열이 왼쪽으로 이동하면서 생기는 하위 비트들의 공백에는 0이 채워진다. 그리고 비트들을 왼쪽으로 이동하면 상위비트들은 단순히 잃어버리게 된다. 또한 비트들을 왼쪽으로 이동시키는 것은 주어진 수에 2의 거듭제곱을 하는 효과를 낸다. 즉 왼쪽으로 한 비트씩 이동하면 그 수에 2를 곱한 것과 같은 결과를 얻고, 8 비트씩 이동하면 그 수에 2의 8 승을 곱한 결과를 얻는다. 이동 연산자는 곱하기 연산보다 속도가 빠르기 때문에 2의 거듭제곱을 곱해야 할 경우 곱하기 연산자(*) 보다는 왼쪽 이동 연산자를 사용하는 것이 좋다. c를 30자리 이동시킨 마지막 예제에서는 c가 int 형이고 비트들을 왼쪽으로 30 자리를 이동하여 부호비트가 1이 되었기 때문에 음수가 되었다.

오른쪽 이동 연산자 >>는 다음과 같은 형식으로 사용한다.

expression1 >> expression2

이 수식은 expression1의 비트열을 expression2가 지정하는 수만큼 오른쪽으로 이동시킨다. 비트 이동으로 생긴 빈 공간은 expression1이 unsigned 형이라면 0으로 채워지지만, signed 형이라면 시스템에 따라 달라진다. 예를 들어 c가 다음과 같이 선언되었다고 가정하자.

```
unsigned int c = 0xf0000000;
```

c의 비트 표현은 다음과 같다.

```
c   11110000 00000000 00000000 00000000      4026531840
```

이제 c에 오른쪽 이동 연산자를 사용하여 c의 비트열을 오른쪽으로 1, 8, 30 자리 이동하면 다음과 같은 결과를 얻을 것이다.

```
c >> 1   0 1 1 1 1 0 0 0 0 0 0 0 0 0 0 0 0 0 0 0 0 0 0 0 0 0 00 0 0 0 0     2013265920
c >> 8   0 0 0 0 0 0 0 0 1 1 1 1 0 0 0 0 0 0 0 0 0 0 0 0 0 0 0 0 0 0 0 0       15728640
c >> 30  0 0 0 0 0 0 0 0 0 0 0 0 0 0 0 0 0 0 0 0 0 0 0 0 0 0 0 0 01 1 1              3
```

c의 비트열을 오른쪽으로 이동하여 생긴 상위비트의 공백은 0으로 채워진다. 그리고 오른쪽으로 비트열을 이동하면 그 값은 2의 거듭제곱으로 나눈 값임을 알 수 있다. 즉 오른쪽으로 한 비트 이동하면 그 결과는 2로 나눈 값과 같고, 8비트를 이동하면 2의 8 승으로 나눈 값과 같다.

만일 c가 `signed` 형으로 선언되어 있다면 그 행동 양식은 시스템에 따라 두 가지로 나눠진다. 즉 어떤 시스템은 c의 비트열을 오른쪽 이동 연산자로 이동했을 때 생기는 상위비트의 공백을 0으로 채우고, 어떤 시스템은 부호 비트로 채운다. 예를 들어 c가 다음과 같이 선언되었다고 하자.

```
int c = 0xf0000000;      // c = -268435456
```

이 경우 c >> 8은 시스템에 따라 다음 중 하나로 동작한다.

```
c >> 8   1 1 1 1 11 1 1 1 1 1 1 1 0 0 0 0 0 0 0 0 0 0 0 0 0 0 0 00 0 0 0 0     -1048576
c >> 8   0 0 0 0 0 0 0 0 1 1 1 1 0 0 0 0 0 0 0 0 0 0 0 0 0 0 0 0 0 0 0 0       15728640
```

첫 번째 경우는 c의 부호 비트인 1로 상위비트에 생기는 공백을 채운 것이고, 두 번째 경우는 상위비트에 생기는 공백을 0으로 채운 것이다. 따라서 오른쪽 이동 연산자를 사용하여 프로그래밍 할 때에는 주의가 필요하다. 이러한 이유로 이동 연산자는 `unsigned` 형 변수에만 사용하는 것이 좋다.

마지막으로 이동 연산자의 expression2가 음수이거나 expression1의 비트 수보다 크거나 같은 값을 갖는다면 그 수행 결과는 정의되지 않는다. 따라서 프로그래머는 이동 연산자의 expression2가 적당한 범위의 값을 갖도록 해야 한다.

비트단위 논리 연산자와 이동 연산자가 = 연산자와 결합된 &=, ^=, |=, <<=, >>=와 같은 복합배정 연산자를 사용할 수 있다. 이 연산자들은 다른 산술 복합배정 연산자와 같은 방식으로 동작한다. 예제 프로그램을 보자.

프로그램 9.2

```c
#include <stdio.h>
void bit_print(int a);
int main(void)
{
    int data;

    printf("정수를 입력하세요 : ");
    scanf("%d", &data);
    printf("%d 비트열 : ", data);
    bit_print(data);
    printf("\n");
    return 0;
}

void bit_print(int a)
{
    int n = sizeof(int) * 8;
    unsigned  mask = 1 << (n - 1);
    for (int i = 1;  i <= n;  ++i)  {
        putchar(((a & mask) == 0) ? '0' : '1');
        mask >>= 1;
        if (i % 8 == 0 && i < n)
            putchar(' ');
    }
}
```

프로그램 9.2는 입력받은 정수의 비트열을 출력하는 프로그램이다. bit_print()는 a의 비트열을 최상위 비트부터 시작하여 출력하는 함수이다.

```c
// In bit_print()
    int n = sizeof(int) * 8;
    unsigned mask = 1 << (n - 1);
```

n은 int 형의 비트 크기(sizeof(int) * 8)를 갖는다. mask는 매개변수 a의 비트 값을 알아보는 마스크로 사용하는 변수로 unsigned 형으로 선언하고 있다. mask에는 왼쪽 이동연산자를 사용하여 1을 n – 1 만큼 이동하여 저장한다. 이렇게 하면 mask는 최상위 비트만 1이고 나머지 비트는 0이 된다.

```
for (int i = 1; i <= n; ++i) {
    putchar(((a & mask) == 0) ? '0' : '1');
    mask >>= 1;
```

a와 mask를 비트단위 논리곱(a & mask)을 하면 mask의 마스크 비트 위치에 대응되는 a의 비트 위치의 값이 0일 때만 수식의 값이 0이 된다. putchar()에 의해 a & mask의 결과가 0이면 '0'이 출력되고, 0이 아니면 '1'이 출력된다. 출력 후 mask를 오른쪽 이동연산자를 사용하여 한 자리 이동한다. 이러한 과정을 int 형의 비트 수만큼 수행한다. 결국 a의 최상위비트 값부터 차례로 출력될 것이다. 프로그램 9.2의 출력 결과는 다음과 같다.

```
$ program9.2
정수를 입력하세요 : 1024
1024 비트열 : 00000000 00000000 00000100 00000000
$ program9.2
정수를 입력하세요 : -1
-1 비트열 : 11111111 11111111 11111111 11111111
$ program9.2
정수를 입력하세요 : 255
255 비트열 : 00000000 00000000 00000000 11111111
```

bit_print() 함수는 메모리에 저장된 값의 이진 표현을 볼 수 있기 때문에 유용하게 사용될 수 있다.

9.2 패킹과 언패킹

비트단위 연산자를 사용하면 여러 가지 정보를 적은 바이트로 압축할 수도 있다. 이러게 압축하는 것을 패킹(packing)이라고 한다. 정보를 패킹하면 메모리 공간을 절약할 수 있을 뿐만 아니라 계산 시간을 절약할 수도 있다. 어떤 시스템 환경에서는 메모리를 최대한 적게 사용하도록 프로그래밍 해야 하는데 이러한 환경에서 패킹은 아주 유용하다. 또한 분산 환경에서 네트워크를 통해 정보를 교환해야 할 때 정보들을 패킹하면 전송해야 하는 데이터 량을 줄일 수 있으므로 전송 시간을 많이 줄일 수 있다. 패킹된 정보를 사용할 때에는 먼저 언패킹(unpacking)한 후 사용해야 한다.

어떤 회사에서 직원 관리를 위해서 직원 ID, 작업 형태, 성별을 다루는 프로그램을 작성한다고 하자. 이 회사는 종업원 ID로 10진수 6자리를 사용하고 작업 형태는 200가지가 있다고 하자. 그러면 관리 프로그램에서 ID를 위해 unsigned int, 작업 형태를 위해 unsigned int, 성별을 위해 char 형의 변수를 선언하여 다룰 수 있을 것이다. 하지만 이 모든 정보를 하나의 unsigned int 형 변수에 패킹하여 다룰 수도 있다. 즉 ID는 10진수 6자리이기 때문에 20 비트에 저장할 수 있고, 200 가지의 근무 형태를 다루기 위해서는 8 비트, 성별은 1 비트에 저장할 수 있기 때문에 총 29 비트에 모든 정보를 저장할 수 있다. 즉, unsigned int 변수를 다음과 같이 나누어 직원 정보를 저장할 수 있을 것이다.

```
        성별       작업 형태                          직원 ID
x x x    b    b b b b b b b b   b b b b b b b b b b b b b b b b b b b b
```

이제 직원의 정보를 패킹하는 함수는 다음과 같이 작성할 수 있다.

함수 9.1

```
1 unsigned pack_employee_data(unsigned id, unsigned job, char gender)
2 {
3    unsigned  employee = 0;
4    employee |= id;
5    employee |= job << 20;
6    employee |= ((gender == 'm' || gender == 'M') ? 0 : 1) << 28;
7    return employee;
8 }
```

함수 9.1은 직원 ID, 작업형태, 성별을 입력받아 `unsigned int` 변수에 패킹하여 리턴하는 함수이다.

```
3    unsigned  employee = 0;
```

패킹은 비트단위 논리합 | 연산자를 사용하야 하므로 패킹된 정보를 담을 employee 변수를 0으로 초기화하고 있다.

```
4    employee |= id;
```

직원 ID인 id는 최하위 20비트에 저장하면 되므로, employee | id를 employee에 배정한다. 물론 employee는 0으로 초기화되어 있기 때문에 id를 employee에 배정해도 된다.

```
5    employee |= job << 20;
```

job은 하위 21번째 비트부터 저장해야 하므로, 왼쪽 이동 연산자를 이용하여 job을 20비트 이동한 다음 employee와 비트단위 논리합 연산을 하여 저장한다.

```
6    employee |= ((gender == 'm' || gender == 'M') ? 0 : 1) << 28;
```

마지막으로 gender는 하위 29비트에 들어가야 하므로 왼쪽 이동 연산자를 이용하여 28 비트 이동시킨 다음에 employee와 비트단위 논리합 연산을 수행하여 저장한다.

패킹된 정보 각각을 다루어야 할 때에는 먼저 패킹된 정보를 언패킹해야 한다. 예를 들어 직원의 정보를 출력하고 싶다면 패킹된 정보들을 언패킹하여 출력해야 한다. 다음 함수는 패킹된 직원의 정보를 출력하는 함수이다.

함수 9.2

```
1 void print_employee_data(unsigned employee)
2 {
3     unsigned id, job;
4     char gender;
5     id = employee & 0xFFFFF;
6     job = (employee >> 20) & 0xFF;
7     gender = (employee >> 28) & 1;
8     printf("ID : %u", id);
9     printf("작업 형태 : %u", job);
10    printf("성별 : %s\n", gender? "F" : "M");
11 }
```

패킹된 정보를 언패킹하기 위해서는 마스크, & 연산자, 오른쪽 이동 연산자를 사용하면 된다.

```
5    id = employee & 0xFFFFF;
```

직원 ID는 employee의 하위 20비트에 패킹되어 있으므로 0xFFFFF 마스크를 employee와 비트단위 논리곱 연산을 하면 된다. 즉, 0xFFFFF 마스크는 하위 20 비트만 1이고 나머지 비트는 0이므로 employee와 비트단위 논리곱을 하면 직원의 ID만을 추출할 수 있다.

```
6    job = (employee >> 20) & 0xFF;
```

작업 형태 정보는 8비트이므로 마스크로 0xFF를 사용한다. 작업 형태 정보는 employee의 하위 21번째 비트부터 시작하여 28번째 비트까지 저장되어 있으므로, 오른쪽 이동 연산자를 이용하여 employee를 오른쪽으로 20비트 이동 후 마스크와 비트단위 논리곱을 하면 작업 형태 정보가 추출된다.

```
7    gender = (employee >> 28) & 1;
```

성별도 이와 같은 방법으로 추출할 수 있다.

9.3 비트 필드

앞 절에서 비트단위 연산자를 사용한 패킹과 언패킹에 대해서 설명하였다. 비트단위 연산자를 이용한 패킹 및 언패킹은 마스크와 비트단위 연산자인 &나 | 연산자를 사용한다. 하지만 이 방법을 사용하면 프로그래밍 할 때 실수할 확률이 높고 코딩도 복잡해진다. 패킹하는 다른 방법으로는 비트 필드를 사용하는 것이다. 비트 필드는 구조체 멤버의 크기를 비트 단위로 지정하는 것이다. 비트 필드를 이용하면 패킹되는 정보를 멤버 이름으로 접근할 수 있으므로 패킹과 언패킹을 아주 편하게 할 수 있다. 비트 필드는 구조체나 공용체의 멤버 선언을 다음과 같은 형식으로 한다.

    type-name member-name : constant-expression;

즉, 일반적인 멤버 선언 뒤에 콜론(:)과 수식이 추가된 형태인데, 콜론 뒤에 명시된 constant-expression이 그 멤버의 크기이다. 이 크기를 폭(width)이라고 하고 폭은 그 멤버를 위해 할당될 메모리 비트 수를 의미한다. 따라서 폭은 음수가 될 수 없다. type-name은 정수형이어야 한다. 폭은 지정된 정수형의 크기보다 클 수 없다. 예를 들어 직원 관리를 위해 직원 ID, 작업 형태, 성별을 저장하는 구조체는 다음과 같이 정의할 수 있다.

```
struct employee {
    unsigned   id : 20;
    unsigned   job : 8;
    unsigned   gender : 1;
}
```

이렇게 선언하면 struct employee의 id 멤버는 20비트, job은 8비트, gender는 1비트가 할당된다. 구조체는 다음과 같이 비트 필드 멤버와 일반적인 멤버를 같이 가질 수도 있다.

```
struct employee_with_name {
    char       name[30];
    unsigned   id : 20;
    unsigned   job : 8;
    unsigned   gender : 1;
}
```

일반적으로 비트 필드들은 구조체의 연속적인 멤버로 선언된다. 컴파일러는 연속적인 비트 필드들을 최소의 기계 워드로 패킹한다. 예를 들어 struct employee 형 변수는 4 바이트가 할당될 것이다. 비트 필드는 일반 구조체 멤버와 같은 방법으로 사용할 수 있다. 따라서 패킹과 언패킹이 아주 단순해진다.

대부분의 컴퓨터에서는 비트 필드가 워드 경계에 걸치지 않도록 할당한다. 4 바이트 워드 시스템에서 다음과 같이 선언했다고 하자.

```
struct abc {
   int    a : 1, b : 16, c : 16;
} x;
```

이 경우 x의 모든 멤버가 한 워드에 저장될 수 없기 때문에 x를 위해 두 워드가 할당되어 비트 필드 a와 b는 첫 번째 워드에 저장되고 c는 두 번째 워드에 저장된다. int 형 비트 필드는 시스템에 따라 unsigned int 비트 필드로 취급되는 경우도 있다. 즉 int 형으로 선언된 비트 필드라도 음수를 다룰 수 없을 수도 있다. 따라서 비트 필드를 사용할 때에는 unsigned 형을 사용하는 것이 좋다.

비트 필드를 사용할 때에는 몇 가지 제약사항이 있다. 먼저 비트 필드의 배열은 허용되지 않는다. 또한 주소 연산자 &도 비트 필드에 사용할 수 없다. 멤버 접근 연산자 ->를 사용하여 비트 필드를 접근할 수는 있어도 포인터가 직접 비트 필드를 포인드할 수는 없다.

패딩과 정렬을 위해 이름 없는 비트 필드를 사용할 수 있다. 4 바이트 워드 컴퓨터에서 첫 워드에 세 개의 7 비트 필드를 갖고, 두 번째 워드에 세 개의 7 비트 필드를 갖는 구조체의 선언은 다음과 같이 하면 된다.

```
struct small_integers {
   unsigned   i1 : 7, i2 : 7, i3 : 7,
                 : 11,
              i4 : 7, i5 : 7, i6 : 7;
};
```

비트 필드 멤버를 다음 워드에 정렬하는 다른 방법은 폭이 0인 이름 없는 비트 필드를 사용하는 것이다. 다음 코드를 보자:

```
struct abc {
   unsigned a : 1, : 0, b : 1, : 0, c : 1;
};
```

이 코드는 세 개의 다른 워드가 각각 1 비트 필드 멤버를 갖게 한다. 다음 프로그램을 보자.

프로그램 9.3

```
#include <stdio.h>
typedef struct {
   unsigned   b0 : 8, b1 : 8, b2 : 8, b3 : 8;
} word_bytes;
typedef struct {
  unsigned
      b0  : 1, b1  : 1, b2  : 1, b3  : 1, b4  : 1, b5  : 1,
      b6  : 1, b7  : 1, b8  : 1, b9  : 1, b10 : 1, b11 : 1,
      b12 : 1, b13 : 1, b14 : 1, b15 : 1, b16 : 1, b17 : 1,
      b18 : 1, b19 : 1, b20 : 1, b21 : 1, b22 : 1, b23 : 1,
      b24 : 1, b25 : 1, b26 : 1, b27 : 1, b28 : 1, b29 : 1,
      b30 : 1, b31 : 1;
} word_bits;
typedef union {
   int          i;
   word_bytes   byte;
   word_bits    bit;
} word;
void bit_print(int);
int main(void)
{
   word   w = {0};
   w.bit.b8 = 1;
   w.byte.b0 = 'a';
   printf("w.i = %d\n", w.i);
   bit_print(w.i);
   return 0;
}
```

프로그램 9.3은 비트 필드와 공용체를 사용하여 값들이 메모리에 어떻게 저장되는지를 보여주는 프로그램이다.

```
typedef struct {
   unsigned   b0 : 8, b1 : 8, b2 : 8, b3 : 8;
} word_bytes;
typedef struct {
  unsigned
      b0  : 1, b1  : 1, b2  : 1, b3  : 1, b4  : 1, b5  : 1,
. . .
} word_bits;
typedef union {
   int          i;
   word_bytes   byte;
   word_bits    bit;
} word;
```

word_bytes 형은 4개의 멤버가 8비트의 크기를 갖는 비트 필드이고, word_bits 형은 32개의 멤버가 1비트의 크기를 갖는 비트 필드이다. word는 int, word_bytes, word_bits 멤버가 메모리를 공유하는 공용체이다. word의 i 멤버의 특정 비트나 바이트의 값을 설정하고 싶다면 byte나 bit 멤버의 비트 필드 멤버를 이용하면 된다.

```
   w.bit.b8 = 1;
   w.byte.b0 = 'a';
```

bit 멤버의 b8 멤버를 1로 하면, i 멤버의 8번째 비트의 값이 1로 될 것이다. 또한 byte 멤버의 b0에 'a'를 배정하면, i 멤버의 0번째 바이트에 'a'를 배정한 것과 같은 효과를 볼 수 있다. 프로그램에서 bit_print() 함수는 프로그램 9.2에서 정의된 것과 같기 때문에 생략하였다. 프로그램 9.3의 출력 결과는 다음과 같다.

```
w.i = 353
00000000 00000000 00000001 01100001
```

어떤 시스템에서는 다음과 같이 출력될 수도 있다.

```
w.i = 1635778560
01100001 10000000 00000000 00000000
```

이것은 컴퓨터에 따라 비트나 바이트를 워드의 상위부터 카운트할 수도 있고 하위부터 카운트할 수도 있기 때문이다. 따라서 비트 필드를 사용하는 코드를 다른 컴퓨터에 이식할 때에는 주의가 필요하다.

요약

1. 비트단위 연산자는 피연산자의 비트별로 연산이 수행되는 연산자이다. 비트단위 연산자는 비트단위 논리연산자와 이동 연산자가 있다.

2. 비트단위 논리연산자로는 ~(비트단위 보수), &(비트단위 논리곱), ^(비트단위 배타적 논리합), |(비트단위 논리합) 연산자가 있으며, 이들 연산자들은 피연산자에 비트단위로 논리 연산을 수행한다.

3. 이동 연산자는 《 (왼쪽 이동)과 》 (오른쪽 이동) 연산자가 있다. 이들 연산자는 피연산자의 비트들을 전체적으로 왼쪽 또는 오른쪽으로 이동시킨다. 오른쪽 이동 연산자의 경우 `signed` 형의 피연산자를 사용하면 컴퓨터마다 행동 양식이 다를 수가 있으니 주의해야 한다.

4. 변수의 특정 비트들의 값을 알고 싶거나 설정하고 싶을 때에는 마스크와 & 또는 | 연산자를 사용한다. 또한 이동 연산자를 같이 사용하면 여러 가지 정보를 하나의 변수에 저장하는 패킹을 할 수도 있다.

5. 비트필드는 구조체에서 크기가 비트 수로 지정된 멤버를 의미한다. 비트필드를 사용하면 패킹과 언패킹을 쉽게 할 수 있다. 하지만 비트 필드의 배열은 허용되지 않으며 주소 연산자 &도 비트 필드에 사용할 수 없다. 구조체 포인터를 통해 ->를 사용하여 비트 필드를 접근할 수는 있어도 포인터가 직접 비트 필드를 포인트할 수는 없다.

연습 문제

1. 3장에서 설명한 것과 같이 C에서 정수는 부호 있는 2의 보수로 표현된다. 이것을 고려하여 정수를 입력받아 비트단위 연산자를 적절히 사용하여 부호가 반대인 정수를 리턴하는 함수를 작성하여라.

2. 순환 이동 연산을 수행하는 circular_shift() 함수를 작성하여라. 함수의 헤더는 다음과 같이 하여라.

```
int circular_shift(int a, int n)
```

이 함수는 a를 n만큼 왼쪽으로 이동하는 함수로, 이동할 때 상위 비트가 다시 하위 비트로 들어오도록 해야 한다. 다음은 int가 8비트라고 했을 때 순환 이동 연산의 두 가지 예이다.

```
10000001을 1 순환 이동 : 00000011
01101011을 3 순환 이동 : 01011011
```

3. 오른쪽 이동 연산을 수행하면 부호비트가 삽입되는지를 프로그램을 작성하여 실험해 보아라.

4. 다음 선언은 long long 형 변수인 i의 부호 비트를 1로 만들기 위한 선언문이다. 이 선언문이 올바른지 설명하여라. 그리고 이 선언문을 포함하는 프로그램을 작성하여 i가 어떤 값을 갖는지 확인해 보아라. 만일 원하는 값이 아니라면 올바르게 동작되도록 수정하여라.

```
long long i = 1 << 63;
```

5. int의 비트 표현을 다음과 같이 역전시키는 함수를 작성하여라. 다음은 int가 8 비트라고 했을 때의 예제이다.

```
01110101의 역전 : 10101110
10101111의 역전 : 11110101
```

6. int 형 수식의 값을 1 비트씩 건너뛰면서 비트 값을 출력하는 함수를 작성하여라. 결과는 short 형으로 리턴하여라. 다음은 int가 8 비트, short가 4 비트라고 했을 때의 예제이다.

```
01110101 -> 0100
10101111 -> 1111
```

7. 10진 숫자를 입력받아 각 자리를 2진수로 출력하는 함수를 작성하고 프로그램을 작성하여 확인하여라. 다음과 같이 출력하도록 하여라.

```
10진수 입력 : 12345678
12345678 = 0001 0010 0011 0100 0101 0110 0111 1000
```

8. 마스크를 위해 0xff, 0xff00, 0xff0000, 0xff000000이 많이 사용된다. 이들이 어떤 비트 표현을 갖는지 9.1절의 프로그램 9.2에 정의된 bit_print() 함수를 사용하여 출력하는 프로그램을 작성하여라.

9. 9.1절의 bit_print() 함수를 사용하여 n = 0, 1, 2, …, 32에 대해서 2^n과 2^n-1의 이진수 표현을 표로 출력하는 프로그램을 작성하여라. int가 16비트라면 프로그램의 출력은 다음과 같게 하여라.

```
 n          2^n                    2^n-1
 0:  00000000 00000001    00000000 00000000
 1:  00000000 00000010    00000000 00000001
 2:  00000000 00000100    00000000 00000011
......
15:  10000000 00000000    01111111 11111111
......
```

10. 9.1절의 bit_print() 함수를 사용하여 n = 0, 1, …, 7에 대해서 10^n과 10^n-1의 이진수 표현을 표로 출력하는 프로그램을 작성하여라.

11. 4개의 문자를 int 변수에 패킹하는 함수와 int 변수에 패킹된 4 개의 문자를 언패킹하는 함수를 작성하여라. 그리고 프로그램을 작성하여 'a', 'b', 'c', 'd'를 패킹한 다음 9.1절의 bit_print() 함수를 사용하여 패킹된 내용을 이진수로 출력하고, 언패킹한 각 문자를 출력해 보아라.

12. int 형 변수 a의 ~a 값은 어떻게 되겠는가? 프로그램을 작성하여 확인해보아라. for 문을 사용하여 -5부터 5까지의 a 값에 대한 ~a의 값을 출력하여 설명하여라.

13. unsigned 형 변수 a의 ~a 값은 어떻게 되겠는가? 프로그램을 작성하여 확인해보아라. for 문을 사용하여 0부터 5까지의 a 값에 대한 ~a의 값을 출력하여 설명하여라.

14. 날짜에서 달은 1에서 12, 일은 1부터 31 사이의 값을 갖는다. 따라서 월은 4 비트로 나타낼 수 있고, 일은 5 비트로 나타낼 수 있다. 또한 년도를 위해 12 비트를 사용한다면 4000년 이상 표현할 수 있기 때문에 충분하다. 날짜를 한 워드에 패킹하는 pack_date() 함수를 작성하여라. 이 함수는 년, 월, 일을 입력받아 unsigned int 값을 리턴해야 한다. 또한 패킹된 날짜를 언패킹하는 unpack_date() 함수를 작성하여라. 단 이 두 함수는 비트 이동 연산자와 비트 논리 연산자만을 사용해야 한다. 두 함수를 검사하는 프로그램을 작성하여 확인하여라.

15. 연습문제 14에서 작성한 pack_date()와 unpack_date() 함수를 비트 필드를 사용하는 것으로 수정하여라. 두 함수를 검사하는 프로그램을 작성하여 확인하여라.

16. int 비트 필드는 부호를 사용할 수도 있고 사용하지 않을 수도 있다. 다음 코드를 포함하는 프로그램을 작성하여 int 형 비트 필드에서 부호 비트를 사용하는지 검사해 보아라.

```
struct test {
   int    a : 3, b : 4;
} x = {0};
for ( ; ; )
   printf("x.a = %2d    x.b = %2d\n", x.a++, x.b++);
```

17. 다음 코드의 출력 내용을 먼저 쓰고 프로그램을 작성하여 확인해 보아라. 출력에 대해 설명하여라.

```
typedef struct a { unsigned a : 1, : 0, b : 1; } a;
typedef struct b { unsigned a : 1, b : 1; } b;
printf("%.1f\n", (float) sizeof(a) / sizeof(b));
```

18. 다음 프로그램의 결과를 먼저 쓰고 프로그램을 작성하여 확인해 보아라. 출력에 대해 설명하여라.

```
#include <stdio.h>
struct test {
   unsigned   a : 1, b : 2, c : 3;
};
int main(void)
{
   int             i;
   struct test     x;
   for (i = 0; i < 23; ++i) {
      x.a = x.b = x.c = i;
      printf("x.a = %d     x.b = %d     x.c = %d\n", x.a, x.b, x.c);
   }
   return 0;
}
```

만일 x.a = x.b = x.c = i; 문장을 x.c = x.b = x.a = i;로 대치하면 어떻게 되겠는가? 설명하여라.

19. 추가적인 변수를 사용하지 말고 int 형인 a와 b 변수의 값을 서로 바꾸는 코드를 작성하여라.

20. 크기가 11인 int 형 배열에 정수가 저장되어 있는데, 한 숫자만 홀수 개가 들어있고 나머지 숫자는 짝수 개가 있다고 하자. 이때 ^ 연산자를 사용하여 홀수 개인 숫자를 리턴하는 find_odd_num() 함수를 작성하고, 프로그램을 작성하여 확인해보아라. 단, find_odd_num()의 함수 원형은 다음과 같이 하여라.

```
int find_odd_num(int size, int array[]);
```

즉, 다음과 같은 배열을 사용했을 때, find_odd_num(11, a)의 리턴 값은 15이어야 한다.

```
int a[] = { 12, 13, 14, 15, 15, 14, 13, 12, 15, 12, 12};
```

제 10 장

전처리기

전처리기(Preprocessor)는 다른 프로그래밍 언어와 차별되는 C 언어의 큰 특징 중 하나이다. 지금까지 예제 프로그램을 통해 전처리기를 많이 사용하였다. 다른 파일을 포함시키기 위한 #include, 기호 상수를 만들기 위한 #define 등이 대표적인 것이다. 이러한 전처리기는 프로그램의 개발을 쉽게 하고, 프로그램의 가독성을 높이고, 프로그램의 수정을 용이하게 하며, 다른 컴퓨터로 프로그램을 옮길(포팅) 때 유용하게 사용된다. 또한 프로그래밍 오류를 줄이기 위해서나 C 구문을 다른 프로그래밍 언어와 유사하게 바꿀 때에도 전처리기가 사용된다.

전처리 지시자(Preprocessing directive)는 프로그램에서 #과 지시자 이름으로 구성된다. 지시자 이름으로는 define, undef, include, if, ifdef, ifndef, elif, else, endif, line 등이 있으며, 사용자가 마음대로 새로운 지시자를 만들 수는 없다. 예를 들어, #include는 파일을 삽입하기 위해 사용하는 전처리 지시자이다. #과 지시자 이름 사이에는 공백이 있을 수 있고, # 앞에도 공백이 있을 수도 있다. 프로그램에서 전처리 지시자로 시작되는 행을 전처리기 문장(preprocessor statement)이라 한다. 전처리기 문장은 그 문장에서 시작하여 그 파일의 끝까지 영향을 미친다. 전처리기 문장은 C 구문에 맞는 문장이 아니다. 지금까지 소스 프로그램을 컴파일하면 컴파일러가 바로 실행 프로그램을 만드는 것처럼 얘기했지만, 사실은 소스 프로그램을 컴파일하면 컴파일러는 먼저 전처리기를 호출하여 전처리기 문장을 모두 C 문장으로 변환하게 한다. 전처리기라는 용어는 컴파일하기 전에 소스 프로그램을 전처리하기 때문에 붙여진 이름이다. 전처리 과정이 완료된 소스 프로그램을 컴파일러는 실행 프로그램으로 변환한다. 이 장에서는 다양한 전처리 지시자에 대해 설명할 것이다.

10.1 매크로

매크로는 #define 전처리 지시자를 사용하여 만든다. 배열을 다루는 예제 프로그램에서 배열 크기를 지정하기 위해 #define으로 정의한 기호 상수를 사용하였다. #define은 기호 상수를 만드는 것 이외에 더 많은 기능을 가지고 있다. 이 절에서는 #define을 사용한 기호 상수와 문자열 대치에 대해 설명하고, 인자를 갖는 #define은 다음 절에서 설명할 것이다.

기호 상수

기호 상수는 다음과 같이 정의한다.

```
#define     identifier   constant
```

이것은 identifier라는 기호 상수를 정의한 것으로, 전처리기는 프로그램에서 identifier를 constant로 대치한다. 예를 들어 배열을 선언하면서 다음과 같은 기호 상수를 선언했었다.

```
#define N 10
```

이 기호 상수 선언에 의해 전처리기는 이 행부터 시작하여 파일의 마지막 행 사이에 나오는 모든 N을 10으로 대치한다. #define을 사용하면 프로그램의 명확성과 이식성을 높일 수 있다. 예를 들어, π나 광속을 나타내는 c와 같은 특수한 상수를 프로그램에서 사용할 때 다음과 같이 정의하면 프로그램의 이해가 더욱 쉬울 것이다.

```
#define    PI 3.14
#define    C 299792.458       // km/s
```

표준 헤더파일에도 많은 기호 상수들이 정의되어 있다. 예를 들어 <stdio.h>에는 다음과 같은 기호 상수가 선언되어 있다.

```
#define EOF (-1)
#define NULL 0
```

일반적으로 사람들은 숫자보다 문자를 더욱 잘 이해한다. 기호 상수는 상수를 기호로 바꿀 수 있게 함으로써 프로그램의 문서화와 가독성을 높여준다. 또한 필요에 따라 상수 값을 변경해야 할 때 한 곳에서만 수정하면 되기 때문에 프로그래밍도 쉽게 해 준다. 다음 프로그램을 보자.

프로그램 10.1

```
#include <stdio.h>

#define  PI  3.14

double circumference(double);
```

```
double area(double);
double volume(double);
double surface_area(double);

int main(void)
{
    double r;

    printf("반지름을 입력 하세요 : ");
    scanf("%lf", &r);
    printf("반지름이 %.3f인\n", r);
    printf("   원의 원둘레 길이 : %.3f\n", circumference(r));
    printf("   원의 면적 : %.3f\n", area(r));
    printf("   구의 부피 : %.3f\n", volume(r));
    printf("   구의 표면적 : %.3f\n", surface_area(r));

    return 0;
}

double circumference(double r)
{
    return 2.0 * r * PI;
}

double area(double r)
{
    return r * r * PI;
}

double volume(double r)
{
    return 4.0 / 3.0 * r * r * r * PI;
}

double surface_area(double r)
{
    return 4.0 * r * r * PI;
}
```

프로그램 10.1은 반지름이 r인 원둘레 길이, 원 면적, 공의 부피, 공의 표면적을 구하는 것이다.

```
3 #define PI 3.14
```

원과 관련된 연산에는 π가 많이 사용되기 때문에 PI를 기호 상수로 선언하고 있다. 이렇게 프로그래밍하면, PI의 값을 좀 더 정확한 3.141592로 바꾸고 싶을 때는 3행의 전처리기 문장만 수정하면 된다. 프로그램 10.1의 실행 결과는 다음과 같다.

```
반지름을 입력 하세요 : 5.0
반지름이 5.000인
    원의 원둘레 길이 : 31.400
    원의 면적 : 78.500
    구의 부피 : 523.333
    구의 표면적 : 314.000
```

문자열 대치

#define 문장에서 식별자 다음에 꼭 숫자만 와야 하는 것은 아니다. #define의 일반적인 형식은 다음과 같다.

```
#define    identifier    replacement-list
```

이렇게 하면 전처리기는 프로그램에서 사용된 identifier를 replacement-list로 대치한다. 즉, 전처리기는 #define의 identifier 다음에 constant가 오든 아니면 replacement-list가 오든 똑같이 취급한다. 전처리기는 프로그램에서 #define에 정의된 identifier를 만나면 뒤에 명시된 것으로 무조건 대치한다.

문자열 대치 기능을 사용하면 C 구문을 사용자의 취향에 맞게 변경하는 것이 가능하다. 예를 들어 C 프로그래밍을 처음 배울 때 자주하는 실수는 논리 수식에서 == 연산자 대신에 = 연산자를 사용하는 것이다. 이러한 실수는 찾아내기도 어렵다. 다음과 같이 문자열 대치 기능을 사용하면 == 연산자 대신 다른 프로그래밍 언어에서 등가 연산자로 사용하는 EQ 기호를 사용할 수 있다.

```
#define EQ ==
```

이제 프로그램에서 다음과 같이 `if` 문을 작성했다고 하자.

```
if (sum EQ 100)
    . . .
```

이 문장은 컴파일되기 전에 전처리기에 의해 다음과 같이 변환된다.

```
if (sum == 100)
    . . .
```

또는 || 연산자나 && 연산자처럼 그 모양으로는 이해가 잘 안가는 연산자를 다음과 같이 정의하여 의미가 분명한 단어로 대치할 수도 있다.

```
#define AND &&
#define OR ||
```

이제 &&나 || 대신 다음과 같이 작성해도 된다.

```
if (i EQ 1 AND j EQ 10)
    . . .
```

이 문장은 전처리기에 의해 다음과 같이 변환될 것이다.

```
if (i == 1 && j == 10)
    . . .
```

이러한 기능은 재미있는 기능이지만 많이 사용하는 것은 바람직하지 않다.

10.2 매개변수를 갖는 매크로

앞 절에서는 단순한 매크로만을 살펴보았다. 이제 매개변수를 갖는 매크로를 살펴보자. 매개변수를 갖는 매크로는 함수와 비슷한 모양을 갖는다. 매개변수를 갖는 매크로의 정의는 다음과 같은 형식을 사용한다.

```
#define    identifier(parameter-list)    replacement-list
```

identifier와 여는 괄호 사이에는 공백이 없어야 한다. 전처리기는 프로그램에서 identifier

(argument-list)로 된 것을 replacement-list로 대치한다. 대치를 하면서 replacement-list에 사용된 parameter-list의 parameter는 argument-list의 대응되는 argument로 바꿔준다. 예를 들어 프로그램 10.1의 area() 함수를 매크로로 선언하면 다음과 같다.

```
#define AREA(x) ((x) * (x) * PI)
```

위와 같이 선언 후 프로그램에서 AREA(data)를 사용하면 전처리기는 이를 ((data) * (data) * PI)로 변환한다. 다음 프로그램을 보자.

프로그램 10.2

```c
#include <stdio.h>

#define  PI  3.14
#define  CIRCUMFERENCE(x)    (2.0 * (x) * PI)
#define  AREA(x)             ((x) * (x) * PI)
#define  VOLUME(x)           (4.0 / 3.0 * (x) * (x) * (x) * PI)
#define  SURFACE_AREA(x)     (4.0 * (x) * (x) * PI)

int main(void)
{
    double r;

    printf("반지름을 입력 하세요 : ");
    scanf("%lf", &r);
    printf("반지름이 %.3f인\n", r);
    printf("   원의 원둘레 길이 : %.3f\n", CIRCUMFERENCE(r));
    printf("   원의 면적 : %.3f\n", AREA(r));
    printf("   구의 부피 : %.3f\n", VOLUME(r));
    printf("   구의 표면적 : %.3f\n", SURFACE_AREA(r));

    return 0;
}
```

프로그램 10.2는 프로그램 10.1의 함수들을 매크로로 바꾼 것이다.

```
#define CIRCUMFERENCE(x)      (2.0 * (x) * PI)
#define AREA(x)               ((x) * (x) * PI)
#define VOLUME(x)             (4.0 / 3.0 * (x) * (x) * (x) * PI)
#define SURFACE_AREA(x)       (4.0 * (x) * (x) * PI)
```

프로그램 10.2를 컴파일하면 전처리기는 프로그램에서 사용하는 모든 매크로를 앞에서 설명한 대로 확장하여 함수 10.1과 같이 변환한다.

함수 10.1

```
int main(void)
{
    double r;

    printf("반지름을 입력 하세요 : ");
    scanf("%lf", &r);
    printf("반지름이 %.3f인\n", r);
    printf("   원의 원둘레 길이 : %.3f\n", (2.0 * (r) * 3.14));
    printf("   원의 면적 : %.3f\n", ((r) * (r) * 3.14));
    printf("   구의 부피 : %.3f\n", (4.0 / 3.0 * (r) * (r) * (r) * 3.14));
    printf("   구의 표면적 : %.3f\n", (4.0 * (r) * (r) * 3.14));

    return 0;
}
```

함수 10.1을 보면 매크로 수식들이 모두 확장되어 있음을 알 수 있다. 즉 매개변수를 갖는 매크로는 프로그램에서 마치 함수 호출처럼 사용하지만 사실은 함수가 아니다. 이것은 5장에서 다룬 **inline** 함수와 매우 유사하게 동작함을 알 수 있다. 하지만 매개변수를 갖는 매크로와 **inline** 함수는 여러 가지 차이가 있다. 가장 큰 차이는 매크로는 인자의 형을 검사하지 않는다는 것이다. 즉 **inline** 함수를 호출하는 수식에서 매개변수와 대응되는 인자의 형이 일치하지 않으면 컴파일러는 형 변환을 해주거나 또는 오류 메시지를 출력하지만, 매크로를 사용하는 수식에서는 인자에 대한 형 검사를 하지 않는다. 따라서 프로그래머가 알아서 올바르게 사용해야 한다. 또 다른 중요한 차이는 inline 함수를 사용하면 인자들이 한 번만 평가되지만 매크로를 사용하면 여러 번 평가될 수도 있다는 것이다. 예를 들어 AREA(r++)는 ((r++) * (r++) * 3.14)로 확장되기 때문에 r의 값이 두 번 증가된다. 하지만 area(r++)과 같이 함수의 인자로 r++를 명시하면 r의 값은 한번만 증가된다.

인자가 있는 매크로를 정의할 때에는 괄호를 충분히 써야한다. 예를 들어 앞에서 정의한 AREA(x) 매크로에 많은 괄호를 사용한 것처럼 보이지만 이렇게 함으로써 매크로가 확장됐을 때 수식이 정확히 계산되도록 할 수 있다. 예를 들어 AREA(x) 매크로가 다음과 같이 정의되었다고 가정해 보자.

```
#define AREA(x) x * x * PI
```

이 정의에 따르면 AREA(a + b)는 다음과 같이 확장될 것이다.

```
a + b * a + b * PI
```

이 수식은 a + (b * a) + (b * PI)를 의미하기 때문에 다음 수식과 같지 않다.

```
((a + b) * (a + b) * PI)
```

또는 다음과 같이 매크로를 정의했다고 가정해 보자.

```
#define AREA(x) (x) * (x) * PI
```

이 정의에 따르면 4.0 / AREA(2)는 다음과 같이 확장된다.

```
4 / (2) * (2) * PI
```

이 수식은 연산자 결합방향에 의해 ((4 / (2)) * (2) * PI)와 같이 계산되기 때문에 그 값은 (4 / ((2) * (2) * PI))와 같지 않다. 지금까지 살펴본 이유로 인해 매개변수가 있는 매크로를 정의할 때에는 정의 부분에서 매개변수를 괄호로 항상 묶어야 하고 전체 정의도 괄호를 묶어야 한다.

또한 매크로를 정의할 때 매크로 이름과 여는 괄호 사이에는 공백이 없어야 한다. 예를 들어 다음 정의를 보자.

```
#define AREA (x) ((x) * (x) * PI)
```

이 정의에서는 AREA와 (x) 사이에 스페이스 문자가 있다. 이렇게 정의했다면 AREA(5.0)은 다음과 같이 확장된다.

```
(x)     ((x) * (x) * PI) (5.0)
```

즉 매크로 이름과 매개변수 목록 사이의 공백으로 인해 전처리기는 이 매크로를 매개변수가 없는 매크로로 인식하여 문자열 대치만 수행하게 된다. 따라서 매개변수가 있는 매크로를 정의할 때에는 매크로 이름과 여는 괄호 사이에 공백이 있으면 안 된다. 그리고 매크로 정의 끝에 세미콜론을 붙이지 말아야 한다. 실수로 세미콜론을 붙이면 세미콜론까지 대치될 문자열에 포함되게 된다. 다음 코드를 보자.

```
#define AREA(x) ((x) * (x) * PI);
a = AREA(r);
```

이 코드는 다음과 같이 확장될 것이다.

```
a = ((r) * (r) * PI);;
```

확장된 결과를 보면 세미콜론이 문장 끝에 두 개 있음을 알 수 있다. 즉, 원하지 않는 널 문장이 추가된 것이다. 추가된 널 문장으로 구문 오류가 발생할 수 있다. 예를 들어 다음과 같은 문장을 보자.

```
if (r > 0)
    x = AREA(r);
else
    x = -1;
```

이 문장은 다음과 같이 확장된다.

```
if (r > 0)
    x = ((r) * (r) * PI);;
else
    x = -1;
```

이렇게 확장되기 때문에 else가 if에 연결되지 못해 구문 오류가 발생할 것이다.

C90은 매개변수를 갖는 매크로를 사용할 때 반드시 인자를 명시하도록 하였다. 하지만 C99부터는 매개변수를 갖는 매크로도 인자 없이 호출할 수 있다. 예를 들어 프로그램 10.2의 CIRCUMFERENCE 매크로는 매개변수를 하나 가지고 있지만, 인자 없이 CIRCUMFERENCE()로 사용해도 된다.

물론 이 경우에는 CIRCUMFERENCE()가 (2.0 * () * PI)로 확장되어 C 구문에 맞지 않아 컴파일 오류가 발생할 것이다. 만일 C 구문에 맞는다면 별 문제 없이 동작할 것이다.

10.3 통합 자료형 매크로

6장에서 통합 자료형(type generic) 수학 매크로를 사용하면 인자의 자료형에 상관없이 하나의 매크로 이름을 사용하여 적절한 함수를 사용할 수 있음을 설명하였다. 통합 자료형 수학 매크로는 C11에 추가된 _Generic을 사용하여 구현되어 있다. _Generic은 switch 문과 매우 유사한 구조를 가지고 있다. switch 문은 정수 수식의 값에 따라 분기를 하지만, _Generic은 수식의 자료형에 따라 원하는 수식을 선택할 수 있도록 한다. _Generic의 사용 형식은 다음과 같다.

```
_Generic ( controlling-expression, association-list )
```

controlling-expression은 수식이고, association-list에는 다음과 같은 형식의 항목들이 콤마로 분리되어 나열된다.

```
type-name : expression
default : expression
```

type-name은 controlling-expression이 가질 수 있는 자료형 이다. _Generic은 controlling-expression에 명시된 수식의 자료형에 따라 association-list 중 매칭되는 type-name 항목의 expression을 선택하게 된다. 만일 매칭되는 type-name이 없다면 default 항목이 선택된다. default 항목을 사용하지 않았을 때 매칭되는 type-name 항목이 없다면 컴파일 오류가 발생한다. 예를 들어, 통합 자료형 수학 매크로인 sqrt()는 다음과 같이 정의할 수 있다.

```
#define sqrt(x) _Generic( (x), long double : sqrtl, \
                               default : sqrt, \
                               float : sqrtf )(x)
```

이 예제에서 볼 수 있는 것처럼 _Generic의 형식은 switch 문의 사용법과 유사함을 알 수 있다. 이 매크로의 _Generic은 매개변수 x의 형이 long double이면 sqrtl, float이면 sqrtf을 선택하고, 매칭되는 형이 없으면 sqrt를 선택한다. 다음 프로그램을 보자.

프로그램 10.3

```c
#include <stdio.h>

#define f(x) _Generic((x), int : func,\
                           float : funcf,\
                           default : funcld)(x)

int func(int a){ return a + 1; }
float funcf(float a){ return a + 2; }
float funcld(long double a){ return a + 3; }

int main(void)
{
    int x = 100;
    float y = 100.0;
    unsigned z = 100.0;
    long double value;

    value = f(x);
    printf("f(x) = %.2Lf\n", value);
    value = f(y);
    printf("f(y) = %.2Lf\n", value);
    value = f(z);
    printf("f(z) = %.2Lf\n", value);

    return 0;
}
```

프로그램 11.3은 통합 자료형 매크로를 사용한 예제이다.

```c
#define f(x) _Generic((x), int : func,\
                      float : funcf,\
                      default : funcld)(x)
```

f(x) 매크로는 통합 자료형 매크로로 인자의 형이 int 형이면 func(x), float 형이면 funcf(x), 모

두 아니면 funcld(x)로 대치될 것이다. 따라서 main()은 컴파일을 하게 되면 다음과 같이 변경될 것이다.

함수 10.2

```
int main(void)
{
    int x = 100;
    float y = 100.0;
    unsigned z = 100.0;
    long double value;

    value = func(x);
    printf("f(x) = %.2Lf\n", value);
    value = funcf(y);
    printf("f(y) = %.2Lf\n", value);
    value = funcld(z);
    printf("f(z) = %.2Lf\n", value);

    return 0;
}
```

프로그램 10.3의 실행결과는 다음과 같다.

```
f(x) = 101.00
f(y) = 102.00
f(z) = 103.00
```

프로그램 10.4는 _Generic의 다른 사용 예이다.

프로그램 10.4

```
#include <stdio.h>
#include <stdlib.h>
#include <math.h>

#define type(x) _Generic((x), unsigned short:"unsigned short int", \
                              int:"signed int", \
                              unsigned:"unsigned int", \
                              long:"signed long int", \
                              unsigned long:"unsigned long long int", \
                              float:"float", \
                              double:"double", \
                              // 추가적인 자료형은 생략함
                              default:"other")

int main(void)
{
    size_t st;
    wchar_t wt;
    float_t ft;

    printf("size_t : %s\n", type(st));
    printf("wchar_t : %s\n", type(wt));
    printf("float_t : %s\n", type(ft));

    return 0;
}
```

헤더 파일에는 다양한 자료형들이 선언되어 있는데, 이들이 실제로 어떤 형인지 알고 싶다면 프로그램 10.4와 같은 프로그램을 사용하면 된다. 프로그램 실행 결과는 사용하는 컴퓨터 마다 다를 수 있다. 한 가지 예는 다음과 같다.

```
size_t : unsigned long int
wchar_t : unsigned short int
float_t : float
```

10.4 #과 ## 연산자

단항 연산자 #은 매크로 정의에서 형식 매개변수를 "문자열화"하는 연산자이다. 예를 들어 다음 매크로를 보자.

```
#define string(a) #a
```

이 매크로를 호출하면 string의 인자를 문자열로 만든다. 즉 다음과 같이 호출했다고 하자.

```
string(James)
```

전처리기는 이것을 다음 문자열로 대치한다.

```
"James"
```

연산자는 디버깅 할 때 유용하게 사용된다. 보통 디버깅 할 때에는 다음과 같은 printf()를 사용하여 수식과 그 값을 출력하여 문제를 분석하는 것이 보통이다.

```
printf("data = %d\n", data);
printf("x + y = %d\n", x + y);
```

추적하고 싶은 변수가 많을 때 이러한 식으로 디버깅 코드를 삽입하는 것은 매우 성가신 작업이다. 이러한 종류의 디버깅 코드를 만들 때 # 연산자를 사용하면 편리하다. 즉 다음과 같이 매크로를 만들어보자.

```
#define PRINT4DEBUG(x) printf(#x" : %d\n", x)
```

그러면 data와 x + y의 값을 출력하기 위해서는 다음과 같이 하면 된다.

```
PRINT4DEBUG(data);
PRINT4DEBUG(x + y);
```

전처리기는 PRINT4DEBUG 매크로 호출을 앞의 printf() 문과 같이 확장할 것이다.

이항 연산자 ##은 토큰을 결합하는 데 사용된다. 예를 들어 다음 선언을 보자.

```
#define X(i) x ## i
```

X 매크로는 매개변수로 넘어온 인자를 x와 결합하여 새로운 토큰을 만들어 준다. 예를 들어 다음과 같이 매크로를 사용했다고 하자.

```
X(1) = X(2) = X(3);
```

전처리기가 매크로 X를 처리한 결과는 다음과 같다.

```
x1 = x2 = x3;
```

다음 프로그램을 보자.

프로그램 10.5

```
#include <stdio.h>

#define OBJ(n, w) obj##n.pos_##w
#define PRT(n, w) printf("obj%1d.pos_"#w" : %.2f\n", n, obj##n.pos_##w)

struct pos{
    float pos_x;
    float pos_y;
    float pos_z;
};

int main(void)
{
    struct pos obj1, obj2;

```

```
16     OBJ(1, x) = 12.3;
17     OBJ(1, y) = 21.45;
18     OBJ(1, z) = 39.32;
19     OBJ(2, x) = 46.76;
20     OBJ(2, y) = 23.99;
21     OBJ(2, z) = 19.8;
22
23     PRT(1, x);
24     PRT(2, x);
25
26     return 0;
27 }
```

프로그램 10.5는 #과 ## 연산자의 사용 예를 보여주고 있다.

```
3 #define OBJ(n, w) obj##n.pos_##w
4 #define PRT(n, w) printf("obj%1d.pos_"#w" : %.2f\n", n, obj##n.pos_##w)
```

OBJ()는 구조체의 멤버를 참조하기 위한 매크로이고, PRT()는 구조체 멤버를 출력하는 매크로이다.

```
16     OBJ(1, x) = 12.3;
23     PRT(1, x);
```

예를 들어 16행과 23행 같이 매크로를 사용하면 다음과 같이 확장될 것이다.

```
obj1.pos_x = 12.3;
printf("obj%1d.pos_""x"" : %.2f\n", 1, obj1.pos_x);
```

즉, 구조체 변수인 obj1의 pos_x 멤버에 12.3을 배정하고, obj1.pos_x의 값을 출력하게 된다. 프로그램 10.5의 실행 결과는 다음과 같다.

```
obj1.pos_x : 12.30
obj2.pos_x : 46.76
```

10.5 헤더 파일

헤더 파일은 확장자가 .h인 파일로 여러 파일에서 사용될 매크로 정의와 자료형 및 함수 선언을 포함하고 있는 파일이다. 헤더 파일은 두 가지 종류가 있다. 하나는 사용자가 작성한 것이고, 다른 하나는 컴파일러가 제공하는 것이다. 지금까지 많이 사용한 헤더 파일은 stdio.h, stdlib.h, string.h, stdbool.h 등이 있으며, 이것들은 컴파일러가 제공하는 헤더 파일이다. 프로그램에서 헤더 파일에 있는 내용을 활용하기 위해서는 헤더 파일을 프로그램으로 삽입해야 한다. 헤더 파일의 삽입은 #include라는 전처리 지시자를 사용하여 한다. 사용 방법은 다음과 같다.

```
#include <filename>
#include "filename"
```

헤더 파일을 어떻게 명시하느냐에 따라 filename 파일을 찾는 위치가 달라진다. 꺽쇠괄호에 명시된 파일은 시스템이 정의한 디렉터리에서만 그 파일을 찾는다. 반면 큰따옴표에 명시된 파일은 먼저 현재 디렉터리에서 그 파일을 찾고 거기에 없다면 시스템이 정의한 디렉터리에서 찾는다. 보통 사용자가 정의한 파일을 포함시킬 때에는 큰따옴표를 사용하고 시스템이 제공하는 파일을 포함시킬 때에는 꺽쇠괄호를 사용한다. UNIX 계열 시스템에서 시스템 정의 디렉터리는 일반적으로 /usr/include 이다. 하지만 컴파일러마다 다른 디렉터리를 사용하기도 한다. 지금까지 프로그램 첫 부분에서 다음과 같은 전처리기 문장을 많이 사용했었다.

```
#include <stdio.h>
#include <stdlib.h>
```

이렇게 한 이유는 stdio.h나 stdlib.h에 라이브러리 함수의 원형이 선언되어 있고 프로그램에 유용한 매크로가 정의되어 있기 때문이다. 사용자도 프로그램에 유용한 내용을 담은 헤더 파일을 만들어 사용할 수 있다. 다음 헤더 파일을 보자.

헤더파일 10.1

pi.h

```c
#include <stdio.h>
#define  PI  3.14
#define  CIRCUMFERENCE(x)       (2.0 * (x) * PI)
#define  AREA(x)                ((x) * (x) * PI)
#define  VOLUME(x)              (4.0 / 3.0 * (x) * (x) * (x) * PI)
#define  SURFACE_AREA(x)        (4.0 * (x) * (x) * PI)
```

헤더 파일 10.1은 프로그램 10.2의 전처리기 문장만을 분리하여 만든 것이다. 사용자 헤더 파일은 헤더 파일을 사용할 프로그램 파일이 있는 디렉터리에 작성한다. 이제 프로그램 10.2는 다음과 같이 수정할 수 있다.

프로그램 10.6

```c
#include "pi.h"
int main(void)
{
    double r;

    printf("반지름을 입력 하세요 : ");
    scanf("%lf", &r);
    printf("반지름이 %.3f인\n", r);
    printf("    원의 원둘레 길이 : %.3f\n", CIRCUMFERENCE(r));
    printf("    원의 면적 : %.3f\n", AREA(r));
    printf("    구의 부피 : %.3f\n", VOLUME(r));
    printf("    구의 표면적 : %.3f\n", SURFACE_AREA(r));

    return 0;
}
```

프로그램 10.6은 사용자 헤더 파일을 사용하고 있다.

```
1 #include "pi.h"
```

사용자 헤더 파일 pi.h를 프로그램에 삽입시키기 위해 #include 전처리 지시자를 사용하고 있고, 파일은 큰따옴표를 사용하여 명시하고 있다. 따라서 컴파일러는 pi.h를 현재 디렉터리에서 찾고 없으면 시스템 디렉터리에서 찾아서 프로그램에 삽입할 것이다. 프로그램 10.6의 전처리 후의 결과와 프로그램 10.2의 전처리 후의 결과는 같을 것이다.

사용자 헤더파일은 보통 프로그램을 여러 개의 파일로 나누어서 작성할 때 사용된다. 여러 개의 파일로 나누어진 함수들은 서로 같은 매크로나 함수 원형들을 사용한다. 이렇게 공동으로 사용되는 시스템 헤더 파일, 매크로, 함수 원형을 헤더 파일로 만든 다음 프로그램을 이루는 파일들에 포함시키면 모든 프로그램 파일이 공통의 내용을 가지고 실행될 것이다. 결국 헤더 파일은 여러 개의 파일을 하나로 묶어주는 역할을 한다. 이것에 대해서는 12장에서 다시 설명할 것이다.

10.6 조건부 컴파일

전처리기는 조건부 컴파일을 지원한다. 조건부 컴파일은 프로그램의 특정 부분을 선택적으로 컴파일할 수 있게 하는 기능이다. 이 기능은 종류가 다른 운영체제나 종류가 다른 컴퓨터에서 실행할 필요가 있는 프로그램을 작성할 때 유용하게 사용된다. 또한 디버깅 코드를 필요에 따라 프로그램에 추가시키거나 무시할 때도 사용된다. 조건부 컴파일과 관련된 전처리 지시자로는 #if, #ifdef, #ifndef, #else, #elif, #endif, #undef가 있다. #if와 #elif 뒤에는 정수 상수 수식이 오고, #ifdef와 #ifndef 뒤에는 식별자가 온다.

#undef

매크로의 유효 범위는 자신이 정의된 행부터 시작하여 그 파일의 끝까지 이다. 간혹 앞에서 정의된 매크로를 무시해야 할 필요가 있다. 이 경우 #undef 전처리 지시자를 사용한다. 예를 들어 PI 매크로를 더 이상 사용하고 싶지 않다면 다음과 같이 하면 된다.

```
#undef PI
```

이 전처리기 문장 다음부터는 PI 매크로를 사용할 수 없다. 이 기능은 주로 매크로를 다시 정의해야 할 때에 사용된다.

#ifdef, #ifndef, #else, #endif

먼저 #ifdef와 #ifndef를 보자. 이것은 뒤에 오는 식별자가 #define에 의해 정의되어 있는지를 알아보는 것이다. 예를 들어 다음과 같이 사용된다.

```
#ifdef PI
#undef PI
#endif
#define PI 3.141592
```

첫 번째 전처리기 문장은 PI가 정의되어 있는지를 물어보는 것이다. PI가 정의되어 있다면 #endif까지의 문장은 처리되고, 정의되어 있지 않다면 #endif까지의 문장은 무시된다. 이 예제 코드는 PI가 정의되었건 아니건 간에 PI를 3.141592로 정의하기 위한 것이다. 전처리 지시자 #ifdef, #ifndef, #if, #else 등을 사용할 때에는 늘여쓰기를 하는 것이 좋다. 즉 위의 코드는 다음과 같이 하는 것이 이해하기 좋을 것이다.

```
#ifdef PI
#    undef PI
#endif
#define PI 3.141592
```

또는 다음과 같이 들여쓰기를 할 수도 있다.

```
#ifdef PI
   #undef PI
#endif
#define PI 3.141592
```

앞의 예제는 이상한 것처럼 보이지만 실제로 많이 사용된다. 즉 대형 프로그램은 여러 사람이 여러 파일로 작성하게 되는데 간혹 같은 기호 상수를 다른 값으로 정의하는 경우가 있다. 이런 상황을 대비하여 자신의 기호 상수를 정의하기 전에 #ifdef를 사용하여 기호 상수가 정의되어 있는지 확인하고 정의되어 있다면 해제한다. #ifdef는 다음과 같이 실행 문장 사이에 사용될 수도 있다.

```
#ifdef PI
   area = r * r * PI;
#else
   area = r * r * 3.14;
#endif
```

#else는 C의 else와 유사한 기능을 한다. 즉 #ifdef 문장이 참이면 #else 부분은 무시되고, 거짓일 때 #else 부분이 선택된다. 따라서 이것은 PI가 정의되어 있다면 area = r * r * PI;가 컴파일되고 area = r * r * 3.14;는 무시된다. 반면 PI가 정의되어 있지 않다면 그 반대로 컴파일될 것이다.

#ifndef는 #ifdef와는 반대로 뒤에 명시된 식별자가 정의되어 있지 않다면 참이 된다. 따라서 앞의 예제를 #ifndef를 사용하는 것으로 바꾸면 다음과 같이 된다.

```
#ifndef PI
   area = r * r * 3.14;
#else
   area = r * r * PI;
#endif
```

#if, #else, #elif, #endif

#if, #else, #elif 등을 사용하면 #ifdef보다 더욱 융통성 있게 조건을 검사할 수 있다. 사용 방법은 각각 C의 if, else, else if와 유사하다. 예를 들어 다음과 같은 형태로 사용한다.

```
#if N < 0
   int num[100];
#elif N > 2000
   int num[2000];
#else
   int num[N];
#endif
```

이 코드에 의하면, N이 음수이면 num[100]이 선언되고, 2000보다 크면 num[2000]이, 아니면 num[N]이 선언된다.

defined

#if와 defined 연산자를 사용하면 #ifdef와 같은 결과를 얻을 수 있다. defined 수식은 defined 뒤에 오는 식별자가 정의되었으며 1의 값을 갖고 아니면 0의 값을 갖는다. 사용 예는 다음과 같다.

```
#if defined(PI)
   #undef PI
#endif
```

프로그램을 개발할 때에는 프로그램 검사와 디버깅을 반복해서 한다. 프로그램의 디버깅을 위해서는 printf()와 같은 추가적인 코드가 사용된다. 디버깅이 끝난 다음에는 디버깅 코드를 제외하고 컴파일해야 한다. 이렇게 하기 위해서는 디버깅 코드를 삭제하든지 디버깅 코드 부분을 주석 처리해야 한다. 하지만 이러한 작업은 만만한 작업이 아니다. 이를 쉽게 하는 좋은 방법은 매크로와 #if 문을 사용하는 것이다. 예를 들어 다음과 같이 한다.

```
#define DEBUG 1
. . .
#if DEBUG
   printf("debug: a = %d\n", a);
#endif
```

이 코드에서 디버깅을 위한 printf()는 DEBUG의 값이 0이 아닐 때에만 컴파일될 것이다. 즉 디버깅 코드를 무시해야 한다면 앞의 DEBUG 정의에서 그 값을 0으로 하면 된다. 물론 이 경우 #if 대신 #ifdef를 사용할 수도 있다. #ifdef를 사용한다면 디버깅 코드가 필요 없을 때 DEBUG 매크로 정의 행을 삭제하면 된다.

gcc는 컴파일 옵션으로 매크로를 정의할 수 있는 -D 옵션을 제공한다. 예를 들어 다음과 같이 사용한다.

```
$ gcc -D DEBUG test.c
$ gcc -D DEBUG=1 test.c
```

이것은 각각 test.c 파일의 첫 행에 다음과 같은 행이 있는 것처럼 만든다.

```
#define DEBUG
#define DEBUG 1
```

다음 프로그램을 보자.

프로그램 10.7

```
#include <stdio.h>

#define f(x) _Generic((x), int : func,\
                           float : funcf,\
                           default : funcld)(x)

int func(int a){ return a + 1; }
float funcf(float a){ return a + 2; }
float funcld(long double a){ return a + 3; }

int main(void)
{
    int x = 100;
    float y = 100.0;
    unsigned z = 100.0;
    long double value;

#ifdef DEBUG
    printf("func(100) : %d\n", func(100));
    printf("funcf(100.0) : %.2f\n", funcf(100.0));
    printf("funcld(100.0) : %.2lf\n", funcld(100.0));
#endif

    value = f(x);
    printf("f(x) = %.2Lf\n", value);
    value = f(y);
    printf("f(y) = %.2Lf\n", value);
    value = f(z);
```

```
    printf("f(z) = %.2Lf\n", value);

    return 0;
}
```

프로그램 10.7은 통합 자료형 매크로가 올바르게 동작하는지 알아보기 위한 디버깅 코드를 삽입한 것이다.

```
18 #ifdef DEBUG
19     printf("func(100) : %d\n", func(100));
20     printf("funcf(100.0) : %.2f\n", funcf(100.0));
21     printf("funcld(100.0) : %.2lf\n", funcld(100.0));
22 #endif
```

디버깅 코드는 18행부터 22행까지 #ifdef DEBUG와 #endif 전처리 지시자 내에 두었다. 프로그램 10.7은 DEBUG 매크로가 선언되어 있지 않기 때문에 아무 옵션 없이 컴파일하면 디버깅을 위한 코드가 실행되지 않을 것이다. 하지만 컴파일할 때 -D DEBUG 옵션을 사용하면 디버깅을 위한 코드가 실행될 것이다. 다음은 –D 옵션을 사용했을 때와 안했을 때의 실행 결과 차이를 보여주고 있다.

```
$ gcc pro10.7.c -o pro10.7 -D DEBUG
$ pro10.7
func(100) : 101
funcf(100.0) : 102.00
funcld(100.0) : 103.00
f(x) = 101.00
f(y) = 102.00
f(z) = 103.00
$
$ gcc pro10.7.c -o pro10.7
$ pro10.7
f(x) = 101.00
f(y) = 102.00
f(z) = 103.00
```

요약

1. 소스 프로그램을 컴파일하면 컴파일러는 전처리기를 호출하여 소스 프로그램의 모든 전처리기 문장을 C 구문에 맞는 문장으로 변환하게 한다. 컴파일러는 전처리 과정이 끝난 프로그램을 실행 프로그램으로 변환한다.

2. 전처리기 문장은 전처리 지시자로 시작하는 문장으로, 전처리 지시자는 #과 지시자로 구성된다. 지시자로는 define, undef, include, if, ifdef, ifndef, elif, else, endif, line 등이 있다.

3. 매크로는 #define 전처리기 문장으로 만들어지는 것으로, 기호 상수, 문자열 대치, 매개변수가 있는 매크로 등이 있다. 기호 상수와 문자열 대치 매크로를 사용하면 프로그램의 가독성을 높일 수 있고, 프로그램의 유지관리에도 도움이 된다. 또한 매개변수를 갖는 매크로는 함수와 비슷한 모양을 갖지만 프로그램이 실행될 때 함수 호출이 일어나지 않아 실행 속도가 빠르다.

4. _Generic은 자료형에 따라 수식을 선택할 수 있게 한다. _Generic의 사용 형식은 다음과 같다.

```
_Generic ( controlling-expression, association-list )
```

controlling-expression은 수식이고, association-list에는 자료형과 수식의 쌍이 콤마로 분리되어 나열된다. 통합 자료형 수학 매크로는 _Generic을 사용하여 구현되어 있다.

5. #은 문자열화 연산자이고, ##은 토큰을 결합하는 연산자이다. #과 ##을 적절히 사용하면 디버깅 코드를 매우 효율적으로 작성할 수 있다.

6. 헤더 파일은 확장자가 .h인 파일로 컴파일러가 제공하는 헤더 파일과 사용자가 직접 작성하는 헤더 파일이 있다. 헤더 파일에는 보통 컴파일러가 제공하는 헤더 파일을 삽입하고 매크로를 정의하는 전처리기 문장과 함수 원형과 자료형을 선언하는 선언문 등이 있다. 헤더 파일에 포함된 내용을 사용하기 위해서는 헤더 파일을 프로그램에 포함시켜야 하며 그 방법은 다음 중 하나를 사용하면 된다.

```
#include <filename>
#include "filename"
```

7. 조건부 컴파일은 프로그램의 특정 부분을 선택적으로 컴파일할 수 있게 하는 기능이다. 조건부 컴파일과 관련된 전처리 지시자로는 `#if`, `#ifdef`, `#ifndef`, `#else`, `#elif`, `#endif`, `#undef`가 있다.

연습 문제

1. 다음 프로그램을 보자.

```
#include <stdio.h>
typedef   float   DOLLARS;
int main(void)
{
   DOLLARS   amount = 100.00,  interest = 0.07 * amount;
   printf("DOLLARS = %.2f\n", amount + interest);
   return 0;
}
```

이 프로그램을 실행해 보아라. 그리고 typedef를 다음으로 대치하여라.

```
#define DOLLARS float;
```

수정된 프로그램을 다시 컴파일하고 수행해 보아라. 이전과 동일한 결과를 내는가?

2. 다음 프로그램을 보자.

```
#include <stdio.h>
typedef   float   DOLLARS;
int main(void)
{
   DOLLARS   amount = 100.00, interest = 0.07 * amount;
   {
      float   DOLLARS;
      DOLLARS = amount + interest;
      printf("DOLLARS = %.2f\n", DOLLARS);
   }
   return 0;
}
```

이 프로그램을 수행해 보아라. 그리고 typedef를 다음으로 대치해 보아라.

```
#define DOLLARS float;
```

제대로 수행되는가? 발생하는 문제에 대해 설명하여라.

3. 다음 프로그램을 보자.

```
#include <stdio.h>

typedef int *int_ptr;

int main(void)
{
   int a = 100, b = 200, c;
   int_ptr p = &a, q = &b, r = &c;

   *r = *p;
   *p = *q;
   *q = *r;

   printf("a : %d, b : %d\n", a, b);
   return 0;
}
```

이 프로그램을 수행해 보아라. 그리고 typedef를 다음으로 대치해 보아라.

```
#define int_ptr int *;
```

제대로 수행되는가? 발생하는 문제에 대해 설명하여라.

4. 모든 int 형을 long long 형으로 바꿔야할 때 다음과 같이 하면 되겠는가?

```
#define int long long
```

이렇게 했을 때의 문제점을 설명하여라.

5. 인자를 갖는 매크로를 사용하는 프로그램은 디버깅하기가 어렵다. 다음 프로그램은 인자로 넘어오는 문자열을 출력하기 위해 PRN(x)라는 매크로를 정의하였다. 올바르게 수행되는지 확인해 보아라.

```
#include <stdio.h>
#define   PRN(x)   printf("x\n");
int main(void)
{
```

```
    PRN(Hello from main());
    return 0;
}
```

무엇이 문제인지 확인하고 올바르게 동작하도록 수정하여라.

6. 프로그램을 컴파일하면 먼저 전처리기가 호출되어 전처리기 문장들을 모두 C 코드로 변환한다. 컴파일러는 보통 전처리기의 실행 결과를 볼 수 있는 옵션을 제공한다. 예를 들어 gcc 컴파일러를 사용할 경우 -E 옵션을 사용하여 컴파일하면 전처리 결과를 볼 수 있고, Visual Studio를 사용한다면 "프로젝트 -> 속성 -> 구성 속성 -> C/C++ -> 전처리기"에 가서 "파일로 전처리" 항목을 "예(/p)"로 설정하면 된다. 연습문제 5번 프로그램의 전처리기 결과를 확인하여 PRN(Hello from main())가 어떻게 확장되는지 써라.

7. ptrdiff_t, size_t, wchar_t는 〈stddef.h〉에 정의되어 있다. 이들이 실제로는 어떤 형인지 확인하고 써라.

8. forever() 매크로가 다음과 같이 정의되어 있다고 하자.

```
#define forever(x) forever(forever(x))
```

이때 forever(x)를 호출하면 어떻게 확장되는지 확인해 보아라.

9. float 형 변수인 x, y, z의 값이 각각 1.1, 2.2, 3.3이라고 하자. 이때 PRN_3(x, y, z)를 사용하면 다음과 같이 출력되도록 PRN_3() 매크로를 정의하고 프로그램을 작성하여 확인해 보아라.

```
x : 1.1, y : 2.2, z : 3.3
```

10. 세 인자 중 가장 큰 값을 출력하는 MAX(x, y, z) 매크로를 정의하고 프로그램을 작성하여 확인해 보아라.

11. 반지름이 r인 원의 넓이는 r*r*π이다. 원의 넓이를 계산하는 매크로와 inline 함수는 다음과 같이 정의할 수 있다.

```
#define PI 3.14
#define AREA(r) ((r) * (r) * PI)
inline float area_f(float r) {return r * r * PI;}
```

AREA()와 area_f() 각각을 사용하여 반지름이 1부터 10까지 1씩 증가할 때의 원의 넓이 표를 만들어보자. 이를 위한 프로그램은 다음과 같이 만들 수 있을 것이다.

```
#include <stdio.h>
#define  PI  3.14
#define  AREA(r)  ((r) * (r) * PI)
inline float area_f(float r) { return r * r * PI;}
int main(void)
{
   float a;
   int   i = 1;
   printf("By macro\nr   area\n");
   while (i <= 10){
      printf("%d : ", i);
      a = AREA(i++);
      printf("%.2f\n", a);
   }
   i = 1;
   printf("By inline function\nr   area\n");
   while (i <= 10){
      printf("%d : ", i);
      a = area_f(i++);
      printf("%.2f\n", a);
   }
   return 0;
}
```

이 프로그램을 실행시켜보아라. AREA()와 area_f()로 만든 원 넓이 표가 같은가? 다르다면 그 이유를 설명하여라.

12. 밑변이 w이고 높이가 h인 삼각형의 넓이는 w * h / 2이다. 삼각형 넓이를 구하는 inline 함수는 다음과 같이 정의할 수 있다.

```
static inline float tri_area_f(float w, float h)
{return w * h / 2;}
```

이 inline 함수를 매크로로 정의하면 다음과 같이 할 수 있을 것이다.

```
#define TRI_AREA(w, h) ((w) * (h) / 2)
```

밑변이 1이과 높이가 1인 삼각형의 넓이를 tri_area_f()와 TRI_AREA()를 사용하여 구하는 프로그램은 다음과 같이 만들 수 있을 것이다.

```
#include <stdio.h>
static inline float tri_area_f(float w, float h)
{return w * h / 2;}
#define TRI_AREA(w, h) ((w) * (h) / 2)
int main(void)
{
   float a;
   printf("By inline function\n");
   a = tri_area_f(1, 1);
   printf("The area is %f\n", a);
   printf("By macro\n");
   a = TRI_AREA(1, 1);
   printf("The area is %f\n", a);
   return 0;
}
```

이 프로그램을 실행시켜보아라. 같은 결과가 나오는가? 다르다면 그 이유를 설명하여라.

13. <assert.h> 헤더 파일에는 assert() 매크로가 정의되어 있다. assert() 매크로는 지정된 조건이 만족하지 않을 때 메시지를 출력하고 프로그램을 종료한다. 다음 프로그램을 실행하여 출력되는 메시지를 적어보아라.

```
#include <stdio.h>
#include <assert.h>
int main(void)
{
   int   a = 2, b = 0;
   assert(b != 0);
   printf("%d / %d = %f\n", a, b, (float) a / b);
   return 0;
}
```

14. assert() 매크로는 NDEBUG가 정의되어 있으면 무시된다. 다음 프로그램이 어떻게 실행되는지 확인해 보아라.

```
#include <stdio.h>
#define NDEBUG
#include <assert.h>
int main(void)
{
   int   a = 2, b = 0;
   assert(b != 0);
   printf("%d / %d = %f\n", a, b, (float) a / b);
   return 0;
}
```

15. 문자열화 연산자 #은 매크로로 전달되는 인자를 큰따옴표로 묶는다. 매크로의 인자가 이미 큰따옴표로 묶여 있다면 어떻게 되는지 다음 프로그램을 수행하여 알아보아라.

```
#include <stdio.h>
#define   test(x)   s = #x
int main(void)
{
   char   *s;
   test("Hello!");
   printf("%s\n", s);
   return 0;
}
```

16. 일반적으로 프로그램에서 모든 #include 행들은 파일의 시작 부분에 온다. 만일 #include 행이 함수 내부에 있으면 어떻게 되겠는가? 예를 들어, 프로그램 10.1에서 다음 전처리기 문장을 main() 함수 정의 안에 두면 어떻게 되는지 확인해보아라.

```
#include <stdio.h>
```

17. 같은 헤더 파일을 여러 번 #include 하면 어떻게 되는지 확인해 보아라. 예를 들어, 다음 전처리기 문장이 여러 개 있는 프로그램을 작성하여 확인해보아라.

```
#include <stdio.h>
```

18. 헤더 파일 <stddef.h>나 <stdlib.h> 중 어느 것을 포함시켜도 size_t가 선언된다. <stddef.h>와 <stdlib.h>를 동시에 포함시킬 수 있기 때문에 size_t의 중복된 형 정의를 피하기 위해 무언가를 해야 한다. 어떻게 할 수 있는지 설명하여라. 또한 직접 <stddef.h>와 <stdlib.h>를 확인해 보아라.

19. 전처리 지시자 #undef는 이전에 정의한 매크로를 무효화하는 것이다. 예를 들어 다음 문장을 보자.

```
#undef TRY_ME
```

이것은 TRY_ME가 이전에 #define 매크로로 정의되었다면 그 매크로 정의를 무효화 한다. TRY_ME가 이전에 정의되지 않았다면 어떻게 되는지 프로그램을 작성하여 확인해 보아라.

20. 다음 프로그램은 0부터 9까지의 제곱을 출력하기 위해 작성한 프로그램이다. 실행하여보고 그 결과에 대해 설명하여라. 올바르게 실행되도록 수정하여라.

```
#include <stdio.h>
#define SQR(x) ((x) * (x))
int main(void)
{
    for (int i = 0; i < 10; ){
        printf("%d * %d = ", i, i);
        printf("%d\n", SQR(i++));
    }
    return 0;
}
```

제 11 장

입력과 출력

지금까지 다룬 많은 프로그램에서 표준 입출력 라이브러리에 정의된 putchar(), getchar(), printf(), scanf() 함수 등을 사용하여 결과를 출력하거나 데이터를 읽어드렸다. 이러한 함수의 원형은 〈stdio.h〉에 있기 때문에 프로그램에서 입출력 함수를 사용할 때에는 프로그램의 제일 앞부분에 〈stdio.h〉 헤더 파일을 포함시킨 후 사용하였다. 입출력 함수는 지금까지 많이 사용하였기 때문에 익숙해져 있겠지만 이들의 사용 방법을 한 곳에 다시 정리하는 것도 좋을 것 같아 이 장에서 다시 설명한다.

컴퓨터에는 다양한 입출력 장치가 있다. 요즘 많이 사용되는 것으로는 하드디스크, SSD, USB 메모리, DVD-ROM, 키보드, 스크린, 등이 있으며, 이들은 하드웨어적인 특성이 다르고 장치를 접근하는 방법도 모두 다르다. 프로그램은 다양한 장치에 저장된 데이터를 가져오거나 저장할 수 있어야 하는데, 프로그래머가 사용하고자 하는 장치를 고려하여 프로그래밍 해야 한다면 프로그램을 작성하기가 너무 어려워질 것이다. 이러한 문제를 해결하기 위해 스트림(stream)이라는 개념을 사용한다. 스트림은 다양한 입출력 장치를 일관성 있게 접근할 수 있게 한다. 프로그램에서 입력이나 출력을 하고 싶다면 연관된 스트림을 만들고 그 스트림으로부터 읽고 쓰면 된다. 나머지는 운영체제가 알아서 해준다. 프로그램에서 만들지 않아도 되는 스트림으로는 표준 입력 장치, 표준 출력 장치, 표준 오류 장치와 연결된 스트림으로 프로그램에서는 이들을 각각 stdin, stdout, stderr로 접근할 수 있다. 표준 입력 장치는 디폴트로 키보드이고, 표준 출력 및 오류 장치는 화면이다. 지금까지 사용했던 입출력 함수들은 모두 stdin이나 stdout를 사용하는 것으로 특별히 스트림을 지정하지 않아도 되게 작성되어 있다.

대량의 데이터를 다루는 프로그램은 데이터를 파일로부터 입력받고 파일로 출력을 해야 한다. 파일을 사용하기 위해서는 파일과 연관된 스트림을 만들어서 사용해야 한다. 파일과 연관된 스트림은 파일을 열면(오픈하면) 만들어진다. 이렇게 만들어진 스트림에서 데이터를 읽거나 쓰면 결국 파일의 내용을 읽거나 쓰게 된다. C는 파일을 다루는 여러 가지 함수를 라이브러리 함수로 제공한다. 이러한 라이브러리 함수의 원형도 〈stdio.h〉에 있다.

이 장에서는 먼저 표준 입출력 장치를 사용하는 함수에 대해 설명하고, 그 다음 파일을 사용하기 위해 파일을 여는 함수와 파일을 순차적으로 접근하면서 데이터를 읽고 쓰는 함수, 그리고 파일의 임의의 위치를 접근하는 함수 등을 설명한다.

11.1 getchar()와 putchar()

getchar()와 putchar()는 각각 표준 입력 장치에서 문자를 입력받고 표준 출력 장치로 출력하는 함수이다. 이들의 함수 원형은 다음과 같다.

```
int getchar(void);
int putchar(int c);
```

getchar() 함수는 한 문자를 읽어서 리턴하고, 만일 그 스트림의 끝에 도달했다면 EOF를 리턴한다. 반면 putchar() 함수는 int 형 인자를 char 형으로 변환하여 출력하고 올바르게 출력됐으면 출력한 내용을 int 형의 값으로 리턴한다. 만일 출력이 안됐다면 EOF를 리턴한다.

이들은 각각 표준 입력 장치인 키보드에서 입력받고 표준 출력 장치인 화면으로 출력하지만, 입출력 재지정이나 파이프를 사용하면 입출력 장치를 변경할 수 있다. 먼저 입출력 재지정에 대해 살펴보자. 입출력 재지정은 명령어 라인에서 〈와 〉 기호를 사용하여 재지정한다. 예를 들어 io_prog라는 프로그램이 있다고 하자. 이를 명령어 라인에서 다음과 같이 실행하면 io_prog의 표준 입력 장치는 in_file 파일이 되고, 표준 출력 장치는 out_file 파일이 된다.

```
$ io_prog < in_file > out_file
```

이제 io_prog에서 getchar()를 호출하면 in_file에서 문자를 하나 읽고, putchar()를 호출하면 out_file에 문자를 쓰게 된다.

파이프(pipe)를 사용해도 표준 입출력 장치를 바꿀 수 있다. 파이프는 명령어 라인에서 프로그램 사이에 '|'로 나타낸다. 예를 들어 io_prog1, io_prog2, io_prog3 프로그램을 다음과 같이 실행했다고 하자.

```
$ io_prog1 | io_prog2 | io_prog3
```

이 명령어 라인은 두 개의 파이프를 생성하게 된다. 하나는 io_prog1와 io_prog2 사이에 생성되고, 다른 하나는 io_prog2와 io_prog3 사이에 생성된다. 첫 번째 파이프는 io_prog1의 표준 출력 장치가 되고 io_prog2의 표준 입력 장치가 된다. 결국 io_prog1의 출력은 io_prog2의 입력으로 들어가게 된다. 두 번째 파이프도 이와 같이 설정된다.

만일 Visual Studio를 사용한다면, 입출력 재지정은 "프로젝트 -> 속성 -> 구성 속성 -> 디버깅"

에서 "명령 인수" 항목에 "< in_file > out_file"와 같이 기술하면 된다. 다음 프로그램을 보자.

프로그램 11.1

```
#include <stdio.h>
int main(void)
{
    int   c;
    while ((c = getchar()) != EOF) {
        putchar(c);
    }

    return 0;
}
```

프로그램 11.1은 표준 입력 장치에서 EOF가 읽혀질 때까지 문자를 읽어 표준 출력 장치에 출력한다.

```
    while ((c = getchar()) != EOF) {
        putchar(c);
    }
```

EOF는 End Of File로 파일의 끝을 의미하지만 키보드로 생성할 수 있다. 그 방법은 운영체제에 따라 다르다. UNIX 계열에서는 control-d를 입력하면 되고, DOS 계열에서는 control-z를 입력하면 된다. 프로그램 11.1의 실행 파일을 pass로 하여 실행한 결과는 다음과 같다.

```
$ pass
abcdefg
abcdefg
hij
hij
^d
$ ls | pass
bin
etc
i686-pc-cygwin
i686-pc-mingw32
include
info
lib
local
man
sbin
share
src
tmp
var
$ pass < infile > outfile
```

첫 번째 실행은 키보드에서 입력을 받아 실행한 결과이다. 프로그램은 EOF가 입력될 때까지 계속 실행되기 때문에 control-d로 EOF를 생성하여 종료하고 있다. 두 번째 실행은 파이프를 사용한 것이다. ls의 출력은 파이프로 들어가고 pass는 파이프로부터 데이터를 읽어드려 화면에 출력한다. 즉 화면에 출력된 파일 목록은 ls가 출력한 것이 아니라 pass 프로그램이 출력한 것이다. 마지막 실행은 입출력 재지정을 사용하여 infile 파일로부터 읽고 outfile 파일로 출력하는 것이다. 결국 infile의 내용이 outfile로 복사될 것이다.

11.2 printf()

지금까지 사용한 함수 중 printf() 함수를 가장 많이 사용하였다. printf() 함수는 매우 편리하게 데이터를 원하는 형식으로 출력할 수 있게 정의된 함수이다. printf()의 함수 원형은 다음과 같다.

```
int printf(const char * restrict format, ...);
```

printf() 함수의 첫 번째 매개변수인 format을 제어 문자열이라고 하는데 printf() 함수는 이 제어 문자열을 화면에 출력하고, 화면에 출력한 문자의 개수를 int 형으로 리턴한다. 보통 printf()의 리턴 값은 사용하지 않는다. 제어 문자열에서 %부터 변환 문자까지를 변환 명세라고 한다. 제어 문자열을 출력할 때 변환 명세 부분은 뒤에 명시된 인자의 값으로 대치된다. 이때 인자는 변환 명세에 지정된 형식대로 변환된다. 예를 들어 다음 문장을 보자.

```
printf("%s : %d 점\n", name, grade);
```

이 printf()의 제어 문자열은 첫 번째 인자인 "%s : %d 점\n"이고, 이 문자열이 화면에 출력된다. 이 제어 문자열에서 %s와 %d는 변환 명세로 뒤에 명시된 인자가 대신 출력된다. 즉 %s는 name과 대응되어 name이 포인트하는 곳에서부터 널 문자 직전까지가 대신 출력되고, %d는 grade와 대응되어 grade의 값이 int 형식으로 대신 출력된다. name이 "James"를 포인트하고 있고, grade가 98이라는 값을 갖는다면 화면에는 다음과 같은 내용이 출력될 것이다.

```
James : 98 점
```

printf()는 인자들을 다양한 형식으로 출력할 수 있게 하기 위해 변환 명세에서 %와 변환 문자 사이에 다양한 속성을 지정할 수 있게 한다. 변환 명세의 일반적인 형식은 다음과 같다.

%$flags_{opt}$ $field\text{-}width_{opt}$ $.precision_{opt}$ $length\text{-}modifier_{opt}$ conversion-specifier

변환 명세에서 flags, field-width, .precision, length-modifier는 옵션이다. 하지만 사용한다면 위와 같은 순서대로 기술해야 한다. conversion-specifier는 변환 문자로 생략할 수 없다. 다음 표는 변환 문자를 정리해 놓은 것이다.

변환 문자	출력 형태
c	문자
d, i	10진 정수
u	부호 없는 10진 정수
o	부호 없는 8진 정수
x, X	부호 없는 16진 정수, 예: 5dee, 5DEE
f, F	부동 소수점 표기법의 실수, 예: 7.123000
e, E	지수 표기법의 실수, 예: 7.123000e+00, 7.123000E+00
a, A	16진 지수 표기법의 실수, 예: 0x7.123p+20, 0X7.123P+20
g, G	e형식과 f 형식 중 짧은 것 또는 E형식과 F 형식 중 짧은 것
s	널로 끝나는 문자열
p	포인터 값의 16진 정수
n	출력되는 것 없음, 대응되는 정수형 포인터 인자에 현재까지 출력된 문자의 개수를 배정함
%	% 문자, 대응되는 인자 없음

변환 문자 중 a와 A는 C99에 추가된 것으로 16진수 지수 표기법으로 실수를 출력한다. f, F, e, E 변환 문자는 앞에 정밀도가 명시되지 않으면 디폴트로 대응되는 인자를 소수점 이하 6자리까지 출력한다. f, F, e, E, g, G의 대응하는 인자가 무한대일 경우 inf(또는 infinity)나 INF(또는 INFINITY)가 출력되고, 대응하는 인자가 숫자가 아닐 경우 nan이나 NAN이 출력된다. p 변환 문자는 주소 값을 출력할 때 사용한다. 대부분의 시스템이 16진수로 주소를 변환하여 출력하지만, 출력 형태는 시스템에 따라 다를 수 있다.

flags는 출력 형식을 조정하기 위한 플래그이다. 다음 표는 플래그를 정리해 놓은 것이다.

플래그	의미
-	필드에서 좌측 정렬로 출력
+	숫자 앞에 +나 -를 붙여 출력
스페이스	양수 앞에 공백을 붙여 출력
0	숫자를 우측 정렬로 출력할 때 남는 공간을 0으로 채워서 출력
#	8진수는 앞에 0, 16진수는 앞에 0x, 실수는 소수점을 출력

printf()에서 인자가 출력되는 공간(또는 자리)을 필드라고 한다. 이 필드의 자리수가 출력될 인자의 자리수보다 크면 출력되는 인자는 디폴트로 오른쪽으로 붙어(우측 정렬) 출력된다. - 플래그는 인자들을 필드에서 왼쪽으로 붙여(좌측 정렬) 출력하라는 것이다. 플래그는 여러 개가 동시에 사용될 수도 있다. 다만 + 플래그와 스페이스 플래그가 같이 사용되면 스페이스 플래그는 무시된다. x나 X 변환 문자에 0 플래그를 사용한 경우 추가되는 0은 0x나 0X 뒤에 온다.

두 번째 옵션인 field-width은 필드 폭으로 출력되는 자리 수를 지정하는 것이다. 필드 폭으로는 양의 정수나 *가 올 수 있다. *가 오면 필드 폭을 printf()의 인자로 받아드림을 나타낸다. 예를 들어 다음 두 printf() 호출은 모두 i를 8 자리로 출력한다.

```
printf("i = %8d\n", i);
printf("i = %*d\n", 8, i);
```

출력되는 인자의 자리수가 더 크다면 필드 폭은 무시된다.

세 번째 옵션인 precision은 정밀도를 뜻하고 점 뒤에 명시된다. 정밀도는 음이 아닌 정수나 *가 올 수 있다. *가 오면 정밀도를 printf()의 인자로 받아드린다. d, i, o, u, x, X 변환에서 정밀도는 출력될 숫자의 최소 자릿수를 의미하고, a, A, e, E, f, F 변환에서 정밀도는 소수점 이하의 자릿수를 의미한다. 또한 g, G 변환에서 정밀도는 최대 유효 숫자를 의미하고, s 변환에서는 문자열로부터 출력될 문자의 최대 개수를 의미한다.

네 번째 옵션인 length-modifier는 크기 변환자로 인자의 크기를 지정하는 것이다. 다음 표는 크기 변환자를 정리해 놓은 것이다.

크기 변환자	뒤에 올 수 있는 변환 문자	변환 형
hh	d, i, o, u, x, X	signed/unsigned char
h	d, i, o, u, x, X	signed/unsigned short
l	d, i, o, u, x, X	signed/unsigned long
l	c	wint_t
l	s	wchar_t
l	a, A, e, E, f, F, g, G	무시
ll	d, i, o, u, x, X	signed/unsigned long long
j	d, i, o, u, x, X	intmax_t나 uintmax_t
z	d, i, o, u, x, X	size_t
t	d, i, o, u, x, X	ptrdiff_t
L	a, A, e, E, f, F, g, G	long double

C99에서 hh, ll, j, z, t가 추가되었고, l의 의미가 달라졌다. 이들을 지원하지 않는 printf()가 있을 수 있으니 사용하기 전에 확인해야 한다. 크기 변환자 hh, h, l, ll, j, t, z가 n 변환 문자와 같이 사용되면, 대응되는 인자의 포인터가 각각 signed char, short, long, long long, intmax_t, size_t, ptrdiff_t 형 포인터임을 나타낸다. 다음 프로그램을 보자.

프로그램 11.2

```
#include <stdio.h>
int main(void)
{
    int  j = 9;
    char c = 'A', s[] = "test string";
    printf(">>문자 출력<<\n");
    printf("%%c: |%c|, %%7c: |%7c|, %%-7c: |%-7c|\n", c, c, c);
    printf("%%s: |%s|, %%7s: |%7s|, %%-12s: |%-12s|\n", s, s, s);
    printf("%%.7s: |%.7s|, %%10.7s: |%10.7s|\n", s, s);
    printf("C is %n\n", &j);
    printf("%*ca good programming language.\n", j, ' ');

    int   i = 1024;
    long  l = 12345678;
    long long ll = 12345678901234LL;
    printf("\n>>정수 출력<<\n");
    printf("%%d: |%d|, %%o: |%o|, %%x: |%x|, %%u: |%u|\n", i, i, i, i);
    printf("%%07d: |%07d|, %%0.7d: |%0.7d|, %%+d: |%+d|\n", i, i, i);
    printf("%%X: |%X|, %%#x: |%#x|, %%#X: |%#X|\n", i, i, i);
    printf("%%ld: |%ld|, %%lo: |%lo|, %%lx: |%lx|\n", l, l, l);
    printf("%%lld: |%lld|, %%llo: |%llo|, %%llx: |%llx|\n", ll, ll, ll);

    int   k = 2;
    float f = 123.45678, f0 = 987.0;
    double d = -123.45678, d0 = 0.00000009;
    printf("\n>>실수 출력<<\n");
    printf("%%f: |%f|, %%e: |%e|, %%g: |%g|\n", f, f, f);
    printf("%%.3f: |%.3f|, %%.3e: |%.3e|,  %%.2g: |%.2g|\n", f, f, f);
```

```
    printf("%%10.3f: |%10.3f|, %%10.3e: |%10.3e|, %%10.2g: |%10.2g|\n",
           f, f, f);
    j = k = 3;
    printf("%%*.*f: |%*.*f|\n", j, k, f);
    printf("%%f: |%f|, %%e: |%e|, %%g: |%g|\n", f0, f0, f0);
    printf("%%#f: |%#f|, %%#e: |%#e|, %%#g: |%#g|\n", f0, f0, f0);
    printf("%%f: |%f|, %%e: |%e|, %%g: |%g|\n", d, d, d);
    printf("%%*f: |%*f|, %%.*f: |%.*f|, %%*.*f: |%*.*f|\n",
           j, d, k, d, j, k, d);
    printf("%%f: |%f|, %%e: |%e|, %%g: |%g|\n", d0, d0, d0);

    return 0;
}
```

프로그램 11.2는 printf()의 변환 명세에 관한 예제이다.

```
    printf("%%c: |%c|, %%7c: |%7c|, %%-7c: |%-7c|\n", c, c, c);
```

제어 문자열에서 '%'를 출력하기 위해 %%를 사용하고 있다. %%는 %로 시작하지만 이에 대응되는 인자는 없다. 또한 각 변수 값을 출력할 때 필드 폭과 정렬 방법을 보기 위해 출력되는 값 앞과 뒤에 '|'를 삽입하였다. 프로그램 11.2의 실행 결과는 다음과 같다.

```
>>문자 출력<<
%c: |A|, %7c: |      A|, %-7c: |A      |
%s: |test string|, %7s: |test string|, %-12s: |test string |
%.7s: |test st|, %10.7s: |   test st|
C is
    a good programming language.
```

printf()에서 제어 문자열 다음에 오는 인자의 개수가 변환 명세의 개수 보다 많다면 여분의 인자는 무시된다. 반면 인자가 개수가 적을 때에는 예상치 못한 결과가 나올 수 있다.

```
≫문자 출력≪
%c: ¦A¦, %7c: ¦      A¦, %-7c: ¦A      ¦
%s: ¦test string¦, %7s: ¦test string¦, %-12s: ¦test string ¦
%.7s: ¦test st¦, %10.7s: ¦   test st¦
C is
     a good programming language.

≫정수 출력≪
%d: ¦1024¦, %o: ¦2000¦, %x: ¦400¦, %u: ¦1024¦
%07d: ¦0001024¦, %0.7d: ¦0001024¦, %+d: ¦+1024¦
%X: ¦400¦, %#x: ¦0x400¦, %#X: ¦0X400¦
%ld: ¦12345678¦, %lo: ¦57060516¦, %lx: ¦bc614e¦
%lld: ¦12345678901234¦, %llo: ¦263516363427762¦, %llx: ¦b3a73ce2ff2¦

≫실수 출력≪
%f: ¦123.456779¦, %e: ¦1.234568e+02¦, %g: ¦123.457¦
%.3f: ¦123.457¦, %.3e: ¦1.235e+02¦,  %.2g: ¦1.2e+02¦
%10.3f: ¦   123.457¦, %10.3e: ¦ 1.235e+02¦, %10.2g: ¦   1.2e+02¦
%*.*f: ¦123.457¦
%f: ¦987.000000¦, %e: ¦9.870000e+02¦, %g: ¦987¦
%#f: ¦987.000000¦, %#e: ¦9.870000e+02¦, %#g: ¦987.000¦
%f: ¦-123.456780¦, %e: ¦-1.234568e+02¦, %g: ¦-123.457¦
%*f: ¦-123.456780¦, %.*f: ¦-123.457¦, %*.*f: ¦-123.457¦
%f: ¦0.000000¦, %e: ¦9.000000e-08¦, %g: ¦9e-08¦
```

11.3 scanf()

scanf() 함수는 다양한 형식으로 입력 스트림에서 데이터를 입력받게 한다. scanf()의 함수 원형은 다음과 같다.

```
int scanf(const char * restrict format, ...);
```

printf() 함수에서와 같이 첫 번째 매개변수를 제어 문자열이라고 하고 제어 문자열에 명시된 대로 읽게 된다. 제어 문자열은 변환 명세와 일반 문자들로 구성된다. scanf()가 제어 문자열을 처리할 때 변환 명세를 만나면 변환 명세에 명시된 대로 입력 스트림에서 데이터를 읽어 대응되는 인자에 저장한다. 반면 제어 문자열에서 변환 명세 이외의 문자를 만나면 입력 스트림의 현재 문자와 같은지를 확인하고 같으면 입력 스트림에서 그 문자를 무시하고 넘어간다. 만일 입력 스트림의 현재 문자가 제어 문자열에 있는 문자가 아니면 입력 오류로 더 이상 처리하지 않고 리턴한다. 예를 들어 다음 문장을 보자.

```
scanf("name : %s", s);
```

이 scanf() 함수는 입력이 "name : "으로 시작할 것을 기대하고 있다. 만일 입력이 "name : "으로 시작하지 않으면 입력 오류가 발생하여 더 이상 처리하지 않을 것이다. 변환 명세는 %로 시작하여 변환 문자로 끝난다. 제어 문자열에서 변환 명세의 일반적인 형식은 다음과 같다.

%*$_{opt}$ field-width$_{opt}$ length-modifier$_{opt}$ conversion-specifier

*, field-width, length-modifier는 옵션이다. conversion-specifier는 변환 문자로 반드시 명시해야 한다. 다음 표는 변환 문자를 정리해 놓은 것이다.

변환 문자	입력 형태	대응 인자 형
c	공백 문자를 포함한 모든 문자	char 포인터
d, i	10진 정수 (부호는 옵션)	정수 포인터
u	10진 정수 (부호는 옵션)	부호없는 정수 포인터
o	8진 정수 (부호는 옵션)	부호없는 정수 포인터
x	16진 정수 (부호는 옵션)	부호없는 정수 포인터
a, e, f, g	실수 (부호는 옵션)	실수 포인터
s	공백 문자 없는 문자열	char 포인터
p	보통 16진 정수 (시스템에 따라 다름)	void 포인터
n	지금까지 읽은 문자 개수를 대응 인자에 배정, 입력 스트림의 내용은 안 읽음	정수 포인터
%	입력 스트림에서 % 읽음	대응 인자 없음
[ ]	다음에 설명	char 포인터

scanf()의 각 인자는 포인터 형, 즉 주소 값이어야 한다. 변환 문자 c는 field-width로 명시된 개수만큼의 문자를 읽어 대응되는 인자가 포인트하는 곳에 넣는다. 인자가 포인트하는 곳은 입

력되는 문자를 넣을 충분한 공간을 가지고 있어야 한다. 변환 문자 s는 입력 스트림에서 공백 문자가 나올 때까지 읽어서 제일 뒤에 널 문자를 첨가하여 대응하는 인자에 넣는다. 따라서 대응하는 인자는 읽어드린 문자들과 널 문자를 저장하기에 충분한 공간을 가지고 있어야 한다.

[ ] 변환은 원하는 문자들(스캔집합)로만 구성된 문자열을 읽어드릴 수 있게 한다. 각괄호에 있는 문자들로 스캔집합을 만드는데 첫 번째 문자가 ^가 아니라면 각괄호에 명시한 문자들이 스캔집합이 되고, 첫 번째 문자가 ^라면 각괄호에 있는 문자들을 제외한 모든 문자들이 스캔집합이 된다. [ ] 변환은 입력 스트림에서 스캔집합 이외의 문자가 나올 때까지 문자들을 읽어서 제일 뒤에 널 문자를 첨가하여 대응되는 인자인 char 형 포인터가 포인트하는 곳에 넣는다. 이 포인터는 입력되는 문자들을 저장하기에 충분한 공간을 포인트해야 한다. 예를 들어 다음 예문을 보자.

```
scanf("%[^ \n\t]", s);
```

이 문장에서 [ ] 변환은 ^로 시작하기 때문에 스페이스 ' ', 개행 '\n', 탭 '\t' 문자를 제외한 모든 문자가 스캔집합의 원소가 된다. 따라서 scanf() 함수는 입력 스트림에서 스페이스, 개행, 탭 문자를 만날 때까지 문자를 읽어 s가 포인드하는 곳에 넣는다. [ ] 변환에서 '-'를 사용하여 구간을 명시할 수도 있다. 예를 들어 16진 숫자를 이루는 문자만을 읽어드리고 싶다면 다음과 같이 하면 된다.

```
scanf("%[0 9a fA F]", s);
```

이 예에서와 같이 scanf()는 소문자와 대문자를 구분하기 때문에 필요하다면 따로 명시해야 한다.

이제 옵션을 살펴보자. 첫 번째 옵션인 *는 입력 스트림에서 읽어드리는 내용을 무시하게 한다. 즉 입력 스트림의 내용을 뒤에 명시된 변환 문자만큼 지우는 역할을 한다. 대응되는 인자는 없다. 예를 들어 a와 b가 int 형 변수로 선언되어 있다고 하고 다음 문장을 보자.

```
scanf("%d %*d %d", &a, &b);
```

이 scanf()를 위해 다음과 같이 입력했다고 하자.

```
20 40 50
```

이 경우 20은 a에 저장되고, 40은 무시된다. 그리고 50은 b에 저장된다. scanf() 함수는 실제로 변환하여 인자에 저장한 개수를 리턴하기 때문에 이 scanf() 함수의 리턴 값은 2이다.

두 번째 옵션인 field-width는 필드 폭이라 하고, 지금 읽을 필드의 최대 크기(문자의 수)를 지정한다. 폭은 0이 아닌 정수로 명시해야 한다. scanf()는 필드 내에서만 데이터를 읽게 된다. 예를 들어 a가 int 형 변수로, s가 char 형 배열로 선언되어 있다고 하고 다음 문장을 보자.

```
scanf("%3d %5c", &a, s);
```

scanf()를 위해 다음과 같이 입력했다고 하자.

```
1234567890
```

scanf() 함수의 제어 문자열에서 첫 번째 변환 명세의 필드 폭이 3으로 되어 있기 때문에 입력 스트림에서 3개만 읽어 정수로 변환하여 a에 저장한다. 즉 123이 a에 저장된다. 이와 유사하게 그 다음 5 문자 "45678"은 s에 저장된다.

마지막으로 length-modifier는 크기 변환자라 하고, 인자의 크기를 지정하는 것이다. 다음 표는 크기 변환자를 정리해 놓은 것이다.

크기 변환자	뒤에 올 수 있는 변환 문자	인자의 형
hh	d, i, o, u, x, X, n	signed/unsigned char 포인터
h	d, i, o, u, x, X, n	signed/unsigned short 포인터
l	d, i, o, u, x, X, n	signed/unsigned long 포인터
l	c, s, [ ]	wchar_t 포인터
l	a, A, e, E, f, F, g, G	double 포인터
ll	d, i, o, u, x, X, n	signed/unsigned long long 포인터
j	d, i, o, u, x, X, n	intmax_t나 uintmax_t 포인터
z	d, i, o, u, x, X, n	size_t 포인터
t	d, i, o, u, x, X, n	ptrdiff_t 포인터
L	a, A, e, E, f, F, g, G	long double 포인터

이 중 hh, ll, j, z, t는 C99에서 추가된 것이다. 이들을 지원하지 않는 scanf()가 있을 수 있으니 사용하기 전에 확인해야 한다.

scanf()는 파일의 끝을 만나면 EOF를 리턴하고, 아니면 성공적으로 변환을 수행한 개수를 리턴한다. 예를 들어 오류로 인해 아무런 값도 읽어드리지 못했다면 0을 리턴한다. scanf() 함수가 입력 스트림을 처리하는 도중 입력 스트림의 현재 위치에 원하지 않는 데이터가 있으면 오류가 발생된다. 이러한 경우 scanf() 함수는 입력 스트림을 더 이상 처리하지 않고 리턴하게 된다. 그 다음 호출된 scanf() 함수는 입력 스트림에서 직전에 오류가 발생한 그 위치부터 다시 읽기를 시도한다. 즉 앞의 입력 오류가 계속 문제를 유발시킬 것이다. 따라서 scanf()를 사용할 때에는 다음과 같이 리턴 값을 보고 적절한 오류 처리를 하는 것이 좋다.

```
if (scanf("%d %d %d", &a, &b, &c) != 3)
    printf("입력 오류입니다.");
```

11.4 sprintf()와 sscanf()

sprintf()와 sscanf()는 각각 printf()와 scanf()의 문자열 버전이다. 이들은 표준 입출력 장치에 쓰거나 읽는 대신에 문자열로 쓰거나 읽을 때 사용된다. 함수 원형은 다음과 같다.

```
int sprintf(char * restrict s, const char * restrict format, ...);
int sscanf(char * restrict s, const char * restrict format, ...);
```

함수 원형에서 볼 수 있는 것처럼 입출력을 위한 문자열은 첫 번째 매개변수로 지정된다. 이들의 두 번째 매개변수부터는 printf()나 scanf()의 매개변수와 같다. 이들은 문자열을 다룰 때 매우 유용하게 사용된다. 다음 프로그램을 보자.

프로그램 11.3

```
#include <stdio.h>
void cal(char *, char *);
int main(void)
{
    char express[21];
    char result[20];

    printf("수식을 입력 하세요 : ");
    scanf("%20[^\n]", express);
    cal(express, result);
```

```
11    printf("%s = %s\n", express, result);
12
13    return 0;
14 }
15 void cal(char * express, char *result)
16 {
17    int   opd1, opd2;
18    char  op;
19    if (sscanf(express, "%d %c %d", &opd1, &op, &opd2) != 3) {
20        sprintf(result, "수식 오류");
21        return;
22    }
23    if (op == '+')
24       sprintf(result, "%d", opd1 + opd2);
25    else if (op == '-')
26       sprintf(result, "%d", opd1 - opd2);
27    else if (op == '*')
28       sprintf(result, "%d", opd1 * opd2);
29    else if (op == '/')
30       sprintf(result, "%.3f", (float)opd1 / opd2);
31    else
32       sprintf(result, "수식 오류");
33 }
```

프로그램 11.3은 sscanf()와 sprintf()를 활용한 간단한 계산기 프로그램이다.

```
// In main()
9    scanf("%20[^\n]", express);
```

scanf()에서 필드 폭으로 20을 명시하였고 스캔집합을 [^\n]으로 명시하였다. 따라서 개행을 제외한 문자를 최대 20개 읽어서 express에 저장한다.

```
// In cal()
19    if (sscanf(express, "%d %c %d", &opd1, &op, &opd2) != 3) {
```

cal() 함수는 문자열 express에서 피연산자와 연산자를 구분해 내기 위해 sscanf()를 사용하고 있다. 만일 변환한 데이터의 개수가 3이 아니면 입력된 수식은 잘못된 것이기 때문에 오류 처리를 하고 있다. 이 예제와 같이 문자열에 규칙이 있다면 sscanf()를 사용하여 원하는 형으로 쉽게 변환할 수 있음을 알 수 있다. 계산 결과는 sprintf()를 사용하여 문자열 result에 저장한다. 프로그램 11.3의 실행 결과는 다음과 같다.

```
$ calculator
수식을 입력 하세요 : 19-3
19-3 = 16
$ calculator
수식을 입력 하세요 : 57 / 9
57 / 9 = 6.333
$ calculator
수식을 입력 하세요 : 45 *334
45 *334 = 15030
$ calculator
수식을 입력 하세요 : 8 9
8 9 = 수식 오류
```

sscanf()와 sprintf()를 사용할 때 한 가지 주의해야 할 것이 있다. sscanf()는 연속적으로 호출될 경우 직전 sscanf()가 읽은 다음부터 읽는 것이 아니라 문자열의 처음부터 다시 읽는다. 예를 들어 다음 코드를 보자.

```
char   str[] = “1234567890”;
int    a, b, c, d;
sscanf(str, "%2d%2d", &a, &b);
sscanf(str, "%2d%2d", &c, &d);
```

sscanf() 함수는 str로부터 입력을 받는다. 첫 번째 sscanf()에 의해 a와 b에는 12와 34가 저장될 것이다. 두 번째 sscanf()도 str의 처음부터 읽기 때문에 c와 d에도 12와 34가 저장된다. sprintf()도 연속적으로 호출될 경우 직전 sprintf()가 쓴 다음부터 쓰는 것이 아니라 문자열의 처음부터 다시 쓰게 된다.

11.5 파일 입출력

파일에서 데이터를 읽고 쓸 때에는 파일을 먼저 열어야 한다. 파일을 연 후에는 표준 입출력 장치를 사용할 때와 같이 파일을 문자 스트림처럼 사용할 수 있다. 파일을 열 때에는 fopen() 함수를 사용한다. 더 이상 사용하지 않을 파일은 닫아야 한다. 파일을 닫을 때에는 fclose() 함수를 사용한다. 이 절에서는 파일을 열고 파일로부터 데이터를 읽거나 쓰고 파일을 닫는 방법에 대해 다룬다.

fopen()

파일을 열기 전에는 파일의 내용을 보거나 쓸 수 없다. 이것은 마치 덮인 책과 같다. 프로그램에서 파일을 접근할 때에는 먼저 fopen() 함수를 사용하여 그 파일을 열어야 한다. fopen() 함수의 함수 원형은 다음과 같다.

```
FILE *fopen(const char * restrict filename, const char * restrict mode);
```

filename은 열고자 하는 파일 이름이고, mode는 어떤 형식으로 파일을 열 것인가를 지정하는 모드이다. 또한 프로그램에서 파일을 다룰 때 파일 이름대신 FILE 포인터를 사용하기 때문에 fopen()은 filename 파일을 올바르게 연 다음에는 FILE 포인터를 리턴하여 프로그램에서 사용할 수 있게 한다. mode에 대해 좀 더 설명이 필요한데, mode로는 다음 표 중 하나를 사용할 수 있고 설명에 나온 것과 같이 파일을 연다. 만일 이외의 mode로 사용했을 경우의 행동양식은 시스템에 따라 달라진다.

mode	설명
"r"	읽기를 위해 텍스트 파일 열기
"w"	쓰기를 위해 텍스트 파일의 내용을 삭제 후 열기, 없는 파일이면 생성 후 열기
"wx"	배타적 쓰기를 위해 텍스트 파일을 생성 후 열기
"a"	첨가; 파일의 끝에 쓰기를 위해 텍스트 파일 열기, 없는 파일이면 생성 후 열기
"rb"	읽기를 위해 이진 파일 열기
"wb"	쓰기를 위해 이진 파일의 내용을 삭제 후 열기, 없는 파일이면 생성 후 열기

"wbx"	배타적 쓰기를 위해 이진 파일을 생성 후 열기
"ab"	첨가; 파일의 끝에 쓰기를 위해 이진 파일 열기, 없는 파일이면 생성 후 열기
"r+"	업데이트(읽기와 쓰기)를 위해 텍스트 파일 열기
"w+"	업데이트(읽기와 쓰기)를 위해 텍스트 파일의 내용을 삭제 후 열기, 없는 파일이면 생성 후 열기
"w+x"	배타적 업데이트(읽기와 쓰기)를 위해 텍스트 파일 열기
"a+"	첨가; 파일의 끝에 쓰기를 위해 업데이트를 위한 텍스트 파일 열기, 없는 파일이면 생성 후 열기
"r+b" 또는 "rb+"	업데이트(읽기와 쓰기)를 위해 이진 파일 열기
"w+b" 또는 "wb+"	업데이트(읽기와 쓰기)를 위해 이진 파일의 내용을 삭제 후 열기, 없는 파일이면 생성 후 열기
"w+bx" 또는 "wb+x"	배타적 업데이트(읽기와 쓰기)를 위해 이진 파일을 생성 후 열기
"a+b" 또는 "ab+"	첨가; 파일의 끝에 쓰기를 위해 업데이트를 위한 이진 파일 열기, 없는 파일이면 생성 후 열기

"r" 모드로 파일을 열 경우 지정한 파일이 없으면 파일 열기는 실패하게 된다. 반면 "w" 모드로 열면 파일이 있을 경우 그 내용을 삭제한 후에 열고, 그 파일이 없다면 생성하여 열게 된다. "a" 모드는 첨가하는 것이므로 파일의 끝에서부터 쓸 수 있도록 열고, 만일 파일이 없다면 새로 생성하여 연다. 즉, "w"와 "a" 모드의 차이는 "w"의 경우 파일의 기존 내용을 다 지우고 처음부터 다시 쓰는 반면, "a"는 기존 내용 뒤에 새로운 내용을 추가하여 쓴다는 것이다. 모드에 + 기호가 붙으면 읽기와 쓰기를 모두 할 수 있는 업데이트를 위해 열게 된다. 업데이트를 위해 파일을 열면 그 파일에 대해 읽기와 쓰기를 모두 할 수 있지만 읽기와 쓰기 또는 쓰기와 읽기 사이에 버퍼를 비우기 위한 fflush() 함수를 호출하거나, 파일에서 읽기나 쓰기 위치를 지정하는 fseek(), fsetpos(), rewind() 중 하나를 반드시 호출해야 한다. 이들에 관해서는 다음에 설명할 것이다.

C11부터는 "x" 모드가 추가되었다. "x" 모드는 배타적 파일 접근을 위한 것이다. "x" 모드를 사용하면 파일이 이미 존재하거나 파일을 생성할 수 없다면 오류가 발생한다. 그렇지 않다면 이 파일은 그 프로그램에서만 배타적으로 접근할 수 있다. 다음 코드를 보자.

```
FILE   *ifp, *ofp;
ifp = fopen("infile", "r");
ofp = fopen("outfile", "w");
```

이 코드는 두 개의 파일을 열고 있다. 첫 번째 fopen()은 infile 파일을 읽기 모드로 열고, 두 번째

fopen()은 outfile 파일을 쓰기 모드로 연다. 그리고 이 두 파일은 FILE 포인터인 ifp와 ofp가 포인트하게 된다. 프로그램에서는 파일 이름으로 파일을 접근하는 것이 아니라 FILE 포인터를 통해 접근하기 때문에 파일을 접근할 때는 ifp와 ofp를 사용해야 한다. FILE은 〈stdio.h〉에 정의되어 있는 구조체로 파일의 현재 상태를 나타내는 멤버들을 가지고 있다. 〈stdio.h〉에는 FILE 포인터인 stdin, stdout, stderr도 정의되어 있다. 이들은 프로그래머가 열지 않아도 기본적으로 사용할 수 있는 것이다. 다음 표는 이들에 관한 설명이다.

파일 포인터	설명	디폴트 장치
stdin	표준 입력	키보드
stdout	표준 출력	화면
stderr	표준 에러	화면

fopen()은 오류가 발생하면 NULL을 리턴한다. NULL이 리턴되면 파일을 접근할 수 없기 때문에 다음과 같이 오류 처리를 하는 것이 좋다.

```
if ((ifp = fopen("infile", "r")) == NULL)
   printf("오류 : 파일을 열 수 없습니다.");
else
   . . . // 파일 읽기
```

fclose()

파일을 다 사용한 다음에는 fclose() 함수로 파일을 닫아야 한다. 함수 원형은 다음과 같다.

```
int fclose(FILE *stream);
```

fclose()는 stream이 포인트하는 파일을 닫는다. fclose()를 호출할 때에는 fopen()이 리턴한 FILE 포인터를 인자로 명시해야 한다. 예를 들어 다음과 같이 사용한다.

```
fclose(ifp);
fclose(ofp);
```

이 코드는 각각 ifp가 포인트하는 파일과 ofp가 포인트하는 파일을 닫는다.

getc()와 putc()

getc()와 putc()는 인자로 FILE 포인터를 갖는다는 것만 제외하면 각각 getchar()와 putchar()와 같다. 함수 원형은 다음과 같다.

```
int getc(FILE *stream)
int putc(int c, FILE *stream);
```

getchar()는 표준 입력 장치에서 읽고 putchar()는 표준 출력 장치로 출력하기 때문에 입출력 위치를 따로 명시하지 않아도 됐다. 하지만 getc()와 putc()는 파일을 다루는 함수이기 때문에 FILE 포인터를 매개변수로 가지고 있다. getc()는 다음과 같이 사용한다.

```
c = getc(ifp);
```

이렇게 하면, getc()는 ifp가 포인트하는 파일에서 문자를 하나 읽어서 c에 배정한다. 만일 파일의 끝에 도달했으면, getc()는 getchar()와 같이 EOF를 리턴한다. putc()는 다음과 같이 사용한다.

```
putc(c, ofp);
```

이렇게 하면, putc()는 ofp가 포인트하는 파일에 c에 저장된 문자를 하나 출력한다. 참고로 getchar()는 getc(stdin)과 같고, putchar(c)는 putc(c, stdout)과 같다. 다음 프로그램을 보자.

프로그램 11.4

```
#include <stdio.h>
#include <stdlib.h>
int main(int argc, char **argv)
{
    FILE  *ifp, *ofp;
```

```
    int     c;

    if (argc != 3) {
        printf("사용법 : %s from_file to_file\n", argv[0]);
        exit(1);
    }
    if ((ifp = fopen(argv[1], "r")) == NULL){
        printf("오류 : %s 파일을 열 수 없습니다.\n", argv[1]);
        exit(1);
    }
    if ((ofp = fopen(argv[2], "w")) == NULL){
        printf("오류 : %s 파일을 열 수 없습니다.\n", argv[2]);
        exit(1);
    }

    while ((c = getc(ifp)) != EOF)
        putc(c, ofp);
    fclose(ifp);
    fclose(ofp);
    return 0;
}
```

프로그램 11.4는 파일을 복사하는 프로그램이다.

```
int main(int argc, char **argv)
```

복사할 파일과 복사될 파일을 명령어 라인에서 입력받기 위해 main()의 매개변수를 사용하고 있다. argv[1]은 복사할 파일명을 가진 매개변수이고, argv[2]는 복사될 파일명을 가진 매개변수이다.

```
    if (argc != 3) {
        printf("사용법 : %s from_file to_file\n", argv[0]);
        exit(1);
    }
```

명령어 라인에서 인자의 수가 3이 아니면 복사할 파일과 복사될 파일이 올바르게 명시되지 않은 것이므로 오류처리를 하고 종료한다.

```
if ((ifp = fopen(argv[1], "r")) == NULL){
    printf("오류 : %s 파일을 열 수 없습니다.\n", argv[1]);
    exit(1);
}
```

fopen()을 사용하여 argv[1]을 읽기 모드로 연다. 만일 파일 열기 오류가 발생하면 fopen()은 NULL을 리턴할 것이므로 오류처리 후 종료한다.

```
if ((ofp = fopen(argv[2], "w")) == NULL){
    printf("오류 : %s 파일을 열 수 없습니다.\n", argv[2]);
    exit(1);
}
```

fopen()을 사용하여 argv[2]를 쓰기 모드로 연다. 파일 열기 오류가 발생하면 오류처리 후 종료한다.

```
while ((c = getc(ifp)) != EOF)
    putc(c, ofp);
```

getc()는 FILE 포인터가 포인트하는 파일에서 문자를 하나 읽어서 그 문자를 리턴하는 함수이다. 만일 파일 끝에 도착하면 EOF를 리턴할 것이다. putc()는 FILE 포인트가 포인트하는 파일에 문자를 하나 쓰는 함수이다. 결국 이 while 문은 ifp가 포인트하는 파일로부터 EOF가 나올 때까지 한 문자씩 읽어 ofp가 포인트하는 파일로 쓰는 작업을 한다. while 문이 종료되면 ifp가 포인트하는 파일이 ofp가 포인트하는 파일로 복사되어 있을 것이다.

```
fclose(ifp);
fclose(ofp);
```

파일을 다 사용한 이후에는 fclose()를 사용하여 파일을 닫아야 한다. 물론 프로그램이 정상적으로 종료되면 시스템이 열려있는 파일을 알아서 닫아주지만, 더 이상 사용하지 않는 파일을 프로그램에서 명시적으로 닫아주는 것이 좋다. 프로그램 11.4의 실행 파일을 program11.4(Windows에서는 program11.4.exe)로 만들었다면, 프로그램 실행은 다음과 같은 형식으로 한다.

```
$ program11.4 program11.4.c test.c
```

이렇게 하면 program11.4.c 파일의 내용이 test.c 파일로 복사될 것이다.

fprintf()와 fscanf()

fprintf()와 fscanf() 함수는 각각 printf()와 scanf() 함수의 파일 버전으로 함수 원형은 다음과 같다.

```
int fprintf(FILE * restrict stream, const char * restrict format, ...);
int fscanf(FILE * restrict stream, const char * restrict format, ...);
```

fprintf()와 fscanf()는 첫 번째 매개변수로 FILE 포인터를 가지고 두 번째 매개변수부터는 각각 printf()와 scanf()의 매개변수와 같다. fprintf()와 fscanf()는 첫 번째 인자로 명시된 FILE 포인터가 포인트하고 있는 파일로 출력하고 입력 받는다. 결국 printf(...)는 fprintf(stdout, ...)와 같고, scanf(...)는 fscanf(stdin, ...)와 같다. 다음 프로그램을 보자.

프로그램 11.5

```
#include <stdio.h>
#include <stdlib.h>
int main(int argc, char **argv)
{
    FILE  *problem, *solution;
    int     c, i, opd1, opd2;
    char  word[50];

    if (argc != 3) {
        fprintf(stderr, "사용법 : %s problem_f solution_f\n", argv[0]);
        exit(1);
    }
    if ((problem = fopen(argv[1], "w")) == NULL){
        fprintf(stderr, "오류 : %s 파일을 열 수 없습니다.\n", argv[1]);
        exit(1);
    }
```

```

    for (i = 0; i < 50; i++)
        fprintf(problem, "%d + %d = \n", rand() % 1000, rand() % 1000);
    fclose(problem);
    if ((problem = fopen(argv[1], "r")) == NULL){
        fprintf(stderr, "오류 : %s 파일을 열 수 없습니다.\n", argv[1]);
        exit(1);
    }
    if ((solution = fopen(argv[2], "w")) == NULL){
        fprintf(stderr, "오류 : %s 파일을 열 수 없습니다.\n", argv[2]);
        exit(1);
    }

    while (fscanf(problem, "%d + %d = \n", &opd1, &opd2) != EOF)
        fprintf(solution, "%d + %d = %d\n", opd1, opd2, opd1 + opd2);

    fclose(problem);
    fclose(solution);

    return 0;
}
```

프로그램 11.5는 단순한 더하기 연습문제를 생성하는 프로그램이다. 명령어 라인에서 두 개의 파일을 명시하는 데 첫 번째 파일은 문제를 저장하기 위한 파일이고 두 번째 파일은 문제와 답을 저장하는 파일이다.

```
    if (argc != 3) {
        fprintf(stderr, "사용법 : %s data_file out_file\n", argv[0]);
        exit(1);
    }
```

이 프로그램은 명령어 라인에서 두 개의 파일을 입력받아야 하므로, argc가 3이 아닐 경우 오류 처리를 하고 종료한다. 오류 메시지는 stderr로 출력한다. stderr은 화면으로 연결되어 있어 stderr에 쓰면 화면에 그 내용이 출력된다. stdout도 기본적으로 화면에 연결되어 있지만, 출력 재지정이나 파이프를 사용하면 표준 출력이 파일이나 파이프로 변경되기 때문에 stdout에 오류 메시지를 출력한다고 해서 항상 화면에 출력되는 것은 아니다. 이러한 이유 때문에 오류 메시지는 보통 stderr로 출력한다.

```
if ((problem = fopen(argv[1], "w")) == NULL){
fclose(problem);
if ((problem = fopen(argv[1], "r")) == NULL){
```

이 프로그램은 argv[1]에 문제를 생성하여 쓰고 문제 생성이 끝난 다음에는 생성된 문제를 읽어서 argv[2]에 해답 파일을 만든다. 따라서 argv[1]은 처음에는 쓰기 모드로 열어서 생성된 문제를 쓰고, 문제 만들기가 끝나면 그 파일을 닫은 다음, 다시 읽기 모드로 열어야 한다. 프로그램 11.5의 실행파일을 program11.5로 만들었다면 다음과 같이 실행한다.

```
$ program11.5 munje dap
```

이렇게 실행하면 munje 파일에는 더하기 문제가 50개 저장되어 있을 것이고, dap 파일에는 문제와 답이 50개 있을 것이다.

11.6 파일의 임의의 위치 접근

파일에서 getc()나 fscanf()로 읽으면 이전에 마지막으로 읽었던 다음 위치부터 읽게 되고, putc()나 fprintf()로 쓰면 이전에 마지막으로 쓴 다음 위치부터 쓰게 된다. 이것은 파일 위치 지시자(file position indicator)가 현재 위치를 유지하기 때문이다. 즉 파일로의 입출력이 일어날 때마다 파일 위치 지시자를 조정하여 다음에 어디서부터 입출력이 일어나야 하는 지를 기억하게 된다. 파일 위치 지시자와 관련된 함수는 다음과 같은 것들이 있다.

함수	설명
ftell()	파일 위치 지시자의 현재 위치를 알려줌
fseek()	파일 위치 지시자를 설정함
rewind()	파일 위치 지시자를 파일의 처음(0)으로 설정함
fgetpos()	파일 위치 지시자와 추가적 정보를 저장함
fsetpos()	파일 위치 지시자와 추가적 정보를 설정함

이 절에서는 ftell(), fseek(), rewind()에 대하서만 설명할 것이다. fgetpos()와 fsetpos()는 부록을 참조하기 바란다. 먼저 ftell()을 보자. ftell()은 파일 위치 지시자의 값을 알아보는 함수이다. ftell()은 다음과 같이 사용한다.

```
pos = ftell(FILE_ptr);
```

ftell()은 FILE 포인터인 FILE-ptr을 인자로 받아 그 파일의 현재 파일 위치 지시자의 값을 알려준다. 이 값은 파일의 처음부터 몇 바이트 떨어진 곳인지를 나타낸다. fseek() 함수는 파일 위치 지시자의 값을 직접 지정하는 함수이다. fseek() 함수는 다음과 같이 사용한다.

```
fseek(FILE-ptr, offset, place);
```

이것은 FILE-ptr이 포인트하는 파일의 파일 위치 지시자를 place부터 offset 바이트 떨어진 곳을 나타내는 값으로 설정한다. place는 0, 1, 2 중 하나가 될 수 있으며 그 의미는 다음과 같다.

값	기호 문자	의미
0	SEEK_SET	파일의 시작
1	SEEK_CUR	현재 위치
2	SEEK_END	파일의 끝

이 표에서와 같이 숫자 대신 기호 문자를 사용해도 된다. 예를 들어 fseek(ifp, 100, SEEK_SET)은 파일 위치 지시자를 파일 첫 부분(SEEK_SET)에서 100 바이트 떨어진 곳으로 설정한다. ifp가 읽기 모드로 연 파일의 포인터라면 이 후에 fscanf(ifp, ...)로 데이터를 읽으면 파일의 100 바이트 위치부터 읽게 된다. rewind() 함수는 파일 위치 지시자를 파일의 제일 앞으로 설정한다. 따라서 rewind(ifp)는 fseek(ifp, 0, SEEK_SET)을 호출한 것과 같다. 다음 프로그램을 보자.

프로그램 11.6

```c
#include <stdio.h>
#define   MAXSTRING   100
int main(void)
{
   char    fname[MAXSTRING];
   int     c;
   FILE    *ifp;
   fprintf(stderr, "\n입력 파일 : ");
   scanf("%s", fname);
   ifp = fopen(fname, "r");
   fseek(ifp, 0, SEEK_END);
   if (ftell(ifp) == 0){
      printf("Empty file...\n");
      return 0;
   }
   fseek(ifp, -1, SEEK_CUR);
   while (1){
      c = getc(ifp);
      putchar(c);
      if (ftell(ifp) == 1)
         break;
      fseek(ifp, -2, SEEK_CUR);
   }
   fclose(ifp);
   return 0;
}
```

프로그램 11.6은 입력받은 파일을 뒤에서부터 거꾸로 출력하는 프로그램이다.

```c
   fseek(ifp, 0, SEEK_END);
   if (ftell(ifp) == 0){
      printf("Empty file...\n");
      return 0;
   }
```

fseek(ifp, 0, SEEK_END)은 ifp와 연관된 파일 위치 지시자를 파일의 제일 뒤로 설정한다. 이 때 ftell(ifp)가 0이라면 ifp가 포인트하고 있는 파일은 빈 파일이므로 그냥 종료한다.

```
    fseek(ifp, -1, SEEK_CUR);
```

파일 위치 지시자가 파일의 끝에 있는 상태에서 파일 위치 지시자를 -1 옮기면 파일의 제일 마지막 문자가 있는 위치가 된다.

```
        c = getc(ifp);
        fseek(ifp, -2, SEEK_CUR);
```

getc()가 문자를 하나 읽으면 파일 위치 지시자가 +1 전진하게 되다. 이 프로그램은 파일의 내용을 역으로 출력하는 것이므로, 한 문자를 읽은 다음에는 파일 위치 지시자를 -2 만큼 옮겨 지금 출력된 문자 앞의 문자의 위치로 설정한다.

```
        if (ftell(ifp) == 1)
            break;
```

문자를 읽은 후의 파일 위치 지시자의 값이 1이라면 파일의 첫 번째 문자를 읽은 것이므로 읽기를 종료한다. 프로그램 11.6의 실행결과는 다음과 같다.

```
입력 파일 : program11.6.c
}
;0 nruter

. . . (생략)

001   GNIRTSXAM   enifed#
 >h.oidts< edulcni#[
```

11.7 이진 파일

putc()나 fprintf() 함수로 파일에 쓰면 모든 내용이 문자(ascii 값)로 저장된다. 정수형 변수나 실수형 변수의 값을 출력해도 숫자 문자로 저장된다. 숫자 문자가 저장된다는 것은 숫자 문자의 아스키 값이 저장됨을 의미한다. 이러한 식으로 저장된 파일을 텍스트 파일이라고 한다. 텍스트 파일은 문서 편집기로 그 내용을 읽을 수 있어 편리하다. 하지만 대량의 데이터를 텍스트 파일로 저장하면 파일 크기가 커진다는 단점이 있고, 텍스트 파일로 저장된 데이터를 다루는 것도 어렵다. 예를 들어 성적 처리 프로그램에서 다음과 같이 선언했다고 하자.

```
struct student{
   int  id;
   char name[10];
   int   grade[3];
   float avg;
};
struct student st[100];
```

st 배열을 파일로 저장할 때 다음과 같이 할 수 있다.

```
for (int i = 0; i < 100; i++)
   fprintf(output, "%d %s %d %d %d %d %f\n", st[i].id, st[i].name,
            st[i].grade[0], st[i].grade[1], st[i].grade[2], st[i].avg);
```

이렇게 저장하면 각 학생별로 파일에 저장되는 데이터 량이 달라진다. 즉, id는 같은 크기를 가질 수 있지만, name, grade, avg는 학생마다 다른 자리 수를 가질 확률이 높다. 그렇기 때문에 예를 들어 파일에서 10번째 학생의 데이터를 읽어야 될 때, 파일의 어느 위치부터 10번째 학생의 데이터가 들어 있는지 알 수 없기 때문에 파일의 처음부터 차례로 읽어나가면서 10번째 학생의 데이터를 찾아야 한다. 또한 10번째 학생의 데이터를 수정해야 할 때에는 수정한 데이터가 이전 데이터의 길이와 달라질 수 있으므로 10번째 이후의 모든 데이터도 다시 써야한다는 문제도 발생한다.
이진파일은 데이터를 저장할 때 메모리 내용을 그대로 저장한 파일이다. 메모리 내용대로 저장하면 같은 자료형의 변수는 파일에서 모두 같은 공간을 차지하게 된다. 그렇기 때문에 파일을 다루는 프로그램에서 이진 파일을 많이 사용한다. 이 절에서는 이진파일로 쓰고 읽는 함수인 fwrite()와 fread() 함수를 예제를 통해 설명한다.

fwrite()

fwrite() 함수는 데이터를 메모리에 저장되어 있는 형태로 파일에 저장하는 함수이다. fwrite() 함수의 원형은 다음과 같다.

```
size_t fwrite(const void * restrict ptr, size_t size, size_t nmemb,
              FILE * restrict stream);
```

ptr은 데이터를 가지고 있는 곳을 포인트하는 포인터이고, size는 각 원소의 크기이고, nmemb는 원소의 개수를 의미하며, stream은 데이터를 저장할 파일 포인터를 의미한다. 즉, fwrite()는 ptr이 포인트하는 곳에서 크기가 size인 원소 nmemb 개를 stream이 포인트하는 파일에 쓴다. 다음 프로그램을 보자.

프로그램 11.7

```
#include <stdio.h>
typedef struct student{
    int  id;
    char name[10];
    int   grade[3];  // 수학, 영어, 과학 성적
    int   sum;        // 성적 합
    float avg;        // 성적 평균
} student;
int main(int argc, char **argv)
{
    FILE  *ofp;
    int    id, check;
    student  st = {0, "", {0}, 0, 0.0};

    if (argc != 2) {
        fprintf(stderr, "사용법 : %s out_file\n", argv[0]);
        exit(1);
    }
    if ((ofp = fopen(argv[1], "wb")) == NULL){
        fprintf(stderr, "오류 : %s 파일을 열 수 없습니다.\n", argv[1]);
        exit(1);
```

```
22    }
23    fprintf(stderr, "성적을 입력하세요.\n");
24    fprintf(stderr, "입력 형식 : 이름 수학성적 영어성적 과학성적\n");
25
26    id = 1;
27    check = scanf("%s %d %d %d", st.name,
28                  &st.grade[0], &st.grade[1], &st.grade[2]);
29    while (check != EOF)
30    {
31       st.id = id++;
32       fwrite(&st, sizeof(student), 1, ofp);
33       check = scanf("%s %d %d %d", st.name,
34                     &st.grade[0], &st.grade[1], &st.grade[2]);
35    }
36    close(ofp);
37    return 0;
38 }
```

프로그램 11.7은 학생 이름과 성적을 입력받아 그 내용을 이진 파일로 저장하는 예제이다.

```
19    if ((ofp = fopen(argv[1], "wb")) == NULL){
```

이진 데이터를 저장하기 위해서 파일을 열 때 "wb" 모드를 사용하고 있다.

```
32       fwrite(&st, sizeof(student), 1, ofp);
```

fwrite()는 ofp가 포인트하는 파일에 &st부터 크기가 sizeof(student)인 원소 하나를 메모리 내용대로 쓴다. 결국 파일에는 st의 메모리 내용이 그대로 저장되는 것이다.

```
31       st.id = id++;
```

학생 id는 프로그램을 단순화하기 위해 입력되는 순서대로 차례대로 부여된다고 가정한다. 프로그램의 실행 결과는 다음과 같다.

```
$ program11.7 output
성적을 입력하세요.
입력 형식 : 이름 수학성적 영어성적 과학성적
Noah 78 90 100
Emma 8 98 67
Liam 78 90 88
Olivia 78 88 90
Logan 58 88 91
Ava 77 70 76
William 100 90 9
James 98 100 87
Isabella 93 95 50
Sophia 66 90 88
^D
$ cat output
    Noah        N   Z   d           Emma        b   C           Liam
N   Z   X           Olivia      N   X   Z Logan         :   X   [
Ava n       M   F   L           William     d   Z               James m
b   d   W       Isabella    ]   _   2
   Sophia a     B   Z   X
```

이 실행 결과를 보면 학생 이름은 읽을 수 있지만 나머지는 무슨 내용인지 알 수 없다. 문자는 메모리에 아스키 값으로 저장되기 때문에 이진 파일로 저장해도 읽을 수 있는 반면, `int` 형은 메모리에 부호있는 2의 보수 표현으로 저장되기 때문에 그대로 파일에 저장하면 읽을 수 없다. 결과를 보면 이름 이외에 몇 개의 알파벳을 볼 수 있는데, 이것은 이진 파일로 저장한 숫자가 알파벳 아스키 값과 우연히 같기 때문에 알파벳으로 출력된 것이다.

fread()

fwrite()로 만든 이진 파일을 읽을 때에는 fread() 함수를 사용한다. fread() 함수의 원형은 다음과 같다.

```
size_t fread(void * restrict ptr, size_t size, size_t nmemb,
             FILE * restrict stream);
```

ptr은 파일에서 읽은 데이터를 저장하기 위한 포인터이고, size는 각 원소의 크기이고, nmemb는 원소의 개수를 의미하며, stream은 읽을 파일 포인터를 의미한다. 다음 프로그램을 보자.

프로그램 11.8

```
#include <stdio.h>
#include <stdlib.h>
typedef struct student{
    int  id;
    char name[10];
    int   grade[3];
    float avg;
} student;
int main(int argc, char **argv)
{
    FILE  *ifp;
    int     check;
    student  st = {0, "", {0}, 0.0};

    if (argc != 2) {
        fprintf(stderr, "사용법 : %s in_file\n", argv[0]);
        exit(1);
    }
    if ((ifp = fopen(argv[1], "rb")) == NULL){
        fprintf(stderr, "오류 : %s 파일을 열 수 없습니다.\n", argv[1]);
        exit(1);
    }
    fprintf(stderr, "번호 이름       수학 영어 과학\n");
```

```c

    check = fread(&st, sizeof(student), 1, ifp);
    while (check)
    {
       printf("%3d  %-9s %3d  %3d  %3d\n", st.id, st.name,
                 st.grade[0], st.grade[1], st.grade[2]);
       check = fread(&st, sizeof(student), 1, ifp);
    }
    fclose(ifp);
    return 0;
}
```

프로그램 11.8은 프로그램 11.7에서 만든 이진 파일을 읽는 프로그램이다.

```c
    if ((ifp = fopen(argv[1], "rb")) == NULL){
```

이진 파일을 읽기 위해 파일을 열 때 "rb" 모드를 사용하고 있다.

```c
    check = fread(&st, sizeof(student), 1, ifp);
```

fread()를 사용하여 ifp가 포인트하는 파일에서 sizeof(student) * 1 바이트를 읽어서 st에 저장한다. 프로그램 11.7에서 만들어진 파일을 입력으로 하여 실행한 결과는 다음과 같다.

```
번호  이름      수학  영어  과학
 1    Noah       78    90   100
 2    Emma        8    98    67
 3    Liam       78    90    88
 4    Olivia     78    88    90
 5    Logan      58    88    91
 6    Ava        77    70    76
 7    William   100    90     9
 8    James      98   100    87
 9    Isabella   93    95    50
10    Sophia     66    90    88
```

이진파일의 임의위치 접근

프로그램 11.7로 만들어진 파일에서 학생별 데이터 크기는 sizeof(student) 바이트로 모두 같다. 이 말은 프로그래머가 각 학생의 데이터가 어느 위치에 저장되어 있는지 알 수 있다는 의미이다. 예를 들어 1번 학생의 데이터는 파일의 시작부터 저장되어 있을 것이고, 3번 학생의 데이터는 파일 처음부터 2 * sizeof(student) 바이트 떨어진 위치부터 저장되어 있을 것이다. 즉 i번 학생의 데이터는 파일 처음부터 (i -1) * sizeof(student) 바이트 떨어진 위치부터 저장되어 있을 것이다. 또한 학생의 데이터를 수정하여 파일로 저장할 때에도 모든 학생의 데이터 크기가 같기 때문에 수정된 학생의 데이터만 그 위치에 저장하면 된다. 다음 프로그램을 보자.

프로그램 11.9

```
#include <stdio.h>
#include <stdlib.h>
typedef struct student{
    int  id;
    char name[10];
    int   grade[3];
    float avg;
} student;
int selectNum(void);
int main(int argc, char **argv)
{
    FILE  *fp;
    int    check, id, sel;
    student  st = {0, "", {0}, 0.0};

    if (argc != 2) {
        fprintf(stderr, "사용법 : %s grade_file\n", argv[0]);
        exit(1);
    }
    if ((fp = fopen(argv[1], "rb+")) == NULL){
```

```
        fprintf(stderr, "오류 : %s 파일을 열 수 없습니다.\n", argv[1]);
        exit(1);
    }
    sel = selectNum();

    while (sel){
        switch (sel){
        case 1 :          // 전체 성적 출력
            rewind(fp);
            fprintf(stderr, "번호 이름       수학 영어 과학  평균\n");
            check = fread(&st, sizeof(student), 1, fp);
            while (check)
            {
                fprintf(stderr, "%3d %-9s %4d %4d %4d %6.2f\n", st.id,
                    st.name, st.grade[0], st.grade[1], st.grade[2], st.avg);
                check = fread(&st, sizeof(student), 1, fp);
            }
            break;
        case 2 :          // 개인별 출력
            fprintf(stderr, "학생 id : ");
            scanf("%d", &id);
            fseek(fp, sizeof(student) * (id - 1), SEEK_SET);
            check = fread(&st, sizeof(student), 1, fp);
            fprintf(stderr, "번호 : %3d  이름 : %9s \n", st.id, st.name);
            fprintf(stderr, "  수학 : %3d,  영어 : %3d,  과학 : %3d\n",
                          st.grade[0], st.grade[1], st.grade[2]);
            fprintf(stderr, "  평균 : %.2f\n", st.avg);

            break;
        case 3 :          // 성적 추가
            fprintf(stderr, "이름과 성적을 입력하세요 : ");
            check = scanf("%s %d %d %d", st.name,
                                  &st.grade[0], &st.grade[1], &st.grade[2]);
            fseek(fp, 0, SEEK_END);
            st.id = ftell(fp) / sizeof(student) + 1;
```

```c
            st.avg = (st.grade[0] + st.grade[1] + st.grade[2]) / 3.0;
            fwrite(&st, sizeof(student), 1, fp);
            fflush(fp);
            break;
        case 4 :          // 성적 수정
            fprintf(stderr, "학생 id : ");
            scanf("%d", &id);
            fseek(fp, sizeof(student) * (id - 1), SEEK_SET);
            check = fread(&st, sizeof(student), 1, fp);
            fprintf(stderr, "%s 학생 성적을 입력하세요 : ", st.name);
            check = scanf("%d %d %d", &st.grade[0],
                          &st.grade[1], &st.grade[2]);
            st.avg = (st.grade[0] + st.grade[1] + st.grade[2]) / 3.0;
            fseek(fp, -sizeof(student), SEEK_CUR);
            fwrite(&st, sizeof(student), 1, fp);
            break;
        case 5 :           // 성적 처리
            rewind(fp);
            check = fread(&st, sizeof(student), 1, fp);
            while (check)
            {
                st.avg = (st.grade[0] + st.grade[1] + st.grade[2]) / 3.0;
                fseek(fp, -sizeof(student), SEEK_CUR);
                fwrite(&st, sizeof(student), 1, fp);
                check = fread(&st, sizeof(student), 1, fp);
            }
            fprintf(stderr, "성적 처리 완료\n");
            break;
        default :
            fprintf(stderr, "잘못된 번호입니다. 다른 번호를 선택하세요.\n");
        }

        sel = selectNum();
    }
    fprintf(stderr, "프로그램을 종료합니다.\n");
```

```
    fclose(fp);
    return 0;
}
int selectNum(void){
    int   num;
    fprintf(stderr, "\n\n원하는 번호를 입력하세요.\n");
    fprintf(stderr, "1 : 전체 성적 출력\n");
    fprintf(stderr, "2 : 학생별 출력\n");
    fprintf(stderr, "3 : 성적 추가\n");
    fprintf(stderr, "4 : 성적 수정\n");
    fprintf(stderr, "5 : 성적 처리\n");
    fprintf(stderr, "0 : 종료\n");
    fprintf(stderr, "input > ");
    scanf("%d", &num);
    return num;
}
```

프로그램 11.9는 이진 파일로 저장된 성적 파일을 읽어, 전체 출력, 학생별 출력, 성적 추가, 성적 수정, 성적 처리 등을 하는 프로그램이다.

```
    if ((fp = fopen(argv[1], "rb+")) == NULL){
```

이진 파일을 읽고 쓰는 업데이트 작업을 해야 하기 때문에 "rb+" 모드로 열고 있다. 파일을 읽고 쓰기를 동시에 할 때에 주의할 점은 파일 읽기를 하다가 쓰기를 할 경우나 쓰기를 하다가 읽기를 할 경우와 같이 새로운 유형의 작업을 하기 전에 fflush(), fseek(), fsetpos(), rewind() 중 하나를 반드시 호출해야 한다. 프로그램 11.9도 모든 case에 파일을 접근하기 전에 이러한 함수를 호출하고 있음을 볼 수 있다.

```
        case 1 :            // 전체 성적 출력
            rewind(fp);
        case 5 :            // 성적 처리
            rewind(fp);
```

전체 성적을 출력하거나 성적 처리를 할 때에는 파일의 처음부터 읽어서 해야 하기 때문에

rewind()를 호출하고 있다.

```
    case 2 :          // 개인 적 출력
. . .
        fseek(fp, sizeof(student) * (id - 1), SEEK_SET);
. . .
    case 4 :          // 성적 수정
. . .
        fseek(fp, sizeof(student) * (id - 1), SEEK_SET);
. . .
        fseek(fp, -sizeof(student), SEEK_CUR);
```

한 학생의 성적을 출력할 때에는 학생의 **id**를 입력받아 파일 위치 지시자를 그 학생의 데이터가 저장된 위치로 옮긴 다음 읽어야 한다. 성적을 수정할 때에도 수정할 학생의 데이터가 저장된 위치로 파일 위치 지시자를 옮겨야 한다. 이를 위해 **fseek()**을 사용하고 있다.

```
    case 3 :      // 성적 추가
. . .
        fseek(fp, 0, SEEK_END);
```

추가되는 성적 데이터는 파일의 제일 뒤에 넣어야 하므로 **fseek()**을 사용하여 파일 끝으로 파일 위치 지시자를 옮긴 다음 추가된 성적 데이터를 쓴다. 다음은 프로그램 **10.9**를 실행한 결과이다.

```
원하는 번호를 입력하세요.
1 : 전체 성적 출력
2 : 학생별 출력
3 : 성적 추가
4 : 성적 수정
5 : 성적 처리
0 : 종료
input > 1
번호 이름        수학 영어 과학    평균
  1  Noah        78   90  100    0.00
  2  Emma         8   98   67    0.00
  3  Liam        78   90   88    0.00
  4  Olivia      78   88   90    0.00
  5  Logan       58   88   91    0.00
  6  Ava         77   70   76    0.00
  7  William    100   90    9    0.00
  8  James       98  100   87    0.00
  9  Isabella    93   95   50    0.00
 10  Sophia      66   90   88    0.00

원하는 번호를 입력하세요.
1 : 전체 성적 출력
2 : 학생별 출력
3 : 성적 추가
4 : 성적 수정
5 : 성적 처리
0 : 종료
input > 5
성적 처리 완료

원하는 번호를 입력하세요.
1 : 전체 성적 출력
2 : 학생별 출력
3 : 성적 추가
4 : 성적 수정
5 : 성적 처리
0 : 종료
input > 2
학생 id : 4
번호 :   4  이름 :    Olivia
  수학 :  78,  영어 :  88,  과학 :  90
  평균 : 85.33
```

```
원하는 번호를 입력하세요.
1 : 전체 성적 출력
2 : 학생별 출력
3 : 성적 추가
4 : 성적 수정
5 : 성적 처리
0 : 종료
input > 4
학생 id : 4
Olivia 학생 성적을 입력하세요 : 100 98 100

원하는 번호를 입력하세요.
1 : 전체 성적 출력
2 : 학생별 출력
3 : 성적 추가
4 : 성적 수정
5 : 성적 처리
0 : 종료
input > 3
이름과 성적을 입력하세요 : John 87 90 79


원하는 번호를 입력하세요.
1 : 전체 성적 출력
2 : 학생별 출력
3 : 성적 추가
4 : 성적 수정
5 : 성적 처리
0 : 종료
input > 1
번호 이름        수학 영어 과학    평균
  1  Noah        78   90  100   89.33
  2  Emma         8   98   67   57.67
  3  Liam        78   90   88   85.33
  4  Olivia     100   98  100   99.33
  5  Logan       58   88   91   79.00
  6  Ava         77   70   76   74.33
  7  William    100   90    9   66.33
  8  James       98  100   87   95.00
  9  Isabella    93   95   50   79.33
 10  Sophia      66   90   88   81.33
 11  John        87   90   79   85.33
```

```
원하는 번호를 입력하세요.
1 : 전체 성적 출력
2 : 학생별 출력
3 : 성적 추가
4 : 성적 수정
5 : 성적 처리
0 : 종료
input > 0
프로그램을 종료합니다.
```

요약

1. 스트림이란 다양한 입출력 장치를 프로그램에서 일관되고 쉽게 다룰 수 있도록 하기 위해 운영 체제에서 제공하는 개념이다. 프로그램은 입출력 장치로의 접근이 필요할 때 그 장치와 관련된 스트림을 만들어서 필요한 작업을 수행한다.

2. <stdio.h>에는 입출력 라이브러리 함수의 선언과 입출력과 관련된 매크로가 정의되어 있다.

3. getchar()와 putchar()는 각각 문자를 입력받고 출력하는 함수이다. 이들 함수는 표준 입출력을 사용한다.

4. printf()와 scanf()는 형식화된 출력과 입력을 위해 사용되는 함수이다. sprintf()와 sscanf()는 printf()와 scanf()의 문자열 버전이고, fprintf()와 fscanf()는 파일 버전이다.

5. fopen()과 fclose()는 각각 파일 입출력을 위해 파일을 열어서 스트림을 생성하고 사용이 다 끝난 후에 파일을 닫아서 스트림을 삭제하는 함수이다.

6. 파일 입출력시 파일의 임의의 위치를 접근하기 위해 사용되는 함수로는 ftell(), fseek(), rewind(), fgetpos(), fsetpos()가 있다.

7. 텍스트 파일은 모든 내용이 ASCII 값으로 저장된 파일이고, 이진 파일은 메모리 내용이 그대로 저장된 파일이다. 이진 파일을 사용하면 파일에서 데이터가 차지하는 크기를 알 수 있으므로 원하는 데이터의 위치를 쉽게 계산하여 찾을 수 있다.

연습 문제

1. 다음 프로그램의 출력 결과는 어떻게 되겠는가? 결과에 대해 설명하여라.

```
#include <stdio.h>
int main(void)
{
   printf("표준 출력 1!\n");
   fclose(stdout);
   printf("표준 출력 2!\n");
   return 0;
}
```

2. 변환 문자 x와 X는 수식을 16진수로 출력할 때 사용된다. 이 두 변환 문자가 동일한지 다음과 같은 코드를 사용하여 확인해 보아라. 그리고 설명하여라.

```
printf("11259375 = %#lx\n", 11259375);
printf("11259375 = %#lX\n", 11259375);
```

3. 변환 문자 n을 정확하게 처리하지 못하는 컴파일러가 많이 있다. 다음 코드를 사용하여 변환 문자 n이 정확하게 동작하는지 확인해 보아라.

```
int a, b, c;
printf("a%nb%nc%n %d %d %d\n", &a, &b, &c, a, b, c);
```

4. 변환 명세에서 플래그를 여러 개 사용할 경우 사용하는 순서가 있는지 확인해 보아라. 예를 들어 다음 코드를 실행하여 어떻게 되는지 확인하여라.

```
printf("%0+17d\n", 1);
printf("%+017d\n", 1);
```

5. 다음 코드는 문자열을 16진수로 변환하는 것이다. s 문자열에서 0x를 삭제하면 어떻게 되겠는가?

```
char s[] = "0xabc";
int n;
sscanf(s, "%x", &n);
printf("0xabc = %d\n", n);
```

6. 다음 코드는 어떤 값을 출력하겠는가? 설명하여라.

```
char s[] = "-1";
unsigned n;
sscanf(s, "%u", &n);
printf("n = %d\n", n);
```

7. 11.5절의 프로그램 11.5는 argv[1]을 "w" 모드로 열어서 50개의 문제를 쓰고 닫은 후에 다시 "r" 모드로 열어서 저장된 문제를 읽는다. 프로그램을 수정하여 argv[1]을 한 번만 열어서 같은 작업을 할 수 있도록 하여라.

8. C 프로그램을 입력받아 행 번호를 매기는 프로그램을 작성하여라. 즉 입력된 프로그램의 각 행의 앞에 행 번호와 스페이스 문자를 하나 추가하여 출력 파일에 출력되게 하여라. 단 행 번호의 필드 폭은 프로그램의 마지막 행 번호의 자리수와 같게 하고, 행 번호는 오른쪽 정렬로 출력되어야 한다. 또한 입력 및 출력 프로그램의 파일명은 명령어 라인 인자로 전달하여라.

9. C 프로그램 파일을 읽어드려 옵션에 지정된 대로 여러 줄 띄어쓰기를 한 형태로 지정된 파일에 출력하는 프로그램을 작성하여라. 단 입력 파일, 출력 파일, 옵션은 명령어 라인에서 읽어드려야 한다. 또한 옵션은 -n 형태로 하며, n은 1, 2, 3 중 하나이다. n이 1이면 보통 쓰기로 출력해야 한다. 즉, 입력 파일에 빈 행이 있다면 모두 삭제하여 출력해야 한다. n이 2이면 한 줄 띄어쓰기로 출력해야 한다. 즉, 빈 행이 아닌 행 사이에는 하나의 빈 행만이 있어야 한다. 또한 n이 3이면 두 줄 띄어쓰기로 출력해야 한다. 즉 빈 행이 아닌 두 행 사이에는 두 개의 빈 행이 있어야 한다.

10. 파일에 학생 이름, 학번, 성적의 목록을 다음과 같은 형식으로 저장하여라.

```
Ava 910017 A
Smith 934422 C
Jones 878766 B
.....
```

이 파일에서 자료를 읽어 학생 이름, 학번, 학점을 멤버로 갖는 struct student 형의 배열에 저장하고, 이를 이진 파일로 출력하는 make_binary 프로그램을 작성하여라. 이 프로그램은 명령어 라인의 인자로 입력 파일 이름을 입력 받아야 한다.

11. 연습문제 10번에서 만든 이진 파일을 읽어드려, 성적순이나 이름순으로 출력하고, 성적을 수정하고, 성적을 추가하는 기능을 갖는 process_grade라는 프로그램을 작성하여라. 각 기능은 사용자로부터 대화방식으로 받아드려야 한다. 단 이진파일 이름은 명령어 라인 인자로 받아드려라.

12. 연습문제 11번에서 작성한 프로그램에 한 학급의 평균을 계산하고 이 평균을 출력하는 class_average() 함수를 추가하여라. 이때 A 학점은 4점이고, B 학점은 3점 등으로 한다.

13. sscanf()는 fscanf()의 문자열 버전이다. 하지만 연속적으로 사용했을 때 읽는 위치가 다르다. 파일을 열면 파일 위치 지시자는 다음에 어디서부터 읽어야 하는지를 유지한다. 하지만 문자열 버전인 sscanf()를 위해서는 이와 같은 메커니즘이 없다. 다음 코드를 포함하는 프로그램을 작성하여 tmp1과 tmp2에 어떤 내용이 출력되는지 확인하고 그 내용에 대해 설명하여라.

```
char  c, s[] = "abc", *p = s;
int   i;
FILE  *ofp1, *ofp2;
ofp1 = fopen("tmp1", "w");
ofp2 = fopen("tmp2", "w");
for (i = 0; i < 3; ++i) {
   sscanf(s, "%c", c);
   fprintf(ofp1, "%c", c);
}
for (i = 0; i < 3; ++i) {
   sscanf(p++, "%c", &c);
   fprintf(ofp2, "%c", c);
}
```

14. 다음 프로그램을 컴파일 하여 실행 코드를 try_me에 저장하여라.

```
#include <stdio.h>
int main(void)
{
  fprintf(stdout, "이것은 표준 출력 장치에 출력한 내용입니다.\n");
  fprintf(stderr, "이것은 표준 오류 장치에 출력한 내용입니다.\n");
  return 0;
}
```

이 프로그램을 통해 stdout과 stderr의 차이를 살펴보자. 먼저 다음과 같이 출력 재지정을 사용하면 어떻게 되는지 실행해 보아라. 출력 내용과 tmp 내용을 확인한 다음 설명하여라.

```
try_me > tmp
```

다음과 같이 실행하면 어떻게 되는지 실행해 보아라.

```
try_me >& tmp
```

15. ungetc()는 입력 스트림에 문자를 삽입하는 함수이다. 파일에서 세 개의 문자를 읽은 다음에 ungetc()를 사용하여 동일한 파일에 세 개의 문자를 다시 넣을 수 있는지를 검사하는 프로그램을 작성하여 확인해 보아라.

16. more 명령은 파일 내용을 한 화면씩 보여주는 프로그램이다. 이와 유사하게 동작하는 my_more 프로그램을 작성하여라. 이 프로그램은 지정된 파일을 한 번에 23줄씩 출력하고, 더 출력할 내용이 있으면 "more"라는 메시지를 출력해야 한다. 또한 한번 출력한 이후 "스페이스바"가 입력되면 다시 한 페이지를 보여주고, "엔터(Enter↵)"가 입력되면 한 줄만 더 출력하고, "q"가 입력되면 프로그램을 종료하여라.

17. head 명령은 파일의 첫 10 줄을 보여주는 프로그램이다. 이와 같이 동작하는 my_head 프로그램을 작성하여라. 또한 명령어 라인 인자로 숫자가 입력되면 파일의 처음부터 그 수만큼의 행을 출력하게 하여라.

18. tail 명령은 파일의 마지막 10 줄을 보여주는 프로그램이다. 이와 같이 동작하는 mytail 프로그램을 작성하여라. 또한 명령어 라인 인자로 숫자가 입력되면 파일의 끝에서부터 그 수만큼의 행을 출력하게 하여라.

19. 프로그램을 개발하다보면 임시 파일이 필요할 때가 있다. 필요한 임시 파일을 위한 파일 이름을 프로그래머가 직접 만들기는 불편하다. tmpnam()은 임시 파일의 이름을 만들어주는 함수이다. 이 함수가 파일 이름을 어떻게 만드는지 다음 프로그램을 실행해 알아보아라.

```
#include <stdio.h>
int main(void)
{
    char   tfn[100];
    tmpnam(tfn);
    printf("1: tfn = %s\n", tfn);
    tmpnam(tfn);
    printf("2: tfn = %s\n", tfn);
    tmpnam(tfn);
    printf("3: tfn = %s\n", tfn);
    return 0;

}
```

이 프로그램을 반복 수행하여 결과를 확인해보아라. tmpnam()에 의해 만들어지는 이름은 규칙이 있고, 실행할 때마다 다르다는 것을 알 수 있을 것이다.

20. 11.7절의 프로그램 11.9는 학생의 고유 번호를 성적이 입력되는 순서로 부여하였다. 하지만 보통 고유 번호는 학번이나 주민번호를 사용하고, 이러한 번호는 연속적이지 않다. 번호가 연속적이지 않기 때문에 특정 학번의 학생 성적이 파일에 어디에 있는지 알 수가 없다. 따라서 학번이나 주민번호를 고유 번호로 사용하는 경우에는 실제 고유 번호와 시스템이 사용하는 고유 번호를 연결시켜주는 인덱스 파일을 사용한다. 예를 들어 학번을 고유 번호로 사용하는 학생 성적 파일은 다음과 같은 형태일 것이다.

```
1  200736065 Noah    78   90  100    0.00
2  200736099 Emma     8   98   67    0.00
3  200736123 Liam    78   90   88    0.00
4  200736144 Olivia  78   88   90    0.00
5  200736145 Logan   58   88   91    0.00
. . .
```

이 성적 파일의 첫 번째 열은 시스템이 사용하는 고유 번호이다. 이 성적 파일의 인덱스 파일은 다음과 같은 모양이 될 것이다.

```
200736065 1
200736099 2
200736123 3
200736144 4
. . .
```

이러한 식으로 작성된 성적 프로그램을 사용하는 사용자는 학생의 성적 데이터를 접근할 때 학번을 사용하고, 프로그램은 그 학번에 해당하는 고유 번호를 인덱스 파일을 보고 알아낼 수 있다. 프로그램 11.9를 인덱스 파일을 사용하는 것으로 수정하여라. 즉 학생 성적 파일에 학번을 더 추가하고, 학생의 성적을 수정할 때 학번을 입력받게 하여라. 또한 성적 파일을 가지고 인덱스 파일을 만드는 옵션도 추가하여라.

제 12 장

고급 프로그래밍

지금까지 다룬 프로그램은 비교적 짧고 단순하였다. 하지만 실제로 프로그램을 작성해보면 프로그램 길이가 몇 천 줄 되는 것은 보통이다. 이 장에서는 긴 프로그램을 작성할 때 프로그램을 어떻게 구성할 것인지와 고급 프로그래밍 기법에 대해 다룬다. 이 장에서는 먼저 C 시스템의 메모리 배치에 대해서 설명한다. 그 후 프로그램을 여러 파일로 나누어서 작성하는 방법에 대해 설명하고, 서로 다른 파일에 저장된 함수 간에 변수를 공유하는 방법과 각 파일에서 선언된 변수나 함수를 비공개하는 방법, 그리고 추상 자료형에 대해 설명한다. 또한 함수의 매개변수가 고정되어 있지 않은 가변인자 함수와 가변인자 매크로에 대해 설명하고, 자기참조 구조체에 대해 설명한다. 마지막으로 신호(signal) 처리에 대해 간략히 설명한다.

12.1 메모리 배치

프로그램을 실행하면, 운영체제는 메모리를 할당하고 프로그램을 디스크로부터 읽어서 할당된 메모리에 로드한 후 main() 함수의 첫 번째 문장을 실행하게 한다. 프로그램에 할당된 메모리 공간은 프로그램이 끝날 때까지 그 프로그램에 의해 사용되는데, 그 공간에 실행파일로 만들어진 프로그램 코드와 전역변수가 저장되고, 함수가 호출되면 지역변수에게 할당되는 공간이나 프로그램의 동적인 요청에 의해 할당되는 공간도 프로그램에게 할당된 공간 내에서 사용된다. 이렇게 다양한 용도로 메모리가 사용되기 때문에 프로그램에 할당된 메모리는 용도별로 분할되어 사용된다. 일반적인 메모리 배치는 다음과 같다.

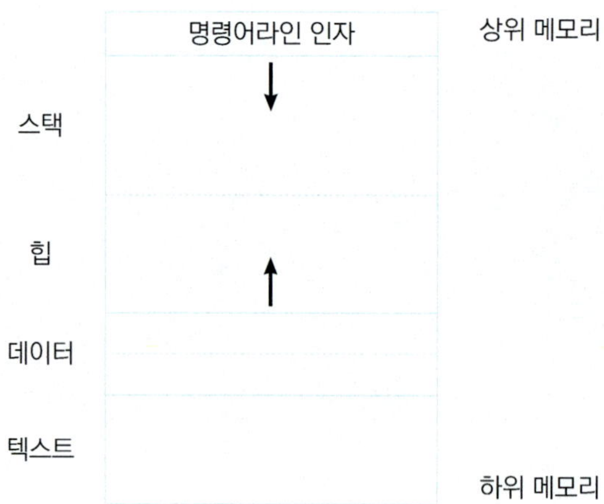

그림과 같이 할당된 메모리는 텍스트(text), 데이터(data), 스택(stack), 힙(heap) 부분으로 나뉜다. 스택은 호출된 함수가 할당받는 메모리 영역으로 함수의 지역 변수와 매개변수, 그리고 이 함수를 호출한 곳의 주소(리턴 주소)가 저장되는 영역이다. 함수가 종료되면, 함수가 할당받은 공간은 반납되고 저장된 리턴 주소에 있는 문장을 실행하게 한다. 스택 영역은 제한된 공간이므로 대량의 지역변수를 갖는 함수는 실행되지 않을 수도 있고, 리턴되는 함수 없이 계속해서 함수 호출만 일어나면 언젠가는 함수 호출이 안 될 수도 있다.

힙은 malloc()이나 calloc()을 사용하여 동적으로 메모리를 요구할 때 할당되는 공간이다. 동적으로 할당받을 수 있는 메모리 공간도 한정되어 있다. 따라서 동적으로 할당받은 공간을 더 이상 사용하지 않는다면 free()를 사용하여 반드시 반납해야 된다. 그림에서 스택과 힙 사이를 점선으로 구분하였는데, 이는 두 공간이 명확하게 구분되는 것이 아니라 어느 용도로도 사용될 수 있다는 것을 의미이다. 하지만 서로 많이 사용하여 겹치게 되면 실행 시간 오류가 발생할 것이다.

텍스트는 프로그램이 저장되는 부분이다. 프로그램을 실행하면 컴파일한 결과인 기계어로 된 실행 파일이 텍스트 영역으로 로드된다. 따라서 프로그램의 각 문장은 로드된 메모리 주소를 가지게 된다. 로드가 완료되면 텍스트 영역의 문장들을 읽어서 프로그램을 실행하게 된다. 참고로 컴퓨터는 PC 레지스터(program counter register)에 저장된 주소에 있는 문장을 실행한다. 따라서 운영체제는 프로그램 로딩을 완료한 다음에 main()의 첫 번째 문장의 주소를 PC 레지스터에 넣어서 프로그램이 실행을 시작하도록 한다.

데이터는 전역 변수와 정적 변수에 할당되는 공간이다. 데이터 부분은 다시 두 부분으로 나누어지는데 한 부분에는 선언문에서 초기화된 전역 변수나 정적 변수가 저장되고, 다른 부분에는 초기화되지 않은 전역 변수와 정적 변수가 저장된다. 실행 프로그램 파일에는 프로그램 문장뿐만 아니라 선언문에서 초기화된 전역 변수와 정적 변수의 내용과 초기화되지 않은 전역 변수와 정적 변수의 이름과 크기가 저장된다. 초기화되지 않은 전역 변수 및 정적 변수가 저장되는 부분을 BSS(Block Started by Symbol)라고 한다. 프로그램을 실행시키면, 운영체제는 실행 프로그램 파일에 있는 문장을 텍스트 부분으로 복사하고, 초기화된 전역 변수와 정적 변수를 데이터 부분에 복사하며, BSS 내용을 참조하여 데이터 부분에 그에 해당하는 메모리 공간을 모두 0으로 초기화 한다. 다음 프로그램을 보자.

프로그램 12.1

```c
#include <stdio.h>
#define  N  10
int   same;                          // BSS 부분에 저장
float gallon2liter = 3.7854118;  // 데이터 부분에 저장
float g2l[N][2];                    // BSS 부분에 저장
int   last = 1;                       // 데이터 부분에 저장
float compute(float);

/*********************************************
  main()과 compute() 함수의 모든 문장은
  텍스트 부분에 저장
*********************************************/
int main(void)
{
   float liter, gallon;
   int   i;

   while (last){
      printf("겔론 : ");
      scanf("%f", &gallon);
      liter = compute(gallon);
      printf("%.2f 겔론은 %.2f 리터입니다.\n", gallon, liter);
   }
   printf("%d 번 변환 했습니다.\n", N);
   for (i = 0; i < N; i++)
      printf("%.2f 겔론 : %.2f 리터\n", g2l[i][0], g2l[i][1]);
   return 0;
}
float compute(float input)
{
   static int cnt = 0;               // BSS 부분에 저장
   float  result;
   int    i;

   for (i = 0; i < cnt; i++)
      if (g2l[i][0] == input) {
```

```
            same++;
            return g2l[i][1];
        }
    result = input * gallon2liter;
    g2l[cnt][0] = input;
    g2l[cnt][1] = result;
    cnt++;
    if (cnt == N)
        last = 0;
    return result;
}
```

프로그램 12.1을 실행하면 각 요소별로 메모리의 어떤 영역에 저장되는지 살펴보자. 먼저 기계언어로 변환된 모든 문장들은 텍스트 영역에 저장된다.

```
float gallon2liter = 3.7854118;
int last = 1;
```

전역 및 정적 변수 중 gallon2liter와 last는 선언문에서 초기화되어 있으므로 데이터 영역에 저장된다.

```
int same;
float g2l[N][2];
    static int cnt = 0;
```

반면 same과 g2l[][]은 초기화되지 않으므로 텍스트의 BSS 영역에 저장된다. 또한 정적 변수인 cnt는 0으로 초기화되어 있지만 이렇게 초기화하지 않아도 0으로 초기화되기 때문에 BSS로 들어간다.

```
// In main()
    float liter, gallon;
    int i;
```

main()을 위한 지역변수는 main() 함수를 위한 스택에 저장된다.

```
// In compute()
float compute(float input)
    float result;
    int i;
```

compute()가 호출되면 스택에 compute()를 위한 공간이 할당되고 그 곳에 매개변수인 input과 지역변수인 result와 i가 저장된다.

12.2 대형 프로그램의 구성

프로그램은 필요에 따라 여러 파일로 작성될 수 있다. 특히 대형 프로그램을 개발할 때에는 여러 프로그래머가 동시에 프로그램을 작성하기 때문에 여러 파일로 나뉘어서 작성될 수밖에 없다. 프로그램 파일은 보통 연관된 함수들로 구성된다. 이 절에서는 간단한 프로그램을 통해 여러 파일로 나누어 프로그래밍 하는 것을 보여줄 것이다. 프로그램 12.2는 8.3절의 프로그램 8.8을 두 개의 파일로 작성한 예이다.

프로그램 12.2

main.c

```
#include <stdio.h>
typedef struct grade{
    int   grade[3];
    char  p_f[3];
    int   sum;
    float avg;
} grade;
int grade_proc(grade *);
int main(void)
{
    grade st = {{97, 55, 80}, {' ', ' ', ' '}, 0, 0.0};

    if (grade_proc(&st))
       return 1;
    printf("MATH : %d (%c)\n", st.grade[0], st.p_f[0]);
```

```
    printf("ENG : %d (%c)\n", st.grade[1], st.p_f[1]);
    printf("SCI : %d (%c)\n", st.grade[2], st.p_f[2]);
    printf("SUM : %d\n", st.sum);
    printf("AVG : %.2f\n", st.avg);
    return 0;
}
```

grade.c

```
#include <stdio.h>
typedef struct grade{
    int   grade[3];
    char  p_f[3];
    int   sum;
    float avg;
} grade;
int grade_proc(grade *);
int grade_proc(grade *st)
{
    if (st == NULL){
        printf("The parameter st is NULL\n");
        return -1;
    }
    st -> sum = st -> grade[0] + st -> grade[1] + st -> grade[2];
    st -> avg = st -> sum / 3.0;
    st -> p_f[0] = st -> grade[0] < 60 ? 'f' : 'p';
    st -> p_f[1] = st -> grade[1] < 60 ? 'f' : 'p';
    st -> p_f[2] = st -> grade[2] < 60 ? 'f' : 'p';
    return 0;
}
```

프로그램 12.2는 main.c와 grade.c 파일로 구성되어 있고 각 파일은 각각 main()과 grade_proc() 함수를 정의하고 있다.

```
#include <stdio.h>
typedef struct grade{
    int   grade[3];
    char  p_f[3];
```

```
    int   sum;
    float avg;
} grade;
int grade_proc(grade *);
```

이 두 함수는 모두 입출력 라이브러리에 있는 함수를 사용하고 구조체 **grade** 형을 사용하기 때문에 파일의 앞부분에서 〈stdio.h〉를 포함시키고 구조체 **grade**의 선언문을 가지고 있다.

여러 파일로 프로그램을 작성하는 것도 프로그래밍 방법은 유사하다. 단, 통합 프로그래밍 환경을 사용하지 않는 경우에는 이 프로그램을 위한 디렉터리를 따로 만들어서 소스 파일들을 만드는 것이 프로그램 관리에 도움이 될 것이다. 컴파일은 다음과 같이 한다.

```
$ gcc main.c grade.c
```

즉, 프로그램을 이루는 모든 파일을 모두 나열하면 컴파일러가 알아서 하나의 실행파일을 만들어 줄 것이다. 만일 통합 프로그래밍 환경인 **Visual Studio**를 사용한다면 하나의 파일로 이루어진 프로그램을 작성할 때와 같이 소스 파일을 생성하면 된다. 컴파일도 하나의 파일로 구성된 프로그램을 컴파일하는 것과 같이 하면 된다. 통합 환경이 알아서 다 해줄 것이다.

여러 파일로 프로그램을 작성할 경우의 장점은 각 파일을 따로 컴파일할 수 있다는 것이다. 따라서 디버깅 도중 하나의 함수만 수정했을 때 프로그램 전체를 컴파일할 필요 없이 그 함수를 가지고 있는 파일만을 컴파일하면 되기 때문에 컴파일 시간을 줄일 수 있다. 통합 환경을 사용하지 않을 경우 프로그램 12.2를 파일 별로 컴파일하는 방법은 다음과 같다.

```
$ gcc -c main.c
$ gcc -c grade.c
$ gcc main.o grade.o
```

-c 옵션을 사용하여 컴파일하면 그 파일의 목적 파일인 *.o 파일을 생성하게 된다. 마지막 **gcc**는 여러 개의 목적 파일을 하나로 연결시켜 주는 것이다. 이런 식으로 컴파일한 후, 만일 **main.c** 파일만 수정했다면 다음과 같이 컴파일하면 된다.

```
$ gcc -c main.c
$ gcc main.o grade.o
```

즉 수정된 파일만을 컴파일한 후 다시 목적 파일들을 연결하면 된다. **Visual Studio**와 같은 통합 환경은 알아서 수정된 파일만을 컴파일할 것이다.

헤더 파일

프로그램을 여러 파일로 나누어 작성할 때 보통 사용자 헤더 파일을 많이 사용한다. 사용자 헤더 파일은 함수들이 공통적으로 사용하는 라이브러리 함수를 위한 헤더 파일을 포함시키고 매크로를 정의하는 전처리기 문장과 공통으로 사용하는 함수의 원형과 자료형의 선언문을 가진다. 예를 들어 프로그램 12.2를 위한 사용자 헤더 파일은 <stdio.h>를 포함시키는 전처리기 문장과 grade 형을 선언하는 선언문과 grade_proc() 함수 원형으로 구성될 것이다. 다음 프로그램을 보자.

프로그램 12.3

grade.h

```c
#include <stdio.h>
typedef struct grade{
    int   grade[3];
    char  p_f[3];
    int   sum;
    float avg;
} grade;
int grade_proc(grade *);
```

main.c

```c
#include "grade.h"

int main(void)
{
    grade st = {{97, 55, 80}, {' ', ' ', ' '}, 0, 0.0};

    if (grade_proc(&st))
        return 1;
    printf("MATH : %d (%c)\n", st.grade[0], st.p_f[0]);
    printf("ENG : %d (%c)\n", st.grade[1], st.p_f[1]);
    printf("SCI : %d (%c)\n", st.grade[2], st.p_f[2]);
    printf("SUM : %d\n", st.sum);
```

```
    printf("AVG : %.2f\n", st.avg);
    return 0;
}
```

grade.c

```
#include "grade.h"

int grade_proc(grade *st)
{
    if (st == NULL){
        printf("The parameter st is NULL\n");
        return -1;
    }
    st -> sum = st -> grade[0] + st -> grade[1] + st -> grade[2];
    st -> avg = st -> sum / 3.0;
    st -> p_f[0] = st -> grade[0] < 60 ? 'f' : 'p';
    st -> p_f[1] = st -> grade[1] < 60 ? 'f' : 'p';
    st -> p_f[2] = st -> grade[2] < 60 ? 'f' : 'p';
    return 0;
}
```

프로그램 12.2를 헤더 파일을 사용하는 것으로 수정하면 프로그램 12.3과 같이 만들 수 있다.

```
// In grade.h
#include <stdio.h>
typedef struct grade{
     int    grade[3];
    char  p_f[3];
    int    sum;
    float avg;
} grade;
int grade_proc(grade *);
```

grade.h는 main.c와 grade.c에서 공통으로 사용하는 전처리기 문장과 grade 형 및 grade_proc() 선언문을 가지고 있다.

```
// In main.c, grade.c
#include "grade.h"
```

이제 main.c와 grade.c 파일은 grade.h 헤더 파일을 삽입하여 사용하면 된다. grade.h는 사용자 헤더 파일이므로 다른 소스 파일과 같은 디렉터리에 만들면 되고, 삽입할 때에는 큰따옴표를 사용하여 파일을 명시해야 한다.

사용자 헤더 파일은 대형 프로그램을 작성할 때 매우 중요한 역할을 한다. 보통 대형 프로그램을 작성할 때에는 프로그램의 여러 부분이 많은 프로그래머에 의해 동시에 작성되는 데 이때 헤더 파일은 프로그램을 작성하는 기준을 제공한다. 즉 여러 프로그래머가 동시에 프로그래밍을 하더라도 헤더 파일에 명시된 함수 원형과 매크로 정의를 기반으로 하여 프로그램을 작성하면 프로그램의 일관성을 유지할 수 있다. 또한 사용자 정의형이나 매크로를 수정해야할 경우 헤더 파일만 수정하면 되기 때문에 효율적이다.

프로그램을 작성하다보면 여러 헤더 파일을 정의할 수 있고, 헤더 파일들은 필요에 따라 서로를 포함시킬 수도 있다. 헤더 파일에는 자료형이나 매크로 정의가 있기 때문에 같은 헤더 파일을 여러 번 포함시키면 오류가 발생할 수 있다. 그러나 표준 헤더 파일들은 여러 번 포함시켜도 오류가 발생하지 않는다. 예를 들어 프로그램에서 다음과 같이 똑같은 헤더 파일을 두 번 포함시켜도 오류가 발생하지 않을 것이다.

```
#include <stdio.h>
#include <stdio.h>
```

이것은 헤더 파일을 프로그램에서 여러 번 포함시켜도 한 번만 삽입되게 작성했기 때문이다. 그 방법은 각 헤더 파일에 그 헤더 파일만 사용하는 매크로를 정의하고, 헤더 파일 첫 부분에 #ifndef를 사용하여 자신만의 매크로가 정의되어 있지 않은 경우에만 헤더 파일 내용을 포함되게 하는 것이다. 예를 들어 〈stdio.h〉의 첫 부분과 마지막 행은 다음과 같이 되어 있다.

```
#ifndef _STDIO_H_
#define _STDIO_H_
. . . // stdio.h 내용
#endif // _STDIO_H_
```

여기서 _STDIO_H_는 〈stdio.h〉 파일을 위한 고유 매크로이다. 〈stdio.h〉가 처음 포함될 때에는 _STDIO_H_가 정의되어 있지 않을 것이기 때문에 〈stdio.h〉 파일의 모든 내용이 포함된다. 하지만 다음에 다시 <stdio.h> 파일을 포함하려고 하면 이미 _STDIO_H_가 정의되어 있기 때문에 첫 번째 행의 #ifndef로 인해 그 다음부터 무시된다. 프로그래머가 자신의 헤더 파일을 만들 때에도 이와 같은 방법을 사용하는 것이 좋다. 예를 들어 앞의 예제에서 grade.h 헤더 파일을 위해 _GRADE_H_라는 매크로를 정의하여 다음과 같이 만들면 된다.

헤더파일 12.1

grade.h

```
#ifndef  _GRADE_H_
#define  _GRADE_H_
#include <stdio.h>
typedef struct grade{
    int   grade[3];
    char  p_f[3];
    int   sum;
    float avg;
}grade;
void grade_proc3(grade *);
#endif   // _GRADE_H_
```

12.3 정적외부 변수와 정적외부 함수

외부 변수는 함수 밖에서 선언된 변수를 의미한다. 5장에서 배운 것과 같이 외부 변수는 다른 모든 함수에서 사용이 가능하다. 그렇게 바람직한 것은 아니지만 외부 변수를 사용하면 함수 간에 데이터를 교환하기가 매우 쉽다. 프로그램이 여러 파일로 작성되더라고 외부 변수는 다른 모든 함수에서 사용이 가능하다. 만일 외부 변수가 정의된 파일과 그 외부 변수를 사용하는 함수가 정의된 파일이 다르다면 extern을 사용하여 그 변수를 사용할 수 있다. 예를 들어 다음 프로그램을 보자.

프로그램 12.4

main.c

```c
#include <stdio.h>

int hours, minutes;
void convertM2HM(int);

int main(void)
{
    extern int hours, minutes;
    int inputM;

    printf("분을 입력하세요 : ");
    scanf("%d", &inputM);

    convertM2HM(inputM);
    printf("%d분은 %d시간 %d분입니다.\n", inputM, hours, minutes);
    return 0;
}
```

convert.c

```c
void convertM2HM(int min)
{
    extern int hours, minutes;
    hours = min / 60;
    minutes = min % 60;
    return;
}
```

프로그램 12.4는 프로그램 5.6을 두 개의 파일로 나누어 작성한 것이다. main() 함수에 다음과 같은 선언문이 있다.

```c
// In main()
    extern int hours, minutes;
```

이렇게 하면 외부 변수인 hours와 minutes를 main() 함수에서 사용할 수 있다. 물론 hours와

minutes는 main() 함수가 정의된 main.c에 정의된 외부 변수이므로 이 선언문은 생략해도 된다. convert.c에도 다음과 같은 선언문이 있다.

```
// In convertM2HM()
    extern int hours, minutes;
```

convertM2HM() 함수는 외부 변수인 hours와 minutes를 사용한다. 하지만 이 외부 변수가 자신의 파일에 정의되어 있지 않기 때문에 extern을 사용하여 다른 파일에 이 외부 변수가 정의되어 있음을 알려주고 있다. 이 선언문은 convertM2HM() 함수 헤더 앞에 있어도 된다. 이와 같이 외부 변수는 모든 파일에서 사용이 가능하다.

정적외부 변수

이제 정적외부 변수에 대해 살펴보자. 외부 변수에 static을 적용하면 그 변수는 정적외부 변수가 된다. 정적외부 변수는 외부 변수이기는 하지만 유효범위가 자신이 선언된 파일로 제한된다. 즉 다른 파일에 정의된 함수에서는 이 정적외부 변수를 사용할 수 없다. 이러한 성질을 이용하면 데이터 접근을 제한함으로써 더욱 안전한 프로그램을 작성할 수 있다. 다음 프로그램을 보자.

프로그램 12.5

main.c

```
#include <stdio.h>
int    access(int);
int    change_passwd(int);
int main(void)
{
   int num, new, select = 1;

   while (select){
      printf("1 : Login, 2 : Change password, 0 : Exit\n");
      printf("Select number : ");
      scanf("%d", &select);

      switch(select) {
```

```c
        case 0:
            printf("Bye...\n");
            break;
        case 1:
            printf("Password : ");
            scanf("%d", &num);
            if (access(num))
                printf("Wrong password.\n");
            else
                printf("Welcome....\n");
            break;
        case 2:
            printf("New password : ");
            scanf("%d", &new);
            if (change_passwd(new))
                printf("Login first...\n");
            else
                printf("Passwod has been changed.\n");
            break;
        default:
            printf("Input 0 to 2...\n");
        }
    }
    return 0;
}
```

password.c

```c
#include <stdbool.h>
static int passwd = 78;
static bool is_login = false;

static void set_login(bool ok)
{
    is_login = ok;
}

int access(int num)
{
    if (num != passwd) {
```

```
        set_login(false);
        return -1;
    }
    set_login(true);
    return 0;
}

int change_passwd(int new)
{
    if (!is_login)
        return -1;
    passwd = new;
    return 0;
}
```

프로그램 12.5은 단순한 로그인 프로그램이다. main.c에는 main()만 정의되어 있는데, main()은 사용자 인터페이스를 제공하여 로그인과 관련된 선택을 할 수 있게 한다. password.c에는 패스워드 및 로그인 정보를 다루는 함수들을 포함하고 있다. 특히 패스워드와 로그인 상태 정보를 저장하는 passwd와 is_login 변수가 선언되어 있다.

```
// In password.c
static int passwd = 78;
static bool is_login = false;
```

passwd는 패스워드를 저장하는 변수이고 is_login는 로그인되어 있는지를 표시하는 변수이다. 이 두 변수는 함수 밖에 선언되어 있으면서 static이 명시되어 있으므로 정적 외부 변수이다. 따라서 두 변수는 password.c 파일에 정의된 함수에서만 사용이 가능하다. main() 함수에서는 passwd나 is_login을 extern으로 선언한 다음 사용하려고 해도 사용할 수 없다. 즉, main()에서 다음과 같은 문장을 사용하면 오류가 발생할 것이다.

```
extern int is_login;
is_login = true;
```

패스워드와 로그인 상태 정보는 로그인과 관련된 여러 함수들이 사용해야하는 필수 정보이기 때문에 전역변수로 선언하면 편리하다. 반면 로그인과 관련된 함수가 아니라면 접근을 제한해야 한다. 이 두 가지 요구조건을 만족시키는 것이 정적외부 변수이다. 이와 같이 정적외부 변수는 전역변수의 장점을 살리면서 사용 범위를 제한함으로 중요한 데이터를 보호할 수 있게 한다. 프로그램 12.5의 실행 결과는 다음과 같다.

```
1 : Login, 2 : Change password, 0 : Exit
Select number : 1
Password : 90
Wrong password.
1 : Login, 2 : Change password, 0 : Exit
Select number : 1
Password : 88
Wrong password.
1 : Login, 2 : Change password, 0 : Exit
Select number : 2
New password : 100
Login first...
1 : Login, 2 : Change password, 0 : Exit
Select number : 1
Password : 78
Welcome....
1 : Login, 2 : Change password, 0 : Exit
Select number : 2
New password : 100
Passwod has been changed.
1 : Login, 2 : Change password, 0 : Exit
Select number : 0
Bye...
```

정적외부 함수

함수는 기본적으로 외부 함수이다. 함수에 `static`을 명시하면 그 함수는 정적외부 변수와 같이 그 파일 내에서만 사용이 가능한 정적외부 함수가 된다. 예를 들어 프로그램 12.5의 `password.c` 파일에 정의된 `set_login()` 함수는 `password.c`에 정의된 함수에서만 사용되어야 하는 함수이다. 만일 main()에서 호출이 가능하다면 다음과 같이 호출하여 올바른 로그인 없이 패스워드를 99로 수정할 수 있다.

```
set_login(true);
change_passwd(100);
```

이렇게 잘못된 사용을 막기 위해 정적외부 함수를 만든다. set_login() 함수의 헤더는 다음과 같이 정의되어 있는 데, 이렇게 하여 password.c 파일에 정의된 access()와 change_passwd() 함수에서만 set_login() 함수를 호출할 수 있다.

```
// In password.c
static void set_login(bool ok)
```

즉 set_login() 함수는 static으로 정의되어 있기 때문에 main() 함수처럼 다른 파일에 정의된 함수에서는 set_login() 함수를 호출할 수 없어 프로그램을 더욱 안전하게 만든다.

12.4 추상 자료형

프로그램은 데이터를 다루는 것이다. 좋은 프로그램을 작성하기 위해서는 데이터를 어떻게 저장하고 어떻게 처리할 것인지를 먼저 설계해야 한다. 특히 데이터를 잘못 다루지 않도록 주의해야 한다. 이를 위해 추상 자료형(Abstract Data Type : ADT) 개념을 사용한다. 추상 자료형이란 처리해야 될 데이터 집합뿐만 아니라 그 데이터에 수행되는 연산까지 정의한 명세를 의미한다. 특히 데이터는 추상 자료형에서 정의된 연산자에 의해서만 다루어지기 때문에 데이터를 보호할 수 있다. 추상 자료형을 정의할 때에는 이것이 어떻게 구현되어야 하는지는 고려하지 않는다. 즉 추상 자료형의 데이터가 어떤 자료형이어야 하고 연산자들을 어떻게 구현해야 하는지는 실제로 추상 자료형이 사용될 때 결정된다.

추상 자료형의 예제로 스택(stack)을 살펴보자. 스택은 데이터를 선형으로 저장하는 자료구조이다. 선형 저장 공간의 한쪽 끝을 톱(top)이라고 하는데, 이 톱에서만 데이터의 삽입과 삭제가 일어난다. 따라서 나중에 저장한 데이터가 먼저 삭제되는 후입선출(Last In First Out : LIFO)의 성질을 갖는다. 스택은 다음 그림과 같이 물건을 쌓아 저장하는 것을 생각하면 쉽게 이해될 것이다.

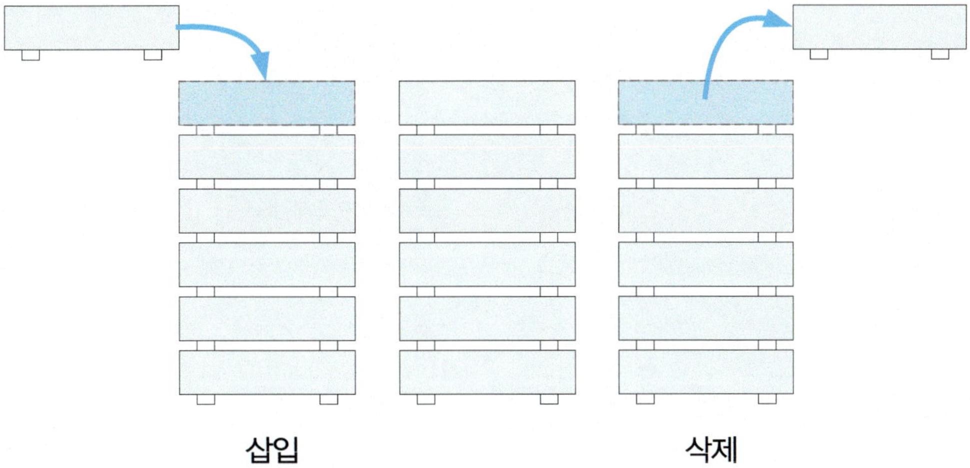

물건을 이러한 식으로 저장하면, 새로운 물건을 보관할 때에는 그림에서와 같이 쌓아놓은 물건 제일 위에 올려놓게 되고, 물건을 사용할 때에는 제일 위에 있는 것을 먼저 사용하게 된다. 스택도 이와 같은 방법으로 데이터를 저장하고 사용하는 성질을 가지고 있다. 12.1 절에서 C의 메모리 배치를 설명하면서 함수가 호출됐을 때 사용되는 부분을 스택이라 하였다. 함수가 호출되면 그 함수를 위한 지역 변수와 매개 변수, 그리고 리턴 주소 등을 저장하는 공간을 함수 프레임이라고 하는데, 이 함수 프레임이 스택 부분에 삽입된다. 이 부분을 스택이라고 한 이유는 가장 최근에 호출된 함수의 프레임이 가장 위에 놓여지고, 가장 나중에 호출된 함수가 가장 빨리 종료되어 스택에서 삭제되기 때문이다. 예를 들어 프로그램 12.1을 실행하면 제일 먼저 `main()` 함수가 호출되기 때문에 스택 부분에 `main()` 함수의 프레임이 다음과 같이 할당된다.

그 후 `main()`에서 `compute()` 함수를 호출하면 `compute()` 함수를 위한 프레임이 다음과 같이 할당된다.

return address	main() 프레임
liter	
gallon	
i	
input	compute() 프레임
return address	
result	
i	

compute()의 cnt 변수는 정적 변수이기 때문에 스택에 할당되지 않는다. compute() 함수가 종료되면 compute() 프레임은 삭제되고 처음 그림과 같이 된다.

이러한 특성을 갖는 스택의 연산자로는 다음과 같은 것들이 있다.

- push : 스택에 데이터 삽입
- pop : 스택으로부터 데이터 삭제
- top : 스택의 톱에 있는 데이터를 삭제하지 않고 확인
- empty : 스택이 비어 있는지 검사
- full : 스택이 꽉 찼는지 검사
- reset : 스택 초기화

이제 입력된 문자열을 역으로 출력하는 프로그램을 작성해보자. 문자열을 역으로 출력하기 위해서는 나중에 입력된 문자를 먼저 출력해야 하므로 스택을 사용할 수 있다. 주어진 문제를 스택을 사용하여 해결하기 위해서는 스택을 실제로 프로그래밍 해야 한다. 먼저 할 일은 데이터를 저장할 스택의 자료형을 결정하는 것이다. 스택은 데이터들을 선형으로 저장하고 한 쪽에서 삽입과 삭제가 가능한 자료형을 사용하여 구현하면 된다. 이러한 성질을 갖는 자료형으로 가장 쉽게 사용할 수 있는 것은 배열이다. 또한 스택에 가장 최근에 삽입된 원소를 포인트하는 톱도 유지해야 한다. 지금까지 기술한 내용을 종합하면 스택을 다음과 같은 구조체형을 사용하여 만들 수 있다.

```
#define MAX 100
typedef struct stack {
   char s[MAX];
   int top;
} stack;
```

그 다음으로 할 일은 스택의 연산자들을 프로그래밍하는 것이다. 연산자들은 함수로 구현하면 된다. 예를 들어, push 연산자는 다음과 같이 구현할 수 있다.

함수 12.1

```
void push(char c, stack *stk)
{
   stk -> top++;
   stk -> s[stk -> top] = c;
}
```

함수 12.1은 push 연산자를 push() 함수로 구현한 것이다.

```
void push(char c, stack *stk)
```

push()는 스택에 문자를 하나 삽입하는 것이므로, 매개변수로 스택 포인터 stk와 문자 c를 가지고 있고 리턴 값은 필요 없다.

```
   stk -> top++;
   stk -> s[stk -> top] = c;
```

top은 최근에 입력된 원소의 인덱스를 가지고 있으므로, 새로운 문자를 삽입하기 위해서는 top을 먼저 1 증가시키고 배열에 넣으면 된다. 이제 완전한 프로그램을 보자.

프로그램 12.6

stack.h

```c
#include <stdio.h>
#include <stdbool.h>
#define  MAX_LEN   100
#define  EMPTY      -1
#define  FULL         (MAX_LEN - 1)
typedef struct stack {
   char   s[MAX_LEN];
   int    top;
} stack;
void reset(stack *stk);
void push(char c, stack *stk);
char pop(stack *stk);
char top(const stack *stk);
bool empty(const stack *stk);
bool full(const stack *stk);
```

main.c

```c
#include "stack.h"
int main(void)
{
   char   str[] = "Stack Test!";
   int    i;
   stack  s;
   reset(&s);            // 스택 초기화

   printf("문자열 : %s\n", str);
   //  스택에 문자열 push
   for (i = 0; str[i] != '\0'; ++i)
   if (!full(&s))
      push(str[i], &s);

   printf("역 문자열 : ");
   // 스택에서 문자열 pop
   while (!empty(&s))
      putchar(pop(&s));
   putchar('\n');
```

```
    return 0;
}
```

stack.c

```
#include "stack.h"
void reset(stack *stk)
{
    stk -> top = EMPTY;
}
void push(char c, stack *stk)
{
    stk -> top++;
    stk -> s[stk -> top] = c;
}
char pop(stack *stk)
{
    return (stk -> s[stk -> top--]);
}
char top(const stack *stk)
{
    return (stk -> s[stk -> top]);
}
bool empty(const stack *stk)
{
    return (stk -> top == EMPTY);
}
bool full(const stack *stk)
{
    return (stk -> top == FULL);
}
```

프로그램 12.6은 스택을 이용한 프로그램이다.

```
// In main()
    stack s;
```

s를 구조체 stack 형으로 선언하여 스택으로 사용한다.

```
// In main()
  reset(&s);          // 스택 초기화
        push(str[i], &s);
  while (!empty(&s))
     putchar(pop(&s));
```

s를 접근할 때에는 stack.c에 정의된 함수를 사용하고, 직접 s의 값을 참조하지 않고 있다. 이러한 식으로 프로그래밍 해야 데이터를 잘못 접근하여 발생하는 오류를 줄일 수 있다. 실행 결과는 다음과 같다.

```
문자열 : Stack Test!
역 문자열 : !tseT kcatS
```

프로그램 12.6은 ADT 스택을 char 형 배열을 갖는 구조체로 구현하였다. 하지만 저장해야 하는 데이터가 어떻게 되느냐에 따라 int 형 배열 멤버나 구조체 배열 멤버로 구현할 수 있다. 또는 자기참조 구조체로도 스택을 구현할 수 있다.

12.5 가변 인자 함수

가변 인자 함수는 함수의 매개변수 개수가 정해져 있지 않은 함수이다. 예를 들어 printf() 함수를 사용할 때 인자의 개수가 정해져 있지 않았다. 즉 printf() 함수는 다음과 같이 다양한 개수의 인자로 호출될 수 있다.

```
printf("C is fun!\n");
printf("name : %s.", "James Kim");
printf("%d * %d = %d\n", 123, 43, 123 * 43);
```

첫 번째 printf()의 인자 개수는 하나이고, 두 번째는 두 개, 세 번째는 네 개 이다. 〈stdio.h〉 헤더 파일에서 printf() 함수의 원형은 다음과 같이 되어 있다.

```
int printf(const char restruct *foramt, ...);
```

함수 원형을 보면 첫 번째 매개변수는 char 형 포인터이고, 두 번째 매개 변수는 세 개의 점(...)으로 되어 있다. 함수 원형이나 함수 정의에서 세 개의 점은 매개변수가 정해져 있지 않고 가변적임을 나타내는 것이다. 따라서 printf()를 호출할 때 첫 번째 인자는 반드시 문자열이어야 하지만 그 다음 인자는 없을 수도 있고 하나 이상일 수도 있다.

일반 프로그래머도 가변인자 함수를 만들 수 있다. 가변인자 함수를 만들 때에는 〈stdarg.h〉에 정의된 매크로를 사용한다. 〈stdarg.h〉에는 다음과 같은 매크로가 정의되어 있다.

매크로	설명
va_start(ap, v)	ap가 가변 인자의 첫 번째 인자를 포인트하게 함. v는 가변 인자 바로 직전의 인자임
va_arg(ap, type)	ap가 포인트하는 곳의 값을 type 형으로 읽고, ap는 다음 인자를 포인트하게 함
va_copy(dest, src)	가변 인자를 포인트하는 src 포인터를 dest로 복사함. C99에서 추가됨
va_end(ap)	va_start()로 초기화된 ap 포인터를 제거함. va_start()를 사용한 함수에서 사용해야 함

가변 인자 함수라도 형을 가진 매개변수가 최소한 하나는 있어야 한다. 예를 들어 printf() 함수도 첫 번째 매개변수는 char *으로 되어 있다. 또한 가변 인자들의 형을 알아내는 방법을 가지고 있어야한다. 예를 들어, printf()의 경우 가변 인자의 형은 첫 번째 인자인 제어 문자열에서 지정한 변환 명세를 보고 알아낸다. 이제 예제 프로그램을 통해 살펴보자.

프로그램 12.7

```
#include  <stdio.h>
#include  <stdarg.h>
#define END 0
#define INT 1
#define DOUBLE 2
double  va_sum(int, ...);
int main(void)
```

```c
{
    double sum;
    sum = va_sum(INT, 3, DOUBLE, 3.0, END);
    printf("Sum = %.3f\n", sum);
    sum = va_sum(DOUBLE, 20.0, INT, 90, DOUBLE, 0.5, END);
    printf("Sum = %.3f\n", sum);
    return 0 ;
}
double va_sum(int type, ...)
{
    double  sum = 0.0;
    va_list  ap;
    va_start(ap, type);
    while (type != END){
        if (type == INT)
            sum += va_arg(ap, int);
        else
            sum += va_arg(ap, double);
        type = va_arg(ap, int);
    }
    va_end(ap);
    return sum;
}
```

프로그램 12.7은 가변 인자 함수를 사용하여 임의의 개수의 정수나 실수의 합을 구하는 프로그램이다.

```c
#include <stdarg.h>
```

가변 인자 함수를 만들기 위해서는 <stdarg.h>를 삽입해야 한다.

```c
double va_sum(int, ...);
```

va_sum() 함수는 매개변수 목록에 ...이 있으므로 가변 인자 함수이다. va_sum()은 임의의 개수의 정수와 실수의 합을 구하는 함수이다. 즉, 가변 인자는 int 형일 수도 있고 double 형일 수도 있다. 이를 구별하기 위해 실제 인자를 명시하기 전에 형을 지정하도록 하고 있다. 즉, va_sum()의 홀수 번째 인자는 그 뒤 짝수 번째 인자의 형을 지정하기 위해 사용하고 있다.

```
sum = va_sum(DOUBLE, 20.0, INT, 90, DOUBLE, 0.5, END);
```

va_sum()의 호출 형태는 이와 같다. 홀수 번째 인자에는 INT, DOUBLE, END 중 하나를 명시하고, 짝수 번째 인자에는 대응되는 형의 값을 명시한다. 즉, 홀수 번째 인자의 형은 항상 int 형이고, 짝수 번째 형은 그 앞의 기호 상수에 따라 int 형이거나 double 형이다. 또한 인자의 끝은 END로 표시한다.

```
va_list ap;
va_start(ap, type);
```

가변 인자 함수를 만들 때에는 va_list 형의 변수를 사용한다. va_start() 매크로는 va_list 형의 ap 변수가 type 변수 뒤에 오는 가변 인자의 첫 번째 인자를 포인트하게 한다.

```
    if (type == INT)
      sum += va_arg(ap, int);
    else
      sum += va_arg(ap, double);
```

type 변수는 홀수 번째 인자의 값을 가지게 되는데, 이 값으로 뒤따르는 짝수 번제의 값의 형을 알 수 있다. 즉, type 값이 INT이면 int 형 인자가, DOUBLE이면 double 형 인자가 뒤따르는 것이다. 이 정보를 이용하여 va_arg()로 짝수 번째 인자의 값을 읽어온다.

```
        type = va_arg(ap, int);
```

실제 데이터를 읽은 다음에는 다음 번 숫자의 자료형을 판단하기 위한 홀수 번째 인자를 읽어 type에 저장한다.

```
while (type != END){
va_end(ap);
```

type이 END이면 더 이상 인자가 없다는 의미이므로 while 문을 종료한다. 그리고 ap를 더 이상 사용하지 않을 것이므로, va_end()를 사용하여 ap를 더 이상 사용할 수 없게 한다. 출력 결과는 다음과 같다.

```
Sum = 6.000
Sum = 110.500
```

12.6 미리 정의된 매크로와 가변인자 매크로

C 프로그램에서 매크로는 매우 유용하게 사용된다. 이 절에서는 고급 프로그램을 작성할 때 많이 사용하는 미리 정의된 매크로와 가변인자 매크로에 대해서 설명한다.

미리 정의된 매크로

C에는 다음 표와 같은 미리 정의된 7 개의 매크로가 있다. 이 매크로들은 프로그래머가 정의하지 않아도 기본적으로 사용할 수 있으며 프로그래머가 정의를 해제하거나 바꿀 수 없다. 각 매크로 이름은 두개의 밑줄문자로 시작해서 두개의 밑줄문자로 끝난다. __STDC_HOSTED__와 __STDC_VERSION__은 C99에서 추가된 매크로이다.

매크로	값
__DATE__	컴파일 시의 날짜를 포함하는 문자열
__FILE__	파일 이름을 포함하는 문자열
__LINE__	현재 라인 번호를 나타내는 정수
__STDC__	표준을 따르는 경우 1, 아니면 0
__TIME__	컴파일 시의 시간을 포함하는 문자열
__STDC_HOSTED__	호스트 구현이면 1, 아니면 0
__STDC_VERSION__	long int 형의 년도 및 월, 199901L 또는 201ymmL

이외에 컴파일러에 따라 추가적인 매크로가 정의되기도 한다. 참고로 C99에는 미리 정의된 식별자로 __func__가 있다. __func__는 현재 수행 중인 함수의 이름을 갖는 문자 배열이다.

가변 인자 매크로

C99부터 매크로도 함수처럼 가변적인 인자 개수를 가질 수 있다. 가변 인자 매크로도 가변 인자 함수처럼 가변 인자를 세 점(...)으로 표시한다. 매크로 정의 부분에서 가변 매개변수는 __VA_ARGS__로 명시한다. 예를 들어 프로그램에서 오류 메시지를 출력해야할 경우 일반적인 printf() 보다는 다음과 같은 매크로를 정의하여 사용하는 것이 좋다.

```
#define ERRPRINTF(...) printf("error : (" __FILE__ ") "__VA_ARGS__)
```

ERRPRINTF() 매크로는 printf() 함수와 똑같이 사용하면 된다. 다만 이 매크로가 호출되면 출력 문자열 앞에 "error : (file_name)"이 추가로 출력될 것이다. 다음 프로그램을 보자.

프로그램 12.8

```
#include <stdio.h>
#define ERRPRINTF(...) printf("error : (" __FILE__ ") "__VA_ARGS__)
int main(void)
{
    float divisor, dividend;

    printf("******** 나누기 프로그램 ********\n");
    printf("피제수를 입력하세요 : ");
    scanf("%f", &dividend);
    printf("제수를 입력하세요 : ");
    scanf("%f", &divisor);

    if (divisor == 0.0)
        ERRPRINTF("제수가 %.3f 입니다.\n", divisor);
    else
        printf("%.3f / %.3f = %.3f\n", dividend, divisor,
                    dividend / divisor);
    return 0;
}
```

프로그램 12.8은 단순한 나누기 계산기 프로그램이다. 이 프로그램은 두 수를 읽어드려 나누기를 한 후 결과를 출력한다.

```
if (divisor == 0.0)
    ERRPRINTF("제수가 %.3f 입니다.\n", divisor);
```

제수가 0이면 나누기를 못하므로 오류처리를 위해 ERRPRINTF()를 호출한다. ERRPRINTF()의 사용 방법은 printf()와 유사지만, 이 매크로 호출은 다음과 같이 확장될 것이다. 단, 파일 이름은 program12.8.c라고 가정한다.

```
printf("error : (" "program12.8.c" ") " "제수가 %.3f 입니다.\n", divisor);
```

연속된 문자열은 하나로 취급되므로, 결국 다음과 같다.

```
printf("error : (program12.8.c) 제수가 %.3f 입니다.\n", divisor);
```

제수로 0이 입력된 경우의 프로그램 출력 결과는 다음과 같다.

```
******** 나누기 프로그램 ********
피제수를 입력하세요 : 89
제수를 입력하세요 : 0
error : (program12.8.c) 제수가 0.000 입니다.
```

컴파일러가 출력하는 오류 메시지는 다음과 같은 모양이다.

```
divide.c: In function `main':
divide.c:14: error: 'divisor' undeclared (first use in this function)
```

이와 유사하게 오류 메시지를 출력하게 만들고 싶으면 다음과 같이 하면 된다.

```
#define ERRMSG(...) \
        printf(__FILE__ ": In function '%s':\n", __func__),\
        printf(__FILE__ ":%d:error:", __LINE__),\
        printf(__VA_ARGS__)
```

ERRMSG()를 여러 줄로 정의하기 때문에 각 행의 끝에 \ 붙여 다음 줄로 정의가 이어짐을 표시하고 있다. 또한 ERRMSG()는 세 개의 printf()를 콤마(,) 연산자를 사용하여 하나의 수식으로 만들고 있다. 콤마 연산자는 두 수식을 한 문장에서 처리하고 싶을 때 사용된다. 만일 ERRMSG() 정의에서 콤마 연산자 대신 문장의 끝을 나타내는 세미콜론(;)을 사용하여 다음과 같이 정의했다고 가정해 보자.

```
#define ERRMSG(...) \
        printf(__FILE__ ": In function '%s':\n", __func__);\
        printf(__FILE__ ":%d:error:", __LINE__);\
        printf(__VA_ARGS__)
```

일반적으로 프로그래머는 매크로를 한 문장으로 생각하기 때문에 ERRMSG()를 다음과 같은 형태로 사용할 것이다.

```
if (divisor == 0.0)
   ERRMSG("제수가 0입니다.\n");
else
   printf("%.3f / %.3f = %.3f\n", dividend, divisor, dividend / divisor);
```

그런데 ERRMSG() 매크로는 세 문장으로 확장되기 때문에 이 if 문은 다음과 같이 확장된다.

```
if (divisor == 0.0)
   printf("divide.c" ": In function '%s':\n", __func__);
   printf("divide.c" ":%d:error:", 17);
   printf("제수가 %.3f 입니다.\n", divisor);
else
   printf("%.3f / %.3f = %.3f\n", dividend, divisor, dividend / divisor);
```

확장된 후 if와 else 사이에 세 문장이 있기 때문에 else가 연결될 if가 없어 구문 오류가 발생할 것이다. 따라서 매크로를 정의할 때에는 한 문장으로 확장될 수 있게 정의하는 것이 좋다. 만일 매크로가 많은 문장으로 확장된다면 콤마 연산자보다는 do-while 구문을 사용하는 것도 좋은 대안이다. 예를 들어 다음과 같은 형식으로 사용하면 된다.

```
#define ERRMSG(...) \
   do {\
      printf(__FILE__ ": In function '%s':\n", __func__);\
      printf(__FILE__ ":%d:error:", __LINE__);\
      printf(__VA_ARGS__);\
   } while (0)
```

전처리가 끝나면 이 매크로는 여러 개의 문장을 갖는 do-while 문으로 확장된다. 즉 위의 if 문은 다음과 같이 될 것이다.

```
if (divisor == 0.0)
   do {
      printf("divide.c" ": In function '%s':\n", __func__);
      printf("divide.c" ":%d:error:", 17);
      printf("제수가 %.3f 입니다.\n", divisor);
   } while (0);
else
   printf("%.3f / %.3f = %.3f\n", dividend, divisor, dividend / divisor);
```

컴파일러는 do-while 문을 하나의 문장으로 다루기 때문에 아무 문제가 없다. 한 가지 주의 할 것은 do-while의 조건으로 이 예제와 같이 0을 써야 한다. 만일 0 이외의 값을 쓴다면 무한루프가 발생할 것이다.

12.7 진단코드

어떤 경우에는 특수한 환경에서만 수행하는 프로그램을 작성하거나 반대로 특수한 환경에서는 동작하지 않는 프로그램을 작성할 때가 있다. 또는 프로그램을 수행하는 중에 특정한 조건을 만족하는 경우에만 의미있는 경우가 있을 수도 있다. 이와 같은 경우에는 프로그램이 실행되지 않도록 하거나, 실행 중에 있었다면 실행을 중지해야 할 것이다. 이 절에서는 이러한 기능을 하는 진단코드 작성법에 대해서 세 가지 설명한다.

#error

프로그램을 컴파일할 때, 전처리기가 #error 지시자를 만나면 오류 메시지를 출력하고 컴파일을 중단한다. 따라서 그 프로그램을 위한 실행 파일은 생성되지 않는다. 오류 메시지의 형태는 사용하는 컴파일러마다 다르지만, #error 뒤에 명시된 문장과 파일명과 행 번호 등이 출력된다. 예를 들어, int 형의 크기가 2 바이트일 경우에만 동작하는 프로그램을 작성했다고 가정해보자. 이러한 경우에 int 형의 크기가 2 바이트일 경우에만 실행 파일이 만들어지도록 하기 위해서 다음과 같은 전처리기 문장을 만들 수 있다.

```
#ifndef INT_MAX
#   error "Sorry. You have to include <limits.h>!"
#endif

#ifdef INT_MAX
#   if !(INT_MAX == 32767)
#      error "Sorry. int has to be 2 bytes for this program!"
#   endif
#endif
```

이 전처리기 문장은 <limits.h>에 정의되어 있는 INT_MAX 매크로의 값을 확인하여 int 형이 2 바이트인지를 확인하고, 2 바이트가 아니면 오류 메시지를 출력하도록 하는 것이다. 이를 위해 먼저 INT_MAX가 정의되어 있는지 확인하고, 정의되어 있지 않다면 <limits.h>를 포함해야 한다는 오류 메시지를 출력하고 컴파일을 종료한다. 만일 INT_MAX가 정의되어 있다면, 그 값을 확인하여 int 형이 2 바이트인지 확인한 후 2 바이트가 아니라면 오류 메시지를 출력하고 컴파일을 종료한다. 만일 int가 2 바이트가 아닌 컴퓨터에서 컴파일하면 다음과 같은 오류 메시지가 출력되고 컴파일은 종료될 것이다.

```
error.c:10:8: error: #error "Sorry. int has to be 2 bytes for this
program!"
# error "Sorry. int has to be 2 bytes for this program!"
^~~~~
```

assert()

프로그램이 수행될 때 어떤 시점에서는 특정한 조건을 만족해야 의미있는 경우가 있을 수 있다. assert()는 프로그램 실행 중 프로그램이 요구하는 조건을 검사하고, 조건에 맞지 않으면 진단 메시지를 출력한 후 abort()를 호출하여 프로그램을 중단하게 하는 매크로이다. assert()를 사용하기 위해서는 <assert.h> 헤더 파일을 포함시켜야 한다. 사용방법은 다음과 같다.

```
assert(expression)
```

assert()는 expression을 검사하여 참이면 아무런 일을 하지 않고, 거짓이면 진단 메시지를 출력한다. 진단 메시지 형태는 사용하는 시스템에 따라 다르지만, 일반적으로 expression과 assert()가 실행된 파일명, 함수명, 행 번호 등이 출력된다. 다음 프로그램을 보자.

프로그램 12.9

```
1 #include <stdio.h>
2 #include <stdlib.h>
3 #include <assert.h>
4
5 int main(void)
6 {
7     int seed;
8
9     printf("Input seed value : ");
10    scanf("%d", &seed);
11
12    assert(seed > 0);
13
14    srand(seed);
15    printf("Your number : %d\n", rand() % 100);
16
17    return 0;
18 }
```

프로그램 12.9는 입력된 seed 값이 양수일 때에만 의미가 있다고 가정하고 작성된 프로그램이다.

```
12    assert(seed > 0);
```

seed가 양수일 때에만 의미가 있으므로 assert()의 인자로 seed > 0 수식을 사용하고 있다. seed가 0보다 작거나 같으면 assert()는 프로그램을 중단시킨다. 프로그램 실행 결과는 다음과 같다.

```
Input seed value : 20
Your number : 41
```

seed 값으로 양수인 20을 입력하면 프로그램은 정상적으로 실행된다. 음수가 아닌 값을 입력한 경우의 실행 결과는 다음과 같다.

```
Input seed value : -10
assertion "seed > 0" failed: file "program12.9.c", line 11, function:
main
Abort (core dumped)
```

seed 값으로 음수인 -10을 입력하면 오류 메시지를 출력하고 프로그램이 종료됨을 볼 수 있다. 실행 결과의 마지막 core dumped라는 것은 프로그램이 예기치 않게 종료되어 메모리 내용이 파일로 저장됐음을 알려주는 것이다. 이렇게 저장된 내용은 디버거 프로그램으로 확인할 수 있다. 참고로 assert()에 의해 프로그램이 종료될 때 더 많은 정보를 출력하고 싶다면 다음과 같은 방식으로 assert() 문장을 작성하면 된다.

```
assert((seed > 0) && "Invalid input for seed" );
```

assert()의 인자로 사용된 && 수식에서 두 번째 피연산자인 문자열은 항상 참이기 때문에 전체 수식의 값은 첫 번째 피연산자의 결과에 따를 것이다. 만일 이 수식이 거짓이 되면 뒤에 명시된 문자열까지 출력되어 좀 더 정확한 이유를 빨리 파악할 수 있다. seed가 양수가 아닌 경우 위의 문장은 다음과 같은 메시지를 출력할 것이다.

```
Input seed value : -10
assertion "seed > 0 && "Invalid input for seed"" failed: file
"program12.9.c", line 11, function: main
Abort (core dumped)
```

〈assert.h〉가 포함될 때 NDEBUG 매크로가 정의되어 있으면 assert()는 무시된다. 따라서 프로그램 12.9를 다음과 같이 수정하면 음수가 입력되더라고 assert()는 작동하지 않을 것이다.

프로그램 12.10

```c
#include <stdio.h>
#include <stdlib.h>
#define NDEBUG                    // disable assert()
#include <assert.h>

int main(void)
{
    int seed;

    printf("Input seed value : ");
    scanf("%d", &seed);

    assert(seed > 0);

    srand(seed);
    printf("Your number : %d\n", rand() % 100);

    return 0;
}
```

_Static_assert()

_Static_assert()는 C11에서 추가된 것으로 컴파일할 때 조건을 검사하여 조건에 맞지 않으면 오류 메시지를 출력하고 컴파일을 중단하게 한다. #if와 #error를 사용할 때와의 차이는 #if와 #error는 전처리기에 의해 처리되지만, _Static_assert()는 전처리 과정이 끝난 다음에 처리된다는 것이 다르다. 사용 형태는 다음과 같다.

```
_Static_assert(expression, message)
```

여기서 expression은 정수 상수 수식이고, message는 문자열이다. 컴파일 시 expression이 참이면 아무런 일이 일어나지 않지만, 거짓이면 message를 포함한 진단 메시지를 출력한다. 예를 들어 int 형의 크기가 2 바이트일 경우에만 동작하는 프로그램을 작성했다고 가정하면 다음과 같이 _Static_assert()를 사용할 수 있다.

```
_Static_assert(sizeof(int) == 2, "Sorry. int has to be 2 bytes for this
program!");
```

#if는 전처리기에 의해 처리되기 때문에 C 연산자를 사용할 수 없지만, _Static_assert는 전처리기에 의해 수행되는 것이 아니기 때문에 sizeof 연산자를 사용할 수 있음을 알 수 있다. 만일 int 형이 2 바이트가 아닌 컴퓨터에서 컴파일하면 다음과 같은 오류 메시지가 출력되고 컴파일은 중단될 것이다.

```
assert.c:15:1: error: static assertion failed: "Sorry. int has to be 2
bytes for this program!"
_Static_assert(sizeof(int) == 2, "Sorry. int has to be 2 bytes for this
program!");
```

<assert.h>를 프로그램에 포함시키면 _Static_assert() 대신 static_assert()를 사용할 수 있다. 즉, 위 문장을 다음과 같이 수정할 수 있다.

```
#include <assert.h>
. . .
static_assert(sizeof(int) == 2, "Sorry. int has to be 2 bytes for this
program!");
```

12.8 자기참조 구조체

구조체는 데이터를 체계적으로 다룰 수 있게 한다. 구조체는 자료형이 다른 여러 개의 데이터를 하나의 묶음으로 다룰 수 있게 하기 때문에 프로그램을 보다 이해하기 쉽고 효율적으로 만들 수 있게 한다. 반면 포인터는 메모리에 저장되어 있는 값을 변수 이름이 아니라 주소로 접근할 수 있게 하기 때문에 프로그래머가 필요에 따라 원하는 위치에 저장된 데이터를 접근할 수 있게 한다. 특히 포인터와 동적 메모리 할당을 이용하면 메모리를 효율적으로 사용할 수 있다. 구조체와 포인터를 같이 사용하면 지금까지 살펴본 것 보다 메모리를 훨씬 효율적으로 사용할 수 있고, 데이터들의 관계를 반영하여 데이터들을 유지할 수 있다. 즉, 메모리 낭비 없이 필요한 만큼의 메모리를 할당하여 사용하거나 데이터간의 관계를 프로그래머가 원하는 대로 구성하여 프로그래밍 할 수 있다. 이 절에서는 자기참조 구조체에 대해 설명하고, 이를 활용한 대표적인 자료구조에 대한 예제를 보여줄 것이다. 자기참조 구조체는 C 프로그래밍에서 매우 중요한 역할을 하기 때문에 잘 익혀놓으면 유용하게 사용될 것이다.

자기참조 구조체(self-reference structure)란 자신과 같은 구조체 형을 포인트하는 포인터 멤버를 갖는 구조체를 의미한다. 예를 들어 다음과 같이 선언된 struct node 형은 두 번째 멤버의 형이 struct node *이기 때문에 자신과 같은 형의 구조체를 포인트할 수 있으므로 자기참조 구조체이다.

```
struct node{
   int data;
   struct node *next;
};
```

struct node 형은 데이터를 저장하는 멤버가 하나만 선언되어 있지만 필요하다면 더 많은 멤버를 추가해도 된다. struct node 형을 그림으로 그리면 다음과 같다.

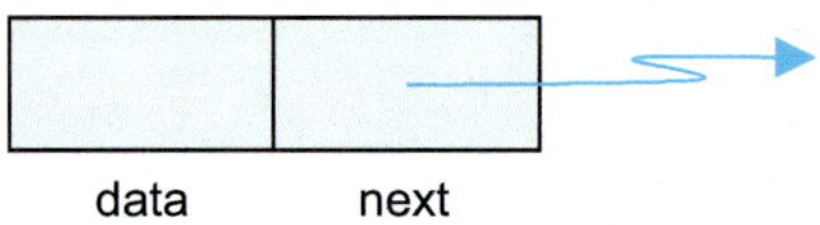

next 멤버는 포인터이기 때문에 그 내용을 화살표로 표시하였다. 다음 프로그램을 보자.

프로그램 12.11

```
#include <stdio.h>
typedef struct list{
   char         ch ;
   struct list *next;
} list;
```

```
int main(void)
{
    list a = {'a', NULL}, b = {'b', NULL}, c = {'c', NULL};
    a.next = &b;
    b.next = &c;
    c.next = &a;
    printf("a.ch : '%c', b.ch : '%c', c.ch : '%c'\n", a.ch, b.ch, c.ch);
    printf("a.next -> ch : '%c', a.next -> next ->ch : '%c'\n",
            a.next -> ch, a.next -> next -> ch);
    return 0;
}
```

프로그램 12.11은 자기참조 구조체를 사용하는 프로그램이다.

```
typedef struct list{
    char ch ;
    struct list *next;
} list;
```

struct list의 next 멤버는 struct list의 포인터이므로 자기참조 구조체이다. 또한 typedef를 이용하여 struct list 형을 list 형으로 만들고 있다.

```
    list a = {'a', NULL}, b = {'b', NULL}, c = {'c', NULL};
```

struct list 형인 a, b, c를 그림으로 표현하면 다음과 같다.

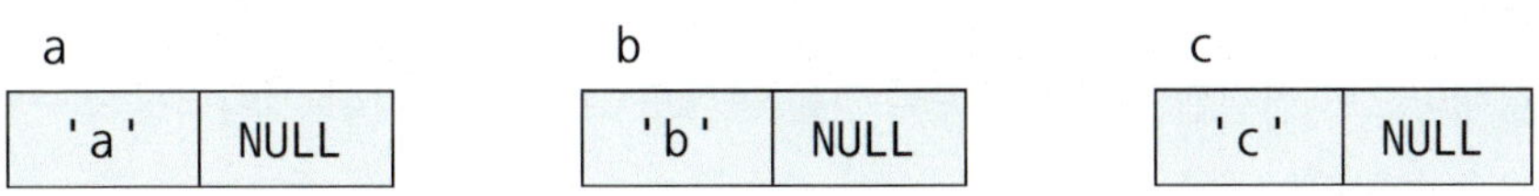

각 구조체 변수의 포인터 멤버인 next는 NULL 값으로 초기화되어 아무 것도 포인트하고 있지 않음을 나타내고 있다.

```
a.next = &b;
b.next = &c;
c.next = &a;
```

첫 번째 문장은 a의 next 멤버에 b의 주소를 배정하고, 두 번째 문장은 b의 next 멤버에 c의 주소를 배정하며, 세 번째 문장은 c의 next 멤버에 a의 주소를 배정한다. 따라서 이 세 문장이 수행되면 a, b, c 구조체의 내용은 다음 그림과 같이 변한다.

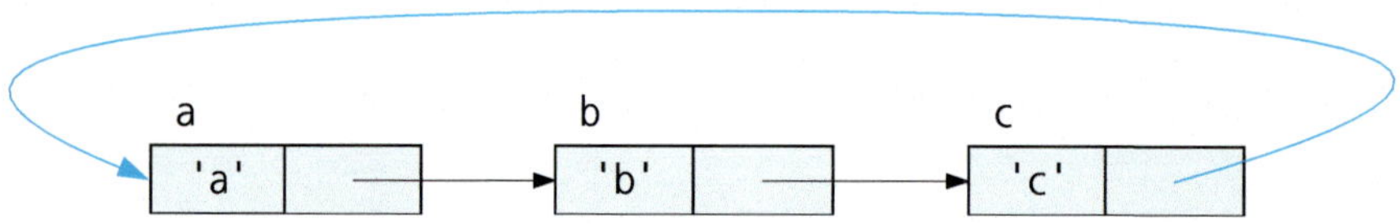

즉, a는 b를 포인트하고, b는 c를, c는 a를 포인트하게 된다. a, b, c가 서로 포인트하고 있기 때문에 각 구조체 변수의 멤버는 여러 가지 경로를 통해 접근될 수 있다. 예를 들어 c의 ch 멤버 값은 다음과 같은 다양한 경로로 참조가 가능하다.

```
c.ch
b.next -> ch
a.next -> next -> ch
c.next -> next -> next -> ch
. . .
```

b.next -> ch 수식은 b의 next 멤버가 포인트하는 구조체의 ch 멤버를 의미하므로 결국 이것은 c.ch와 같다. 또한 a.next -> next -> ch는 a의 next가 포인트하는 구조체의 next 멤버가 포인트하는 구조체의 ch 멤버이므로, 이것도 결국은 c.ch이다. c의 멤버뿐만 아니라 다른 변수의 멤버도 a, b, c 중 어느 변수를 통해서도 접근이 가능하다. 이와 같이 자기참조 구조체를 사용하여 구조체들을 연결해놓으면 연결된 구조체의 변수명을 몰라도 그 곳에 저장된 데이터를 접근할 수 있다. 프로그램 12.11의 결과는 다음과 같다.

```
a.ch : 'a', b.ch : 'b', c.ch : 'c'
a.next -> ch : 'b', a.next -> next -> ch : 'c'
```

동적 메모리 할당과 자기참조 구조체

지금까지의 프로그램은 데이터를 다루기 위해 먼저 변수를 선언하고 그 변수를 통해 데이터를 저장하고 읽었다. 또한 동적 메모리 할당을 사용하는 경우라도 동적으로 할당받는 메모리의 주소를 저장하기 위한 포인터 변수를 선언하여 데이터를 접근하였다. 즉, 데이터를 다루기 위해서는 그 데이터를 위한 변수를 선언해야 했었다. 결국 프로그램이 작성되는 시점에서 필요한 모든 변수를 선언해야 하기 때문에 효율적인 메모리 사용에는 한계가 있게 마련이다.

자기참조 구조체와 동적 메모리 할당을 같이 사용하면 메모리를 최대한 효율적으로 사용할 수 있는 프로그램을 작성할 수 있다. 즉, 데이터 저장이 필요한 시점에서 동적 메모리 할당을 사용하여 자기참조 구조체를 생성하고, 이미 만들어져 있는 다른 자기참조 구조체가 새로 생성된 구조체를 포인트하게 하는 방식을 사용하면 추가적인 변수 선언 없이 동적으로 할당받은 메모리를 유지할 수 있다. 다음 프로그램을 보자.

프로그램 12.12

```c
#include <stdio.h>
#include <stdlib.h>
typedef struct list {
    char  ch;
    struct list *next;
} list;
int main(void)
{
    list *p;

    p = (list *)malloc(sizeof(list));
    p -> ch = 'a';
    p -> next = (list *)malloc(sizeof(list));
    p -> next -> ch = 'b';
    p -> next -> next = (list *)malloc(sizeof(list));
    p -> next -> next -> ch = 'c';
    p -> next -> next -> next = p;

    printf("a : '%c', b : '%c', c : '%c'\n",
```

```
            p -> ch, p -> next -> ch, p -> next -> next -> ch);
    return 0;
}
```

프로그램 12.12는 프로그램 12.11을 구조체 변수를 사용하지 않고 세 개의 구조체를 동적메모리 할당을 사용하여 만든 것으로 수정한 것이다.

```
list *p;
p = (list *)malloc(sizeof(list));
p -> ch = 'a';
```

malloc(sizeof(list))는 sizeof(list) 바이트만큼의 메모리를 동적으로 요청하는 것이다. 이렇게 동적으로 만든 노드는 list 포인터 형 변수인 p가 포인트하게 하고, ch 멤버에는 'a'를 배정한다. 이를 그림으로 그리면 다음과 같다.

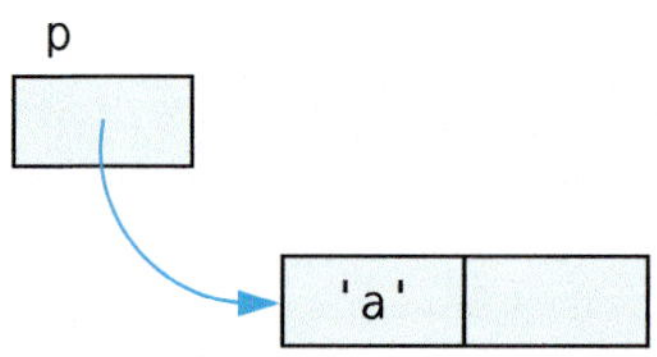

그림에서와 같이 새로 만들어진 노드는 포인터 p를 통해서 접근이 가능하다. 또한 새로 만들어진 노드의 next 멤버에는 다른 노드의 주소를 저장할 수 있다.

```
p -> next = (list *)malloc(sizeof(list));
p -> next -> ch = 'b';
```

첫 번째로 만든 노드의 next 멤버에 동적으로 할당받은 노드의 주소를 저장하고, 그 노드의 ch 멤버에 'b'를 저장한다. 이를 그림으로 그리면 다음과 같다.

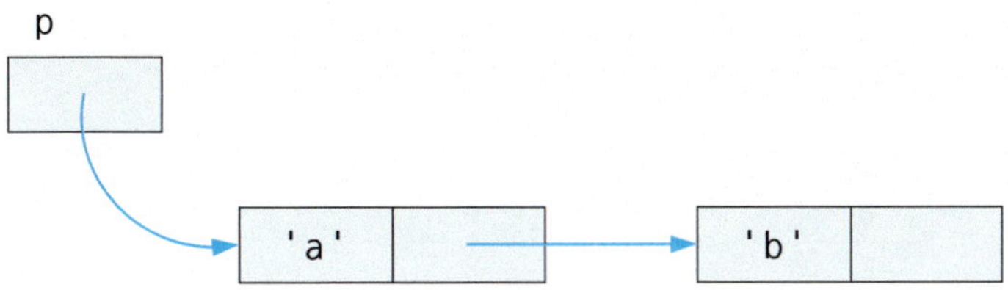

그림에서와 같이 첫 번째와 두 번째 노드는 모두 p를 통해 접근이 가능하다. 만일 13행을 다음과 같이 하면 문제가 발생한다.

```
13    p = (list *)malloc(sizeof(list)); // 잘못된 수정
```

이렇게 했을 때의 첫 번째와 두 번째 노드의 관계를 그림으로 그리면 다음과 같다.

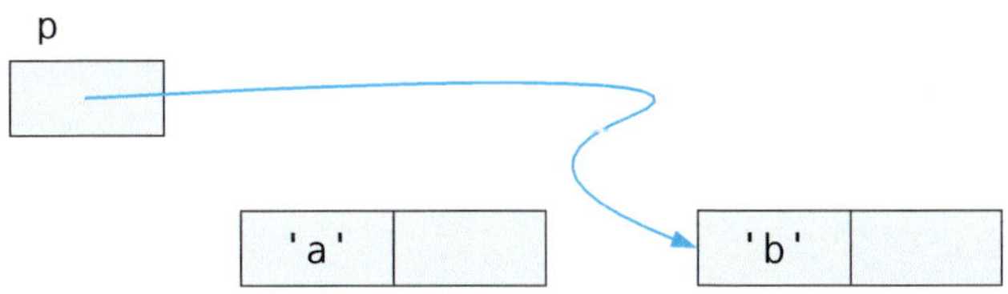

즉 두 번째 노드는 p를 통해 접근이 가능하지만, 첫 번째 노드는 접근할 방법이 없다. 이와 같이 접근할 수는 없지만 메모리를 차지하고 있는 공간을 가비지(garbage)라고 한다. 가비지는 메모리가 낭비되는 공간이기 때문에 가비지를 많이 만드는 프로그램은 좋은 프로그램이라 할 수 없다. 동적으로 할당받은 공간이 더 이상 필요 없다면 앞에서 배운 free() 함수를 사용하여 메모리를 반납해야 한다. 반대로 앞으로도 계속 사용할 공간이라면 어떠한 경로를 통해서라도 접근이 가능하도록 해야 한다.

```
15    p -> next -> next = (list *)malloc(sizeof(list));
16    p -> next -> next -> ch = 'c';
17    p -> next -> next -> next = p;
```

이제 세 번째 노드는 두 번째 노드가 포인트하게 하고, ch 멤버에는 'c'를, next 멤버에는 p를 배정한다. 결국 최종적인 노드들의 관계는 다음과 같다.

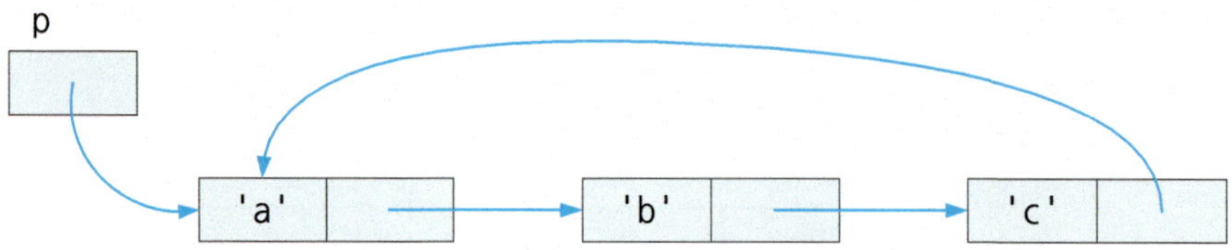

그림에서와 같이 동적으로 할당받은 구조체 노드는 p 변수로부터 접근이 가능하다.

```
    printf("a : '%c', b : '%c', c : '%c'\n",
           p -> ch, p -> next -> ch, p -> next -> next -> ch);
```

p가 포인트하는 구조체의 ch 멤버, p가 포인트하는 구조체의 next 멤버가 포인트하는 구조체의 ch 멤버, p가 포인트하는 구조체의 next 멤버가 포인트하는 구조체의 next 멤버가 포인트하는 구조체의 ch 멤버 등의 방법으로 모든 노드의 데이터를 접근 할 수 있다. 프로그램 12.12의 결과는 다음과 같다.

```
a : 'a', b : 'b', c : 'c'
```

자기참조 구조체와 추상 자료형

프로그램 12.12를 통해 자기참조 구조체의 사용에 대한 아이디어는 얻었을 것이다. 하지만 프로그램 12.12는 좋은 프로그램은 아니다. 자기참조 구조체를 사용하는 프로그램은 보통 코드가 길어지는 경향이 있고 코드도 복잡해진다. 따라서 앞에서 설명한 추상자료형 개념을 사용하여 프로그래밍 한다.

12.4절에서 추상 자료형 스택에 대해 살펴보았고, 그것을 배열을 사용하여 구현하는 것에 대해 설명하였다. 여기서는 추상 자료형 스택을 자기참조 구조체로 구현하는 것에 대해 살펴볼 것이다. 앞에서 설명한 것과 같이 스택 연산자로는 다음과 같은 것이 있다.

- push : 스택에 데이터 삽입
- pop : 스택으로부터 데이터 삭제
- top : 스택의 톱에 있는 데이터를 삭제하지 않고 확인
- empty : 스택이 비어 있는지 검사
- full : 스택이 꽉 찼는지 검사
- reset : 스택 초기화

스택을 자기참조 구조체로 구현하기 위해서는 먼저 자기참조 구조체를 어떤 모양으로 연결할 것인가를 생각해야 한다. 스택은 데이터를 삽입되는 순서에 따라 유지해야 하고, 데이터의 삽입과 삭제는 top에서 일어나는 자료형이다. 따라서 자기참조 구조체를 사용할 경우 스택을 다음 그림과 같이 구성하면 될 것이다.

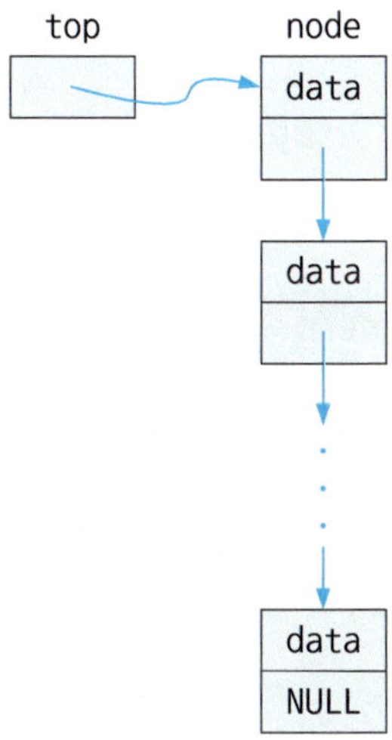

다음으로 할 것은 자료형을 선언하는 것이다. 여기서는 앞에서와 같이 문자를 저장하는 스택을 구현할 것이다. 이를 위한 스택의 자료형은 다음과 같이 정의할 수 있다.

```
typedef char data;
typedef struct node{
   data      d;
   struct node *next;
} node;
typedef node *stack;
```

node 형은 스택에 저장될 노드의 형이고, stack 형은 node 형의 포인터이다. 다음으로 할 일은 스택 연산자를 위한 함수 원형을 만드는 것이다. 그런데 스택 연산자 중 full은 스택이 저장할 수 있는 데이터의 크기가 정해져있는 경우에 필요한 것인데, 여기서는 자기참조 구조체를 사용할 것이므로 full 연산자는 필요 없다. 스택 연산자를 위한 함수 원형은 다음과 같이 만들 수 있다.

```
void push(data d, stack *top);
data pop(stack *top);
data top(stack *top);
bool empty(const stack *top);
void reset(stack *top);
```

이제 기본 연산들을 하나씩 구현해보자. 먼저 push()는 다음과 같이 구현할 수 있다.

함수 12.2

```
1 void push(data d, stack *top)
2 {
3    node  *p;
4    p = malloc(sizeof(node));
5    p -> d = d;
6    p -> next = *top;
7    *top = p;
8 }
```

push()는 스택에 데이터를 삽입하는 함수이다.

```
1 void push(data d, stack *top)
```

데이터 삽입에 의해 top의 값이 변경될 수 있으므로 top을 포인트하는 포인터를 매개변수로 하고 있다.

```
4    p = malloc(sizeof(node));
```

데이터를 삽입하기 전에 스택에 들어갈 노드를 하나 할당받아야 한다.

```
p -> d = d;
p -> next = *top;
*top = p;
```

동적으로 할당받은 노드에 d를 저장하고, 이 노드를 새로운 top이 되게 한다. 그림으로 그리면 다음과 같다.

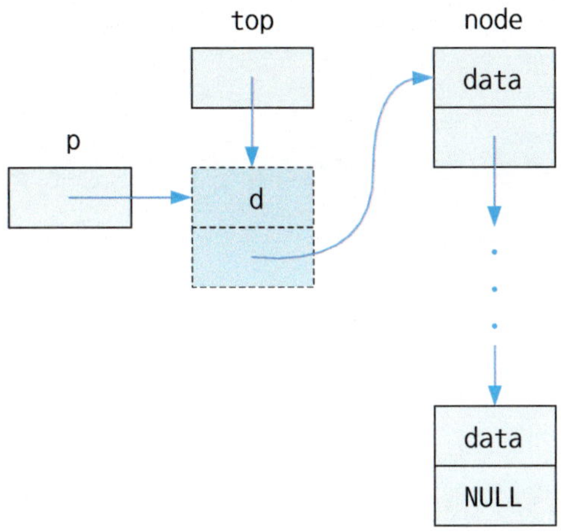

그림에서 점선으로 된 노드가 malloc()에 의해 새로 생성된 노드이다. 다음으로 pop()은 다음과 같이 구현할 수 있다.

함수 12.3

```
data pop(stack *top)
{
    data  d;
    node  *p;
    d = (*top) -> d;
    p = *top;
    *top = (*top) -> next;
    free(p);
```

```
    return d;
}
```

pop()은 top이 포인트하는 노드를 삭제하고 그 노드의 값을 리턴하는 함수이다.

```
    *top = (*top) -> next;
```

top은 top이 포인트하는 노드 이전 노드를 포인트하게 해야 한다.

```
    free(p);
```

또한 삭제되는 노드는 free()를 사용하여 메모리를 반납해야 한다. pop() 함수의 실행 결과를 그림으로 그리면 다음과 같다.

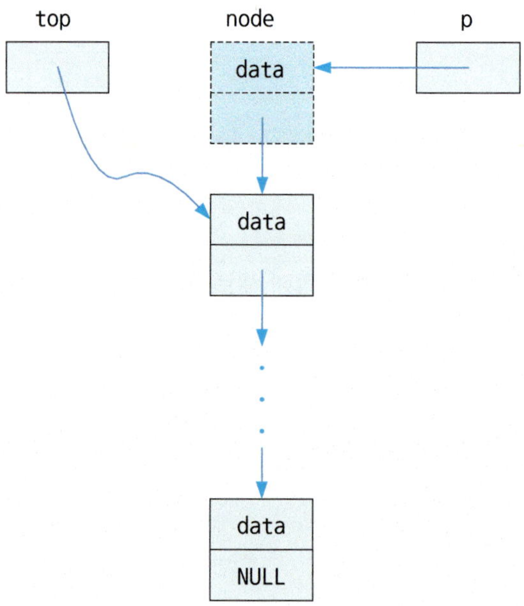

점선으로 된 노드는 free()를 사용하여 삭제된 노드를 의미한다. top()은 다음과 같이 구현할 수 있다.

함수 12.4

```
data top(stack *top)
{
    return (*top) -> d;
}
```

top()은 스택의 톱에 있는 노드의 값을 리턴하는 함수이다.

```
    return (*top) -> d;
```

스택의 내용은 변경하지 않고 단순히 top이 포인트하는 d 멤버의 값만 리턴하면 된다. empty()는 다음과 같이 구현할 수 있다.

함수 12.5

```
bool empty(const stack *top)
{
    return ((bool) (*top == NULL));
}
```

empty()는 스택이 비어있는지 검사하는 함수이다.

```
    return ((bool) (*top == NULL));
```

스택이 비어있는지는 top이 NULL인지를 보고 알 수 있다. 마지막으로 reset()은 다음과 같이 구현할 수 있다.

함수 12.6

```
void reset(stack *top)
{
   while (*top != NULL)
      pop(top);
}
```

reset()은 스택을 초기화하는 것이다.

```
   while (*top != NULL)
      pop(top);
```

만일 스택에 무언가 있다면 모두 삭제해야 한다. 이제 프로그램 12.6을 자기참조 구조체를 사용하는 것으로 수정하면 다음과 같다.

프로그램 12.13

```
#include <stdio.h>
#include <stdbool.h>
#include <stdlib.h>

typedef char data;
typedef struct node{
   data        d;
   struct node *next;
} node;
typedef  node *stack;

void push(data d, stack *top);
```

```
data pop(stack *top);
data top(stack *top);
bool empty(const stack *top);
void reset(stack *top);

int main(void)
{
    char   str[] = "Stack Test!";
    stack  top = NULL;

    reset(&top);

    printf("문자열 : %s\n", str);
    //  스택에 문자열 push
    for (int i = 0; str[i] != '\0'; ++i)
        push(str[i], &top);

    printf("역 문자열 : ");
    // 스택에서 문자열 pop
    while (!empty(&top))
        putchar(pop(&top));
    putchar('\n');
    return 0;
}
// 함수 12.1 ~ 12.5 생략
```

프로그램 12.13의 실행결과는 프로그램 12.6과 같다.

12.9 플렉시블 배열 멤버

플렉시블 배열 멤버(Flexible array member)는 두 개 이상의 멤버를 갖는 구조체 형 정의에서 크기가 명시되지 않은 마지막 배열 멤버를 의미한다. 이것은 C99에 추가된 것으로 플렉시블이라는 이름에서 알 수 있듯이 플렉시블 배열 멤버는 그 크기가 고정되어 있지 않고 다양한 크기가 될 수 있는 배열 멤버이다. 배열 크기는 프로그램 실행 중에 결정된다. 따라서 실행 중에 데이터 크기가 결정되는 응용 프로그램에 유용하다. 예를 들어 다음 선언문을 보자.

```
struct student{
   int id;
   char name[];
};
```

struct student 구조체는 두 개의 멤버를 가지고 있고 마지막 멤버인 name[]에 배열 크기가 명시되어 있지 않기 때문에, name[]은 플렉시블 배열 멤버이다. 플렉시블 배열 멤버를 갖는 구조체형의 크기는 플렉시블 배열 멤버를 제외한 크기이다. 예를 들어 sizeof(struct student)의 값은 4이다. 이것은 struct student 형의 구조체 변수를 선언하면 name[] 배열을 위해서는 메모리가 할당되지 않음을 의미한다. 예를 들어 다음과 같이 struct student 형 구조체 변수를 선언해 보자.

```
struct student std;
```

std의 id 멤버에는 다음과 같이 배정이 가능하다.

```
std.id = 200006;
```

하지만 다음과 같이 name[] 멤버에 문자열을 복사하는 것은 잘못된 것이다.

```
strcpy(std.name, "James Kim");
```

그 이유는 앞에서 설명한 것과 같이 name[] 배열을 위해 메모리가 할당되지 않기 때문이다. 플렉시블 배열 멤버를 사용할 때에는 포인터와 동적 메모리 할당 기법을 사용해야 한다. 예를 들어 이름이 9자라면 다음과 같이 한다.

```
struct student *std_p;
std_p = (struct student *) malloc(sizeof(struct student) + 10);
```

malloc()의 인자로 명시된 수식의 값은 struct student 형의 크기보다 10이 큰 값이다. 이 10 바이트는 name[] 배열 멤버를 위한 것으로 name[0]부터 name[9]까지를 위해 할당한 것이다. 이제 다음과 같이 해도 오류가 아니다.

```
std_p -> id = 200006;
strcpy(std_p -> name, "James Kim");
```

이제 프로그램을 보자.

프로그램 12.14

```
#include <stdio.h>
#include <stdlib.h>
typedef struct subject {
    int     num;
    int     grade[];
} subject;

int main(void)
{
    int n, i, sum;
    subject *math_p, *c_p;

    printf("수학 과목 수강생 수 : ");
    scanf("%d", &n);
    math_p = (subject *) malloc(sizeof(subject) + n * sizeof(int));
    math_p -> num = n;
    printf("수학 성적 %d 개를 입력하세요.\n", math_p -> num);
    for (i = 0; i < math_p -> num; i++){
        printf("%d 번째 성적 : ", i);
        scanf("%d", math_p -> grade + i);
    }

    printf("C 과목 수강생 수 : ");
    scanf("%d", &n);
    c_p = (subject *) malloc(sizeof(subject) + n * sizeof(int));
    c_p -> num = n;
    printf("C 성적 %d 개 입력하세요.\n", c_p -> num);
    for (i = 0; i < c_p -> num; i++){
        printf("%d 번째 성적 : ", i);
        scanf("%d", c_p -> grade + i);
```

```
    }

    printf("\n수학 성적\n");
    for (i = sum = 0; i < math_p -> num; i++){
        printf("%d번 학생 성적 : %d\n", i,  math_p -> grade[i]);
        sum += math_p -> grade[i];
    }
    printf("총점 : %d, 평균 : %.2f\n", sum, sum/(float)math_p -> num);

    printf("\nC 성적\n");
    for (i = sum = 0; i < c_p -> num; i++){
        printf("%d번 학생 성적 : %d\n", i, c_p -> grade[i]);
        sum += c_p -> grade[i];
    }
    printf("총점 : %d, 평균 : %.2f\n", sum, sum/(float)c_p -> num);

    return 0;
}
```

프로그램 12.14는 플렉시블 배열 멤버를 사용한 예제 프로그램이다.

```
typedef struct subject {
    int num;
    int grade[];
} subject;
```

subject 형의 멤버인 grade 배열은 크기가 명시되어 있지 않으므로 플렉시블 배열 멤버이다.

```
    subject *math_p, *c_p;
    printf("수학 과목 수강생 수 : ");
    scanf("%d", &n);
    math_p = (subject *) malloc(sizeof(subject) + n * sizeof(int));
    printf("C 과목 수강생 수 : ");
    scanf("%d", &n);
    c_p = (subject *) malloc(sizeof(subject) + n * sizeof(int));
```

math_p와 c_p를 struct subject * 형으로 선언하였고, 각각 수학 성적과 C 성적을 다루기 위해 사용한다. 각 과목의 수강 인원이 다를 수 있으므로 각 과목의 수강생 수를 입력받아 그에 적합한 메모리를 요청하여 사용하고 있다. 프로그램의 실행 결과는 다음과 같다.

```
수학 과목 수강생 수 : 3
수학 성적 3 개를 입력하세요.
0 번째 성적 : 78
1 번째 성적 : 88
2 번째 성적 : 92
C 과목 수강생 수 : 5
C 성적 5 개 입력하세요.
0 번째 성적 : 87
1 번째 성직 : 90
2 번째 성적 : 95
3 번째 성적 : 71
4 번째 성적 : 90

수학 성적
0번 학생 성적 : 78
1번 학생 성적 : 88
2번 학생 성적 : 92
총점 : 258, 평균 : 86.00

C 성적
0번 학생 성적 : 87
1번 학생 성적 : 90
2번 학생 성적 : 95
3번 학생 성적 : 71
4번 학생 성적 : 90
총점 : 433, 평균 : 86.60
```

이 실행 예제에서는 math_p와 c_p가 포인트하는 구조체의 grade[] 멤버의 크기는 각각 3과 5이다. 이와 같이 플렉시블 배열 멤버를 사용하면 프로그램이 실행될 때 배열 크기를 결정할 수 있으므로 유용하다.

12.10 신호

실행 중인 프로그램을 프로세스(process)라고 한다. 프로그램은 하드디스크에 저장된 정적인 것인데 반해 프로세스는 메모리와 CPU를 할당받으면서 실행되는 살아있는 것이라고 생각할 수 있다. 이 둘은 완전히 구분되는 것이지만, 여기서는 프로세스와 프로그램을 구분 없이 사용할 것이다.

신호(Signal)는 프로세스에게 정보를 전달하는 가장 단순한 방법이다. 신호는 프로세스에게 외부 환경의 변화나 오류를 전달할 때 사용된다. 일반적으로 신호는 비정상적인 사건에 의해 생성되고 프로세스에게 전달되어 프로세스를 종료하게 만든다. 예를 들어, 나누기 수식에서 0으로 나누거나 잘못된 메모리 공간을 참조하면 그에 해당하는 신호가 프로세스에게 전달되어 프로세스가 종료되게 한다. 또는 사용자가 신호를 발생할 수도 있다. 예를 들어, 프로세스를 강제로 종료할 때 control-c를 누르는 데 이때 신호가 그 프로세스로 전달되어 프로그램이 종료된다. 또한 프로세스가 다른 프로세스에게 신호를 보내어 필요한 일을 하게 할 수도 있다. 이 절에서는 프로그램에서 신호를 다루는 방법에 대해 설명할 것이다.

신호와 관련된 라이브러리 함수 원형과 매크로들은 〈signal.h〉에 있다. 〈signal.h〉에는 운영체제가 다루는 신호들이 기호 상수로 정의되어 있다. 시스템에 따라 처리할 수 있는 신호는 다를 수 있지만, 다음 신호들은 보통 모든 시스템이 다룰 수 있는 신호들 이다.

```
#define     SIGINT     2  // 인터럽트
#define     SIGILL     4  // 비정상 연산
#define     SIGFPE     8  // 부동 소수점 예외
#define     SIGKILL    9  // KILL
#define     SIGSEGV   11  // 세그먼트 위반
#define     SIGALRM   14  // 알람 클락
```

앞에서 설명한 것과 같이 프로세스가 신호를 받으면 디폴트로 종료한다. 하지만 〈signal.h〉에 선언된 signal() 함수를 사용하면 신호를 받았을 때 디폴트로 종료하는 대신 필요한 함수를 실행할 수 있게 할 수 있다. signal() 함수 원형은 다음과 같다.

```
void (*signal(int sig, void (*func)(int)))(int);
```

이 함수는 두 개의 매개변수를 갖는다. 첫 번째 매개변수는 신호의 종류를 나타내는 것으로 int 형이고, 두 번째 매개변수는 신호를 받았을 때 실행될 함수 포인터로 신호 처리기(signal handler)라고 한다. 즉 signal() 함수는 sig 신호와 func() 함수를 연결시키는 함수이다. 이 후에 sig 신호가 발생하면 func() 함수가 실행된다. signal() 함수는 int 형 매개변수를 하나 갖고 리턴 값을 갖지 않는 함수의 포인터를 리턴한다. 예를 들어 다음과 같이 호출했다고 하자.

```
signal(2, func);
```

이 함수 호출은 2번 신호와 func() 함수를 연관시킨다. 즉 2번 신호가 발생하면 2를 인자로 하여 func()를 호출하게 한다. 앞에서 <signal.h>에 정의된 문자 상수를 몇 가지 보여줬는데, 거기서 보면 SIGINT의 값이 2로 되어 있다. 따라서 다음과 같이 호출해도 같은 의미 이다.

```
signal(SIGINT, func);
```

SIGINT는 control-c에 의해 발생되는 인터럽트이기 때문에 위와 같이 호출하면 프로그램 수행 중 control-c가 입력되면 func() 함수가 호출될 것이다. 예를 들어 다음 프로그램을 보자.

프로그램 12.15

```
#include <stdio.h>
#include <stdlib.h>
#include <signal.h>
void  cntrl_c_handler(int sig);
int main(void)
{
   int   i = 0;
   signal(SIGINT, cntrl_c_handler);       // SIGINT : control-c
   while (1) {
      printf("%4d", rand() % 1000);
      if ((++i % 5) == 0){
```

```
            i = 0;
            putchar('\n');
        }
    }
    return 0;
}
void cntrl_c_handler(int sig)
{
    char answer[4];
    printf("Caught signal %d....\n", sig);
    printf("Continue? (y/n) ");
    scanf("%s", answer);
    if ((answer[0] == 'n') || (answer[0] == 'N')){
        printf("Exiting program\n");
        exit(1);
    }
}
```

프로그램 12.15는 무한 루프를 돌면서 rand()를 이용하여 0부터 999 사이 숫자를 무작위로 출력하는 프로그램이다.

```
#include <signal.h>
```

프로그램에서 신호를 다루기 위해 <signal.h>를 삽입하고 있다.

```
// In main()
    signal(SIGINT, cntrl_c_handler); // SIGINT : control-c
```

이 signal() 호출은 SIGINT가 발생하면 cntrl_c_handler() 함수를 호출하게 한다. 즉, control-c를 눌러도 프로그램은 그냥 종료하지 않고 cntrl_c_handler() 함수를 실행하게 된다.

```
void cntrl_c_handler(int sig)
```

cntrl_c_handler() 함수는 int 형 매개변수를 하나 가지고 리턴 값이 없는 함수로 signal() 함수의 두 번째 인자로 사용이 가능하다.

```
if ((answer[0] == 'n') || (answer[0] == 'N')){
   printf("Exiting program\n");
   exit(1);
}
```

SIGNIT가 발생하면 cntrl_c_handler() 함수가 실행되고, 사용자가 n이나 N을 입력하면 프로그램은 종료하지만 다른 문자를 입력하면 프로그램은 계속 실행될 것이다. 프로그램의 실행 결과는 다음과 같다.

```
    . . . .
 742 712 234 930  27
 880 646 332 864 308
 981 572 964 934 694
Caught signal 2....
Continue? (y/n) y
 218  83 809 376 113
 309 733 120 979 511
    . . . .
 301 389 522 511 897
 485 853  78 635 910
Caught signal 2....
Continue? (y/n) n
Exiting program
```

〈signal.h〉에는 다음과 같이 두 가지 신호처리가 매크로로 정의되어 있다.

```
#define SIG_DFL ((void (*)(int)) 0)        // 디폴트
#define SIG_IGN ((void (*)(int)) 1)        // 무시
```

SIG_DFL은 신호가 발생했을 때 디폴트 행동을 취하라는 것이고, SIG_IGN은 발생된 신호를 무시하라는 것이다. 예를 들어 다음과 같이 사용할 수 있다.

```
signal(SIGINT, SIG_IGN);     // 인터럽트 신호 무시
```

이렇게 호출하면 인터럽트가 발행해도 무시하게 된다. 나중에 디폴트 동작을 다시 하게 하기 위해

서는 다음과 같이 하면 된다.

```
signal(SIGINT, SIG_DFL);
```

지금까지 살펴본 것과 같이 `signal()` 함수를 사용하면 신호가 발생했을 때 원하는 동작을 취하게 할 수 있다. 하지만 모든 신호를 이와 같이 할 수 있는 것은 아니다. 신호 중 `SIGKILL` 신호는 사용자가 임의로 다룰 수 없다. 즉 `signal()` 함수를 사용하여 `SIGKILL`을 사용자 정의 신호 처리기와 연관시켜놨다고 해도, `SIGKILL` 신호를 받은 프로세스는 종료되게 된다.

요약

1. 프로그램을 실행하는 프로그램에 할당되는 메모리는 용도에 따라 스택, 힙, 데이터, 텍스트 영역으로 나뉘게 된다. 스택은 함수가 호출될 때 매개변수와 지역변수가 할당되는 공간이고, 힙은 동적 메모리 할당을 위한 영역이며, 데이터 영역은 전역 변수와 정적 변수에 할당되는 영역이다. 또한 텍스트에는 프로그램의 실행 문장들이 저장된다.

2. 보통의 경우 프로그램은 여러 파일로 나뉘어서 개발된다. 이 때 헤더 파일을 사용하여 프로그램에서 공통적으로 사용하는 전처리기 문장, 함수 원형, 그리고 사용자 자료형을 공유할 수 있게 한다.

3. 정적 외부 변수는 그 변수가 정의된 파일에서만 사용이 가능한 외부 변수이다. 또한 정적 외부 함수는 함수가 정의된 파일에서만 사용이 가능한 함수이다.

4. 추상 자료형은 다루어야 하는 데이터를 정의하는 것뿐만 아니라 데이터에 수행될 연산까지 정의한 명세를 의미한다.

5. 가변 인자 함수는 매개변수의 개수가 정해져 있지 않은 함수를 의미하고, 〈`stdarg.h`〉에 정의된 매크로를 사용하여 만든다.

6. 진단 코드는 `#error`, `assert()`, `_Static_assert()`를 사용하여 만들 수 있다.

7. 자기참조 구조체란 자신과 같은 구조체 형의 포인터 멤버를 가지는 구조체를 의미한다. 자기참조 구조체를 사용하면 메모리를 효율적으로 사용할 수 있고 데이터의 구조로 원하는 대로 만들어서 사용할 수 있다.

8. 플렉시블 배열 멤버는 구조체의 마지막 멤버이면서 크기가 지정되지 않은 배열 멤버를 의미한다.

9. 신호는 프로세스들 간에 정보를 주고받는 가장 단순한 방법으로, 〈`signal.h`〉을 사용하면 신호들을 다룰 수 있는 프로그램을 작성할 수 있다.

연습 문제

1. 다음 program 1과 2를 컴파일한 후 두 프로그램의 실행 파일 크기가 같은지 확인해 보아라. 만일 크기가 다르다면 왜 차이가 있는지 설명하여라.

```
program 1:
#include <stdio.h>
int  a[1024];
int main(void)
{
   int b[10];
   return 0;
}

program 2:
#include <stdio.h>
int  a[1024] = {100};
int main(void)
{
   int b[10];
   return 0;
}
```

2. 12.1절의 프로그램 12.1에 선언된 모든 변수와 함수의 주소를 출력해보고, 변수와 함수의 상대적인 위치를 그림으로 그려보아라.

3. 매개 변수와 지역 변수가 많은 함수를 정의하고 매개 변수와 지역 변수가 어떠한 식으로 메모리를 할당받는지 확인해보아라. 즉 각 변수들이 연속된 메모리에 저장되는지, 그렇다면 메모리 번지가 증가되는 순으로 할당되는지 아니면 감소되는 순으로 할당되는지, 또는 각 변수가 4의 배수 메모리에 할당되는지 확인해보아라.

4. 큐(queue)는 먼저 삽입된 데이터가 먼저 삭제되는 성질을 갖는 추상 자료형이다. 큐는 데이터를 스택과 같이 선형으로 저장하고, 큐의 제일 앞을 front, 제일 뒤를 rear라고 한다. 큐로 데이터 삽입은 rear에 하고, 데이터 삭제는 front에서 한다. 큐의 연산자로는 다음과 같은 것이 있다.

- enqueue : 큐에 데이터 삽입
- dequeue : 큐로부터 데이터 삭제
- full : 큐가 꽉 찼는지 검사
- empty : 큐가 비어 있는지 검사
- reset : 큐 초기화

문자를 저장하는 큐를 배열로 구현하고, 문자열을 큐에 넣고 빼내서 출력하는 프로그램을 작성하여 확인해보아라.

5. 12.4절의 프로그램 12.6은 stack 형 변수 s를 main.c의 main() 함수에서 선언하였다. 이렇게 선언하면 main() 함수에서 직접 s 값을 변경할 수 있다. 예를 들어 main() 함수에서 다음과 같은 문장으로 스택 톱의 값을 변경할 수 있다.

```
s.s[s.top] = 'a';
```

스택 변수 s를 stack.c에 선언하여 main() 함수에서 extern을 사용해서도 접근할 수 없게 하여라. 스택 연산자 함수도 수정해야 할 것이다. 수정된 프로그램이 올바르게 동작하는지 확인해보아라.

6. 12.5절의 프로그램 12.7의 va_sum() 함수를 임의의 개수의 정수를 더하는 함수로 수정하고 프로그램을 작성하여 확인해보아라. 단 va_sum() 함수의 첫 번째 인자가 더하고자하는 정수의 개수를 나타내도록 하여라.

7. 가변인자 함수를 사용하여 printf()와 유사하게 동작하는 다음과 같은 함수 원형을 갖는 myprintf() 함수를 작성하고 프로그램을 작성하여 확인해보아라.

```
void myprintf(const char * restrict cntrl_string, ...);
```

단 myprintf() 함수에서 사용할 수 있는 제어문자로는 정수를 위한 d, 실수를 위한 f, 문자를 위한 c, 문자열을 위한 s, % 출력을 위한 %로 제한하여 구현하여라. 또한 myprintf() 함수 내에서는 printf() 함수를 사용하면 안 된다.

8. 가변인자 함수를 사용하여 scanf()와 유사하게 동작하는 다음과 같은 함수 원형을 갖는 myscanf() 함수를 작성하고 프로그램을 작성하여 확인해보아라.

```
void myscanf(const char * restrict cntrl_string, ...);
```

단 myscanf() 함수에서 사용할 수 있는 제어문자로는 정수를 위한 d, 실수를 위한 f, 문자를 위한 c, 문자열을 위한 s로 제한하여 구현하여라. 또한 myscanf() 함수 내에서는 scanf() 함수를 사용하면 안 된다.

9. 미리 정의된 매크로를 이용할 수 있는지 다음 코드를 사용하여 확인해 보아라.

```
printf("%s%s\n%s%s\n%s%d\n%s%d\n%s%s\n",
        "__DATE__=", __DATE__,
        "__FILE__=", __FILE__,
        "__LINE__=", __LINE__,
        "__STDC__=", __STDC__,
        "__TIME__=", __TIME__);
```

10. 12.6절의 프로그램 12.8의 ERRPRINTF() 매크로는 표준 출력 장치로 오류 메시지를 출력한다. 출력 재지정을 사용하면 표준 출력 장치에 출력한 내용은 화면에 보이지 않기 때문에 오류 메시지는 표준 오류 장치에 출력하는 게 보통이다. 프로그램 12.8의 ERRPRINTF()를 표준 오류 장치로 오류 메시지를 출력하도록 수정한 후 프로그램을 실행해보아라. 프로그램 12.8과 같은 프로그램은 입력 재지정이나 출력 재지정을 하지 않을 것이기 때문에 오류 메시지를 표준 오류 장치에 출력해도 표준 출력 장치에 출력하는 것과 별 차이 없을 것이지만 그래도 오류 메시지는 표준 오류 장치로 출력하는 것이 좋다.

11. 12.7절의 프로그램 12.13에 스택에 push된 원소를 세는 함수를 추가하여라. 단, 함수 원형은 다음과 같이 하여라.

```
int count(stack *top);
```

프로그램을 작성하여 올바르게 실행되는지 확인해보아라.

12. 12.7절의 프로그램 12.13에 두 개의 스택을 합하는 함수를 추가하여라. 단, 함수 원형은 다음과 같이 하여라.

```
void concatenate(stack *stk1, stack *stk2);
```

이 함수는 stk2 스택을 stk1 스택 아래에 붙이는 것이다. 프로그램을 작성하여 올바르게 실행되는지 확인해보아라.

13. 연습문제 4번의 큐(queue)를 자기참조 구조체를 이용한 선형연결리스트로 프로그래밍하여라.

14. 다음과 같은 플렉시블 배열 멤버를 갖는 구조체 형이 있다고 하자.

```
struct record{
  int num;
  int data[];
};
```

이때 다음과 같은 코드를 실행하면 올바르게 출력되는지 프로그램을 작성하여 실행하여 확인해보아라.

```
struct record s;
s.data[0] = 10;
printf("%d\n", s.data[0]);
```

프로그램의 실행 결과가 10으로 올바르게 출력된다고 하더라도 잘못된 코드이기 때문에 주의해야 한다.

15. 다음과 같은 구조체에 10개의 난수를 저장하고 출력하는 프로그램을 작성하여라.

```
struct record{
  int num;
  int data[];
};
```

num에는 저장될 데이터 개수인 10을 배정하고, data 배열에 10개의 수를 넣도록 하여라.

16. 연습문제 15번에서 작성한 프로그램에서 struct record의 선언을 다음과 같이 수정한 후 실행해보아라.

```
struct record{
  int num;
  int data[1];
};
```

플렉시블 배열 멤버를 지원하지 않았을 때에는 이러한 식의 코드를 사용하기도 했었다. 하지만 이렇게 작성한 경우 data 배열의 첫 번째 이외의 원소를 접근하려고 하면 문제가 발생할 수 있다. 이것은 시스템마다 다르게 동작할 것이다.

17. 프로그램 12.15를 수정하여 첫 번째 인터럽트 신호는 무시하고 두 번째 인터럽트 신호를 받으면 종료하도록 하여라.

18. abort()는 프로그램을 비정상적으로 종료시키는 함수이다. 좀 더 자세히 설명하면 abort()는 SIGABRT 신호를 발생시켜 프로그램이 종료되도록 한다. signal()을 사용하여 SIGABRT 신호가 발생하면 "Terminating program..."을 출력하도록 프로그램을 작성해보아라.

19. raise()는 신호를 발생하는 함수이다. raise(SIGINT)를 호출하면 SIGINT 신호가 발생할 것이다. 프로그램 12.15의 9행 뒤에 다음 문장을 삽입하고 실행해보고 어떻게 동작하는지 설명하여라.

```
raise(SIGINT);
```

20. 신호를 어떻게 처리하는가는 시스템 종속적이다. 다음 프로그램을 여러 시스템에서 실행해 보고, 무슨 일이 발생하는지 알아보아라.

```
#include <stdio.h>
#include <signal.h>
#include <math.h>     /* HUGE_VAL defined here */
int main(void)
{
   double  x = HUGE_VAL, y = HUGE_VAL;
   signal(SIGFPE, SIG_IGN);
   printf("Ignore signal: x * y = %e\n", x * y);
   signal(SIGFPE, SIG_DFL);
   printf("Default signal: x * y = %e\n", x * y);
   return 0;
}
```

제 13 장

프로그래밍 도구

대형 프로그램을 개발하는 것은 단순히 긴 프로그램을 작성하는 것과는 차원이 다르다. 알고리즘 개발, 설계, 프로그래밍은 물론이고 컴파일, 디버깅, 성능분석 등도 매우 복잡해지고 어려워진다. 이 장에서는 대형 프로그램을 개발할 때 도움을 주는 도구에 대해 설명한다. 먼저 컴파일 옵션에 대해 설명하고, 디버깅을 도와주는 프로그램과 성능분석을 도와주는 프로그램에 대해 설명한다. 이 장의 내용은 Linux나 Cygwin을 기준으로 설명할 것이다. Visual Studio도 유사한 기능을 제공하기 때문에 Visual Studio를 사용한다면 여기서 설명하는 내용을 참고하여 적용하면 될 것이다.

13.1 C 컴파일러 옵션

C 컴파일러는 단순히 실행 파일을 만들어주는 것 이상의 기능을 제공한다. 이 절에서는 gcc 컴파일러가 지원하는 기능에 대해서 설명할 것이다. 다양한 종류의 C 컴파일러가 있지만 모두 유사한 기능을 지원한다. 다만 사용하는 옵션에 차이가 날 뿐이다. 만일 gcc 컴파일러를 사용하지 않는다고 해도 이 절의 설명을 읽고 자신이 사용하는 컴파일러의 도움말을 참조하면 필요한 옵션을 찾을 수 있을 것이다. gcc는 C 프로그램뿐만 아니라 C++ 프로그램도 컴파일하지만 여기서는 C 프로그램만을 고려할 것이다. 명령어 라인에서 gcc 명령의 일반적인 형식은 다음과 같다.

```
gcc option file-list
```

option은 선택적으로 사용가능하고, file-list에는 하나 이상의 파일을 명시할 수 있다. 파일의 확장자는 다음 중 하나이어야 한다.

확장자	설명
.c	C 프로그램 소스 파일
.h	헤더 파일
.o	목적 파일

gcc는 위와 같은 확장자를 가지는 파일만을 처리한다. 예를 들어 pgm.c라는 파일을 컴파일하기 위해서는 다음과 같이 한다.

```
$ gcc pgm.c
```

이 명령은 C 프로그램인 pgm.c를 컴파일하여 실행 가능한 프로그램으로 만들라는 것이다. 실행 가능한 프로그램은 pgm.c를 전처리한 다음 컴파일한 결과와 이 프로그램이 사용한 라이브러리를 링크하여 만들어진다. 기본적으로 이 명령의 결과로 만들어진 실행 프로그램의 이름은 실행하는 환경에 따라 a.out, a.exe 또는 pgm.exe가 된다.

gcc는 매우 다양한 옵션을 제공하고 있기 때문에 여기서 다 설명할 수는 없고 많이 사용되는 옵션만을 설명한다. 많이 사용되는 옵션으로는 다음과 같은 것들이 있다.

옵션	설명
--help	gcc 옵션에 대한 간략한 설명 출력
-c	링크를 하지 않고 컴파일만 수행, 컴파일 결과는 .o 파일로 생성됨
-D *id*[=*value*]	*id* 매크로를 정의함, *value*가 없으면 id는 1의 값을 가짐
-E	전처리기만 수행함, 전처리 결과는 화면에 출력됨
-g	gdb 디버거가 사용할 수 있는 디버깅 정보를 만드는 코드 생성
-I *dir*	*dir* 디렉터리에서 헤더파일을 찾음
-L *dir*	라이브러리 패스에 *dir* 디렉터리를 추가함
-l*lib*	*lib*로 명시된 라이브러리를 찾음
-M	Makefile을 만들 때 유용한 종속 항목 출력
-o *name*	실행 파일 이름을 *name*으로 함
-O*level*	코드 최적화 수준을 선택함, *level*: 0, 1, 2, 3, s
-pg	gprof 프로파일러가 사용할 수 있는 프로파일 정보를 만드는 코드 생성
-S	어셈블러 코드 생성, .s 파일로 생성됨
-std=*standard*	어떤 표준으로 작성된 프로그램인지 지정함, *standard*: c18, c11, c99, c89, ansi 등

gcc는 네 단계를 거쳐 소스 프로그램을 실행 프로그램으로 변환한다. 가장 먼저 실행되는 것이 전처리기(preprocessor)이고, 그 다음 컴파일러(compiler), 어셈블러(assembler), 마지막으로 링커(linker)가 실행된다. 전처리기는 프로그램의 전처리기 문장을 모두 C 코드로 변환하는 일을 한다. 컴파일러는 전처리가 끝난 C 프로그램을 어셈블리 코드로 변환하고, 어셈블러는 목

적 코드를 생성한다. 마지막으로 링커는 목적 코드가 사용하는 라이브러리와 따로 작성된 목적 코드를 연결하여 실행 가능한 코드를 만든다. gcc는 각 단계의 결과를 볼 수 있게 여러 옵션을 제공한다. 먼저 전처리기 결과는 다음과 같이 -E 옵션을 사용하면 볼 수 있다.

```
$ gcc  -E pgm.c
```

이렇게 실행하면 전처리기 결과는 화면으로 출력된다. 파일로 저장하고 싶으면 출력 재지정(>)을 사용하면 된다. 전처리 결과를 보면 각 헤더 파일의 위치와 매크로의 확장 결과를 알 수 있어 매우 유용하다. 프로그램의 어셈블리 코드를 보고 싶으면 -S 옵션을 사용하면 된다.

```
$ gcc  -S pgm.c
```

이 명령을 실행하면 pgm.c의 어셈블리 코드를 갖는 pgm.s 파일이 생성된다. 어셈블러까지 실행된 목적 코드는 -c 옵션을 사용하면 만들 수 있다.

```
$ gcc  -c pgm.c
```

이 명령을 실행하면 pgm.c의 목적 코드인 pgm.o 파일이 생성된다. 이 코드는 아직 링커가 실행되기 전의 것이기 때문에 실행 가능한 코드는 아니다. 이 옵션은 여러 개의 파일로 작성된 프로그램을 개발할 때 컴파일 시간을 단축하기 위해 유용하게 사용된다. 예를 들어 main.c, file1.c, file2.c로 구성된 프로그램은 다음과 같이 컴파일하여 실행 프로그램을 만든다.

```
$ gcc main.c file1.c file2.c
```

이 파일 중 file1.c에 오류가 있어 수정한 다음 위와 같이 다시 컴파일하면 수정하지 않은 main.c와 file2.c까지 다시 컴파일하여 실행 프로그램을 만들게 된다. 이러한 중복 작업을 피하고 싶다면 각 파일별로 목적 파일을 만들어서 컴파일하면 된다. 예를 들어 다음과 같이 실행하면 각 파일별로 목적 파일을 만들 수 있다.

```
$ gcc -c main.c file1.c file2.c
```

이 명령이 실행되면 각 파일의 목적 파일인 main.o, file1.o, file2.o가 생성된다. 이렇게 생성된 목적 파일을 다음과 같이 하여 실행 프로그램을 만들 수 있다.

```
$ gcc main.o file1.o file2.o
```

이제 file1.c를 수정했다면 다음과 같이 file1.c 만 목적 파일을 다시 만든 후에 실행 프로그램을 만들면 된다.

```
$ gcc -c file1.c
$ gcc main.o file1.o file2.o
```

이렇게 하면 main.c와 file2.c는 컴파일하지 않아도 되기 때문에 컴파일 시간을 줄일 수 있다. 실행 프로그램 파일을 따로 지정하고 싶다면 -o 옵션을 사용한다. 예를 들어 다음과 같이 실행하면 된다.

```
$ gcc -o pgm pgm.c
```

이렇게 하면 pgm(또는 pgm.exe)이라는 실행 파일이 생성된다.

C 언어의 표준이 여러 번 변경됐는데 표준이 바뀌면서 이전 표준에서는 허용됐던 기능이 더 이상 허용되지 않을 수가 있다. 따라서 최신 컴파일러를 가지고 예전에 작성한 프로그램을 다시 컴파일하려고 하면 문제가 발생할 수 있다. 이때 -std= 옵션을 사용하여 프로그램을 작성할 때 따른 표준을 지정하면 그 표준대로 컴파일할 수 있다. -std= 옵션을 설정하지 않으면 제일 최근의 표준이 적용된다.

13.2 make

큰 프로그램을 한 파일에 작성하면 프로그램을 관리하기도 어렵고 컴파일 시간도 길어지기 때문에 비효율적이다. 단순한 프로그램이 아니라면 보통의 경우 프로그램을 여러 개의 .h 파일과 .c 파일로 나누어서 작성한다. 이렇게 나누어서 작성한 파일들은 기능별로 다른 디렉터리에 분산되어 저장되기도 하고 한 디렉터리에 저장하기도 한다. 이러한 프로그램을 컴파일할 때에는 앞에서 설명한 것과 같이 .c 파일들을 개별적으로 컴파일하여 목적 코드를 만들고 이들을 통합하여 하나의 실행 프로그램으로 만들게 된다. 프로그램이 커질수록 컴파일하는 과정도 복잡해지고 매우 성가신 작업이 된다.

make 유틸리티는 여러 개의 파일로 작성된 프로그램을 효율적으로 컴파일하기 위해 사용된다. make를 사용하면 컴파일하기 위해 반복적으로 해야 하는 일을 줄일 수 있고, 프로그램을 컴파일할 때 필요한 라이브러리와 헤더 파일을 쉽게 지정할 수도 있다. 또한 make는 수정된 파일만 따로 컴파일하여 실행 파일을 만들기 때문에 컴파일 시간도 줄인다.

make를 사용하기 위해서는 먼저 make 프로그램이 해야 할 일을 기술하는 파일을 만들어야 한다. 임의의 파일 이름을 사용해도 되지만, make가 기본적으로 인식하는 파일 이름은 Makefile, makefile, 또는 GNUmakefile 이다. 보통 Makefile을 많이 사용한다. Makefile은 다음과 같은 형태를 갖는 규칙의 집합으로 이루어진다.

```
target: dependencies
        commands
```

규칙에서 target은 이 규칙의 레이블 역할을 하는 것으로 이 규칙에 의해 만들어지는 파일을 기술하면 된다. dependencies는 target을 만들기 위해 필요한 파일들을 기술하는 것이고, commands는 target을 위해 실행되는 명령을 의미한다. 한 가지 주의할 것은 commands는 탭으로 시작해야만 한다는 것이다. 예를 들어, 12.2절 프로그램 12.3을 위한 Makefile을 만들어 보자. 프로그램 12.3은 main.c, grade.c, grade.h로 구성되어 있다. 프로그램 12.3의 실행 파일을 grade로 만든다면 가장 단순한 형태의 Makefile은 다음과 같이 만들 수 있다.

```
grade: main.c grade.c grade.h
        gcc -o grade main.c grade.c
```

이 Makefile의 첫 줄은 grade를 만들기 위해 main.c, grade.c, grade.h가 필요하다는 것을 나타내고, 두 번째 줄은 grade를 만들기 위해 실행해야 하는 명령이다. 이제 실행 프로그램인 grade는 다음 중 하나와 같이 make를 실행하면 얻을 수 있다.

```
$ make
$ make grade
```

make는 현재 디렉터리에서 Makefile을 찾아서 어떻게 일을 할지 결정한다. 첫 번째 방법과 같이 make를 실행하면 Makefile에서 첫 번째 규칙이 실행되고, 두 번째 방법과 같이 실행하면 grade라는 target을 갖는 규칙이 실행된다. 현재 Makefile에는 grade target을 위한 규칙 하나만 있기 때문에 똑같은 결과를 얻을 것이다. make의 좋은 점은 make를 실행했을 때 매번 프로그램을 컴파일하는 것이 아니라 종속관계에 명시된 파일 중 수정된 파일이 있을 경우에만 컴파일한다는 것이다. 이 예제에서는 main.c, grade.c, grade.h 중 grade가 만들어진 시간보다 늦게 만들어진 파일이 있을 때에만 컴파일이 수행된다. 위와 같이 Makefile을 만들면 프로그램을 이루는 세 파일

중 어느 파일이라도 수정되면 모두 다 다시 컴파일되기 때문에 비효율적이다. make를 사용할 때에는 각 파일별로 컴파일하게 하는 것이 좋다. 즉 다음과 같이 수정하는 것이 더 효율적이다.

```
grade: main.o grade.o
        gcc -o grade main.o grade.o
main.o: main.c grade.h
        gcc -c main.c
grade.o: grade.c grade.h
        gcc  -c grade.c
```

이제 make를 실행하면 필요한 파일만 다시 컴파일할 것이다. 재컴파일 여부는 dependencies에 명시된 파일들과 관련된 파일들이 만들어진 시간과 target 파일이 만들어진 시간의 비교로 결정되는데, target 파일이 만들어진 시간이 더 빠를 때에만 일어난다. 예를 들어 main.c 파일만 수정되었다고 가정해보자. make는 grade를 만들기 위해 main.o와 grade.o가 필요하다는 것을 파악하고, main.o와 grade.o 파일과 관련된 파일들이 만들어진 시간을 확인하기 위해 각각 main.o와 grade.o의 규칙을 찾는다. main.o 규칙을 확인하여 main.c와 grade.h가 필요하다는 것을 알아내고, 이 두 파일이 main.o보다 늦게 만들어졌는지 확인한다. main.c가 수정되었다고 가정했기 때문에 main.c를 컴파일하여 새로운 main.o를 만든다. 그 다음 grade.o 규칙을 확인하여 grade.c와 grade.h가 grade.o보다 이전에 만들어졌는지 확인한다. 이 두 파일은 수정되지 않았기 때문에 이 규칙의 명령은 실행되지 않는다. 이제 main.o가 가장 최근에 만들어진 것이기 때문에 grade 규칙에 명시된 명령이 실행되어 grade를 다시 만들게 된다.

이러한 일을 하기 위해 make는 Makefile을 읽어서 종속관계 트리를 만든 후 필요한 명령을 수행한다. 앞의 예제 Makefile의 종속관계 트리는 다음과 같이 만들어 질 것이다.

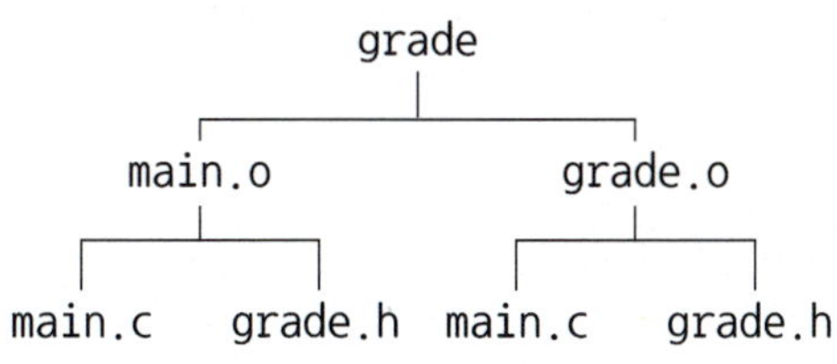

make의 내장 기능을 사용하면 Makefile을 쉽게 만들 수 있다. 예를 들어 각 .o 파일은 대응되는 .c 파일에 종속된다는 규칙을 가지고 있다. 따라서 앞의 Makefile은 다음과 같이 작성해도 된다.

```
grade: main.o grade.o
        gcc -o grade main.o grade.o
main.o: grade.h
        gcc -c main.c
grade.o: grade.h
        gcc  -c grade.c
```

또한 make 유틸리티는 여러 가지 내장된 매크로를 가지고 있는 데 이들 중 하나를 사용하면, 위의 Makefile은 다음과 같이 작성할 수도 있다.

```
grade: main.o grade.o
        gcc -o grade main.o grade.o
main.o grade.o: grade.h
        gcc  -c $*.c
```

여기서 두 번째 규칙은 두 개의 .o 파일이 grade.h에 종속된다는 것을 알려준다. grade.h가 수정되면, main.o와 grade.o가 모두 다시 만들어진다. 매크로 $*.c는 main.o 파일이 만들어질 때 main.c로 확장되고, grade.o 파일이 생성될 때는 grade.c로 확장된다.

Makefile에서 매크로를 정의할 수도 있다. 매크로 정의의 일반적인 형식은 다음과 같다.

macro-name = string

보통 macro-name은 대문자를 사용하지만 반드시 그럴 필요는 없다. 등호 다음의 string은 스페이스 문자를 포함할 수도 있다. 문자열이 길어질 경우에는 그 행의 끝에 역슬래시를 붙여 다음 행으로 계속 연결하여 쓸 수 있다. 예제 Makefile 파일을 보자.

Makefile 10.1

```
# grade Makefile
BASE     =  /home/kmh/grade
CC       =  gcc
```

```
CFLAGS  =  -O -Wall
EFILE   =  $(BASE)/bin/grade
OBJS    =  main.o  grade.o

$(EFILE): $(OBJS)
        @echo "linking ..."
        @$(CC)  $(CFLAGS) -o $(EFILE) $(OBJS)
$(OBJS): grade.h
        $(CC)  $(CFLAGS)  -c $*.c
clean:
        rm -f $(OBJS) $(EFILE)
```

Makefile 10.1은 매크로를 사용하는 예제 Makefile이다.

```
# grade Makefile
```

#은 주석의 시작을 의미하고 그 행 끝까지 주석으로 처리된다. 매크로는 다음과 같이 정의되어 있다.

```
BASE    =  /home/kmh/grade
CC      =  gcc
CFLAGS  =  -O -Wall
EFILE   =  $(BASE)/bin/grade
OBJS    =  main.o  grade.o
```

BASE 매크로는 소스 프로그램의 디렉터리를 정의하고, EFILE 매크로는 실행 프로그램을 정의한다. 보통 한 시스템에 C 컴파일러가 여러 개 설치되어 있을 수도 있기 때문에 컴파일할 때 선택하여 사용한다. 여기서는 CC 매크로를 사용하여 gcc 컴파일러를 사용하도록 정의하고 있다. CFLAGS 매크로는 컴파일 옵션을 정의한 것이다.

```
$(EFILE): $(OBJS)
```

매크로는 $(macro-name)으로 호출된다. $(macro-name)으로 호출하면 macro-name 매크로 정의에 명시된 문자열로 확장된다.

```
	@echo "linking ..."
	@$(CC) $(CFLAGS) -o $(EFILE) $(OBJS)
```

make가 Makefile에 명시된 명령을 실행할 때 실행하는 명령이 화면에 출력된다. 실행되는 명령을 화면에 출력하고 싶지 않다면 명령어 앞에 @ 기호를 붙이면 된다. @가 붙은 명령은 결과만 출력될 것이다.

```
clean:
	rm -f $(OBJS) $(EFILE)
```

clean 규칙은 컴파일러가 만든 목적 코드와 실행 프로그램 파일을 모두 삭제한다. make를 실행했을 때의 결과는 다음과 같다.

```
$ ls
bin  grade.c  grade.h  main.c  Makefile
$ make
gcc  -O -Wall  -c main.c
gcc  -O -Wall  -c grade.c
linking ...
$ ls
bin  grade.c  grade.h  grade.o  main.c  main.o  Makefile
$ ls bin
grade.exe

$ make clean
rm -f main.o  grade.o /home/kmh/grade/bin/grade
$ ls
bin  grade.c  grade.h  main.c  Makefile
$ ls bin
$
```

make 유틸리티는 C나 C++뿐만 아니라 다른 언어로 작성된 프로그램을 관리하기 위해서도 사용될 수 있다. 또한 더 일반적으로 종속관계와 그와 관련되어 명령을 실행해야 하는 곳에서는 어디서나 make를 사용할 수 있다.

make는 파일의 생성 시간 또는 수정 시간을 기반으로 명령을 실행할지 결정한다. 그런데 어떤 경우에는 무조건 컴파일을 다시 해야 할 필요가 있다. 이때 touch 유틸리티를 사용한다. touch는 기본적으로 파일의 생성 시간을 현재 시간으로 만든다. 앞의 예제 프로그램을 다시 컴파일하고 싶다면 다음과 같이 하면 된다.

```
$ touch grade.h
$ make
```

grade.h를 touch 명령의 인자로 하여 실행하면, grade.h의 생성 시간이 현재시간으로 설정된다. 모든 .o 파일은 grade.h에 종속되어 있고 grade.h의 생성 시간이 가장 최근으로 됐으므로 모든 .o 파일을 다시 만들 것이다.

13.3 gprof

gprof는 GNU prof로 프로그램의 실행 프로파일을 보여주는 프로파일러(profiler)이다. gprof를 사용하기 위해서는 프로그램을 -pg 옵션을 사용하여 컴파일해야 한다. -pg 옵션을 사용하면 컴파일러는 각 함수의 호출 횟수와 실행 시간을 수집하는 코드를 실행 파일에 삽입하게 된다. 이렇게 만들어진 실행 프로그램을 실행하면 프로파일 정보가 gmon.out 파일에 저장된다. gprof 명령은 gmon.out 파일을 사용하여 실행 프로파일을 만든다. 다음 프로그램을 보자.

프로그램 13.1

```
#include <stdio.h>
#include <stdlib.h>
#include <time.h>

#define  N   500000

void gen_data(int n, int a[]);
void swap(int *x, int *y);
```

```
int  find_pivot(int *left, int *right, int *pivot_ptr);
int *partition(int *left, int *right, int pivot);
void quicksort(int *left, int *right);
void write_data(int n, int a[], char *name);

int main(void)
{
   int   data[N], i;

   gen_data(N, data);
   quicksort(data, data + N - 1);
   write_data(N, data, "out");
   return 0;
}

void  gen_data(int n, int a[])
{
   int i;
   srand(time(NULL));
   for (i = 0; i < n; ++i)
      a[i] = rand() % 10000;
}

void  swap(int *x, int *y)
{
   int t;
   t = *x;
   *x = *y;
   *y = t;
}

void  quicksort(int *left, int *right)
{
   int  *p, pivot;
   if (find_pivot(left, right, &pivot)) {
      p = partition(left, right, pivot);
      quicksort(left, p - 1);
      quicksort(p, right);
```

```
    }
}

int find_pivot(int *left, int *right, int *pivot)
{
    int   a, b, c, *p;

    a = *left;
    b = *(left + (right - left) / 2);
    c = *right;

    if (a > b)
        if (b > c)
            swap(&a, &c);
        else
            swap(&a, &b);
    else if (a > c)
        swap(&a, &c);
    if (c < b)
        swap(&b, &c);

    if (a < b) {
        *pivot = b;
        return 1;
    }
    if (b < c) {
        *pivot = c;
        return 1;
    }
    for (p = left + 1; p <= right; ++p)
        if (*p != *left) {
            *pivot = (*p < *left) ? *left : *p;
            return 1;
        }
    return 0;
}

int *partition(int *left, int *right, int pivot)
```

```
{
  while (left <= right) {
    while (*left < pivot)
      ++left;
    while (*right >= pivot)
      --right;
    if (left < right) {
      swap(left, right);
      ++left;
      --right;
    }
  }
  return left;
}

void write_data(int n, int a[], char *name)
{
  int i;
  FILE *fp;

  fp = fopen(name, "w");
  for (i = 0; i < n; i++)
     fprintf(fp, "%d\n", a[i]);
  fclose(fp);
}
```

프로그램 13.1은 라이브러리에 있는 qsort()를 사용하지 않고 직접 퀵 정렬 함수를 만들어서 데이터를 정렬하는 프로그램이다. gprof 사용법을 설명할 목적으로 사용하는 프로그램이므로 프로그램에 대한 자세한 설명은 하지 않을 것이다. 프로그램의 실행 프로파일을 얻기 위해서는 -pg 옵션을 사용하여 컴파일해야 한다. 프로그램 13.1을 quicksort.c로 만들었다면 다음과 같이 컴파일한다.

```
$ gcc -pg -static -o quicksort quicksort.c
```

실행 프로그램인 quicksort를 실행하면 함수 호출 그래프 프로파일이 gmon.out 파일에 저장된다. 이제 실행 프로파일을 얻기 위해서는 다음과 같은 명령을 실행하면 된다.

```
$ gprof –b quicksort
```

이렇게 실행하면 gmon.out 파일을 참조하여 실행 프로파일을 보여준다. gprof의 -b 옵션은 단순한 출력 결과가 나오게 한다. 출력 결과는 크게 두 부분으로 나누어진다. 첫 번째 부분은 플랫 프로파일(flat profile)로 각 함수가 얼마나 많이 호출되고 실행 시간은 어떤지 보여준다. 예를 들어 다음과 같은 형태로 출력될 것이다.

```
Flat profile:


Each sample counts as 0.01 seconds.
    % cumulative              self       self     total
  time   seconds   seconds   calls    ms/call   ms/call    name
 40.00      0.04      0.04    9999       0.00      0.01    partition
 20.00      0.06      0.02 1569119       0.00      0.00    swap
 20.00      0.08      0.02   19999       0.00      0.00    find_pivot
 20.00      0.10      0.02                                 rand
  0.00      0.10      0.00       1       0.00      0.00    gen_data
  0.00      0.10      0.00       1       0.00     80.00    quicksort
  0.00      0.10      0.00       1       0.00      0.00    write_data
```

이 결과를 보면 어떤 함수가 많이 호출되고, 어떤 함수가 CPU 시간을 많이 소비하는지 알 수 있다. 이를 바탕으로 문제가 있는 부분이나 코드 최적화가 필요한 함수를 알아낼 수 있을 것이다. 예를 들어, swap() 함수가 1,569,119 회 호출되었고, partition() 함수는 9,999번 호출됐지만 가장 많은 시간을 소비한 것을 알 수 있다.

두 번째 부분은 함수 간의 호출 관계를 보여주는 호출 그래프(call graph)로 다음과 같은 형태가 출력된다.

```
                        Call graph
granularity: each sample hit covers 4 byte(s) for 10.00% of 0.10 seconds

 index % time    self  children    called          name
                                    19998          quicksort [1]
                 0.00    0.08        1/1           main [2]
[1]      80.0    0.00    0.08      1+19998     quicksort [1]
                 0.04    0.02     9999/9999        partition [3]
                 0.02    0.00    19999/19999       find_pivot [4]
                                    19998          quicksort [1]
-----------------------------------------------------------------------
                                                   <spontaneous>
[2]      80.0    0.00    0.08                  main [2]
                 0.00    0.08        1/1           quicksort [1]
                 0.00    0.00        1/1           gen_data [7]
                 0.00    0.00        1/1           write_data [8]
-----------------------------------------------------------------------
                 0.04    0.02     9999/9999        quicksort [1]
[3]      59.9    0.04    0.02       9999       partition [3]
                 0.02    0.00  1560569/1569119     swap [5]
-----------------------------------------------------------------------
                 0.02    0.00    19999/19999       quicksort [1]
[4]      20.1    0.02    0.00      19999       find_pivot [4]
                 0.00    0.00     8550/1569119     swap [5]
-----------------------------------------------------------------------
                 0.00    0.00     8550/1569119     find_pivot [4]
                 0.02    0.00  1560569/1569119     partition [3]
[5]      20.0    0.02    0.00     1569119      swap [5]
-----------------------------------------------------------------------
                                                   <spontaneous>
[6]      20.0    0.02    0.00                  rand [6]
-----------------------------------------------------------------------
                 0.00    0.00        1/1           main [2]
[7]       0.0    0.00    0.00        1         gen_data [7]
-----------------------------------------------------------------------
                 0.00    0.00        1/1           main [2]
[8]       0.0    0.00    0.00        1         write_data [8]
-----------------------------------------------------------------------
```

```
Index by function name

[4] find_pivot      [1] quicksort      [8] write_data
[7] gen_data        [6] rand           [2] main
[3] partition       [5] swap
```

호출 그래프는 각 함수가 어떤 함수로부터 호출되고 어떤 함수를 호출하는지를 보여준다. 또한 각 함수가 얼마나 많은 CPU 시간을 사용하는지를 보여준다. 출력 결과에서 "----...-----"로 분리된 행들은 첫 번째 열에 명시된 인덱스의 함수에 관한 것이다. 예를 들어 앞의 출력에서 첫 번째 행은 [1] 함수를 위한 것인데 마지막 출력 내용을 보면 [1]은 quicksort() 함수의 인덱스라는 것을 알 수 있다. 제일 마지막 열을 보면 quicksort가 현재 함수이기 때문에 이름이 돌출되어 있다. quicksort 앞에는 quicksort와 main이 있는 데, 이는 quicksort()와 main() 함수에서 quicksort() 함수를 호출함을 의미한다. 이와 같이 그 뒤에는 partition, find_pivot, quicksort가 있는 데, 이는 quicksort()가 호출하는 함수를 나타낸다. called 열은 얼마나 많이 호출되는지를 나타낸다. 예를 들어 main() 함수는 quicksort()를 한 번 호출함을 알 수 있다. + 기호는 재귀 호출을 의미한다. 이러한 분석 결과를 보면 함수들이 어떻게 사용되는지 알 수 있기 때문에 프로그램 분석과 프로그램 개선에 많은 도움이 된다.

13.4 gdb

gdb는 프로그램을 디버깅할 때 많이 사용되는 대화식 디버거(interactive debugger)이다. gdb는 프로그램을 실행하고, 원하는 곳에서 실행을 중지하고, 또 재실행하며, 변수의 값을 설정하거나 볼 수 있는 기능을 제공한다. 또한 프로그램이 실행 중에 오류가 발생하여 코어 덤프(core dump)되었을 때, gdb를 사용하면 프로그램 어디에서 코어 덤프가 일어났는지 알 수 있다. gdb를 사용하기 위해서는 프로그램을 컴파일할 때 -g 옵션을 사용해야 한다. -g 옵션으로 컴파일하면 디버깅에 필요한 부가적인 정보가 실행 파일에 포함된다.

gdb는 매우 많은 기능을 제공하기 때문에 여기서 모든 것을 다 설명할 수는 없다. 이 절에서는 많이 사용하는 기능을 프로그램 13.2 예제를 통해 설명할 것이다.

프로그램 13.2

```c
#include <stdio.h>
#include <stdlib.h>
#include <time.h>
#define  N   10
void sort(int n, int data[])
{
   int  i, j, tmp;
   for (i = 0; i < n - 1; i++)
      for (j = n - 1; j < n; j--)
         if (data[j - 1] > data[j]){
            tmp = data[j - 1];
            data[j - 1] = data[j];
            data[j] = tmp;
         }
}
int main(void)
{
   int   a[N], i;
   srand(time(NULL));
   for (i = 0; i < N; ++i)
      a[i] = rand() % 10000;
   sort(N, a);
   for (i = 0; i < N; ++i)
      printf("%d \n", a[i]);
   printf("\n");
   return 0;
}
```

gdb 실행

프로그램 13.2는 오류가 있는 프로그램이다. 이 프로그램을 실행하면 코어 덤프가 일어난다. 이 프로그램은 단순한 프로그램이기 때문에 어디에 문제가 있는지 눈으로 찾아도 금방 찾을 수 있지만 gdb를 사용하여 찾아보자. gdb를 사용하기 위해서는 다음과 같이 -g 옵션을 설정하여 프로그램을 컴파일 하고, gdb 명령의 인자로 실행 파일을 명시하면 된다.

```
$ gcc -g -o sort sort.c
$ gdb sort
GNU gdb (GDB) (Cygwin 8.0.1-1) 8.0.1
Copyright (C) 2017 Free Software Foundation, Inc.
License GPLv3+: GNU GPL version 3 or later <http://gnu.org/licenses/gpl.
html>
This is free software: you are free to change and redistribute it.
There is NO WARRANTY, to the extent permitted by law. Type "show
copying"
and "show warranty" for details.
This GDB was configured as "x86_64-pc-cygwin".
Type "show configuration" for configuration details.
For bug reporting instructions, please see:
<http://www.gnu.org/software/gdb/bugs/>.
Find the GDB manual and other documentation resources online at:
<http://www.gnu.org/software/gdb/documentation/>.
For help, type "help".
Type "apropos word" to search for commands related to "word"...
Reading symbols from a...done.
(gdb)
```

gdb의 프롬프트는 (gdb) 이다. 이 프롬프트 뒤에 필요한 명령을 입력하면 된다.

프로그램 실행

gdb에서 프로그램 실행은 run 명령을 사용한다.

```
(gdb) run
Starting program: /home/tool/sort.exe
Loaded symbols for /cygdrive/c/WINDOWS/system32/ntdll.dll
Loaded symbols for /cygdrive/c/WINDOWS/system32/kernel32.dll
Loaded symbols for /usr/bin/cygwin1.dll
Loaded symbols for /cygdrive/c/WINDOWS/system32/advapi32.dll
```

```
Loaded symbols for /cygdrive/c/WINDOWS/system32/rpcrt4.dll

Program received signal SIGSEGV, Segmentation fault.
0x004010d9 in sort (data=0x7, n=7) at sort.c:13
13 data[j] = tmp;
(gdb)
```

출력을 보면 13번째 라인에서 세그먼테이션 오류가 발생했다는 것을 알 수 있다. 참고로 세그먼테이션 오류는 잘못된 메모리 번지를 참조해서 발행하는 것으로 배열이나 포인터를 잘못 사용하면 발생한다. 프로그램은 오류로 인해 더 이상 실행되지는 않지만 gdb는 계속 실행되어 어떤 문제가 있는지 찾을 수 있게 한다.

소스 코드 보기

앞의 gdb 출력을 보면 문제가 발생한 13 행 문장을 볼 수 있지만 충분하지 않다. 프로그램 소스 코드는 `list` 명령으로 볼 수 있다. 13 행 주위 문장을 보고 싶다면 다음과 같이 하면 된다.

```
(gdb) list 13
8          for (i = 0; i < n - 1; i++)
9             for (j = n - 1; j < n; j--)
10               if (data[j - 1] > data[j]){
11                  tmp = data[j - 1];
12                  data[j - 1] = data[j];
13                  data[j] = tmp;
14               }
15       }
16       int main(void)
17       {
(gdb)
```

`list` 명령은 줄여서 `l`(ell)만 써도 된다. 특정 구간의 소스 코드를 보고 싶다면 `list`에 구간을 명시하면 된다.

```
(gdb) l 7, 13
```

```
7           int  i, j, tmp;
8           for (i = 0; i < n - 1; i++)
9              for (j = n - 1; j < n; j--)
10                if (data[j - 1] > data[j]){
11                   tmp = data[j - 1];
12                   data[j - 1] = data[j];
13                   data[j] = tmp;
(gdb)
```

list 뒤에 인자를 명시하지 않으면 직전 list 명령에 의해 출력된 행 다음부터 보여준다. list에 함수 이름을 명시하면 지정된 함수 주위의 소스 코드를 볼 수 있다.

```
(gdb) l main
13                   data[j - 1] = data[j];
14                   data[j] = tmp;
15                }
16        }
17        int main(void)
18        {
19           int   a[N], i;
20           srand(time(NULL));
21           for (i = 0; i < N; ++i)
22              a[i] = rand() % 10000;
(gdb)
```

변수 다루기

변수의 현재 값은 디버깅에 있어서 매우 중요한 역할을 한다. 변수 값은 print 명령으로 볼 수 있다. print 뒤에 식별자를 명시하면 현재 실행 중인 함수의 변수를 의미한다. 만일 다른 함수에 있는 변수 값을 보고 싶다면 "function-name::variable"로 명시하면 된다.

```
(gdb) print n
$1 = 7
(gdb) p i
$2 = 0
(gdb) p j
```

```
$3 = -15
(gdb) p main::a
$4 = {3379, 4346, 7005, 8489, 5214, 8806, 5844, 3411, 8422, 7729}
(gdb)
```

예제에서 볼 수 있듯이 print 대신 p를 써도 된다. 이렇게 변수 값을 출력해 보면 n과 j 값이 이상함을 알 수 있다. 즉 프로그램 오류는 j가 음수 값을 가져서 잘못된 메모리를 참조하여 발생한 것임을 알 수 있다. 음수인 j를 사용하여 data[j]에 값을 배정했기 때문에 매개변수인 data와 n 값도 변경됐음을 알 수 있다. 이러한 것을 바탕으로 프로그램을 보면 오류를 쉽게 찾을 수 있다.

변수 값을 설정할 수도 있다. 이는 set var 명령으로 한다.

```
(gdb) set var j = 10
(gdb) p j
$5 = 10
(gdb) p data[0]
Cannot access memory at address 0x7
(gdb) set var data = main::a
(gdb) p data[0]
$6 = 3379
(gdb)
```

프로그램 실행 제어

gdb도 다른 디버거와 마찬가지로 프로그램의 원하는 부분에 검사점(breakpoint)을 설정하여 프로그램 실행을 중지시킬 수 있고, 프로그램을 문장 단위로 실행할 수 있다. 검사점은 break 명령으로 삽입한다. break의 인자로는 행 번호와 함수이름을 명시할 수 있다. 등록된 검사점 목록은 info break 명령으로 볼 수 있고, 검사점의 삭제는 clear 명령으로 한다.

```
(gdb) break main
Breakpoint 1 at 0x401119: file sort.c, line 17.
(gdb) break sort
```

```
Breakpoint 2 at 0x401057: file sort.c, line 8.
(gdb) break 9
Breakpoint 3 at 0x40106b: file sort.c, line 9.
(gdb) info break
Num Type          Disp Enb Address What
1 breakpoint      keep y 0x00401119 in main at sort.c:17
2 breakpoint      keep y 0x00401057 in sort at sort.c:8
3 breakpoint      keep y 0x0040106b in sort at sort.c:9
(gdb) clear 17
Deleted breakpoint 1
(gdb) clear sort
Deleted breakpoint 2
(gdb) info break
Num Type          Disp Enb Address What
3 breakpoint      keep y 0x0040106b in sort at sort.c:9
(gdb)
```

검사점을 등록한 다음 run을 실행하면 검사점이 설정된 부분에서 프로그램이 멈추게 된다. 이 때 프로그램은 종료된 것이 아니고 단지 중지된 상태이다. 이 상태에서 필요한 여러 정보를 검사할 수 있다. 프로그램을 다시 실행하고 싶으면 step이나 continue 명령을 실행하면 된다. step을 입력하면 한 문장을 실행하고 프로그램이 다시 멈추게 되고, continue를 입력하면 다음 검사점까지 실행하고 멈추게 된다.

```
(gdb) break 19
Breakpoint 1 at 0x40111e: file sort.c, line 19.
(gdb) break 9
Breakpoint 2 at 0x40106b: file sort.c, line 9.
(gdb) run
Starting program: /home/tool/sort.exe
Loaded symbols for /cygdrive/c/WINDOWS/system32/ntdll.dll
Loaded symbols for /cygdrive/c/WINDOWS/system32/kernel32.dll
Loaded symbols for /usr/bin/cygwin1.dll
Loaded symbols for /cygdrive/c/WINDOWS/system32/advapi32.dll
Loaded symbols for /cygdrive/c/WINDOWS/system32/rpcrt4.dll
```

```
Breakpoint 1, main () at sort.c:19
19          srand(time(NULL));
(gdb) step
20          for (i = 0; i < N; ++i)
(gdb) step
21              a[i] = rand() % 10000;
(gdb) step
20          for (i = 0; i < N; ++i)
(gdb) p a[i]
$1 = 9012
(gdb) continue
Continuing.

Breakpoint 2, sort (data=0x23cc70, n=10) at sort.c:9
9          for (j = n - 1; j < n; j--)
(gdb) p data[0]
$2 = 9012
(gdb) continue
Continuing.

Program received signal SIGSEGV, Segmentation fault.
0x004010d9 in sort (data=0x7, n=7) at sort.c:13
13              data[j] = tmp;
(gdb) p data[0]
Cannot access memory at address 0x7
(gdb)
```

검사점에 조건을 부여할 수 있다. break에 if 문을 사용하면 그 조건이 만족될 때에만 프로그램이 중지한다.

```
(gdb) break 10 if j < 0
Breakpoint 1 at 0x40107a: file sort.c, line 10.
(gdb) run
Starting program: /home/tool/sort.exe
Loaded symbols for /cygdrive/c/WINDOWS/system32/ntdll.dll
```

```
Loaded symbols for /cygdrive/c/WINDOWS/system32/kernel32.dll
Loaded symbols for /usr/bin/cygwin1.dll
Loaded symbols for /cygdrive/c/WINDOWS/system32/advapi32.dll
Loaded symbols for /cygdrive/c/WINDOWS/system32/rpcrt4.dll

Breakpoint 1, sort (data=0x23cc70, n=10) at sort.c:10
10              if (data[j - 1] > data[j]){
(gdb) p j
$1 = -1
(gdb)
```

gdb는 프롬프트에서 quit를 입력하면 종료된다.

함수 호출 관계

현재 어느 함수를 실행 중이고 이 함수가 어떻게 호출되었는지는 backtrace(또는 bt) 명령으로 알 수 있다.

```
(gdb) backtrace
#0 sort (data=0x23cc70, n=10) at sort.c:10
#1 0x0040118c in main () at sort.c:22
(gdb)
```

이 출력을 보면 현재 sort() 함수의 10 행에 있고, 이 함수는 main() 함수에서 호출되었음을 알 수 있다.

gdb 종료

gdb는 프롬프트에서 quit를 입력하면 종료된다.

gdb help

gdb는 더 많은 기능을 지원하지만 여기서는 이 정도에서 설명을 마칠 것이다. (gdb) 프롬프트에서 help 명령을 입력하면 gdb에서 사용할 수 있는 많은 명령을 볼 수 있다. 또한 help 다음에 알고 싶은 명령을 명시하면 그 명령에 대한 좀 더 자세한 내용을 얻을 수 있다.

```
(gdb) help
List of classes of commands:

aliases -- Aliases of other commands
breakpoints -- Making program stop at certain points
data -- Examining data
files -- Specifying and examining files
internals -- Maintenance commands
obscure -- Obscure features
running -- Running the program
stack -- Examining the stack
status -- Status inquiries
support -- Support facilities
tracepoints -- Tracing of program execution without stopping the
program
user-defined -- User-defined commands

Type "help" followed by a class name for a list of commands in that
class.
Type "help all" for the list of all commands.
Type "help" followed by command name for full documentation.
Type "apropos word" to search for commands related to "word".
Command name abbreviations are allowed if unambiguous.

(gdb) help breakpoints
Making program stop at certain points.

List of commands:

awatch -- Set a watchpoint for an expression
break -- Set breakpoint at specified location
break-range -- Set a breakpoint for an address range
catch -- Set catchpoints to catch events
catch assert -- Catch failed Ada assertions
catch catch -- Catch an exception
```

```
catch exception -- Catch Ada exceptions
catch exec -- Catch calls to exec
catch fork -- Catch calls to fork
catch load -- Catch loads of shared libraries
catch rethrow -- Catch an exception
catch signal -- Catch signals by their names and/or numbers
catch syscall -- Catch system calls by their names
catch throw -- Catch an exception
. . .
(gdb)
```

요약

1. 프로그램을 컴파일하면 네 단계를 거쳐 실행 프로그램이 생성된다. 각 단계를 실행하는 프로그램을 각각 전처리기, 컴파일러, 어셈블러, 링커라고 한다. 일반적으로 C 컴파일러라고 하면 이들을 모두 포함하는 것이다. 컴파일러는 각 단계별 결과를 볼 수 있는 옵션을 제공하고 있다.

2. make는 프로그램의 컴파일 과정을 돕는 프로그램이다. make를 사용하기 위해서는 makefile(Makefile)에 규칙들을 기술해야 한다.

3. gprof를 사용하면 프로그램의 실행 프로파일을 볼 수 있다. 프로파일은 함수들 간의 호출 관계와 함수의 호출 횟수, 실행 시간 등을 포함한다.

4. gdb는 프로그램을 디버깅할 때 사용할 수 있는 디버거로 다양한 기능을 제공하여 프로그램이 어떻게 실행되는지 검사할 수 있다.

연습 문제

1. 컴파일러는 보통 다양한 단계의 경고 메시지를 출력한다. 사용하고 있는 컴파일러가 제공하는 경고 메시지 단계 옵션을 찾아보고 정리해 보아라.

2. 다음 프로그램의 전처리 후 결과를 적어보아라.

```
#define N 100
int main(void)
{
    int sum = 0;
    for (int i = 0 ; i < N; i++)
        sum += i;
    return 0;
}
```

3. 연습문제 2번 프로그램의 어셈블리 코드를 적어보아라.

4. 프로그램을 컴파일할 때 적용된 표준은 __STDC_VERSION__ 매크로를 통해 알 수 있다. 프로그램을 작성하여 __STDC_VERSION__ 매크로 값을 확인해보아라.

5. 연습문제 4번에서 작성한 프로그램을 C90 표준으로 컴파일한 후 실행해보아라. 컴파일되는가? 안된다면 그 이유를 설명하여라.

6. 적절한 전처리기 문장을 사용하여 연습문제 4번에서 작성한 프로그램을 C90 표준으로 컴파일해도 오류가 나지 않도록 수정하여라.

7. 다음 프로그램을 실행해보아라.

```
#include <stdio.h>
```

```
plus(float a, float b)
{
   return a + b;
}

int main(void)
{
   float sum;
   sum = plus(6.7, 9.8);
   printf("sum : %f\n", sum);
}
```

올바른 결과가 출력되는가? 이 프로그램을 컴파일하면 경고 메시지를 출력하지만 실행 프로그램이 만들어지고 실행될 것이다. 하지만 올바른 결과는 내지 못할 것이다. 이전에 만든 실행 프로그램을 지운 다음, -Werror 옵션을 추가해서 컴파일 해보아라. 실행 프로그램이 만들어지는가? 종종 실행 프로그램이 만들어지면 경고 메시지를 무시하여 잘못된 프로그램을 만들곤 하는데 컴파일할 때 아무런 메시지도 안 나오게 디버깅하는 것이 좋다.

8. 어셈블리 코드를 보면 많은 것을 배울 수 있다. 어셈블리 언어를 배우지 않았더라도 어셈블리 코드를 보면 대충 이해할 수 있을 것이다. 사용하고 있는 컴파일러에서 컴파일 할 때 어떤 옵션을 사용하면 어셈블리 코드를 생성할 수 있는지 찾아보아라. 그리고 다음 두 코드가 똑같은 어셈블리 코드를 생성하는지 확인해 보아라.

코드 1:

```
int   i = 10;
while (--i != 0)
   printf("i = %d\n", i);
```

코드 2:

```
int   i = 10;
while (--i)
   printf("i = %d\n", i);
```

9. 컴파일러의 최적화 옵션을 적용하여 프로그램을 컴파일하고 실행시간과 실행 파일 크기에 변화가 있는지 확인해보아라. 예제 프로그램으로 프로그램 13.1을 사용하여라. 계산량이 많지 않은 프로그램은 그 차이를 별로 느낄 수 없을 것이다.

10. 프로파일러를 사용하기 위해 컴파일 옵션으로 -pg를 선택하여 컴파일했을 때와 옵션 없이 컴파일했을 때의 실행파일 크기와 실행 시간은 어떻게 되는지 프로그램 13.1을 가지고 실험해보아라.

11. 디버거를 사용하기 위해 컴파일 옵션으로 -g를 선택하여 컴파일했을 때와 옵션 없이 컴파일했을 때의 실행파일 크기와 실행 시간은 어떻게 되는지 프로그램 13.1을 가지고 실험해보아라.

12. gprof를 사용하여 프로그램 13.2의 프로파일을 출력해보아라.

13. Makefile을 다음과 같이 작성하여 make를 수행하면 어떤 내용이 출력되겠는가? 먼저 출력 내용을 생각하여 적어보고, 직접 수행한 후 확인해 보아라.

```
go: hello date list
	@echo Goodbye!
hello:
	@echo Hello!
date:
	@date; date; date
list:
	@pwd; ls
```

@ 문자를 삭제하면 어떻게 되겠는가? hello나 date라는 파일이 없다면, 어떻게 되겠는가?

14. Makefile을 다음과 같이 작성하여 make를 수행하면 어떤 내용이 출력되겠는가? 먼저 출력 내용을 생각하여 적어보고, 직접 수행한 후 확인해 보아라.

```
Start: A1 A2
     @echo Start
A1: A3
     @echo A1
A2: A3
     @echo A2
A3:
     @echo A3
```

15. 프로그램 13.1의 각 함수를 파일로 따로 만들고, 이 프로그램을 컴파일하기 위한 Makefile을 만들어서 컴파일해보아라.

16. make는 다양한 옵션을 제공하고 있다. -s 옵션을 사용하면 어떻게 되는지 확인해보아라.

17. make는 규칙들을 실행하는 도중 오류가 발생하면 종료한다. make에 -k 옵션을 사용하면 어떻게 되는지 확인해보아라.

18. Makefile의 규칙의 명령은 탭으로 시작해야 한다. 만일 명령이 탭으로 시작하지 않는다면 어떤 오류가 발생하는지 적어보아라.

19. 프로그램 13.1의 N 값을 20으로 한 다음 find_pivot() 함수에 의해 결정되는 피봇 값을 gdb를 사용하여 알아보아라. 단 find_pivot()의 적절한 곳에 검사점을 설정하여 pivot이 포인트하는 값을 출력하여 알아내야 한다.

20. gdb를 사용하여 프로그램 13.1의 quicksort() 함수에서 pivot 값이 10보다 작을 경우 left와 right가 포인트하는 값을 알아보아라. 단 quicksort() 함수의 적절한 곳에 조건부 검사점을 설정하여 알아내야 한다.

A

표준 라이브러리

표준 라이브러리에는 프로그램에서 유용하게 사용할 수 있는 함수들이 많이 있다. 라이브러리 함수들은 종류별로 여러 개의 표준 헤더 파일에 나뉘어 선언되어 있다. C11에서 제공하는 표준 헤더 파일은 다음과 같은 것이 있다.

표준 C 헤더 파일				
〈assert.h〉	〈inttypes.h〉	〈signal.h〉	〈stdint.h〉	〈threads.h〉
〈complex.h〉	〈iso646.h〉	〈stdalign.h〉	〈stdio.h〉	〈time.h〉
〈ctype.h〉	〈limits.h〉	〈stdarg.h〉	〈stdlib.h〉	〈uchar.h〉
〈errno.h〉	〈locale.h〉	〈stdatomic.h〉	〈stdnoreturn.h〉	〈wchar.h〉
〈fenv.h〉	〈math.h〉	〈stdbool.h〉	〈string.h〉	〈wctype.h〉
〈float.h〉	〈setjmp.h〉	〈stddef.h〉	〈tgmath.h〉	

표에서 음영으로 된 부분은 C11부터 추가된 라이브러리이다. 새롭게 추가된 표준 라이브러리를 지원하지 않는 컴파일러도 있기 때문에 사용하기 전에 확인해야 한다. 또한 〈complex.h〉, 〈stdatomic.h〉, 〈threads.h〉는 반드시 제공해야 하는 헤더 파일은 아니기 때문에 사용에 주의가 필요하다.

표준 헤더 파일은 표준 라이브러리 함수의 선언뿐만 아니라 유용한 기호 상수와 매크로 등을 정의하고 있다. 표준 라이브러리 함수를 프로그램에서 사용할 때에는 먼저 그 함수가 선언되어 있는 헤더 파일을 전처리기 지시자 #include를 사용하여 포함시켜야 한다. 헤더 파일들은 우선순위가 없으므로 임의의 순서로 헤더 파일을 포함시켜도 되고, 한 헤더 파일을 두 번 이상 포함시켜도 된다. 라이브러리 함수는 매우 잘 작성되어 있기 때문에 라이브러리 함수를 최대한 활용하여 프로그래밍 하는 것이 좋다. 따라서 라이브러리에 어떤 함수가 있는지 살펴보는 것도 프로그래밍에 많은 도움이 될 것이다.

표준 라이브러리는 매우 방대하기 때문에 여기서 모두 다 자세히 설명할 수는 없다. 이 부록에서는 많이 사용되는 라이브러리 함수를 중심으로 간략하게 설명할 것이다. 보다 자세한 설명은 man 페이지나 도움말을 참조하기 바란다.

A.1 〈assert.h〉

이 헤더 파일은 프로그램의 진단 코드인 assert()와 static_assert 매크로를 정의하고 있다. 프로그램에서 〈assert.h〉를 포함시킬 때 이미 NDEBUG 매크로가 정의되어 있으면 assert() 매크로는 무시된다. static_assert 매크로는 _Static_assert로 확장된다.

■ void assert(scalar expression);

expression이 0(거짓)이면 진단 내용을 출력하고, abort() 함수를 호출한다. 진단 내용에는 expression의 문자열, 파일명, 파일내의 행 번호를 포함한다.

A.2 〈complex.h〉

이 헤더 파일은 복소수 연산을 위한 매크로 정의와 함수 선언을 포함하고 있다. 만일 __STDC_NO_COMPLEX__ 매크로가 정의되어 있으면, 이 헤더 파일을 지원하지 않는다. 정의된 매크로는 다음과 같다.

- complex : _Complex로 확장
- _Complex_I : 허수 값을 나타내는 const float _Complex 형의 상수 수식
- imaginary : _Imaginary로 확장
- _Imaginary_I : 허수 값을 나타내는 const float _Imaginary 형의 상수 수식
- I : _Imaginary_I 또는 _Complex_I로 확장

또한 복소수 삼각함수, 복소수 쌍곡선 함수, 복소수 지수와 로그 함수, 복소수 거듭제곱과 절대 값 함수 등이 선언되어 있다. 함수들은 기본적으로 double complex를 매개변수로 갖고 double complex나 double 값을 리턴한다. 또한 같은 기능을 하지만 매개 변수의 형과 리턴 값의 형이 float complex이나 long double complex 인 함수는 함수 이름 뒤에 f와 l을 붙여 제공된다. 예를 들어 복소수 아크 코사인 함수인 cacos()는 매개변수의 형과 함수 형이 double complex 인데, 이 함수의 float complex 형 버전은 cacosf(), long double complex 형 버전은 cacosl()이라는 이름을 갖는다.

복소수 삼각 함수

■
```
double complex cacos(double complex z);
double complex casin(double complex z);
double complex catan(double complex z);
```

이들은 각각 복소수에 대한 아크 코사인, 아크 사인, 아크 탄젠트 함수이다.

■
```
double complex ccos(double complex z);
double complex csin(double complex z);
double complex ctan(double complex z);
```

이들은 각각 복소수에 대한 코사인, 사인, 탄젠트 함수이다.

복소수 쌍곡선 함수

■
```
double complex cacosh(double complex z);
double complex casinh(double complex z);
double complex catanh(double complex z);
```

이들은 각각 복소수에 대한 아크 쌍곡선 코사인, 아크 쌍곡선 사인, 아크 쌍곡선 탄젠트 함수이다.

■
```
double complex ccosh(double complex z);
double complex csinh(double complex z);
double complex ctanh(double complex z);
```

이들은 각각 복소수에 대한 쌍곡선 코사인, 쌍곡선 사인, 쌍곡선 탄젠트 함수이다.

복소수 지수와 로그 함수

■
```
double complex cexp(double complex z);
double complex clog(double complex z);
```

이들은 각각 복소수 자연수 거듭제곱과 복소수 로그 함수이다.

복소수 거듭제곱과 절대값 함수

```
double cabs(double complex z);
double complex cpow(double complex x, double complex y);
double complex csqrt(double complex z);
```

이들은 각각 복소수 절대값, 복소수 거듭제곱, 복소수 제곱근을 리턴하는 함수이다.

기타

```
double creal(double complex z);
double cimag(double complex z);
```

이들은 각각 복소수의 실수부와 허수부를 리턴하는 함수이다.

```
double complex CMPLX(double x, double y);
```

이 함수는 x + yi 인 복소수를 리턴한다.

```
double carg(double complex z);
double complex conj(double complex z);
double complex cproj(double complex z);
```

이들 함수는 복소수의 편각, 복소 공액, 복소수 사상을 리턴한다.

A.3 〈ctype.h〉

이 헤더 파일은 문자를 다루는 여러 함수들을 선언하고 있다. 여기에 선언된 함수는 매개변수의 형이 `int` 이지만, 호출할 때에는 인자의 값이 `unsigned char`로 표현되거나 `EOF` 매크로 값을 가져야만 한다. 그렇지 않으면 그 결과는 알 수 없다. 자주 사용되는 함수로는 다음과 같은 것들이 있다.

문자 검사

다음 함수들은 인자 c가 조건에 만족한다면 0이 아닌 값(참)을, 아니며 0(거짓)을 리턴한다.

- `int isalnum(int c);`

c가 알파뉴메릭(알파벳 또는 숫자)인지 검사한다.

- `int isalpha(int c);`

c가 알파벳('a'-'z', 'A'-'Z')인지 검사한다.

- `int isblank(int c);`

c가 표준 블랭크 문자(' ', '\t')인지 검사한다.

- `int iscntrl(int c);`

c가 제어 문자인지 검사한다.

- `int isdigit(int c);`

c가 숫자('0'-'9')인지 검사한다.

- `int isgraph(int c);`

c가 공백 문자를 제외한 출력 문자인지 검사한다.

- `int islower(int c);`

c가 소문자('a'-'z')인지 검사한다.

- `int isprint(int c);`

c가 공백 문자를 포함하여 출력 문자인지 검사한다.

- `int ispunct(int c);`c가 구두 문자인지 검사한다.
- `int isspace(int c);`

c가 표준 공백 문자(' ', '\f', '\n', '\r'. '\t', '\v')인지 검사한다.

- `int isupper(int c);`

c가 대문자('A'-'Z')인지 검사한다.

- `int isxdigit(int c);`

c가 16진 숫자('0'-'9', 'a'-'f', 'A'-'F')인지 검사한다.

문자 사상

- `int tolower(int c);`

c의 대응하는 소문자를 리턴한다.

- `int toupper(int c);`

c의 대응하는 대문자를 리턴한다.

A.4 <errno.h>

이 헤더 파일에는 오류 상태 전달과 관련된 여러 가지 매크로가 정의되어 있다. 오류 번호와 관련된 매크로는 시스템마다 다르지만 공통적으로 매크로 이름은 E로 시작한다. 예를 들어 수학 라이브러리 함수에서 발생할 수 있는 영역(domain) 오류나 범위(range) 오류, 또는 멀티바이트 문자를 다룰 때 바이트 순서(byte sequence) 오류를 지정하기 위해 다음과 같은 매크로가 선언되어 있다.

- EDOM : 영역 오류
- ERANGE : 범위 오류
- EILSEQ : 바이트 순서 오류 결과

errno 매크로는 발생된 오류 번호를 저장하기 위해 정의되어 있다. errno는 프로그램이 시작할 때 0으로 초기화 되고, 라이브러리 함수에서 오류가 발생하면 errno에 그 오류와 관련된 값이 저장된다. 예를 들어 제곱근 함수인 sqrt()를 음수의 인자로 호출하면 sqrt() 함수는 errno에 EDOM(정수 33)을 배정한다. 프로그래머는 errno의 값을 보고 어떤 오류가 발생했는지 알 수 있다. 한 가지 주의 할 것은 라이브러리 함수에서는 errno를 0으로 초기화 하지 않기 때문에 함수를 호출하기 전에 errno를 초기화해야 한다.

A.5 <fenv.h>

이 헤더 파일은 부동소수점 환경과 관련된 매크로를 정의하고 있고, 관련된 자료형과 함수를 선언하고 있다.

부동소수점 예외관련 함수

- `int feclearexcept(int excepts);`

excepts에 지정된 부동소수점 예외를 지운다.

- `int fegetexceptflag(fexcept_t *flagp, int excepts);`

flagp가 포인트하는 객체에 excepts가 지정하는 부동소수점 상태 플래그의 상태를 저장한다.

- `int feraiseexcept(int excepts);`

excepts가 지정하는 부동소수점 예외를 발생시킨다.

- `int fesetexceptflag(const fexcept_t *flagp, int excepts);`

excepts의 부동소수점 상태 플래그로 flagp가 포인트하는 객체의 상태를 설정한다.

- `int fetestexcept(int excepts);`

excepts에 지정된 부동소수점 상태 플래그가 설정되어 있는지 알려준다.

라운딩 방향 결정 함수

- `int fegetround(void);`
  `int fesetround(int round);`

이들은 각각 현재 라운딩 방향을 리턴하고 라운딩 방향을 설정한다.

부동소수점 환경설정 함수

- `int fegetenv(fenv_t *envp);`

envp가 포인트하는 객체에 현재 부동소수점 환경을 저장한다.

- `int feholdexcept(fenv_t *envp);`

envp가 포인트하는 객체에 현재 부동소수점 환경을 저장하고, 부동소수점 상태 플래그를 지운다.

- `int fesetenv(const fenv_t *envp);`

envp가 포인트하는 부동소수점 환경으로 설정한다.

- `int feupdateenv(const fenv_t *envp);`

현재 발생한 부동소수점 예외를 저장하고, envp가 포인트하는 부동소수점 환경으로 설정한 다음 저장한 예외를 발생시킨다.

A.6 〈float.h〉

이 헤더 파일은 다양한 부동형의 특성과 한계를 정의한 매크로를 정의한다. 몇 가지 예를 들면 다음과 같다.

- DBL_MAX : double 형의 최댓값
- FLT_MAX : float 형의 최댓값
- LDBL_MAX : long double 형의 최댓값
- DBL_MIN : double 형의 정규화된 양의 최솟값
- FLT_MIN : float 형의 정규화된 양의 최솟값
- LDBL_MIN : long double 형의 정규화된 양의 최솟값
- DBL_EPSILON : double 형에서 1.0과 다음으로 표현할 수 있는 수의 차
- FLT_EPSILON : float 형에서 1.0과 다음으로 표현할 수 있는 수의 차
- LDBL_EPSILON : long double 형에서 1.0과 다음으로 표현할 수 있는 수의 차

A.7 〈inttypes.h〉

이 헤더 파일은 〈stdint.h〉 헤더파일을 각 구현에 맞게 확장하는 헤더파일이다. 이 헤더 파일은 fprintf()와 fscanf() 부류의 함수에서 사용할 수 있는 변환형식을 매크로로 제공하고, 최대 크기의 정수형에 관한 함수를 제공한다. 변환형식 매크로 이름은 〈stdint.h〉에 정의된 자료형 이름을 차용하여 만들어진다.

변환형식 매크로의 이름은 fprintf() 부류 함수를 위한 것은 PRI, fscanf() 부류 함수를 위한 것은 SCN으로 시작한다. 그 다음에는 자료형 변환문자(d, i, x, u 등)가 오고, 〈stdint.h〉에 있는 자료형 종류를 명시한 다음, 마지막으로 형 크기가 온다. 예를 들어 int_fast32_t를 위한 출력 변환형식 매크로는 PRIdFAST32이고, 입력 변환형식 매크로는 SCNdFAST32이다. 다음은 사용 예이다.

```
int_fast32_t i = 100;
printf("i = " PRIdFAST32 "\n", i);
```

최대 크기 정수형을 위한 함수로는 다음과 같은 것들이 있다.

■ `cintmax_t imaxabs(intmax_t j);`

j의 절대 값을 리턴한다.

■ `imaxdiv_t imaxdiv(intmax_t numer, intmax_t denom);`

numer을 denom으로 나눈 후 몫을 imaxdiv_t 구조체의 quot 멤버에, 나머지를 rem 멤버에 저장하여 리턴한다.

■
```
intmax_t strtoimax(const char * restrict nptr, char ** restrict endptr,
                   int base);
uintmax_t strtoumax(const char * restrict nptr, char ** restrict endptr,
                    int base);
```

각각 strtol()과 strtoul()의 intmax_t 버전이다.

■
```
intmax_t wcstoimax(const wchar_t * restrict nptr,
                   wchar_t ** restrict endptr, int base);
uintmax_t wcstoumax(const wchar_t * restrict nptr,
                    wchar_t ** restrict endptr, int base);
```

각각 wstrtol()과 wstrtoul()의 intmax_t 버전이다.

A.8 <iso646.h>

이 헤더파일은 논리 연산자, 비트 연산자, 등가 연산자를 위해 다음과 같은 11 개의 매크로를 정의한다.

매크로	대치 문자열
and	&&
and_eq	&=
bitand	&
bitor	|
compl	~
not	!

매크로	대치 문자열
not_eq	!=
or	||
or_eq	|=
xor	^
xor_eq	^=

A.9 <limits.h>

이 헤더파일은 기본 자료형 중 정수형에 대한 특성을 정의한 매크로와 정수형의 최댓값과 최솟값을 정의하고 있다. 몇 가지 예를 들면 다음과 같다.

- CHAR_BIT : 비트필드를 제외한 가장 작은 객체의 비트 수
- CHAR_MAX : char 형의 최댓값
- CHAR_MIN : char 형의 최솟값
- SHRT_MAX : short int 형의 최댓값
- SHRT_MIN : short int 형의 최솟값
- INT_MAX : int 형의 최댓값
- INT_MIN : int 형의 최솟값

정수형의 최댓값과 최솟값은 시스템마다 다를 수 있다.

A.10 〈locale.h〉

나라에 따라 숫자를 표시하는 방법과 통화를 표시하는 방법이 다르다. 〈locale.h〉는 지역적 특성을 반영하여 프로그래밍 할 수 있게 한다. 이 헤더 파일은 지역을 설정하거나 접근하기 위해 다음과 같은 구조체를 정의하고 있다.

```
struct lconv {
   char *decimal_point; // 소수점
   char *thousands_sep; // 천 단위
   char *currency_symbol; // 통화 심볼
   .....
};
```

또한 setlocale() 함수의 첫 번째 인자로 사용되는 다음과 같은 매크로를 정의하고 있다.

- LC_ALL : 전체 C 로켈 선택
- LC_COLLATE : C 로켈의 문자 순서 선택
- LC_CTYPE : C 로켈의 문자 분류 선택
- LC_MONETARY : C 로켈의 통화 형식 선택
- LC_NUMERIC : C 로켈의 숫자 형식 선택
- LC_TIME : C 로켈의 시간 형식 선택

LC_로 시작하는 추가적인 매크로도 있을 수 있다.

■ `char *setlocale(int category, const char *locale);`

category와 locale로 지정된 대로 프로그램 로켈을 설정한다. 첫 번째 인자로는 보통 LC_로 시작하는 매크로를 명시한다. 두 번째 인자는 "C", ""와 같은 문자열이다. 시스템이 제공한다면, 이 함수는 새로운 지역을 기술하는 정적인 부분의 문자열에 대한 포인터를 리턴하고, 그렇지 않으면 NULL 포인터를 리턴한다. 프로그램이 시작될 때 시스템은 마치 다음 문장을 실행시킨 것과 같은 행동을 취하게 된다.

```
setlocale(LC_ALL, "C");
```

■ `struct lconv *localeconv(void);`

이 함수는 현재의 로켈에 관한 정보를 담고 있는 구조체 포인터를 리턴한다.

A.11 〈math.h〉

이 헤더 파일은 두 개의 자료형과 많은 수학 함수를 선언하고 있고 다양한 매크로도 정의하고 있다. 선언되어 있는 자료형은 다음과 같다.

- float_t : 최소한 float 형의 크기를 갖는 실수형
- double_t : 최소한 double 형의 크기를 갖는 실수형

다양한 매크로를 정의하고 있으며 몇 가지를 보면 다음과 같은 것이 있다.

- HUGE_VAL : double 형의 양의 상수 수식으로 만일 시스템이 무한대를 지원하면 INFINITY 값
- HUGE_VALF : float 형의 양의 상수 수식으로 만일 시스템이 무한대를 지원하면 INFINITY 값
- HUGE_VALL : long double 형의 양의 상수 수식으로 만일 시스템이 무한대를 지원하면 INFINITY 값
- INFINITY : float 형의 양의 상수 수식으로 양의 무한대 값
- NAN : qNaN(quiet NaN)을 지원할 경우에만 정의되고 float 형의 qNaN를 나타내는 상수 수식

수학 함수의 영역(domain)은 정의된 인자 값들의 집합이다. 영역 오류(domain error)는 영역 밖의 인자로 수학 함수를 호출했을 때 발생한다. 이러한 오류가 발생하면, 함수는 시스템 종속적인 값을 리턴하고 시스템은 errno에 EDOM을 배정한다. 범위 오류(range error)는 함수에 의해 리턴된 값이 수학적으로는 정의되지만 지정된 형으로는 표현할 수 없을 때 발생한다. 함수의 리턴 값이 너무 크면(오버플로), HUGE_VAL이나 -HUGE_VAL이 리턴되고 errno에 ERANGE가 설정된다. 반대로 리턴 값이 너무 작으면(언더플로) 0이 리턴되고 errno에 ERANGE가 설정되거나

무시된다.

수학 라이브러리에서 제공하는 각 수학 함수는 매개변수의 형에 따라 세 가지 버전으로 제공된다. 세 가지 중 기본은 double 형 버전이고, float 형과 long double 형 버전이 제공된다. 함수 이름에 규칙이 있는데, 기본 자료형인 double 형을 위한 함수 이름에는 아무런 접미사를 붙이지 않는 기본 이름을 사용하고, float 형과 long double 형을 위한 함수 이름에는 double 형의 함수 이름 뒤에 각각 f와 l을 추가한 형태로 만들어져 있다. 예를 들어 double 형을 위한 코사인 수학 함수는 cos() 인데, 이 함수의 float 형 버전은 cosf() 이고, long double 형 버전은 cosl() 이다. 이와 같이 double 형의 함수만 알면 나머지는 접미사만 다르기 때문에 여기서는 double 형의 매개변수와 리턴 값을 갖는 함수만을 설명할 것이다.

삼각함수

- ```
  double cos(double x);
  double sin(double x);
  double tan(double x);
  ```

이들은 각각 코사인, 사인, 탄젠트 함수이다.

- ```
  double acos(double x);
  double asin(double x);
  double atan(double x);
  double atan2(double y, double x);
  ```

이들은 역삼각 함수이다. 이들은 라디안으로 표현된 각 세타를 리턴한다. acos() 함수의 범위는 [0, π]이고, asin()과 atan() 함수의 범위는 [-π/2, π]이다. atan2() 함수의 범위는 [π, π]이다. 이것은 직각 좌표를 극좌표로 변환시킬 때 사용된다. acos()과 asin() 함수의 인자는 [-1, 1] 내에 있어야 하며, atan2() 함수의 두 인자는 동시에 0이면 안되고, y/x로 표현할 수 있어야 한다.

쌍곡선 함수

- ```
  double cosh(double x);
  double sinh(double x);
  double tanh(double x);
  ```
  ```

이들은 각각 쌍곡선 코사인, 쌍곡선 사인, 쌍곡선 탄젠트 함수이다.

- ```
  double acosh(double x);
  double asinh(double x);
  double atanh(double x);
  ```

이들은 각각 역쌍곡선 코사인, 역쌍곡선 사인, 역쌍곡선 탄젠트 함수이다.

지수와 로그 함수

- ```
  double exp(double x);
  double exp2(double x);
  double expm1(double x);
  ```

exp(x)는 e^x를 리턴하고, exp2(x)는 2^x를 리턴하며, expm1(x)는 2^x -1을 리턴한다.

- ```
  double frexp(double value, int *exp);
  ```

이 함수는 value를 정규화된 가수부와 2의 정수 승으로 분리하여, 정수 승의 값은 exp가 포인트하는 곳에 저장하고 정규화된 가수부는 리턴한다. 예를 들어, 다음 예제 문장을 보자.

```
x = frexp(value, &exp);
```

이 문장은 다음 수식을 만족하도록 exp와 함수 값을 리턴한다.

$$value = x \times 2^{exp}$$

이때 x는 value가 0이면 0이고, 아니면 [1/2, 1) 사이 값을 갖는다.

- ```
  int ilogb(double x);
  double logb(double x);
  ```

x의 지수 부분을 ilogb(x)는 int 형의 값으로 리턴하고, logb(x)는 double 형의 값으로 리턴한다.

- ```
  double ldexp(double x, int exp);
  ```

이 함수는 $x \times 2^{exp}$을 리턴한다.

- ```
  double log(double x);
  double log10(double x);
  ```

```
double log2(double x);
double log1p(double x);
```

log(x)는 x의 logex를 리턴하고, log10(x)는 log10x를 리턴하며, log2(x)는 log2x를 리턴한다. 마지막으로 log1p(x)는 loge(x + 1)을 리턴한다.

- `double modf(double value, double *iptr);`

value를 정수와 소수 부분으로 나눈 다음 정수 부분은 iptr가 포인트하는 곳에 저장하고 실수 부분은 함수 값으로 리턴한다.

- `double scalbn(double x, int n);`
  `double scalbln(double x, long int n);`

이들 함수는 $x \times \text{FLT_RADIX}^n$을 리턴한다.

거급제곱 함수와 절대값 함수

- `double cbrt(double x);`

이 함수는 $x^{1/3}$을 리턴한다.

- `double fabs(double x);`

x의 절대 값을 리턴한다. 주의: 정수의 절대 값은 abs() 함수를 사용한다.

- `double hypot(double x, double y);`

이 함수는 $\sqrt{x^2 + y^2}$를 리턴한다.

- `double pow(double x, double y);`

x^y을 리턴한다. x가 음수이거나 y가 정수가 아니면, 영역 오류가 발생한다.

- `double sqrt(double x);`

이 함수는 $\sqrt{x}$를 리턴한다.

오차 함수와 감마 함수

- `double erf(double x);`

이 함수는 $\frac{2}{\sqrt{\Pi}}\int_{0}^{x} e^{-t^2}dt$ 를 리턴한다.

- `double erfc(double x);`

이 함수는 $\frac{2}{\sqrt{\Pi}}\int_{0}^{x} e^{-t^2}dt$ 를 리턴한다.

- `double lgamma(double x);`

이 함수는 $\log|\Gamma(x)|$를 리턴한다.

- `double tgamma(double x);`

이 함수는 $\Gamma(x)$를 리턴한다.

근사 정수 함수

- ```
  double ceil(double x);
  double floor(double x);
  ```

`ceil(x)`는 x보다 작지 않은 가장 작은 정수를 리턴하고, `floor(x)`는 x보다 크지 않은 가장 큰 정수를 리턴한다.

- ```
  double nearbyint(double x);
  double rint(double x);
  long int lrint(double x);
  long long int llrint(double x);
  ```

이들은 x에 현재 설정된 라운드 모드(round mode)를 적용하여 가장 가까운 정수를 리턴한다.

- ```
  double round(double x);
  long int lround(double x);
  long long int llround(double x);
  ```

이들 함수는 x에서 가장 가까운 정수 값을 각각 `double`, `long int`, `long long int` 형으로 리턴한다.

- `double trunc(double x);`

이 함수는 x에서 `0`쪽으로 가장 가까운 정수 값을 `double` 형으로 리턴한다.
  ```

나머지 함수

- `double fmod(double x, double y);`

x / y의 나머지를 리턴한다.

- `double remainder(double x, double y);`

x REM y의 나머지를 리턴한다.

- `double remquo(double x, double y, int *quo);`

x / y의 나머지를 리턴하고, quo가 포인트하는 곳에는 몫을 저장한다.

조작 함수

- `double copysign(double x, double y);`

이 함수는 x의 절대 값에 y의 부호를 갖는 값을 리턴한다.

- `double nan(const char *tagp);`

NaN가 사용가능하면 qNaN를 리턴한다.

- `double nextafter(double x, double y);`

y 방향으로 x 다음의 수를 리턴한다.

- `double nexttoward(double x, long double y);`

두 번째 매개변수가 long double 형 인 것을 제외하면 nextafter() 함수와 같다.

최대 함수, 최소 함수, 차이 함수

- `double fdim(double x, double y);`

이 함수는 x 〉 y ? x – y : +0을 리턴한다.

- `double fmax(double x, double y);`

이 함수는 x와 y 중 큰 값을 리턴한다.

- double fmin(double x, double y);

이 함수는 x와 y 중 작은 값을 리턴한다.

곱하기-더하기 함수

- double fma(double x, double y, double z);

이 함수는 (x × y) + z를 리턴한다.

비교 매크로

다음 매크로들은 두 실수를 비교하는 매크로로, 만일 인자가 실수가 아닐 때의 행동양식은 정해져 있지 않다.

- int isgreater(*real-floating* x, *real-floating* y);

이 매크로는 (x) > (y)를 리턴한다.

- int isgreaterequal(*real-floating* x, *real-floating* y);

이 매크로는 (x) >= (y)를 리턴한다.

- int isless(*real-floating* x, *real-floating* y);

이 매크로는 (x) < (y)를 리턴한다.

- int islessequal(*real-floating* x, *real-floating* y);

이 매크로는 (x) <= (y)를 리턴한다.

- int islessgreater(*real-floating* x, *real-floating* y);

이 매크로는 (x) < (y) || (x) > (y)를 리턴한다.

- int isunordered(*real-floating* x, *real-floating* y);

x와 y를 비교가능하면 1을 리턴하고, 아니면 0을 리턴한다.

A.12 <setjmp.h>

이 헤더에는 longjmp() 함수와 jmp_buf 형이 선언되어 있고, setjmp() 매크로가 정의되어 있다. longjmp()는 goto와 유사하지만, goto가 제어를 현재 실행중인 함수 안에서만 옮길 수 있다는 제한이 있는 반면, longjmp()는 현재 실행이 끝나지 않는 함수 중 setjmp()를 실행한 곳이면 어디라도 점프할 수 있다. jmp_buf는 호출한 환경을 다시 복원하기 위해 필요한 정보를 가질 수 있는 배열로 선언된다.

■ int setjmp(jmp_buf env);

이 매크로가 호출되는 환경을 배열 env에 저장하고 0을 리턴한다. env는 이후에 longjmp()에 의해 사용된다.

■ _Noreturn void longjmp(jmp_buf env, int val);

longjmp(env, val) 함수 호출은 가장 최근에 setjmp(env)로 저장된 환경으로 돌아가게 한다. setjmp(env)가 호출되지 않았었거나 setjmp(env)를 호출한 함수가 이미 종료되어 비활성 함수라면, 동작은 정의되지 않는다. 호출이 성공적이라면 프로그램의 제어가 가장 최근에 setjmp(env)를 호출한 지점으로 점프한다. 이 때 setjmp(env)의 리턴 값은 val이 0이면 1을, 0이 아니라면 val 값을 리턴 값으로 갖는다.

A.13 <signal.h>

이 헤더는 예외 조건이나 신호를 다루기 위한 자료형과 함수를 선언하고 있고 여러 개의 매크로를 정의하고 있다. 자료형으로는 sig_atomic_t이 선언되어 있다.

- sig_atomic_t : 비동기 인터럽트 상황에서도 원자적으로 접근이 가능한 객체의 정수형. 이 형은 신호처리기 함수에서 발생된 신호를 설정하기 위해 사용되는 플래그 변수의 형으로 사용됨

매크로 이름은 SIG로 시작하고 그 중 몇 개를 보면 다음과 같다.

- SIGINT : 인터럽트
- SIGILL : 불법 명령

- SIGFPE : 부동소수 예외
- SIGSEGV : 세그먼트 오류
- SIGTERM : 비동기 종료
- SIGABRT : 중단

다음은 signal() 함수 호출시 사용되는 매크로이다.

- SIG_DFL : signal()의 두 번째 인자로 지정되면 디폴트 신호처리기가 동작하도록 함
- SIG_ERR : signal() 함수의 리턴 값이 이 매크로와 같다면 오류가 발생한 것임
- SIG_IGN : signal()의 두 번째 인자로 지정되면 해당 신호를 무시함

■ void (*signal (int sig, void (*func)(int)))(int);

signal(sig, func) 함수 호출은 sig 신호와 신호 처리기 func()를 연결시켜 준다. 호출이 성공적이면, 이전 signal() 함수 호출에 의해 sig와 연결된 신호처리기 함수 주소가 리턴된다. 만일 이전에 sig와 연결된 함수가 없다면 NULL이 리턴된다. 호출이 실패하면, 포인터 값 SIG_ERR이 리턴된다. signal(sig, func) 함수 호출은 sig 신호가 발생했을 때 시스템이 func(sig)를 호출하게 한다. func() 함수의 수행이 끝나면 sig 신호가 발생한 지점으로 리턴한다. signal()의 두 번째 인자가 SIG_DFL이면 디폴트 행동을 취하게 되고, SIG_IGN이면 그 신호는 무시된다.

■ int raise(int sig);

sig 신호를 발생하게 한다. 호출이 성공적이면 0이 리턴되고, 아니면 0이 아닌 값이 리턴된다. 이 함수는 프로그램 검사를 목적으로 사용될 수 있다.

A.14 〈stdalign.h〉

이 헤더 파일은 객체의 정렬을 다루는 다음과 같은 4 개의 매크로를 정의하고 있다.

- alignas : _Alignas로 확장
- alignof : _Alignof로 확장
- __alignas_is_defined : 1
- __alignof_is_defined : 1

A.15 〈stdarg.h〉

이 헤더 파일은 printf()와 같이 인자의 형과 개수가 정해지지 않는 함수를 정의하기 위한 자료형을 선언하고 있고 매크로를 정의하고 있다. 선언된 자료형은 다음과 같다.

- va_list : va_start(), va_arg(), va_copy(), va_end() 매크로가 필요로 하는 정보를 저장할 수 있는 형

또한 다음과 같은 네 개의 매크로가 정의되어 있다. 자세한 사용 방법은 12.5절을 참조하여라.

■ type va_arg(va_list ap, type);

ap가 포인트하는 것을 type 형으로 읽고 그 값을 리턴한다. ap는 그 다음 매개변수를 포인트하게 한다.

■ void va_copy(va_list dest, va_list src);

dest로 src를 복사한다.

■ void va_end(va_list ap);

이 매크로는 더 이상 ap를 사용할 수 없게 한다. ap는 va_start()나 va_copy()에 의해 초기화된 포인터이어야 한다.

■ void va_start(va_list ap, parmN);

va_start()는 이름이 없는 매개변수를 접근하기 전에 호출되어야 한다. parmN은 가변 매개변수 바로 직전에 있는 이름 있는 매개변수를 의미하고, va_start()에 의해 ap는 가변 매개변수의 첫 번째 매개변수를 포인트하게 된다.

A.16 〈stdatomic.h〉

이 헤더 파일은 쓰레드 간의 공유 데이터에 원자적 연산(atomic operation)을 수행할 수 있도록 하는 매크로 정의와 자료형과 함수를 선언하고 있다. 이것은 반드시 지원해야 하는 헤더 파일은 아니기 때문에 이 책에서는 다루지 않는다. 사용하고 있는 컴파일러가 이를 지원하는지 여부는 __STDC_NO_ATOMICS__ 매크로가 정의되어 있는지를 확인하면 된다. 만일 이 매크로가 정의되

어 있다면, 이 헤더 파일을 지원하지 않는다는 것이다.

A.17 <stdbool.h>

이 헤더 파일은 _Bool 형을 사용할 때 유용하게 사용할 수 있는 다음과 같은 매크로를 선언하고 있다.

- bool : _Bool로 확장
- true : 1
- false : 0
- __bool_true_false_are_defined : 1

A.18 <stddef.h>

이 헤더 파일은 다른 헤더 파일에서 공통적으로 사용되는 몇 가지 형 정의와 매크로를 포함한다. 정의되어 있는 자료형으로는 다음과 같은 것들이 있다.

- wchar_t : 지원하는 locale 중 가장 큰 문자집합의 멤버의 코드를 표현할 수 있는 정수형
- ptrdiff_t : 두 포인터 빼기 결과를 위한 signed 정수형
- size_t : sizeof 연산자의 결과를 위한 unsigned 정수형
- rsize_t : 범위를 지정하는 변수를 위한 형으로 size_t와 같은 형; C11에서 추가됨
- max_align_t : 가장 큰 정렬 값을 갖는 객체형
- NULL : 널 포인터 상수
- offsetof(type, member) : 구조체 type의 첫 번째 멤버에서 member 멤버까지의 오프셋 값을 리턴하는 매크로

A.19 ⟨stdint.h⟩

이 헤더 파일은 크기가 명시된 정수형들과 이와 관련된 매크로들이 정의되어 있다. 여기에 정의된 형들은 다음과 같이 분류된다.

- 지정된 크기를 갖는 정수형(int*N*_t, uint*N*_t)
- 최소한 지정된 크기를 갖는 정수형(int_least*N*_t, uint_least*N*_t)
- 최소한 지정된 크기를 가지면서 가장 빠른 정수형(int_fast*N*_t, uint_fast*N*_t)
- 포인터를 저장할 수 있는 크기를 갖는 정수형(intptr_t, uintprt_t)
- 가장 큰 크기를 갖는 정수형(intmax_t, uintmax_t)
- 라이브러리 함수에서 rsize_t 형의 매개변수 최댓값(RSIZE_MAX); C11에서 추가됨

각 형 이름에서 *N*은 그 자료형의 비트 크기를 의미하고, u로 시작하는 형은 unsigned 형을 의미한다. 예를 들어 int8_t는 크기가 8비트인 signed 정수형을 의미하고, uint_least16_t는 최소한 16비트의 크기를 갖는 unsigned 정수형을 의미한다. 크기가 명시된 형은 이식성이 좋은 프로그램을 작성할 때 유용하다. 이러한 형들의 값의 범위를 명시하는 매크로도 종류별로 다음과 같은 형식으로 정의되어 있다.

- INT*N*_MIN, INT*N*_MAX, UINT*N*_MAX
- INT_LEAST*N*_MIN, INT_LEAST*N*_MAX, UINT_LEAST*N*_MAX
- INT_FAST*N*_MIN, INT_FAST*N*_MAX, UINT_FAST*N*_MAX
- INTPTR_MIN, INTPTR_MAX, UINTPTR_MAX
- INTMAX_MIN, INTMAX_MAX, UINTMAX_MAX

이 외에도 ptrdiff_t, sig_atomic_t, size_t 등과 같은 정수형의 범위를 위한 매크로들이 정의되어 있다.

A.20 ⟨stdio.h⟩

이 헤더 파일은 입출력과 관련된 매크로, 형 정의, 함수 원형을 가지고 있다. 이 파일에 정의된 자료형은 3개 이다.

- fpos_t : 파일 내의 모든 위치를 유일하기 표현할 수 있는 형
- size_t : sizeof 연산의 결과 값을 위한 형
- FILE : 스트림을 제어하기 위해 필요한 모든 정보를 저장할 수 있는 구조체 형

FILE 형이 저장하는 정보로는 파일 위치 지시자, 이것과 관련된 버퍼에 대한 포인터, 읽기나 쓰기할 때 발생하는 오류를 기록하는 오류 지시자, 파일의 끝에 있는지를 나타내는 파일 끝 지시자 등이 있다. 정의되어 있는 매크로 중 많이 사용되는 몇 가지를 보면 다음과 같다.

- _IOFBF : setvbuf()의 인자로 사용되고 완전 버퍼링을 지정하는 정수 상수
- _IOLBF : setvbuf()의 인자로 사용되고 행 버퍼링을 지정하는 정수 상수
- _IONBF : setvbuf()의 인자로 사용되고 버퍼링을 하지 않음을 지정하는 정수 상수
- BUFSIZ : setbuf()가 사용하는 버퍼의 크기를 나타내는 정수 상수
- EOF : 파일의 끝을 표시하는 정수 상수
- FILENAME_MAX : 파일 이름의 최대 크기를 나타내는 정수 상수
- FOPEN_MAX : 동시에 열수 있는 파일의 최대 개수를 나다내는 정수 상수
- L_tmpnam : tmpnam()이 생성하는 임시 파일명의 최대 크기를 나타내는 정수 상수
- NULL : 널 포인터 값
- SEEK_CUR : fseek()의 인자로 사용되고 현재 파일 위치 지사자의 값을 나타냄
- SEEK_END : fseek()의 인자로 사용되고 파일의 처음 위치를 나타냄
- SEEK_SET : fseek()의 인자로 사용되고 파일의 끝을 나타냄
- stdin : 표준 입력 스트림과 연관된 FILE 포인터
- stdout : 표준 출력 스트림과 연관된 FILE 포인터
- stderr : 표준 오류 스트림과 연관된 FILE 포인터

다른 파일과는 달리 stdin, stdout, stderr는 프로그램에서 열지 않아도 사용할 수 있다. 파일이 열리면 운영체제는 파일과 스트림을 연결시키고, FILE 형의 객체에 그 스트림에 관한 정보를 유지한다. 즉, FILE 포인터는 파일 또는 스트림 또는 두 가지와 연관되어지는 것으로 생각할 수 있다.

파일 연산

■ `int remove(const char *filename);`

파일 시스템에서 filename 파일을 삭제한다. 호출이 성공적이면 0이 리턴되고, 아니면 -1이 리턴된다.

■ `int rename(const char *old, const char *new);`

파일 이름을 변경한다. old가 포인트하는 파일명을 갖는 파일을 new가 포인트하는 파일명으로 변경한다. 새로운 파일명과 같은 파일이 이미 있었다면 이에 대한 처리는 시스템 종속적이다. 호출이 성공적이면 0이 리턴되고, 아니면 -1이 리턴되면서 시스템이 정의한 값이 errno에 저장된다.

■ `FILE *tmpfile(void);`

기존에 있는 파일과 다른 임시 이진파일을 생성한다. 이 임시 파일은 파일을 닫거나 프로그램이 종료되면 자동적으로 삭제된다. 비정상적으로 프로그램이 종료됐을 때, 파일의 삭제여부는 시스템 종속적이다. 호출이 성공적이면 생성한 임시 파일을 "wb+" 모드로 열고, 이를 포인트하면 FILE 포인터가 리턴된다. 오류가 있으면 NULL이 리턴된다.

■ `char *tmpnam(char *s);`

이 함수는 파일명으로 사용될 수 있는 유일한 임시 파일명을 생성한다. tmpnam()은 반복 호출 시 최소한 TMP_MAX 개의 유일한 문자열을 생성할 수 있다. s가 NULL이 아니고 호출이 성공적이면, 문자열을 s에 저장하고 s를 리턴한다. 이때 s의 크기는 L_tmpnam보다 작지 않아야 한다. s가 NULL이고 호출이 성공적이면, 내부 정적 배열에 문자열을 저장하고 그 문자열을 리턴한다. s가 NULL일 경우 데이터 경쟁(data race)이 일어날 수 있으므로 주의해야 한다.

파일 접근 함수

■ `int fclose(FILE *stream);`

stream이 포인트하는 스트림을 플러시하고 관련된 파일을 닫는다. 파일이 성공적으로 닫히면 0이 리턴되고, 아니면 EOF가 리턴된다.

■ `int fflush(FILE *stream);`

stream이 출력이나 업데이트 스트림을 포인트하고 있다면, 아직 파일에 쓰기가 안 된 데이터를 파일 쓰기를 위해 호스트 환경으로 전달한다. 만일 stream이 입력 스트림을 포인트하고 있으면, 그 행동양식은 정의되어 있지 않다. stream이 널 포인터이면, 모든 스트림에 앞의 내용이 실행된다. 호출이 성공적이면 0이 리턴되고, 아니면 EOF가 리턴된다.

- `FILE *fopen(const char * restrict filename, const char * restrict mode);`

filename 파일을 mode에 지정된 모드로 열어서 스트림을 생성하고 그 스트림과 연관된 FILE 포인터를 리턴한다. 오류가 발생하면 NULL을 리턴한다. 모드의 자세한 설명은 11 장을 참조하여라.

- ```
  FILE *freopen(const char * restrict filename, const char * restrict mode,
                FILE * restrict stream);
  ```

먼저 stream과 연관된 파일을 닫고, mode에 지정된 모드로 filename 파일을 열어서 stream이 포인트하게 한다. 만일 filename이 널 포인트라면, stream의 모드를 mode에 지정된 모드로의 변경을 시도한다. 함수의 호출이 성공적이면 stream이 리턴되고, 아니면 NULL이 리턴된다. 이 함수는 stdin, stdout, stderr와 연관된 파일을 변경하는 데 유용하다.

- `void setbuf(FILE * restrict stream, char * restrict buf);`

stream이 NULL이 아니면, setbuf(steam, buf)는 리턴 값이 없는 다음 문장과 같다.

setvbuf(stream, buf, _IOFBF, BUFSIZ)

또한 buf가 NULL이면, mode를 _IONBF로 한 것과 같다.

- ```
  int setvbuf(FILE * restrict stream, char * restrict buf,
              int mode, size_t size);
  ```

stream과 연관된 파일의 버퍼링 방법을 지정한다. 이 함수는 파일을 열고 그 파일을 사용하기 전에 호출되어야만 한다. mode로는 _IOFBF, _IOLBF, _IONBF를 사용할 수 있다. buf가 NULL이 아니면, buf가 포인트 하는 size 크기의 배열을 버퍼처럼 사용한다. buf가 NULL이면, size 크기의 버퍼가 할당된다. 호출이 성공적이면 0이 리턴된다.

형식화된 입력과 출력 함수

- `int fprintf(FILE * restrict stream, const char * restrict format, ...);`

stream과 연관된 파일에 format이 포인트하는 문자열의 제어 하에 출력한다. format에는 인자들을 어떻게 변환할지를 명시하는데, 그 변환명세의 개수가 실제 인자의 개수보다 많을 경우의 행동양식은 정의되어 있지 않고, 반대의 경우에는 남는 인자도 평가는 되지만 무시된다. 호출이 성공적이면 출력된 문자의 수가 리턴되고, 오류가 발생하면 오류 지시자가 설정되고 음수가 리턴 된다. 자세한 내용은 11장을 참조하여라.

- `int fscanf(FILE * restrict stream, const char * restrict format, ...);`

stream이 포인트하는 스트림으로부터 format의 제어 하에 읽는다. format에는 읽은 내용을 어떻게 변환하여 인자에 저장할지를 명시하는데, 그 개수가 실제 인자의 개수보다 많을 경우의 행동양식은 정의되어 있지 않고, 반대의 경우에는 남는 인자는 평가는 되지만 무시된다. 호출이 성공적이면 인자에 배정된 입력의 개수가 리턴되고, 오류가 발생하면 EOF가 리턴된다. 자세한 내용은 11장을 참조하여라.

- `int printf(const char * restrict format, ...);`

printf()는 fprintf()의 첫 번째 인자로 stdout을 사용한 것과 동일하다.

- `int scanf(const char * restrict format, ...);`

scanf()는 fscanf()의 첫 번째 인자로 stdin을 사용한 것과 동일하다.

- ```
  int snprintf(char * restrict s, size_t n,
               const char * restrict format,...);
  ```

snprintf()는 stream 대신 s가 포인트하는 크기가 n인 배열에 출력한다는 것만 빼면 fprintf()와 동일하다. s에는 최대 n-1개의 문자가 출력되고, 그 뒤에는 널 문자가 삽입된다.

- `int sprintf(char * restrict s, const char * restrict format, ...);`

sprintf()는 stream 대신 s가 포인트하는 배열에 출력한다는 것만 빼면 fprintf()와 동일하다. 출력된 문자 뒤에는 널 문자가 삽입된다.

- `int sscanf(char * restrict s, const char * restrict format, ...);`

sscanf()는 stream 대신 s가 포인트하는 곳에서 입력을 받는다는 것만 제외하면 fscanf()와 동일하다.

- ```
  int vfprintf(FILE * restrict stream, const char * restrict format,
               va_list arg);
  ```

```
int vprintf(const char * restrict format, va_list arg);
int vsnprintf(char * restrict s, size_t n, const char * restrict format,
              va_list arg);
int vsprintf(char * restrict s, const char * restrict format,
             va_list arg);
```

이들은 각각 fprintf(), printf(), snprintf(), sprintf()에서 가변인자목록을 arg로 대치한 것과 동일하다. 단, arg는 va_start 매크로로 초기화된 것이어야 한다.

■
```
int vfscanf(FILE * restrict stream, const char * restrict format,
            va_list arg);
int vscanf(const char * restrict format, va_list arg);
int vsscanf(const char * restrict s, const char * restrict format,
            va_list arg);
```

이들은 각각 fscanf(), scanf(), sscanf()에서 가변인자목록을 arg로 대치한 것과 동일하다. 단, arg는 va_start 매크로로 초기화된 것이어야 한다.

문자 입력 함수와 문자 출력 함수

■ `int fgetc(FILE *stream);`

stream과 관련된 파일 끝 지시자가 설정되어 있지 않고 stream에 읽을 문자가 있으면, stream이 포인트하는 입력 스트림으로부터 unsigned char 형으로 문자를 읽고 int 형으로 변환한 다음 리턴하고 stream과 관련된 파일 위치 지시자를 하나 전진시킨다. 만일 파일 끝 지시자가 설정되어 있거나 파일끝에 도달했다면, 파일 끝 지시자가 설정되고 EOF가 리턴된다.

■ `char *fgets(char * restrict s, int n, FILE * restrict stream);`

stream이 포인트하는 스트림으로부터 개행이나 파일끝을 만날 때까지 최대 n-1 개의 문자를 읽어서 널 문자를 붙인 다음 s가 포인트하는 배열에 저장하고 s를 리턴한다. 파일 끝에서 fgets()가 호출되면 s의 내용은 변하지 않고 NULL을 리턴한다.

■ `int fputc(int c, FILE *stream);`

인자 c를 unsigned char로 변환하여 stream이 포인트하는 출력 스트림에 쓴다. 호출이 성공적이면 파일에 쓴 문자를 리턴하고, 오류가 있으면 오류 지시자를 설정하고 EOF를 리턴 한다.

■ `int fputs(const char * restrict s, FILE * restrict stream);`

stream이 포인트하는 스트림에 s가 포인트하는 문자열을 쓴다. 이때 널 문자는 쓰지 않는다. 호출이 성공적이라면 음이 아닌 값을 리턴하고, 아니면 EOF를 리턴한다.

■ `int getc(FILE *stream)`

fgetc()의 매크로 버전이다. stream은 매크로에서 한 번 이상 평가될 수 있으므로 getc(*p++)와 같이 부작용을 유발하는 인자를 사용하면 안 된다.

■ `int getchar(void);`

getc(stdin)과 같다.

■ `char *gets_s(char *s, rsize_t n);`

C11부터 옵션으로 추가된 것으로 stdin으로부터 최대 n-1개의 문자를 읽어서 s가 포인트하는 곳에 저장한 후 s를 리턴한다. n은 RSIZE_MAX보다 클 수 없다.

■ `char *gets(char *s);`

보안상의 문제로 C11부터 삭제되었다. 대신 gets_s()가 제공될 수도 있다.

■ `int putc(int c, FILE *stream);`

fputc()의 매크로 버전이다. stream은 매크로에서 한 번 이상 평가되기 때문에 putc(*p++)와 같이 부작용을 유발하는 인자를 사용하면 안 된다.

■ `int putchar(int c);`

putc(c, stdout)과 같다.

■ `int puts(const char *s);`

s가 포인트하는 문자열을 stdout이 포인트하는 스트림에 쓴다. 이 때 문자열의 널 문자 대신 개행 문자를 추가하여 쓴다. 호출이 성공적이면 음이 아닌 값을 리턴하고, 아니면 EOF를 리턴한다.

■ `int ungetc(int c, FILE *stream);`

c를 stream이 포인트하는 입력 스트림에 다시 넣는다. 여러 번 ungetc()를 호출하면, 읽을 때 삽입된 순서의 역순으로 읽혀진다. 파일 위치 지시자를 다루는 `fseek()`, `fsetpos()`, `rewind()` 등을 호출하면 ungetc()로 넣은 문자는 없어진다. 또한 삽입된 문자가 읽혀질 때까지 ftell()은

정확히 수행되지 않는다.

이진파일 입출력 함수

- `size_t fread(void * restrict ptr, size_t size, size_t nmemb,`
  `FILE * restrict stream);`

stream이 포인트하는 스트림으로부터 크기가 size인 원소를 최대 nmemb 개 읽어서 ptr가 포인트하는 배열에 넣는다. 호출이 성공적이면, 읽은 원소의 수가 리턴된다. 파일의 끝을 만나면, 파일의 끝 지시자가 설정된다. size나 nmemb가 0이면 읽기를 하지 않고 0을 리턴한다.

- `size_t fwrite(const void * restrict ptr, size_t size, size_t nmemb,`
  `FILE * restrict stream);`

ptr가 포인트하는 원소의 크기가 size인 배열에서 최대 nmemb 개 원소를 stream이 포인트하는 스트림에 쓴다. 호출이 성공적이면, 쓴 원소의 수를 리턴한다. size나 nmemb가 0이면, 배열은 접근되지 않고 0을 리턴한다.

파일 위치지정 함수

- `int fgetpos(FILE * restrict stream, fpos_t * restrict pos);`

stream이 포인트하는 스트림과 연관된 파서 상태와 파일 위치 지시자의 현재 값을 pos가 포인트하는 객체에 저장한다. 저장된 값은 fsetpos() 함수의 인자로 사용될 수 있다. 성공적 호출은 0을 리턴하고, 아니면 시스템이 정의한 값을 errno에 저장하고 0이 아닌 값을 리턴한다.

- `int fseek(FILE *stream, long int offset, int whence);`

파일 위치 지시자를 whence로부터 offset 바이트 떨어진 곳으로 설정한다. whence의 값은 SEEK_SET, SEEK_CUR, SEEK_END가 될 수 있다. 함수 호출이 성공적이면 0이 리턴되고, 아니면 0이 아닌 값이 리턴된다.

- `int fsetpos(FILE *stream, const fpos_t *pos);`

stream이 포인트하는 스트림과 연관된 파일 위치 지시자를 pos가 포인트하는 값으로 설정한다. pos는 fgetpos()의 호출에 의해 얻은 값이어야 한다. 호출이 성공적이면 0이 리턴되고, 오류가 있으면 시스템이 정의한 값을 errno에 저장하고 0이 아닌 값이 리턴된다.

- `long int ftell(FILE *stream);`

stream이 포인트하는 스트림과 연관된 파일 위치 지시자의 현재 값을 리턴한다. 이진 스트림에서 이 값은 파일 시작점으로부터의 바이트 수이다. 오류가 발생하면 -1L이 리턴된다.

- `void rewind(FILE *stream);`

stream이 포인트하는 스트림과 연관된 파일 위치 지시자를 파일의 시작으로 설정한다.

오류 처리 함수

- `void clearerr(FILE *stream);`

stream이 포인트하는 스트림과 연관된 파일 끝 지시자와 오류를 지운다.

- `int feof(FILE *stream);`

stream이 포인트하는 스트림과 연관된 파일 끝 지시자가 설정되어 있다면 0이 아닌 값을 리턴한다.

- `int ferror(FILE *stream);`

stream이 포인트하는 스트림과 연관된 오류 지시자가 설정되어 있다면 0이 아닌 값을 리턴 한다.

- `void perror(const char *s);`

stderr의 errno와 연관된 오류 메시지를 출력한다. 출력형태는 s가 출력되고 콜론과 스페이스 문자가 나온 후 오류 메시지가 나오고 행을 바꾼다. 반면 `strerror(errno)` 함수 호출은 단지 연관된 오류 메시지만 출력한다.

A.21 <stdlib.h>

이 헤더 파일은 일반적인 유틸리티 함수와 매크로, 형 정의를 포함한다. 정의된 형과 매크로로는 다음과 같은 것들이 있다.

- wchar_t : 지원하는 locale 중 가장 큰 문자집합의 멤버의 코드를 표현할 수 있는 정수형
- size_t : sizeof 연산자의 결과를 위한 signed 정수형
- div_t : div() 함수가 리턴하는 값의 자료형
- ldiv_t : ldiv() 함수가 리턴하는 값의 자료형
- lldiv_t : lldiv() 함수가 리턴하는 값의 자료형
- EXIT_SUCCESS : 성공한 종료 상태를 리턴하기 위해 exit()의 인자로 사용
- EXIT_FAILURE : 실패한 종료 상태를 리턴하기 위해 exit()의 인자로 사용
- MB_CUR_MAX : 현재 로켈의 확장 문자 집합을 위한 다중바이트 문자에서 최대 바이트 수
- RAND_MAX : rand()의 리턴 값 중 최대 값

수치 변환 함수

```
double atof(const char *nptr);
```

nptr이 포인트하는 문자열을 double로 변환하고, 변환된 값을 리턴한다.

```
int atoi(const char *nptr);
long int atol(const char *nptr);
long long int atoll(const char *nptr);
```

nptr이 포인트하는 문자열을 각각 int, long int, long long int 형의 값으로 변환하고, 그 값을 리턴한다.

```
double strtod(const char * restrict nptr, char ** restrict endptr);
float strtof(const char * restrict nptr, char ** restrict endptr);
long double strtold(const char * restrict nptr,
                    char ** restrict endptr);
```

nptr이 포인트하는 문자열을 각각 double, float, long double 형의 값으로 변환하고, 그 값을 리턴한다. endptr이 NULL이 아니고 변환이 일어났다면, 변환을 멈추게 한 문자의 주소를 endptr이 포인트하는 객체에 저장한다. endptr이 NULL이 아니고 변환이 일어나지 않았다면, nptr 값을 endptr이 포인트하는 객체에 저장한다. 오버플로가 발생되면, HUGE_VAL이나 -HUGE_VAL이 리턴되고 ERANGE가 errno에 저장된다. 언더플로가 발생되면, 0이 리턴되고

ERANGE가 errno에 저장된다.

```
■ long int strtol(const char * restrict nptr, char ** restrict endptr,
                 int base);
  long long int strtoll(const char * restrict nptr,
                        char ** restrict endptr, int base);
  unsigned long int strtoul(const char * restrict nptr,
                            char ** restrict endptr, int base);
  unsigned long long int strtoull(const char * restrict nptr,
                                  char ** restrict endptr, int base);
```

nptr이 포인트하는 문자열을 base를 기수로 하여 각각 long int, long long int, unsigned long int, unsigned long long int 형의 값으로 변환하고, 그 값을 리턴한다. 기수를 지정하는 base는 2부터 36까지의 값을 가질 수 있다. endptr이 NULL이 아니고 변환이 일어나면, 변환을 멈추게 한 문자의 주소를 endptr이 포인트하는 객체에 저장한다.

의사난수 발생 함수

```
■ int rand(void);
```

이 함수는 [0, RAND_MAX] 구간에서 의사난수(pseudo-random integer)를 생성하여 리턴한다.

```
■ void srand(unsigned int seed);
```

srand()의 seed 인자는 rand()가 생성하는 의사난수 수열의 시작 위치를 지정하기 위한 시드이다. rand()가 생성하는 의사난수 수열은 시드에 의해 결정되기 때문에 같은 시드를 사용하면 항상 같은 의사난수 수열이 만들어진다. srand()를 호출하기 전에 rand()를 호출하면, rand() 호출 이전에 srand(1)이 호출된 것처럼 동작한다.

메모리관리 함수

```
■ void *aligned_alloc(size_t alignment, size_t size);
```

C11에서 추가된 것으로 이 함수는 alignment에 지정된 대로 정렬된 크기가 size인 공간을 할당하여 그 주소를 리턴한다. alignment는 시스템이 지원하는 정렬 값이어야 하고, size는 alignment의 배수이어야 한다. 할당된 공간은 0으로 초기화되지 않는다. 오류가 발생하면 널 포인터가 리턴된다.

■ void *calloc(size_t nmemb, size_t size);

이 함수는 원소의 크기가 size 바이트인 nmemb 개의 원소로 이루어진 배열을 할당하여 그 주소를 리턴한다. 할당된 배열의 각 원소는 0으로 초기화된다. 오류가 발생하면 널 포인터가 리턴된다.

■ void *malloc(size_t size);

이 함수는 size 바이트의 공간을 할당하고 그 주소를 리턴한다. 할당된 공간은 초기화되지 않는다. 오류가 발생하면 널 포인터가 리턴된다.

■ void *realloc(void *ptr, size_t size);

이 함수는 ptr이 포인트하는 공간을 반납하고 size 바이트 크기의 공간을 할당한 다음 그 주소를 리턴한다. 재할당된 공간은 이전에 할당되었던 공간의 내용을 size 바이트까지는 그대로 유지한다. 만일 size가 이전 크기보다 크다면 새로 추가된 공간은 초기화되지 않는다. ptr이 NULL이면, malloc()처럼 동작한다. ptr이 NULL이 아니라면, ptr의 값은 calloc(), malloc(), realloc()에 의해 리턴된 주소이어야 하고 free()나 realloc()에 의해 반납되지 않은 주소이어야 한다. 오류가 발생하면 널 포인터가 리턴된다.

■ void free(void *ptr);

ptr이 포인트하는 메모리 공간을 반납한다. ptr이 NULL이면, 이 함수는 아무런 일도 하지 않는다. ptr이 NULL이 아니라면, ptr의 값은 calloc(), malloc(), realloc()에 의해 리턴된 주소이어야 하고 free()나 realloc()에 의해 반납되지 않은 주소이어야 한다.

환경과의 통신 함수

■ _Noreturn void abort(void);

이 함수는 SIGABRT 신호를 발생하여 프로그램을 비정상적으로 종료하게 한다. 열린 파일을 닫거나 임시 파일을 제거하는 등의 처리는 시스템마다 다르게 수행된다.

■ int atexit(void (*func)(void));

이 함수는 프로그램이 정상적으로 종료될 때 인자 없이 실행될 함수인 func()를 등록한다. 최소한

32개의 함수를 등록할 수 있다.

- `int at_quick_exit(void (*func)(void));`

C11에서 추가된 것으로 이 함수는 quick_exit()가 호출되면 인자 없이 실행될 함수인 func()를 등록한다. 최소한 32개의 함수를 등록할 수 있다.

- `_Noreturn void exit(int status);`

이 함수는 프로그램이 정상적으로 종료되게 한다. at_quick_exit()에 의해 등록된 함수는 실행되지 않는다. 이 함수가 호출되면, 가장 먼저 atexit()에 의해 등록된 함수들을 역순으로 호출하고, 그 다음 버퍼링된 데이터를 플러시하고 모든 열린 스트림을 닫고 tmpfile()이 만든 모든 파일을 삭제한다. 그리고 제어를 호스트 환경으로 전달한다. status 값이 0이거나 EXIT_SUCCESS이면 호스트 환경은 이 프로그램이 성공적으로 실행됐다고 생각한다. 만일 그 값이 EXIT_FAILURE 이면 호스트 환경은 이 프로그램의 실행에 문제가 있다고 생각한다.

- `_Noreturn void _Exit(int status);`

이 함수는 exit()와 같이 프로그램이 정상적으로 종료되게 한다. 하지만 atexit()이나 at_quick_exit()에 의해 등록된 함수를 호출하지는 않는다.

- `char *getenv(const char *name);`

호스트 환경이 제공하는 환경 목록에서 name이 포인트하는 문자열을 찾아서 있다면 대응되는 문자열의 주소를 리턴하고, 없으면 널 포인터를 리턴한다.

- `_Noreturn void quick_exit(int status);`

C11에서 추가된 것으로 이 함수는 프로그램이 정상적으로 종료되게 한다. atexit()에 의해 등록된 함수는 실행되지 않고 at_quick_exit()에 의해 등록된 함수들을 역순으로 호출한다.

- `int system(const char *string);`

운영체제에 string이 포인트하는 문자열을 전달하여 실행하도록 한다. string이 널 포인터라면, 0이 아닌 값을 리턴한다. string이 널 포인터가 아니라면, 시스템이 정의한 값을 리턴한다.

탐색과 정렬 유틸리티 함수

■
```
void *bsearch(const void *key, const void *base, size_t nmemb,
              size_t size, int (*compar)(const void *, const void *));
```

base가 포인트하는 배열에서 key가 포인트하는 객체와 매치되는 원소를 찾는다. base가 포인트하는 배열은 원소의 크기는 size이고 nmemb 개의 원소로 구성된다. compar() 함수는 첫 번째 인자가 포인트하는 원소와 두 번째 인자가 포인트하는 원소의 크기를 비교해서 첫 번째 원소가 작으면 음수, 같으면 0, 크면 양수인 int 값을 리턴하는 함수이다. bsearch() 함수는 key와 base 배열의 원소를 인자로 하여 compar()를 호출한다. 따라서 base가 포인트하는 배열은 compar() 함수를 비교함수로 정렬된 배열이어야 한다. 이 함수는 배열에 매치되는 원소가 있다면 그 원소의 주소를 리턴하고, 없다면 널 포인터를 리턴한다.

■
```
void qsort(void *base, size_t nmemb, size_t size,
           int (*compar)(const void *, const void *));
```

base가 포인트하는 배열을 비교함수인 compar()를 사용하여 정렬한다. base가 포인트하는 배열은 원소의 크기는 size이고 nmemb 개의 원소로 구성된다. 비교 함수 compar()는 첫 번째 인자가 포인트하는 원소와 두 번째 인자가 포인트하는 원소의 크기를 비교해서 첫 번째 원소가 작으면 음수, 같으면 0, 크면 양수인 int 값을 리턴한다.

정수 연산 함수

■
```
int abs(int j);
long int labs(long int j);
long long int llabs(long long int j);
```

이 함수들은 j의 절대 값을 리턴한다.

■
```
div_t div(int numer, int denom);
ldiv_t ldiv(long int numer, long int denom);
lldiv_t lldiv(long long int numer, long long int denom);
```

이 함수들은 denom / numer와 nume % denom을 하나의 연산으로 실행하고, 그 결과를 해당 구조체에 저장하여 리턴한다. 리턴되는 구조체는 몫과 나머지를 저장하기 위한 quot와 rem 멤버를 가지고 있고, 멤버의 형은 해당 numer와 denom의 형과 같다.

다중바이트와 와이드 문자 변환 함수

한글을 포함하여 많은 언어들이 char 형으로 표현할 수 없다. 이를 위해 다중바이트 문자와 와이드 문자가 제공된다. 다중바이트 문자 함수의 행동양식은 설정되어 있는 로켈의 LC_CTYPE 부류에 의해 영향을 받는다.

- `int mblen(const char *s, size_t n);`

s가 NULL이 아니면, s에서 최대 n 개의 문자를 검사하여 다중바이트 문자를 이루는 바이트 수를 리턴한다. s가 널 문자를 포인트하면 0을 리턴하고, s가 다중 바이트 문자가 아닌 것을 포인트하면 -1을 리턴한다. s가 NULL이라면 다중바이트 문자가 상태종속적 인코딩이면 0이 아닌 값을 리턴하고, 상태 종속적 인코딩이 아니면 0을 리턴한다.

- `int mbtowc(wchar_t * restrict pwc, const char * restrict s, size_t n);`

이 함수는 s와 pwd가 널 포인터가 아니라면, s가 포인트하는 바이트부터 시작하는 다중바이트 문자를 최대 n 바이트까지 검색하여 대응되는 와이드 문자의 값을 pwd가 포인트하는 곳이 저장한다. 변환된 다중바이트 문자를 이루는 바이트 수를 리턴한다.

- `int wctomb(char *s, wchar_t wc);`

이 함수는 wc가 포인트하는 와이드 문자에 대응되는 다중바이트를 s에 저장하고, 그 다중바이트 문자의 바이트 수를 리턴한다.

다중바이트와 와이드 문자열 함수

- ```
  size_t mbstowcs(wchar_t * restrict pwcs, const char * restrict s,
                  size_t n);
  ```

s가 포인트하는 곳에 저장된 다중바이트 문자열을 와이드 문자열로 최대 n개 변환하여 pwcs가 포인트하는 곳에 저장한다. 와이드문자로 변환된 문자의 수를 리턴한다.

- ```
  size_t wcstombs(char * restrict s, const wchar_t * restrict pwcs,
                  size_t n);
  ```

pwcs가 포인트하는 와이드 문자열을 다중바이트 문자열로 변환하여 s가 포인트하는 배열에 최대 n 바이트 저장한다. 변환한 바이트 수를 리턴한다.

A.22 <stdnoreturn.h>

이 헤더 파일은 다음과 같은 매크로가 정의되어 있다.

- noreturn : _Noreturn으로 확장

A.23 <string.h>

이 헤더 파일에는 문자형의 배열과 문자형의 배열로 다루어지는 객체를 다루기 위해 size_t 자료형이 선언되어 있고, NULL 매크로가 정의되어 있으며, 여러 개의 함수가 선언되어 있다. 메모리관련 함수인 mem...()은 명시된 크기의 메모리 블록을 다루기 위해 사용된다. 이 메모리 블록은 널로 끝나지 않는 문자의 배열이라고 생각하면 된다. 함수 str...()은 널로 끝나는 문자열을 다루기 위해 사용된다.

복사 함수

■ `void *memcpy(void * restrict s1, const void * restrict s2, size_t n);`

s2가 포인트하는 객체로부터 n 개의 문자를 s1이 포인트하는 객체에 복사하고 s1의 값을 리턴한다. 두 객체가 겹쳐져있을 경우의 행동양식은 정해져있지 않다.

■ `void *memmove(void *s1, const void *s2, size_t n);`

s2가 포인트하는 객체로부터 n 개의 문자를 s1이 포인트하는 객체로 복사한다. memmove()는 s2의 객체를 먼저 임시 배열에 복사하고, 그 다음 임시 배열을 s1에 복사하는 것처럼 동작하기 때문에 두 객체가 겹치더라도 올바르게 복사된다.

■ `char *strcpy(char * restrict s1, const char * restrict s2);`

s2가 포인트하는 문자열을 s1이 포인트하는 문자열로 널 문자까지 복사하고 s1을 리턴한다. 두 객체가 겹쳐져있을 경우의 행동양식은 정해져있지 않다.

■ `char *strncpy(char * restrict s1, const char * restrict s2, size_t n);`

s2가 포인트하는 문자열을 s1이 포인트하는 문자열로 최대 n 개의 문자까지 복사하고 s1을 리턴

한다. 두 객체가 겹쳐져있을 경우의 행동양식은 정해져있지 않다.

연결 함수

- `char *strcat(char * restrict s1, const char * restrict s2);`

s1이 포인트하는 문자열의 뒤에 s2가 포인트하는 문자열의 널 문자까지 포함된 복사본을 붙이고 s1을 리턴한다. 이 때 s2의 복사본은 s1의 널 문자 자리에 연결된다. 두 객체가 겹쳐져있을 경우의 행동양식은 정해져있지 않다.

- `char *strncat(char * restrict s1, const char * restrict s2, size_t n);`

s1이 포인트하는 문자열의 뒤에 s2가 포인트하는 배열의 첫 번째 문자부터 최대 n개의 문자를 널 문자가 나올 때까지 붙이고 s1을 리턴한다. 두 객체가 겹쳐져있을 경우의 행동양식은 정해져있지 않다.

비교 함수

- `int memcmp(const void *s1, const void *s2, size_t n);`

s1이 포인트하는 객체의 첫 n 문자와 s2가 포인트하는 객체의 첫 n 문자를 비교하여, s1이 s2보다 작으면 음수 정수, 같으면 0, 크면 양수 정수를 리턴한다.

- `int strcmp(const char *s1, const char *s2);`

s1이 포인트하는 문자열과 s2가 포인트하는 문자열을 비교하여, s1이 s2보다 작으면 음수 정수, 같으면 0, 크면 양수 정수를 리턴한다.

- `int strcoll(const char *s1, const char *s2);`

s1이 포인트하는 문자열과 s2가 포인트하는 문자열을 현재 로켈의 LC_COLLATE 부류를 적용하여 비교한 후, s1이 s2보다 작으면 음수 정수, 같으면 0, 크면 양수 정수를 리턴한다.

- `int strncmp(const char *s1, const char *s2, size_t n);`

s1이 포인트하는 문자열과 s2가 포인트하는 문자열의 최대 n 문자를 비교하여, s1이 s2보다 작으면 음수 정수, 같으면 0, 크면 양수 정수를 리턴한다.

■ `size_t strxfrm(char * restrict s1, const char * restrict s2, size_t n);`

s2가 포인트하는 문자열의 처음 최대 n 개의 문자를 현재 지정된 로켈로 변환한 후 s1이 포인트하는 배열에 저장하고 변환된 문자의 수를 리턴한다. n이 0이면 s1은 널 포인터일 수 있다.

검색 함수

■ `void *memchr(const void *s, int c, size_t n);`

s가 포인트하는 객체의 처음 n 개의 문자에서 (unsigned char) c와 일치하는 문자를 찾아서 그 위치를 리턴한다. 만일 그러한 문자가 없다면 널 문자를 리턴한다.

■ `char *strchr(const char *s, int c);`

s가 포인트하는 문자열에서 첫 번째로 나오는 (char) c를 찾아서 그 주소를 리턴하고, 없으면 널 포인터를 리턴한다.

■ `size_t strcspn(const char *s1, const char *s2);`

s1이 포인트하는 문자열을 검색하여 s2가 포인트하고 있는 문자열을 이루는 문자를 하나도 포함하지 않는 첫 번째 문자열의 길이를 리턴한다.

■ `char *strpbrk(const char *s1, const char *s2);`

s1이 포인트하는 문자열을 검색하여 s2가 포인트하고 있는 문자열을 이루는 문자 중 가장 먼저 나오는 위치를 리턴하고, 없으면 널 포인터를 리턴한다.

■ `char *strrchr(const char *s, int c);`

s가 포인트하는 문자열을 검색하여 c가 마지막으로 나오는 위치를 리턴하고, 없으면 널 포인터를 리턴한다.

■ `size_t strspn(const char *s1, const char *s2);`

s1이 포인트하는 문자열을 검색하여 s2가 포인트하고 있는 문자열을 이루는 문자들로만 이루어진 첫 번째 문자열의 길이를 리턴한다.

■ `char *strstr(const char *s1, const char *s2);`

s1이 포인트하는 문자열을 검색하여 s2가 포인트하고 있는 문자열이 나오는 첫 번째 위치를 리턴

하고, 없으면 널 포인터를 리턴한다.

- `char *strtok(char * restrict s1, const char * restrict s2);`

strtok() 함수를 여러 번 호출하면 s1이 포인트하는 문자열을 s2가 포인트하는 문자열을 이루는 문자들을 토큰 분리자로 사용하여 토큰을 찾아서 차례대로 토큰의 주소를 리턴하고, 없으면 널 포인터를 리턴한다. strtok()를 처음으로 호출할 때 첫 번째 인자는 널 포인터가 아니어야 하고, 그 다음 호출부터는 널 포인터로 해야 한다. 사용 예는 다음과 같다.

```
char s1[] = " this is, an example ; ";
char s2[] = ",; ";
char *p;
printf("\"%s\"", strtok(s1, s2));
while ((p = strtok(NULL, s2)) != NULL)
printf(" \"%s\"", p);
putchar('\n');
```

이 코드를 실행하면 다음과 같이 출력될 것이다.

```
"this" "is" "an" "example"
```

기타 함수

- `void *memset(void *s, int c, size_t n);`

s가 포인트하는 객체의 첫 n 문자 모두를 (unsigned char) c로 설정하고, s를 리턴한다.

- `char *strerror(int errnum);`

errnum 값에 해당하는 메시지 문자열을 찾아 그 문자열에 대한 포인터를 리턴한다.

- `size_t strlen(const char *s);`

s가 포인트하는 문자열의 널 문자를 뺀 길이를 리턴한다.

A.24 〈tgmath.h〉

이 헤더파일은 〈math.h〉와 〈complex.h〉를 포함하고 있고, 몇 가지 통합 자료형 매크로(type-generic macro)를 정의하고 있다. 〈math.h〉와 〈complex.h〉에 선언된 함수는 같은 기능을 하는 함수라도 매개변수에 따라 다른 함수명으로 제공된다. 예를 들어, 어떤 수학 함수의 매개변수가 double 형이라면 아무런 접미사나 접두사가 붙지 않는 기본형 함수명을 사용하고, 매개변수가 float 형이라면 그 기본형 함수명 뒤에 f를 더한 함수명을, long double 형이라면 기본형 함수명 뒤에 l을 더한 함수명을 사용한다. 또한 complex 형에는 접두사로 c가 기본형 함수명에 붙는다. 제곱근 함수를 보면, 매개변수와 함수 형에 따라 sqrt(), sqrtf(), sqrtl(), csqrt(), csqrtf(), csqrtl()로 구분되는데, 이들은 각각 double, float, long double, double complex, float complex, long double complex 버전의 함수이다. 통합 자료형 매크로가 호출되면 그 매크로의 인자의 형에 따라 적절한 함수가 호출될 수 있도록 _Generic을 사용하여 정의되어 있다. 예를 들어 sqrt()는 다음과 같은 형식으로 정의되어 있다.

```
#define sqrt(x) _Generic( (x), float : sqrtf, \
                        long double : sqrtl, \
                        double complex: csqrt, \
                        float complex: csqrtf, \
                        long double complex: csqrtl, \
                        default : sqrt )(x)
```

즉, 〈tgmath.h〉의 sqrt()를 float 형인 a를 인자로 하여 호출했다면, sqrtf(a)로 확장되어 〈math.h〉의 sqrtf() 함수가 호출된다. 다음 표는 〈tgmath.h〉에 선언된 매크로 중 〈math.h〉나 〈complex.h〉에 선언된 함수로 확장되는 함수들이다.

〈tgmath.h〉	〈math.h〉			〈complex.h〉		
	float	double	long double	float complex	double complex	long double complex
sin()	sinf()	sin()	sinl()	csinf()	csin()	csinl()
cos()	cosf()	cos()	cosl()	ccosf()	ccos()	ccosl()
tan()	tanf()	tan()	tanl()	ctanf()	ctan()	ctanl()
asin()	asinf()	asin()	asinl()	casinf()	casin()	casinl()
acos()	acosf()	acos()	acosl()	cacosf()	cacos()	cacosl()
atan()	atanf()	atan()	atanl()	catanf()	catan()	catanl()
sinh()	sinhf()	sinh()	sinhl()	csinhf()	csinh()	csinhl()
cosh()	coshf()	cosh()	coshl()	ccoshf()	ccosh()	ccoshl()
tanh()	tanhf()	tanh()	tanhl()	ctanhf()	ctanh()	ctanhl()
asinh()	asinhf()	asinh()	asinhl()	casinhf()	casinh()	casinhl()
acosh()	acoshf()	acosh()	acoshl()	cacoshf()	cacosh()	cacoshl()
atanh()	atanhf()	atanh()	atanhl()	catanhf()	catanh()	catanhl()
fabs()	fabsf()	fabs()	fabsl()	cabsf()	cabs()	cabsl()
exp()	expf()	exp()	expl()	cexpf()	cexp()	cexpl()
log()	logf()	log()	logl()	clogf()	clog()	clogl()
pow()	powf()	pow()	powl()	cpowf()	cpow()	cpowl()
sqrt()	sqrtf()	sqrt()	sqrtl()	csqrtf()	csqrt()	csqrtl()

〈tgmath.h〉에 선언된 매크로 중 〈math.h〉에 선언된 함수로만 확장되는 함수 목록은 다음과 같다. 이들은 인자가 **double** 형인 경우 매크로 이름과 같은 이름의 함수로 확장되고, **float** 형 인자인 경우에 접미가 **f**, **long double** 형 인자인 경우에는 접미사 **l**이 붙은 함수로 확장될 것이다.

atan2()	cbrt()	ceil()	copysign()	erf()	erfc()
exp2()	expm1()	fdim()	floor()	Column2()	fma()
fmax()	fmin()	fmod()	frexp()	hypot()	ilogb()
ldexp()	lgamma()	llrint()	llround()	log10()	log1p()
log2()	logb()	lrint()	lround()	nearbyint()	nextafter()
nexttoward()	remainder()	remquo()	rint()	round()	scalbn()
scalbln()	tgamma()	trunc()			

〈complex.h〉에만 선언된 매크로로는 다음과 같은 것이 있으며, 인자가 **double complex**인 경

우 매크로 이름과 같은 이름의 함수로 확장되고, float complex는 접미가 f, long double complex는 접미사 l이 붙은 함수로 확장될 것이다.

carg()	conj()	creal()	cimag()	cprog()

A.25 <threads.h>

이 헤더 파일은 다중 스레드 실행을 지원하기 위한 매크로 정의와 자료형, 열거형 상수, 함수 등이 선언되어 있다. <threads.h> 헤더 파일은 반드시 지원해야 하는 것은 아니며, 만일 지원하지 않는다면 __STDC_NO_THREADS__ 매크로가 정의되어 있을 것이다. 따라서 여기서는 자세한 설명은 하지 않고 기능별로 어떤 함수가 있는지만 나열할 것이다. 먼저 정의된 매크로를 보면 다음과 같은 것들이 있다.

- thread_local : _Thread_local로 확장
- ONCE_FLAG_INIT : once_flag 형의 객체를 초기화하기 위해 사용되는 값
- TSS_DTOR_ITERATIONS : 스레드가 종료될 때 호출되는 소멸자(destructor)의 최대 호출 횟수를 나타내는 정수 상수 수식

또한 다음과 같은 자료형들이 선언되어 있다.

- cnd_t : 조건변수(condition variable) 형
- thrd_t : 스레드 형
- tss_t : 스레드별 스토리지(thread-specific storage) 포인터 형
- mtx_t : 뮤텍스(mutex) 형
- tss_dtor_t : 스레드별 스토리지 포인터의 소멸자를 위한 형(void (*)(void *))
- thrd_start_t : 새로운 스레드를 생성하기 위해 thrd_create()로 전달되는 함수 포인터 형(int (*)(void *))
- once_flag : call_once()에 의해 사용되는 플래그 형
- mtx_plain : 타임아웃이나 테스트 그리고 리턴하지 않는 뮤텍스 객체를 생성하기 위해

mtx_init()로 전달되는 열거형 상수

- mtx_recursive : 재귀 락을 지원하는 뮤텍스 객체를 생성하기 위해 mtx_init()로 전달되는 열거형 상수
- mtx_timed : 타임아웃을 지원하는 뮤텍스 객체를 생성하기 위해 mtx_init()로 전달되는 열거형 상수
- thrd_timedout : 요청한 자원을 획득하지 못한 상태에서 지정된 시간이 지나버린 것을 나타내기 위해 시간지정 대기 함수에 의해 리턴되는 열거형 상수
- thrd_success : 요청한 연산이 성공적이라는 것을 나타내기 위해 함수에 의해 리턴되는 열거형 상수
- thrd_busy : 요청한 자원이 이미 사용 중이기 때문에 연산이 실패한 경우를 나타내기 위해 함수에 의해 리턴되는 열거형 상수
- thrd_error : 요청한 연산이 실패했음을 나타내기 위해 함수에 의해 리턴되는 열거형 상수
- thrd_nomem : 메모리를 할당할 수 없어서 실패했음을 나타내기 위해 함수에 의해 리턴되는 열거형 상수

선언되어 있는 함수는 다음과 같다.

초기화 함수

- void call_once(once_flag *flag, void (*func)(void));

조건변수 함수

- int cnd_broadcast(cnd_t *cond);
- void cnd_destroy(cnd_t *cond);
- int cnd_init(cnd_t *cond);
- int cnd_signal(cnd_t *cond);
- int cnd_timedwait(cnd_t *restrict cond, mtx_t *restrict mtx,
  const struct timespec *restrict ts);
- int cnd_wait(cnd_t *cond, mtx_t *mtx);

뮤텍스 함수

- `void mtx_destroy(mtx_t *mtx);`
- `int mtx_init(mtx_t *mtx, int type); int mtx_lock(mtx_t *mtx);`
- ```
  int mtx_timedlock(mtx_t *restrict mtx,
                    const struct timespec *restrict ts);
  ```
- `int mtx_trylock(mtx_t *mtx); int mtx_unlock(mtx_t *mtx);`

스레드 함수

- `int thrd_create(thrd_t *thr, thrd_start_t func, void *arg);`
- `thrd_t thrd_current(void); int thrd_detach(thrd_t thr);`
- `int thrd_equal(thrd_t thr0, thrd_t thr1);`
- `_Noreturn void thrd_exit(int res);`
- `int thrd_join(thrd_t thr, int *res);`
- ```
  int thrd_sleep(const struct timespec *duration,
                 struct timespec *remaining);
  ```
- `void thrd_yield(void);`

스레드별 스토리지 함수

- `int tss_create(tss_t *key, tss_dtor_t dtor);`
- `void tss_delete(tss_t key);`
- `void *tss_get(tss_t key);`
- `int tss_set(tss_t key, void *val);`

A.26 <time.h>

이 헤더 파일은 시간을 다루기 위해 두 개의 매크로를 정의하고 있고, 여러 개의 자료형과 함수를 선언하고 있다. 정의되어 있는 매크로는 다음과 같다.

- CLOCKS_PER_SEC : clock_t 형인 초당 클록(clock) 수를 나타내는 수식
- TIME_UTC : UTC 시간기준을 지정하기 위한 0보다 큰 정수 상수

또한 다음과 같은 형이 선언되어 있다.

- clock_t, time_t : 시간을 표현할 수 있는 형
- struct timespec : 초와 나노초로 시간을 저장하기 위한 구조체 형으로 최소한 다음 두 멤버를 가지고 있어야 함

```
time_t tv_sec; // 초(>= 0)
long tv_nsec; // 나노초([0, 999999999]
```

- struct tm : 달력(calendar) 시간의 항목들을 저장하기 위한 구조체 형으로 최소한 다음 멤버를 가지고 있어야 함

```
int tm_sec; // 초 : [0, 60]
int tm_min; // 분 : [0, 59]
int tm_hour; // 시 : [0, 23]
int tm_mday; // 일 : [1, 31]
int tm_mon; // 월 : [0, 11]
int tm_year; // 년 : 1900 이후
int tm_wday; // 요일 : [0, 6]
int tm_yday; // 1월 1일부터의 날 수 : [0, 365]
int tm_isdst; // 섬머타임 플래그, 양수(섬머타임 적용 중),
// 0(섬머타임 적용 안됨), 음수(섬머타임 관련 정보 없음)
```

시간 조작 함수

■ `clock_t clock(void);`

이 함수는 프로그램이 사용한 프로세서 시간을 리턴한다. 리턴된 값을 초로 변환하기 위해서는 그 값을 CLOCK_PER_SEC으로 나누면 된다. 사용한 프로세서 시간에 대한 정보가 지원되지 않으면 (clock_t)(-1)을 리턴한다.

■ `double difftime(time_t time1, time_t time0);`

두 달력시간의 차(time1 – time0)를 double 형의 초 값으로 리턴한다.

■ `time_t mktime(struct tm *timeptr);`

timeprt이 포인트하는 구조체에 저장된 시간을 time()이 리턴하는 값과 같이 인코딩된 달력 시간으로 변환하여 리턴한다. 만일 달력시간으로 변환하지 못한다면 (time_t)(-1)을 리턴한다.

- `time_t time(time_t *timer);`

현재 달력시간을 리턴한다. timer가 널 포인터가 아니면 리턴 값은 timer가 포인트하는 객체에도 저장한다. 만일 달력시간을 지원하지 않으면 (time_t)(-1)을 리턴한다.

- `int timespec_get(struct timespec *ts, int base);`

이 함수는 지정된 시간기준에 따라 현재 달력시간을 유지하기 위해 timespec이 포인트하는 시간 간격(interval)을 설정한다. 만일 base가 TIME_UTC라면 tv_sec 멤버에는 초가 설정되고 tv_nsec에는 나노초가 설정된다. 성공적인 호출이면 영이 아닌 base 값을 리턴하고, 아니면 0을 리턴한다.

시간 변환 함수

- `char *asctime(const struct tm *timeptr);`

timeptr이 포인트하는 분리된 시간을 문자열로 변환하여 그 문자열에 대한 포인터를 리턴한다.

- `char *ctime(const time_t *timer);`

timer가 포인트하는 달력시간을 문자열로 변환하여 그 문자열에 대한 포인터를 리턴한다. 이 함수는 그 문자열의 기본 주소를 리턴한다. 이것은 asctime(localtime(timer))와 같다.

- `struct tm *gmtime(const time_t *timer);`

timer가 포인트하는 달력시간을 UTC로 표현된 분리된 시간으로 변환하여 그것에 대한 포인터를 리턴한다.

- `struct tm *localtime(const time_t *timer);`

timer가 포인트하는 달력시간을 지역 시간으로 표현된 분리된 시간으로 변환하여 그것에 대한 포인터를 리턴한다.

- ```
  size_t strftime(char * restrict s, size_t maxsize,
      const char * restrict format, const struct tm * restrict timerptr);
  ```
  ```

timeptr이 포인트하고 있는 분리된 시간 구조체를 format이 포인트하는 제어 문자열의 지시대로 s가 포인트하는 문자열에 최대 maxsize 문자들을 쓴다. format 문자열에는 출력될 형태를 변환 명세로 지정하는데, 변환 명세는 %로 시작하고, 필요에 따라 E 또는 O인 변경 문자를 쓰고, 변환 문자가 온다. 다음 표는 많이 사용하는 변환 명세를 보여주고 있다.

변환 명세	설명	예제
%a	요일의 축약형	Mon
%A	요일	Monday
%b	달의 축약형	Sep
%B	달	September
%c	날자와 시간	Mon Sep 17 17:48:26 2018
%d	달의 일	17
%H	24 시간 표현으로의 시간	17
%h	12 시간 표현으로의 시간	05
%j	그 해의 날 수	260
%m	그 해의 달	09
%M	정시 이후의 분	48
%p	AM이나 PM	PM
%S	정시 이후의 초	26
%s	1970년 1월 1일 0시부터 지난 초	1537174106
%U	그 해의 주 수(Sun-Sat)	37
%w	주중 요일(0-6)	1
%x	날자	09/17/18
%X	시간	17:48:26
%y	세기의 년	18
%Y	년	2018
%Z	시간 존	KST
%%	퍼센트 기호 출력	%

예를 들어, 다음 코드를 보자.

```
char s[100];
time_t now;
```

```
now = time(NULL);
strftime(s, 100, "%H:%M:%S on %A, %d %B %Y", localtime(&now));
printf("%s\n", s);
```

이 코드를 실행시키면 다음과 같은 출력을 얻을 것이다.

```
17:48:26 on Monday, 17 September 2018
```

A.27 <uchar.h>

이 헤더 파일은 유니코드를 다루기 위한 자료형과 함수를 선언하고 있다. 선언된 자료형은 다음과 같다.

- char16_t : 16비트 문자를 위해 사용되는 부호없는 정수형으로 uint_least16_t와 같은 형
- char32_t : 32비트 문자를 위해 사용되는 부호없는 정수형으로 uint_least32_t와 같은 형

다중바이트 문자와 와이드 문자 변환을 위해 다음과 같은 함수가 선언되어 있다.

```
■ size_t mbrtoc16(char16_t * restrict pc16, const char * restrict s,
                  size_t n, mbstate_t * restrict ps);
```

s가 널 포인터가 아니라면, s가 포인트하는 바이트부터 시작하여 최대 n 바이트를 검사하여 다음 다중바이트 문자를 완료하는 데 필요한 바이트 수를 리턴한다. 그 다중바이트 문자가 올바르면 그에 해당하는 와이드문자의 값을 pc16이 포인트하는 곳에 저장한다.

```
■ size_t c16rtomb(char * restrict s, char16_t c16,
                  mbstate_t * restrict ps);
```

s가 널 포인터가 아니라면, c16의 와이드문자에 해당하는 다중바이트 문자를 표현하기 위해 필요한 바이트 수를 계산하고, s가 포인트하는 곳에 해당 다중바이트 문자를 저장한 다음 그 바이트 수를 리턴한다.

```
■ size_t mbrtoc32(char32_t * restrict pc32, const char * restrict s,
                  size_t n, mbstate_t * restrict ps);
```

s가 널 포인터가 아니라면, s가 포인트하는 바이트부터 시작하여 최대 n 바이트를 검사하여 다음 다중바이트 문자를 완료하는 데 필요한 바이트 수를 리턴한다. 그 다중바이트 문자가 올바르면 그에 해당하는 와이드문자의 값을 pc32가 포인트하는 곳에 저장한다.

```
■ size_t c32rtomb(char * restrict s, char32_t c32,
                  mbstate_t * restrict ps);
```

s가 널 포인터가 아니라면, c32의 와이드문자에 해당하는 다중바이트 문자를 표현하기 위해 필요한 바이트 수를 계산하고, s가 포인트하는 곳에 해당 다중바이트 문자를 저장한 다음 그 바이트 수를 리턴한다.

A.28 〈wchar.h〉

이 헤더 파일은 확장 다중바이트와 와이드 문자를 다루는 4개의 매크로를 정의하고 있고, 4개의 자료형과 하나의 태그 그리고 여러 개의 함수를 선언하고 있다. 선언된 자료형으로는 다음과 같은 것이 있다.

- wchar_t, size_t : 〈stddef.h〉 참조
- mbstate_t : 다중바이트 문자와 와이드 문자간의 변환에 필요한 상태 정보를 위한 형
- wint_t : 확장 문자 집합의 모든 원소와 추가적인 값을 충분히 표현할 수 있는 정수형
- struct tm : 〈time.h〉 참조

정의된 매크로로는 다음과 같은 것들이 있다.

- NULL : 〈stddef.h〉 참조
- WCHAR_MIN : wchar_t가 signed 정수형인 경우에는–127보다 크지 않은 값을 갖고, wchar_t가 unsigned 정수형인 경우에는 0의 값을 가짐
- WCHAR_MAX : wchar_t가 signed 정수형인 경우에는 127보다 작지 않은 값을 갖고, wchar_t가 unsigned 정수형인 경우에는 255보다 작지 않은 값을 가짐
- WEOF : 확장 문자 집합에 속하는 원소의 값 이외의 값을 갖는 wint_t 형의 상수 수식

또한 와이드 문자를 다루기 위해 다음과 같은 함수들이 선언되어 있다.

형식화된 와이드 문자 입출력 함수

와이드 문자의 입출력 함수는 와이드 문자를 다룬다는 것만 빼면 〈stdio.h〉의 입출력 함수와 같은 기능을 수행한다. 함수의 이름은 〈stdio.h〉에 선언된 함수 이름에 w을 붙여 와이드 문자를 다루는 함수임을 나타내도록 명명되어 있다.

■ `int fwprintf(FILE * restrict stream, const wchar_t * restrict format,...);`

format이 포인트하고 있는 와이드 문자열에 명시된 대로 뒤따르는 인자들을 변환하여 stream에 출력하고 출력된 와이드 문자의 수를 리턴한다. 변환 명세는 fprintf()를 참조하여라.

■ `int fwscanf(FILE * restrict stream, const wchar_t * restrict format, ...);`

format이 포인트하고 있는 와이드 문자열에 명시된 대로 stream으로부터 읽어서 뒤따르는 인자에 배정한 후 성공적으로 배정한 개수를 리턴한다. 변환 명세는 fscanf()를 참조하여라.

■ `int swprintf(wchar_t * restrict s, size_t n, const wchar_t * restrict format, ...);`

fwprintf()의 문자열 버전이다.

■ `int swscanf(const wchar_t * restrict s, const wchar_t * restrict format, ...);`

fwscanf()의 문자열 버전이다.

■ `int vfwprintf(FILE * restrict stream, const wchar_t * restrict format, va_list arg);`

fwprintf()의 가변인자 부분을 va_lisr arg로 대치한 버전이다.

■ `int vfwscanf(FILE * restrict stream, const wchar_t * restrict format, va_list arg);`

fwscanf()의 가변인자 부분을 va_lisr arg로 대치한 버전이다.

■ `int vswprintf(wchar_t * restrict s, size_t n, const wchar_t * restrict format, va_list arg);`

swprintf()의 가변인자 부분을 va_lisr arg로 대치한 버전이다.

■ `int vswscanf(const wchar_t * restrict s,`
`const wchar_t * restrict format, va_list arg);`

swscanf()의 가변인자 부분을 va_lisr arg로 대치한 버전이다.

■ `int vwprintf(const wchar_t * restrict format, va_list arg);`

wprintf()의 가변인자 부분을 va_lisr arg로 대치한 버전이다.

■ `int vwscanf(const wchar_t * restrict format, va_list arg);`

wscanf()의 가변인자 부분을 va_lisr arg로 대치한 버전이다.

■ `int wprintf(const wchar_t * restrict format, ...);`

fwprintf()의 stdout으로 출력하는 버전이다.

■ `int wscanf(const wchar_t * restrict format, ...);`

fwscanf()의 stdin으로부터 입력하는 버전이다.

와이드 문자 입출력 함수

■ `wint_t fgetwc(FILE *stream);`

fgetc()의 와이드 문자 버전이다.

■ `wchar_t *fgetws(wchar_t * restrict s, int n, FILE * restrict stream);`

fgets()의 와이드 문자열 버전이다.

■ `wint_t fputwc(wchar_t c, FILE *stream);`

fputc()의 와이드 문자 버전이다.

■ `int fputws(const wchar_t * restrict s, FILE * restrict stream);`

fputs()의 와이드 문자열 버전이다.

■ `int fwide(FILE *stream, int mode);`

stream이 포인트하고 있는 스트림의 지향성(orientation)을 결정한다. mode가 양수이면 스트림을 와이드 지향성으로, 음수면 바이트 지향성으로 만들기를 시도한다. mode가 0이면 방향성 변경은 하지 않는다. 호출 후 스트림이 와이드 지향성을 가지면 양수, 바이트 지향성을 가지면 음수, 방향성을 갖지 않으면 0을 리턴한다.

- `wint_t getwc(FILE *stream);`

getc()의 와이드 문자열 버전이다.

- `wint_t getwchar(void);`

getchar()의 와이드 문자열 버전이다.

- `wint_t putwc(wchar_t c, FILE *stream);`

putc()의 와이드 문자열 버전이다.

- `wint_t putwchar(wchar_t c);`

putchar()의 와이드 문자열 버전이다.

- `wint_t ungetwc(wint_t c, FILE *stream);`

ungetc()의 와이드 문자열 버전이다.

와이드 문자열 유틸리티 함수

```
long int wcstol(const wchar_t * restrict nptr,
                wchar_t ** restrict endptr, int base);
long long int wcstoll(const wchar_t * restrict nptr,
                      wchar_t ** restrict endptr, int base);
```

strtod(), strtof(), strtold()의 와이드 문자열 버전이다.

```
long int wcstol(const wchar_t * restrict nptr,
                wchar_t ** restrict endptr, int base);
long long int wcstoll(const wchar_t * restrict nptr,
                      wchar_t ** restrict endptr, int base);
unsigned long int wcstoul(const wchar_t * restrict nptr,
                          wchar_t ** restrict endptr, int base);
unsigned long long int wcstoull(const wchar_t * restrict nptr,
                                wchar_t ** restrict endptr, int base);
```

strtol(), strtoll(), strtoul(), strtoull()의 와이드 문자열 버전이다.

- `wchar_t *wcscpy(wchar_t * restrict s1, const wchar_t * restrict s2);`

strcpy()의 와이드 문자열 버전이다.

- ```
  wchar_t *wcsncpy(wchar_t * restrict s1, const wchar_t * restrict s2,
                   size_t n);
  ```

strncpy()의 와이드 문자열 버전이다.

- ```
  wchar_t *wmemcpy(wchar_t * restrict s1, const wchar_t * restrict s2,
                   size_t n);
  ```

memcpy()의 와이드 문자열 버전이다.

- `wchar_t *wmemmove(wchar_t *s1, const wchar_t *s2, size_t n);`

memmove()의 와이드 문자열 버전이다.

- `wchar_t *wcscat(wchar_t * restrict s1, const wchar_t * restrict s2);`

strcat()의 와이드 문자열 버전이다.

- ```
  wchar_t *wcsncat(wchar_t * restrict s1, const wchar_t * restrict s2,
                   size_t n);
  ```

strncat()의 와이드 문자열 버전이다.

- `int wcscmp(const wchar_t *s1, const wchar_t *s2);`

strcmp()의 와이드 문자열 버전이다.

- `int wcscoll(const wchar_t *s1, const wchar_t *s2);`

strcoll()의 와이드 문자열 버전이다.

- `int wcsncmp(const wchar_t *s1, const wchar_t *s2, size_t n);`

strcnmp()의 와이드 문자열 버전이다.

- ```
  size_t wcsxfrm(wchar_t * restrict s1, const wchar_t * restrict s2,
                 size_t n);
  ```

strxfrm()의 와이드 문자열 버전이다.

■ `int wmemcmp(const wchar_t *s1, const wchar_t *s2, size_t n);`

memcmp()의 와이드 문자열 버전이다.

■ `wchar_t *wcschr(const wchar_t *s, wchar_t c);`

strchr()의 와이드 문자열 버전이다.

■ `size_t wcscspn(const wchar_t *s1, const wchar_t *s2);`

strcspn()의 와이드 문자열 버전이다.

■ `wchar_t *wcspbrk(const wchar_t *s1, const wchar_t *s2);`

strpbrk()의 와이드 문자열 버전이다.

■ `wchar_t *wcsrchr(const wchar_t *s, wchar_t c);`

strrchr()의 와이드 문자열 버전이다.

■ `size_t wcsspn(const wchar_t *s1, const wchar_t *s2);`

strspn()의 와이드 문자열 버전이다.

■ `wchar_t *wcsstr(const wchar_t *s1, const wchar_t *s2);`

strstr()의 와이드 문자열 버전이다.

■
```
wchar_t *wcstok(wchar_t * restrict s1, const wchar_t * restrict s2,
                wchar_t ** restrict ptr);
```

strtok()의 와이드 문자열 버전이다.

■ `wchar_t *wmemchr(const wchar_t *s, wchar_t c, size_t n);`

memchr()의 와이드 문자열 버전이다.

■ `size_t wcslen(const wchar_t *s);`

strlen()의 와이드 문자열 버전이다.

■ `wchar_t *wmemset(wchar_t *s, wchar_t c, size_t n);`

memset()의 와이드 문자열 버전이다.

와이드 문자열 시간 변환 함수

- size_t wcsftime(wchar_t * restrict s, size_t maxsize,
    const wchar_t * restrict format, const struct tm * restrict timeptr);

strftime()의 와이드 문자열 버전이다.

다중바이트/와이드 문자 변환 유틸리티 함수

- wint_t btowc(int c);

c가 초기 시프트 상태에서 유효한 단일바이트 문자를 구성하는지를 판별하고, 그렇다면 그 문자의 와이드 문자 표현을 리턴한다. 만일 c가 EOF이거나 유효한 단일바이트 문자를 구성하지 않으면 WEOF를 리턴한다.

- int wctob(wint_t c);

c가 초기 시프트 상태에서 다중바이트 문자 표현이 단일 바이트인 확장 문자 집합의 원소에 부합되는지를 판별하고, 그렇다면 그 문자의 단일 바이트 표현을 리턴한다. 만일 c가 초기 시프트 상태에서 한 바이트 길이의 다중바이트 문자에 부합되지 않는다면 EOF를 리턴한다.

- int mbsinit(const mbstate_t *ps);

ps가 널 포인터가 아니면, ps가 초기 변환 상태를 나타내고 있는지 판단하고, 그렇다면 0이 아닌 값을 리턴한다.

- size_t mbrlen(const char * restrict s, size_t n,
    mbstate_t * restr ict ps);

이것은 mbrtowc(NULL, s, n, ps != NULL ? ps : &internal)과 같다. 여기서 internal은 mbrlen() 함수에서 필요한 mbstate_t 객체이다.

- size_t mbrtowc(wchar_t * restrict pwc, const char * restrict s,
    size_t n, mbstate_t * restrict ps);

s가 포인트하는 바이트부터 시작하여 최대 n 바이트를 검사하여 다음 다중바이트 문자를 완성하기 위해 필요한 바이트 수를 결정하고, 그 다중바이트에 대응하는 와이드 문자 값을 pwc가 포인트하는 곳에 저장한다. 다음 다중바이트 문자를 완성하기 위해 필요한 바이트 수를 리턴한다.

■ `size_t wcrtomb(char * restrict s, wchar_t wc, mbstate_t * restrict ps);`

와이드 문자 wc에 대응되는 다중바이트 문자를 s가 포인트하는 배열에 저장하고, 그 배열에 저장된 바이트 수를 리턴한다.

■ `size_t mbsrtowcs(wchar_t * restrict dst, const char ** restrict src, size_t len, mbstate_t * restrict ps);`

ps가 포인트하는 변환 상태부터 시작하여 src가 간접 포인트하고 있는 다중바이트 문자들을 대응되는 와이드문자들로 변환하여 dst가 포인트하는 곳에 저장하고, 성공적으로 변환한 다중바이트 문자의 개수를 리턴한다.

■ `size_t wcsrtombs(char * restrict dst, const wchar_t ** restrict src, size_t len, mbstate_t * restrict ps);`

ps가 포인트하는 변환 상태부터 시작하여 src가 간접 포인트하고 있는 와이드 문자들을 대응되는 다중바이트 문자들로 변환하여 dst가 포인트하는 곳에 저장하고, 그 다중바이트 문자열의 바이트 수를 리턴한다.

A.29 〈wctype.h〉

이 헤더 파일은 〈ctype.h〉의 와이드 문자 버전으로, WEOF 매크로를 정의하고 세 개의 자료형과 다수의 함수를 선언하고 있다. 선언되어 있는 자료형은 다음과 같다.

- wint_t : 〈wchar.h〉 참조
- wctrans_t : 로켈 특성 문자 매핑을 표현하는 값을 저장할 수 있는 수치 형
- wctype_t : 로켈 특성 문자 부류를 표현하는 값을 저장할 수 있는 수치 형

와이드 문자를 다루는 다양한 함수가 선언되어 있다.

■ `int iswalnum(wint_t wc);`

isalnum()의 와이드 문자 버전이다.

■ `int iswalpha(wint_t wc);`

isalpha()의 와이드 문자 버전이다.

- `int iswblank(wint_t wc);`

isblank()의 와이드 문자 버전이다.

- `int iswcntrl(wint_t wc);`

iscntrl()의 와이드 문자 버전이다.

- `int iswdigit(wint_t wc);`

isdigit()의 와이드 문자 버전이다.

- `int iswgraph(wint_t wc);`

isgraph()의 와이드 문자 버전이다.

- `int iswlower(wint_t wc);`

islower()의 와이드 문자 버전이다.

- `int iswprint(wint_t wc);`

isprint()의 와이드 문자 버전이다.

- `int iswpunct(wint_t wc);`

ispunct()의 와이드 문자 버전이다.

- `int iswspace(wint_t wc);`

iswspace()의 와이드 문자 버전이다.

- `int iswupper(wint_t wc);`

isupper()의 와이드 문자 버전이다.

- `int iswxdigit(wint_t wc);`

isxdigit()의 와이드 문자 버전이다.

- `int iswctype(wint_t wc, wctype_t desc);`

와이드 문자 wc가 desc에 명시된 속성을 가지고 있는지 확인하고, 그렇다면 0이 아닌 값을 리턴한다.

■ `wctype_t wctype(const char *property);`

property로 지정된 와이드 문자의 클래스를 나타내는 wctype_t 형의 값을 리턴한다.

■ `wint_t towlower(wint_t wc);`

tolower()의 와이드 문자 버전이다.

■ `wint_t towupper(wint_t wc);`

toupper()의 와이드 문자 버전이다.

■ `wint_t towctrans(wint_t wc, wctrans_t desc);`

desc가 지정하는 매핑을 사용하여 와이드 문자 wc를 매핑한다.

■ `wctrans_t wctrans(const char *property);`

property로 구별되는 와이드 문자들 간의 매핑을 나타내는 wctrans_t 형의 값을 리턴한다.

A.30 기타

표준 C에 정의된 함수 외에 다른 함수도 라이브러리로 제공될 수 있다. 이 절에서는 표준 C 라이브러리 함수는 아니지만 널리 사용되는 함수를 설명한다.

파일 접근

■ `int access(const char *path, int amode);`

path 파일이 접근 모드 amode의 비트 패턴에 명시된 것과 같이 접근가능한지를 검사한다. UNIX 계열은 이 함수의 원형이 unisd.h에 있고, MS-DOS에서는 io.h에 있다. 헤더 파일에는 다음과 같은 문자 상수도 정의되어 있다.

- F_OK : 존재 여부 검사
- R_OK : 읽기 허가를 위한 검사
- W_OK : 쓰기 허가를 위한 검사

• X_OK : 실행 또는 탐색 허가를 위한 검사

amode는 이러한 문자 상수들을 OR(|)로 연결하여 명시된다. 예를 들어, 다음 함수 호출을 보자.

```
access(path, R_OK | W_OK)
```

이것은 이 파일이 읽기와 쓰기 접근이 모두 허가되어 있는지를 검사하기 위해 사용된다. 요구된 접근이 가능하면 0을 리턴하고, 아니면 -1을 리턴한다.

파일 기술자 사용

■ `int open(const char *filename, int flag, ...);`

flag 모드로 filename 파일을 연다. 파일을 생성한다면, unsigned 형의 세 번째 인자에 새로운 파일의 허가를 설정한다. 호출이 성공적이면, 파일 기술자라고 하는 음수가 아닌 정수가 리턴되고, 오류가 있으면 -1이 리턴 된다. flag에 사용될 수 있는 값은 open()의 함수 원형을 포함하는 헤더 파일에 주어진다. 이러한 값들은 시스템 종속적이다.

■ `int close(int fd);`

파일 기술자 fd와 연관된 파일을 닫는다. 호출이 성공적이면 0이 리턴되고, 오류가 있으면 -1이 리턴된다.

■ `int read(int fd, char *buf, int n);`

파일 기술자 fd와 연관된 파일로부터 최대 n 바이트를 읽어 buf가 포인트하는 곳에 저장한다. 호출이 성공적이면 buf에 출력된 바이트 수가 리턴되고, 오류가 있으면 -1이 리턴된다. 파일의 끝을 만나면, 그 때까지 쓴 바이트 수가 리턴된다.

■ `int write(int fd, char *buf, int n);`

buf가 포인트하는 객체로부터 최대 n 바이트를 읽어 파일 기술자 fd와 연관된 파일에 쓴다. 호출이 성공적이면, 파일에 출력된 바이트 수가 리턴되고, 오류가 있으면 -1이 리턴된다.

병행 프로세스의 생성

- `int fork(void)`

현재 프로세스를 복사하고, 이것을 병행적으로 실행시킨다. fork()의 리턴 값은 자식 프로세스인 경우에는 0이고, 부모 프로세스인 경우에는 자식 프로세스의 ID 이다. 호출이 실패하면 -1이 리턴된다.

프로세스 오버레이

- ```
  int execl(char *name, char *arg0, ..., char *argN);
  int execle(char *name, char *arg0, ..., char *argN, char **envp);
  int execlp(char *name, char *arg0, ..., char *argN);
  int execlpe(char *name, char *arg0, ..., char *argN, char **envp);
  int execv(char *name, char *argv);
  int execve(char *name, char **argv, char **envp);
  int execvp(char *name, char **argv);
  int execvpe(char *name, char **argv, char **envp);
  ```

이 함수들은 현재 프로세스를 name 프로그램으로 오버레이 한다. 부모 프로세스로는 리턴 값이 없다. 디폴트로 자식 프로세스는 부모 프로세스의 환경을 물려받는다. execl로 시작하는 함수들은 자식 프로세스를 위한 명령어 라인 인자로써의 인자 목록을 필요로 한다. 이 목록의 마지막 인자는 NULL 포인터이어야 한다. execv로 시작하는 함수들은 자식 프로세스에 대한 명령어 라인 인자를 제공하기 위해 argv 배열을 사용한다. argv 배열의 마지막 원소는 NULL 값을 가져야 한다. e로 끝나는 함수들은 자식 프로세스의 환경 변수를 제공하기 위해 envp 배열을 사용한다. envp 배열의 마지막 원소는 NULL 값을 가져야 한다. p를 포함하는 함수들은 자식 프로세스의 프로그램을 찾을 디렉터리를 결정하기 위해 환경 변수에 기술된 경로변수를 사용한다.

프로세스 간 통신

- `int pipe(int pd[2]);`

파이프(pipe)라는 입출력 메커니즘을 생성하고, 배열 pd에 관련된 파일 기술자(파이프 기술자)를 넣는다. 함수 호출이 성공적이면 0이 리턴되고, 오류가 있으면 -1이 리턴된다. 이 파이프에서 읽
  ```

을 때에는 pd[0] 기술자를 사용하고, 파이프로 쓸 때에는 pd[1]을 사용한다. 파이프 용량은 시스템 종속적이지만 최소한 4,096 바이트이다. 쓰기로 인하여 파이프가 차면 자료가 읽혀질 때까지 봉쇄된다. 다른 파일 기술자와 같이 pd[0]와 pd[1]을 명시적으로 닫기 위해 close()를 사용할 수 있다. 파이프는 프로세스 간에 데이터 교환을 위해 사용된다. 즉 파이프를 생성한 후에 fork()로 자식 프로세스를 만들면 자식 프로세스와 부모 프로세스는 이 파이프를 통해 서로 데이터를 교환할 수 있다.

프로그램 수행 정지

■ `void sleep(unsigned seconds);`

seconds 초 만큼 현재 프로세스의 수행을 정지시킨다.

B

Cygwin

Linux는 오픈 소스 소프트웨어 운영체제(open-source software operating system)로 운영체제 코드가 공개되어 있고, 많은 자유 개발자에 의해 개발되고 있으며, 특히 무료로 사용할 수 있다는 특성을 가지고 있다. 무료임에도 불구하고 기능 및 안정성은 다른 운영체제에 뒤지지 않는다. 우리나라에서는 PC 운영체제로 Windows가 많이 사용되고 있지만, 외국의 경우에는 Linux 기반의 운영체제가 Windows 보다 더 많이 사용되고 있고, 특히 서버, 임베디드 시스템, IoT 디바이스 등을 위해서는 Linux가 가장 보편적으로 사용되고 있다. 따라서 소프트웨어를 전공하고자 한다면 반드시 Linux에 친숙해져야 한다.

기본적으로 Windows는 GUI(Graphical User Interface) 기반인 반면 Linux는 CLI(Command-Line Interface) 기반이기 때문에 Windows 사용자는 Linux를 사용하는 것을 어려워하였다. 그러나 Linux를 위한 다양한 GUI가 개발되면서 Linux의 일반적인 사용에는 큰 문제가 없어졌다. 하지만 소프트웨어 개발자나 서버 관리자의 경우에는 모든 기능을 GUI를 통해서만 할 수 없고, 어떤 환경에서는 GUI를 실행할 수 없을 수도 있으며, 또는 작업의 효율을 높이기 위해서는 CLI 기반의 Linux를 사용해야 한다. 즉, 소프트웨어 개발자가 되고자 한다면 CLI 기반의 Linux도 잘 사용할 수 있어야 한다.

Cygwin은 Linux를 설치하지 않아도 Windows에서 CLI 기반의 Linux를 사용할 수 있게 해주는 공개 소프트웨어이다. Cygwin에서는 GNU 프로젝트에서 개발된 거의 대부분의 프로그램을 사용할 수 있기 때문에 Linux를 설치하여 사용하는 것과 거의 차이가 없는 환경을 접할 수 있다. 특히 프로그램 개발을 위한 최신 버전의 다양한 컴파일러와 편집도구, 그리고 프로그래밍 도구 등을 지원하고 있기 때문에 프로그래밍 개발 환경으로써도 부족함이 없다. 따라서 Cygwin은 Linux와 프로그래밍을 동시에 배우기에 가장 적당한 소프트웨어라 할 수 있다.

Cygwin의 간략히 역사를 살펴보면, Cygwin은 Cygnus Solutions(1999년 Red Hat Software와 합병)에서 1995년부터 개발되기 시작했다. 이 프로젝트의 최종 목표는 GNU 프로젝트가 개발한 다양한 툴들을 Microsoft의 Windows API 환경에서 사용하는 것이다. 이를 위해 먼저 gcc, gdb, gas 등의 개발 툴들을 Windows로 포팅하여 Windows 실행 파일을 만들 수 있도록 하였고, Windows에 없는 필수 기능들을 공유 라이브러리(Cygwin DLL)로 만들어서 Linux 용으로 작성된 프로그램을 많은 수정 없이 Windows로 포팅할 수 있게 하였다. 이러한 방식을 셀프-호스팅(self-hosting)이라고 한다. Cygwin 프로젝트는 셀프-호스팅 방식을 구축한 후 Cygwin 베타 17.1 버전을 1996년 10월에 릴리즈 하였다. 2000년 4월에는 setup.exe 프로그램을 통해 개별 패키지들을 설치 및 업그레이드 할 수 있도록 하였다. 2009년에는 Windows 95/98/Me의 지원을 중단하고 Windows 7과 Windows Server 2008 R2 지원, NFS 상호운용성, IPv6 지원 등이 포함된 메이저 릴리즈 버전인 1.7을 발표하였다. 1.7.19 버전부터는 64비트 시스템도 지원하고 있다.

Cygwin 설치

Cygwin은 Cygwin 홈페이지(http://www.cygwin.com/)에서 setup 프로그램을 다운로드 받아 설치한다. Cygwin 홈페이지의 왼쪽 메뉴 부분에서 "Install Cygwin"을 선택하면 설치 페이지가 나오는데, setup 프로그램은 거기서 다운로드받을 수 있다. setup 프로그램은 설치될 Windows의 사양에 따라 두 가지가 제공되는데, 32비트 Windows를 사용한다면 setup-x86.exe를 64비트 Windows를 사용한다면 setup-x86_64.exe를 다운로드받으면 된다. 자신이 사용하는 컴퓨터 사양은 "제어판 -> 시스템 및 보안 -> 시스템"에서 확인할 수 있다. 64비트 버전을 다운로드 받았을 경우 파일을 실행하면 다음과 같은 setup 윈도우가 나타날 것이다.

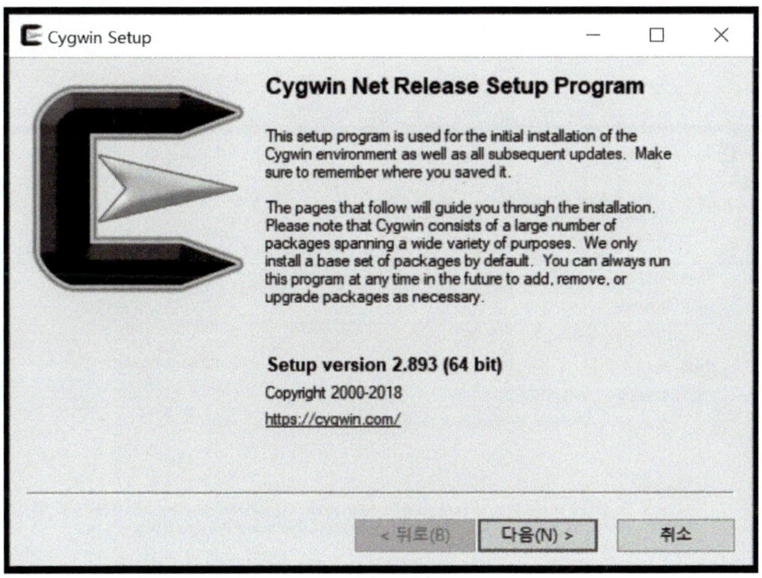

여기서 "다음(N)"을 클릭하면 윈도우는 다음 내용으로 변한다.

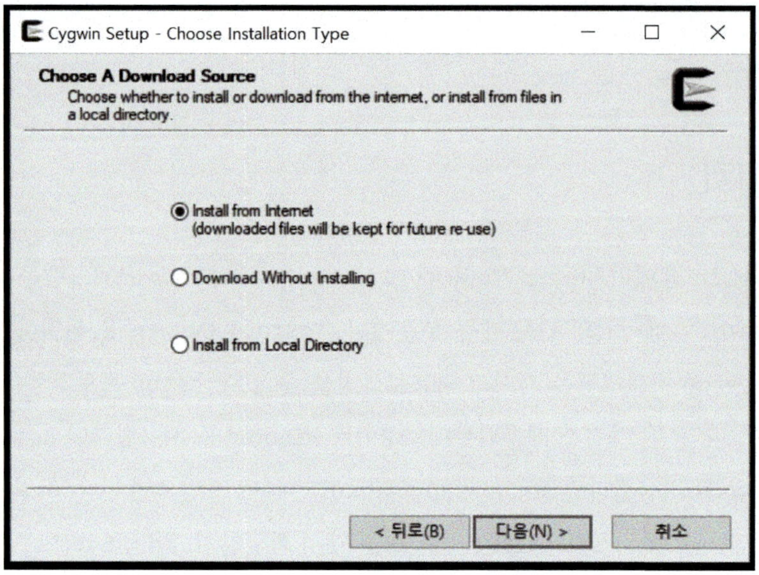

"Install from Internet"을 선택하고 "다음(N)"을 클릭하면 윈도우는 다음 내용으로 변한다.

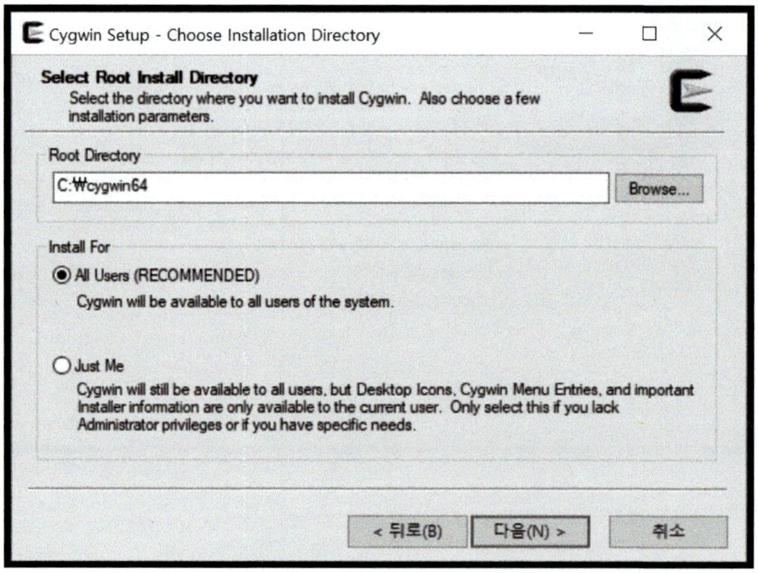

“Root Directory”를 지정하고 나머지는 RECOMMENDED로 되어 있는 것을 선택한 후 “다음(N)”을 클릭하면 윈도우는 다음 내용으로 변한다.

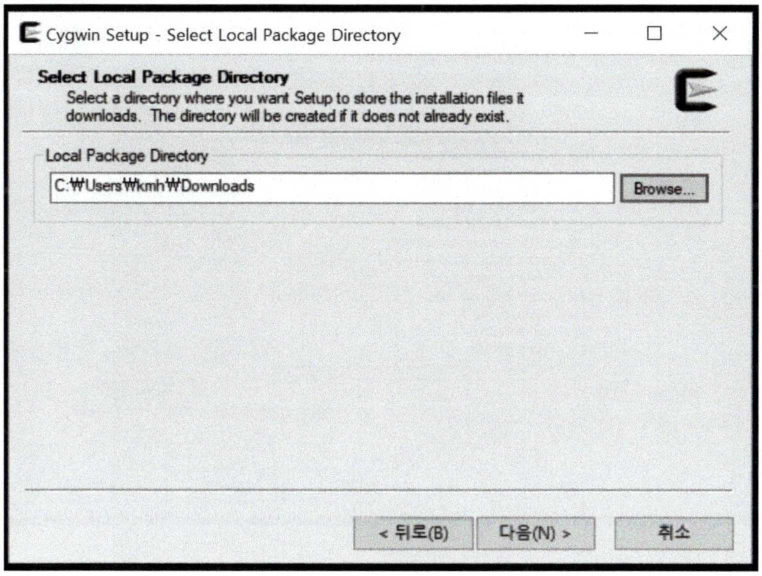

Local Package Directory를 설정하고 “다음(N)”을 클릭하면 윈도우는 다음 내용으로 변한다.

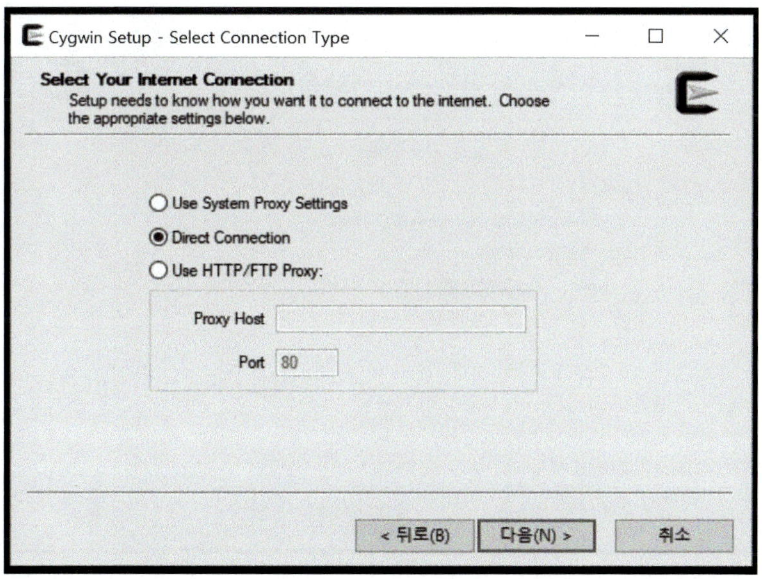

"Direct Connection"을 선택하고 "다음(N)"을 클릭하면 윈도우는 다음 내용으로 변한다.

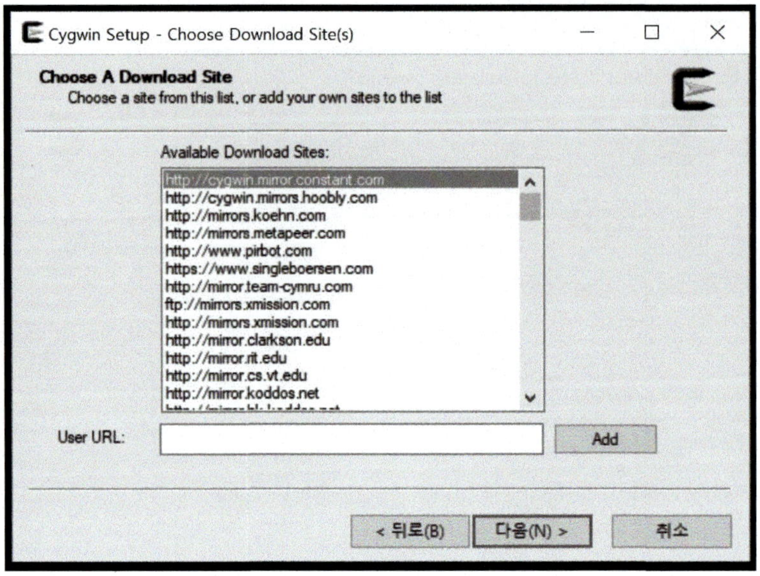

다운로드 사이트를 선택한 후 "다음(N)"을 클릭하면 윈도우는 다음 내용으로 변하면서 패키지 목록을 다운로드 받는다.

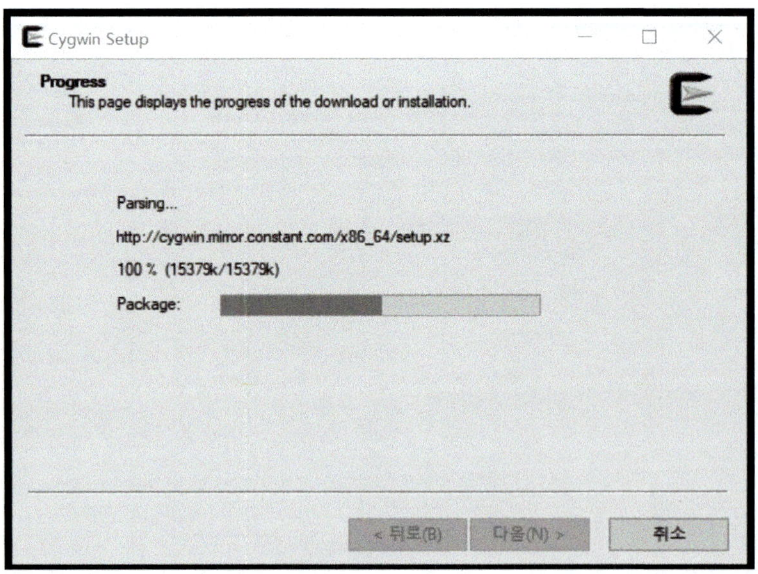

이 과정이 끝나면 윈도우는 다음 내용으로 변한다.

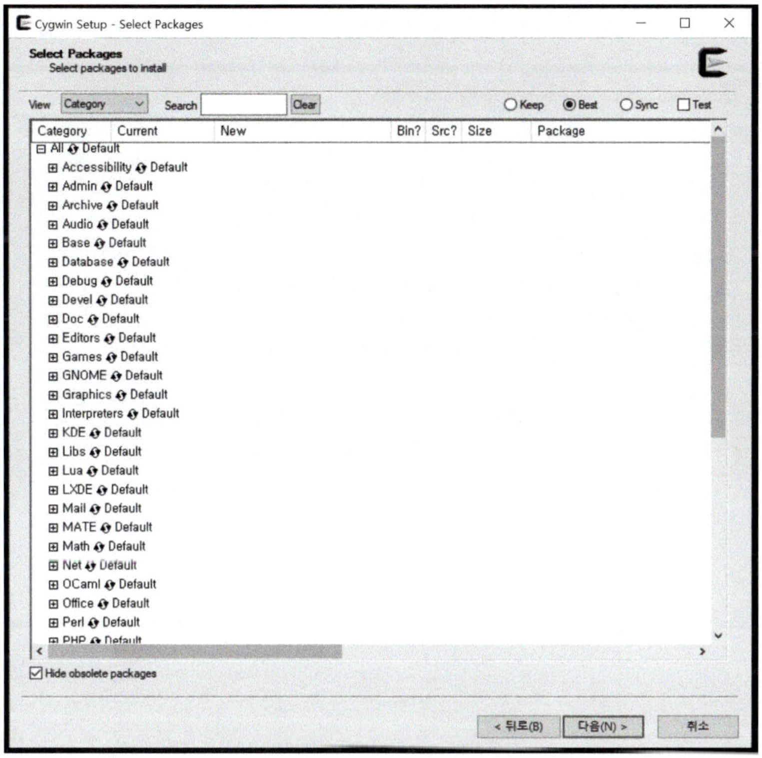

이 윈도우에서 필요한 패키지를 선택하면 된다. C 프로그래밍을 하는 것이 목적이기 때문에 여기서 C 컴파일러와 편집기를 선택하면 된다. C 컴파일러는 Devel이라는 폴더 밑에 있다. Devel을 클릭하면 다양한 컴파일러를 볼 수 있을 텐데 이 중 "gcc-core: C compiler"를 선택하면 된다. 문서 편집기는 Editors라는 폴더 밑에 있다. Editors를 클릭하면 다양한 편집기를 볼 수 있을 것이다. 어떤 문서 편집기라도 상관없겠지만 vi 문서 편집기를 사용하기를 권한다. 그 이유는 vi는 UNIX나 Linux의 기본 편집기이기 때문에 어떠한 버전의 UNIX나 Linux라도 vi를 제공하고, 또한 vi는 프로그래밍에도 편한 편집기이기 때문이다. vi는 Windows에서 일반적으로 제공하는 WYSIWYG(위지윅; what you see is what you get) 기반의 편집기가 아니기 때문에 처음에는 사용에 불편함을 느낄 것이다. 하지만 곧 vi의 매력에 빠질 것이다. 사용 방법은 인터넷을 검색하면 쉽게 찾을 수 있을 것이다. vi를 사용하기 위해서는 Editors의 "vim: Vi IMproved -enhanced vi editor"를 선택하면 된다. 또한 이 교재에서 다룬 디버거를 사용하기 위해 Devel에서 "gdb:

The GNU Debugger"와 make 프로그램인 "make: The GNU version of the 'make' utility"을 선택한 다음 "다음(N)"을 클릭하면 윈도우는 다음 내용으로 변한다.

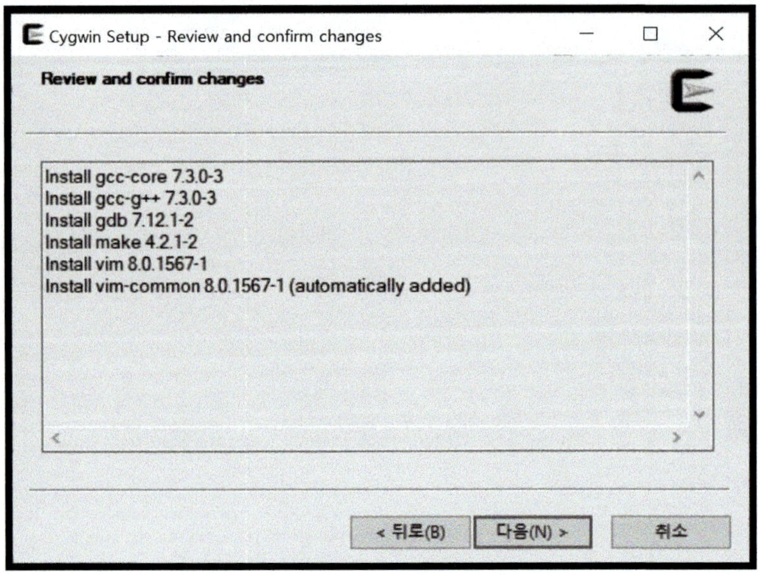

이 윈도우의 하단에 있는 "다음(N)"을 클릭하면 윈도우는 다음 내용으로 변하면서 실제로 Cygwin이 설치된다.

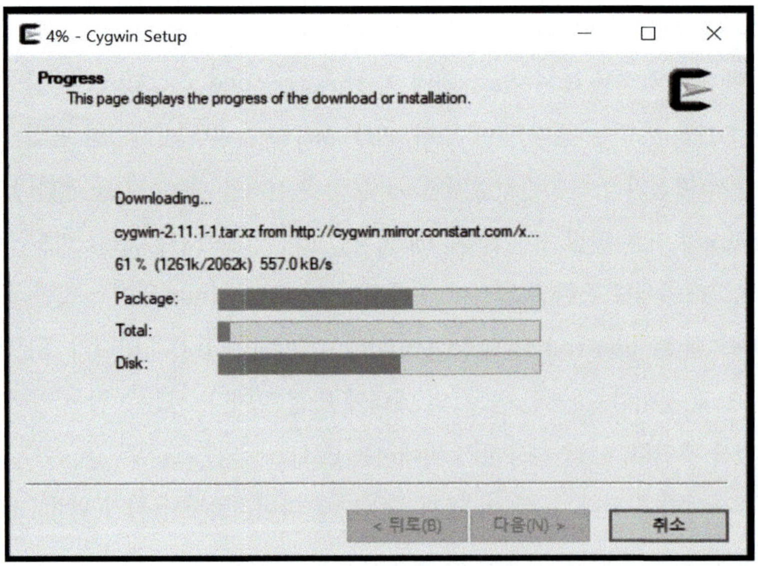

설치 과정이 끝나면 윈도우는 다음과 같이 바뀐다.

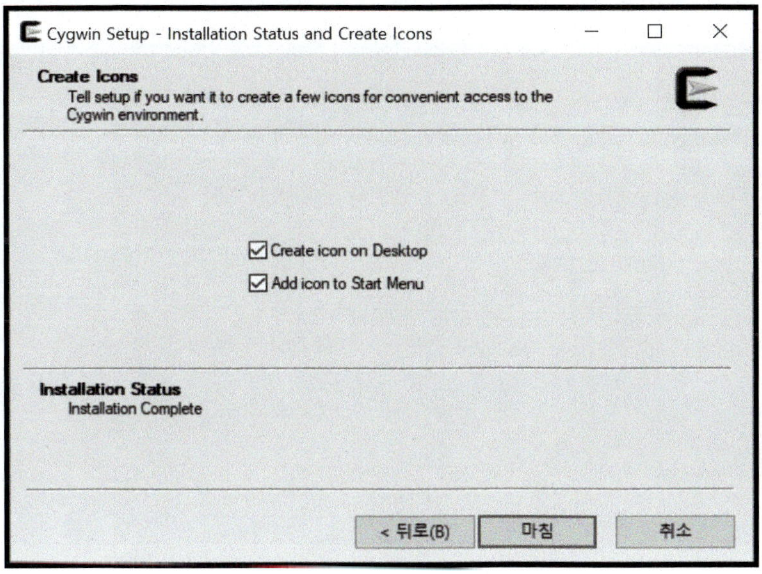

"마침"을 클릭하면 설치 과정은 완전히 종료되게 되고 바탕 화면에 다음과 같은 아이콘이 생겨날 것이다.

이 아이콘을 클릭하면 `Cygwin`이 시작되는데 다음과 같이 `Windows`의 `cmd` 창과 유사한 `Cygwin` 쉘 윈도우가 실행될 것이다.

이 윈도우에서 "$"를 프롬프트라고 하며 여기에 명령을 입력하면 입력한 명령이 실행된다.

Cygwin 업데이트

Cygwin을 설치한 이후에 필요한 패키지가 있으면 추가해서 설치가 가능하고, 이미 설치된 패키지를 삭제하거나 새로운 버전이 발표되면 새로운 버전으로 업그레이드도 가능하다. 추가 설치와 업그레이드도 처음 설치와 유사하다. 다만 이전에 setup 프로그램을 다운로드 받아 두었기 때문에 Cygwin 홈페이지를 다시 방문하여 그 파일을 다운로드할 필요 없이 바로 setup 프로그램을 실행하면 된다. 또한 setup이 진행되는 과정에 Root Directory는 이전에 설정했던 디렉터리로 설정해야 한다. Select Packages 단계의 윈도우에서 Current 열을 보면 현재 어떤 패키지가 설치되어 있는지 알 수 있다.

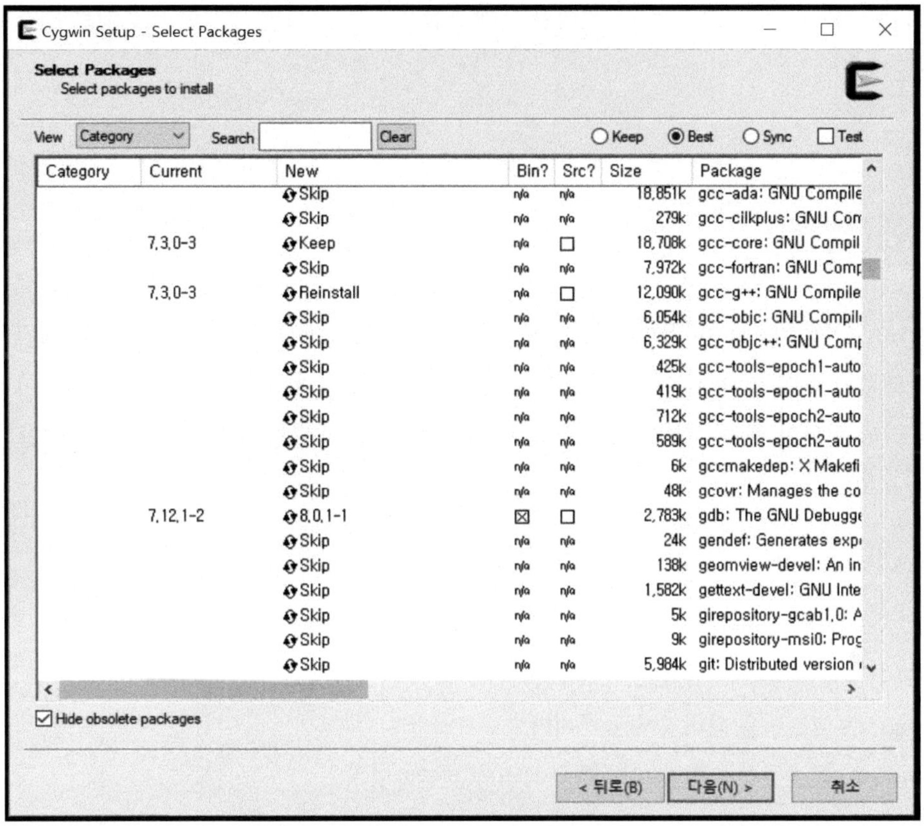

필요한 패키지를 추가하거나 설치된 패키지를 삭제 또는 재설치하기 위해서는 그 패키지의 `New` 필드를 클릭하면 된다. 예를 들어 앞의 윈도우 그림에서 `gcc-core:C compiler`의 `New` 필드를 보면 `Keep`으로 되어 있는 데 `Keep`을 클릭하면 `Reinstall`, `Source`, gcc의 다양한 버전들, `Uninstall` 순으로 바뀔 것이다. 이들의 의미는 다음과 같다.

선택	의미
Keep	현재 설치된 패키지를 그대로 사용함
Reinstall	현재 설치된 버전의 패키지를 다시 인스톨함
Source	소스 코드도 같이 인스톨함
Versions	해당 Version의 패키지를 인스톨함
Uninstall	현재 설치된 패키지를 삭제함

해당 패키지의 New 필드를 적절히 선택한 후에 "다음(N)"을 누르면 선택한 내용대로 인스톨이 진행된다.

Cygwin 명령어

Cygwin은 대부분의 Linux 명령을 제공하고 있다. 보통 Cygwin을 설치할 때 필요한 패키지만 설치하기 때문에 어떤 명령어는 실행되지 않을 수도 있다. 그럴 경우에는 Cygwin의 업데이트 기능을 사용하여 필요한 패키지를 설치해야 한다. 일반적으로 많이 사용하는 명령어로는 다음과 같은 것들이 있다.

프로그래밍 관련 명령어

- gcc : C 프로그램을 컴파일 하는 컴파일러
- gdb : 프로그램을 디버깅하는 디버거
- gprof : 프로그램의 프로파일을 보여주는 프로파일러
- make : 여러 파일로 작성된 프로그램을 효율적으로 컴파일 할 수 있게 하는 프로그램
- size : 실행 파일의 각 섹션별 크기를 보여줌

파일 관련

- cat : 파일 내용을 화면에 출력
- cmp : 두 파일을 바이트 단위로 비교
- diff : 두 텍스트 파일을 행 단위로 비교
- gawk : 패턴 검색 및 처리 언어
- grep : 파일에서 패턴 찾기
- vi : 문서 편집기

파일시스템 관련

- cd : 디렉터리 이동
- chmod : 파일이나 디렉터리 접근허가 변경
- chown : 파일이나 디렉터리 소유자 변경
- cp : 파일 복사
- df : 디스크 공간 출력
- du : 사용하고 있는 디스크 용량 출력
- find : 디렉터리 구조에서 파일 검색
- ln : 파일이나 디렉터리 간의 연결 설정
- ls : 파일 목록 출력
- mkdir : 디렉터리 생성
- mv : 파일이나 디렉터리 이름 변경
- rm : 파일 삭제
- rmdir : 디렉터리 삭제
- touch : 파일을 생성하거나 파일의 접근 시간 수정

기타

- bc : 계산기
- date : 시간 출력
- finger : 사용자 정보 출력
- kill : 프로세스에 신호를 보내거나 종료시킴
- man : 매뉴얼 페이지 출력
- ps : 프로세스 상태 출력
- time : 프로세스 실행 시간 출력

C

표준별 주요 변경 내용

D

C 연산자

C. 표준별 주요 변경 내용

1999년 발표된 C99는 C90에 많은 기능이 추가되었고, C11도 C99에 비해 많은 변화가 있었다. C18은 주요한 변경 내용이 없으므로, 여기서는 C11과 C99의 주요 변경 내용에 대해서만 나열할 것이다.

C90 대비 C99의 주요 변경 내용은 다음과 같다.

- 큰 정수를 다루기 위한 long long int 형 추가
- 부울 값을 다루기 위한 _Bool 형과 이와 관련된 〈stdbool.h〉 헤더 파일 추가
- 복소수를 다루기 위한 _Complex와 _Imaginary 형과 이와 관련된 〈complex.h〉 헤더 파일 추가
- 부동 소수점 환경 제어에 관한 〈fenv.h〉 헤더 파일 추가
- 크기가 명시된 정수형 정의와 관련 매크로를 정의한 〈stdint.h〉 헤더 파일 추가
- 각 구현에 따라 〈stdint.h〉를 확장하는 〈inttypes.h〉 헤더 파일 추가
- 논리 연산자, 비트 연산자, 등가 연산자를 기호 대신 단어로 사용할 수 있게 하는 매크로를 정의한 〈iso646.h〉 헤더 파일 추가
- 와이드 문자나 다중 바이트 문자를 위한 〈wchar.h〉 헤더 파일 추가
- 〈ctype.h〉의 와이드 문자 버전인 〈wctype.h〉 헤더 파일 추가
- 수학 함수를 형에 상관없이 사용할 수 있도록 매크로로 정의한 〈tgmath.h〉 헤더파일 추가
- 선언문과 실행문을 혼합하여 사용할 수 있게 함
- //으로 시작하는 줄 단위 주석 지원
- for 문 안에서만 사용하는 변수를 for 문의 첫 번째 수식에서 선언할 수 있게 함
- 변수 선언과 함수 정의에서 묵시적 int 제거
- 정수 상수의 형을 결정하는 규칙을 수정함
- 정수 승격을 각 형에 랭크를 부여하여 수행함
- 모든 시스템에서 같은 결과가 나오도록 정수 나누기 정의
- 16진 부동소수점 상수 추가
- printf()와 scanf()에서 %a, %A, %lf 변환명세 추가

- 가변인자 매크로 지원
- 인자가 있는 매크로를 사용할 때 인자를 생략할 수 있게 함
- 묵시적 함수 선언 제거
- 빠른 수행을 위한 inline 함수 지원
- 함수의 형이 void가 아닌 함수에서 return 문의 수식을 생략할 수 없게 함
- 〈stdio.h〉 헤더파일에 snprintf() 부류 함수 추가
- restrict 포인터 추가
- 가변길이 배열 추가
- 배열의 임의의 원소 초기화 기능 추가
- 새로운 구조체 호환 규칙
- 구조체의 임의의 멤버 초기화 기능 추가
- 구조체에서 플렉시블 배열 멤버 추가
- 복합 리터럴 추가
- 미리 정의된 __func__ 식별자 추가

C99와 대비하여 C11의 주요 변경 내용은 다음과 같다.

- (옵션)다중 스레드와 원자적 객체 지원(〈stdatomic.h〉, 〈threads.h〉)
- 부동소수점관련 매크로 추가(〈float.h〉)
- 객체의 메모리 정렬 지원(〈stdalign.h〉)
- 유니코드 문자와 문자열 지원(〈uchar.h〉)
- 통합 자료형 수식(_Generic)
- 정적 단정 추가(_Static_assert())
- 익명 구조체와 익명 공용체 지원
- 리턴이 없음을 나타내는 함수 지정자 추가(_Noreturn)
- 복소수를 생성하는 매크로 추가(〈complex.h〉)
- 파일의 배타적 접근 지원
- gets() 함수 삭제
- aligned_alloc(), at_quick_exit(), quick_exit() 함수 추가

D. C 연산자

연산자	설명	결합방향
[]	배열 인덱스	좌에서 우
( )	함수 호출	
.	구조체와 공용체 멤버 참조	
->	포인터를 통한 구조체와 공용체 멤버 참조	
++	후위 증가	
--	후위 감소	
(type-name){ list }	복합 리터럴	
++	전위 증가	우에서 좌
--	전위 감소	
(type-name)	캐스트	
&	주소	
*	역참조	
+	단항 + 부호	
-	단항 - 부호	
!	논리 부정	
~	비트단위 보수	
sizeof	객체 크기	
_Alignof	정렬 요구조건	
*	곱하기	좌에서 우
/	나누기	
%	나머지	
+	더하기	좌에서 우
-	빼기	
<<	비트단위 왼쪽 이동	좌에서 우
>>	비트단위 오른쪽 이동	
<	작다	좌에서 우
>	크다	
<=	작거나 같다	
>=	크거나 같다	
==	같다	좌에서 우
!=	다르다	

<table>
<tr><td>&</td><td>비트단위 논리 곱</td><td>좌에서 우</td></tr>
<tr><td>^</td><td>비트단위 배타적 논리합</td><td>좌에서 우</td></tr>
<tr><td>|</td><td>비트단위 논리합</td><td>좌에서 우</td></tr>
<tr><td>&&</td><td>논리곱</td><td>좌에서 우</td></tr>
<tr><td>||</td><td>논리합</td><td>좌에서 우</td></tr>
<tr><td>?:</td><td>조건부</td><td>우에서 좌</td></tr>
<tr><td>=</td><td>배정</td><td rowspan="2">우에서 좌</td></tr>
<tr><td>+= -=
*= /= %= <<= >>=
&= ^= |=</td><td>복합 배정</td></tr>
<tr><td>,</td><td>콤마</td><td>좌에서 우</td></tr>
</table>

표에서 위에 있는 연산자일수록 높은 우선순위를 갖는다. 다만 점선으로 분리된 것들은 같은 우선순위를 갖는다.

찾아보기

기호

번호

A

B

F

G

H

I

J

K

L

M

H

O

P

V

W

ㅅ

ㅇ

ㅎ